개정3판

외국어로서의
# 한국어교육학 개론

박이정

## 집필진 소개

**허 용** 한국외국어대학교
**강현화** 연세대학교
**고명균** 간사이대학
**김미옥** 연세대학교
**김선정** 계명대학교
**김재욱** 한국외국어대학교
**박동호** 경희대학교

[개정3판]
## 외국어로서의 한국어교육학 개론

초 판 1쇄 발행 2005년 3월 10일
개 정 26쇄 발행 2023년 8월 25일
개정3판 2쇄 발행 2024년 10월 15일

저 자 허 용·강현화·고명균·김미옥·김선정·김재욱·박동호
펴 낸 이 박찬익
책임 편집 권효진
편 집 이수빈·심지혜
펴 낸 곳 ㈜박이정출판사
주 소 경기도 하남시 조정대로45 미사센텀비즈 8층 F827호
전 화 031)792-1195 팩 스 02)928-4683
이 메 일 pijbook@naver.com 홈페이지 www.pijbook.com
등 록 2014년 8월 22일 제305-2014-000029호

I S B N 979-11-5848-937-3 (93710)
책 값 24,000원

개정3판

# 외국어로서의
# 한국어교육학 개론

허 용 강현화 고명균 김미옥
김선정 김재욱 박동호 지음

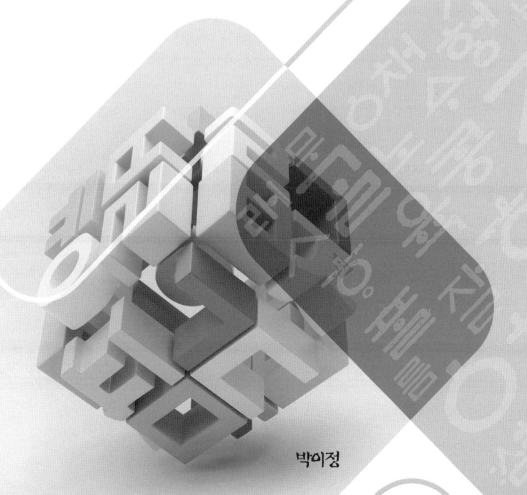

박이정

이 책이 처음 출간된 것이 2005년이니 벌써 20년에 가까운 시간이 흘렀다. 그 사이 개정 26쇄까지 발행되었으니 외국어로서의 한국어교육을 공부하는 많은 사람들이 가까이 두고 애독한 책이라 할 수 있다. 책이라는 것이 10년 정도 지나면 학문의 발전에 따라 당연히 개정할 내용들이 생기기 마련이지만 처음 출판할 때에는 이렇게 개정판을 내리라고는 생각하지 못했던 것이 사실이다. 그런데 이 분야를 공부하는 많은 학생들이 이 책을 교과서와 같이 생각하고 공부했다는 말에 저자들로서는 놀랍기도 하고 고맙기도 하다. 그리고 또 다른 한편으로 그러한 고마움과 함께 큰 책임감을 갖는 것도 사실이다.

그 책임감은 두 가지로, 하나는 집필 과정에서의 오류나 표현의 불명확함 때문에 한국어의 여러 현상에 대해 바르게 설명하지 못한 것 또는 그럴 가능성과 관련된 것이고, 다른 하나는 그 사이 많은 발전을 보인 한국어교육의 학문적 내용과 관련된 것이다. 이에 따라 필자들은 이 두 가지를 보완하기로 하고 지난 6개월 동안 각자가 집필한 내용을 수정하였다.

**제1장 한국어 교육에서의 언어, 어떻게 이해해야 하는가**(김선정, 계명대학교)에서는 외국어로서의 한국어 교육에 필요한 언어학적인 기본 개념 및 이와 관련된 한국어의 특징을 간략히 소개하였다. 이를 위해 먼저 인간이 사용하는 언어의 특징에 대하여 살펴보았다. 발음을 교육할 때 필요한 말소리를 연구하는 방법에 관해 알아보고, 한국어의 문장과 의미구조를 교육할 때 필요한 단어와 문장을 연구하고 뜻을 연구하는 방법 등에 관하여 알아보았다. 그런 다음 언어교육의 효율성을 높이기 위해 요구되는 언어 간의 공통점과 차이점에 관하여 연구하는 유형론적 접근법과 언어 대조 방법에 관하여 간단히 살펴보았다.

**2장 한국어 문장을 이루는 기본원리는 무엇인가**(허용, 한국외국어대학교)에서는 다른 언어와 비교하여 한국어가 어떤 특색을 가지고 있는지를 설명한 후 한국어 문법에서 가장 핵심이 되는 단어와 문장 사이의 상관관계를 다루었다. 문장에서 단어의 역할, 즉 각 품사들이 문장 안에서 어떤 기능을 하는지 살펴보았다. 또한 각 단어들이 자신의 주기능 외에 다른 기능을 할 때 필요한 기능바꿈 표지에 대해 구체적으로 살펴봄으로써 한국어 문장이 이루어지는 기본원리를 파악할 수 있다.

**3장 한국어의 어제와 오늘, 어떻게 변화해 왔는가**(고명균, 간사이 대학)에서는 우리말과 글이 고대에서 현대에 이르기까지 어떻게 변화해 왔는지에 대하여 기술하였다. 15세기 훈민정음 창제 전후, 중세, 근대, 현대 한국어에 있어서의 표기 및 형태, 문법, 어휘 등의 전반적인 변화를 살펴보았다. 나아가 최근 한류의 영향에 따른 한국어교육의 위상에 대해서도 비교적 자세히 다루었다.

**제4장 한국어 발음, 어떻게 가르쳐야 하나**(김선정, 계명대학교)에서는 외국인들에게 한국어의 발음을 보다 효과적으로 지도하기 위한 방법을 다루었다. 외국어 교육에 있어 발음 교육이 꼭 필요한 이유와 발음 교육을 할 때 주의해야 할 점이 무엇인지 알아보고, 발음 교육을 위해 활용할 수 있는 몇 가지 활동유형을 제시하였다. 또한 한국어의 모음과 자음, 음절 구조 등 음운상의 특징과 발음에 영향을 미치는 갖가지 음운 변동과 그 교육 방법에 관하여 살펴보았다. 그런 다음 발음 교육의 단계별 특성에 관하여 소개하고, 이를 적용하여 한국어의 홑받침을 교육하는 방법을 예로 들어 제시하였다.

**제5장 한국어 어휘 어떻게 가르칠까**(강현화, 연세대학교)에서는 한국어교육에서의 어휘 교육의 중요성을 다루면서 언어 교수에서의 어휘 교수의 역사에 대해 설명하였다. 또한 언어 교육에서의 어휘 단위의 문제, 그리고 어휘 목록을 논의할 때 고려해야 할 요소를 다루었다. 이어서 조어법을 활용한 교수와 어휘 의미 관계에 따른 교수의 쟁점에 대해서도 논의하였다. 어휘를 가르치는 구체적인 방법 및 절차에 대해서도 기술했으며, 교실 현장에서의 어휘 학습을 위한 다양한 활동을 소개하였다.

**제6장 한국어 문장, 어떻게 표현할까**(강현화, 연세대학교)에서는 존대법, 사동과 피동, 부정법 등의 다양한 문법 교수의 쟁점을 다루었다. 실제 언어 생활에서의 존대법 교수의 쟁점을 시작으로, 어휘적, 통사적 형식으로 나타나는 사동법과 피동법 교수의 내용과 방법에 대해서도 설명하였다. 이어 한국어 부정법의 유형과 실제 언어 교수의 방안에 대해서도 함께 다루었다.

**제7장 문장에서 조사는 어떤 일을 할까**(김재욱, 한국외국어대학교)에서는 한국어의 가장 큰 특징 중의 하나인 격조사에 대하여 한국어 교육적 관점에서 접근하여 그 의미와 문법적 특징을 설명하였다. 격조사는 영어와 같은 인구어나 중국어와 같은 고립어에는 없는 문법 요소이므로 해당 언어권 학습자들이 학습하기에 매우 어려운 영역이다. 한국어와 유사한 일본어의 경우 격조사가 있다고 하나 한국어와 용법이 다른 경우가 있어 그들 또한 오류를 자주 일으킨다. 이번 개정판에서는 이러한 언어권 학습자들이 자주 일으키는 오류를 중심으로 한국어 격조사를 어떻게 가르치면 좋을지에 대한 한국어학적 이론과 실질적인 교수 방법에 대하여 설명하였다.

**제8장 문장에 의미를 더해주는 조사는 어떤 것이 있을까**(김재욱, 한국외국어대학교)에서는 조사 중에서 앞장에서 다룬 격조사에 이어 보조사와 접속조사를 중심으로 비슷한 의미를 나타내는 조사들이 어떤 특성과 의미를 가지고 있고 비슷한 조사들을 중심으로 이들이 서로 어떻게 다른지를 중심으로 대조·설명하고 구체적인 교수 방법을 제시하였다. 7장과 8장을 통하여 우리는 한국어 조사의 전반적인 이론적 특징과 실질적인 교육 방법을 이해할 수 있을 것이다.

제9장 한국어 문장은 어떻게 끝나는가(박동호, 경희대학교)에서는 한국어 종결어미와 선어말어미를 분류하고 그 특징을 설명하였다. 어미는 조사와 함께 한국어의 교착어적 특성을 잘 보여주는 문법 항목이다. 종결어미는 한국어 문장을 끝맺고 그 종류를 결정하며 선어말어미는 시상이나 높임을 나타낸다는 점에서 이들은 올바른 한국어 문장을 구성하는 데 핵심적 역할을 한다. 본 개정판에서는 그간의 한국어학과 한국어교육학의 학문적 성과를 반영하여 시상 선어말어미 '-았/었/였-'과 '-겠-'에 대한 기술, 종결어미와 선어말어미의 교안을 대폭 수정하였다.

제10장 문장은 어떻게 연결되는가(허용, 한국외국어대학교)에서는 두 개의 홑문장을 연결하는 방법을 공부한다. 한국어는 다른 언어와 달리 연결어미와 전성어미를 사용하여 문장을 확대한다. 특히 한국어 연결어미는 종류가 많고 그 쓰임이 연결어미마다 조금씩 다르다. 전성어미 또한 품사와 시제에 따라 전성어미의 종류가 달라진다. 따라서 각 연결어미들의 제약, 가르칠 때의 주의점을 제시하였다. 그리고 전성어미의 종류와 특징, 어떻게 가르칠 것인지를 구체적인 사례를 제시하여 실질적인 도움이 되고자 하였다.

제11장 한국어 가르치기, 어떻게 접근해야 할까(김미옥, 연세대학교)에서는 여러 가지의 언어 교수법들을 개괄적으로 소개하였다. 이 장에서 소개한 교수법은 모두 9가지로 먼저 각 교수법이 나오게 된 배경을 설명하고 원리와 특징, 그리고 실제 수업 시 교수 절차를 수업 예시와 함께 제시함으로써 어떻게 수업에 적용할 수 있는지를 보여주었고, 마지막으로 각 교수법이 가지는 장단점을 보여줌으로써 각 교사로 하여금 상황과 조건에 맞는 교수법을 활용할 수 있도록 하였다.

제12장 한국어 표현교육(말하기와 쓰기)을 어떻게 할까(김미옥, 연세대학교)에서는 표현교육으로서의 말하기와 쓰기 교육을 다루고 있다. 말하기, 쓰기 교육의 중요성과 특성, 말하기와 쓰기 교육에서 다루어야 할 내용과 가르치는 방법, 그리고 교사의 역할과 평가 방법, 마지막으로 말하기와 쓰기 활동의 유형을 소개하고 많이 사용되는 교재의 예를 통해 구체적인 사례를 보여주고자 하였다.

13장 한국어 이해교육(듣기와 읽기)을 어떻게 할 것인가(고명균, 간사이 대학)에서는 외국인 학습자의 의사소통 능력을 향상시키기 위한 듣기와 읽기의 교수학습법에 관한 내용을 다루었다. 이해 과정의 모형을 통한 이론적 설명과 단계별·수준별 실제 자료를 소개함으로써 교실 수업에 적용하여 활용할 수 있도록 도움을 주고자 하였다. 나아가 화제별 실라버스 작성 시 듣기 활동과 읽기 활동은 어떻게 응용될 수 있는지에 대해서 구체적인 예를 제시하였다.

**제14장 한국어, 무엇을 어떻게 평가할 것인가**(김미옥, 연세대학교)에서는 평가는 왜 해야 하며, 무엇을 어떻게 평가해야 하는지를 평가가 가지는 기능과 목적, 평가의 여러 가지 유형 등을 통하여 기술하였으며, 말하기, 읽기, 듣기, 쓰기의 네 가지 기능별 구성 요소 및 평가 유형을 한국어 능력 시험 기출문제 등의 실제 자료를 통하여 보여주고 있다. 또 새로운 평가 방법으로 떠오르는 대체적 평가로서의 수행평가와 마지막으로 현재 시행되고 있는 국내외의 한국어 능력 평가에 대해서도 다루었다. 그동안 국내 한국어능력시험도 여러 변화를 겪으면서 2014년 현재의 체제로 개편되었다. 따라서 현재 시행되고 있는 개편된 내용을 중점적으로 다루었으며 등급 평가 기준도 개편된 내용으로 수정하였다.

초판과 개정판에 이어 이번 개정 3판도 도서출판 박이정에서 간행하게 되었다. 사회적 불황의 때에 이 책의 출판을 가능하도록 해 주신 박찬익 사장님과 편집부에 깊은 고마움을 표한다. 그리고 모든 책의 저자들이 그러하듯이 공부하는 사람에게나 가르치는 사람에게나 이 책이 많은 도움이 되기를 바라는 마음이 가득하다.

2024년 1월

집필자 일동

# 목 차

# 1

# 한국어교육에서의 언어, 어떻게 이해해야 하는가

구약성서 창세기에 의하면 신을 업신여긴 노아의 후손들이 하늘에 닿기 위하여 바벨탑을 쌓았고, 이러한 인간의 오만함에 노한 하나님이 벌을 내림으로 사람들이 각기 다른 언어를 사용하게 되었다고 한다. 그 옛날 바벨탑 사건이 없었더라면 오늘날의 인류는 하나의 언어만을 사용하고 있을까?

이 장에서는 외국어로서의 한국어교육에 필요한 언어학적인 기본 개념 및 이와 관련된 한국어의 특징을 각 분야별로 소개한다. 이를 위해 먼저 인간이 사용하는 언어의 특징에 관하여 간단히 살펴본다. 발음을 교육할 때에 필요한 말소리를 연구하는 방법에 관해 알아보고, 한국어의 문장과 의미 구조를 교육할 때에 필요한 단어와 문장을 연구하고 뜻을 연구하는 방법 등에 관하여 알아본다. 그 다음 언어교육의 효율성을 높이기 위해 요구되는 언어 간의 공통점과 차이점에 관하여 연구하는 유형론적 접근법과 언어대조방법에 관하여 간단히 살펴본다.

# 1. 언어란 무엇인가

## 1.1 언어는 인간을 특징짓는 가장 중요한 요소이다

우리는 누가 뭐라고 해도 인간의 가장 특징적인 요소로 '언어'를 꼽을 것이다. 인간은 언어를 통하여 사고하고, 언어를 통하여 사회생활을 한다. 언어가 인간에게 얼마나 필요한 것인가 하는 점은 널리 알려져 있는 로빈슨 크루소의 이야기에도 잘 나타나 있다. 로빈슨 크루소는 외딴 섬에 혼자 떨어져 지내는 동안 대화의 상대자를 찾지 못하여 무척 외로웠다. 그는 데려온 개를 말벗으로 삼기도 하고, 앵무새를 길러 말벗으로 삼기도 했다. 또한 스스로 묻고 대답하기도 했고, 일기를 쓰기도 했다. 이뿐만 아니라 상상 속에서 그의 아버지나 신과의 대화를 통하여 의사소통의 통로를 찾고자 했다. 그러던 어느 날 식인종에게 끌려온 흑인을 구출해 주게 된다. 그 후부터 로빈슨 크루소는 그 흑인에게 영어를 가르쳐 원하던 의사소통을 하게 됨으로써 누군가와 대화를 하지 못하는 데서 오는 외로움과의 싸움에서 마침내 이기게 된다. 이렇듯 언어는 인간을 인간답게 하는 가장 중요한 요소인 것이다.

언어의 기능을 한마디로 표현하면 의사소통의 기능일 것이다. 하지만 언어를 의사소통의 수단으로서만 본다면 벌이나 돌고래, 원숭이 등이 의사소통의 수단으로 사용하고 있는 갖가지의 몸짓도 언어라고 할 수 있을까? 또한 오래전에 나라에 병란이나 사변이 있을 때 신호로 올렸다는 봉화나 달리기의 출발을 알리는 '탕'하는 총소리나 깃발 신호도 언어가 될 수 있을까? 그렇지 않다. 이들은 의사소통의 수단으로는 쓰일지언정 언어로는 볼 수 없다. 인간의 언어와는 달리 소리로 표현되지 않거나 소리로 표현된다고 하더라도 자음과 모음으로 나누어지지 않는다. 따라서 우리가 이 책에서 가르치고 배우는 대상으로 삼고자 하는 언어는 - 좀 더 넓게 표현하면 언어학의 연구 대상으로서의 언어는 - 아래와 같은 요소를 갖추고 있어야 한다.

## 1.2 언어가 갖는 특성은 무엇인가

### 1.2.1 언어는 사회 구성원들 간의 약속이다.

다음 수수께끼를 풀어보자.

> - 나는 무엇일까요?
> - 나는 꽃입니다.
> - 나는 빨간색입니다.
> - 나는 사랑의 상징으로 많은 사람들에게 사랑을 받습니다.
> - 나는 가시가 있습니다.

이에 대해 대부분의 한국 사람들은 '장미'라고 답할 것이다. 그렇다면 왜 '장마'나 '해미'라고 말하지 않고, '장미'라고 하는 것일까? 그 이유는 한국어를 쓰는 사람들이 '장미'라고 부르자고 약속했기 때문이다. 이러한 약속은 사회적인 약속이기 때문에 어떤 한 사람이 임의적으로 바꿀 수 없다. 이렇듯 언어는 그 언어를 사용하는 사람들 간의 사회적인 약속인 것이다.

## 1.2.2 언어는 시간이 흐름에 따라 변한다

그렇다면 언어는 먼 옛날부터 오늘에 이르기까지 아무런 변화 없이 그대로 이어져 왔을까? 그렇지 않다. 우리는 '즈믄'이나 '잔나비'라는 말 대신 '천'이나 '원숭이'를 사용하고, '벗'이나 '놀이'라는 말보다는 '친구'나 '게임'이라는 말을 더 많이 쓴다. 이뿐만이 아니다. '사귀다'라는 말을 생각해 보자. 예전에는 '친구를 사귀다' 등에 사용되어 '가깝지 않던 사람과 가까워지다'라는 의미로 쓰였지만 요즘 젊은 사람들 사이에서는 '연인 관계를 맺다'라는 의미로 더 널리 쓰인다. 언어는 시간이 흐르면서 소리가 변하거나, 뜻이 변하거나, 있던 말이 없어지거나, 새로운 말이 생기기도 한다. 언어는 지금 이 순간에도 변화하고 있다.

## 1.2.3 언어는 체계적인 구조로 되어 있다

우리가 사용하는 언어는 겉보기에는 아무렇게나 이루어진 집합체 같지만 내적인 구조를 면밀히 살펴보면 일정한 구성요소들로 이루어진 체계적인 구조임을 알 수 있다.

> 이, 성격, 현우, 좋-, 는, -다

위와 같이 임의대로 섞여 있는 요소들을 가지고 문장을 만들어 보자. 우리가 만들 수 있는 제대로 된 문장은 '현우는 성격이 좋다'밖에 없을 것이다. 이는 요소들의 배열 순서가 정해져 있어 마음대로 바꿀 수 없음을 뜻한다. 또한 이 문장에서 '성격'은 '는', '이', '좋-', '-다' 등의 요소들과는 교체될 수 없고, '사교성', '추진력', '참을성', '기억력', '식성' 등과 같은 요소들과는 교체될 수 있다. '좋-'은 '성격', '는', '이', '-다' 등과는 교체될 수 없고, '나쁘-', '이상하-', '까다롭-' 등과는 교체될 수 있다. 이는 어떤 특정 요소가 주어진 문장에서 담당하는 기능이 같을 때에만 같은 위치에 올 수 있기 때문이다. 이처럼 언어는 아무렇게나 나열되어 있는 집합체가 아니라 체계적인 구조체인 것이다.

## 1.2.4 언어는 작은 요소로 분절된다

위와 같은 문장은 물리적인 연속체이지만 언어 사용자들에 의해 일정한 원칙에 따라 분절되어 인지된다. '현우는 성격이 좋다'라는 문장은 '현우는'과 '성격이 좋다'로 나뉘고, '현우는'은 '현우'와 '는'으로, '성격이 좋다'는 다시 '성격이'와 '좋다'로 나뉜다. 이들은 다시 '성격'과 '이', '좋-'과 '-다'로 나뉜다. '현우'와 '성격'은 다시 각각 '현'과 '우', '성'과 '격'이라는 음절로 나뉘고, 이러한 모든 음절은 자음과 모음으로 나뉜다.

## 2. 언어는 어떻게 연구할까

우리는 앞 절에서 언어가 갖는 일반적인 특성에 관하여 살펴보았다. 그렇다면 이러한 언어를 보다 구체적이고 심층적으로 이해하기 위해서는 어디서부터 어떻게 접근하는 것이 좋을까? 평소에 '언어가 도대체 무엇일까?' 내지는 '세상에는 왜 이렇게 많은 언어들이 존재하고, 이들 간의 공통점과 차이점은 무엇일까?' 또는 '외국어를 좀 더 빨리 배울 수 있는 방법은 없을까?'하는 궁금증을 가져본 적이 있는가? 언어학은 바로 이러한 궁금증에 관한 것에서부터 요즘 많은 사람들의 관심의 대상이 되고 있는 음성인식이나 언어치료에 이르기까지 언어와 관련된 모든 분야에 관해 심층적으로 연구하는 학문이다. 아래와 같은 문장이 있다고 하자.

> 산이 아주 푸릅니다.

위 문장을 언어학적으로 접근하기 위해서는 발음하는 방법이나 각각의 낱말, 문장의 구조(문법), 뜻에 대하여 알아야 한다.

각각을 전문적으로 다루는 언어학의 하위 분야가 있는데 발음을 다루는 분야가 음성·음운론이고, 낱말을 다루는 분야가 형태론, 문장의 구조를 다루는 분야가 통사론이며, 뜻을 다루는 분야가 의미론이다. 다음 장부터는 언어학의 하위 분야에 관하여 한국어교육과 관련지어 살펴본다.

| 언어학의 하위 분야 | 연구 대상 |
|---|---|
| 음성·음운론 | 발음 |
| 형태론 | 낱말 |
| 통사론 | 문장 구조 |
| 의미론 | 뜻 |

## 3. 소리는 어떻게 연구할까

위에 있는 문장은 [사니 아주 푸름니다]로 소리 난다. 따라서 이 문장을 외국인한테 가르치기 위해서는 '산이'가 왜 [산이]가 아닌 [사니]로 소리 나는지, '푸릅니다'가 왜 [푸릅니다]나 [푸른니다]로 소리 나지 않고 [푸름니다]로 소리 나는지를 알아야 한다. 이를 이해하기 위해서는 낱낱의 소리(음운)뿐만 아니라 음절과 음운현상(phonological process)까지도 알아야 한다. 이렇게 말소리를 대상으로 연구하는 분야를 음성·음운론(phonetics·phonology)이라고 한다.

# 3.1 음운이란 무엇인가

말소리는 크게 자음과 모음으로 분류된다. 자음과 모음은 일반적으로 숨을 내쉴 때에 만들어지는데, 자음은 폐에서 나오는 공기의 흐름에 어떤 형태로든지 장애를 받는 음이고, 모음은 아무런 장애 없이 공기가 그대로 방출되는 음이다. 다음에 짝지어진 낱말들을 발음해 보고, 소리의 가장 작은 단위로 나누어 보자.

| 공 : 종 | 공 : 강 | 공 : 곰 |
|---|---|---|

**국제음성문자**(International Phonetic Alphabet, IPA)

각 언어에서 사용되는 음성의 정확한 음가를 전사(transcription)하기 위하여 사용되는 특수문자

| ㄱ : [k] | ㄷ : [t] | ㅂ : [p] |
|---|---|---|
| ㅁ : [m] | ㄴ : [n] | ㅇ : [ŋ] |
| ㅏ : [a] | ㅡ : [ɨ] | ㅓ : [ə] |

짝지어진 두 낱말은 각각 뜻은 다르지만 유사한 소리들로 구성되어 있다. 각 낱말을 소리의 가장 작은 단위로 나누어 비교해 보면, 세 가지의 소리 중에서 단 한 개의 소리만이 서로 다름을 알 수 있다.

즉, 첫 번째 예에서는 'ㄱ'와 'ㅈ'가 뜻을 가르고, 두 번째 예에서는 'ㅗ'와 'ㅏ', 세 번째 예에서는 'ㅇ'과 'ㅁ'이 뜻을 가른다. 이처럼 말의 뜻을 구별해 주는 가장 작은 단위를 음운이라고 한다. 위에 있는 단어 쌍처럼 음운을 하나만 바꾸어서 뜻이 달라지는 단어 쌍을 최소대립쌍(minimal pair)이라고 한다. 이러한 음운은 언어마다 다르다. 예를 들어 영어에는 있는 'f, v'가 한국어에는 없고, 한국어에는 있는 'ㅂ, ㅃ, ㅍ'의 구별이 영어에는 없다. 이러한 이유로 사람들은 누구나 외국어를 배울 때에 어려움을 겪게 되는 것이다.

**See you later!**
우리가 첫 단어 'see'를 한국어에서의 '씨'로 발음하여 '씨유 레이터'라고 하게 되면 영어를 모어로 하는 사람들은 웃음을 짓는다. 왜 웃을까? 이는 영어의 'see' 발음과 한국어의 '씨'('씨앗, 철수 씨') 발음이 달라 'see'를 한국어에서의 '씨'로 발음하면 'f'를 'ㅍ'로 발음하고 'v'를 'ㅂ'로 발음하는 것만큼이나 어색하기 때문이다. 영어 'see'에서의 's'는 'so, sample' 등에서의 's'와 같은 소리이지만, '씨앗'에서의 '씨'는 '쌀, 싸우다, 쏘다' 등에서의 'ㅆ'와 다른 소리이다. 즉, 'ㅆ'가 'ㅣ'를 만나면 발음하는 위치가 달라지는 것이다. 이와 같이 하나의 자음이 출현하는 음운환경에 따라 달라지는 음을 '변이음'이라 한다. 한국의 성씨 중의 하나인 '송'의 첫 자음인 'ㅅ'를 's'로 적지만, '신'이나 '심' 씨의 경우에는 'ㅅ'를 's'로 적지 않고 'sh'로 적는 것도 이런 이유와 관계가 있다.

말의 뜻을 가르는 역할을 하는 음운에는 자음이나 모음과 같은 분절음(segment) 외에도 강세, 성조, 장단, 억양 등과 같은 초분절음(suprasegment)이 있다. 초분절음 역시 언어에 따라 다른데 중국어와 태국어, 베트남의 경우에는 성조가 발달되어 있는 반면에 한국어에는 성조가 없다. 한국어에서 주로 비격식적 상황에서 사용하는 '집에 가요'를 의문문에서는 끝을 올려 발음하고, 평서문에서는 끝을 내려 발음하는 것은 '억양'의 영향 때문이다.

## 3.2 음절이란 무엇인가

하나 또는 둘 이상의 음소들이 모여 바로 단어를 이루는 것이 아니라 먼저 음절(syllable)을 이룬다. 음절이란 한 번에 낼 수 있는 소리의 마디를 일컫는데 한국어에서는 모음을 중심으로 형성된다. '산이 아주 푸릅니다'라는 위에 있는 문장을 소리 나는 대로 써보면 다음과 같다.

---

사니 아주 푸릅니다

---

이를 한 번에 소리 낼 수 있는 단위로 나누면 '사∨니∨아∨주∨푸∨름∨니∨다'가 된다. 이와 같이 한 번에 낼 수 있는 소리의 마디를 음절이라고 한다. 즉, 위의 문장은 [사], [니], [아], [주], [푸], [름], [니], [다]의 여덟 개의 음절로 되어 있다. 한국어의 음절에는 아래와 같이 네 가지 종류가 있다. 자음만으로는 음절을 이룰 수 없고, 음절의 초성에서든 종성에서든 자음 두 개가 연달아 올 수 없다. 다시 말해, 자음은 한 번에 하나뿐이다.

---

### 한국어 음절의 종류

'모음' 하나로 된 음절(V): 아, 오, 이, 오, 우
'자음+모음'으로 된 음절(CV): 자, 네, 꼬, 치, 다
'모음+자음'으로 된 음절(VC): 인, 옷, 앞, 안, 울
'자음+모음+자음'으로 된 음절(CVC): 상, 는, 뼘, 강, 책

---

이러한 음절구조 역시 음운과 마찬가지로 언어마다 다른 특징을 보인다. 예를 들어, 한국어와 영어에서는 자음으로 끝나는 음절이 허용되는 반면에 이태리어나 하와이어, 스와힐리어 등에서는 자음으로 끝나는 음절이 없다. 또한 영어에서는 초성과 종성에서 겹자음이 허용되는 반면에 한국어에서는 어느 위치에서도 겹자음이 올 수 없다. 종성에 겹받침이 있는 '값, 흙'을 각각 [갑]과 [흑]으로 발음하는 것은 두 개의 자음이 허용되지 않기 때문이다.

음운이나 음절이 언어마다 다르기 때문에 어떤 한 언어에서 다른 언어로 단어가 차용될 때에 다양한 조정 현상이 일어나는 것이다. 예를 들어, 영어의 'Christmas'는 하와이어에서는 '켈리키마카 [kelikimaka]'로 발음하고, 한국어에서는 '크리스마스[kirisimasi]'로 발음한다. 이는 하와이어의 음절구조가 '(C)V(V)'인데다가 [r] 유형의 자음이 없고, 혀로 만들어내는 장애음에는 [k]밖에 없어 [s]를 [k]로 대체하기 때문이다. 그러나 한국어에는 'Christmas'를 발음하는 데 필요한 모든 음소가 있으므로 자음에는 별 변화가 없고 2음절이었던 단어가 5음절로 늘어나는 현상만이 일어난다. 이러한 음절구조의 차이 역시 외국어 학습에 많은 어려움을 초래한다.

## 3.3 음운현상이란 무엇인가

음운현상이란 원래의 음운이 어떠한 이유에서 본래의 소리가 아닌 다른 소리로 바뀌어 발음되는 현상을 말한다. 위에 있는 문장에서 '푸릅니다'가 [푸릅니다]로 발음되지 않고, [푸름니다]로 발음되는 것은 음운 변동이 일어났기 때문이다. 받침에 있는 장애음 'ㅂ'가 바로 뒤에 오는 자음인 'ㄴ'의 영향으로 비음(nasal)으로 바뀌어 발음되는 것이다. 그러나 영어에서는 장애음과 비음이 인접하더라도 음운현상이 일어나지 않고 원래 음가대로 발음된다. 이는 'good night, good morning, footnote, nickname, big man, rock music, batman, top news'와 같은 예에서 확인할 수 있다. 또한 한국어에서는 '꽃잎'과 같이 다양한 음운현상이 한꺼번에 일어나기도 하는데 외국인들이 이와 같은 단어를 제대로 발음하는 것은 쉬운 일이 아니다. '꽃잎'은 둘째 음절 초성에 'ㄴ'이 첨가되고, 첨가된 'ㄴ'이 다시 앞 자음에 영향을 주어 앞 자음이 비음으로 발음되고, 뒤 음절의 종성이 대표음으로 바뀌어 [꼰닙]으로 발음하게 된다. 이렇듯 한국어에서 일어나는 다양한 음운현상은 한국어를 배우는 학습자들에게 한국어 학습에 있어 큰 어려움으로 작용한다. 지금까지 살펴본 한국어의 발음에 대해서는 제4장 '한국어 발음, 어떻게 가르쳐야 하나'에서 보다 자세히 다루도록 한다.

## 4. 낱말은 어떻게 연구할까

우리가 사용하는 물건 중에는 작은 것들이 모여서 이루어진 것들이 많다. 이런 물건들을 사용할 때, 각 부분들에 대해서 잘 알고 있으면 도움이 될 것이다. 예를 들어 자동차를 생각해 보자. 자동차가 어떤 부분으로 이루어져 있는지 각 부분의 역할이 무엇인지를 잘 아는 사람은 그렇지 않은 사람보다 자동차를 더 잘 다룰 수 있을 것이다.

우리가 사용하는 말이나 글도 여러 개의 작은 부분들이 모여서 이루어진 것이다. 따라서 우리가 쓰는 말이나 글들이 어떻게 이루어졌는지, 각 부분의 역할이 무엇인지를 알면 우리가 말과 글을 사용하는 데 도움이 될 것이다.

한 언어의 말과 글을 이루는 기본적인 요소인 낱말들의 특징을 잘 파악해 보면 낱말의 뜻을 보다 알기 쉽고 낱말이 만들어지는 원리를 알 수 있으므로 언어생활을 더욱 풍부하고 다양하게 할 수 있을 것이다. 이렇게 낱말에 관해 연구하는 분야를 형태론(morphology)이라고 한다.

> 수미는 눈웃음이 아주 예쁘다.

위 문장은 몇 개의 낱말로 이루어져 있을까? 낱말은 우리가 사용하는 낱낱의 말로서 문장을 이루는 기본적인 요소이다. 일반적으로 낱말은 홀로 설 수 있는 말을 일컫지만 한국어의 조사와 같이 홀로 설 수는 없지만 홀로 설 수 있는 말에 붙어 쓰이는 말도 별개의 낱말로 인정한다. 낱말 중에는 '눈-웃음'과 같이 더 작은 단위로 나눌 수 있는 것이 있다. 그러나 '아주'와 같이 뜻을 가진 말로는 더 이상 나눌 수 없는 낱말도 있다. '아주'를 '아'와 '주'로 나눈다면, '아주'라는 낱말의 뜻과 아무 관련이 없어진다.

## 4.1 형태소란 무엇인가

**형태소**란 뜻을 가진 가장 작은 말의 단위를 일컫는 말이다. 형태소는 더 쪼개면 뜻을 잃어버리게 되므로 뜻을 가진 최소의 단위가 된다. 예를 들어 '사과나무'는 '사과'와 '나무'로 이루어진 낱말이다. 이때 '사과'와 '나무'는 각각의 낱말인데, 이들은 더 쪼갤 수 없기 때문에 그 자체가 형태소가 된다.

> 사과나무 = 낱말
> 사과 + 나무 = 형태소(낱말)

또한 형용사 '예쁘다'도 '예쁘-'와 '-다'라는 형태소로 이루어진 하나의 낱말이다.

> 예쁘다 = 낱말
> 예쁘- + -다 = 형태소

앞 절에서 살펴본 바와 같이 음소는 음운 환경에 따라 변이음으로 실현되기도 한다. 이처럼 형태소도 환경에 따라 다양한 **변이형태**로 나타나기도 한다. 예를 들어, 한국어의 주격조사는 '이', '가'이고, 목적격 조사는 '을', '를'이다. 이들은 앞 형태소가 자음으로 끝나느냐, 모음으로 끝나느냐에 따라 선택되는 변이형태들이다. 이는 전적으로 앞 자음의 존재 유무에 달려 있다. 이처럼 자음이나 모음 등의 음운론적인 환경에 의해 일어나는 변이형태를 '음운론적 변이형태'라고 한다. 한국어의 조사나 어미는 '음운론적 변이형태'가 대다수를 이루고 있기 때문에 많은 한국어 학습자들이 학습 시 어려움을 겪는다. 영어의 경우에는 복수를 나타내는 문법형태소 {-s}가 '음운론적 변이형태'로 나타난다. 이 형태소는 결합하는 형태소의 음운이 무성음인지, 유성음인지, 또는 마찰음인지에 따라 각각 변이형태인 [s], [z], [iz]로 실현된다.

이와는 달리 앞 음절의 음운환경에 따라 형태소가 결정되는 것이 아니라 어떤 어휘와 결합하느냐에 따라 조건지어지는 경우가 있다. 예를 들어, '-너라'라는 어미는 '가다, 먹다, 주다' 등에는 절대 붙지 못하고 오직 '오다'에만 붙는다. 이러한 변이형태를 '형태론적 변이형태'라고 부른다. '형태론적 변이형태'는 '음운론적 변이형태'보다 한국어를 비롯한 외국어 학습에 있어 더 큰 주의를 필요로 한다.

## 4.2 형태소는 어떻게 나누어지는가

형태소는 실질적인 뜻을 지니고 있느냐 문법적인 뜻을 지니고 있느냐에 따라 **실질형태소**(어휘형태소)와 **문법형태소**(형식형태소)로 나뉜다. 예를 들어, '나무가, 먹고'와 같은 말에서 '나무'나 '먹-'은 낱말의 의미를 결정짓는 실질형태소이고, '가, -고'는 문장성분 간의 문법 관계를 나타내는 문법형태소이다. 또한 문장에서 홀로 쓰일 수 있느냐의 여부에 따라 **자립형태소**와 **의존형태소**로 나뉜다. 예를 들어, 영어의 'dogs'와 'cats'는 하나의 단어이지만, 자립형태소인 'dog'과 'cat'이 의존형태소인 '-s'와 결합한 것이다. 대체로 실질형태소는 자립형태소이고, 문법형태소는 의존형태소이다. 하지만 항상 그런 것은 아니다. 대표적인 예가 한국어의 동사나 형용사이다. 예를 들어, '예쁘-, 먹-'은 실질적인 뜻을 가지고 있지만 독립적으로 쓰일 수 없고 반드시 어미와 함께 쓰여야만 하는 의존형태소이다.

| 자립성＼뜻 | 실질형태소 | 문법형태소 |
|---|---|---|
| 자립형태소 | 집, 물, 꽃, 아주 | |
| 의존형태소 | 예쁘-, 높-, 먹-, 가-, 자- | 는, 이, -다, 을 |

## 4.3 낱말은 어떻게 만들어지는가

낱말에는 자립형태소로만 이루어진 낱말이 있고, 자립형태소와 의존형태소의 결합으로 이루어진 낱말이 있고, 의존형태소로만 이루어진 낱말이 있다. 자립형태소로만 이루어진 낱말에는 '집, 물'과 같이 하나의 자립형태소로 이루어진 낱말이 있고, '강물, 밤안개, 아침밥'과 같이 두 개의 자립형태소로 이루어진 낱말이 있다. 자립형태소와 의존형태소의 결합으로 이루어진 낱말에는 '햇과일, 날고기, 먹이, 높이' 등이 있고, 의존형태소로만 이루어진 낱말에는 '오다, 가다, 뛰다, 놀다' 등이 있다.

이러한 단어의 구성을 의미 중심의 관점에서 보면 단어에서 중심의미를 갖는 **어근**과 부차적인 의미를 갖는 **접사**로 나눌 수 있다. 낱말을 나무에 빗대어 그 형성 방법을 살펴보면, 어근은 나무의 뿌리에 해당하고, 접사는 낱말의 뜻을 곁들이는 역할을 한다는 의미에서 곁가지로 볼 수 있다.

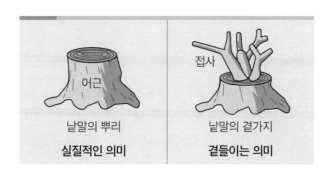

**단일어**의 경우는 중심의미를 갖는 어근 하나로만 이루어져 있는 데 반해 합성어는 어근이 둘 이상 결합하여 이루어진다. 위에서 예로 든 '햇과일'과 '날고기'는 어근인 '과일'과 '고기'에 각각 '햇-'과 '날-'과 같은 접사가 붙어서 이루어진 것이다. 또한 '먹이'와 '새까맣다'는 어근인 '먹-'과 '까맣다'에 각각 '-이'와 '새-' 같은 접사가 붙어 이루어진 것이다. 이렇게 어근과 접사가 결합하여 이루어진 낱말을 **파생어**라 한다.

| 낱말의 유형 | | 설명 | 예 |
|---|---|---|---|
| 단일어 | | 어근 하나만으로 이루어진 낱말 | 해, 달, 바다, 산, 강, 집, 꽃 |
| 복합어 | 합성어 | 둘 이상의 어근이 결합한 낱말 | 물병, 밤낮, 앞뒤, 책가방, 오가다, 뛰놀다 |
| | 파생어 | 어근과 접사가 결합한 낱말 | 햇과일, 날고기, 덧버선, 풋사랑 |

합성어의 의미는 합성어를 이루고 있는 어근의 실질적인 의미와 관련이 많다. 그러나 어근의 실질적인 의미와 다른 새로운 의미를 나타내는 경우도 있다. 예를 들면, '춘추, 넘어가다'와 같은 말은 각각 '봄가을, (산을) 넘어가다'의 뜻으로 쓰이는 경우도 있지만, '나이, 속다'의 뜻으로 쓰이기도 한다. 또한 어근이 결합하여 합성어를 이룰 때, 어근의 본래 모습이 바뀌어 결합하는 경우도 있다. 예를 들어 '소나무'와 '마소'는 어근의 'ㄹ'이 탈락하여 결합한 합성어이다.

**[낱말과 형태소의 구분]**

| 문장 | 수미는 눈사람을 만들었다 | | | | | | |
|---|---|---|---|---|---|---|---|
| 낱말 | 수미 | 는 | 눈사람 | | 을 | 만들었다 | |
| 형태소 | 수미 | 는 | 눈 | 사람 | 을 | 만들 | 었 | 다 |

**[보충·심화 : 합성어의 유형]**

| 분류기준 | 유 형 | 예 |
|---|---|---|
| 형태에 따라 | 결합할 때 변화가 없는 경우 | 책가방[책+가방] |
| | 생략에 의한 변화가 있는 경우 | 대여섯[다섯+여섯] |
| | 소리 나는 대로 표기하여 표기가 변한 경우 | 달걀[닭+알] |
| | 어미가 끼어들어 결합한 경우 | 뛰어나다[뛰(다)+나(다)] |
| 의미에 따라 | 어근이 대등하게 본래의 뜻을 유지하는 경우 | 손발[손+발], 오가다[오다+가다] |
| | 한쪽 어근이 다른 한쪽 어근을 수식하는 경우 | 손수건, 책가방 |
| | 어근들이 완전히 하나로 융합해 새로운 의미를 나타내는 경우 | 밤낮[밤과 낮 → 언제나] 춘추[봄과 가을 → 연세(나이)] |

# 4.4 낱말은 어떻게 분류되는가

우리가 컴퓨터에 파일을 정리할 때 아무렇게나 해 두면 얼마간 시간이 지난 후에 필요한 파일을 찾기가 쉽지 않다. 하지만 파일을 만든 날짜나 과목명 등 일정한 기준에 따라 파일을 정리해 두면 필요한 파일을 보다 쉽고 빠르게 찾을 수 있다. 무엇인가 분류를 할 때는 분류하려는 대상의 특성을 파악하여 분류 기준을 세워야 그 대상을 이해하기도 쉽고 기억하기도 쉽다.

낱말을 분류하는 일은 언어를 이해하는 데 도움이 된다. 낱말의 성질이 공통된 것끼리 모아 분류해 놓은 낱말의 갈래를 **품사**라고 하는데 한국어에는 아홉 가지의 품사가 있다. 낱말은 이름을 나타내는 낱말, 움직임을 나타내는 낱말 등 의미에 따라 여러 가지로 나눌 수 있다. 또한 낱말이 문장에서 사용될 때 형태가 변하느냐 변하지 않느냐에 따라 나눌 수도 있다. 이뿐만 아니라 낱말이 문장에서 어떠한 기능을 하느냐에 따라 나눌 수도 있다.

## 4.4.1 명사, 대명사, 수사

> 빨간 사과가 책상 위에 있다.

'사과', '책상' 등과 같이 구체적인 대상의 이름이나 '사랑', '행복'과 같이 추상적인 대상의 이름을 나타내는 낱말을 명사라고 한다.

> 그는 3시까지 여기에 오기로 했다.

'나', '너', '그', '이것', '저것', '여기'와 같이 사람, 사물, 장소의 이름을 대신하여 가리키는 낱말을 대명사라고 한다.

> 첫째도 건강, 둘째도 건강이다.

'하나', '둘', '첫째', '둘째' 등과 같이 수량이나 순서를 가리키는 낱말을 수사라고 한다.

명사, 대명사, 수사를 묶어 체언이라고 한다. 체언은 문장에서 주로 주어, 목적어, 보어 등으로 쓰이며, 이때 그 형태가 변하지 않는 특징이 있다.

---

**[보충·심화 : 한국어 체언의 특징]**

(1) 명사의 특징
- 인도·유럽 언어와 달리 격에 따른 변화가 없다.
- 성의 구별이 없다.
- 단수와 복수의 구별이 엄격하지 않다.(*다섯 개의 사과들)
- 단수와 복수에 따른 서술어의 변화가 없다.
- 의존명사(먹을 것, 할 수 없다, 떠날 줄 몰랐다)가 있다.

> ① 모든 문장성분에 다 가능한 의존명사: 것(이, 을, 이다)
> ② 주로 주어로 쓰이는 의존명사: 지(가), 수(가), 리(가), 턱(이)
> ③ 주로 서술어로 쓰이는 의존명사: 따름(이다), 뿐(이다), 마련(이다), 노릇(이다), 셈(이다)
> ④ 주로 목적어로 쓰이는 의존명사: 줄(을)
> ⑤ 주로 부사어로 쓰이는 의존명사: 채(로), 만큼, 듯, 김, 만, 뻔, 척, 망정

- 단위성 의존명사(분류사)가 발달되어 있다.(강아지 한 <u>마리</u>, 책 <u>두 권</u>)
- 위치 명사가 있다.(위, 아래, 옆, 뒤 등)

(2) 대명사의 특징
- '나, 너' 등과 같은 경우를 제외하고는 대명사의 사용이 흔하지 않다.
  3인칭의 경우 '그'보다는 '그 사람'과 같이 '지시관형사+명사'로 자주 쓰인다.
- 관계대명사를 사용하지 않는다.
- 의문대명사와 부정(indefinite)대명사가 같은 형태이다.
  (누가 왔니? : 의문대명사
   누가 왔나 보다. : 부정대명사)

(3) 수사의 특징
  순수 한국어 계열(하나, 둘, 셋 등)과 한자어 계열(일, 이, 삼 등)이 있다. 이 두 계열의 숫자는 그 쓰임이 확실하게 구분되지는 않는다. 서수사로는 첫째, 둘째, 셋째 등이 있다.

# 4.4.2 동사, 형용사, '이(다)'

> 아기가 엄마 품에서 잔다.
> KTX가 자동차보다 빠르다.
> 나는 한국어 교사이다.

'자다'처럼 사람이나 사물의 움직임을 나타내는 낱말을 **동사**라고 하고, '빠르다'와 같이 사람이나 사물의 상태나 성질을 나타내는 낱말을 **형용사**라고 한다. 동사와 형용사를 묶어서 **용언**이라고 한다. 한국어의 용언에는 동사와 형용사 외에도 '이(다)'가 있다. 단, '이(다)'는 독립적으로는 서술어가 되지 못하고, 체언 등과 결합하여 서술어가 된다. 용언은 문장에서 주로 **서술어**로 쓰인다. 그리고 '자다'는 '잔다'뿐만 아니라 '자고 있다', '자려고 한다', '잤다', '잘 것이다' 등처럼 형태가 변하고, '빠르다'는 '빨랐다', '빠를 것이다', '빠르구나' 등과 같이 형태가 변하는데 이를 **활용**이라고 한다. '이(다)'도 '일 것이다, 이었다, 이에요'처럼 활용을 한다.

**[보충·심화 : 한국어 용언의 특징]**

(1) 동사의 특징
- 높임법이 동사의 어미를 통해 나타난다. (가신다, 가십니다)
- 화자의 주관성이 동사의 어미를 통해 형태에 반영된다. (가겠습니다, 비가 올 거야)
- 연쇄동사구문(serial verb construction)이 발달되어 있다. (입어 보다, 깎아 주다, 씹어 먹다, 삶아 먹다 등)
- 조동사가 있다. 단, 인도·유럽어와는 달리 조동사가 본동사 뒤에 위치한다. (공부<u>해야 한다</u>, 가고 싶다)
- 종결어미가 있다. (가니?, 먹<u>는다</u>)
- 자동사와 타동사 외에 자·타 양용동사(middle verbs)가 있다. (물가가 내렸다, 물가를 내렸다)

**(2) 형용사의 특징**

- 형용사의 범주가 뚜렷이 존재한다.
- 동사와 마찬가지로 독립적으로 서술어가 될 수 있다. 즉, '이다' 없이 서술어가 된다.
  (예쁘다, *예쁜입니다, 작다, *작은입니다)
- 위에서 언급한 동사의 특징을 대부분 갖지만, 동사와는 달리 명령, 청유, 진행형의 문장을 이룰 수 없다.

**(3) '이(다)'**

- 영어의 'be 동사'와 비슷한 성격을 갖고 있어 체언을 서술어로 만들 때 사용한다.
  다만, 한국어에서는 체언이 아닌 경우에도 사용된다. (나는 한국어 교사이다, 물론이다)
- 활용할 때 형용사적 특징을 보인다. 즉, 명령, 청유, 진행형의 문장을 이룰 수 없다.
  (*우리 착한 사람이자, *착한 사람이고 있다)

# 4.4.3 관형사, 부사

해윤이는 새 옷을 매우 좋아한다.

'새'처럼 체언을 꾸며 주는 역할을 하는 낱말을 **관형사**라고 한다. 한국어에는 '한 (사람)', '두 (사람)', '세 (사람)', '네 (사람)' 등의 수 관형사가 발달되어 있다. '매우'와 같이 주로 용언을 꾸며 주는 역할을 하는 낱말을 **부사**라고 한다. 관형사와 부사는 다른 낱말을 꾸며 주는 구실을 한다고 하여 이를 **수식언**이라고 부른다.

**[보충·심화: 한국어 수식언의 특징]**

**(1) 관형사의 특징**

- 'this'와 'that'으로 구별되는 영어와는 달리 '이/저/그' 세 종류의 지시관형사가 있다.
  (이 책, 저 사람, 그 나무)
- 부정(indefinite)관형사와 의문관형사가 동일한 형태로 나타난다.
  (너는 어떤 음식을 좋아하니?: 의문관형사
  어떤 음식이든 너무 많이 먹으면 몸에 안 좋다.: 부정관형사)
- 수식하는 명사의 성질을 나타내주는 속성관형사가 있다. (새 옷, 온 나라, 딴 사람 등)
- 수 관형사가 순수 한국어 계열(한, 두, 세, 네, 다섯 등)과 한자어 계열(일, 이, 삼, 사, 오 등)로 나뉜다.
  그러나 그 쓰임에 일정한 규칙이 있는 것은 아니다.
  (5시 5분: 다섯 시 오 분, *다섯 시 다섯 분, *오 시 오 분)

**(2) 부사의 특징**

- 부사는 용언 외에 체언이나 다른 부사, 또는 문장 전체를 수식하기도 한다.
  (내가 좋아하는 사람은 바로 너야, KTX는 무척 빨리 달린다, 과연 경치가 좋구나)
- '그러나, 그리고, 그래서, 그렇지만' 등도 부사의 일종인 접속부사로 본다.

## 4.4.4 조사

> 고양이가 쥐를 물었다. : 쥐가 고양이를 물었다.

위 문장에서 진하게 쓰여 있는 '가'와 '를'은 독립적으로 의미를 가질 수 없다. 하지만 두 문장은 정반대의 뜻을 지닌다. 무엇 때문일까? 그것은 바로 조사의 역할 때문이다. '가'와 '를'처럼 체언 뒤에 붙어서 다른 말과의 문법적 관계를 나타내 주거나 특별한 뜻을 더해 주는 역할을 하는 말을 조사라고 한다. 조사는 결합한 문장 성분과 다른 문장성분과의 관계를 나타내 주므로 관계언이라고 한다.

**[보충·심화: 한국어 조사의 특징]**
- 한국어는 교착어로서의 특징을 갖고 있는 언어로 어미와 함께 조사가 발달되어 있다.
- 조사에는 세 가지 종류가 있다.
  ┌ 격조사: 문장에서 결합한 문장성분의 격을 알려주는 기능을 담당한다. (하늘<u>이</u>, 꽃<u>을</u>)
  ├ 보조사(특수조사): 화자의 말하고자 하는 의도를 보다 자세히 나타내주는 기능을 담당한다. (하늘<u>도</u>, 꽃<u>만</u>)
  └ 접속조사: 명사와 명사를 연결하는 기능을 담당한다. (하늘<u>과</u> 꽃, 너<u>랑</u> 나)
- 한국어의 조사는 전치사가 아니라 후치사이다. (학교<u>에서</u>, 나<u>도</u> 바다<u>에</u> 가.)
- 중첩과 생략이 가능하다. (아버지<u>께서도</u>, 나 ∅ 너 ∅ 좋아해.)

## 4.4.5 감탄사

> 야, 조용히 해. 시끄러워!

감정을 넣어 화자의 놀람이나 느낌, 부름이나 대답을 나타내는 낱말을 감탄사라고 한다. 감탄사는 문장에서 독립적으로 쓰이므로 독립언이라고 한다.

지금까지 설명한 내용을 정리하여 표로 제시하면 아래와 같다.

**[한국어의 품사 분류표]**

| | | |
|---|---|---|
| **불변화사**<br>**(형태 변화가 없는 것)** | 체언 | 명사 |
| | | 대명사 |
| | | 수사 |
| | 수식언 | 관형사 |
| | | 부사 |
| | 관계언 | 조사 |
| | 독립언 | 감탄사 |
| **변화사**<br>**(형태 변화가 있는 것)** | 용언 | 동사 |
| | | 형용사 |
| | | 이(다) |

# 5. 문장은 어떻게 연구할까

전통적으로 문장은 낱말들로 구성되는 것으로 파악했다. 인도·유럽어에서는 문장을 구성하는 단위가 대개 낱말과 일치하고, 이러한 낱말을 결합하면 바로 문장이 된다. 그러나 한국어의 경우에는 이러한 정의와 잘 맞지 않는다. 예를 들어 '상주가 밥을 먹었다'에서 '상주가'가 최소자립형식이라는 기준에서 보면 낱말이라고 할 수 있다. 하지만 더 작은 단위인 '상주'와 '가'로 분석될 수 있다. 앞 절에서 설명한 바와 같이 '가'는 홀로 쓰일 수 없는 의존형태소이지만 일정한 통사 기능을 갖는다. 용언인 '먹었다'도 마찬가지이다. '먹-', '-었-', '-다'로 분석되지만 이들 역시 자립형태소가 아니기 때문에 '먹었다'를 하나의 낱말로 간주한다. 이렇게 문장의 구조에 관하여 연구하는 분야를 통사론(syntax)이라고 한다.

## 5.1 문장을 이루는 구성성분은 무엇인가

### 5.1.1 주성분: 주어, 서술어, 목적어, 보어

문장을 이루는 각 요소를 문장성분이라고 한다. 문장의 기본이 되는 '기본 문장'은 크게 두 부분으로 되어 있다. 하나는 그 문장에서 설명하고자 하는 대상으로서 문장의 **주어**라고 부른다. 대체로 문장에서 '누가/무엇이'에 해당한다.

> **[보충·심화: 한국어 주어의 특징]**
>
> • 비인칭주어가 없고, 주어가 없는 문장이 가능하다. (여름이다, 갈비탕 됩니까?)
> • 주어의 생략이 가능하다. (정말 예쁘다, 가야 해.)
> • 주어와 동사의 일치현상이 발견되지 않는다.
> • 이중주어문이 존재한다. (나는 가을이 좋아.)

그리고 다른 하나는 그 대상에 대한 설명으로서 문장의 **서술어**라고 부른다. 대체로 문장에서 '무엇이다', '어떠하다', '어찌하다'에 해당한다. 아래에 있는 문장을 보자.

> 장미꽃이 예쁘다.

위 문장에서 주어는 '장미꽃이'가 되고, 서술어는 '예쁘다'가 된다. 이처럼 주어와 서술어 등과 같이 문장을 이루는 데 꼭 필요한 성분을 **주성분**이라고 한다. 문장의 주성분에는 주어와 서술어 외에 목적어와 보어가 있다. 다음 문장을 보자.

> 수미가 <밥을> 먹는다.

위 문장에서 주어는 '수미가'이고 서술어는 '먹는다'이다. 그러면 이 문장은 주어와 서술어만으로 의미가 온전한 문장을 이룰 수 있을까? 그렇지 않다. 왜냐하면 서술어인 '먹는다'의 대상이 없기 때문이다. 이와 같이 서술어의 대상이 되는 문장성분을 **목적어**라고 한다. 따라서 위 문장에서 목적어는 <밥을>이 된다.

> 현지는 <의사가> 되었다.

위 문장에서 주어는 '현지는'이고, 서술어는 '되었다'이다. 그러나 위 문장 또한 주어와 서술어만 가지고는 의미가 온전한 문장을 이룰 수 없다. 이는 서술어인 '되었다'를 보충해 줄 말이 없기 때문이다. 이와 같이 서술어를 보충해 주는 말을 **보어**라고 한다. 따라서 위 문장에서 보어는 <의사가>가 된다. 이상에서 볼 때 문장을 이루는 주성분은 '주어, 서술어, 목적어, 보어' 네 가지이다.

| 문장 | 문장 성분 분석 |
|---|---|
| 고양이가 귀엽다. | (주어) + (서술어) |
| 고양이가 쥐를 쫓는다. | (주어) + (목적어) + (서술어) |
| 고양이는 강아지가 아니다. | (주어) + (보어) + (서술어) |

## 5.1.2 부속성분: 관형어, 부사어

꾸미는 말을 살펴보기 위해 다음에 있는 문장을 보자.

> 밤하늘의 별이 반짝반짝 빛난다.

위 문장에서 주성분만 찾아 문장을 새로 만들면 '별이 빛난다'가 될 것이다. 이 말은 '밤하늘의'와 '반짝반짝'은 빼내어도 문장 구성에 지장이 없다는 뜻이다. 그렇다면 이들은 문장에서 무슨 역할을 할까? 이들은 문장을 이루는 주성분과는 달리 주성분을 꾸며 주는 역할을 하는데, 이와 같은 것을 **부속성분**이라고 한다. 위 문장에서 부속성분인 '밤하늘의'는 주성분(정확히 말하면, 주어)인 '별(이)'를 꾸며 주고, 부속성분인 '반짝반짝'은 주성분(정확히 말하면, 서술어)인 '빛난다'를 꾸며 준다. '별'과 같은 명사나 대명사, 수사를 꾸며 주는 성분을 **관형어**라 하고, '빛난다'와 같은 동사나 형용사, 그리고 다른 부사를 꾸며 주는 성분을 **부사어**라고 한다.

## 5.1.3 독립성분: 독립어

다음 문장을 살펴보자.

> 해원아, 공부 열심히 해라!

위 문장에서 '해원아'를 빼도 문장의 구성과 의미는 온전하다. 이와 같이 문장 내에서 다른 성분들과 직접적인 관계를 맺지 않고 독립적으로 쓰이는 성분을 **독립어**라고 한다. 부름, 감탄, 응답 등이 이에 속한다. 독립어는 홀로 설 수 있다는 의미에서 붙여진 말로 문장의 주성분이나 부속성분과 구별하여 **독립성분**이라고 부른다.

지금까지 설명한 내용을 정리하여 표로 나타내면 아래와 같다.

**[문장성분의 종류]**

| | | |
|---|---|---|
| 문장성분 | 주성분 | 주어 |
| | | 서술어 |
| | | 목적어 |
| | | 보어 |
| | 부속성분 | 관형어 |
| | | 부사어 |
| | 독립성분 | 독립어 |

이러한 문장성분들이 모여 한국어의 문장을 형성하는 기본 원리에 대해서는 다음 장에서 보다 자세히 다루도록 한다.

## 5.2 문장성분은 무엇으로 나타내는가

문장을 이루는 성분들은 어떻게 자신을 드러낼 수 있을까?

> 고양이 쥐 물었다.

위 문장에서 체언인 '고양이'와 '쥐'의 성분은 무엇일까? 이들이 주어인지 목적어인지를 나타낼 수 있는 가장 기본적인 방법은 어순에 의한 것이다. 즉, 한국어의 일반적인 어순에 따라 앞에 오는 것이 주어이고, 뒤에 오는 것이 목적어이다. 그런데 한국어에는 주어나 목적어를 아는 또 하나의 방법이 있는데, 그것은 체언 뒤에 붙어 있는 조사의 성격을 파악해 보는 것이다. 즉, 체언 뒤에 주격 조사 '이/가'가 붙으면 주어가 되고, 목적격 조사 '을/를'이 붙으면 목적어가 된다. 이와 같이 어떠한 체언이 문장에서 어떠한 역할을 하는지를 나타내는 조사를 **격조사**라고 한다. 격조사에는 주격, 목적격, 보격, 서술격, 관형격, 부사격, 호격 조사가 있다.

이렇듯 격조사는 구성성분의 역할을 명시적으로 표지해 주는 역할을 하므로 한국어에서는 어순이 비교적 자유로운 편이다. 이와는 달리 영어에서는 구성성분의 문법적 기능이 출현 위치에 의해 결정되므로 구성성분의 위치가 매우 중요하고 그 위치는 특별한 경우가 아니면 고정된다. 따라서 한국어의 아래 두 문장은 어순이 달라도 '상주가'가 주어로 이해되고, '밥을'이 목적어로 이해되는 데 아무런 문제가 없는 것이다.

> 상주가 밥을 먹었다. : 밥을 상주가 먹었다.

한국어교육에서는 격조사를 포함하여 모든 조사의 용법이 매우 중요한데 이에 대해서는 7장과 8장에서 보다 자세히 살펴보도록 한다.

## 5.3 문장은 어떻게 확대되는가

앞에서 살펴본 바와 같이 낱말은 앞에 수식하는 말이 붙어서 확대된다. 그러나 문장은 훨씬 더 복잡한 양상으로 확대된다. 문장은 주어와 서술어의 개수가 몇 개이냐에 따라 **홑문장(단문)**과 **겹문장(복문)**으로 나뉜다. 홑문장은 주어와 서술어가 한 번 나타나는 문장이고, 겹문장은 두 번 이상 나타나는 문장이다. 겹문장은 홑문장들이 결합되는 방식에 따라 **문장 속의 문장(내포문)**과 **이어진 문장(접속문)**으로 나뉜다. 문장 속의 문장은 하나의 홑문장이 다른 문장에 안긴문장이고, 이어진 문장은 두 개 이상의 홑문장이 연결된 문장이다. 안긴문장은 그 성격에 따라 명사절, 관형절, 부사절, 서술절, 인용절로 나뉜다. 이어진 문장에는 두 개의 홑문장이 동등하게 연결되는 대등적으로 이어진 문장과 앞 문장이 뒤 문장에 종속되어 있는 종속적으로 이어진 문장이 있다.

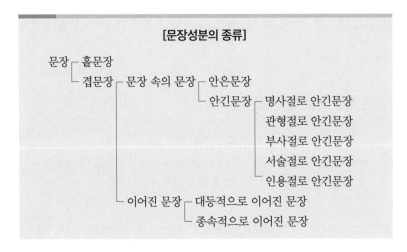

문장의 확대는 여러 가지 어미를 통하여 이루어지는데 이에 대해서는 10장에서 보다 자세히 살펴보도록 한다.

## 6. 말의 뜻과 쓰임은 어떻게 연구할까

언어는 말소리(형식)와 의미(내용)로 이루어져 있다.

따라서 올바른 언어생활은 말소리를 잘 듣고 소리 내야 함은 물론 말이나 글의 의미를 잘 이해할 때에 가능하다. 이를 위해서는 낱말의 의미를 정확히 파악하는 일이 중요하다. 낱말의 의미는 사전을 보고 알아낼 수도 있지만 같은 낱말이라도 상황에 따라 그 의미가 달라질 수 있으므로 문맥 속에서 정확한 의미를 파악해야 한다.

이렇게 말의 뜻을 다루는 분야를 의미론(semantics)이라고 한다.

## 6.1 다의어와 동음이의어란 무엇인가

'산, 바다, 강, 바람' 등과 같이 하나의 소리에 하나의 의미만이 있는 낱말도 있지만 한 낱말을 여러가지 의미로 사용하기도 한다. 하나의 소리에 전혀 다른 의미가 여러 개 결합되어 있는 낱말을 동음이의어라고 한다. 또한 하나의 소리에 서로 관련 있는 의미가 여러 개 결합되어 있는 낱말을 다의어라고 한다. 즉, 동음이의어란 두 개 이상의 단어가 우연히 소리가 같으나 의미가 서로 다른 경우이고, 다의어란 하나의 소리가 두 가지 이상의 관련된 의미로 쓰이는 낱말을 말한다. 낱말의 가장 기본적이고 핵심적인 의미를 중심의미라고 하고, 중심의미가 문맥에 따라 쓰임이 확장되어 달라진 의미를 주변의미라고 하는데 문맥에 따라 의미가 달라지므로 문맥적 의미라고도 한다.

외국어 교육을 할 때에는 학습자가 초급인 경우에는 중심의미를 가르치고, 점차로 주변의미를 가르친다. 학습자의 한국어 수준이 낮은데 교사의 지나친 욕심으로 한꺼번에 많은 주변의미를 지도하면 학습자에게 혼란을 줄 수 있다.

[동음이의어와 다의어]

| 구분 | 차이점 | | 공통점 |
|---|---|---|---|
| | 의미면 | 처리 방식 | |
| 동음이의어 | 의미들 사이에 관련이 없음 | 서로 다른 낱말 | 하나의 소리에 여러 의미가 결합 |
| 다의어 | 의미들 사이에 관련이 있음 | 하나의 낱말 | |

[동음이의어]

[보충·심화: 한국어 주어의 특징]

다리 - 다리가 아프다.
- 새로 생긴 다리가 아주 멋있다.
배 - 배가 아프다.
- 배를 타고 일본에 간다.
- 과일 중에 사과와 배를 좋아한다.

[다의어]

욕을 먹다

나이를 먹다

주변의미

주변의미

주변의미

주변의미

중심의미

겁을 먹다

한 골을 먹다

---

**[보충·심화: 동음이의어]**

(1) 요즘에는 자녀가 넷 <u>이상</u> 있는 가정이 드물다.

(2) 운동을 안 했더니 몸에 <u>이상</u>이 생겼다.

(3) <u>이상</u>한 생각을 하지 마라.

(4) 우리는 우리의 <u>이상</u> 실현을 위해 노력해야 한다.

(1)에서의 이상(以上)은 '어떤 것을 포함하여 그것보다 많거나 높음'을 뜻하고, (2)에서의 이상(異狀)은 '평소와는 다른 상태'를 뜻한다. (3)에서의 이상(異常)은 '별나거나 색다름'을 뜻하고, (4)에서의 이상(理想)은 '실현하고자 하는 목표'를 뜻한다. 이처럼 한자어에는 동음이의어가 많다. 동음이의어가 한자어일 경우 그 의미를 분명히 하기 위하여 한자를 병기하기도 한다. 그러나 위에 있는 예문에서처럼 한자를 보충하여 쓰지 않더라도 문맥이나 상황을 통해 의미를 구별할 수 있는 경우가 많다.

## 6.2 낱말들 간에 형성된 계열 관계에는 어떤 것들이 있나

### 6.2.1 동의 관계

동의 관계를 이루는 동의어(synonym)들은 엄격한 의미에서 교체가 될 수 없으므로 유의어라고 부르기도 한다. '죽다'라는 뜻의 영어도 격식을 차려야 할 때 쓰는 'pass over'나 비격식적일 때 쓰는 'die'나 'kick the bucket'은 엄밀한 의미에서의 동의어는 아니다. 즉, 인지적, 문체적, 감정적 뉘앙스가 서로 다른 동의어들이 대부분이다.

## 6.2.2 반의 관계

반의 관계를 이루는 반의어(antonym)들은 동질성과 이질성을 다 갖고 있는데, 일련의 의미 자질을 공유하고 하나의 대조적인 의미 자질을 갖는다. 다시 말해, '남자'의 반의어가 '사자'가 아니고, '나무'가 아닌 것은 이들이 '남자'와의 이질성은 높으나 공유하는 의미 자질이 '여자'보다 낮기 때문이다.

남자-여자, 길다-짧다, 덥다-춥다

앞-뒤, 참-거짓, 좋다-나쁘다

쉽다-어렵다, 가다-오다, 더럽다-깨끗하다

---

**[보충·심화: 반의 관계]**

반의 관계는 아래와 같이 몇 가지 유형으로 나눌 수 있다.
(1) 서로 간의 논리 의미적 가치가 배타적인 관계를 이루는 상보적 반의 관계가 있다. 예를 들어 '안소니 퀸은 여자이면서 남자이다'라는 명제는 모순이다. 따라서 여자와 남자는 상보적 반의 관계를 이루는 반의어이다.
(2) 관점이 바뀜에 따라 성립되는 상호적 반의 관계가 있다. 예를 들어, '김성수는 치쿠라의 교사이다'와 '치쿠라는 김성수의 학생이다'처럼 두 명제가 등치를 이룰 때 '교사'와 '학생'은 상호적 반의 관계에 있는 것이다.
(3) 상대적인 정도성의 차이를 보이는 계층적 반의 관계가 있다. 영어의 'old/young', 'high/low' 등과 우리말의 '길다-짧다', '덥다-춥다' 등의 관계가 이에 해당한다.

---

## 6.2.3 포함 관계

포함 관계를 이루는 말 중에서 외연이 넓은 것을 **상위어**(hypernym)라고 하고, 좁은 것을 **하위어**(hyponym)라고 한다. 상위어와 하위어는 내포의 관점에서는 정반대이다. '장미'는 '꽃'의 하위어이고, '꽃'은 '장미'의 상위어이다. 또한 '고양이'는 동물의 하위어이고, '동물'은 '고양이'의 상위어이다.

## 6.3 단어들 간에 형성된 통합적 관계에는 무엇이 있나

낱말들이 배열되면서 앞뒤에 놓이는 요소들과 밀접한 관련을 맺게 되는데 특히 제한된 어휘의 결합관계를 보이는 개별 어휘들의 상관적 의미관계를 **연어**(collocation)라고 한다. '테니스를 치다', '감기에 걸리다', '양말을 신다' 등이 그 예이다. 이에 대응하는 영어는 'play tennis', 'catch a cold', 'wear socks'로 서로 결합 관계가 다름을 알 수 있다. 이처럼 연어는 하나의 언어적 통합체로 이해되어야 할 뿐만 아니라 해당 언어의 언어적 특수성을 드러낸다고 하겠다.

## 6.4 관용어와 속담은 무엇인가

**관용어**란 둘 이상의 낱말이 결합하여 특별한 의미로 사용되는 관습적인 말이다. 관용어는 일반적인 낱말로 이루어져 있으나 관용어가 나타내는 의미는 그 낱말의 기본적 의미와 다른 의미로 사용된다. 그러나 관용어는 일반적인 표현보다 표현 효과가 강하다는 특징이 있다. 관용어는 자체가 하나의 낱말로 쓰여 중간에 다른 성분을 추가하기 어렵다. 관용어와 비슷한 것으로 속담이 있는데 속담은 보통 문장의 형태로 나타난다. 속담은 일상적인 생활에서 삶의 교훈을 전달하는 내용을 담고 있어 특별한 표현 효과를 나타낸다. 관용어나 속담은 둘 이상의 낱말이 모여서 만들어졌지만 그 의미가 바뀌어 사용되기 때문에 흔히 하나의 낱말처럼 사용된다. 관용어와 속담은 해당 언어를 사용하는 사람들의 문화를 반영하므로 그 언어를 모어로 사용하는 사람들이 아니면 정확한 의미를 이해하기가 쉽지 않다. 따라서 관용어와 속담의 의미와 유형, 특징 등을 이해하는 일은 어휘 습득뿐만 아니라 그 언어를 사용하는 민족의 고유한 언어 문화에 접근하는 데 도움이 된다. 이와 같은 어휘를 가르치는 방법에 대해서는 제5장에서 보다 자세히 다루도록 한다.

[관용적 표현]

|  | 차이점 | 공통점 |
|---|---|---|
| 관용어 | • 문장 속에 녹아 나타남 | • 둘 이상의 낱말이 모여서 만들어짐 |
| 속담 | • 삶의 교훈을 전달하는 내용<br>• 문장에서 인용문의 형태로 나타남<br>• 대개 문장의 형태로 표현됨 | • 낱말 본래의 뜻과 의미가 바뀌어 하나의 낱말처럼 사용됨<br>• 문화 요소가 반영되어 있음 |

['손'과 관련된 관용어]

우리는 지금까지 언어의 일반적인 특징과 그에 관한 주요 개념들에 관하여 간략히 살펴보았다. 여러 번 언급한 것처럼 언어 간에는 여러 가지 유사점도 있지만 각 언어마다 독특한 특성을 갖기도 한다. 다음 절에서는 이에 관하여 살펴보고자 한다.

# 7. 언어 간의 유사점과 차이점은 어떻게 연구할까

외국인에게 한국어를 가르칠 때 교사들은 학습 대상 언어인 한국어와 학습자의 모어와의 유사점과 차이점을 효과적으로 이용해야 한다. 그래야만 한국어교육의 효과를 높일 수 있다. 따라서 언어들 간의 유사점과 차이점에 관한 연구는 언어학자들뿐만 아니라 외국어를 배우거나 교육하는 사람들의 관심을 받고 있다. 언어들 간의 유사점과 차이점을 기술하기 위하여 두 개 이상의 언어를 비교하고 대조하는 언어학의 분야에는 계통론과 유형론, 대조언어학 등이 있다.

## 7.1 우리말은 어느 언어와 가까울까

언어의 유사성에 관한 연구는 먼저 공통된 언어에서 파생된 것으로 여겨지는 여러 언어들 사이에서 확인되는 유사성에 근거하여 언어들의 친족관계를 분류하는 것이다. 이러한 계통적 유사성에 의한 분류에 따르면, 한국어는 일반적으로 터키어, 만주어, 몽골어 등과 함께 알타이어족에 속하는 것으로 알려져 있다.

> **[보충·심화: 알타이제어에서 나타나는 공통적인 특징]**
> - 모음조화
> - '르'음의 어두 출현 제약
> - 교착어적 성격
> - SOV의 어순
> - 후치사의 사용
> - 관사, 관계대명사 및 접속사의 부재
> - 음절 내의 자음 연속체 분포 불가
> - 장·단 모음의 구별

또 한 가지는 언어들의 친족관계와는 무관하게 공통적인 구조적 특성에 따라 유형론적으로 분류하는 방법이 있다. 유형적 분류(typological classification)는 서로 다른 많은 어족의 언어를 조사하여, 그 구조적 유사성에 근거해서 분류하는 방법이다. 유형적 분류는 보편적인 특성들 및 상호 관련을 갖는 유사한 자질들에 기초를 두고 있다. 형태론적 구조에 기초를 두고 언어들을 분류하면 고립형, 굴절형, 교착형, 포합형 등으로 나뉜다. 중국어, 베트남어 등의 언어는 하나의 낱말이 대개 하나의 형태소로 구성된 유형인 고립형이다. 굴절형에는 그리스어, 라틴어 등과 같이 굴절 체계가 있는 낱말을 지닌 언어들이 속한다. 교착형의 언어는 각 형태소로 분석이 가능한 여러 형태들로 낱말이 구성되는 유형으로 한국어, 터키어 등이 대표적이다. 포합형은 그린란드어나 에스키모어처럼 하나의 낱말로 많은 범주를 표현할 수 있는 언어들이다.

**[형태에 따른 유형 분류]**

| 유형 | 특징 | 해당 언어 |
|------|------|-----------|
| 고립어 | 하나의 낱말이 하나의 형태소로 구성 | 중국어, 베트남어 |
| 굴절어 | 하나의 낱말이 여러 문법 범주들로 구성되지만 형태소별로 분리되기 어려움 | 그리스어, 라틴어 |
| 교착어 | 하나의 낱말이 분석 가능한 여러 형태소로 구성 | 한국어, 터키어 |
| 포합어 | 하나의 낱말로 많은 범주를 표현 | 그린란드어, 에스키모어 |

형태에 따라 유형을 분류하는 것 외에 어순(word order)에 따라 분류하기도 한다. 이는 문장의 동사(V)와의 관련 아래 주어(S)와 목적어(O)의 위치가 어떻게 배열되는지에 따라서 유형화된다고 보는 분류 방법이다. 크게 SOV, SVO, VSO 유형으로 나뉘는데 한국어는 기본적으로 SOV 유형의 언어이며, 영어와 프랑스어는 SVO 유형의 언어이고, 웨일스어(Welsh)는 VSO 유형의 언어이다. 세계의 언어를 조사한 WALS(World Atlas of Language Structure)에 따르면, 한국어와 같이 SOV 유형의 어순을 지닌 언어는 45% 정도가 되고, SVO 유형을 지닌 언어는 42%, VSO 유형의 어순을 지닌 언어는 9.2%를 차지한다고 한다.

이러한 기본 어순은 아래와 같이 다른 구성성분의 어순들과도 상관관계가 있는 것으로 알려져 있다. 한국어의 어순의 특징을 요약하면 다음과 같다.

### ① 명사 + 조사

한국어에는 SVO 유형의 인도·유럽어와는 달리 전치사가 없고, 격조사와 보조사 같은 후치사가 있다.

> SOV 유형의 언어 ⇒ 후치사 (런던에서, 두 시에, 집으로)
> SVO 유형의 언어 ⇒ 전치사 (in London, at 2 o'clock, to school)

### ② 본용언 + 보조용언

한국어에는 여러 가지 보조용언이 사용되는데 보조용언은 본용언 뒤에 온다. 하지만 SVO 유형의 언어에서는 본용언이 보조용언 뒤에 온다.

> SOV 유형의 언어 ⇒ 본용언 + 보조용언(먹어 보다, 가야 한다)
> SVO 유형의 언어 ⇒ 보조용언 + 본용언(try to eat (something), must go)

### ③ 수식어 + 명사

한국어에서는 많은 다른 SOV 유형의 언어에서와 마찬가지로 수식어인 관형어가 명사 앞에 온다. 하지만 영어나 인도네시아어 같은 SVO 유형의 언어에서는 명사를 수식하는 말이 명사 뒤에 온다.

> SOV 유형의 언어 ⇒ 관형어 + 명사(새 집, 똑똑한 재연, 현지의 책)
>
> SVO 유형의 언어 ⇒ 명사 + 꾸미는 말(rumah baru(집 새, 인도네시아), symbol of love)

#### ④ 비교 기준 + 비교 대상

한국어에서는 비교문을 만들 때 비교의 기준이 되는 명사와 비교 표지를 나타내는 조사 '보다'가 형용사(또는 동사)와 비교 대상 앞에 온다.

> SOV 유형의 언어 ⇒ 비교 기준 + 비교 표지 + 형용사/동사 + 비교 대상
> (소고기보다 비싼 과일, 민호보다 잘 달리는 재연)
>
> SVO 유형의 언어 ⇒ 비교 대상 + 형용사 + 비교 표지 + 비교 기준
> (fruits more expensive than beef)

**[어순에 따른 유형 분류]**

| 분류 기준 | 관련 어순의 특징 | 유형 | 해당 언어 |
|---|---|---|---|
| VO | 전치사 + 명사, 보조용언 + 본용언, 명사 + 수식어, 비교 대상 + 비교 표지 + 비교 기준 | SVO | 영어, 프랑스어, 인도네시아어, 타이어 |
| | | VSO | 웨일스어, 히브리어, 아랍어 |
| OV | 명사 + 후치사, 본용언 + 보조용언, 수식어 + 명사, 비교 기준 + 비교 표지 + 비교 대상 | SOV | 한국어, 일본어, 터키어, 힌디어 |

## 7.2 언어 대조란 무엇이며, 왜 필요한가

대조언어학은 계통론적 접근이나 유형론적 접근과는 다른 관점에서 언어들을 비교하여 유사점과 차이점을 분석한다. 대조언어학은 언어를 공시적으로 비교 연구한다는 점에서 유형론적 언어학과 동일하다고 볼 수 있지만 대조언어학에서는 언어들 간의 차이점이 유사점만큼이나 중요하게 다루어진다. 또한 대조언어학은 언어교육이나, 번역 등의 실용적인 분야에 활용된다는 점에서도 두 가지와 구별된다. 대조언어학은 두 개 이상 언어의 구조나 체계를 대조하여 분석한다. 비교의 대상이 되는 두 언어는 음운론, 형태론, 통사론, 의미론 등 언어학의 모든 분야에서 대조 분석되며, 문화 영역까지도 포괄한다.

언어 대조는 연구자의 관심에 따라 이론적인 측면에 연구의 중심을 둘 수도 있고, 언어교육과 번역 등의 실용적인 측면을 더욱 강조할 수도 있다. 앞에서도 말한 바와 같이 두 언어 또는 그 이상의 언어 간의 차이점을 연구하는 대조언어학은 순수 이론 언어학에서보다는 응용언어학 분야에서 그 중요성과 역할이 부각된다. 대조언어학이 가지는 가장 큰 효용성은 외국어 교육에의 활용에 있다고 할 수 있다.

대조언어학에서는 모든 외국어는 학습자의 모어라는 필터를 통해서 학습된다고 본다. 따라서 대조언어학적 방법론에 의하면 외국어 학습에서 나타나는 주된 장애는 모어의 간섭(interference)이다. 학습자는 모

어에 나타나는 현상을 학습 대상 언어에 그대로 전이하려는 경향을 보이므로 모어가 학습 대상 언어의 습득에 간섭을 일으킨다고 본다. 전이란 외국어 학습에서 긍정적이든 부정적이든 학습자의 모어가 학습 대상 언어의 습득에 미치는 영향을 일컫는 말로, 특히 이 중 부정적인 전이를 간섭이라고 부른다. 간섭에는 언어 간 간섭과 언어 내 간섭이 있는데, 전자는 언어 간 범주의 차이와 구조, 규칙, 의미의 차이에 의해 나타난다. 예를 들어, 한국어를 모어로 하는 사람들이 영어를 배울 때 한국어에 없는 정관사나 부정관사의 사용에 어려움을 겪는 경우나 거꾸로 영어를 모어로 하는 사람들이 한국어를 배울 때 영어에는 없는 주격, 목적격 조사 등의 사용에서 겪는 어려움은 언어 간 간섭에 해당한다. 언어 내 간섭은 학습자가 이미 알고 있는 학습 대상 언어에 있는 어떠한 요소의 영향으로 새로 학습할 내용을 동일시함으로 나타난다. 이는 주로 이미 학습한 내용과 학습할 내용 간에 보이는 불규칙성이나 비대칭성 등에서 기인한다. 예를 들어 영어의 'want, work'의 과거형을 'wanted, worked'와 같이 동사의 원형에 '-ed'를 붙여 만든다고 배운 한국어 화자들이 'fall, know' 등과 같은 불규칙 동사에도 같은 규칙을 적용하여 '*falled, *knowed'처럼 잘못 사용하는 경우이다. 또한, 한국어 학습자가 '먹어요, 많아요'와 같은 용언의 활용 규칙을 불규칙 용언에도 그대로 적용하여 '*춥어요, 덥어요'처럼 잘못 사용하는 경우이다.

| 부정적 전이 (간섭) | 언어 간 간섭 | • 언어 간 범주의 차이와 구조, 규칙, 의미의 차이에 의해 나타남 | • 한국어 화자들이 영어의 정관사나 부정관사의 학습에서 겪는 어려움<br>• 영어 화자들이 한국어의 격조사를 배울 때 겪는 어려움 |
|---|---|---|---|
| | 언어 내 간섭 | • 학습자가 이미 알고 있는 학습 대상 언어에 있는 어떠한 요소의 영향으로 새로 학습할 내용을 동일시함으로 나타남 | • 'wanted, worked'를 배운 영어 학습자가 '*falled, *knowed'라고 하는 경우<br>• '먹어요, 많아요'를 배운 한국어 학습자가 '*춥어요, *덥어요'라고 하는 경우 |

학습자의 모어와 학습 대상 언어 간에 유사점보다는 차이점이 많을수록 해당 언어를 습득하는 데 어려움이 있다고 본다. 예를 들어, 영어를 모어로 하는 학습자들의 경우에는 한국어의 어순과 조사의 쓰임을 습득하는 데에 많은 어려움을 보인다. 그러나 이들과 달리 일본어를 모어로 하는 학습자들의 경우에는 이러한 어려움을 덜 겪고 상대적으로 수월하게 한국어를 습득하는 것으로 보인다.

따라서 외국어를 교육하는 교사가 학습자들의 모국어(first language, L1)와 학습 대상 언어(target language, L2) 간의 유사점과 차이점을 알고 이를 교수·학습에 효율적으로 이용하면 간섭이나 오류를 예측할 수 있으므로 언어교육의 효과를 높일 수 있다. 따라서 두 언어 간에 무엇이 어떻게 다르며, 이를 언어교육에 실제로 어떻게 응용할 것인가 하는 문제는 언어교육학적 관점에서 대조언어학에 접근하는 사람들의 관심거리이다.

## 참고문헌

고영근·남기심(1998) 『표준국어문법론』(개정판), 탑출판사.

남기심·이상억·홍재성 외(1999) 『외국인을 위한 한국어 교육의 방법과 실제』, 한국방송통신대학교 출판부.

성백인·김현권(1994) 『언어학 개론』, 한국방송통신대학교 출판부.

신지영·차재은(2003) 『우리말소리의 체계』, 한국문화사.

이관규(1999) 『학교문법론』, 월인.

이익섭·이상억·채완(1997) 『한국의 언어』, 신구문화사.

정경일 외(2004) 『한국어의 탐구와 이해』, 박이정.

허 용·김선정(2006) 『외국어로서의 한국어 발음교육론』, 박이정.

허 용·김선정(2013) 『대조언어학』, 소통.

허 용 외(2003) 『한국어 교육을 위한 한국어 문법론』, 한국문화사.

허 웅(1983) 『언어학 개론』, 샘문화사.

Finch, G. (2003) *How to Study Linguistics,* Palgrave.

Widdowson, H. G. (1998) *Linguistics,* Oxford University Press.

Gussenhoven, C and Jacobs, H. (1998) *Understanding Phonology,* Arnold Publishers.

# 2 한국어 문장을 이루는
기본원리는 무엇인가

---

이, 성격, 현우, 좋-, -(ㄴ)은-, -다

위와 같이 임의대로 섞여 있는 요소들을 가지고 문장을 만들어 보자. 우리가
만들 수 있는 제대로 된 문장은 '현우는 성격이 좋다'밖에 없을 것이다.
다시 말해 요소들의 결합 순서를 바꿀 수 없다. (제1장 『한국어교육에서의
언어, 어떻게 이해해야 하는가』 중에서.)
이 장에서는 우리말이 어떠한 규칙에 의해 만들어지는지에 대해 중점적으로
살펴보도록 한다. 그리고 그에 앞서 한국어 문장이 다른 언어와 비교해 볼
때 어떠한 특징을 가지고 있는지 살펴보도록 한다.

# 1. 한국어 문장은 다른 언어와 비교하여 어떤 특색을 가지고 있는가

한국어 문장의 특색으로는 크게 세 가지가 있다. 첫째는 '이다' 문장이 존재한다는 것이고, 둘째는 흔히 말하는 이중주어 문장(주격중출문)이 있다는 것이며, 셋째는 주제중심 언어의 성격이 강하다는 것이다. 이 세 가지는 많은 외국어 화자들에게는 매우 낯선 것으로, 한국어를 배우는 데 어려움을 초래한다. 그 구체적인 면을 보면 아래와 같다.

## 1.1 한국어에는 '이다' 문장이 존재한다

우리는 영어 문법을 통해 영어의 문장은 5개의 형식으로 되어 있다는 것을 배웠다. 이 말은 영어의 모든 문장은 5가지의 문장 형식으로 구분할 수 있다는 것이다.

| 영어 | 한국어 |
|---|---|
| 1형식: 주어 + 동사 | 동사 문장 |
| 2형식: 주어 + 동사 + 보어 | ┌ 자동사 문장: 주어 + (보어) + 동사 |
| 3형식: 주어 + 동사 + 목적어 | └ 타동사 문장: 주어 + 목적어 + 동사 |
| 4형식: 주어 + 동사 + 간접목적어 + 직접목적어 | 형용사 문장 |
| 5형식: 주어 + 동사 + 목적어 + 목적보어 | '이다' 문장 |

그렇다면 한국어의 문장은 몇 개의 형식으로 나뉠까? 한국어 문장은 위의 표에서 보는 것과 같이 크게 동사 문장, 형용사 문장, '이다' 문장의 3개의 문장 형식으로 나뉜다. 영어에서 문장의 형식을 나누는 기준이 문장을 구성하는 요소들에 의한 것이라면, 한국어에서의 이러한 3가지 형식은 서술어가 무엇으로 끝나느냐에 따라 나눈 것이다. 그 각각의 예를 보면 다음과 같다.

(1) 가. 강아지가 <u>잔다</u>. (동사 문장)

　　 나. 강아지가 밥을 <u>먹는다</u>. (동사 문장)

　　 다. 강아지가 <u>귀엽다</u>. (형용사 문장)

　　 라. 이것은 해림이네 <u>강아지이다</u>. ('이다' 문장)

영어의 경우는 모든 문장에 '동사'가 들어가지만, 한국어는 반드시 그런 것은 아니어서 위의 예문에서처럼 '형용사' 문장도 있고, '이다' 문장도 있다. 이것을 달리 말하면, 앞 장에서 공부한 것과 같이 한국어에서는 형용사나 '이다'도 서술어가 될 수 있다는 것이다. 형용사 문장에 대해서는 아래에서 따로 살펴보기로 하고 여기에서는 '이다' 문장에 대해 살펴보기로 한다. 그 예로는 다음과 같은 것이 있다.

(2) 가. 여기는 대한민국입니다.

　　나. 저 분이 한국어 선생님이시지?

위의 예문을 영어로 옮기면 두 문장 모두 'be' 동사가 들어가 영어의 2형식 문장과 비슷한 경우가 된다. 즉, '이다' 앞에 붙은 '대한민국, 한국어 선생님'과 같은 말이 보어의 성격을 가져 '이다'와 결합한 것이다. 이런 경우 '이다' 앞에 붙는 말의 대부분은 일반명사나 대명사이다. 이런 면에서 보면 한국어의 '이다'는 영어의 'be' 동사와 같은 역할을 한다고 할 수 있다. 그러나 이런 것과 성격이 다른 경우의 '이다'도 있다. 아래의 예문들이 그러한 경우이다.

(3) 가. 나는 5시 도착인데, 너는 언제 도착하니?

　　나. 그 놈은 언제나 말썽이야.

　　다. 겨우 세 끼 밥 먹는 것이 고작인 그 집을 보면 마음이 아프다.

　　라. 그 정도야 보통이지.

　　마. 그는 좀 마른 편이다.

　　바. 그저 죄송할 따름입니다.

　　사. 나는 내일 떠날 작정입니다.

　　아. 아무래도 비가 올 모양이다.

　　자. 물은 셀프입니다.

　　차. 우리 남편은 일요일마다 골프야.

위의 문장에서 주어와 '이다'가 결합한 서술어의 관계를 보면 위 (2)에 제시한 것들과 성격이 다름을 알 수 있다. (3가, 나)의 '도착이다, 말썽이다'는 '도착하다, 말썽부리다'와 같은 동사 대신 씌어진 것이고, (3다, 라)는 '고작, 보통'이라는 부사가 '이다'와 결합한 경우이다. (3마-아)는 의존명사 또는 일반명사와 결합한 경우인데 생략될 수 없는 앞말의 꾸밈을 받는 경우이다. 그리고 (3자, 차)는 의미적으로 '물=셀프, 남편=골프'가 성립될 수 없음에도 불구하고 '이다'와 결합한 경우이다.

이렇게 볼 때 한국어의 '이다'는 동사와 형용사를 제외한 다른 말이 서술어로 쓰일 때 사용되는 말임을 알 수 있다. 따라서 서술어가 무엇으로 끝나느냐에 따라 문장의 형식을 나누는 한국어에서 '이다' 문장은 동사 문장, 형용사 문장과 함께 필수적인 문장 형식의 하나가 된다.

## 1.2 한국어에는 이중주어 문장이 존재한다

한국어 문장과 관련하여 또 하나의 특징으로 언급되는 것이 이중주어 문장이다. 이중주어 문장이란 아래와 같이 하나의 서술어에 주어가 두 개(이상) 존재하는 문장이다.

(4) 가. 코끼리는 코가 길다.

　　나. 할아버지께서는 몸이 쇠약해지셨다.

　　다. 이 꽃은 향기가 난다.

　　라. 그 집이 경사가 났어.

　　마. 나는 가을이 좋아.

　　바. 우리나라에서 이 마을이 유서가 가장 깊어.

　위의 문장은 모두 'ㅇㅇ이/가(은/는)+ㅇㅇ이/가+서술어'의 구조로 된 문장이다. 즉, 서술어 하나에 주어가 둘(이상) 있는 문장이다. 이러한 문장들이 이중주어 문장이다. 이중주어 문장들은 '철수와 영수가 학교에 간다'라는 문장이나 '철수와 영수가 길거리에서 만났다'와는 다른 구조의 문장이다. 이 경우 '철수와 영수'라는 두 말이 주어가 되지만, 구조의 면에서 이중주어 문장과 다르다.

　위의 예문들을 보면 (4가, 나)는 '코끼리의 코가 길다, 할아버지의 몸이 쇠약해지셨다'와 같이 'ㅇㅇ의+ㅇㅇ이/가+서술어'로 바꾸어 쓸 수 있는 것들이다. 그리고 (4다, 라)는 '이 꽃에서 향기가 난다, 그 집에 경사가 났다'와 같이 'ㅇㅇ에/에서+ㅇㅇ이/가+서술어'로 바꾸어 쓸 수 있는 것들이다. 이러한 문장들은 원래가 이중주어 문장이 아니라 통사적 변형을 거쳐 된 것이라고 말할 수도 있다. 그러나 실제 한국어 화자의 언어 생활에서 (4가-라)와 같은 표현은 아주 자연스러운 것들이다. 더구나 (4마, 바)의 문장들은 다른 문장의 변형으로 보기 어려운 것들이다. 따라서 한국어에는 이중주어 문장이 존재한다고 할 수밖에 없다. 이와 같은 이중주어 문장은 영어와 같은 언어에서는 쉽게 찾아볼 수 없는, 한국어를 비롯한 몇몇 언어의 특이한 구조이다.

## 1.3 한국어는 주제중심 언어의 성격이 강하다

　어느 보고서에 의하면 한국어는 영어권 화자들이 세계에서 가장 배우기 어려운 4~5개의 언어 중 하나라고 한다. 왜 그럴까? 물론 여러 가지 이유가 있겠지만, 그 중 하나는 영어와 같은 언어는 말과 글이 거의 같은 어순을 갖는 반면, 한국어는 글로 표현할 때의 어순과 말로 표현할 때의 어순에 많은 차이가 있다는 것이다. 이러한 사실은 한국어가 주어중심 언어가 아니라 주제중심 언어의 성격이 강하다는 점으로 드러난다. 다음의 예를 보자.

(5) 가. 철수가 그 사과를 먹었다.

　　나. 그 사과는 철수가 먹었어.

　이 두 문장은 구조가 동일하다. 즉, '철수'가 주어이며, '그 사과'는 목적어이다. 그런데 (5가)에서는 주어-목적어-서술어의 순서로 되어 있는 반면, (5나)에서는 '목적어-주어-서술어'의 순서로 되어 있다. (5가)

와 같은 문장은 일반적인 진술이지만, (5나)와 같은 문장은 '그 사과 누가 먹었어?'와 같은 질문에 답할 때 사용하는 일상대화체 문장이다. 그런데 일상대화체에서는 목적어만 앞에 나올 수 있는 것이 아니다. 아래의 경우를 보자.

(6) 가. 동생은 엄마가 선물 사줬대.( ← 엄마가 동생에게 선물 사 줬대.)

　　나. 범인은 내가 아니라, 저 사람입니다.( ← 내가 범인이 아니라 저 사람입니다.)

　　다. 지저분하기는 영수가 제일이야.( ← 영수가 제일 지저분해.)

(6가)의 경우는 부사어가, (6나)는 보어가, (6다)는 서술어가 문장의 제일 앞으로 온 경우이다. 이러한 경우 제일 앞에 나온 말들을 **주제어**라고 한다. 한국어에서는 거의 모든 말이 다 주제어가 될 수 있다. 주제어는 주어와는 다른 것으로, '~로 말할 것 같으면'의 의미를 가지며, 그 뒤에는 주제어에 대하여 구체적인 설명이 온다. 일반적으로 주제어를 갖는 언어는 두 가지 특징이 있는데 하나는 주제어의 위치이며, 다른 하나는 주제어를 나타내는 표지이다. 한국어의 경우 주제어의 위치는 문장의 제일 앞이며, 주제어를 나타내는 표지는 '은/는'이라는 조사이다. 위 (5나)와 (6)의 모든 경우에 주제어 다음에 '은/는'이라는 조사가 붙었다.

---

**[보충·심화 : 주제중심 언어의 특징]**

(1) 이중주어 문장이 존재한다.

(2) 영어의 it과 같은 비인칭 주어를 사용하지 않는다.

(3) 주어 없는 문장이 가능하다.

　　그렇게 하면 안 되지.

　　그렇게 되면 큰일이다.

　　철수 집에 무슨 일이 생긴 것 같다.

　　불이야!

　　우리 팀이 이길지도 몰라.

(4) 주어의 생략이 가능하다.

(5) 주제어와 서술어 사이에는 의미적 주·술 관계가 성립하지 않을 수도 있다.

　　물은 셀프입니다. (물 ≠ 셀프)

　　우리 남편은 매일 골프야. (남편 ≠ 골프)

　　나는 설렁탕이야. (나 ≠ 설렁탕)

(6) SOV(주어-목적어-서술어) 어순을 갖는다.

---

위에서 언급한 세 가지 내용은 한국어 문장이 갖는 대표적인 특징들이다. 이 외에도 한국어는 서술어 중심 언어라는 특징도 가지고 있다. 이는 영어가 주어중심 언어라는 것과는 대조적이다. 영어는 주어중심 언

어이기 때문에 주어를 생략하기 어렵고 주어를 세우기가 마땅치 않을 땐 위에서 말한 it과 같은 비인칭 주어 또는 가주어를 설정한다. 그러나 한국어는 위에서 본 바와 같이 주어의 생략이 가능하고 나아가 주어가 없는 **무주어문**도 가능하다. 반면, 한국어에서는 서술어를 생략하기 어렵다. 그리하여 서술어를 내세우기 어려운 경우에는 아래와 같이 '하다'와 같은 말을 가서술어로 설정하기도 한다.

(7) 가. 그는 나에게 인사를 <u>했</u>다.

　　나. 나와 결혼을 <u>해</u> 주겠소?

　　다. 열심히 노력을 <u>해</u> 봐.

　　라. 드디어 그 문제가 해결이 <u>되었</u>습니다.

　　마. 아무리 의심이 <u>간</u>다고 그렇게 몰아붙이면 되나요?

위에서 밑줄 친 말들은 각각 '인사를, 결혼을, 노력을, 해결이, 의심이'에 대한 서술어이다. 그러나 문장의 의미를 볼 때 실제 서술어의 의미는 밑줄 친 말들이 아니라 그 앞에 놓인 말들이다. 예를 들어, (7가)에서 형식적으로는 '했다'가 서술어이지만, 실제 동작은 '인사'라는 말에 있다. 이 경우 '했다'는 서술어로서의 의미적 기능은 없고 오직 형식적 기능만 할 뿐이다. 이러한 동사를 **기능동사**(support verb)라고 한다. 기능동사는 한국어가 서술어 중심 언어라는 사실을 잘 보여주며, 주어중심 언어인 영어의 가주어 it에 대응하는 것이라고 할 수 있다.

지금까지 한국어 문장의 특색에 대해 살펴보았다. 이제 이를 바탕으로 한국어 문장을 형성하는 원리에 대해 살펴보도록 한다.

## 2. 문장을 이루는 필수적인 요소들은 무엇인가

우리는 제1장에서 낱말이 문장을 이루는 기본요소가 된다는 사실을 보았다. 그리고 이 낱말들은 그 성질에 따라 명사, 대명사, 수사, 동사, 형용사, 관형사, 부사, 조사, 감탄사의 9가지의 품사로 분류되고, 이들은 다시 그 기능에 따라 체언, 용언, 수식언, 관계언, 독립언의 5가지로 분류된다는 사실을 보았다. 이러한 내용을 바탕으로 제1장의 품사분류표를 재구성하면 다음과 같다.

(8) 낱말의 분류

| 의미적 분류 | 기능적 분류 |
| --- | --- |
| 명사 | 체언(명사류) |
| 대명사 | |
| 수사 | |
| 동사 | 용언(동사류) |
| 형용사 | |
| '이다' | |
| 관형사 | 수식언 |
| 부사 | |
| 조사 | 관계언 |
| 감탄사 | 독립언 |

　　이 장에서는 이것을 좀더 구체화하여 살펴보도록 한다. 즉, 각 품사의 문장 내에서의 주기능이 무엇인지 살펴봄과 아울러 주기능이 아닌 다른 기능을 하는 경우도 살펴보도록 한다. 그리고 다른 기능을 할 때 어떤 요소들이 필요한지에 대해 살펴보도록 한다. 이러한 과정을 통해 우리는 한국어의 문장은 어떠한 원리에 의해서 이루어지는지에 대해 알게 될 것이다.

　　인간 언어의 문장은 기본적으로 주어와 서술어로 이루어진다. 그것은 언어라는 것이 아래의 (9)와 같이 어떤 대상의 행위나 상태, 또는 그에 대한 가치판단의 표현이기 때문이다. 여기서 대상은 일반적으로 주어(경우에 따라서는 목적어)로 나타나고, 대상의 행위나 상태 또는 그에 대한 가치판단은 서술어로 나타난다.

(9)

| 아기가<br>이 방은<br>이것은<br>인간은 | 잔다.<br>좁다.<br>장미꽃이야.<br>존엄하다. |
| :---: | :---: |
| ⇩ | ⇩ |
| 주어 | 서술어 |

　　이런 점에서 볼 때 주어와 서술어는 문장을 이루는 데 있어 없어서는 안 되는 필수적인 요소라고 할 수 있다.

　　그리고 아래의 예문들은 모두 어떤 요소가 빠져있음으로 해서 잘못된 문장이 되었고, 그 빠진 자리들은 모두 '을/를'과 같은 조사를 취할 수 있는 자리이다. 즉, 목적어가 들어가야 하는 자리다. 이와 같은 사실을 통해 목적어도 주어나 서술어와 마찬가지로 문장을 이루는 데 있어 필수적인 요소라는 것을 알 수 있다.

(10)

| 영수가 할아버지 호랑이가 영희가 | | 읽는다. 잡수셨어요? 잡았다. 좋아하니? |
|:---:|:---:|:---:|
| ⇩ | ⇩ | ⇩ |
| 주어 | 목적어 | 서술어 |

그리고 다음의 문장들도 위 (10)에서와 같이 주어와 서술어 사이에 무엇이 빠져있음으로 해서 잘못된 문장이 된 경우이다. 그런데 위 (10)과는 달리, 이 자리에는 '을/를'은 들어가지 못하고 '이/가'와 같은 조사와 결합하는 무엇이 들어가는 자리이다. 이 자리가 비어 있으면 올바른 문장이 되지 못한다는 것은 뒤에 오는 서술어의 특성에 의한 것인데, 이러한 말을 보어라고 한다. 보어도 문장을 이루는 데 없어서는 안 될 필수적인 요소임을 (11)을 통해 알 수 있다.

(11)

| 영수가 네가 | | 되었다. 아니니? |
|:---:|:---:|:---:|
| ⇩ | ⇩ | ⇩ |
| 주어 | 보어 | 서술어 |

이렇게 볼 때 문장을 이루는 데 반드시 있어야 할 요소는 주어, 목적어, 보어, 서술어의 네 가지임을 알 수 있다.

---

**[보충·심화 : 동사와 서술어는 어떻게 다른가]**

영어 문장을 설명할 때 일반적으로 '주어, 동사'라고 하여 '서술어'라는 용어 대신 '동사(verb)'라는 용어를 사용한다. 그리고 언어학에서 언어의 유형에 대해 설명할 때도 S(subject), O(object), V(verb)라고 하여 '동사'라는 용어를 사용한다. 이러한 용어는 엄격히 말하면 잘못된 것이다. 주어(subject)나 목적어(object)는 문장의 성분을 말하는 것이고, 동사는 품사의 종류이기 때문이다. 그럼에도 불구하고 그들 언어에서 그렇게 사용하는 이유는 그런 언어들에서는 동사만이 서술어가 될 수 있기 때문이다. 예를 들어, 영어의 문장 5형식을 보면 모두 동사('be' 동사 포함)만이 서술어가 됨을 알 수 있다. 그러나 한국어에서는 그렇지가 않아서, 위 (9)에서 볼 수 있는 것과 같이 동사는 물론이고 형용사도 서술어가 될 수 있으며, '이다'의 경우도 서술어가 될 수 있다. 따라서 한국어의 문장을 설명할 때는 '동사'라는 용어보다는 '서술어'라는 용어가 더 적합하다.

위에서 언어는 어떤 대상의 행위나 상태, 또는 그에 대한 가치판단의 표현이라 하였으며, 그 대상은 주어나 목적어, 보어로 나타나고, 대상의 행위나 상태 또는 그에 대한 가치판단은 서술어로 나타난다고 하였다. 여기서 주어나 목적어의 요소가 되는 '대상'은 위의 예문들에서 보는 것과 같이 주로 사람과 동물, 그리고 사물이다. 그리고 이들을 언어학적인 관점에서 포괄적으로 말하면 명사이다. 이를 바꾸어 말하면, 문장에서 명사의 주기능은 주어나 목적어, 보어가 되는 것이다. 그리고 같이 체언으로 분류되어 명사와 거의 동일한 기능을 하는 대명사나 수사도 명사와 마찬가지로 문장에서 주어, 목적어, 보어가 되는 것을 주기능으로 한다. 보다 구체적으로 말하면, 체언(명사류)이나 용언(동사류), 수식언 등 모든 낱말들은 문장 안에서 각자가 맡은 기본 기능이 있는데, 명사를 비롯한 체언의 가장 중심되는 기능은 문장 안에서 주어나 목적어, 보어가 되는 것이다.

(12) 주어, 목적어, 보어

| 주어 | 목적어 | 보어 |
|---|---|---|
| 물(이)<br>그(가)<br>날씨<br>4(가) | 책(을)<br>3(을)<br>나(를)<br>철수(를) | 사람(이)<br>이것(이)<br>나무(가)<br>5(가) |
| ⇩ | ⇩ | ⇩ |
| 체언(명사류) | 체언(명사류) | 체언(명사류) |

---

**[보충·심화 : 품사와 문장성분은 어떻게 다른가]**

(1) 품사는 단어들의 성질에 따라 분류한 것이다. 즉, 사람이나 사물의 이름을 나타내는 성질을 가진 단어, 사람이나 사물의 움직임을 나타내는 성질을 가진 단어 등과 같이 모든 단어의 성질을 구분하여 공통된 성질을 가진 단어를 묶은 것이 품사이다. 이는 마치 수천 만 가지의 꽃들을 그 특징별로 묶어 무궁화, 장미, 국화 등으로 분류하는 것이라든지 사람을 남자와 여자로 분류하는 것과 같다.

(2) 문장성분은 그 낱말이 문장 안에서 다른 말들과의 관계 속에서 어떠한 기능을 하느냐에 따라 나눈 것이다. 예를 들어, A라는 남자를 볼 때 그는 집에서 아이들에 대해서는 아버지가 되고, 아내에 대해서는 남편이 되며, 부모에 대해서는 아들이나 사위가 된다. 이러한 것은 모두 다른 사람과의 관계 속에서 형성되는 상대적인 것이다. 이에 반해, 남자나 여자라든지 무궁화, 장미, 국화와 같은 것은 상대적인 관계 속에서 형성되는 것이 아니라, 거의 절대적이고 고정적인 것이라 할 수 있다. 따라서 문장성분은 가변적인데 비해 품사는 특별한 경우가 아니면 거의 고정되어 있다. '나무'라는 말을 예로 들어 보면, 이 낱말은 문장 내의 상황에 관계없이 품사는 항상 명사로 고정되어 있다. 그러나 문장 성분의 면에서 보면 다음과 같이 가변적이다.

가. 나무는 식물이다. (주어)

나. 나는 나무를 좋아한다. (목적어)

다. 이것은 나무가 아니다. (보어)

라. 이것이 바로 내가 찾던 나무다. (서술어)

---

위에서 주어나 목적어, 보어가 되는 말은 주로 체언(명사류)이라고 하였는데, 그렇다면 서술어가 되는 말은 무엇일까? 물론 '나는 학생이다'와 같이 '학생'이라는 명사에 '이다'가 붙어 서술어가 되기도 하지만, 기본

적으로 주어의 행위나 상태를 나타내는 말은 '가다, 먹다, 불다' 등과 같이 사람이나 사물의 움직임을 나타내는 동사와 '좋다, 깨끗하다, 둥글다' 등과 같이 사람이나 사물의 상태나 모양을 나타내는 형용사이다. 이를 바꾸어 말하면, 동사와 형용사, 즉 용언(동사류)의 주기능은 문장 안에서 서술어가 되는 것이다.

(13) 서술어

이상에서 볼 때 문장에서 필수적인 요소들은 주어, 목적어, 보어, 서술어의 4가지이며, 이들을 형성하는 주 품사부류는 명사, 대명사, 수사의 체언(명사류)과 동사, 형용사의 용언(동사류)이다. 이들 사이의 관계를 요약하면 아래와 같다.

- **요약 1**
  1) 명사류의 주기능은 문장에서 주어·목적어·보어가 되는 것이다.
  2) 동사류의 주기능은 문장에서 서술어가 되는 것이다.

### [보충·심화 : 영어와 한국어의 형용사]

영어의 형용사는 '예쁜'이고, 한국어의 형용사는 '예쁘다'이다. 영어나 프랑스어를 모국어로 하는 학습자는 '그 집은 깨끗한입니다, 한국 사람은 착하다입니다.'와 같은 오류를 잘 일으킨다. 이러한 오류를 일으키는 이유는 그 언어들과 한국어에 있어서 형용사의 기능이 다르기 때문이다. 대부분의 언어에서 동사는 홀로 서술어가 될 수 있는 반면 명사는 홀로 서술어가 될 수 없다. 그런 이유로 영어에서는 동사가 서술어가 될 때는 'He kicked the door'와 같이 'be' 동사가 필요 없지만, 명사가 서술어가 될 때는 'He is a policeman'과 같이 'be' 동사가 필요하다. 한국어의 경우에도 마찬가지여서 한국어에서는 동사가 서술어가 될 때는 '그는 문을 찼다'와 같이 '이다, 입니다'와 같은 말이 필요 없지만, 명사가 서술어가 될 때는 '그는 경찰이다'와 같이 '이다, 입니다'와 같은 말이 필요하다.

그러나 형용사가 'be' 동사 또는 '이다, 입니다'와 같은 말 없이 서술어가 될 수 있느냐 하는 것은 언어에 따라 다르다. 영어의 형용사는 'a pretty house'와 같이 그 기본이 되는 주기능은 명사를 꾸미는 일이며, 'The house is pretty.'처럼 서술어가 될 때는 'be' 동사가 있어야 한다. 즉, 영어의 'pretty'의 번역은 '예쁘다'가 아니라 '예쁜'이며, 'be pretty'가 되어야 '예쁘다'가 된다. 반면 한국어의 형용사는 그 기본이 되는 기능이 주어를 서술하는 서술어이다. 이런 이유로 한국어의 형용사를 사전에서 찾을 때 '예쁜'을 찾는 것이 아니라 '예쁘다'처럼 'ㅇㅇ다'의 형태, 즉 문장을 끝맺는 형태로 찾아야 한다. 이는 동사와 마찬가지다. 반면 뒤에 오는 명사를 꾸미는 기능을 할 때는 '예쁜 집'과 같이 '예쁘(다)'에 '-(으)ㄴ'이 붙어 그 모양이 변한다.

# 3. 문장에서 꾸밈의 기능을 가진 요소들은 무엇인가

인간이 감정을 가진 이상 우리의 생각을 언어로 표현하는 데에는 주어와 서술어만으로는 불충분하다. 그리고 세상의 사물에는 새로 만들어진 물건이 있을 수 있고 오래 전에 만들어진 물건이 있을 수 있다. 우리는 이러한 것들을 어떻게 표현하는가? 이러한 인간의 감정과 사물의 상태는 주어나 서술어보다는 아래의 예문에서와 같이 그것을 꾸미는 말에 의해서 더 잘 표현된다.

(14) 가. 그는 새 구두를 샀다.

　　나. 나라를 지키기 위하여 우리는 온갖 노력을 다하였다.

　　다. 이봉주는 잘 달린다.

　　라. 오늘은 날씨가 무척 덥다.

위에서 '새, 온갖, 잘, 무척'과 같은 낱말들은 몇 가지 면에서 공통점이 있다.

첫째, 이 말들은 독립적인 부류를 이룬다는 것이다. 예를 들어, (14가)의 '새 구두'를 '좋은 구두, 큰 구두'로 바꾼다면 이때 '좋은, 큰'은 '좋다, 크다'라는 말의 모습을 바꾼 것이라 할 수 있지만, '새 구두'의 '새'는 그와 비슷한 어떤 말의 모습을 바꾼 것이 아니다. 나머지 말들, 즉 '온갖, 잘, 무척' 등에서도 마찬가지다. 따라서 이러한 말들은 명사, 동사나 형용사와는 다른 품사의 부류를 이룬다고 할 것이다.

둘째, 이런 말들은 주어는 물론이고 아래와 같이 서술어로도 표현되기 무척 어려운 것들이다.

(15) 가. 그가 산 것은 새 구두이다.
　　나. *나라를 지키기 위한 우리의 노력은 온갖이다.
　　다. *오늘 날씨가 더운 것은 무척이다.
　　라. *이봉주는 달리기가 잘이다.

위에서 (15가) 문장을 제외한 나머지 세 개의 문장은 모두 잘못된 문장이며, (15가)의 경우도 (14가)와 같이 표현하는 것이 일반적이다. 이런 점에서 볼 때 이러한 단어들은 주어나 목적어와 서술어가 되기보다는 다른 말을 꾸미기 위한 말로 존재한다고 할 수 있다. 낱말 중에는 이렇게 다른 말을 꾸미는 것을 주기능으로 하는 것들이 있는데, 관형사와 부사가 그에 속한다. 관형사와 부사는 꾸미는 대상이 무엇인가에 따라 세분한 것이다.

(16) 가. 새, 온갖 (집, 옷, 가구)

　　나. 잘 (그린다, 먹는다), 무척 (빠르다, 그립다)


　관형사는 (16가)에서와 같이 명사를 꾸미는 기능(관형어)을 하는 말들이며, 부사는 (16나)와 같이 동사나 형용사를 꾸미는 기능(부사어)을 하는 말들이다. 다시 말해, 관형사의 주기능은 문장 안에서 관형어의 기능을 하는 것이며, 부사의 주기능은 문장 안에서 부사어의 기능을 하는 것이다.


### [보충·심화 : 관형사와 부사의 특성]

(1) 관형사는 영어의 형용사와 같이 뒤에 오는 명사를 수식하지만, 영어의 형용사가 'be' 동사를 이용하여 서술어가 될 수 있는 것과 달리 한국어의 관형사는 '이다'를 이용하여 서술어가 될 수 없다.

　　가. This is new.(O)

　　나. 이것은 새(new)이다.(X)

(2) 위에서 부사는 동사나 형용사를 수식한다고 하였는데, 아래의 예문에서와 같이 명사를 수식하는 경우도 있다.

　　가. 지금 바로 떠납시다.

　　나. 내가 잃어버린 것이 바로 이 물건입니다.

위 문장 (가)에서 '바로'는 '떠납시다'라는 동사를 꾸미는 반면, (나)에서는 '이 물건'이라는 명사를 꾸민다. 여기서 유의할 점은 '바로'가 꾸미는 것은 '이 물건'이지 '이 물건입니다'가 아니라는 것이다. '바로 이 물건이 내가 잃어버린 거다'라는 문장에서 이 사실을 잘 알 수 있다.

아래 예와 같이 관형사는 문장 안에서 홀로 쓸 수 없지만, 부사는 경우에 따라 홀로 쓸 수 있다. 이것은 부사가 갖는 또 하나의 특징으로 관형사와 다른 점이다.

　　다. 새 구두이니? 헌 구두이니?　　새 구두(O)　　　　새(X)

　　라. 천천히 갈까, 빨리 갈까?　　천천히 가자(O)　천천히(O)

(다)의 물음에 대한 대답으로 '새 것'은 가능하지만, 관형사만을 사용한 '새'는 가능하지 않다. 그러나 (라)의 물음에 대한 대답으로는 '천천히 가자'는 물론이고 부사만을 사용한 '천천히'도 가능하다.


- 요약 2

　　1) 관형사의 주기능은 문장에서 관형어가 되는 것이다.

　　2) 부사의 주기능은 문장에서 부사어가 되는 것이다.

# 4. 문장에서 독립적인 기능을 가진 요소는 무엇인가

위에서 주어와 목적어, 보어 그리고 서술어가 문장을 형성하는 데 기본적이고 필수적인 구성요소임을 보았다. 그리고 주어와 목적어, 보어는 주로 명사류가 그 기능을 담당하며 서술어는 동사류가 그 기능을 담당함을 보았다. 또한 이 외에도 관형사와 부사가 각각 관형어와 부사어의 기능을 하는 것에 대해서도 살펴보았다. 마지막으로 문장에는 이러한 요소들과 별개의 것으로 존재하는 요소가 있는데, 그것은 아래 (17)과 같은 독립어이다.

(17) 가. <u>아</u>, 봄이 왔구나.

　　　나. <u>글쎄</u>, 저녁은 뭘 먹을까?

(17가)의 '아'와 같은 전형적인 감탄사와 (17나)의 '글쎄'와 같이 감탄사와 유사한 기능을 하는 말들은 문장 내의 다른 요소와는 문법적인 관계없이 단독으로 사용되는 독립어이다.

지금까지의 논의를 종합하면 다음과 같다.

(18) 각 품사의 주기능

| 품사 | 명사류 | 동사류 | 관형사 | 부사 | 감탄사 |
|---|---|---|---|---|---|
| 주기능(문장성분) | 주어, 목적어, 보어 | 서술어 | 관형어 | 부사어 | 독립어 |

이를 한국어의 일반적인 어순에 적용하면 다음과 같다.

(19) 각 품사의 주기능의 예

가.

| 품사 | 감탄사 | 관형사 | 명사 | 관형사 | 명사 | 부사 | 동사 |
|---|---|---|---|---|---|---|---|
| 문장성분 | 독립어 | 관형어 | 주어 | 관형어 | 목적어 | 부사어 | 서술어 |
| 예 | 아이구 | 이 | 사자가 | 온갖 | 동물들을 | 마구 | 잡아먹네 |

나.

| 품사 | 관형사 | 명사 | 부사 | 관형사 | 명사 | 부사 | 동사 |
|---|---|---|---|---|---|---|---|
| 문장성분 | 관형어 | 주어 | 부사어 | 관형어 | 보어 | 부사어 | 서술어 |
| 예 | 그 | 놈이 | 아직 | 새 | 사람이 | 안 | 되었구나 |

# 5. 단어 세계에도 불평등이 있다

지금까지 우리는 각 품사들이 문장 안에서 주로 어떤 기능을 하는지 살펴보았다. 이제 우리의 관심은 첫째, 이들이 자신들의 주기능 외에 다른 기능도 하는가 하는 것과 다른 기능을 한다면 어떤 기능을 하는가 하는 것이며, 둘째, 이들이 다른 기능을 할 때는 어떤 방법을 이용하는가 하는 것이다.

먼저 첫 번째 물음에 답하면 모든 품사가 다 다른 기능을 하는 것은 아니다. 위의 품사들 중 명사류와 동사류는 주기능 외에 다른 기능을 할 수 있지만, 관형사, 부사, 감탄사는 위에서 언급한 주기능 외에는 다른 기능을 거의 하지 못한다. 여기서 다른 기능이란 자신의 주기능이 아닌 다른 품사들의 주기능을 행하는 기능바꿈을 말한다. 명사류와 동사류는 낱말 세계에서 특권을 가지고 있다고 할 수 있다.

다음으로 두 번째 질문에 답을 하면, 각 낱말이 자신의 주기능이 아닌 다른 기능을 할 때는 반드시 그에 필요한 표지가 있다는 것이다. 예를 들어, 명사가 서술어 기능을 할 때는 그에 합당한 표지가 필요하며, 동사나 형용사가 관형사나 부사의 기능을 할 때는 반드시 그에 필요한 표지가 있어야 한다. 그러한 표지는 임시로 다른 기능을 하게 하는 것으로, 그에 맞는 표지를 사용하지 않으면 기능바꿈은 가능하지 않다. 이제 기능바꿈의 구체적인 모습과 기능바꿈 표지에 대해 살펴보도록 한다.

# 6. 명사류와 동사류가 서로 기능을 바꾸려면 어떻게 해야 하는가

기능바꿈의 첫 번째로 명사류와 동사류가 서로의 주기능을 바꾸는 것, 즉 상호 기능바꿈에 대해 살펴보자. 상호 기능바꿈은 아래 (20)에서와 같이 명사류는 동사류의 주기능인 서술어의 기능을 하고, 동사류는 명사류의 주기능인 주어나 목적어, 보어의 기능을 하는 것을 말한다.

(20) 상호 기능바꿈

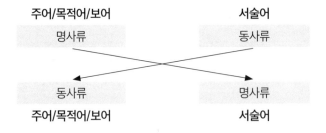

## 6.1 명사류가 서술어로 기능

상호 기능바꿈의 첫 번째로 명사류가 서술어 기능을 하는 것에 대해 살펴보도록 한다. 명사류가 서술어가 되기 위해서는 아래 예문(21)에서 볼 수 있는 것과 같이 '명사류+이다'의 형태로 실현되어야 한다.

(21)

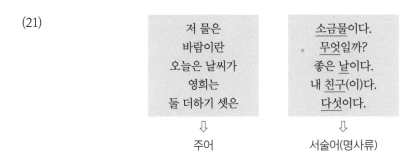

| 저 물은 | 소금물이다. |
| 바람이란 | 무엇일까? |
| 오늘은 날씨가 | 좋은 날이다. |
| 영희는 | 내 친구(이)다. |
| 둘 더하기 셋은 | 다섯이다. |

⇩ ⇩
주어 서술어(명사류)

명사류가 서술어가 되기 위해서는 동사나 형용사의 성질을 가져야 한다. 한국어의 동사나 형용사가 갖는 공통적인 특징은 어간과 어미를 갖는다는 것이다. 어간은 서술어의 의미적 기능을 갖고, 어미는 서술어의 문법적 기능을 갖는다. 예를 들면, '먹다, 먹어라, 먹지만, 먹어서, 먹는, 먹던' 등의 말에서 '입 속에 음식물을 넣는다'라는 의미적 기능은 '먹-'이라는 어간에 있고, 문장의 종결(평서형, 의문형, 명령형 등), 문장의 연결('-고, -지만, -어서' 등), 그리고 수식('-는, -던' 등)과 같은 문법적인 것은 어미로 나타난다. 명사류가 서술어가 된다는 것은 바로 동사나 형용사가 서술어로서 갖는 이러한 의미부분과 문법부분을 갖는다는 것이다. 명사류에서 의미부분은 명사류 그 자체에 있기 때문에 명사류가 서술어가 될 때 필요한 것은 바로 어미 부분이다. 그것이 바로 '이다'이다. 다시 말해, 명사류가 서술어가 되기 위해서는 명사류 다음에 '이다'가 필요하다.

이러한 것은 비단 한국어뿐만 아니라, 많은 언어에서 나타나는 현상이다. 위에서 잠깐 언급한 바와 같이 영어의 경우에 명사류가 서술어가 되기 위해서는 'be' 동사가 필요한 것이 그 예가 된다.

## 6.2 동사류가 주어/목적어/보어로 기능

상호 기능바꿈의 두 번째로 동사류가 주어나 목적어, 보어 기능을 하는 것에 대해 살펴보도록 한다. 동사나 형용사가 주어가 되기 위해서는 아래 예문 (22)에서 보는 것과 같이 어간에 '-기'나 '-(으)ㅁ'을 첨가하여야 한다.

(22)

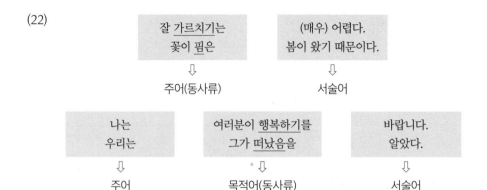

| 잘 가르치기는<br>꽃이 핌은 | (매우) 어렵다.<br>봄이 왔기 때문이다. |
|---|---|
| ⇩ | ⇩ |
| 주어(동사류) | 서술어 |

| 나는<br>우리는 | 여러분이 행복하기를<br>그가 떠났음을 | 바랍니다.<br>알았다. |
|---|---|---|
| ⇩ | ⇩ | ⇩ |
| 주어 | 목적어(동사류) | 서술어 |

(22)의 밑줄 친 부분 '가르치기, 핌, 행복하기, 떠났음'은 '가르치- + -기, 피- + ㅁ, 행복하- + -기, 떠났- + 음'으로 구성되었다. 즉 어미를 이용하여 나타내는 방법이 바로 동사나 형용사의 어간에 '-기'나 '-(으)ㅁ'과 같은 명사형 전성어미를 붙이는 것이다. 이러한 어미들이 동사나 형용사를 명사류 대신 사용하게 하는 표지가 된다. 다시 말해, 동사나 형용사에 이러한 어미를 붙이면 그 동사나 형용사는 임시로 명사류의 기능을 할 수 있는 권한을 부여받아 문장에서 주어나 목적어 등과 같이 명사류가 하는 일을 대신 할 수 있게 된다.

동사나 형용사가 주어나 목적어, 보어가 되기 위해서는 명사류의 성질을 가져야 한다. 여기서 말하는 명사류의 성질이란 두 가지를 말한다. 하나는 명사류가 갖는 의미적 성질, 즉 사람이나 사물의 이름을 나타내는 것을 말한다. 이런 점에서 동사나 형용사가 명사류의 성질을 갖는다는 것은 어떤 행위나 상태의 이름을 말하는 것인데, 이를 '가르치다, 먹다'라는 동사를 이용하여 말하면 '가르치는 것, 먹는 것'과 같은 의미라고 할 수 있다. 또 하나는 명사류가 갖는 문법적 성질을 말한다. 명사류가 갖는 이 문법적 성질은 첫째, 문장에서 주어나 목적어, 보어가 될 수 있는 단어를 말하며 둘째, 그 뒤에 조사를 취할 수 있는 것이어야 한다. 이런 점에서 볼 때 '가르치는 것, 먹는 것'과 같은 표현은 아래 예문에서와 같이 명사류가 필요로 하는 문법적 성질도 만족시킴을 알 수 있다.

(23) 가. 나는 <가르치는 것>을 좋아한다.

나. <먹는 것>은 언제나 즐거워.

(23)에서 '가르치는 것'은 목적어이고, '먹는 것'은 주어이다. 그리고 이들은 모두 뒤에 조사가 올 수 있다. 따라서 '-(으)ㄴ 것'은 동사나 형용사가 명사류가 갖는 문법적 성질을 가지고 있다고 할 수 있다.

그런데 '가르치는 것, 먹는 것'은 하나의 낱말이 아니라, '동사/형용사의 관형사형+것'으로 분리될 수 있는, 두 개의 낱말로 구성된 것이다. 동사나 형용사에 명사형 전성어미 '-(으)ㄴ 것'을 붙여 명사의 기능을 하도록 만든

전성어미란 동사나 형용사의 기능을 일시적으로 다른 것으로 바꾸어 주는 어미를 말한다. '명사형 전성어미'가 붙은 동사나 형용사는 일시적으로 명사류의 기능을 하며, '관형사형 전성어미'가 붙은 동사나 형용사는 일시적으로 관형사의 기능을 하고, '부사형 전성어미'가 붙은 동사나 형용사는 일시적으로 부사의 기능을 한다.

것이다. 다시 말해, 동사나 형용사의 관형사형 어미에 의존명사 '것'을 붙이면 그 동사나 형용사는 임시로 명사류의 기능을 할 수 있는 권한을 부여받아 문장에서 주어나 목적어 등과 같이 명사류가 하는 일을 대신 할 수 있게 된다.

이것은 비단 한국어에서만 나타나는 현상이 아니라, 많은 언어에서 나타난다. 예를 들어, 영어의 경우는 동사가 주어나 목적어가 되기 위해서는 아래와 같이 'to' 부정사를 사용하거나 '(V)-ing'와 같은 동명사를 사용한다. 영어에서는 동사가 명사처럼 되기 위해서 'to' 부정사나 동명사를 사용하고, 한국어에서 동사나 형용사가 명사처럼 되기 위해서는 '-기'나 '-(으)ㅁ'과 같은 어미를 사용하거나 '-(으)ㄴ 것'과 같은 구를 사용한다.

(24) 가. To find a job is difficult.
　　　나. Teaching foreign languages is not easy.

위에서 말한 명사와 동사/형용사의 상호 기능바꿈을 요약하면 아래와 같다.

• **요약 3** : 명사류와 동사류의 상호 기능바꿈과 표지
　1) 명사류의 서술어 기능: '이다'
　2) 동사류의 주어·목적어·보어 기능: '-기, -(으)ㅁ', '-(으)ㄴ 것'

---

**[보충·심화 : 기능바꿈의 표지에 대한 용어의 의미]**

(1) '이(다)'를 학교문법에서는 서술격 조사라고 하는데 이는 명사로 하여금 서술어가 되게 하는 조사라는 의미를 갖는다. 그러나 한국어교육에서는 '이(다)'가 활용한다는 특성과 주로 다른 말과 결합하여 서술어가 된다는 특성 때문에 동사·형용사와 같이 용언(동사류)의 범주에 포함시킨다.

(2) 동사류의 명사형(명사형 전성어미가 붙은 동사나 형용사)과 동사류에서 파생한 파생명사는 다르다. 예를 들어, 아래 문장에서 '얼음₁'은 완전히 명사가 된 파생명사이고, '얼음₂'는 임시로 명사의 기능을 갖는 '명사형'이다.

　　얼음₁이 얼음₂은 날씨가 추워졌기 때문이다.
　　세숫대야의(동그란) 얼음₁이(딱딱하게) 얼음₂은 날씨가 추워졌기 때문이다.

'얼음₁'과 '얼음₂' 앞에 '동그랗다, 딱딱하다'와 같은 말을 넣는다면, '얼음₁'의 앞에는 '동그란, 딱딱한'과 같은 말 (관형사형)이 들어가고, '얼음2'의 앞에는 '동그랗게, 딱딱하게'와 같은 말(부사형)이 들어간다. 앞에서 본 대로, 관형사는 명사를 수식하고, 부사는 동사나 형용사를 수식한다. 따라서 관형사형의 수식을 받는 '얼음'은 명사이고, 부사형의 수식을 받는 '얼음'은 형태는 명사와 동일하나 그 본질은 동사이다. 즉, 명사의 모습을 갖추어 명사의 기능을 하지만 그 기능은 일시적인 것이고 본질적인 면에서는 여전히 동사인 것이다.

# 7. 명사류와 동사류가 꾸밈의 기능을 하려면 어떻게 해야 하는가

다음으로 명사류와 동사류가 관형사나 부사와 같이 다른 말을 꾸미는 기능을 하는 것에 대해 살펴보도록 한다. 먼저 명사류와 동사류가 어떻게 관형어의 기능, 즉 명사를 꾸미는 기능을 하는지 살펴보자.

## 7.1 관형어로의 기능

관형사는 위에서 본 것과 같이 뒤에 오는 명사를 수식하는 기능을 한다. 그 예로 아래 (25가)와 같은 '여러'를 들 수 있다. 아래 예문에서 이 낱말은 뒤에 오는 '도시'라는 명사를 꾸민다. 그런데 (25나)에서는 '여러'가 들어가는 자리에 '호반, 추억'과 같은 명사를 대신 넣어 뒤에 오는 '도시'를 꾸미게 하였다. 관형사가 아닌 명사류로 하여금 관형사와 같은 기능, 즉 관형어의 기능을 하게 한 것이다. 이때 필요한 표지가 '의'라는 **관형격 조사**이다. 다시 말해, 명사류에 관형격 조사를 붙이면 그 명사는 임시로 관형어의 기능을 할 수 있는 권한을 부여받아 문장에서 관형어가 되어 관형사가 하는 일을 대신 할 수 있게 된다.

(25) 가. 우리는 여러 도시를 방문하였다.

       나. 우리는 {호반의, 추억의} 도시를 방문하였다.

> 다른 표지와는 달리 관형격 조사는 '철수(의) 누나, 시계(의) 바늘, 서울(의) 거리' 등과 같이 생략되는 경우가 많다. 이에 대해서는 제7장에서 자세히 다룬다.

다음으로 동사나 형용사가 관형사처럼 뒤에 오는 명사를 꾸미는 기능을 하는 경우에 대해 살펴보자. 아래 (26가)의 '여러'는 뒤에 오는 '사람'이라는 명사를 꾸미는 관형사이다. 이 자리에 (26나)에서와 같이 동사 '울다'와 형용사 '예쁘다'를 넣어 뒤에 오는 '사람'을 꾸미게 하였다. 여기서 중요한 것은 '울다, 예쁘다'를 그대로 사용할 수 없다는 것이다. 즉, '울다 사람, 예쁘다 사람'과 같은 말은 한국어에서 존재할 수가 없다. 따라서 (26나)에서와 같이 '울다'는 '우는'으로, '예쁘다'는 '예쁜'으로 바꾸어 주어야 한다.

(26) 가. 나는 여러 사람을 보았다.

(26) 나. 우리는 {우는, 예쁜} 사람을 보았다. (울다 → 우는, 예쁘다 → 예쁜)

여기서 '우는, 예쁜'에 사용된 어미, '-는, -(으)ㄴ'은 뒤에 나오는 동사나 형용사를 관형사처럼 명사를 꾸미게 하는 기능을 가진 어미라는 것을 알 수 있다. 이러한 어미를 **관형사형 전성어미**라 한다. 동사나 형용사에 이러한 어미가 붙으면 그 동사나 형용사는 임시로 관형사의 기능을 할 수 있는 권한을 부여받아 문장에서 관형어가 되어 관형사가 하는 일을 대신 할 수 있게 된다.

그런데 동사나 형용사로 하여금 뒤에 오는 명사를 꾸미게 하는 기능을 가진 어미는 '-(으)ㄴ'뿐만이 아니라, 아래 표에서 보는 것과 같이 여러 가지다. 그리고 이들은 시제와 밀접한 관련을 가지고 있다. 이에 대해서는 제10장에서 자세히 다룬다.

(27) 관형사형 전성어미

| 구분 / 시제 | 동사 | | 형용사 | |
|---|---|---|---|---|
| | 어미 | 예 | 어미 | 예 |
| 현재 | -는 | 가는 사람 | -(으)ㄴ | 예쁜 집, 좁은 집 |
| 미래/추정 | -(으)ㄹ | 갈 사람 | -(으)ㄹ | 예쁠 것, 좁을 것 |
| 과거 | -(으)ㄴ, -던, -았던/었던 | 간 사람 가던 사람 갔던 사람 | -던, -았던/었던 | 예쁘던, 좁던, 예뻤던, 좁았던 |

위에서 말한 명사와 동사/형용사의 관형어 기능바꿈을 요약하면 아래와 같다.

- **요약 4** : 명사류와 동사류의 관형어로의 기능바꿈과 표지
  1) 명사류의 관형어 기능 : '의'
  2) 동사류의 관형어 기능 : '-는, -(으)ㄴ' 등

# 7.2 부사어로의 기능

부사는 위에서 본 것과 같이 뒤에 오는 동사나 형용사를 수식하는 기능을 한다. 그 예로 아래 (28가)와 같은 '일찍'을 들 수 있다. 아래 예문에서 이 낱말은 뒤에 오는 '잔다'라는 동사를 꾸민다. 그런데 (28나)에서는 '일찍'이 들어가는 자리에 '초저녁'과 같은 명사를 대신 넣어 뒤에 오는 '잔다'를 꾸미게 하였다. 부사가 아닌 명사로 하여금 부사와 같은 기능, 즉 부사어의 기능을 하게 한 것이다. 이때 필요한 표지가 '에'라는 부사격 조사이다. 다시 말해, 명사에 **부사격 조사**가 붙으면 그 명사는 임시로 부사의 기능을 할 수 있는 권한을 부여받아 문장에서 부사어가 되어 부사가 하는 일을 대신 할 수 있게 된다.

(28) 가. 그는 날마다 일찍 잔다.

(28) 나. 그는 날마다 초저녁에 잔다.

그런데 명사로 하여금 뒤에 오는 동사나 형용사를 꾸미게 하는 기능을 가진 조사는 '에'뿐만 아니라, 아래 예문에서 보는 것과 같이 여러 가지다.

(29) 가. 그는 <u>집으로</u> 갔다.

　　　나. 나는 <u>집에서</u> 공부한다.

　　　다. 아기가 <u>엄마에게</u> 안겼다.

　　　라. 한국어 수업은 <u>내일부터</u> 시작한다.

　　　마. 영수가 <u>철수와</u> 싸웠다.

　　　바. <u>너까지</u> 그러면 어떡하니?

　이들 조사는 모두 명사로 하여금 뒤에 나오는 동사나 형용사를 꾸미는 기능을 하게 하는 부사격조사들이다. 이에 대해서는 제7장에서 자세히 다룬다.

　다음으로 동사나 형용사가 부사처럼 뒤에 오는 동사나 형용사를 꾸미는 기능을 하는 경우에 대해 살펴보자. 편의상 (28가)의 예문을 다시 들어 설명하도록 한다. 위에서 말한 바와 같이 (30가)의 '일찍'은 뒤에 오는 '잔다'라는 동사를 꾸미는 부사이다. 이 자리에 (30나)에서와 같이 형용사 '늦다'를 넣어 뒤에 오는 '잔다'를 꾸미게 하였다. 여기서 주의해야 할 것은 '늦다'를 그대로 사용할 수 없다는 것이다. 즉, '늦다 잔다'와 같은 말은 한국어에서 존재할 수가 없다. (30나, 다)에서와 같이 '늦다'는 '늦게'나 '늦도록'으로 바꾸어 주어야 한다.

(30)　가. 그는 날마다 <u>일찍</u> 잔다.

　　　나. 그는 날마다 <u>늦게</u> 잔다.　　　　　(늦다 → 늦게)

　　　다. 그는 밤이 <u>늦도록</u> 공부했다.　　　(늦다 → 늦도록)

　여기서 우리가 알 수 있는 것은 '늦게, 늦도록'에 사용된 어미, '-게, -도록'은 부사처럼 뒤에 나오는 동사나 형용사를 꾸미게 하는 기능을 가진 어미라는 것이다. 이러한 어미를 **부사형 전성어미**라 한다. 다시 말해, 동사나 형용사에 이러한 어미를 붙이면 그 동사나 형용사는 임시로 부사의 기능을 할 수 있는 권한을 부여받아 문장에서 부사어가 되어 부사가 하는 일을 대신 할 수 있게 된다.

　위에서 말한 명사류와 동사류의 부사어 기능바꿈을 요약하면 아래와 같다.

・ **요약 5** : 명사류와 동사류의 부사어로의 기능바꿈과 표지

　　1) 명사류의 부사어 기능 : '에, 에게, (으)로' 등

　　2) 동사류의 부사어 기능 : '-게, -도록' 등

# 8. 명사류가 감탄사와 같은 기능을 하려면 어떻게 해야 하는가

마지막으로 감탄사와 같은 기능, 즉 독립어 기능을 하는 경우에 대해서 알아보도록 한다. 독립어는 위에서 말한 것과 같이 다른 문장성분과는 문법적인 관계없이 독립적으로 사용되는 말이다. 이 경우는 동사나 형용사에서는 볼 수 없고 오직 명사류(동사나 형용사에 명사형 전성어미가 붙은 경우 포함)에서만 볼 수 있다. 아래 (31)에서 감탄사가 올 자리에 명사류(예:그대)나 동사나 형용사의 명사형(예:젊음)을 대신 사용하였다. 즉, 명사류로 하여금 감탄사와 같은 기능, 즉 독립어의 기능을 하게 한 것이다. 이때 필요한 표지가 '야, 여' 등과 같은 **호격 조사**이다. 다시 말해, 명사류에 호격 조사를 붙이면 그 명사는 임시로 감탄사와 같은 기능을 할 수 있는 권한을 부여받아 문장에서 독립어가 되어 감탄사가 하는 일을 대신 할 수 있게 된다.

(31) 가. 철수야, 봄이 왔다.

　　　나. 그대여, 난 그대를 향한 한 송이 꽃입니다.

　　　다. 애국동지들이여, 우리는 조국을 위해 이 한 몸을 바칩시다.

　　　라. 젊음이여, 너의 생명은 영원하여라.

지금까지 말한 명사의 독립어로의 기능바꿈을 요약하면 아래와 같다.

- **요약 6 : 명사류의 독립어로의 기능바꿈과 표지**
　1) 명사류의 독립어 기능 : '야, 여' 등

이상에서 우리는 각 품사별로 문장에서의 주기능과 기능바꿈에 대해 살펴보았다. 이를 요약하면 아래와 같다.

| | 명사류 | 동사류 | 관형사 | 부사 | 감탄사 |
|---|---|---|---|---|---|
| **주기능** | 주어, 목적어, 보어 | 서술어 | 관형어 | 부사어 | 독립어 |
| **상호 기능바꿈** | 서술격 조사(이다) | 명사형 어미(-기, -(으)ㅁ) | - | - | - |
| **관형어로 기능** | 관형격 조사(의) | 관형사형 어미(-는, 던 등) | - | - | - |
| **부사어로 기능** | 부사격 조사(에, 에서 등) | 부사형 어미(-게,-도록 등) | - | - | - |
| **독립어로 기능** | 호격 조사(아, 야, 여 등) | | - | - | - |

지금까지 우리는 한국어 문장이 이루어지는 기본원리에 대해 살펴보았다. 여기서 우리는 같은 격조사라고 하더라도 기능의 관점에서 보면 두 가지 성격으로 나누어짐을 알 수 있다. 주격조사, 목적격조사, 보격조사는 명사의 주기능을 담당하는 조사인 반면, 서술격조사, 관형격조사, 부사격조사 등과 같은 격조사는 기능바꿈을 위한 조사라는 것이다. 즉, 동사류에 나타나는 전성어미와 성격을 같이하는 조사들인 것이다. 격

조사에 있어서의 이와 같은 두 가지 다른 성격은 소위 말하는 조사의 생략과도 무관하지 않아, 주기능을 담당하는 조사들은 대체로 생략이 잘 되는 반면, 기능바꿈을 위한 조사들은 관형격조사를 제외하고는 쉽게 생략이 되지 않는다. 따라서 주기능을 담당하는 조사들의 경우는 생략되는 경우보다 생략되지 않는 경우에 더 많은 관심을 가져야 하고, 기능바꿈을 담당하는 조사들의 경우는 생략되지 않는 경우보다 생략되는 경우에 더 많은 주의를 기울여야 한다.

## 참고문헌

고영근·남기심(1998), 『표준국어문법론』(개정판), 탑출판사.

김방한(1992), 『언어학의 이해』, 민음사.

남기심·이상억·홍재성 외(1998), 『외국인을 위한 한국어 교육의 방법과 실제』, 한국방송대학교출판부.

서정수(1994), 『국어문법』, 뿌리깊은나무.

서정수(2002), "외국어로서의 한국어 교육을 위한 새 문법 체계", 『외국어로서의 한국어교육』 27권.

성백인·김현권(1994), 『언어학 개론』, 한국방송대학교 출판부.

이관규(1999), 『학교문법론』, 월인.

이익섭·이상억·채완(1997), 『한국의 언어』, 신구문화사.

정경일 외(2004), 『한국어의 탐구와 이해』, 박이정.

허 용 외(2003), 『한국어 교육을 위한 한국어 문법론』, 한국문화사.

허 용(2020), 『외국어로서의 한국어학의 이해』, 소통.

허 웅(1983), 『언어학 개론』, 샘문화사.

Aitchison, J. (1995) *Linguistics: An Introduction, London, Hodder* & Stoughton.

Croft W. (1990) *Typology and Universals,* Cambridge University Press, Cambridge.

Fromkin V. and R. Rodman (1993) *An Introduction to Language,* Harcourt Brace.

# 3 한국어의 어제와 오늘, 어떻게 변화해 왔는가

우리 조상들은 훈민정음 창제 이전에는 우리의 고유문자가 없었으므로 인접한 중국의 한자를 빌려 사용하였다. 즉, 한자의 음과 훈을 활용, 자신의 생각을 표현한 언문이치(言文二致)의 생활을 하였다. 그 후 말과 글을 표기하려는 부단한 노력에 힘입어 15세기 중엽에 훈민정음이 만들어졌다. 우리의 문자는 현대에 이르기까지 언중에 의해 생성, 성장, 소멸해 오는 과정에서 발전을 거듭해 왔으며, 마침내 사용 인구수로 보아 전 세계 10위권 대의 언어로 자리매김하고 있다.

MZ세대

AI·메타버스

東京
明期月良

# 1. 훈민정음 창제 이전에는 어떻게 표현했는가

> **[한국어의 계통과 알타이어의 특징]**
>
> 1. 한국어의 계통
>    - 알타이 공통어 : a. 원시 한국어-(원시 부여어<고구려어>/원시 한어<백제어, 신라어>) 신라어-중세 한국어-근대 한국어-현대 한국어
>      b. 튀르키예어, 몽고어, 퉁구스어
>
> 2. 알타이어의 공통특징
>    - 모음조화, 문법적 교착성, 어두 자음의 제약, 수식어가 피수식어의 앞에 놓임, '주어+목적어/보어+서술어'의 구조, 감각어가 풍부하고 존경어가 발달

위의 내용을 도표화하여 나타내면 다음과 같다.

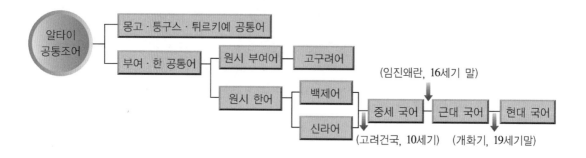

한국어의 시대사적 구분은 고대, 중세(전기, 후기), 근대, 현대 한국어로 나누는 것이 일반적이다. 위의 표에서 알 수 있듯이 고대 한반도 및 이에 연결된 대륙의 일부에서는 고구려, 백제, 신라의 세 언어가 있었다. 7세기 후반에 백제와 고구려가 멸망한 뒤에 백제와 고구려의 언어는 점차 신라어로 통합되면서 한반도의 언어적 통일이 이루어졌다.

신라어는 원시 한어에서 이어져 온 말로, 신라가 삼국을 통일한 후, 경상도 지방(경주)이 중심이 되어 발전하였다. 이렇게 통일된 언어는 현재 우리가 사용하고 있는 말의 근간이 되는 것으로, 고려어로 이어진다. 신라시대의 기록은 한자를 우리말을 표기한 것이기 때문에 본래의 모습을 정확히 알기는 어려우며, 당시 표기 체계로는 고유명사 표기, 임신서기석(壬申誓記石)체, 이두(吏讀), 구결(口訣), 향찰(鄕札) 등이 있다.

## 1.1 한자 차용에 의한 표기

삼국사기 및 삼국유사에 나온 음·훈차(音·訓借)에 의한 표기 방식은 다음과 같다.

(1) 음차(音借) : '도라지'의 古形'도랒'→'道羅次'
    훈차(訓借) : '大田'→'한밭'[hanbat]
    음훈차(音訓借) : '赫居世'王 →'弗矩內'[bulgunae]

차자(借字)표기의 첫 단계로는 인명, 지명, 왕호, 관직명 등의 고유명사에 국한하여 쓰였다.

(2) 居柒夫 或云荒宗
    異斯夫 或云苔宗 / 尼斯金
    永同郡 本吉同郡

(2)에서 '居柒 : 거츨-, 異斯 : 잇-'은 한자의 음을 빌려 표기한 것이다. 또한 '임금'을 '尼斯金'이라 하였는데 '니(尼), 금(金)'은 음절 전체를, 사(斯)에서는 '-ㅅ-'만 차자하여 표기하였다.'荒, 苔'는 한자의 훈(訓)을 빌려 표기한 것이다. 삼국사기에 나오는 삼국의 지명은 구지명(舊地名)을 신지명(新地名)으로 개명한 것을 함께 열거한 한자어로 당시의 어형과 어원을 밝히는 중요한 자료가 된다. 일례로 '영동군(永同郡)'은 '길동군(吉同郡)'이라 하였는데, 여기에서 '길(吉)'이 '永'의 뜻(訓)을 갖고 있음을 알 수 있다.

신라의 <임신서기석(壬申誓記石)>에서는 '今自三年以後'와 같이 한자를 우리말 어순으로 배열한 초기 이두문이 발견된다. 즉, 우리말 조사나 어미 등이 표기에 나타나는 우리말 문장이다.(이기문 2005 참조) 이두란 우리말 어순으로 풀어 쓰기 위하여 주로 조사, 접미사, 부사, 명사의 일부에 사용하던 차자표기법이다. 한자를 빌려 우리말을 표기해야만 했던 당시 우리 민족은 자주적이며 민족적인 자각을 바탕으로 이두, 구결, 향찰이라는 표기 체계를 정립시켰다. 이는 한(韓)·한(漢) 양 언어의 구조적 차이를 극복하려는 슬기로운 수단이었다. 한자는 뜻글자이기 때문에 우리의 언어를 소리 나는 대로 표기하기에는 적합하지 않았다. 그러나 그 당시 다른 대안이 없었기 때문에 우리 조상들은 한자를 이용해 여러 가지 방식으로 기록했다.

이런 차자표기법은 우선 어휘 표기와 문장 표현으로 나눌 수 있다. 문장을 표기한 차자표기에는 이두(吏讀), 구결(口訣), 향찰(鄕札)이 있었다. 구결은 한문의 원문을 전제로 한 번역문으로서의 특징을 가진다. 이와는 달리 이두와 향찰은 번역문이 아닌 우리말을 표현한 문장 표현에 쓰인 특징을 가지고 있다. 이두는 실용문서에 주로 사용된 것이고, 향찰은 주로 우리의 시가(詩歌)에 사용되었다. 향찰과 이두와 구결은 문장을 표기한 차자표기로 전체 체제에서 보면 공통점도 있지만 차이점도 있다. 향찰은 우리말 문장을 전면적으로 표기한 것이며, 이에 비해 구결문은 한문의 문장을 우리말로 번역하여 사용한 것으로 그 차이를 보인다.

## 1.2 이두(吏讀)

이두는 한문을 우리나라 식으로 고친 것으로 단어의 배열이 한국어의 문장 구조를 따르고 조사, 어미 등을 한자로 표기하는 초기의 문장 쓰기 형식을 말한다. 이 때 쓰인 한자는 원래 한자와 똑같은 한자가 쓰였다. 이두는 한자의 음과 훈을 빌려 우리말의 어순에 맞게 적었다는 점에서 넓은 의미에서 향찰과 같은 표기법이다.

조선시대 이두문은 문체상으로는 한문의 영향을 받아 후기로 가면서 한문에다가 구결의 토를 단 것과 같은 이두문이 많이 쓰이게 되었다. 조선 초기에 이두로 쓰여진 중요한 문헌에는 명나라의 법률을 번역한 『대명률직해(大明律直解)』(1395년)가 있다.

아래 예문 (3)과 (4)는 이두로 쓰인 한자를 현대어로 풀이해 본 것이다.(안병희 외 1991 : 21 참조)

(3) 本國乙 : 제 나라를, 背叛爲遣 : 배반하고, 彼國乙 : 다른 나라를
(4) 女夫有去乙他人再嫁令是在乙良杖一白 : 있거늘(잇거늘/였거늘)

矣(-의), 以(-로/으로), 乙(을), 矣(의), 乙良(-으란), 必于(비록), 爲去乃(하거나),
是良置(-이라두), 亦(이), 爲昆(하곤)

## 1.3 구결(口訣)

구결이란 '입겿 또는 입겾'의 한자 차용 표기로 한문을 읽을 때 문법적 관계를 표시하기 위해서 삽입하는 요소를 말한다. 즉, 한문의 원전을 읽는데 이해를 돕기 위한 수단으로 한문의 구절마다 토를 달아 우리말로 읽는 차자 체계이다. 구결은 토를 다는 데에만 사용되고, 한자를 그대로 차용하거나 한자의 약체를 만들어 사용했다. 예를 들어,"孔子曰, 爲善者는 天報之以福고(공자 왈, 선을 행하는 자는 하늘이 복으로써 그것을 갚고)"에서 보듯이 '-는, -고'와 같은 것은 중국어에는 없는 우리나라 말의 독특한 요소이다. 문장을 읽을 때도 옛날 사람들은 이를 생각하지 않을 수 없었기 때문에, 이를 한자 사이에 넣어서 표기했던 것이다.

『童蒙先習』(1679)의 구결 부분을 현대어로 풀이하면 다음과 같다.

(5) 天地之間萬物之中厓 唯人伊 最貴爲尼 所貴乎人者隱 以其有五倫也羅
　　　　　　　애/에　　이　(하)니　　　　는　　　　　라 (현대어:조사, 어미)
　　　　　　　厂　　　イ　　匕　　　　　阝　　　　　ㅅ (구결자)

조사로 쓰인 것은 '厓(애), 隱(은), 伊(이), 尼(니), 羅(라), 臥(와), 古(고), 也(야), 果(과), 乙(을)'등이 있고, 어미를 나타내는 경우는 '尼(니), 爲也(하야), 爲去乙(하거늘), 爲里羅(하리라), 爲示古(하시고), 爲時彌(하시며)'등이 있다.

구결은 한문을 우리말로 해석하면서 읽는 방식으로, 우리의 한문 독법으로 발달되어 온 구결자료를 검토해 보면, 크게 부호구결(符號口訣)과 석독구결(釋讀口訣), 음독구결(音讀口訣) 세 가지가 있다.

부호구결은 각 한자를 하나의 사각형으로 인식하고, 한자의 외부에 12자리와 한자의 내부에도 9자리에 점토(조사의 기능)를 표시하여 한문을 우리말로 읽어나가는 것이다. 석독구결은 일반적으로 한문의 좌우 행간에 작은 글씨로 토를 기입한 것이다. 즉 한문 원문에 한자의 생획자(省劃字)로 만든 구결로 토를 기입한 것이다. 석독구결을 읽는 방법은 한문의 구성소 가운데 먼저 그 오른쪽에 토가 붙어 있는 것부터 차례로 읽어 내려가다가 그 토의 끝이나 원문한자의 밑에 점이 있으면 다시 위로 올라가 왼쪽에 토가 붙어 있는 구성소를 읽는 방법으로 우리말 순서로 읽는 것이다. 음독구결은 한문의 구절 사이에 들어가는 우리말, 토(吐)이다. 즉, '國之語音이 異乎中國 ᄒ야 與文字로 不相流通ᄒᆯ씨'의 한문 구절 사이에 있는 '-이, -ᄒ야, -로, ᄒᆯ씨' 등이 '구결토'이다.

구결과 이두의 차이점은, 구결은 한문의 원문을 그대로 둔 채 한국어의 문법 형태소만을 한자를 차용하여 표기한 것이고, 이두는 한자의 음이나 훈을 이용하여 한국어의 문장 전체를 표기한 것이다. 또한, 구결은 약자(略字)를 사용하지만 이두는 정자(正字)를 사용하였다.

## 1.4 향찰(鄕札)

향찰은 구결이나 이두와는 달리 한자의 음과 뜻(훈)을 빌려(차용) 순 우리말을 한국어 어순대로 문장 전체를 적은 것으로, 향가에 쓰던 표기 방식이다. 즉, 모든 문장을 한국어 어순으로 의미부와 조사, 어미까지 차용하여 표기하였다. 향가 문학의 발달에서 보듯이 표기체계가 정립되어 있었다는 점에서 한국어를 표기하려는 노력의 집대성이었다고 할 수 있다. 김영회(2022)는 향가 창작법에 대하여 1) 모든 향가문자는 표의문자로 기능한다. 다만 그중 일부는 이중문자였다. 이중문자란 표의문자와 표음문자로 동시에 기능하는 문자이다. 2)향가문자는 '노랫말(歌言)＋청언(請言)＋보언(補言)'의 형태로 조립되어 문장을 이루고 있다. 3) 향가의 노랫말은 그 문자가 한국어 어순으로 배열되어 있다. 라고 설명하고 있다.

향찰은 그 표기법이 대체로 단어의 어휘적 의미를 담당하는 어간은 훈독표기로, 격조사와 어미 등과 같은 문법적인 표기는 음독 표기로 기록한 운문(韻文)이었다. (박덕유 외 2018 참조) 그러나 향찰 표기법은 그 체계가 복잡하여 고려 초기에 소멸하게 되었다.

(6)은 신라의 '처용가(處容歌)'를, (7)은 '서동요(薯童謠)'의 일부를 향찰 표기와 현대어로 나타낸 것이다.

(6) 東京明期月良 : 東京(지금의 慶州) 볼기 ᄃ라라 (서울<경주>의 밝은 달밤에)
　　夜入伊遊行如可 : 밤 드리 노니다가 (밤이 깊도록 놀러 다니다가)
　　入良沙寢矣見昆 : 드러사 자리 보곤 (들어와 자리를 보니)

(이기문 2005 : 95-96, 강규선 외 2003 : 36 참조)

(7) 薯童房乙夜矣卵乙抱遺去如 : 맛둥 바올 바믹 몰 안고 가다(서동방을 밤에 몰래 안고 가다)

(6)에서 明期(밝-긔), 月良(드랄-랑)의 '明/月'은 훈을, '期/良'은 음을 빌려 썼으며, 명사나 어간은 訓借, 조사나 어미는 音借를 하였다. (7)에서도 音訓借를 적절히 활용하여 표기한 것을 알 수 있다. 또한, 『모죽지 랑가(慕竹旨郎歌)』의 첫 구절 "去隱春皆理米"를 살펴보면 '去隱春'은 현대어로 '간 봄'으로 해석된다. 여기 서 향찰의 표기법의 특징을 알 수 있는데, 그것은 우리말의 어순대로 표기하며, 한 문장에서 실사(중심어)에 해당하는 부분은 한자의 훈(뜻)을, 토에 해당하는 부분은 한자의 음(소리)을 빌려 적은 것이다. 이 표기법에 따라 동사 '가-'는 '去'로 적었고 과거 연체형 어미 '-ㄴ'에 해당하는 토는 '隱'으로 표기하고, 읽을 때는 '去 隱'의 '가+ㄴ =>간'이 된 것이다. '봄'은 실사이므로 한자의 훈을 따서 '春'으로 적었다.

# 2. 훈민정음과 중세 한국어의 모습은 어떠했는가

**[훈민정음 창제와 의의]**

훈민정음은 한자 차용 표기에 따른 우리 한국어 표기의 불편에 의해 탄생된 것으로 언제(1443년), 누가(세종대왕 및 집현전 학자들), 어떤 목적(백성들로 하여금 바른 문자생활을 할 수 있도록)으로 만들어졌는지에 대한 기록이 남아 있다.

또한 자모음 제자 원리 및 체계가 말해 주듯이 발음기관, 발음 방법, 음양오행에 따른 철학 및 논리사상 등, 훈민정음은 전 세계 언어사에서 유래가 없는 독창성과 과학성을 지닌 문자이다.

중세 한국어는 고려 건국부터 16세기 말까지 한반도에서 통용되어 온 한국어를 말한다. 전기 중세 한국어 는 주로 고려어를 지칭하며 한자로 표기된 자료에 의존하고, 후기 중세 한국어는 조선 왕조의 초기에 해당 하며 『訓民正音諺解(훈민정음언해)』, 『龍飛御天歌(용비어천가)』, 『釋譜詳節(석보상절)』, 『月印千江之曲(월인 천강지곡)』, 『月印釋譜(월인석보)』, 『楞嚴經諺解(능엄경언해)』, 『金剛經諺解(금강경언해)』, 『圓覺經諺解(원각 경언해)』, 『妙法蓮華經諺解(묘법연화경언해)』, 『救急方諺解(구급방언해)』등 많은 문헌들이 발간되었다. 중 요한 변화로는 모음조화, 유기음·경음의 발달, 음절말 자음의 중화, 모음체계의 변화 등이 있고, 많은 몽고 어 유입과 한자어의 증가 등과 같은 어휘상의 특징이 있다. 본 장에서는 주로 후기 중세 한국어의 특징을 중 심으로 살펴보기로 한다.

1443년 조선시대 세종대왕과 집현전 학자들의 주도로 만들어졌던 우리 글자 훈민정음이 3년간의 검토 과정을 거쳐 1446년에 반포되었다. 세종대왕은 훈민정음 서문에서 "나라말이 중국과 달라 불쌍한 백성들 이 하고 싶은 것이 있어도 제 뜻을 펴지 못하는 사람이 많다. 내가 이를 딱하게 여겨 새로 28자를 만들었다." 라고 훈민정음 창제의 취지를 밝혔다. 창제 당대의 정치 사회적 배경을 중시하여 훈민정책(訓民政策)의 성격이 강함을 알 수 있다. 훈민정음은 우리말을 가장 자연스럽게 표현할 수 있는 과학적인 문자로서 실질적으로 일반 백성들이 문자의 혜택을 누릴 수 있게 되었다. 강규선 외(2003 : 6-7)는 훈민정음 창제의 목적을, 1) 중국어와 우리말이 다르다. 2) 우리나라 말에 맞는 문자에 대한 재인식이 필요하다. 3) 이두 사용이 불편하다. 4) 일반 백성이 쉽게 사용할 수 있는 표기수단을 주기 위한 것이다. 라고 강조하고 있다.

훈민정음은 모두 28자로 이 가운데 초성이 17자이고, 중성이 11자이다. 종성에 대해서는 '종성부용초성(終聲復用初聲)'이라 하여 따로 문자를 만들지 않고 초성을 그대로 가져다 썼다. 초성 17자는 'ㄱㄴㅁㅅㅇ, ㅋㄷㅌㅂㅍㅈㅊㆆ, ㆆ, ㆁ, ㄹ, ㅿ'이고, 중성11자는 'ㆍㅡㅣ, ㅗㅏㅜㅓ, ㅛㅑㅠㅕ'이다. 이 28자는 구체적인 제자원리(製字原理)와 방법에 따라 질서정연하게 만들어졌다. 제자의 근본 원리는 상형이었다. 종래의 한자가 구체적인 사물을 상징적으로 표시한 지시물의 개념을 표상한 것이라면, 훈민정음의 자음은 조음기관의 모양과 움직임을, 모음은 천지인(天地人) 삼재(三才)를 음성기호로 표시한 상형이라 할 수 있다. 상형(像型) 이외에 가획(加劃), 합성(合成)이 있었는데 이와 같은 사실은 《훈민정음 해례본 (訓民正音解例本)》에 잘 나타나 있다.

# 2.1 음운

## 2.1.1 자음체계(초성 17자+전탁6자)의 특징

[표 1. 중세국어의 자음체계]

| 위치 \ 방법 | 전청(全淸) | 차청(次淸) | 불청불탁(不淸不濁) | 전탁(全濁) |
|---|---|---|---|---|
| 어금닛소리(牙音) | ㄱ | ㅋ | ㆁ | ㄲ |
| 혓소리(舌音) | ㄷ | ㅌ | ㄴ | ㄸ |
| 입술소리(脣音) | ㅂ | ㅍ | ㅁ | ㅃ |
| 잇소리(齒音) | ㅈ,ㅅ | ㅊ | | ㅉ,ㅆ |
| 목구멍소리(喉音) | ㆆ | ㅎ | ㅇ | ㆅ |
| 반혓소리(半舌音) | | | ㄹ | |
| 반잇소리(半齒音) | | | ㅿ | |

<이 표는 『동국정운(東國正韻)』의 초성 체계와 같다.>

자음은 발음기관의 모양을 본떠서 'ㄱ,ㄴ,ㅁ,ㅅ,ㅇ'을 만들고, 여기에 획을 더해서 'ㅋ,ㄷ,ㅂ' 등을 만들고, 두 번씩 겹쳐서 'ㄲ, ㄸ, ㅃ' 등의 된소리를 만들었다.

훈민정음의 초성체계를 살펴보면 후기 중세국어에 평음 'ㅂ, ㄷ, ㄱ, ㅈ'과 격음 'ㅍ, ㅌ, ㅊ, ㅋ'의 양계열이 존재했음을 확인할 수 있다. 그런데 어두에 있어서 격음의 출현은 평음의 그것과는 비교도 안될 만큼 적었다. 15세기에 '붏'이 '풀'로 변했으며, 16세기 후반에 와서 '곻'가 '코'로, '갏'이 '칼'로 변한 예들이 있어 어두 유기음이 다소 늘었다고 하나, 평음과의 불균형은 여전하였다. 마찰음에는 'ㅅ, ㅆ, ㅎ, ㅸ, ㅿ, ㅇ'이 있다. 'ㆆ'

의 된소리 'ㆅ'은 매우 드물게 사용되었는데, 훈민정음 합자해의 '혀爲舌而爲引'에서 보듯 'ㅎ'과 같은 'ㆅ'은 변별적 기능이 있었다. 'ㆅ'은 15세기 후반의 『圓覺經諺解(원각경언해)』이후 'ㅎ'으로 변했다. 유성 마찰음인 'ㅸ'과 'ㅿ'은 모음 사이에서 나타났다. 'ㅸ'은 순경음으로 세종, 세조 때의 문헌에 보이고, 그 이후에는 나타나지 않았으며 '영(zero)' 또는 반자음 'w'로 변했다.

그리고 자음군이 어두에 올 수 있었다. 이들은 초성들을 합용병서(合用竝書)한 것인데, 'ㅂ계', 'ㅄ계', 'ㅅ계'어두 자음군이 있었다. 이들은 중국음에 있는 유성음을 나타내려고 만든 글자이다.

결국 초성 17자와 중성 11자는 『훈민정음』에서 제정된 것일 뿐 실제 한국어 표기에 사용된 글자와 정확하게 일치하지는 않는다. 전탁음 6자(ㄲ, ㄸ, ㅃ,ㅉ, ㅆ, ㆅ)는 <훈민정음 해례본> 예의에는 설명이 되어 있으면서도 훈민정음 28자 체계 안에는 포함되지 않았다. 전탁음들은 주로 동국정운식 한자음 표기에 사용되었다.

## 2.1.2 모음체계

1) 제자원리

| 글자 | 제자원리 |
| --- | --- |
| ·천(天) | 하늘의 둥근 모양(形之圓 象乎天也) |
| ㅡ 지(地) | 땅의 평평한 모양(形之平 象乎地也) |
| ㅣ 인(人) | 사람이 서 있는 모양(形之立 象乎人也) |

2) 중성11자

| 상형 | 기본자(단모음) | 초출자(단모음) | 재출자(이중모음) |
| --- | --- | --- | --- |
| 천(天) | · | ㅏ, ㅗ | ㅑ, ㅛ |
| 지(地) | ㅡ | ㅓ, ㅜ | ㅕ, ㅠ |
| 인(人) | ㅣ | | |

3) 기본모음

| 혀의 위치 높이 | 전설 | 중설 | 후설 |
| --- | --- | --- | --- |
| 고모음 | i(ㅣ) | ɨ(ㅡ) | u(ㅜ) |
| 중모음 | | ə(ㅓ) | o(ㅗ) |
| 저모음 | | a(ㅏ) | ʌ(·) |

4) 이중모음 체계

| 상, 하향 이중 모음 | 이중 모음 |
| --- | --- |
| 상향 | (yʌ), ya, yo, yə, yu, (yɨ), wa, wə, wi |
| 하향 | ʌy, ay, oy, əy, uy, ɨy |

1)의 제자원리에서 'ㆍ'는 'ㅏ'와 'ㅗ'의 중간음이라고 볼 수 있다. 'ㆍ'는 제 1단계로 16세기에 비어두음절에서 소실되는데, 주로 'ㅡ'로 변하였다. 제2단계로는 18세기에 어두 음절에서 소실되는데, 주로 'ㅏ'나 'ㅗ'로 변하였다.

4)처럼 후기 중세 한국어에는 상향 이중모음으로 /y/가 앞선 'ya, yə, yo, yu'가 있어서 'ㅑ, ㅕ, ㅛ, ㅠ'로 표기되었다. 'yʌ, yɨ, yi'에 대한 문자가 만들어지지 않았음은 당시의 중앙어에 이런 이중모음들이 없었기 때문이었다. /w/가 앞선 이중모음으로는 'wa, wə, wi' 등이 있었는데 'wa, wə'는 각각 'ㅘ, ㅝ'로 표기되었으나 'wi'는 표기할 적절한 방법이 훈민정음에는 없었기 때문에 'ㅟ, ㅞ, ㅚ' 등으로 혼기되었던 것으로 보인다. 한편 중세국어 하향 이중모음으로는 /y/로 끝난 'ʌy, ay, əy, oy, uy, ɨy'가 있어서 각각 'ㅣ, ㅐ, ㅔ, ㅚ, ㅟ, ㅢ'로 표기되었다.

## 2.1.3 표기의 특징

후기 중세 한국어의 표기상의 특징을 간단히 요약하면 다음과 같다.

첫째, 자모음 체계에 따라 초성, 중성, 종성을 합쳐서 쓰도록 규정한다. 또한, 連書法(순경음, 반설음에 해당하는 자모)과 竝書法(각자병서, 합용병서 <초성합용병서의 어두자음군 : ㅅ계, ㅂ계, ㅄ계>, 중성의 합용병서(와, 워, …)를 활용하여 적는다.  ex) 各字竝書 : ㄲ, ㄸ, ㅃ, ㅆ, …

合用竝書 : (초성) ㅺ, ㅄ, … ㅴ, …

(종성) ㄺ, ㄻ, …

둘째, 종성은 따로 만들지 않고, 초성을 그대로 이용하여 표기한다. 다만, 종성은 발음에 따라 여덟 자만 쓰며, 소리에 따라 'ㅿ'을 쓸 수 있다. 즉, 종성은 초성을 가져다 쓰고(終聲復用初聲), 받침에는 원칙적으로 8자만 허용하였다가(然ㄱㆁㄷㄴㅂㅁㅅㄹ八字可足用也), 7종성법, 終聲復用初聲으로 변천 과정을 거친다. 이와 함께, 'ㆆ'은 종성으로만 사용되며 'ㆁ'은 초성으로만 사용된다.

셋째, 초성과 중성만으로도 한 글자가 가능하다. 한자어 다음에서 소리나는 초성이나 중성은 자모 단독으로 적는다.

넷째, 초분절음소에 해당하는 성조를 한 음절의 왼쪽에 점을 찍어 표시한다. 이는 16세기 말엽에 완전히 소멸되었다.

-평성 : 점 없음, 높이가 낮음   ex) 배(梨), 활(弓), 쇼(牛)

-거성 : 점 하나, 높이가 높음   ex) ·갈(刀), ·밤(夜)

-상성 : 점 두 개, 낮은 음에서 높은 음으로 올라감.(현대 한국어에서 장음)   ex) :눈 (雪), :말 (言)

-입성 : 'ㄱ, ㄷ, ㅂ, ㅅ'으로 끝나는 음절은 빨리 소리를 냄. 입성은 소리의 높낮이와는 아무 관련이 없다. 종성이 'ㄱ,ㄷ,ㅂ,ㅅ'으로 끝나는 음절은 모두 입성이며 동시에 평성, 거성, 상성 중의 한 성조를 취한다.   ex) 긷(柱), ·입(口)

다섯째, 관형사형 어미 '-ㄹ' 다음에는 소리에 따라 'ㆆ'을 적을 수 있다.

여섯째, 형태소의 결합에 의하여 생기는 동화 현상은 원칙적으로 표기에 반영하지 않으며, 다만 예외적으로 반영된 경우도 있다.

일곱째, 명사와 조사, 용언의 어간과 어미는 구별하지 않고 소리 나는 대로 적는다. 다만, 특수한 경우에 한하여 구분하여 적을 수도 있다.

여덟째, 한 형태소 안에서나 합성어 안에서도 연철(連綴)을 원칙으로 하며, 특수한 경우에 한하여 분철(分綴)할 수 있다.

아홉째, 한자어는 한자로 적음을 원칙으로 하며, 훈민정음으로 한자음을 병기 한다. 한자음은 『東國正韻(동국정운)』의 체계에 따른다. 한자음을 표기함에 있어서, 초·중·종성이 갖추어져 있어야 한다.

|  | 동국정운식 | 현실음 |
|---|---|---|
| 萬 → | 먼 | 만 |
| 末 → | 맗 | 말 |

그러나 『東國正韻(동국정운)』의 체계는 워낙 인위적인 성격이 강하고 언어 현실을 무시한 체계였기 때문에, 약 40년 뒤인 성종 중기 이후부터는 쓰이지 않게 되었다.

열째, 세로쓰기를 하며 글의 행은 오른쪽에서 왼쪽으로 적는다. 단어나 구 등의 단위에서도 띄어쓰기를 하지 않는다. 다만, 높임을 표현하기 위하여 띄우거나 행을 바꿀 수 있으며, 한 화제가 종결될 때 띄울 수 있다. 그리고 모든 구두점은 사용하지 않으며, 장이나 절 등이 시작될 때 표시점을 표시할 수 있다.

[표 2. 소실 문자의 변천]

| 자음 | 명칭 | 음가 | 소멸시기 | 변천과정 |
|---|---|---|---|---|
| ㆆ | 여린 히읗 | /ʔ/ | 15세기 중엽 | 소멸 |
| ㅸ | 순경음 비읍 | /β/ | 15세기 중엽 | ㅂ>ㅸ>w 또는 ㅇ |
| ㆅ | 쌍히읗 | /ħ/ | 15세기 중엽 | ㆅ>ㅋ,ㅆ,ㅎ |
| ㆀ | 쌍이응 | 'ㅇ'의 긴장된 표기 | 15세기 중엽 | 긴장된 'y'음 |
| ㅿ | 반치음 | /Z/ | 15세기후반- 16세기 전반 | ㅅ>ㅿ>ㅇ |
| ㆁ | 옛이응 | /ŋ/ | 16세기 중엽 | ㆁ>ㅇ<br>글자 형태만 변화 |
| · | 아래아 | /ʌ/ | 음가 : 18세기 전반<br>글자 : 1933년 | ·>ㅏ,ㅡ,ㅗ,ㅓ,ㅜ |

<표 2>는 소실 문자의 음가, 소멸시기, 그 변천과정을 보여 주고 있다.

# 2.2 문법

## 2.2.1 체언(명사·대명사·수사)

### 2.2.1.1 명사

중세 한국어의 명사에도 현대 한국어와 같이 고유명사와 보통명사가 있었는데, 고유명사는 대부분 한자로 표기되었다. 그리고 자립명사와 의존명사가 있었는데, 중세 한국어에는 의존명사가 다양하게 발달되어 여러가지 문법 기능을 나타냈다.(강규선 외 2003 참조)

1) 보편성 의존명사 : 바, 것, 녁, ᄃᆞ, 딛, 쑨, 앛(까닭), 이, 적, 줄(것), 히'등.

이들 중 특히 'ᄃᆞ','ᄾᆞ'는 '것'의 뜻을 가지고 이유, 장소, 시간 등을 나타내었다. 16세기 이후에 명사의 기능을 상실하고 어미의 일부로 포함되었다. 이들과 조사와의 결합 양상을 살펴보면 다음과 같다.

**[표 3. 의존명사 'ᄃᆞ, ᄾᆞ'와 조사의 결합 양상]**

| 'ᄃᆞ/ᄾᆞ' 결합 격 | 'ᄃᆞ'와의 조사 결합 | | 'ᄾᆞ'와의 조사 결합 | |
|---|---|---|---|---|
| 주격 | ᄃᆞ + ㅣ → 디 | 것이 | ᄾᆞ + ㅣ → 시, 씨 | 것이 |
| 목적격 | ᄃᆞ + 을 → 들 | 것을, 줄을 | ᄾᆞ + 을 → 슬, 쓸 | 것을 |
| 서술격 | ᄃᆞ + ㅣ라 → 디라 | 것이다 | ᄾᆞ + ㅣ라 → 시라, 씨라 | 것이다 |

2) 주어성 의존명사 : 디(지), 슷(사이)

'디'는 현대국어의 '지'의 직접적 소급 형태로서 항상 주어로만 쓰이고 뒤에는 '오라다'와 같은 형용사가 따른다.

3) 서술성 의존명사 : 싸룸(따름)

4) 부사성 의존명사 : ᄀᆞ장(까지), 거긔(께), 게, 그에(거기에), 긔, 손ᄃᆡ, 다비, 동, 만, 양, 자히 등

5) 단위성 의존명사 : 디위(번), 셤(섬), 말, 셜(살) 등

### 2.2.1.2 대명사

중세국어 대명사를 인칭대명사, 지시대명사, 의문대명사로 나누어 보면 다음과 같다.

**[표 4. 중세국어의 대명사]**

| 구분 / 인칭 | 1인칭 | 2인칭 | 3인칭 | 통칭 |
|---|---|---|---|---|
| 인칭대명사 | 나 | 너, 그듸 | 뎌, 누, 아모 | 녀느, 남, 저, ᄌᆞ갸 |
| 지시대명사 | 이, 그, 뎌 | | | |
| 의문대명사 | 므스, 어느, 어듸 | | | |

어형이 같은 인칭대명사는 성조에 의해 구별되었다.

**[표 5. 중세국어의 인칭대명사(단수/복수)]**

| 구분 | 1인칭 | 2인칭 | 3인칭 | 3인칭 재귀대명사 | 미지칭 | 부정칭 |
|---|---|---|---|---|---|---|
| 단수 | 나 | 너, 그듸/그디 | 없음 | 저, ᄌᆞ갸(높임) | 누 | 아모 |
| 복수 | 우리(둘) | 너희(둘) | 없음 | 저희(둘) | | |

1인칭 대명사는 '나'였으며, 주격형과 관형격형은 '내'였는데, 성조에 차이가 있었다. 주격형은 거성 '·내'이었고, 관형격형은 평성의 '내'이었다. 그런데 이 주격형은 현대 한국어와는 달리 낮춤말(현대어의 '저')이 없었다.

2인칭 단수 '너'의 주격형은 상성의 ':네', 관형격형은 평성의 '네'이었다. 그리고 복수형은 '너희'였다.

'너'보다 약간 대우하는 2인칭으로 '그듸/그ᄃᆡ/그디'가 있었으며 그 관형형은 '그딋'이었다. '그ᄃᆡ'는 현대국어의 '자네, 당신'의 의미에 해당하여, 오늘날의 '그대'와는 의미가 달랐다.

인칭대명사 미지칭 '누'(誰)의 주격형은 거성의 '·뉘'였으며, 관형격형은 상성의 ':뉘'였다. 부정칭 '아모'의 서술격형은 '아뫼어나'였으며, 격표지에 따라 형태가 바뀌는 일이 없었다. 재귀대명사는 '저'였으며, 주격형은 '저' 또는 상성의 ':제', 관형격형은 평성의 '저'였다. '저'의 복수형은 '저희'였다. 그리고 존칭의 재귀대명사는 'ᄌᆞ갸'였는데, 주격형은 'ᄌᆞ걔', 관형격형은 'ᄌᆞ걋'이었다.

**[표 6. 중세국어의 지시대명사]**

| 구분 | 근칭 | 중칭 | 원칭 | 미지칭 | 부정칭 |
|---|---|---|---|---|---|
| 사물 | 이 | 그 | 뎌(>저) | 어느/어ᄂᆞ, 므슥, 므슴, 므스것, 현마, 엇뎨 | 아모것 |
| 처소 | 이어긔, 이에 | 그어긔, 그에 | 뎌어긔, 뎌 | 어듸, 어드메 | 아모 |
| 시간 | 이적, 이ᄢᅢ, 이ᄢᅴ | 그제, 그ᄢᅢ, 그ᄢᅴ | 뎌 | 언제, 어느ᄢᅴ | 아모적, 아모 |

'이, 그, 뎌'가 그대로 사물 표시 지시대명사로 사용되었다. 이들 중 '그'는 널리 쓰이지 않았다. 지시대명사의 미지칭은 '어느'의 주격형은 '어늬'였으며, 목적격형은 '어늘/어느를'이었다. 중세어의 '어느'는 대명사, 부사, 관형사로 두루 사용되었다. 지시대명사 '므슥'의 주격형은 '므스기', 목적격형은 '므스글' 등이었다. 이 '므슥'은 '므슴', '므스것'이라는 이형태도 있었다. 지시대명사 '현마'(얼마)의 관형사는 '현맛'이었다. 이 '현마'는 부사로도 널리 사용되었다. '언마'(얼마)는 '언머'로도 사용되었다.

처소표시 지시대명사에는 '이어긔, 그어긔, 뎌어긔'가 있었으며, 이들은 각각 '여긔, 거긔, 뎌긔'로 변하였고, 비슷한 의미의 '이에, 그에, 뎌에'와 '예, 게, 뎨'도 사용되었다. 처소 지시대명사에도 미지칭과 부정칭이 있었다. '어듸'는 미지칭인데 '어드메'도 비슷한 뜻으로 사용되었다. '아모듸'는 부정칭인데, 드물기는 하지만 '아모ᄃᆡ'도 비슷한 의미로 사용되었다.

### 2.2.1.3 수사

수사는 양수사와 서수사로 분류할 수 있다.

1) 양수사는 사물의 수량을 나타내는 말이다.(고명균 : 2014 21-31)
   ㄱ. 고유어 : ᄒᆞ나ㅎ, 둘ㅎ, 세ㅎ, 네ㅎ, 다ᄉᆞᆺ, 여슷, 닐굽, 여듧 , 아홉, 열ㅎ, 스믈ㅎ, 셜흔, 마ᅀᆞᆫ, 쉰, 여쉰 ,
      닐흔, 여든, 아흔, 온, 즈믄, … 몇, 여러ㅎ
   ㄴ. 한자어 : 一/일, 二/이, 三/삼, 四/ᄉᆞ, 五/오, 六/뉵, 七/칠, 八/팔, 九/구, 十/십, 二十/이십, 三十,
      四十, 五十, 六十, 七十, 八十, 九十, 百,千, 萬, 億
2) 서수사는 차례를 나타내는 말로 양수사에 '차히'가 붙어 이루어진다. 이 밖에 '채, 차, 자히, 재, 자'가 붙
   기도 했다.
   ㄱ. 고유어 : *ᄒᆞ나차히/ᄒᆞ낫재, 둘차히, 세차히, 네차히, 다ᄉᆞᆺ차히, … 열차히, …쉰차히, … 아흔차히
   ㄴ. 한자어 : 第一, 第二, 第三, …

16세기에는 'ᄒᆞ낫재, 둘재, 셋재, 넷재, 다ᄉᆞᆺ재'가 주로 사용되었다.

### 2.2.1.4 체언의 격교체(곡용)

안병희 외(1991 : 146-157)는 체언에 조사가 통합될 때, 그 체언의 교체 현상을 설명하고 있다. 여기에는
자동적 교체와 비자동적 교체가 있다. 자동적 교체는 주로 말음이 'ㅈ, ㅊ, ㅿ, ㅍ, ㅌ'과 자음군인 경우에 일
어났다. 이는 음절말과 모음간의 자음에 관한 규칙에 의한 것이었다. 예를 들어 어간말음이 'ㅈ, ㅊ, ㅿ'이면
'ㅅ'으로 교체되고, 'ㅍ, ㅌ'이면 각각 'ㅂ, ㄷ'으로 교체되었다. 이러한 자동적 교체를 보이는 명사어간 중에는
'ㅎ'말음을 가진 명사들도 있었다.

'ㅎ'종성 체언과 격교체 양상을 제시하면 다음과 같다.
(1) ㅎ종성 체언 : 돌ㅎ, 나ㅎ(나이), 나조ㅎ(저녁), 내ㅎ(川), 하늘ㅎ(天), 열ㅎ(十) 등
    ㅎ종성 체언의 격변화 : 돌(단독형)/돌히(주격)/돌해(처격)/돌흘(대격)/돌콰(공동격)

비자동적 교체를 보이는 예는 다음과 같다.
(2) 나모(木), 녀느(他), 구무(穴), 불무(冶) : ㄱ첨가(곡용),
    ex) 나모(단독형)/남기(주격)/남글(목적격)/남기(부사격, 처소)/남ㄱ로(부사격, 도구, 방향)/나모와
    (부사격, 접속)/남기라(서술격)
(3) 노루(노루), ᄀᆞ루(가루), ᄂᆞ루(나루), 시르(시루) : ㄹ/르 → ㄹㅇ(설측음화)
(4) ᄆᆞ루(마루), ᄒᆞ루(하루) : ㄹ/르 → ㄹㄹ(설측음화),
(5) 아ᅀᆞ, 여ᅀᅳ : 'ᄋᆞ/으'가 탈락하고, 'ㅿ'이 앞 음절의 받침이 되는 경우가 있었다.

[표 7. 격조사에 의한 비자동적 교체의 양상]

| 단독형 | 주격 | 목적격 | 부사격(접속) | 서술격 | 보조사 |
|---|---|---|---|---|---|
| 아ᅀ | 앒이 | 앒을 | 아ᅀ와 | 앒이라 | 앒은 |
| 노ᄅ | 놀이 | 놀을 | 노ᄅ와 | 놀이라 | 놀은 |
| ᄒᄅ | 흘리 | (흘를) | ᄒᄅ와 | ᄒ리라 | 흘른 |
| 나모 | 남기 | 남굴 | 나모와 | 남기라 | 남ᄀ |

## 2.2.2 조사

<중세국어의 격조사>

1) 격조사
주격조사: 이/ ㅣ / Ø
대격(목적격)조사: ᄋᆞᆯ/을, 룰/를, ㄹ
속격조사: 이/의, ㅅ
서술격조사: 이라, ㅣ라, Ø라
보격조사: 이

부사격조사
　　　처격: 애/에, 예, 이/의
　　　비교격: 과/와, 이/ ㅣ
　　　여격: 이/의, ㅅ, 그에게, 거긔, 손ᄃᆡ, 두리다,
　　　도구격: (ᄋᆞ/으)로
　　　공동격: 와/과
　　　호격: 아(야)/하

2) 접속조사
과/와, ᄒ고, 며/며, 이여/여, (이)랑

3) 보조사
주제·대조: ㄴ/ᄋᆞᆫ/은/ᄂᆞᆫ/는, (ᄋᆞ/으)란
강세보조사: ᅀᅡ, 곳/옷, 붓/봇, 곰/옴, ㄱ, ㆁ, ㅁ
의문보조사: 가, 고
균일: 나마, 인돌
양보: 마른
* 음운론적인 제약에 따라 다양한 이형태, 생략 등이 가능

중세 한국어의 조사는 격조사, 접속조사, 보조사의 세 갈래가 있었으며(강규선 외 2003 참조), 격조사에는 주격·서술격·목적격·보격·관형격·부사격·호격조사가 있었다.

주격조사에는 자음 아래 쓰이는 '이'와 'i, y'를 제외한 모음으로 끝난 체언 뒤에 쓰이는 'ㅣ', 그리고 'i, y'의 뒤에 쓰이는 'Ø' 등이 있었다. 마지막의 경우 체언의 끝음절 모음이 평성으로 되어 있으면 상성으로 바뀐다. 주격조사로 '가'가 등장한 것은 17세기 후반에 이르러서이다.

서술격조사는 '이라, ㅣ라, Ø라'의 3 이형태가 있었는데, 그 용법은 주격조사와 같았다. 그리고 다양한 활용 어미를 가지고 있는 점은 현대국어와 같다.

목적격조사는 체언의 끝소리와 체언의 모음의 종류에 따라 '을, 롤, 를, ㄹ'로 실현되었다. 더러는 '로/ㅇ로/으로'가 목적격을 나타내기도 하였다.

보격조사는 '이'가 있었는데 그 용법은 주격조사와 같았다.

속격(관형격)조사는 평칭의 유정명사에 붙는 '익/의' 특수한 명사나 대명사 뒤에 붙는 'ㅣ', 무정명사나 존칭의 유정명사에 붙는 'ㅅ'이 있었다.

부사격조사 중 '낙착점 처소(처격)'를 나타내는 것으로는 '애/에/예'가 있으며, '익/의'가 사용되기도 하였다. '익/의'부사격 표지사 붙는 단어는 대체로 고정되어 있다. 중세국어에는 여격조사(낙착점 처소격조사)가 발달되어 있지 않아 목적격 조사가 여격의 기능을 나타내기도 하였다. 출발점 처소를 나타내는 부사격 조사에는 '에셔'가 있었는데, 때로는 '셔'만으로 나타나기도 하고 '에 이셔'로 나타나기도 하였다. 출발점을 나타내는 것으로는 이 밖에 '라셔'가 있었으며, '븥-'의 활용형 '브터'도 출발점을 나타내는 의미로 사용되었다. 지향점 처소를 나타내는 처소격 조사로는 '익로/으로/로'가 사용되었는데, 이 조사는 대명사 '나, 너, 누, 이'에 결합되면 'ㄹ'이 덧생겨 '날로, 널로, 눌로, 일로'가 된다. 도구의 부사격 조사로는 '로/익로/으로'에 '써'가 붙은 어형이 사용되었다. 비교의 부사격 조사로 사용된 '과/와, 이/ㅣ'는 동등 비교를 나타내었다. '라와', '으론', 그리고 '두-'(置)에서 전성된 '두고'는 차등 비교를 나타내었다. '라와'는 받침 있는 체언 아래에서는 '으라와'로 실현되었는데, 받침에 관계없이 '이(ㅣ)라와'로 나타나기도 하였다. 공동의 부사격 조사에는 '과/와'가 있었다. 이 조사 뒤에는 '하야'가 덧붙기도 한다. 변화의 부사격 조사로는 '로'가 사용되었다.

호격조사는 비칭으로 '아/야'가 사용되었다. '아'는 자음이나 모음 아래 두루 사용되었지만, '야'는 모음으로 끝난 체언 아래에서만 사용되었다. '여/이여/ㅣ여'는 비칭의 명사 아래 쓰이나 격식을 갖추어 말할 때 사용되었다. '여'는 모음 아래, '이여'는 자음 아래 쓰이는데, 모음 아래라도 'ㅣ'를 수반하는 일도 있다. 존칭의 호격에는 '하'가 사용되었다.

접속조사로서 보편적으로 사용된 것은 '과/와'였다. 이 '과/와'는 현대 한국어와는 달리 접속되는 마지막 체언에도 붙고 그 뒤에 격조사가 붙었다. 이 밖에도 '하고', '이며/며', '이여/여' 등이 사용되었다.

중세 한국어에도 보조사가 다양하게 발달되어 있었다. 주제·대조를 나타내는 보조사로는 'ㄴ/인/은/는/는'과 '(익/으)란'이 있었는데 '란'이 더 강한 의미를 가지고 있었다. 후자는 17세기에 '으랑'으로 바뀌었다. '도'는 '역시'의 의미를 가진 것에 반하여, 그 대립되는 의미인 '단독'을 뜻하는 보조사는 '만'과 '뿐'이었다. 그런데 '만'은 '단독'의 의미뿐만 아니라 '정도'를 뜻하는 것으로 더 많이 사용되었다. '뿐'은 주격·처격·목적격조사 앞에 쓰이는 점이 특이하였다. 강세를 표시하는 보조사로는 '사, 곳/옷, 붓/봇, 곰/옴, ㄱ, ㅇ, ㅁ' 등이 있었다. 이 중에서 '사'가 일반적으로 쓰인 것인데, 이는 고대 한국어의 '沙'에서 그 어원을 확인할 수있으며, 체언, 조사, 및 선어말어미 '-거-', '-시-', 어말어미 '-거든, -거늘', 연결어미 '-아/어, -고' 뒤에 두루 사용되었다. 이 '사'가 '야'로 바뀐 것은 16세기 말에 이르러서였다. 보조사 '잇돈'은 '이다'의 활용형이 굳어진 것으로 추정되는데, 반의법의 주어를 표시하는 데 쓰인다. 따라서 주제를 강조하는 기능을 갖는다. 의문을 표시하는 보조사에 '가, 고'가 있었다. 이들은 'ㄹ'과 'ㅣ'로 끝나는 체언 뒤에서는 '아, 오'로 교체되었다. '가/아'는 판정의문을 나타내고, '고/오'는 의문대명사에 호응하여 설명의문을 나타내었다. 이 밖에 '균일'을 뜻하는 '나마', '인둘', 그리고 종결된 문장에 결합되어 '양보'의 뜻을 나타내는 '마른' 등의 보조사가 있었다.

### 2.2.3 합성법

체언의 합성은 현대어와 별로 다름이 없다. 다만 중세 한국어에 있어서는 '수튫, 암튫, 안팟' 등의 유기음은 앞 체언들의 말음 'ㅎ'으로, '니뿔, 조뿔' 등에 있어서는 뒷 체언의 두음 'ㅂ'으로 자연스럽게 발음되었던 것인데, 현대에 와서는 이것이 '암탉, 수탉, 안팎, 입쌀, 좁쌀' 등으로 화석화 되었다. 또한, '맛보다, 도라가다, 늘그니' 등 용언 어간의 합성이 매우 생산적이었음은 중세 한국어의 현저한 특징의 하나라고 할 수 있다. 나찬연(2020:190)은 용언과 용언이 이어질 때는 앞 용언에 연결어미가 실현되어야 하는데 '죽살다, 뛰놀다' 등 그렇지 못한 경우를 비통사적 합성법이라 하고 있다.

아래의 (6)은 비통사적 합성법에 의한 합성동사이다.

(6) 빌먹다(乞食) <석보상절6:14>
　　나들다(出入) <월인석보 8:50>
　　듣보다 <월인석보 21:126>

특히 (7)의 동사 어간과의 합성에서 '니-'(行)는 계속·진행의 뜻을 가진 접미사에 가까운 성질을 띤다.

(7) 노니-(놀-游)　　걷니-(걷-步)　　니-(-飛)

### 2.2.4 파생법

파생은 접두, 접미파생에 의해서 이루어진다.

(8) 아슨아돌 <두시언해 초간 8:62>
　　춤기름 <월인석보 2:9>

(9) 치잡다 <용비어천가58>

　　횟돌다 <두시언해 초간20:12>


(10) 여름 <월인석보1:12>

　　녀름지싀 <두시언해 초간16:10>

　　기픠 <월인석보2:19>

　　주검 <월인석보9:35>

　　놀개 <월인석보1:14>


(8)은 명사 어근에 접두사가 결합하여 이루어진 파생명사이고, (9)는 파생동사, (10)은 어근에 접미사가 결합하여 이루어진 파생명사이다. 파생명사에는 명사에서 파생된 '-이'가 연결된 것과 용언 어간에 '-(ᄋ/으)ㅁ'이 연결된 것이 주를 이룬다.


## 2.2.5 어미의 갈래

### 2.2.5.1 선어말어미

선어말 어미 중에서 의도법 어미 '-오-'는 근대어나 현대어에서는 볼 수 없는 중세어의 특징이었다. 이 어미는 자음으로 끝난 어간 뒤에서 모음조화에 따라 '-오/우-'로 교체되었고, 모음으로 끝난 어간 뒤에서 어간 말음이 'ㅏ, ㅓ'인 경우에는 '-오/우-'가 탈락되었다.

경어법의 선어말 어미에는 겸양법의 '-ᄉᆞᆸ/ᄌᆞᆸ-', 존경법의 '-시-'(-샤-…), 공손법의 '-이-'(-잇-…)의 세 가지가 주류를 이루며 다양한 이형태가 나타났다. 예문 (11)은 그 예이다.


(11) 木蓮이 그 말 듣ᄌᆞᆸ고 <석보상절6:1>

　　太子ㅣ 出家ᄒᆞ시면 子孫이 그츠리이다 <월인천강지곡 36>

　　왕생쾌락이 달옴이시리잇가 <월인석보9:5>


시제에 있어서는 현재 선어말어미는 '-ᄂᆞ-', 과거 '-거-, -아/어-, -더-', 미래 '-리'가 대표적으로 쓰였다. (12)는 그 예이다.


(12) 五色이 사ᄅᆞ무로 눈멀에 ᄒᆞᄂᆞ다 ᄒᆞ니 <원각경언해 서 28>

　　어미 몯 보아 시름 깁거다 <월인석보 8:87>

　　도ᄌᆞᄀᆞᆯ 모ᄅᆞ샤 보리라 기드리시니 <용비어천가 19>

### 2.2.5.2 어말어미

중세 한국어의 어말어미는 그 기능에 따라 종결, 연결, 전성어미로 나눌 수 있다.
먼저 종결어미에 대해서 알아보기로 한다.

(13) 舍利弗을 須達이 조차 가라 ᄒᆞ시<u>다</u> <석보상절6:2>

　　님금하 아ᄅᆞ<u>쇼셔</u> <용비어천가 125>

　　이 두 사ᄅᆞ미 眞實로 네 항것<u>가</u> <월인석보8:94>

　　이 겁 일후므른 현겁이라 ᄒᆞ<u>져</u> <월인석보1:40>

　　나그내 시르믈 ᄉᆞ로미 잇<u>도다</u> <두시언해 초간본 7:2>

(13)에서 보는 바와 같이 평서형에는 '-다'가 있었으며, 서술격 조사나 선어말어미와 어울릴 때는 '-라'로 교체 되었다. 명령형은 '-쇼셔'가 대표적이었다. 그리고 두 가지 의문문이 형태상으로 구별되었는데, 판정의문문과 설명의문문이 '-가'와 '-고'로 구별되었다. 청유형은 '-져'가, 감탄형은 '-도다'가 대표적으로 쓰였다.

[표 8. 상대높임법에 따른 중세국어의 종결어미](고영근 2005, 장윤희 2002 참조)

| 종결 ＼ 격식 | ᄒᆞ라체 | ᄒᆞ야셔체 | ᄒᆞ쇼셔체 | 반말체 |
|---|---|---|---|---|
| 평서형 | -다 | -닝다 | -ᄂᆞ이다 | -니, 리 |
| 의문형 | -녀/뇨(1,3인칭)<br>-ㄴ다(2인칭)<br>-ㄴ가/고(간접) | -ᄂᆞ닛가 | -ᄂᆞ니잇가 | -니, 리 |
| 명령형 | -라 | -어쎠 | -쇼셔 | -라 |
| 청유형 | -져 | | -사이다 | |
| 감탄형 | -도다 | -도소이다 | - | |

연결어미는 현대 한국어와 별반 차이가 없다.

한 가지 이상의 것을 나열하는 데 사용하는 대등적 연결어미로는 '-고(-곤, 곰, 곡), -며(ㅁ), -며셔(면서), -나, -건마ᄅᆞ, -(거)나~-(거)나, …' 등이 쓰였다. 종속적 연결어미로는 '-아/-어, -니, -오, -ㄹ, -관, -(거)든, -(거)늘, -고져, -디, …' 등이 쓰였다. 보조적 연결어미로는 '-어/아, -긔/-게, -디, -고' 등이 쓰였는데 '-긔'와 '-게'는 수의적으로 교체되었고, '-고'는 매우 드물었다. '-긔/-게'는 'ㅣ'와 'ㄹ' 아래서는 '-의/-에'로 교체되었다. 이 밖에도 '-돌, -드란' 등도 드물기는 하지만 '-디'와 같이 '부정'을 뜻하는 보조동사 앞에서 사용되었다.

전성어미에는 현대 한국어와 마찬가지로 명사형 전성어미와 관형사형 전성어미가 있었다.

'-옴, -기, -디'는 명사형 어미인데 '-옴'은 음성모음으로 된 어간 아래에서는 '-움'으로 교체되고, 서술격조사 아래에서는 '-롬'으로 교체되었다. '-기'는 그다지 사용되지 않았다. '-디'와 '기'는 비슷한 기능을 가진 명사형 어미인데, 형용사 '어렵다, 슬ᄒ다, 둏다' 앞에서만 쓰이는 통사상의 특징이 있었다.

'-ㄴ, 는, 던, -ㄹ'은 관형사형 어미이다. 이 가운데서 '-는'과 '던'은 선어말어미 '-ᄂ-, -더-'에 관형사형 어미 '-ㄴ'이 붙은 것이다. '-ㄹ'은 미래시상의 선어말 어미 '-리-'와 비슷한 의미를 갖는다.

## 2.3 어휘

첫째, 중세 한국어에는 이미 많은 한자어가 침투해 있었다. 그 갈래는 (14)와 같이 대략 셋으로 볼 수 있다.

(14) ㄱ. 중국 관련 한자어: 安寧, 交易, 博士, 巧言令色

ㄴ. 불교어에서 유래한 한자어: 佛陀, 袈裟, 涅槃

ㄷ. 국내(한국)의 조어: 自己, 一身上(일본어의 영향), 協力

이미 어떤 것은 한자어란 인식이 없어지기도 했으며, 또한 오랜 사용으로 인하여 의미의 변화(간난: 艱難 → 貧困)를 겪은 것도 있었다.

둘째, 15세기에 많이 사용되던 'ᄒ다가(萬若)'는 16세기 문헌에서는 '만일에'로 쓰이고 있으며, 15세기의 '반 ᄃ기(必)'는 '반ᄃ시, 반드시'로 쓰이고 있음이 보인다.

셋째, 모음 교체로 의미의 미묘한 차이가 나타나는데, 아래의 (15)에서 보는 바와 같이 후기 중세어에서 확인된다.

(15) -칙칙ᄒ/츽츽ᄒ(密) … … … … 프른/프르… … … … …도련ᄒ/두련ᄒ

이러한 모음의 교체형은 완전한 단어의 분화를 가져오기도 했다. '남-'과 '넘-'은 공통적 의미(越)를 가졌으나 15세기에 '남-'에는 '餘'의 의미가, '넘-'에는 '過'의 의미가 생겼다. 또한, 자음에 있어서도 '두드리-'와 '쑤드리-'의 대립처럼 평음과 된소리의 대립이 의미의 미묘한 차이를 나타내기 위하여 사용된 예들이 확인된다.

넷째, 중세어에서도 어휘에 의한 경어법이 발달되어 있었는데, 현대어와는 약간 차이가 있다. '이시-(有)'에 대한 '겨시-', '먹-(食)'에 대한 '좌시-'는 있으나 '자-(寢)'에 대한 현대어에 해당하는 '주무시-'는 보이지 않고 '자시-'를 사용했다.

다섯째, 의미론적으로 다의(多義)현상을 찾아보면(유연성이 상실되었다면 동음이의어로 간주), 품사별로는 동사에서 많이 나타나고, 명사, 형용사 순으로 나타난다. 몇 가지 예를 들면 다음과 같다.

(16) ㄱ. ᄀᄅ치다 : 가르치다(敎) / 가리키다(指)

ㄴ. ᄀ초다 : 저장하다, 갈무리하다/ 감추다(藏) / 갖추다(備)

ㄷ. 고기 : 살고기/ 물고기(漁) / 짐승(獸)

# 3. 근대 한국어의 언어학적 특징은 어떠했는가

근대 한국어의 시기는 임진왜란 직후 17세기 초엽부터 시작된다. 임진왜란과 병자호란을 거치면서 사회와 문화에서 점차 새로운 기운이 싹트기 시작했으며, 안으로는 상업, 수공업의 새로운 양상이 나타나 사회적인 변화가 현저하였고, 밖으로는 서양 문물에 접하게 되면서 우리 민족의 정신세계가 큰 변화를 입게 된다. 실학사상과 민중의식이 대두되었고, 민족주의가 일어났다. 민중문학 작품의 대량 출현으로 많은 구어 자료와 방언 자료가 남게 되었고, 민족주의의 출현으로 우리말에 대한 본격적 연구를 행하게 되었다. 근대 국어에서부터 현대국어의 여러 특징이 형성되었다는 관점에서 볼 때 근대국어는 중세 한국어에서 현대 한국어에 이르는 하나의 과도기였다고 할 수 있다.

## 3.1 음운

### 3.1.1 자음체계 및 음운변화

[표 9. 근대국어의 자음체계]

| 방법 \ 위치 | 순음 | 설음 | 치음 | 아음 | 후음 |
|---|---|---|---|---|---|
| 파열음 | ㅂ ㅍ ㅃ | ㄷ ㅌ ㅆ | | ㄱ ㅋ ㅺ | |
| 마찰음 | | | ㅅ ㅆ | | ㅎ |
| 파찰음 | | | ㅈ ㅊ ㅃ | | |
| 비음 | ㅁ | ㄴ | | ㅇ | |
| 유음 | | ㄹ | | | |

중세 한국어에 존재하였던 'ㅸ, ㅿ' 등이 근대에 와서는 소멸되고, 어두자음군 또한 나타나지 않게 된다. 근대 한국어에서 가장 현저한 음운변화의 하나는 구개음화이다. 『同文類解(동문유해)』는 중앙어에서 'ㄷ' 구개음화의 완성을 보여 주는 문헌이기도 하다. 'ㄷ' 구개음화는 'ㅈ' 구개음화를 전제로 하는데, 원래 치경음이었던 'ㅈ'이 i나 j 앞에서 경구개음 [tʃ]로 발음되는 'ㅈ' 구개음화이다. 이 'ㅈ' 구개음화는 15세기부터 일어나서 16세기에 확대되다가 중세 말기에 완성된다. 'ㄷ' 구개음화의 결과로 인해 18세기 중엽 이후의 한국어에는 [ti], [tʰi] 또는 [tj], [tʰj]의 결합이 사라지고, 이들은 모두 [tʃi], [tʃʰi], [tʃj], [tʃʰj]로 바뀌었다. 그러다가 19세기 초에 이중모음의 단모음화 현상에 의해 '듸, 씌, 틔'음절이 '디, 띠, 티'로 단모음화함으로써 [ti], [t'i], [tʰi] 음절이 다시 살아나 현재에 이르게 된다.

(1) 마디(<마듸<ᄆᆞ듸)    디디-(<*듸듸-<드듸-)    부디(<부듸/부듸)
    띠(<ᄯᅴ)    티끌(<틧글)

어두에 오는 '냐, 녀, 뇨, 뉴, 니'가 '야, 여, 유, 이'로 바뀌는 일을 현대에서는 '두음법칙'이라고 하는데, 이 현상도 구개음화의 과정을 밟아서 형성된 것이다. 'ㄴ'구개음화는 16세기에 일어나기 시작하여 17세기 말에는 점차 확대되지만, 고유어의 경우는 19세기까지 소수의 어휘(여름, 엹-, 이르-, 임금)에 한한다. 'ㄴ'구개음화가 일반화되는 것은 19세기 이후이고, 20세기에 들어와 두음법칙에 의해 전면적으로 표기법에 반영되었다. 그 밖에 'ㄷ'구개음화에 뒤이어 'ㄱ, ㄴ'음들에도 구개음화 현상이 일어났으며, 'ㅿ, ㆁ, ㅳ, ㅸ, ㅆ'등의 글자 및 방점이 완전히 사라졌다.

## 3.1.2 모음체계 및 음운변화

**[표 10. 근대국어의 모음체계]**

| 혀의 위치<br>높이 | 전설 | 중설 | 후설 |
|---|---|---|---|
| 고모음 | i(ㅣ) | ɨ(ㅡ) | u(ㅜ) |
| 중모음 | e(ㅔ) | ə(ㅓ) | o(ㅗ) |
| 저모음 | ɛ(ㅐ) | a(ㅏ) | |

근대 한국어의 모음체계는 'ㆍ'음의 소멸과, 이중모음 'ㅐ, ㅔ'의 단모음화가 특징이다. 모음 'ㅓ'는 'ㆍ'가 비음화함으로써 중화하여 'ə'음을 가지게 되었고, 움라우트 현상에 의하여 단모음들이 많이 늘어나 최대 10개의 단모음까지 된다.(학자에 따라 8모음/10모음의 상반된 견해가 있음)

근대어의 시기에 일어난 주목할 만한 모음변화로는 움라우트를 들 수 있다.(이광호 2004 참조) 이 현상은 앞 음절의 모음이 뒷음절의 전설모음에 역행동화되어 전설모음으로 변화하는 것을 말하는데, 대부분 남부 방언 자료이기는 하지만 중세국어 시기에도 소수의 어휘들에서 이 현상이 나타났음을 확인할 수 있다.

그러다가 근대 한국어 시대에 이르면 먼저 남부 방언을 중심으로 확산되고, 19세기 후반이 되면 중앙어에서도 많은 예들이 보인다.

움라우트 현상은 중세시기에 하향 이중모음이었던 'ㅣ, ㅐ, ㅔ'가 단모음화 하였음을 말해 준다는 점에서 큰 의미가 있다. 따라서 움라우트 시기를 18세기 말 또는 19세기 초로 잡는다면 그 이전 시기인 18세기 중반 무렵, 즉 근대국어 시기 초기에 'ㅣ, ㅐ, ㅔ'가 단모음화 하였다고 생각할 수 있고, 비슷한 시기에 'ㅚ, ㅟ'도 단모음화 하였다고 볼 수 있다. 움라우트는 남부 방언을 중심으로 하여 용례가 확산되고, 19세기 후반에 중앙어에서도 많은 예들이 보인다. 그러나 1936년 표준말을 사정하면서 움라우트 현상을 거의 비표준적인 것으로 인정했기 때문에, '달팽이, 댕기다(引火), 데리고, 새기다, 새끼' 정도가 중앙어에 남아 있을 뿐이다.

한편, 19세기가 되면 치음(ㅅ, ㅈ, ㅊ) 아래에서 'ㅡ'가 'ㅣ'로 변하는 전설모음화 현상이 일어난다. 예를 들어, 15세기의 '스ᄀᆞ올/스골/스굴'이 16세기에 와서 '스골'로 변했다가 19세시에 다시 '시골'로 변한 것이 있다.

또한 원순모음화 현상이 일어나기 시작한 것은 중세 한국어 시대 말기였다. 'ㅁ, ㅂ, ㅍ, ㅃ' 아래의 'ㅡ'가 'ㅜ'로 변화하는 일종의 순행동화인 이 현상은 17세기 중반에 이미 나타나기 시작하였고, 18세기 초에 완성되었다. 원순모음화의 결과로 근대 한국어에서 '므, 브, 쁘, 프'와 '무, 부, 뿌, 푸'의 대립이 사라지지만, 다시 20세기의 새로운 정서법에서 일부 형용사 어간 끝소리에 '쁘, 프'를 적게 함으로써 이 음절이 되살아나게 된다.

## 3.2 문법

중세 한국어에서의 다양하던 격조사와 용언 어미가 근대 시기에 들어와 단순화된다. 근대의 격조사는 주격, 대격(목적격), 속격(관형격, 소유격), 도구격, 공동격, 처소격(방위격, 향격), 호격의 일곱 종류로 구분할 수 있다.(이광호 2004 : 229-276)

주격조사는 '-이/ㅣ'외에 '-가'가 등장하고 이들이 결합한 '-ㅣ가'도 18세기 중반부터 나타난다. '-ㅣ'는 19세기 말이 되면 거의'-가'로 대치된 후 소멸한다. 관형격 조사 '-ㆍ/의, -ㅣ'는 '-의'하나로 통일되고 존대의 호격 조사 '하'는 이미 17세기에 사라지고 20세기에 들어와 '이시여'가 새로 생겨난다. 보조사 '-두고, -도곤/두곤'은 19세기말까지 쓰이다가 '-보다'로 교체된다.

선어말어미 중에서는 객체높임의 '-ᄉᆞᆸ/ᄉᆞᆸ/ᄌᆞᆸ/ᅀᆞᆸ-'이 형태가 바뀌면서 일부 어휘에만 남아 선어말 어미로서의 기능을 잃게 된다. 시제 및 시상 선어말어미인 '-ᄂᆞ/느-, -더/다-, -리-'는 근대에 와서 '-는/ㄴ-, -더-, -리-'로 바뀌고, 다시 시상 및 시제를 담당하는 '-엇/앗-, -겟-'이 새로 생겨나 '-더-, -리-'의 기능을 축소시킨다. 또한 의도법의 선어말어미 '-오/우-'는 16세기부터 차차 쓰이지 않다가 근대가 되면 일부 옛스런 표현에서만 사용되어 그 기능을 잃게 된다. 상대높임의 선어말어미 중 '-이/잉/잇-'은 16세기에 이미 사라졌고, '-이/잇-'은 근대시기가 되면 어말어미 '-이다/잇가'로 쓰이다가 후에 '-(으)ㅂ니다/습니다, -(으)ㅂ니까/습니까'로 교체된다.

중세 한국어의 연결어미도 대체로 단순화되지만 근대 한국어 시기에 새로 생겨난 것들도 있다. 원인을 나타내는 연결어미 '-ㄹ씨/ㄹ식, -매, -모로'는 '-므로'로 단일화되고 나머지는 옛스런 표현에서만 사용된다. 역시 원인을 나타내는 '-니'로부터 나온 '-니까/니까, -니까는/니까는'은 20세기에 와서 새로 등장하여 구어에서 널리 쓰인다.

그밖에 명사형 어미였던(명사적 용법으로도 기능하였던) '-ㄴ, -ㄹ'은 관형사형 어미로서만 기능하고 동명사적 흔적은 '어른, 어르신, 여남은, 가물( 가뭄)'등 몇 개의 낱말에 남아있을 뿐이다.

17세기 문말의 종결어미를 『박통사언해(朴通事諺解)』에서 알아보면 설명형어미, 의문형어미, 명령형어미, 청유형어미, 약속형어미로 나눌 수 있고, 그 특징 및 의미기능은 다음과 같다.(고명균 1992 참조)

(2) ㄱ. 常言에 닐오ᄃᆡ 말을 니ᄅᆞ디 아니면... ᄒᆞ니라 (박언.상.14.a)

　　ㄴ. 어늬 싸홀 향ᄒᆞ야 가ᄂᆞ뇨 (박언.상.8.b)

　　ㄷ. 大舍ㅣ 아 허믈 말라(박언.상.52.a) / 소인 ᄃᆞ려 니ᄅᆞ쇼셔 (번박.상.59.b)

ㄹ. 우리 모다 흢긔 가쟈(박언.상.9.b)

ㅁ. 너를 다숫 낫 銅錢을 주마(박언.상.40.b)

설명형어미는 종결어미는 '-다, -라'로 대표되는데 그 이외에 '-니이다'의 축약형인 '-니', '-ㄹ셔/샤'와의, 그리고 '-ㄴ다'가 의문법어미가 아니고 설명법어미의 예로 많지는 않았으나 문장의 종결어미와 피포유문에서 보이고 있었다.

의문형어미는 종결어미 '-가, -고, -다'가 일반적으로 나타나는데 '-가'는 의문사가 없는 즉 판정을 요구하는 어미이고, '-고'는 설명을 요구하는 어미이다. 이러한 종결어미들이 동명사어미 '-ㄴ,-ㄹ'과 어울려 다양한 형태를 띤다. 특히 '-ㄴ다'가 2인칭 의문문의 주를 이루고 있음을 확인했다. 또한 '-엇더ㅎ뇨'의 의사타진의 의문형을 설정하여 선행하는 '-호딕, -옴/움이, -면'의 형태와 호응관계를 통시적 차원에서 살필 수 있었다.

명령형어미는 종결어미 '-(/으)라, -고려/오려, -소셔/쇼셔' 등을 확인했는데 그중 '-(/으)라'가 대표적이었다. 또한 특이한 형태로 '-(딕/듸)여'가 있는데 이는 지역방언의 영향에 의한 듯하다.

청유형어미는 종결어미 '-져/쟈, -새이다'로 나타나는데 ㅎ라체의 '-져/쟈', 쇼셔체의 '-새이다'를 확인했는데 『번역박통사(飜譯朴通事)』에서 나타나는 '-져'가 『박통사언해(朴通事諺解)』에서는 '-쟈'로 변화하는 양성모음화 현상을 보였다.

약속형어미는 종결어미 '-마'로서 1인칭 화자가 청자에게 약속하는 경우였다.

근대 한국어의 파생법과 합성법은 중세나 현대 한국어와 별 차이가 없다.

(3)은 근대국어에서 나타나는 접두, 접미파생의 예를 보인 것이다.

(3) ㄱ. 골가마괴, 들기름, 숫무우, 못아들, 휘젓다

ㄴ. 金가, 노롯바치, 각시님, 박아지, 개골이, 기러기, 쪽집개, 아 달다, 어즈럽다

(4)는 통사적 합성과 비통사적 합성의 예이다.(이광호 2004 : 142-143)

(4) ㄱ. 믈고기, 쟝마ㅅ비, 병들다, 갓옷(皮衣), 댓닙(竹葉), 힘쓰-(力)

ㄴ. 싄다리(月退), 곱돌(滑石), 일늣-(早晚), 됴쿳-(好惡)

## 3.3 어휘

17세기에 발생한 실학사상은19세기 중엽에 이르러 한층 새롭게 출발하였다. 실학가들은 역사, 언어 지리, 풍속, 농공업, 상업, 의학 등에 이르기까지 다각적으로 연구하였다. 이수광의 『지봉유설(芝峯類說)』(1614)은

어원연구, 정약용의 『아언각비(雅言覺非)』(1819)는 자연 동물, 식물, 인명, 제도, 음식을 연구하였고, 속담집은 홍만종의 『순오지(旬五志)』, 분류어휘집으로는 유희가 편찬한 『물명고(物名攷)』 등이 있다. 그밖에 18세기 외국어 연구로 『동문류해(同文類解)』는 만주어를, 『몽어류해(蒙語類解)』는 몽골어를, 『왜어류해(倭語類解)』는 일본어를 대역한 것이다.(홍종선 외 1998 참조)

근대 시기에 들어와서도 많은 한자어들이 새로 생성되거나 그 사용이 확대되었으며 서양문물이 중국이나 일본을 통해 들어옴으로써 중국에서 만들어진 한자어 명칭이 한자와 함께 들어와 새로운 단어가 추가되었다.

(5) 역관에 의한 역학서 : 開學, 外貨, 僑胞, 博覽會, 左派, 右派, 洋傘
　　　서구 외래어 : 虎列剌, 獨逸, 佛蘭西, 土耳其, 歐羅巴
　　　신용어 : 共和國, 敎育法, 看護婦, 紳士, 會社員
　　　고유 한자 : 乭, 垈, 畓, 進士, 生員, 兩班
　　　이두식 차자 : 身殺(몸살), 水朴(수박), 雨來(雷), 兎子(토끼), 土手(흙손), 眞木(참나무)

한자어에는 오늘날은 아주 쓰지 않게 되었거나 뜻이 변한 것도 상당수 있는데, 근대어 문헌들 중 특히 소설류에는 '原情(陳情), 人情(賂物), 放送(釋放), 下獄(投獄), 等待(미리 준비하고 기다림), 政體(다스리는 형편)' 등 한자어가 자주 보인다. 어휘의미론적으로 중세어에서 '어엿브-'는 '憐憫'을 의미했는데 이것이 근대어에서는 '美麗'를 의미하게 되었다. '어리-'는 '愚'를 의미했고 '졈-'이 '幼少'를 의미했는데 근대어에서는 '어리-'가 '幼少'를 의미하게 되고, '졈-'은 연령이 좀 많은 것을 의미하게 되었다. 또 중세어에서 '思, 愛' 두 가지 의미를 가졌던 '사랑ᄒ-'는 '愛'의 의미만을 가지게 되었다. 많은 몽고 차용어가 폐어화하고 상당수의 살아남은 몽고어 어휘는 언중들에서 외래어로서의 인식을 잃게 됨으로써 귀화하게 되었다.

한자어의 새로운 생성은 20세기에 들어오면서 둔화하고, 일본어, 영어, 러시아어, 중국어로부터의 차용어가 증가되었다. 그리고 18세기 후반부터 쏟아져 나온 소설과 사설시조 작품은 한국어의 감각적 어휘를 풍부하게 하는 데 이바지하였다. 감각적 어휘의 풍부함은 근대국어의 한 특질로 볼 수 있다.

한편, 이한섭(2014)은 1868년 메이지 유신 전후의 일본어에서 쓰이던 것과 새로 만들어진 말, 그리고 원래 중국어가 일본에 들어와 바뀐 말, 일제 강점기 시대 이후 일본어 발음대로 들어온 말, 서양어가 일본어를 거쳐 우리말이 된 어휘 등을 표제어로 제시하였다. -무기명(無記名), 무단정치(武斷政治), 무대(舞臺), 무대 뽀, … 실버(silver), 실습(實習), 실업(實業), 실업가(實業家), 실연(失戀), 실종(失踪), 실패(失敗), 실험(實驗). 실현(實現), … 캐치 볼, 캠핑 카, 컨닝, 코레라, 콘센트, 콤비, 콤플렉스, 쾌감(快感), 쿠사리(꾸지람, 핀잔), 쿨러(주택용 냉각기), …-

# 4. 현대 한국어와 한국어교육의 위상은 어떠한가

## 4.1 현대 한국어

갑오경장(1894)에서 한일합방(1910)에 이르기까지 우리는 개화기라 부른다. 이 시기는 주로 서양인 선교사 및 국내 학자들에 의해 사전의 편찬과 기초적인 한국어문법 연구가 이루어졌다. 1896년에 최초의 한글 신문인 <독립신문>이 창간되고 1897년 주시경 선생님의 『국어문법』이 발간되었다. 그 후 일제 강점기 시대는 <조선어학회>로 대표되는 학회의 창립과 그 활동을 통해서 표기법 및 표준어 사정 등 한국어 정책적인 면이 활발히 진행되었다.

광복 후 서구 언어이론이 들어오기 시작하는데, 구조주의와 기술 언어학이 음운 및 문법에 많은 영향을 끼쳤다. 60년대 후반부터는 미국의 촘스키가 제시한 변형생성문법이론이 도입되어 새로운 국면을 맞이하게 되었다. 음운론 쪽에서는 변별적 자질을 통해 음운간의 대립적 관계를 파악하는 동시에 기저 음운의 설정이 가능케 되고, 문법에서는 단어형성론에 있어서 제약, 생산성, 어휘부의 구조 등이 다루어 졌다. 통사론적인 면에서는 문장의 심층구조와 표층구조의 연구가 활발히 전개 되었다.

70, 80년대에 들어오면서 한국어 연구의 부문이 점차 세분화, 심화되어 가는 추세를 보이면서 학문적 체계를 갖추게 되었다. 한국어학은 음운론, 형태론, 통사론의 확고한 세 영역하에 의미론이 한국어학의 새로운 영역으로 자리 잡게 되었으며, 의미론은 연구의 범위를 넓혀 화용론, 인지의미론 등 깊이를 더해 갔다.

1990년대에는 국립국어연구원(국립국어원)이 주관하여 수 년 동안 작업해온 『표준국어대사전』이 출간되었으며, 주요 어휘용례에 관한 연구, '말뭉치'에 대한 연구, 인터넷을 통한 각종 정보 검색 등 다양한 연구가 이루어졌다. 특히, 그 시대 사회상을 그대로 반영하는 신조어에 관한 연구는 작금의 한국어의 흐름을 알 수 있는데, 2004년도 국립국어원이 밝힌 신조어는 총 626개로, 전문어는 각각 429개(68.5%)와 197개(31.5%)이다. 이 가운데 전문 분야별로 살펴보면 '사회, 운동·오락, 경제, 의학, 컴퓨터·통신' 순으로 큰 비중을 차지하였으며, 최근(2020년-2021년)의 신조어와 비교 대조하여 보면 많은 차이를 느끼는 동시에 우리 사회의 변화를 실감할 수 있다.

신조어 및 현대 한국어사(1920년 이후)에 관한 내용은 다음과 같다.

1) 2004년 분야별 신조어 - 출처 : 국립국어원

- **사회 분야**
'디젠더리즘(degenderism)', '디지털 치매(digital癡呆)', '사오육사 세대(四五六四世代)/일팔삼공 세대(一八三空世代)', '아침형 인간(—型人間)/야간형 인간(夜間型人間)', '언니주의(-主義)/언니즘(←언니+-ism)', '온달 콤플렉스(溫達 complex)', '작은 남편(-男便)', '테러 증후군(terror症候群)', '트로피 남편(trophy男便)/트로피 아내(trophy)', '호모 디카쿠스(Homo dica[←digital camera]+-cus)', '호모 핸폰쿠스(Homohanphon[hand phone]+-cus)'

- **운동·오락 분야**
'그라운드 골프(ground golf)', '디스크 도그(disc dog)', '러너업 슬램(runner-up slam)', '밸런스 보드(balance board)', '보드러너(boardrunner)', '실버골 제도(silver goal制度)', '아쿠아워킹(aqua walking)', '에스보드(ess board)', '트래직 넘버(tragic number)', '포인트 포워드(point forward)', '플라이 피시(fly-fish)', '헬스로빅(healthrobic health+aerobic)'

- **경제 분야**
'기업 도시(企業都市)', '노플레이션(noflation)', '문화 접대(文化接對)', '비아이비(BIB Branch In Branch)', '스타 지수(star指數)', '접대 실명제(接對實名制)', '현금 영수증 제도(現金領收證制度)'

- **의학 분야**
'거북 목 증후군(—症候群)', '바디바바디바(bar D bar bar D bar[D/D])', '생활 치료(生活治療)', '얼렌 증후군(Irlen症候群)', '카르복시세러피(carboxy therapy)', '케어 매니저(care manager)', '태반 주사(胎盤注射)', '티엠아이(TMI Text Message Injury)', '피시방 증후군(PC房症候群)'

- **컴퓨터·통신 분야**
'디엠비(DMB Digital Multimedia Broadcasting)', '오그 보비스(Ogg Vorbis)/오지지(Ogg)', '와이브로(wireless broadband internet)', '위키 사전(Wiki辭典)', '위키위키(WikiWiki)', '콜(call)'

- **한국식 외래어(대부분은 한국식 영어)**
'배드빙(bad-being)', '북크로싱(book crossing)', '비포 모델(before model)/애프터 모델(after model)', '이미지걸(image girl)', '커닝게이트(cunning gate)', '클린 센터(clean center)', '텐인텐(ten in ten)', '티처보이(teacher boy)', '패스트패션(fast fashion)'

2) 2020년 - 2021년 신조어 '네이버 신조어' 참조(가나다 순)

| | | | |
|---|---|---|---|
| MZ세대 | 가스라이팅 | 간선상차 | 깐부 |
| 네거티브 | 뇌피셜 | 리즈시절 | 메타버스 |
| 무야호 | 밀키트 | 버킷리스트 | 손절 |
| 스트리밍 | 언택트 | 옵세 | 원더윅스 |
| 위드 코로나 | 이지적 | 인싸 | 인플루언서 |
| 잼민이 | 치팅데이 | 테이퍼링 | 티키타카 |
| 팬데믹 | 포스트 코로나 | 현타 | |

### 3) 현대 한국어사 (1920년 -)

- 1921년 조선어학회 모임
- 1933년 한글맞춤법통일안(조선어학회)
- 1935년 박승빈 『조선어학』 펴냄
- 1937년 최현배 『우리말본』 펴냄
- 1940년 훈민정음 원본 발견 / 외래어표기법 통일안(조선어학회)
- 1942년 조선어학회 수난 사건
- 1947년 『조선말큰사전』 첫 권 펴냄 (조선어학회)
- 1948년 문교부에서 『한자 안 쓰기의 이론』 펴냄. / '한글 전용에 관한 법률'이 공포됨.
- 1949년 조선어학회를 '한글학회'로 바꿈
- 1952년 한국어국문학회 창립
- 1985년 국제한국어교육학회 창립
- 1987년 정보 교환용 한글 완성형 표준 코드가 제정됨
- 1988년 한글맞춤법 제정 공포 (문교부)
- 1990년 '국어 정보학회' 세워 짐
- 1991년 국립국어연구원 설립
- 1997년 한국어능력시험 실시
- 1999년 『표준국어대사전』 발간
- 2001년 한국어세계화재단 설립
- 2002년 한국어 교육 능력 인증 시험
- 2005년 한국어 교원 자격 제도 시행
- 2011년 국립국어원 20년사 발행
- 2011년 국제 통용 한국어 표준모형 개발
- 2012년 세종학당 설립
- 2014년 국립한글박물관 개관
- 2019년 『증보판 세종한국어』 발행
- 2020년 한국어 표준 교육과정 제정

## 4.2 인터넷과 통신언어

20세기에 들어서면서 컴퓨터 통신이라는 새로운 의사소통 매체가 등장하고 이전의 입말시대나 글말 시대의 의사소통에서 획기적인 변화를 가져오기 시작했다. 그 가운데 20세기말부터 등장한 컴퓨터를 통한 의사소통 또한 우리의 언어생활에 많은 변화를 가져오고 있다. 입말을 글말처럼 표현하는 시대에 기존의 입말과 글말의 고유한 특성이 혼란을 가져오기 시작했으며, 언어 규범이 전자통신언어에 의해 새로운 양상으로 변모 하고 있다.

현재의 젊은 세대들을 생각할 때 빼놓을 수 없는 통신언어의 특징을 음운, 형태, 통사, 어휘 및 의미로 나누어 설명하면 다음과 같다. (고명균 2004 참조)

음운론적 특징에서는 소리 나는 대로 적거나 음운의 축약, 줄임 등의 복잡한 변화를 거치고 있으며, 그 변화의 바탕은 기본적으로 표현의 편리성과 경제성(키보드의 타자수를 줄임)에 있다고 할 수 있다.

<음운적 특징>

이어적기 : 그렇지 → 그러치, 좋다 → 조타, 축하 → 추카
축약, 탈락 : 그냥 → 걍, 없습니다 → 업슴다, 푸하하 → ㅍㅎㅎ
첨가 : 네 → 넵, 그랬지 → 그랬징, 살아 있나? → 살아 있남?
교체 : 죽기 → 듁기, 심심해 → 띰띰해, 역시 → 역쉬
된소리되기 : 싫다 → 싫따, 좀 → 쫌, 사랑해 → 싸랑해

형태·통사론적 특징으로는 종결어미의 변형, 조사의 생략, 경어법과 호칭, 어순변화, 언어적 유희 등을 들수 있다. 특히 종결어미의 형태로는 의미의 간결성과 함축성을 띤 명사형 종결어미가 주로 쓰이고 있으며, 특이한 어미형태로는 '-요' 보다는 낮고 '-어' 보다는 높은 수준에서 '-여'를 사용함으로써 상대방의 수준을 고려하지 않는 두루높임의 형태가 많이 사용된다. 품사별로도 명사류가 단연 으뜸으로 사용되고 있다. 언어적 유희에 있어서는 남녀관계나 성적인 표현 등이 다수를 차지하고 있다.

<형태, 통사적 특징>

종결형태 : 진짜임, 몇 살 차이?, 그럼 이만 즐~, 왜 그래요? → 왜 그래여?
조사 생략 : 나는 진이 언니야 → 나 지니 언니당, 어디에 살아요? → 오디 살아여?
어순 : 우리 엄마 열 받았다. → 열 받았다 우리 엄마
호칭 : 현수님, 애플님, **님
문장부호의 남용 : 사진이 없네여.........., 정말요?????????????????

어휘·의미론적 특징에서는 은어, 비속어, 줄여쓰기, 상징과 상징 기호 사용 등으로 다양한 표현 기법을 사용하여 개성을 나타내는 경향이 두드러진다. 통신언어에서의 은어는 풍자성, 과시성, 애교성, 오락성 등이 혼합되어 있고, 창의적이고 유행성이 강하므로 속어와 비슷한 특성을 갖고 있다. 특히, 비언어적 표현을 키보드의 기호나 특수문자를 활용하여 나타내는 상징 기호는 송신자의 감정을 시각적으로 표현해 주며, 이를 이모티콘(emoticon)이라고 한다.

<어휘, 의미적 특징>

준말 : 강력 추천 → 강추, 공동 구매 → 공구, 훨씬 → 훨
은어 사용 : 고등학생 → 고딩, 최고다 → 짱이다,
은어 사용 : 같은 사람이 글이나 그림을 연속해서 올림 → 도배하다
비속어 사용 : 무시당했다 → 씹혔다, 훔치다 → 뿌리다, 매우, 아주 → 절라, 열라
이모티콘: @^^@, *^^*, --V, @_@, ㅜㅠ, -_-;;

이처럼 통신언어는 우려할 만큼 비문법적인 경향으로 흘러가고 있으며, 이것이 빠른 속도로 일상 언어로 자리잡고 있는 것이 사실이다. 그러나 언어는 자기 정화력을 발휘하여 극단적인 일탈을 저지할 것이라는 기대도 해 볼 수 있다. 통신언어 역시 언어의 한 부류이고 그러기에 송신자와 수신자 간의 의사소통을 전제할 수밖에 없으므로, 그 의사소통을 불가능하게 하는 극단으로까지는 확산되지 않을 것이라는 것이다. 수신자가 이해하지 못하는 통신언어는 더 이상 언어 기호로 정립될 수 없을 것이다.

그렇다면 우리가 우려해야 할 문제는 어디에 있는가? 그것은 청소년층이 올바른 맞춤법과 언어 규범을 모르는 상태에서 대화방에 참여하여 통신언어를 접하고 배우고 사용한다는 데 있다. 이 문제는 청소년층에만 국한되는 것은 아니다. 일부 기성세대 역시 맞춤법을 제대로 알지 못하는 상태에서 대화방에 참여함으로써 자신들의 언어 표현에 어떤 잘못이 있는지 알지 못한다. 이처럼 청소년이나 기성세대들이 범하는 문법 질서의 파괴 및 일탈 행위에 대해서 제도적·언어적 정화장치가 절실하다.

# 4.3 한국어교육

## 4.3.1 한류와 한국어교육

한국어는 사용자의 수를 기준으로 보았을 때 전 세계의 수많은 언어 중에 12위 정도로, 한반도를 중심으로 전 세계 어느 지역을 찾아가도 한국어를 접할 수 있는 그런 시대가 되었다. 또한, 88 올림픽, 2002년 월드컵 개최, K-POP을 선두로 세계적인 한류(영화, 드라마, 음식, 패션 등) 열풍, IT 산업의 최강국 등에 걸맞게 우리의 글 우리의 문화, 우리의 것을 찾는 외국인이 해가 갈수록 늘어가고 있다. 특히, 이웃 나라 일본의 한류 역사를 살펴보면, 제1차 한류는 2003-2004년 일본의 국영방송 NHK에서 방송된 드라마 '겨울연가'가 그 시작을 알리게 되었다. 그 이후 '천국의 계단', '대장금' 등 드라마의 주인공, 배경음악, 촬영지 등 일본의 중장년 여성들에게 엄청난 파급효과를 가져다 주었다.

제2차 한류는 K-POP의 인기그룹인 KARA, BIGBANG, 소녀시대가 활약한 2010년대이다. 이들 그룹은 일본의 미디어에 등장하면서 노래, 댄스, 의상 등 일본 젊은이들에게 많은 영향을 주었다. 제3차 한류는 2016-2017년 BTS, TWICE 등의 그룹이 활약한 시기로, 한국 미용(화장), 음식(치즈 닭갈비), 패션 등도 SNS를 통해서 널리 알려지게 되었다. 제4차 한류는 코로나의 영향으로 한국을 직접 방문하지 못하고, 콘서트 장에 갈 수 없는 새로운 국면을 맞이하게 되는 2020년부터 현재에 이르기까지이다. 이로 인해 인터넷 및 유튜브 등을 이용한 동영상 서비스는 다양한 컨텐츠를 제공하면서 새로운 붐을 일으키고 있다. 드라마 '사랑의 불시착, 이태원 클래스, 오징어 게임, 웰컴 투 삼달리' 등이 인기를 얻는 등 한국을 좋아하고 동경하는 사람들에게 시간과 공간을 초월하여 한류의 붐을 지속시키고 있다. 이러한 일본의 한류의 움직임은 코로나 이후를 더욱 기대하게 만든다.

한편, 우리 정부는 2005년에 'Study Korea 2012'라는 계획을 세워 국내 외국인 유학생 10만 명 유치를 목표로 시행한 바 있으며, 2020년 현재, 전세계적으로 코로나 감염병이 지속되는 어려운 상황속에서도 국내 외국인 유학생은 약 14만 명에 달하고 있다. 정부의 계획대로 진행된다면 향후 국내대학에서의 유학생 대상 한국어 교육의 전망은 매우 밝을 것으로 기대된다.

이런 추세에 따라 국내에서는 1960-70년대, 연세대 한국어학당 및 한국외국어대학교의 한국어교육과를 선두로 한국어교육이 시작되었는데, 최근에는 국내의 많은 대학에서도 한국어교육을 실시하게 되었으며, 국가적인 차원에서도 한국어교육 및 한국학에 관한 업무의 중요성을 인식하여, 한국어세계화재단, 국제교류재단, 외교안보연구원, 국립국제교육원, 재외동포재단, 한국학술진흥재단, 교육과정평가원, 해외 현지의 세종학당 등 다수의 기관에서도 관련 업무를 주관·실시하고 있다. 1997년에는 한국교육과정평가원이 주관한 제1회 '한국어능력시험'이 시행되었으며, 당시 약 2천명 정도의 응시생이 있었으나, 2021년도에는 전 세계 약 33만명의 지원자가 응시하였다. 또한, 한국어 관련의 초창기 학술단체인 '이중언어학회'(1981), '국제한국어교육학회'(1985)도 활발한 활동을 하고 있다. 특히, 일본에서는 대학입학공통테스트(大学入学共通テスト<한국의 수학능력시험>)에, 미국에서는 대학수학능력시험인 SATⅡ시험에 한국어 과목이 채택되어 한국어의 위상이 매우 높아졌다.

한편, 국외에서는 우리의 재외동포(전 세계 약 700만 명)가 밀집하여 살고 있는 지역을 중심으로 한국어교육이 활발히 진행되고 있다. 해외 현지에는 정부의 공식기관인 한국학교와 한국교육원, 한글학교가 있으며, 한국어교육 및 한국학에 대한 연구가 활발한 지역을 구체적으로 살펴보면, 일본, 중국의 연변 및 흑룡강, 러시아의 극동지방과 중앙 아시아, 동남아, 미주 및 캐나다, 동유럽, 호주의 시드니·퍼스, 멕시코의 메리다, 남미의 브라질·아르헨티나·파라과이 등지이다. 이 지역에서는 우리 동포들에 의해 한국어가 자연스럽게 사용되고 있으며, 한국과의 교역관계가 활발한 영향으로 대학내 한국어학과나 관련기관이 설립되어 한국어교육이 활발히 진행되고 있다.

**[표 11. 재외동포 교육(한국어교육) 추진 체제 및 내용]**

| 교육부(재외동포교육담당) | | 재외 동포 교육 기본 정책 수립<br>교육 기관 설치·운영 지원<br>해외파견 교육공무원의 선발·파견·인사 관리<br>재외동포교육기관에 대한 평가<br>해외주재 교육관의 파견 지원 |
|---|---|---|
| 국립국제교육원 | | 한국어능력시험(TOPIK)<br>재외 동포 국내교육과정<br>유학생 유치 지원 |
| 현지<br>교육<br>기관 | 한국학교 | 전일제 정규 학교로서 한국의 교육과정을 바탕으로 현지 실정에 맞게 교육 운영 |
| | 한국교육원 | 사회교육기관으로서 재외동포 성인·청소년들에게 한국어·한국 문화 등 교육 |
| | 한글학교 | 현지에서 교회 등을 중심으로 자생적으로 운영되는 정시제 주말학교 |

## 4.3.2 한국어교육을 위한 네트워크 구축

한국어교육을 위한 네트워크는 두 가지로 생각할 수 있다. 하나는 인터넷(YouTube 등)과 위성방송, IPTV, OTT(온라인 동영상 서비스) 등 On-line을 통한 한국어교육이고, 다른 하나는 인적자원과 교육자료 지원(Off-line)을 통한 한국어교육이다. 양 방향을 기점으로 한국어와 한국문화에 대한 다양한 정보를 학습자에게 보다 빠르게 효율적으로 제공할 수 있는 양질의 네트워크를 구축하여야 하겠다.

우선적으로 각 정부기관, 대학, 민간단체, 그리고 해외지역을 아울러 현재 운영되고 있는 한국어/한국학에 관한 각 사이트의 현황을 파악하고, 이들의 문제점과 보완해야 할 점을 검토하여야 하겠다.

그리고 선진국의 모범적 사례를 조사 분석하여 이를 바탕으로 바람직한 '(가칭)한국어교육 종합정보시스템'을 구축하는 것이 시급하다.

### 4.3.2.1 On-line 네트워크

국내에서 한국어교육 및 문화 등에 관한 온라인 상의 네트워크를 구축한 곳은, 세종학당재단, 국립국어원, 국제교류재단, 국립국제교육원, 다문화가족지원센터, 한국어세계화재단(대학 및 민간단체 제외) 등이다.

참고로 세종학당재단은 한국어, 한국문화, 자기학습을 할 수 있도록 구성된 맞춤식 한국어교육이 가능한 온라인 학습을 제공하고 있다. (https://www.iksi.or.kr/lms/main/main.do) 한편, 한국생활에 필요한 기본 정보 및 다문화 관련 최신정보를 제공하는 다문화 가족 지원 포털 사이트인 「다누리」는 한국어 이외에 12개의 외국어로 운영되고 있다.(https://www.liveinkorea.kr/portal/main/intro.do)

김규리 외(2021)는 구글이 운영하는 유튜브와 소셜 네트워크 서비스인 인스타그램을 기반으로 이루어지는 한국어교육 콘텐츠가 강세를 보이고 있음을 설명하고 있는데, 이는 K-POP과 K-Drama의 영향이 큰 것으로 파악하고 있다. 또한, 설문조사 결과 학습자는 재미있고 흥미로운 콘텐츠를 접할 수 있다는 점을 온라인 한국어 콘텐츠의 장점으로 평가하고 있다. 아울러 이민우(2022)는 온라인 한국어교육은 2000년대 초반부터 꾸준히 논의되면서 발전해 왔으며, 특히 코로나 이후 비대면 교육이 급속도로 확대되고 일상화되고 있음을 강조하고 있다. 나아가 실시간 화상 강의와 동영상 강의, 온라인과 오프라인 등 서로 다른 교수학습 방식을 다양하게 섞어 교육과정을 운영하면서 학습의 효율을 높일 수 있다고 설명하고 있다.

### 4.3.2.2 Off-line 네트워크

오프라인에 의한 한국어교육은 해외 현지 한국어교육기관(한국교육원, 한글학교, 한국문화원 등)을 적극 활용하는 것이 좋다. 또한, 해외 현지에서 이루어지는 대학에서의 한국어 교육, 학술단체에 의한 학회활동 등을 통한 인적교류 및 네트워크를 적극적으로 구축하는 것도 바람직하다. 이처럼 한국어교육의 내실화를 위한 세부적인 내용으로는,

- 국내초청 교육과정 : 모국수학생 프로그램, 재외동포 교육관계자 초청연수, 재외 한국학교 현지교원 초

청 연수 등

- 해외 현지 연수 및 지원 : 해외 한글학교 교원 및 현지 대학의 한국학 전공자 연수 및 장학금 지원 등
- 교육 자료 지원 : 교육 정보화 시스템을 위한 지원(인터넷 사용이 열악한 지역은 한국어교육 프로그램을 CD, DVD, USB로 제공, 교재개발 및 공급)
- 한국어 교원 연수과정

등이 있으며, 각 단계별로 교육 수요자들에 대한 만족도를 분석하고, 그들의 요구에 부응하는 방향설정 및 일관성 있는 정책 수립 및 적극적인 지원이 매우 중요하다.

## 참고문헌

강규선 외(2003), 『중세국어문법론』, 청운.

강길운(2004), 『한국사정설』, 한국문화사.

高明均(1992), 「飜譯朴通事와 朴通事諺解에 대해서」, 한국어문학연구 4집.

高明均(2004), 「韓国の通信言語の特徴とその意味に関する研究」, 朝鮮学報 第192輯.

高明均(2014), 『馬經諺解 語彙研究』, 関西大学出版部.

고영근 외(1988), 『표준국어문법론』, 탑출판사.

고영근(2005), 『표준중세국어문법론』, 집문당.

김규리 외(2021) 「온라인 한국어 교육 콘텐츠 비교 분석 유뷰브와 인스타그램을 중심으로」, 국제한국어교육학회 2021-0호.

김동소(1998), 『한국어 변천사』, 형설출판사.

김영회(2022), 「향찰 가설 제고 제의와 향가 창작법 제시, 그리고〈도솔가〉의 신해독 」, 『불교철학』 11집.

김종훈 외(1998), 『한국어의 역사』, 대한교과서.

김태곤(2008), 『국어 어휘의 통시적 연구』, 박이정.

나찬연(2014), 『중세국어 문법의 이해』, 교학연구사.

나찬연(2020), 『근대국어 강독』, 경진출판.

남광우(2009), 『古語辭典』, 교학사.

남성우 외(1990), 『국어연구 어디까지 왔나』, 동아출판사.

남성우 외(2007), 『국어사 연구와 자료』, 태학사.

남풍현(2002), 『국어사를 위한 구결연구』, 태학사.

리득춘(1987),『조선어 어휘사』, 연변대학출판사.

박덕유 외(2018),『한국어 문법』, 한국문화사.

신상순(2000),『세계의 문자체계』, 한국문화사.

안병희 외(1991),『中世國語文法論』, 學研社.

유창돈(1987),『李朝語辭典』, 연대출판부.

이광호(2004),『근대국어문법론』, 태학사.

이규항(2019) ,『한국어의 미학』, 형설출판사.

이기문(2005),『國語史槪說』, 태학사.

이민우(2022),「온라인 한국어교육에 대한 태도, 기대, 인식연구」, 이중언어학 87호.

이상억 외(2017),『조선시대어 형태 사전』, 서울대출판문화원.

이한섭(2014),『일본에서 온 우리말 사전』, 고려대학교 출판부.

장윤희(2002),『중세국어 종결어미 연구』, 태학사.

장지영 외(1991),『이두사전』, 도서출판 산호.

홍종선 외(1998),『근대국어 문법의 이해』, 박이정.


『연세한국어사전』(2002), 두산동아.

『표준국어대사전』, https://stdict.korean.go.

『한국민족문화대백과사전』(1990), 한국정신문화연구원.

『한글 맞춤법 해설』(1988), 한국어연구소.

# 4 한국어 발음,
## 어떻게 가르쳐야 하나

서양인들은 겉모습만을 보고는 한국사람과 일본사람, 중국사람을 쉽게 구별하지 못 한다고 한다. 그러나 아무리 비슷하게 생겼다고 하더라도 영어 발음 몇 마디를 들어보면 어려움 없이 어느 나라 사람인지를 구별할 수 있다고 한다. 이는 한국사람은 콩글리쉬(Korean + English)를 하고, 중국사람은 칭글리쉬(Chinese + English)를 하며, 일본사람은 장글리쉬(Japanese + English)를 하기 때문이다. 거꾸로 우리는 외국인들이 하는 한국어를 듣고 대략 그들의 모어를 추측할 수 있다. 이러한 사실은 외국어를 말할 때 자신의 모어의 영향을 많이 받는다는 것을 잘 보여주는 것이다.

그렇다면 한국어 발음의 특징은 무엇이며, 우리는 외국인들에게 어떻게 한국어의 발음을 보다 효과적으로 지도할 수 있을까? 이 장에서는 외국어 교육에 있어 발음 교육이 꼭 필요한 이유와 발음 교육을 할 때 주의해야 할 점이 무엇인지 알아보고, 발음 교육에서 활용할 수 있는 몇 가지 활동 유형을 제시한다. 그런 다음 한국어의 모음과 자음, 음절구조 등 음운상의 특징과 발음에 영향을 미치는 갖가지 음운현상에 관하여 살펴보고자 한다.

# 1. 발음 교육은 왜 필요한가

언어 학습의 궁극적인 목표가 의사소통이라고 본다면 발음 교육은 언어 학습에서 반드시 체계적으로 이루어져야 한다.

## 1.1 발음 교육이 중요한 이유는 무엇인가

한국어를 교육해 본 경험이 있거나 외국어를 배워 본 경험이 있는 사람들은 한 번쯤 학습자의 모어와 학습대상 언어 간의 관계에 관하여 생각해 보았을 것이다. 외국어 학습에 미치는 여러 가지 요인 중에서도 학습자의 모어는 중요한 요인 중의 하나임이 틀림없다. 외국어를 배울 때에 학습자의 모어에 따라 겪는 어려움이 다르다는 사실이 이를 뒷받침해 준다. 다시 말해, 외국어 학습에 있어 모어의 간섭은 피할 수 없는 현실인 것이다. 특히, 발음은 외국어 학습에 있어 학습자의 모어로부터 가장 많은 영향을 받는 분야로 알려져 있다. 따라서 외국어 학습에 있어 발음 교육은 필수적인 것이다. 예를 들어, 한국어 화자들은 영어의 'good morning'과 'footnote'를 'goo[n] morning'과 'foo[n]note'와 같이 발음한다. 다시 말해, 'm'과 'n' 앞에 있는 'd'와 't'를 모두 'n'으로 발음한다. 이는 한국어에서는 같은 음운환경에서 비음화가 필수적으로 일어나므로 이를 영어에도 적용했기 때문이다.

이뿐만 아니라 발음은 언어 학습의 과정에서 가장 일찍 굳어지는 분야이다. 어린이의 모어 습득 과정과 마찬가지로 발음은 외국어 학습에 있어 학습의 초기 단계에서 굳어지게 되므로 처음부터 체계적이고 계획적인 발음 교육이 이루어져야 한다.

또한 발음은 학습하고 있는 외국어의 유창성에 관한 첫인상을 좌우한다. 다시 말해 학습대상 언어인 한국어를 그렇게 많이 듣지 않고도 우리는 말하는 사람의 한국어가 유창하다든지 부족하다든지를 쉽게 판단할 수 있다. 즉, 발음은 학습 대상 언어의 겉모습이나 다름없다.

> **[외국어 교육에서 발음 교육이 중요한 까닭은?]**
> • 발음은 외국어 학습에 있어 학습자의 모어로부터 가장 많은 영향을 받기 때문이다.
> • 발음은 언어 습득의 과정에서 가장 일찍 굳어지기 때문이다.
> • 발음은 학습 대상 언어의 겉모습이기 때문이다.

## 1.2 발음에 영향을 미치는 요소에는 무엇이 있을까

한국어 학습에서 학습자의 모어가 발음에 영향을 미치는 요소에는 개별 음소의 발음에서 오는 차이, 모어와 학습 대상 언어의 음절구조의 차이, 상이한 음운현상이나 초분절적 요소 등이 있다. 영어 화자가 한국어 단어 '불/뿔/풀'이나 '달/딸/탈'을 구별할 때 겪는 어려움이나 한국어 화자가 영어의 유성음과 무성음을 구별할 때 겪는 어려움은 개별 음소의 차이에서 비롯된 것이다. 일본어 화자들이 받침으로 끝나는 한국어를 발음할 때에 자음 뒤에 모음을 첨가하여 발음하는 것은 양 언어의 음절구조가 다르기 때문이다. 또한 영어 화자들이 한국어의 '국물'이나 '정리', '입력'과 같은 단어를 자음동화를 적용하지 않고 글자 그대로 발음하는 것은 영어에서는 같은 환경에서 음운현상이 일어나지 않기 때문이다. 다양한 통사적 기능을 담당하는 한국어의 문미 억양과 자연스러움과 직결되는 한국어의 말마디나 말토막 억양을 학습하는 데서 겪는 외국인 학습자들의 어려움은 상이한 초분절적 요소에서 말미암은 것이다.

[외국어 학습에서 학습자의 모어가 발음에 영향을 미치는 요소]
• 개별 음소의 상이한 발음
• 상이한 음절구조
• 상이한 음운현상
• 상이한 초분절적 요소(억양, 강세, 장단 등)

## 2. 발음 교육에서 활용할 수 있는 활동 유형에는 무엇이 있을까

발음은 짧은 시간 안에 쉽게 학습할 수 있는 영역이 아니므로 발음 교육은 초급 단계에서부터 고급 단계에 이르기까지 다양한 활동을 통하여 꾸준히 이루어져야 한다. 발음 교육에서 활용할 수 있는 활동 유형을 몇 가지 제시하면 다음과 같다.

① 듣고 따라 하기

교사나 원어민의 발음을 듣고 따라 하게 하는 활동이다. '듣고 따라 하기' 활동을 하기 전에 먼저 음원을 듣고 들은 것과 같은 것을 고르는 '듣고 구별하기' 활동을 실시하여 학습자가 목표음을 바르게 인식하게 한 후 따라 하게 하는 것이 효과적이다. 특별히 성인 학습자의 경우에는 '듣고 따라 하기' 활동을 하기 전에 목표음에 관한 정확한 제시와 이해가 선행되어야 한다. 이때 비원어민 교사는 학습자들에게 자신의 발음보다는 원어민 화자의 발음이 녹음된 음원을 들려줌으로써 학습자들이 정확한 발음을 듣고 연습할 수 있도록 한다.

② 음성훈련

한국어에서 사용되는 각 소리를 여러 가지 방법을 활용하여 연습한다. 각각의 분절음을 조음위치나 조음방법 등과 함께 설명해 주고, 음성적 환경을 달리하여 사용해 보게 하며, 스스로 그 원리를 발견하도록 한다. 이때 한국어에 필요한 모든 분절음과 각 분절음의 변이음을 학습시킨다. 예를 들어, 한국어의

'ㄹ'을 학습할 때에 '달/물/솔'에서와 같이 받침에서 쓰일 때와 '다리, 무리, 소리' 등에서와 같이 모음 사이에서 쓰일 때의 발음의 특징을 설명해 주고, 원어민의 발음을 충분히 들려준 다음 따라 하기를 반복한다.

③ 문맥에 나타난 최소대립쌍 연습

최소대립쌍 연습은 음운 환경은 같은데도 불구하고 단 하나의 분절음이 달라 뜻이 달라지는 단어를 제시하고 학습자들에게 그 차이를 구별하여 듣고 발음하게 하는 활동이다. 특별히 외국인들이 한국어 학습에서 어려움을 겪는 한국어의 음소를 연습하는 데 도움이 된다. 초급 단계에서는 '달/딸/탈'이나 '불/뿔/풀'과 같은 단어 수준의 최소대립쌍 연습을 하고, 중급 이상의 단계에서는 특별한 경우가 아니면 단어 수준의 최소대립쌍 연습이 아니라 아래와 같이 문맥에 나타난 최소대립쌍 연습을 하는 편이 좋다. 이는 단순한 최소대립쌍 연습은 문맥이 결여되어 학습자들에게 유의미한 학습을 이끌어 내기 어렵기 때문이다. 그러나 어떤 학습자가 중급이 된 후에도 어떤 특정 음을 듣거나 발음하는 데 어려움을 가지고 있다면 단어 차원의 최소대립쌍 연습을 집중적으로 실시하여 정확성을 확보하도록 한다.

[보충·심화 : 최소대립쌍을 제시하는 방법]

| 문맥 속에서 최소대립쌍을 제시하는 방법 | |
|---|---|
| <동일한 문장 내에서 제시하는 경우> | <두 문장의 동일한 위치에 제시 하는 경우> |
| 우리 딸은 달을 좋아한다. | 공원에 풀/불이 났다. |
| 굴 맛이 꿀맛 같다. | 나는 굴/꿀을 먹었다. |
| 방에 들어가서 빵을 먹자. | 아저씨는 공장에서 종/총을 만든다. |

④ 혀가 잘 돌아가지 않는 단어(tongue twisters) 연습

유사한 발음이 섞여 혀가 잘 돌아가지 않는 문장을 연습하게 한다. 이 활동은 발음 학습에도 도움이 되지만 무엇보다 웃음이 가득한 한국어 교실을 만드는 데 도움이 된다. 학습자가 한국어의 발음 학습에서 겪는 어려움을 미리 파악하고 있으면 좀 더 유의미한 활동으로 이끌 수 있다.

**[Tongue Twisters 연습을 위한 예문]**

- 간장공장 공장장은 강 공장장이고, 된장 공장 공장장은 장 공장장이다.
- 이 콩깍지는 깐 콩깍지인가 안 깐 콩깍지인가.
- 내가 그린 기린 그림은 잘 그린 기린 그림인가 못 그린 기린 그림인가?

⑤ 대화문 소리 내어 읽기 및 역할극

학습자들에게 대화문을 나누어 주고 자연스럽게 읽게 한다. 대화문을 암기하여 몸동작과 함께 말을 하도록 지도함으로써 감정표현이나 제스처 등과 같은 비언어적 요소도 함께 연습시킬 수 있다. 이때 학

습자의 한국어 수준과 관심 영역에 따라 모델 대화문을 선택한다. 초급 단계에서는 교재의 본문을 이용해도 좋고, 중급 단계 이상의 경우에는 실생활에 필요한 광고나 재미있는 만화, 드라마 대본을 이용해도 좋다.

⑥ 학습자의 발화 녹음하기

학습자의 발음 연습, 자유로운 대화 및 역할극, 발표, 토의 및 토론 등 학습자의 발화를 녹음하도록 하여 학습자 스스로 평가하도록 하거나, 동료들의 평가나 교사의 피드백을 위한 자료로 활용한다. 자신의 한국어 발음에 나타나는 문제점을 잘 인식하지 못하는 학습자도 녹음된 자신의 발화 자료를 듣고는 스스로 문제점을 찾아내는 경우를 보게 된다. 요즘처럼 SNS도 발달하고, 녹음이 수월한 시대에는 번거롭지 않으며 쉽게 활용해 볼 수 있는 방법이다.

⑦ 드라마 더빙하기

고급 학습자의 경우에 사용할 수 있는 방법으로 드라마를 선별한 후 미리 준비해 놓은 드라마의 대본에 있는 역할을 정해 연습시킨다. 그런 다음 조별 과제로 녹음을 해 오도록 하여 수업 시간에 드라마를 틀어 소리를 제거한 다음 학습자들의 녹음을 함께 듣는다. 학습자들의 흥미를 유발할 수 있을 뿐만 아니라 리듬이나 휴지 등의 연습에 효과적이다.

이 밖에도 동화 구연이나 인터뷰 연습 또는 빙고게임, 퍼즐게임, 관련 정보 연결하기 등 다양한 학습활동을 통하여 한국어의 발음을 재미있고 효과적으로 지도할 수 있다.

## 3. 발음 교육을 할 때 주의할 점은 무엇인가

정확한 발음을 교육해야 한다고 하여 교사의 의욕만이 앞서서는 안 된다. 또한 음성학이나 음운론 전공 수업과 비슷할 정도로 이에 관한 설명만을 늘어놓아서도 안 된다. 교사가 음성학이나 음운론에 관한 지식이 있을지라도 학습자들이 이에 관한 사전 지식이 없으면 아무런 소용이 없다. 다음은 발음을 교육할 때의 주의 사항을 요약해 놓은 것이다.

① 발음이라고 하여 소리를 내는 활동만을 생각해서는 안 된다. 소리를 내는 연습보다는 듣는 연습부터 실시한다. 먼저 설명을 통해 학습자에게 목표음의 특징을 제시한 다음 '듣고 구별하기' 활동을 통해 학습자가 목표음을 인식할 수 있게 한 후에 따라 하게 한다. 학습자가 목표음의 특징을 모르고 따라 하는 것은 무의미한 일이다.
② 한국어 화자들도 무시하는 음의 구별을 요구해서는 안 된다.

예를 들어, 이미 한국어를 모어로 사용하는 대다수에 의해 어느 정도는 중화되어 버린 모음 'ㅔ'나 'ㅐ'의 구별을 지나치게 강조해서는 안 된다.

③ 철자법대로 발음하거나 지도하지 말아야 한다.

너무 조심스럽게 발음하다 보면, 철자법대로 발음하는 경우가 종종 눈에 띈다. 하지만 발음은 음운 체계나 음운현상 등 발음법에 바탕을 두어야지 철자법에 바탕을 두어서는 안 된다.

④ 학습자들에게 일단 전달된 음은 지속적으로 일관성 있게 유지되어야 한다.

⑤ 학습자들이 정확한 발음을 내려고 노력하고 있는가에 늘 관심을 가져야 한다.

⑥ 발음을 연습할 때도 학습자가 문장의 의미를 이해하도록 해야 한다.

⑦ 학습할 새로운 음을 결정할 때에 발음하기 어려운 것부터 하지 말고, 전체 음체계 속에서 상대적 난이도 등을 고려하여 결정한다. 특히 발음하기 어려운 음을 학습할 때는 비슷한 다른 음들로부터 시작하여 점차 목표음으로 옮겨가면 훨씬 수월하다. 예를 들어, 한국어의 경우 'ㅈ, ㅊ, ㅉ'와 같은 파찰음보다는 파열음부터 먼저 학습한다.

⑧ 적절한 교육적 표기법과 시청각 보조 자료를 이용한다. 발음이라고 하여 청각에만 의존하지 말고, 국민[궁민]과 같이 음소 차원의 음운현상이 일어나는 경우에는 표기를 통해 시각을 학습에 이용하는 것도 음의 변화를 인식하는 데 도움이 된다. 국립국어원에서 개발한 발음 학습 프로그램인 '바른 소리'를 이용해 보는 것도 좋은 방법이다.

⑨ 표준이 되는 발음을 충분히 들려주어야 한다. 그러나 여러 번 반복하여 학생들이 지루해 하지 않도록 해야 한다. 이때 주의 깊게 발음한다고 하여 지나치게 천천히 발음해서는 안 된다. 일반적인 속도로 된 발화를 모방하도록 해야 한다.

⑩ 간단한 조음법을 설명해 주기 위하여 교사는 음성학에 대한 충분한 지식을 갖고 있어야 한다. 교사가 학습자의 모어와 목표어인 한국어를 대조하여 설명해 줄 수 있으면 학습에 도움이 된다.

다음 장에서는 외국인에게 한국어의 발음을 교육하기 위하여 교사가 반드시 알아야 하는 한국어의 음운적 특징과 이를 교육하는 방안에 관하여 알아보도록 하자.


# 4. 한국어 음운의 특징과 교육 방안은 무엇인가

1장에서 이미 설명한 바와 같이 음운이란 말의 뜻을 구별해 주는 가장 작은 단위를 일컫는 말이다. 다른 모든 언어와 마찬가지로 한국어의 음운도 크게 모음과 자음으로 나뉜다. 모음과 자음은 일반적으로 숨을 내쉴 때에 만들어지는데, 모음은 폐에서 나오는 공기가 큰 장애 없이 그대로 방출되는 음이고, 자음은 공기의 흐름에 어떤 형태로든지 장애를 받는 음이다.

## 4.1 한국어의 모음

한국어에는 모두 21개의 모음이 있다. 이 모음들은 하나의 모음으로 된 단모음과 두 개 이상의 단모음이 합쳐진 이중모음으로 나뉜다. 예를 들어, '집'의 'ㅣ'모음은 하나의 소리로 된 단모음인 반면, '줬다(주었다)'의 'ㅝ'는 'ㅜ'와 'ㅓ'가 합쳐져서 된 이중모음이다. 이러한 차이는 발음에 영향을 미쳐 단모음은 발음하는 동안 입 모양(보다 정확히는 입술 모양이나 혀의 위치)이 변하지 않고, 두 개 이상의 단모음이 합쳐진 이중모음은 발음하는 동안 자연스럽게 입 모양이 변한다. 한국어의 단모음과 이중모음에는 아래와 같은 것들이 있다.

| 모음 | 종류 | 조음 특징 | 예 |
|---|---|---|---|
| 모음 | 단모음 | 입술 모양이나 혀의 위치가 변하지 않음 | ㅣ, ㅔ, ㅐ, ㅡ, ㅓ, ㅏ, ㅜ, ㅗ, (ㅟ, ㅚ) |
| | 이중모음 | 입술 모양이나 혀의 위치가 변함 | ㅑ, ㅕ, ㅛ, ㅠ, ㅒ, ㅖ, ㅘ, ㅝ, (ㅟ, ㅚ), ㅙ, ㅞ, ㅢ |

한국어의 단모음은 위의 표에서 보는 바와 같이 'ㅟ, ㅚ'를 포함하면 10개이고, 나머지는 이중모음이다. 국립국어원의 표준발음법에 의하면 'ㅟ, ㅚ'는 단모음으로 발음하는 것을 원칙으로 하나, 이중모음으로 발음하는 것도 허용하는데, 이는 세대 또는 개인에 따라 다르게 발음하기 때문이다. 대체로 70대 이상은 이 두 모음을 단모음으로 발음하고, 그 이하는 이중모음으로 발음한다. 이 글에서는 젊은 세대의 발음에 따라 이 두 모음을 이중모음으로 간주한다.

## 4.1.1 단모음

단모음은 아래의 세 가지 기준으로 구분한다. 이 세 가지 기준은 거의 모든 언어에서 모음을 분류하는 데 적용되는 것으로 매우 중요하다.

① 입이 얼마나 벌어졌느냐(혀의 높낮이)에 따라
  ┌ 고모음 : 입이 거의 벌어지지 않은 상태에서 발음되는 모음
  ├ 중모음 : 입이 조금 벌어진 상태에서 발음되는 모음
  └ 저모음 : 입이 많이 벌어진 상태에서 발음되는 모음

| 고모음 | ㅣ | ㅡ | ㅜ |
|---|---|---|---|
| | ⇕ | ⇕ | ⇕ |
| 중모음 | ㅔ | ㅓ | ㅗ |
| | ⇕ | ⇕ | |
| 저모음 | ㅐ | ㅏ | |

한국어의 모음에는 위에서 보는 바와 같이 고모음 3개, 중모음 3개, 저모음 2개가 있다. 고모음에는 'ㅣ,

ㅡ, ㅜ'가 있는데, 이들 세 모음은 혀의 위치나 입술 모양만 달라질 뿐, 입 벌림의 정도는 거의 비슷하다. 이 상태에서 입을 조금 벌려서(달리 말하면, 턱을 조금 내려서) 발음하면 각각 'ㅔ, ㅓ, ㅗ'가 된다. 즉, 'ㅣ' 모음을 발음하는 상태에서 입을 조금 더 벌리면 'ㅔ'가 되고, 'ㅡ' 모음을 발음하는 상태에서 입을 조금 더 벌리면 'ㅓ'가 되며, 'ㅜ'모음을 발음하는 상태에서 입을 조금 더 벌리면 'ㅗ'가 된다. 이 세 모음이 중모음이다. 이 세 모음 또한 입이 벌어지는 정도가 거의 같다. 따라서 발음하기 어려운 'ㅔ'는 'ㅓ'나 'ㅗ'를 발음할 때 정도로 입을 벌려 발음한다. 그리고 중모음의 발음 상태에서 조금 더 입을 벌려 발음하면 'ㅐ, ㅏ'와 같은 저모음이 된다. 즉, 'ㅔ'모음을 발음하는 상태에서 입을 조금 더 벌리면 'ㅐ'가 되고, 'ㅓ'모음을 발음하는 상태에서 입을 조금 더 벌리면 'ㅏ'가 된다. 저모음의 경우는 입의 벌어짐에 있어 조금 차이가 있는데, 'ㅐ'보다는 'ㅏ'가 더 많이 벌어진다. 이러한 이유로 의사가 환자의 입속을 진찰하고자 할 때 '으'나 '오'를 발음하게 하지 않고 "'아' 하세요."라고 하는 것이다.

② 입천장에 혀의 어느 부분이 가까이 가느냐(혀의 최고점의 위치)에 따라

   ┌ 전설모음 : 상대적으로 혀의 앞부분이 입천장에 가까이 가서 발음되는 모음
   └ 후설모음 : 상대적으로 혀의 뒷부분이 입천장에 가까이 가서 발음되는 모음

| 전설모음 | | 후설모음 |
|---|---|---|
| ㅣ | ··· | ㅡ, ㅜ |
| ㅔ | ··· | ㅓ, ㅗ |
| ㅐ | ··· | ㅏ |

한국어의 모음에는 위에서 보는 것과 같이 전설모음 3개, 후설모음 5개가 있다. 전설모음은 후설모음과 비교하여 볼 때 상대적으로 혀의 앞부분이 입천장에 올라가서 발음된다.

전설모음에는 'ㅣ, ㅔ, ㅐ'가 있는데, 이들은 입의 벌어짐의 정도만 다를 뿐, 혀의 앞부분이 입천장에 가까워진다는 공통점이 있다. 이들의 입의 벌어짐의 정도를 그대로 유지한 채 혀의 뒷부분을 입천장에 가까이 하면 후설모음이 된다. 예를 들어, 'ㅣ'모음을 발음하다 'ㅡ'나 'ㅜ'를 발음하면 혀가 안쪽으로 들어감을 느낄 수 있는데 이것이 바로 전설모음과 후설모음의 차이이다. 이러한 차이는 중설모음에서도 그대로 나타나는데, 'ㅔ'를 발음하다 'ㅓ'나 'ㅗ'를 발음하면 비슷한 차이를 느낄 수 있다. 그런데 이러한 차이가 저모음인 'ㅐ, ㅏ'에 가서는 잘 느껴지지 않는데 그것은 이 두 모음은 입을 크게 벌리고 발음하기 때문에 상대적으로 고모음이나 중모음에 비해 혀가 높이 올라가지 않기 때문일 것이다.

③ 입술이 어느 정도 둥글어지느냐(원순성)에 따라

   ┌ 원순모음 : 입술이 상대적으로 동그랗게 되면서 발음되는 모음
   └ 평순모음 : 입술이 상대적으로 평평하게 되면서 발음되는 모음

| 평순모음 | 원순모음 |
|---|---|
|  |  |

한국어의 모음에는 위에서 보는 것과 같이 6개의 평순모음과 2개의 원순모음이 있다. 원순모음은 휘파람을 불 때처럼 입술을 동그랗게 모아 발음하는 모음을 말한다. 여러 언어를 살펴볼 때 원순모음은 일반적으로 후설모음에서 주로 나타나고 전설모음에서는 잘 나타나지 않는다. 한국어에서는 'ㅜ, ㅗ'가 원순모음이며, 'ㅟ, ㅚ'도 단모음으로 발음하면 원순모음이 된다. 따라서 이 두 모음을 포함하여 한국어의 평순모음과 원순모음을 정리해 보면 아래와 같다.

| 전설모음 | | | 후설모음 | | |
|---|---|---|---|---|---|
| 평순모음 | | 원순모음 | 평순모음 | | 원순모음 |
| ㅣ | ↔ | ㅟ | ㅡ | ↔ | ㅜ |
| ㅔ | ↔ | ㅚ | ㅓ | ↔ | ㅗ |
| ㅐ | | | ㅏ | | |

위에서 보는 것과 같이 'ㅣ' ↔ 'ㅟ', 'ㅔ' ↔ 'ㅚ', 'ㅡ' ↔ 'ㅜ', 'ㅓ' ↔ 'ㅗ'는 평순모음과 원순모음에서 서로 대립하고 있다. 이 쌍은 입 벌림의 정도와 혀의 최고점의 위치는 비슷하고 다만 입술 모양만 다를 뿐이다. 지금까지의 설명을 표 하나에 나타내면 다음과 같다.

(앞) ← 혀의 위치 → (뒤)

| 혀의 최고점의 위치 | 전설모음 | | 후설모음 | |
|---|---|---|---|---|
| 혀의 높이 〳 입술모양 | 평순 | 원순 | 평순 | 원순 |
| 고모음 | ㅣ [i] | (ㅟ [ü]) | ㅡ [ɨ] | ㅜ [u] |
| 중모음 | ㅔ [e] | (ㅚ [ö]) | ㅓ [ə] | ㅗ [o] |
| 저모음 | ㅐ [æ] | | ㅏ [a] | |

외국인들에게 이러한 모음을 지도할 때에는 모음 하나하나를 개별적으로 지도하지 말고, 모음의 음성적 특성을 파악하여 그룹으로 묶어 지도하는 것이 좋다. 예를 들어, 모음 'ㅣ, ㅔ, ㅐ, ㅏ'를 천천히 발음해 주고 따라 하게 하여 학습자가 음의 높이 차이를 인식할 수 있도록 한다.

'듣고 구별하기'나 '듣고 따라 하기' 식의 교육 방법을 이용하여 여러 가지 활동을 한다. 이때 학습자로 하여금 입 벌림이 어떻게 달라지는지, 혀의 위치가 어떻게 달라지는지, 입술의 모양이 어떻게 달라지는지를 스스로 느낄 수 있도록 해야 한다. 먼저, 교사가 학습자들에게 해당 모음을 충분히 들려주고 따라 해 보도록 한다. 그리고 이를 여러 번 반복한다. 하지만 일반적으로 대부분의 언어에서 비슷한 양상으로 나타나는 'ㅏ,

ㅣ, ㅜ' 모음보다는 언어마다 조금씩 다르게 나타나는 모음인 'ㅗ, ㅓ, ㅐ, ㅔ' 등의 학습에 주의해야 한다. 다음은 한국어에서 사용되는 개별 모음을 교육할 때 주의해야 할 사항들이다.

- 'ㅔ'와 'ㅐ' : 많은 젊은 한국어 화자들에 의해 이미 중화되었지만 소리를 구별하여 적는 데다가 아직은 두 소리를 구별하여 발음하는 것이 표준 발음으로 여겨진다. 'ㅔ'를 발음할 때보다 'ㅐ'를 발음할 때 입을 조금 더 크게 벌려 발음해야 한다. 그렇다고 두 모음의 구별을 지나치게 강조해서는 안 된다.

- 'ㅓ' : 한국어의 'ㅓ'모음은 다른 언어들에 비해 원순성이 강하여 외국인들이 알아듣기 어려운 소리 중의 하나이다. 많은 외국인들은 모음 'ㅓ'와 'ㅗ'를 구별하지 못한다. 예를 들어, 'ㅓ'모음이 없는 일본어나 아랍어를 모어로 하는 학습자들에게는 두 모음을 정확히 듣고 구별하여 발음하는 일이 쉽지 않다. 이들에게 'ㅓ' 모음을 지도할 때는 먼저 'ㅏ' 모음을 발음하게 한 다음 입을 조금 닫아 'ㅓ' 모음을 발음하게 하는 활동을 반복하면 좋다. 즉, 'ㅏ', 'ㅓ'를 차례로 여러 번 반복하다 'ㅏ'가 없이 'ㅓ'만을 발음하게 하는 방식으로 'ㅓ'의 음높이를 느끼도록 한다. 그런 다음 이 두 모음이 들어가는 쉬운 단어들을 골라 반복적으로 들려주고 따라 하고 받아 적는 연습을 한다.

- 'ㅡ' : 한국어에서 외래어를 발음하거나 한국어에 맞지 않는 외국어의 음절을 발음할 때 첨가되는 모음이다. 이 소리를 교육할 때는 'bus, tent, print, Christmas' 등의 단어를 한국어의 외래어처럼 발음해 주고 외국인 학습자들로 하여금 그들의 발음과 다르다는 것을 인식하게 한다. 그리고 그 차이가 바로 모음 'ㅡ'의 첨가 때문이라는 사실을 알려준다. 그런 다음 'ㅡ' 모음을 학습하면 훨씬 수월하다. 'ㅡ' 모음은 'ㅜ' 모음을 소리 낼 때와 마찬가지로 아래턱이 거의 다 올라간 상태로 발음한다. 이 상태에서 아랫니가 조금 보일 정도로 입을 벌린다. 이 소리가 'ㅜ'와 다른 점은 입술이 평평하다는 것이다. 즉 'ㅜ'를 발음하는 상태에서 입술을 옆으로 펴서 발음하면 한국어의 'ㅡ' 소리가 난다.

개별적으로 모음의 학습이 끝나면 모음으로만 이루어진 실제 어휘(아우, 이, 아이, 오이 등)를 이용하여 모음 익히기 활동을 할 수 있다.

## 4.1.2 이중모음

이중모음은 앞에서 말한 바와 같이 두 개 이상의 모음이 합쳐진 모음으로, 발음을 시작할 때와 끝날 때의 입 모양이나 혀의 위치가 달라지는 모음이다. 이중모음을 발음할 때 입 모양과 혀의 위치가 변하는 것은 두 소리가 연속적으로 합쳐졌기 때문이다. 예를 들어, '여자'의 'ㅕ'는 'ㅣ'로 시작해서 'ㅓ'로 바뀌며, '월요일'의 '워'는 'ㅜ'로 시작해서 'ㅓ'로 바뀐다. 이중모음이 두 모음이 결합하여 이루어진 모음이라는 사실은 '피었다'와 '폈다', '주었다'와 '줬다'의 발음을 통해서도 확인할 수 있다.

'ᅱ'의 발음

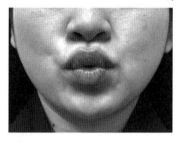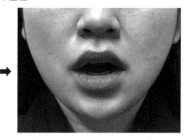

한국어의 이중모음은 'ᅴ'를 제외하면 첫소리가 'ㅣ' 또는 'ㅜ'(또는 'ㅗ')이다. 따라서 아래와 같이 'ㅣ'계 이중모음과 'ㅜ'계 이중모음으로 나눌 수 있다.

(1) 한국어의 이중모음

- 'ㅣ'계 이중모음 : ㅑ, ㅕ, ㅛ, ㅠ, ㅒ, ㅖ
- 'ㅜ'계 이중모음 : ㅘ, ㅝ, ㅟ, ㅙ, ㅞ, ㅚ
- 기타 : ㅢ

---

### [보충·심화 : 이중모음 'ᅴ'의 발음]

이중모음 'ᅴ'는 한국어를 모어로 하는 사람 간에도 발음상의 다양성이 발견되기도 하고, 표준어 규정을 보더라도 위치에 따라, 또는 문법적인 기능에 따라 아래와 같이 여러 가지로 발음됨을 알 수 있다.

- 어두 : [ᅴ]              의지[의지], 의미[의미]
- 자음 + ᅴ : [ㅣ]         희망[히망], 띄어쓰기[띠어쓰기]
- 둘째 음절 이하 : [ᅴ] 또는 [ㅣ]    주의[주의/주이], 의의[의의/의이]
- 조사 : [ᅴ] 또는 [ㅔ]    우리의[우리의/우리에] … 사랑의[사랑의/사랑에]

이는 이중모음 'ᅴ'가 언어학적으로 꽤 특이한 존재임을 드러내는 좋은 예라고 볼 수 있는데, 한국어를 배우는 학습자들에게도 발음하기 쉬운 모음이 아니다. 따라서 'ᅴ'가 들어가는 단어를 선별하여 환경을 달리하여 발음해 보도록 하는 세심한 배려가 필요하다.

---

한국어에서는 이중모음이 표기상으로는 하나의 단위처럼 보인다. 즉, 단모음과 마찬가지로 이중모음 역시 음절을 구성할 때 중성의 위치에 놓인다. 표기상의 'ㅚ'와 'ㅟ'는 단모음으로 발음할 경우 각각 [ö]와 [ü]로 실현되지만, 이중모음으로 발음할 경우에는 [we], [wi]로 실현된다. [ö]의 발음은 입술은 [ㅗ] 모양으로 하되 발음은 [ㅔ]로 하는 것이고, [ü]는 입술은 [ㅜ] 모양으로 하되 발음은 [ㅣ]로 하는 것이다.

이중모음은 단모음과 기본 자음의 학습이 끝난 다음에 지도하는 것이 학습자들의 혼란을 줄일 수 있다. 이중모음에 관한 제시가 끝난 후에는 이중모음으로만 되어 있거나 단모음과 이중모음이 섞여 있는 '여유, 야유, 의의, 예의, 애, 왜, 우유, 여우, 유아, 이유' 등과 같은 실제 어휘를 이용하여 모음 익히기 연습을 할 수 있다.

## 4.2 한국어의 자음

앞에서 말한 바와 같이 자음은 폐에서부터 나오는 공기가 주요 발음기관인 입술이나 혀 등에서 여러 가지 방법의 장애를 받아 만들어지는 소리이다. 따라서 자음은 장애가 어디에서 일어나는지와 장애가 어떤 방법으로 일어나는지에 따라 분류된다. 즉, 장애가 일어나는 위치(place of articulation)와 장애가 일어나는 방법(manner of articulation)이 자음 분류의 기준이 된다. 조음방법의 경우 기본적으로는 해당 자음이 장애음인지 공명음인지, 장애음이라면 파열음인지, 마찰음인지, 또는 파찰음인지와 관련된다. 여기에 특정 언어에만 나타나는 특성을 덧붙이면 한 언어의 자음을 기술하는 방법이 될 것이다. 예를 들어, 영어의 /p:b/, /t:d/, /k:g/ 등의 자음은 조음위치도 같고, 파열음이라는 조음방법도 같지만 조음 시에 나타나는 성대 진동의 유무에 따라 구별된다. 이처럼 언어마다 고유한 특징을 가질 수 있는데, 한국어의 자음은 기(aspiration)의 세기에 따라 예사소리(평음), 거센소리(격음), 된소리(경음)로 나뉜다.

(2) 한국어의 자음

(앞) ← 조음위치 → (뒤)

| | | | 양순음 | 치조음 | 경구개음 | 연구개음 | 후음 |
|---|---|---|---|---|---|---|---|
| 조음방법 장애음 | 파열음 | 평음 | ㅂ | ㄷ | | ㄱ | |
| | | 격음 | ㅍ | ㅌ | | ㅋ | |
| | | 경음 | ㅃ | ㄸ | | ㄲ | |
| | 마찰음 | 평음 | | ㅅ | | | ㅎ |
| | | 격음 | | | | | |
| | | 경음 | | ㅆ | | | |
| | 파찰음 | 평음 | | | ㅈ | | |
| | | 격음 | | | ㅊ | | |
| | | 경음 | | | ㅉ | | |
| 공명음 | 비음 | | ㅁ | ㄴ | | ㅇ | |
| | 유음 | | | ㄹ | | | |

위의 표를 보면 한국어의 장애음은 마찰음을 제외하고는 균형 잡힌 체계라고 할 수 있다. 즉 파열음과 파찰음은 '평음-격음-경음'으로 나뉜다. 하지만 마찰음에는 치조에서 나는 평음과 경음이 있고, 목구멍에서 나는 후음이 있다. 한국어는 마찰음이 많은 영어와는 달리 파열음이 많다는 특징이 있다. 여기에 사람이 사용하는 언어에서 높은 출현 빈도를 보이는 세 개의 비음('ㅁ, ㄴ, ㅇ')이 모두 있고, 유음에는 'ㄹ' 하나만 있는 특징을 보인다.

## 4.2.1 조음위치에 따른 분류

위의 표를 보면 한국어 자음은 대략 다섯 군데에서 공기 흐름의 장애를 받아 소리가 남을 알 수 있다. 두 입술에서 장애가 이루어져 나는 소리를 양순음이라 하며, 윗잇몸보다 조금 안쪽(치조)에서 나는 소리를 치조음이라 하고, 딱딱한 입천장(경구개)에서 장애가 이루어져 나는 소리를 경구개음이라 한다. 경구개보다 조금 안쪽의 부드러운 입천장에서 장애가 이루어져 나는 소리를 연구개음이라 한다. 그리고 목구멍에서 나는 소리를 후음이라 한다.

학습자들에게 위에 있는 자음을 하나씩 발음해 보도록 하고 소리 나는 위치를 바르게 말할 수 있도록 한다. 조음위치를 고려해 볼 때 한국어의 자음은 영어나 중국어 등 다른 언어들보다 단순한 편이다. 예를 들어, 한국어의 자음은 조음위치에 따라 양순, 치조, 경구개, 연구개, 후음 정도로 분류될 수 있는 반면에, 영어에는 한국어에는 없는 치간음(예, think, father)과 순치음(예, feet, victory)이 더 있다. 순치음은 중국어나 러시아어에서도 사용되는 음으로 사람의 언어에서 흔히 사용된다. 따라서 조음위치만을 고려해 보면 영어나 중국어, 러시아어를 모어로 하는 사람들이 한국어를 학습할 때는 특별한 어려움을 겪지 않을 것이다. 한국어에서 사용하는 모든 조음위치를 이 언어들에서도 사용하기 때문이다.

## 4.2.2 조음방법에 따른 분류

위의 표를 통하여 알 수 있는 또 한 가지는 조음방법상으로 자음은 크게 장애음과 공명음으로 나뉘고, 장애음은 다시 '파열음, 마찰음, 파찰음'으로, 공명음은 다시 '비음'과 '유음'으로 나뉜다는 것이다. 입안에 가득 찬 공기를 내보내는 방법에는 세 가지가 있는데, 첫째는 닫았던 입술을 크게 벌려 풍선이 터지듯이 한꺼번에 내보내는 방법(파열음)이고, 또 한 가지는 입술을 조금 벌려 작은 실구멍이 난 풍선에서 바람이 빠지듯이 지속적으로 내보내는 방법(마찰음)이다. 또 다른 한 가지는 앞의 두 가지 방법을 섞어 내는 방법으로 두 조음기관이 닫혔다가 개방될 때 완전히 열리지 않아서 마찰이 수반되는 방법(파찰음)이다. 비음은 구강 안을 막은 채 연구개를 내려서 공기가 비강을 통해 방출되면서 발음되는 소리이다. 유음은 기류가 혀의 양옆을 통해 방출되면서 발음되는 방법(예를 들어, '달'의 받침 'ㄹ'과 같은 소리)과 혀끝이 윗잇몸을 한 번 가볍게 튀기면서 발음하는 방법(예를 들어, '다리'의 'ㄹ'와 같은 소리)이 있다.

장애음은 발음기관이 울려 조음되는 공명음과 구별되는데, 장애음과 공명음은 언어학적인 기능 면에서도 큰 차이를 보인다. 즉 영어를 포함한 많은 언어에서 비음과 유음은 모음의 기능을 할 때가 있는 데 반해 장애음은 오로지 자음의 기능만을 한다. 여기서 모음의 기능이란 모음 없이 자음이 독자적으로 음절을 이룰 수 있다는 것이다. 이에 관하여는 다음 절에서 좀 더 상세히 다루기로 한다.

다음은 한국어의 자음을 교육하기 위하여 알아두어야 할 사항들이다.

① 파열음

평음 계열, 격음 계열, 경음 계열로 구성되어 있는 한국어의 파열음은 영어, 일본어 등 다른 언어와 비교해 볼 때 매우 특징적이라 할 수 있다. 이러한 한국어 파열음의 특이성은 외국인들이 한국어를 학습할 때에 겪는 어려움의 요인이 되기도 한다. 평음은 약한 소리이고, 경음과 격음은 강한 소리이다. 경음은 성대의 긴장성 면에서 평음보다 강하고, 격음은 우리 몸으로부터 방출되는 기(aspiration)의 세기 면에서 평음보다 강하다. 기의 세기에 따른 특징을 보면, 경음은 기의 세기가 가장 약한 소리이고, 격음은 기의 세기가 가장 강한 소리이다. 평음은 두 계열의 중간 정도의 소리이다. 따라서 파열음을 학습할 때는 학

습자들에게 손바닥을 펴게 한 다음 '경음, 평음, 격음'의 순으로 발음해 보도록 하여 기의 세기를 직접 느껴보게 한다. 또한 A4 용지의 끝을 잡고 같은 소리를 발음해 보도록 하거나 화장지를 입에 대고 발음해 봐도 좋다. 이때 종이의 흔들림이 가장 큰 소리가 '격음'이고, 가장 작은 소리가 '경음'이다. 파열음의 발음을 학습할 때는 기의 세기를 가장 확실하게 느낄 수 있는 양순음('ㅃ, ㅂ, ㅍ')부터 시작하는 게 좋다. 양순음을 연습한 후에 다른 위치에서 소리 나는 파열음을 연습한다. 개별 음운에 대한 제시 및 연습이 끝나면 여러 가지 최소대립쌍을 활용한 듣고 구별하기, 받아 적기, 발음 따라 하기 등의 학습 활동을 통하여 파열음을 듣고 발음하는 데 익숙해질 수 있도록 반복 연습한다.

**[딱지 뒤집기]**

여러분은 초등학교 어린이들이 하는 '딱지 뒤집기' 놀이를 본 적이 있는가? 이 놀이는 딱지를 쌓아 놓고, 입을 가까이 대고 힘껏 불어서 딱지를 넘어뜨려 넘어뜨린 딱지를 가져가는 놀이이다. 이때 어린이들이 딱지를 한 번에 많이 뒤집기 위해서 내는 소리는 'ㅃ, ㅂ, ㅍ' 중 어느 소리와 가까울까?

② 유음

영어를 외국어로 배워 본 한국 사람이면 누구나 영어의 'l'과 'r'을 정확하게 구별하여 발음하는 일이 쉽지 않음을 경험했을 것이다. 한국어를 배우는 외국인들도 한국어의 'ㄹ'을 발음하는 데 적지 않은 어려움을 겪는다. 'ㄹ'은 환경에 따라 [l]로도 소리 나고, [r]로도 소리 난다. 좀 더 구체적으로 말하면, 어말이나 자음 앞에서는 [l]로 발음되고 모음 사이에서는 [r]로 발음된다. 그러나 중요한 것은 한국어의 어말이나 자음 앞에서 발음되는 'ㄹ'은 'tall, call, salt' 등 영어의 받침에서 소리 나는 어두운 'l'이 아니라는 것이다. 다시 말해, 입의 뒤쪽에서 소리 나는 [ɫ]이 아니라 밝은 [l]이라는 것이다. 따라서 어말이나 자음 앞에 있는 'ㄹ'을 한국어 모어 화자와 비슷하게 발음하도록 하기 위해서는 '달, 딸, 탈' 등을 발음할 때 의도적으로 혀끝을 내밀도록 하여 발화 중 혀끝을 뒤로 당기지 않도록 하는 연습이 필요하다. 또한 한국어에서 모음 사이에서 발음되는 'ㄹ'은 'carry, curious, curry, serious' 등에서 발음되는 [r]가 아니라 떨림이 없는 소리인 [ɾ]라는 것을 주지시켜야 한다. 이 소리는 'water, city, cotton' 등의 미국 발음에서 들리는 모음 사이에서 약화된 't'의 발음과 유사하다고 하겠다. 모음 사이에서 발음되는 한국어의 [ɾ]는 혀끝이 입천장을 톡톡 두드려 발음하도록 연습시킨다.

③ 마찰음

한국어에서 'ㅎ'는 어두에서는 제 음가대로 소리 나지만 모음과 모음 사이에서나 앞 음절의 종성이 비음이거나 유음일 때는 그 소리가 약화되어 거의 발음되지 않는다. 예를 들어, '비행기, 은행, 삼행시, 상하, 실행'과 같은 단어를 특별히 주의하여 발음하지 않으면 'ㅎ'가 탈락된다. 또한 'ㅎ' 받침을 가진 동사나 형용사에 모음으로 시작되는 어미가 붙을 때 'ㅎ'는 반드시 탈락된다.

| 'ㅎ'의 위치 | 음가 | 예 |
|---|---|---|
| 어두 | [ㅎ] | 하늘[하늘], 호랑이[호랑이] |
| 모음 사이, 앞 음절의 받침이 'ㄴ, ㅁ, ㅇ, ㄹ'일 때 | 탈락 | 비행기, 은행, 삼행시, 상하, 실행 |
| 'ㅎ' 받침 용언에 모음으로 시작하는 어미가 붙을 때 | 탈락 | 넣 + 으면[너으면], 좋 + 아요[조아요] |

'ㅅ'의 경우에도 환경에 따라 다르게 소리 나는 경우가 많으므로 특별히 주의하여 지도해야 한다. 예를 들어, '사'와 같은 경우의 'ㅅ'소리는 '시'나 '쉬'와 같은 경우의 'ㅅ'소리와 다르다. 전자의 경우는 [s]이지만, 후자의 경우는 뒤에 있는 모음의 영향으로 각각 변이음인 [ɕ]와 [ʃ]로 소리 난다.

④ 비음

한국어에는 세 개의 비음, 즉 'ㅁ, ㄴ, ㅇ'이 있다. 앞의 'ㅁ, ㄴ'는 초성과 종성 모두에 올 수 있으나, 'ㅇ'은 초성에는 올 수 없고, 종성에만 올 수 있다. 어두에 오는 'ㅁ, ㄴ'는 음성학적으로 볼 때 영어 등 다른 언어에서 사용되는 비음과 상당히 다른 특징을 보인다. 다시 말해, 비음들이 공통적으로 갖고 있는 비음성(nasality)이 매우 적어 '누구, 나비, 노래, 모두, 모기' 등의 단어를 주의 깊게 발음하지 않으면 외국인들에게는 각각 [두구], [다비], [도래], [보두], [보기]로 들리기 쉽다. 즉 비음과 같은 위치에서 나는 평 장애음으로 들린다. 그러므로 외국인들에게 한국어를 교육할 때는 그들이 한국어의 음성적인 특성에 익숙해질 때까지는 교사가 비음을 발음할 때 의도적으로 비음성을 강조하여 발음해 주어야 한다.

어말에 오는 비음의 구별도 일본어와 같이 상대적으로 적은 수의 비음을 사용하는 학습자들에게는 쉬운 일이 아니다. 이런 경우 '감, 강, 간' 등의 최소대립어를 이용하여 집중적으로 연습시켜야 한다.

# 5. 한국어의 음절

지금까지 한국어의 모음과 자음에 관하여 살펴보고, 이를 외국인들에게 교육할 때 무엇을 강조해야 할지에 관하여 살펴보았다. 자음과 모음은 결합하여 더 큰 단위를 이루는데, 자음과 모음이 결합하여 한 번에 낼 수 있는 소리의 마디를 음절(syllable)이라고 한다. 예를 들어, '사랑'은 다섯 개의 음운과 두 개의 음절로 되어 있다. 한국어의 음절은 초성(onset), 중성(nucleus), 종성(coda)으로 이루어져 있다. 초성과 종성의 자리에는 자음이 오고, 중성의 자리에는 모음만이 올 수 있다. 자음이 없이는 음절을 이룰 수 있지만 모음이 없이는 음절을 이룰 수 없다. 한국어에서 가능한 음절구조는 아래와 같이 모두 네 개뿐이다.

(3) 한국어에서 가능한 음절구조
① 모음(V) : 아, 오, 이, 우
② 자음 + 모음(CV) : 가, 나, 무, 소
③ 모음 + 자음(VC) : 입, 온, 울
④ 자음 + 모음 + 자음(CVC) : 감, 공, 문

위에 제시된 음절구조를 통해 한국어의 자음은 반드시 모음과 결합하여야 음절을 이룰 수 있으며, 자음 홀로는 음절을 이룰 수 없음을 알 수 있다. 또한 자음은 초성에서든 종성에서든 어느 위치에서도 두 개의 자음이 연달아 발음되는 겹자음이 올 수 없다. '닭, 흙, 넋' 등과 같은 단어 때문에 마치 '자음+모음+자음+자음(CVCC)'의 구조가 가능한 것처럼 보이지만 이는 철자상 겹자음으로 나타나는 것뿐이지 발음 시에는 두 자음 중 하나가 반드시 탈락한다. 이러한 특징은 비음이나 유음과 같은 성절자음(syllabic consonants)이 있고 겹자음이 널리 존재하는 영어 등의 유럽어군과는 사뭇 다른 양상임이 틀림없다. 반면에 모음은 '어머니 소리'를 뜻하는 모음(母音)이라는 한자가 말해 주듯이 자음이 없이도 음절을 이룰 수 있다.

한국어를 정확하게 발음하기 위해서는 한국어에 있는 자음과 모음의 특징을 이해하는 일 외에도 한국어의 음절구조를 이해하고 이에 익숙해져야 한다. 그렇지 않으면 외국인의 악센트가 섞인 어색한 발음을 하게 된다. 한국어에서 음절이 갖는 역할은 영어나 기타 유럽어에서보다 그 의미가 크다고 하겠다. 쓰기 체계에 음절 개념을 도입하여 음절 단위로 쓰는 것(예를 들어, Kim vs. 김)은 물론, 어떤 말을 줄여 사용할 때도 영어에서는 두문자어(頭文字語, acronym)라고 하여 각 단어의 맨 앞 철자들만 취하는 데 반해 한국어에서는 맨 앞 음절들을 취한다. 예를 들어, 1장에서 말한 것처럼 국제음성문자(International Phonetic Alphabet)를 영어에서는 IPA라고 줄여 부른다. 하지만 이 말이 한국어였다면 우리는 각 단어의 첫째 음절을 취하여 In Pho Al, 즉, '인포알'이라고 불렀을 것이다. 이만큼 한국어에서 음절은 중요한 기능을 한다.

외국인들에게 한국어에서의 음절의 중요성을 가르치기 위해 계이름을 적어보라고 하면 처음에는 위와 비슷하게 적을 것이다. 이 때 'Sol'을 '소리'로 적지 않고, '솔'로 적음을 말해 주고, 음절 단위로 적는 한국어의 쓰기 체계를 설명해 주면 좋다. 또한 'IOC, NATO, UN, WTO' 등과 같이 널리 알려진 두문자어를 한국어식으로 나타내는 방법을 이용해 보는 것도 좋다.

음절구조의 차이로 인한 발음상의 오류는 개별 음소의 발음에서 오는 차이에서 기인한 오류만큼이나 듣는 사람의 귀에 거슬리게 된다. 예를 들어, 일본어의 경우 비음을 제외하고는 자음으로 끝나는 단어가 없기 때문에 일본어 모어 화자가 한국어를 발음할 때 한국어에는 없는 모음을 임의로 삽입하여 발음하는 현상이 나타난다. 하지만 같은 위치에서 영어나 인도네시아어 등을 모어로 하는 사람들의 한국어 학습에서 나타나는 발음상의 오류는 일본인들에게서 나타나는 양상과는 사뭇 다르다. 다시 말해, 영어를 모어로 사용하는 사람들에게서는 이러한 현상이 나타나지 않는다. 이와는 반대로 한국어의 철자에 있는 겹자음 모두를 발음하는 경우가 자주 눈에 띈다. 예를 들어, '값'을 [kap]으로 발음하지 않고 [kaps]으로 발음한다거나 '여덟'을 [yədəl]로 발음하지 않고, [yədəlp]로 발음한다. 이는 영어에서는 'cups, milk, quilt, pulp' 등의 단어를 발음할 때 겹자음 중 자음 하나를 탈락하지 않고, 두 자음 모두를 발음하기 때문일 것이다.

학습자들로 하여금 한국어의 음절구조에 빨리 익숙해지게 하기 위해서는 학습자와 교사가 다 함께 알고 있는 외래어나 나라 이름, 도시 이름 등을 이용하여 여러 가지 활동을 하면 좋다. 학습자의 이름이나 학습자 가족의 이름을 한국어로 써보는 연습도 도움이 된다. 다소 긴 시간을 투자해서라도 학습자들이 한국어의 음절구조에 익숙해 질 때까지 음절구조에 맞게 발음하고, 음절구조에 맞게 쓰는 연습을 하는 것이 바람직하다.

아래에 있는 외래어 뒤에 들어갈 바른 조사는 무엇일까?

McDonald은/는 햄버거 값이 비싸다.
Christmas이/가 다가온다.
나는 bus을/를 타고 학교에 온다.
무엇이 이들 조사의 선택을 결정할까?

# 6. 한국어의 음운현상에는 어떤 것들이 있을까

음운현상이란 원래 음소가 어떠한 음운론적인 이유에 의해 제 음가를 잃어버리고 다른 음으로 소리 나는 변동 현상을 의미한다. 한국어를 배우는 학습자들이 한국어를 정확히 발음하기 위해서는 자음과 모음 등의 개별 음운이나 음절구조를 이해하는 것 외에도 발음에 영향을 미치는 갖가지 음운현상을 파악해야만 한다. 특히 한국어의 음운현상은 복잡한 데다가 대부분의 경우, 음운현상의 영향을 입기 전의 형태를 그대로 고정하여 적기때문에 철자와 발음이 다른 경우가 많다. 따라서 한국어를 정확하게 발음하기 위해서는 음운현상에 관한 정확한 이해가 필요하다. 이를 자연스럽게 익히도록 하기 위해서는 받아쓰기를 자주 하고 중요한 사항은 반복적으로 학습해야 할 것이다.

# 6.1 종성 발음

## 6.1.1 홑받침의 발음

앞에서 말한 바와 같이 한국어의 장애음에 존재하는 세 계열의 자음(즉, 평음, 격음, 경음)은 한국어의 자음과 관련된 특징 중에서 가장 두드러진 점일 것이다. 하지만 이러한 세 계열의 자음은 모든 위치에서 그 소릿값을 그대로 유지하는 것이 아니다. 어두에서나 모음과 모음 사이에서는 제 음가대로 소리 나지만 어말이나 다른 자음 앞에서는 제 음가대로 발음되지 못한다. 다시 말해, 기의 세기에 따른 세 계열의 자음의 구별이 사라지고 모두 평음으로 발음되는 중화(neutralisation) 현상이 일어난다. 이뿐만 아니라 마찰음('ㅅ, ㅆ')이나 파찰음('ㅈ, ㅊ')도 파열되지 않은 'ㄷ'으로 소리 난다. 이를 정리하면 아래 표와 같다.

(4) 받침에서의 한국어 자음

| 철자상의 자음 | 소리 나는 음 | 예 |
|---|---|---|
| ㅂ, ㅍ | ㅂ | 밥[밥], 앞[압] |
| ㄷ, ㅌ | ㄷ | 닫다[닫따], 같다[갇따] |
| ㄱ, ㅋ, ㄲ | ㄱ | 국[국], 부엌[부억], 밖[박] |
| ㅅ, ㅆ | ㄷ | 낫[낟], 있다[읻따] |
| ㅈ, ㅊ | ㄷ | 낮[낟], 빛[빋] |
| ㄹ | ㄹ | 물[물] |
| ㅁ | ㅁ | 곰[곰] |
| ㄴ | ㄴ | 산[산] |
| ㅇ | ㅇ | 공[공] |

중화 현상과 관련하여 무엇보다도 중요한 점은 받침에서 소리 나는 음이 파열된 평음이 아니라는 사실이다. 다시 말해 '밥'이라는 단어에서 초성의 'ㅂ'과 종성의 'ㅂ'은 그 모습은 같으나 실제로는 다른 소리이다. 즉, 초성에서 나는 'ㅂ'은 입술이 떨어지면서 나는 소리(파열음)인 반면, 종성에서 나는 'ㅂ'은 입술을 다물며 끝내는 소리(불파음)이다. 이러한 사실을 한국어를 배우는 학습자들에게 주지시키지 않으면 종성에 있는 'ㅂ'을 파열시켜 발음함으로써 마치 *[바브]처럼 들린다. 따라서 어말이나 다른 자음 앞에서 소리 나는 장애음은 파열되지 않은 평음임을 분명히 해야 한다.

한국어를 배우는 학습자들이 이러한 특징을 습득하지 못하면 아주 어색한 한국어를 발화하게 되므로 먼저 공기를 파열하지 않는 특징을 눈으로 가장 잘 확인할 수 있는 양순음 'ㅂ'로 연습한다. 그런 다음 다른 장애음('ㄱ', 'ㄷ' 등)으로 넘어가면 좋다. 어말 양순음의 불파 현상을 연습할 때는 'cup, tap, top' 등의 영어 단어를 한국어처럼 발음해 주어 '불파'의 특징

[밥]

공기를 내보내는 사람에게는 밥을 안 줍니다!
공기를 내보내지 마십시오! 입을 꼭 다무세요.

을 분명히 알게 하도록 한다. 즉, 어말 'p'를 파열하지 않음으로써 공기가 밖으로 나가지 않고 입을 다문 채로 발음이 끝남을 보여준다. 이러한 제시는 한국어를 배우는 외국인들이 한국어의 종성 발음의 특징을 이해하는 데 도움이 될 것이다. 그런 다음 '밥, 입, 잎, 숲'과 같은 실제 어휘를 가지고 연습한다.

## 6.1.2 겹받침의 발음

한국어에는 철자상 열한 개의 겹자음(ㄳ, ㄵ, ㄼ, ㄽ, ㄾ, ㅄ, ㄺ, ㄻ, ㄿ, ㅀ, ㅄ)이 받침에 올 수 있다. 하지만 아래 (5)와 같이 겹받침은 어말이나 자음 앞에서 자음 하나가 탈락되고 하나의 자음만 소리 난다. 즉 두 자음 모두가 발음될 수 없다. 하지만 겹받침 뒤에 모음이 올 경우에는 첫 번째 자음은 앞 음절에 남아 그대로 소리 나고 뒷자음은 뒤 음절의 첫소리로 발음된다.

(5) 겹받침의 발음

| 앞자음이 발음되는 경우 | | | 뒷자음이 발음되는 경우 | | |
|---|---|---|---|---|---|
| 철자 | 소리 | 예 | 철자 | 소리 | 예 |
| ㄳ | ㄱ | 넋[넉] | ㄺ | ㄱ | 닭[닥] |
| ㄵ | ㄴ | 앉다[안따] | ㄻ | ㅁ | 삶[삼] |
| ㄼ | ㄹ | 여덟[여덜] | ㄿ | ㅍ[ㅂ] | 읊다[읍따] |
| ㄽ | ㄹ | 외곬[외골] | | | |
| ㄾ | ㄹ | 핥다[할따] | | | |
| ㅄ | ㅂ | 값[갑] | | | |
| ㄶ | ㄴ | 않다[안타] | | | |
| ㅀ | ㄹ | 앓다[알타] | | | |

**[보충·심화 : 겹받침 발음의 예외]**

| 겹받침 | 발음 | 예외 |
|---|---|---|
| ㄼ | [ㄹ] : 여덟[여덜] | 밟다[밥따], 밟고[밥꼬], 넓적하다[넙쩌카다], 넓죽하다[넙쭈카다] |
| ㄺ | [ㄱ] : 닭[닥] | 용언일 때 'ㄱ' 앞에서 'ㄹ'이 발음 : 맑고[말꼬], 읽겠습니다[일겓씀니다], 읽거나[일꺼나] |

이러한 겹받침 단순화 현상을 이해하지 못하는 한국어 학습자들은 두 자음 모두를 발음하려고 하거나 아예 발음해 보려는 시도조차 하지 않는다. 이를 교육할 때는 학습자의 한국어 수준이 낮은 경우에는 색깔 있는 펜으로 소리 나는 자음에 표를 해가며 익숙해지도록 한다.

그러나 학습자들이 한글의 자모 순서를 알 정도(익숙하지는 않지만 사전을 찾을 수 있는 수준)가 되면 한글의 자모 순서 중 앞에 있는 자음이 남아 소리 나고 뒤에 오는 자음이 탈락됨을 설명해 준다. 예를 들어, 'ㄺ'의 경우 한글 자모 순서에서 'ㄱ'이 'ㄹ'보다 앞에 있으므로 'ㄱ'이 소리 난다고 설명한다. 이는 어떠한 음운

이론으로도 설명될 수 있는 것은 아니지만 한국어 교육에 활용할 수 있는 의미 있는 관찰일 것이다. 그러나 겹받침 'ㄼ', 'ㄿ'은 예외적으로 한글의 자모 순서 중 뒤에 오는 자음이 발음된다.

> 겹자음은 한글의 자모 순서 중 앞에 있는 자음이 발음된다

## 6.2 연음

한국어에서 형태소의 끝 자음은 모음으로 시작되는 어미, 조사, 접미사가 연결되는 경우 중화현상의 적용을 받지 않은 채 다음 음절의 초성으로 자리를 옮겨 발음된다. 겹받침으로 끝나는 형태소의 경우에는 겹받침 단순화 규칙이 적용되지 않고, 두 받침이 모두 발음된다. 첫 번째 받침은 제자리에 그냥 남아 있고, 두 번째 받침은 다음 음절의 초성에서 발음된다.

(6) 국이[구기], 옷을[오슬], 몸이[모미], 숲에서[수페서], 먹이다[머기다]

　　값을[갑쓸], 흙에[흘게], 닭을[달글], 앉아[안자]

> **[말아톤? 마라톤?]**
>
> 글로 적힌 이 영화의 제목을 직접 눈으로 보지 않은 사람들은 어느 것이 맞는 제목인지 모를 것이다. 아마도 많은 사람들은 후자가 맞다고 생각할 것이다. 하지만 전자가 바른 제목이다. 이 제목은 다섯 살 지능을 가진 주인공이 그림일기 '내일의 할 일'에 '말아톤'이라고 적어 넣은 장면에서 착안되었다고 한다. 하지만 위의 두 말은 연음 현상으로 인해 같은 소리로 발음된다.

위에서 설명한 것처럼 받침 뒤에 조사나 어미와 같이 의존형태소가 이어 나올 경우 그 받침은 본래의 음절에 남아 있지 않고 다음 음절의 초성에서 발음된다. 그러나 '옷 + 안'처럼 뒤에 실질형태소가 붙는 경우에는 중화규칙을 적용한 후에 연음해야 한다. 따라서 '옷 안'은 *[오산]이 아닌 [오단]으로 발음된다.

> **[보충·심화 : '있어요'와 '없어요'의 발음]**
>
> '있어요'에 '맛'이라는 말을 앞에 더하면 [마시써요] 또는[마디써요]로 발음되지만 '없어요'의 경우는 이와 다르다. 즉 '맛 없어요'는 [마덥써요]는 가능하지만 [마섭써요]라고는 하지 않는다. 즉 '있어요'의 경우에는 중화 현상을 적용하지 않은 채 연음하는 게 허용되는 반면, '없어요'의 경우에는 반드시 앞에 오는 말에 중화 현상을 적용하여 연음해야 한다. 한국어 학습의 초기 단계에서 나오는 '있어요'와 '없어요'의 발음상의 차이는 한국어를 배우는 외국인 학습자들에게 반드시 주지시켜야 할 것이다. '있어요'와 '없어요'는 '맛'뿐만 아니라 '멋', '재미' 등의 명사와 어울려 형용사를 만드는 등 생산력이 높기 때문에 한국어 학습자들에게 분명하게 교육할 필요가 있다.

## 6.3 자음동화

동화(assimilation)란 인접한 음끼리 닮거나 비슷해지는 음운의 변동 현상을 의미한다. 자음끼리의 동화는 한국어에서는 필수적으로 일어나는 대표적인 음운현상이지만 여러 언어에서 널리 발견되는 현상이 아니므로 한국어 학습자들에게는 매우 낯설 수밖에 없다. 한국어를 배우는 학습자들은 학습의 초기 단계에서부터 자음동화를 바르게 이해해야만 한국어를 정확하게 발음할 수 있다. 자모 학습 후 음절의 단위만 넘어서면 곧바로 자음동화가 일어나는 예를 만나게 되는데, 예를 들어 한국어 학습에서 가장 기본이 되는 어미인 '-습니다/-ㅂ니다'의 경우에도 자음동화가 일어나기 때문이다. 따라서 교사는 학습의 초기 단계에서부터 자음동화를 각별히 신경 써서 지도하지 않으면 안 된다. 그러면 한국어에서 일어나는 동화에 관해 구체적으로 알아보도록 하자.

■ 장애음의 비음화

장애음의 비음화는 앞자음에 있는 장애음이 뒤에 오는 비음으로부터 비음의 성질을 받아, 비음으로 바뀌는 현상을 말한다.

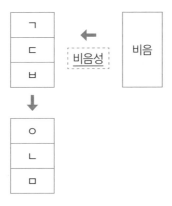

(7) 국물[궁물] *[국물]
　　밭농사[반농사] *[받농사]
　　밥맛[밤맏] *[밥맏]

장애음 뒤에 유음이 오는 경우에는 장애음은 뒤에 오는 자음인 유음을 비음인 'ㄴ'로 소리 나게 하고, 이 비음은 다시 앞에 오는 자음에 영향을 주어 같은 위치의 비음으로 소리 나게 한다.

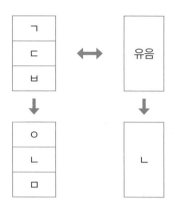

(8) 독립[동닙 ← 독닙], 백로[뱅노 ← 백노], 막론[망논 ← 막논]
　　입력[임녁 ← 입녁], 십리[심니 ← 십니]


■ 유음의 비음화

'ㄹ'가 'ㄴ'와 'ㄹ' 이외의 공명음, 즉, 'ㅁ'와 'ㅇ' 뒤에서 'ㄴ'로 바뀐다.

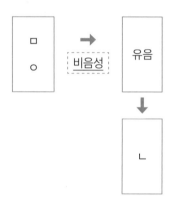

(9) 심리[심니], 입력[임녁]
　　정리[정니], 능력[능녁]


　여기에서 눈에 띄는 점은 뒷자음이 앞자음에 영향을 주는 역행 동화현상의 모습을 보이는 (7)이나 상호 동화가 일어나는 (8)과는 달리 (9)에서는 앞자음이 뒷자음에 영향을 주는 순행 동화 현상의 형태로 일어난다는 점이다.


■ 유음화

'ㄴ' 앞이나 뒤에 'ㄹ'이 오는 경우 [ㄹㄹ]로 소리 난다.

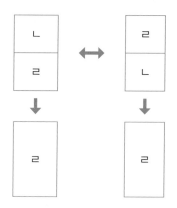

(10) 난로[날로], 진리[질리], 신라[실라]
  설날[설랄], 팔년[팔련], 줄넘기[줄럼끼]

**[보충·심화 : 동화의 분류]**

| 방향에 따른 분류 | 특징 | 예 |
|---|---|---|
| 순행동화 | 앞자음이 뒷자음에 영향 | 종↗로(종노) |
| 역행동화 | 뒷자음이 앞자음에 영향 | 국↗물(궁물) |
| 상호동화 | 앞자음과 뒷자음이 서로 영향 | 독↗립(동닙) |

또한 동화는 정도에 따라 완전동화와 불완전동화로도 나뉘고, 동화주와 피동화주의 간격에 따라 직접동화와 간접동화로도 나뉜다.

앞에서도 말한 바와 같이 영어나 기타 많은 언어에서는 장애음과 비음이 이어 나오는 경우 동화되는 일 없이 원래 음 그대로 발음되기 때문에 특별히 주의하여 지도해야 한다. 예를 들어, 'good night, good morning, footnote, nickname, big man, bookmarker, rock music, batman, topmost'에서는 자음 간의 동화가 일어나지 않고 그대로 발음하지만 한국어에서는 'ㄷ-ㄴ, ㄷ-ㅁ, ㄱ-ㄴ, ㄱ-ㅁ, ㅂ-ㅁ' 등의 자음 연속체에서는 동화가 일어난다. 대부분의 한국어 모어 화자들이 영어 'good morning'을 발음할 때 [군모닝]이라고 발음하지 않고 한국어에서와 같이 자음동화를 적용하여 [군모닝]으로 발음하는 것이 자연스럽다면, 영어를 모어로 하는 사람들에게서는 반대의 특징이 나타난다. 예를 들어, '국물'을 [궁물]로 발음하지 않고, 동화 없이 그대로 [국물]로 발음한다. 또한 'ㄴ-ㄹ'나 'ㄹ-ㄴ'의 경우에 일어나는 유음화도 영어에서는 'Henry, only, well-known, on-line'에서와 같이 자음 간의 동화가 일어나지 않는다. 따라서 한국어 모어 화자들이 'Henry'를 한국어의 음운 규칙을 적용하여 [헬리]라고 발음하는 것처럼 많은 외국인들은 '신라'를 글자 그대로 발음하는 오류를 범하기 쉽다. 그러므로 동화현상을 지도할 때에는 특별한 주의가 필요하다. 영어 단어를 한국어식으로, 즉 자음동화 현상을 적용하여 발음해줌으로써 학습자들로 하여금 스스로 양 언어 간의 차이점을 깨닫게 하면 한국어의 동화를 이해하는 데 도움이 된다. 듣고 따라 하기나 받아쓰기 등의 반복 학습을 통하여 동화 전과 동화 후의 '철자'와 '발음'을 익히도록 한다. 발음 클리닉과 같은 별도의 발음 수업 시간을 통해 무의미 및 유의미 단어를 활용하여 자음 간의 동화를 지도하는 것도 큰 도움이 될 것이다.

## 6.4 구개음화

구개음화란 자음 'ㄷ, ㅌ'가 'ㅣ' 모음을 만나 'ㅈ, ㅊ'로 바뀌어 소리 나는 음운의 변동 현상을 말한다.

(11) 굳이[구지], 해돋이[해도지], 미닫이[미다지]
　　 같이[가치], 피붙이[피부치], 붙이다[부치다]
　　 닫히다[다치다], 묻히다[무치다], 굳히다[구치다]


'닫히다, 묻히다, 굳히다'의 경우는 먼저 'ㄷ'과 'ㅎ'가 합하여 '다티다, 무티다, 구티다'가 된 후, 구개음화의 적용을 받아 [다치다, 무치다, 구치다]가 된다. '같이'는 가장 처음 배우는 구개음화 현상이 일어나는 단어가 될 것이다. 이때는 한국어 학습의 초급 단계일 것이므로 구개음화 현상에 관한 자세한 설명보다는 정확한 발음을 제시해 주고 주의하여 발음하도록 지도한다.

## 6.5 격음화

격음화란 'ㅎ' 앞이나 뒤에 'ㅂ, ㄷ, ㅈ, ㄱ'가 올 경우 'ㅎ'와 'ㅂ, ㄷ, ㅈ, ㄱ'가 합하여져 각각 [ㅍ, ㅌ, ㅊ, ㅋ]로 발음되는 현상을 말한다. 단, 'ㅎ'와 'ㅅ'가 만나면 'ㅆ'로 발음된다. 'ㅅ, ㅈ, ㅊ, ㅌ'가 음절의 끝에 놓여 [ㄷ]으로 발음될 때도 뒤에 'ㅎ'가 오면 [ㅌ]로 발음된다.

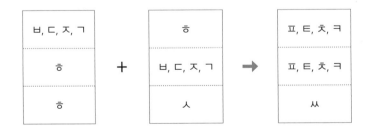

(12) 입학[이팍], 잡히다[자피다], 맏형[마텽], 축하[추카]

　　　좋던[조턴], 파랗다[파라타], 좋지[조치], 그렇지[그러치]

　　　놓고[노코], 이렇게[이러케]

　　　놓소[노쏘], 닿소[다쏘]

　　　옷 한 벌[오탄벌], 꽃 한 송이[꼬탄송이], 숱하다[수타다]

　　　닳지[달치], 읽히다[일키다], 많거나[만커나], 싫소[실쏘]

[ㅍ, ㅌ, ㅊ, ㅋ]가 'ㅎ'와 'ㅂ, ㄷ, ㅈ, ㄱ'의 결합에 의한 것임을 알게 하기 위해서는 한국어의 자음과 모음을 익힐 때 'ㅍ, ㅌ, ㅊ, ㅋ' 네 가지 자음을 따로 학습하는 것도 좋은 방법이다.

## 6.6 경음화

경음화란 'ㅂ, ㄷ, ㅅ, ㅈ, ㄱ' 등의 평자음이 일정 환경에서 [ㅃ, ㄸ, ㅆ, ㅉ, ㄲ]로 바뀌는 현상을 말한다.

현대 한국어에서 경음화는 아주 다양한 양상으로 활발하게 일어난다. 차례로 그 내용을 정리하면 다음과 같다.

① 종성 'ㅂ, ㄷ, ㄱ' 뒤에서 평음 'ㅂ, ㄷ, ㅅ, ㅈ, ㄱ'가 [ㅃ, ㄸ, ㅆ, ㅉ, ㄲ]로 바뀐다. 한국어에서 예외 없이 일어나는 필수적인 음운현상 중의 하나이다.

　예 잡지[잡찌], 국밥[국빱], 있다[읻따], 깎다[각따]

　　　식사[식싸], 걱정[걱쩡], 옆집[엽찝], 숙제[숙쩨]

② 관형사형 어미 '-(으)ㄹ' 뒤의 꾸밈을 받는 명사의 두음 'ㅂ, ㄷ, ㅅ, ㅈ, ㄱ'가 [ㅃ, ㄸ, ㅆ, ㅉ, ㄲ]로 바뀐다. 단, 관형사형 어미와 꾸밈을 받는 명사 사이에 강한 휴지를 두어 발음할 때는 된소리로 바뀌지 않는다.

　예 할 것을[할꺼슬], 갈 데가[갈떼가], 할 바를[할빠를]

　　　만날 사람[만날싸람], 먹을 밥[머글빱], 죽을 병[주글뼝]

③ 용언의 어간 말 비음 'ㅁ, ㄴ' 뒤에 'ㅂ, ㄷ, ㅅ, ㅈ, ㄱ'로 시작하는 어미가 올 때 어미의 두음 'ㅂ, ㄷ, ㅅ, ㅈ, ㄱ'가 [ㅃ, ㄸ, ㅆ, ㅉ, ㄲ]로 바뀐다.

　예 신-다[신따], 안-지[안찌], 넘-더라[넘떠라]

　　　젊-다[점따], 닮-지[담찌], 삶-더라[삼떠라]

　　　얹-고[언꼬], 앉-더라[안떠라]

④ 한자어 'ㄹ' 받침 뒤에서 후행 음절의 초성 'ㄷ, ㅅ, ㅈ'는 각각 [ㄸ, ㅆ, ㅉ]로 바뀐다.

  ㉅ 갈등 [갈뜽], 열심[열씸], 갈증[갈쯩]

  그러나 후행 음절의 초성이 'ㅂ, ㄱ'일 때는 대부분의 경우 경음화되지 않는다.

  ㉅ 발견[발견], 물건[물건], 활발[활발], 출발[출발]

⑤ 단어와 단어가 결합하여 합성어를 이룰 때 일반적으로 사이시옷이 들어가는데, 이때 뒤 단어가 'ㅂ, ㄷ, ㅅ, ㅈ, ㄱ'로 시작할 경우 사이시옷으로 인해 각각 [ㅃ, ㄸ, ㅆ, ㅉ, ㄲ]로 경음화된다. 사이시옷은 표기 상에 나타나기도 하고 나타나지 않기도 하지만 표기에 사이시옷이 나타나지 않더라도 경음화는 일어난다. 표기상 사이시옷이 나타나는 경우는 ①의 원칙에 의하여 당연히 경음화된다.

  • 표기상 사이시옷이 나타나는 경우
    냇가 [내까/낻까], 콧등[코뜽/콛뜽], 햇살[해쌀/핻쌀]

  • 표기상 사이시옷이 나타나지 않는 경우
    길-가[길까], 눈-동자[눈똥자], 신-바람[신빠람]
    산-새[산쌔], 술-병[술뼝]

  경음화는 필수적인 것과 수의적인 것으로 나누어 교육하는 것이 좋다. 위에 제시한 예 중 ①의 경우만 필수적인 현상으로 장애음과 장애음이 만났을 때 뒤의 장애음이 경음으로 발음되는 예이다. 이 경우, 먼저 종성 자음과 초성 자음이 같은 위치에서 발음되는 '축구, 햇살, 압박' 등의 예를 활용하여 지도하는 것이 좋다. 그래야 일본어 화자에게서 나타나는 '걱정'을 [걷쩡]으로, '숙제'를 [숟쩨]로, '박수'를 [받쑤]로, '학벌'을 [합뻴]로 발음하는 위치동화 오류를 피할 수 있다. 수의적인 경음화는 모두 비음 또는 유음 뒤에 장애음이 연결되는 경우로 단일어 내에서는 경음화가 일어나지 않으나 형태소의 결합으로 인해 경음화가 일어난다는 사실을 일깨워 주어야 한다. 예를 들어, '딸기, 날개'와 같은 단일어의 경우에는 경음화가 일어나지 않으나 '먹을 것'과 '갈 곳'과 같이 명사가 장애음으로 시작하는 경우 그 앞에 관형사형 어미 '-(으)ㄹ'이 결합하면 장애음이 경음으로 발음되는 것을 대비시켜 알려 준다. 또한 '(경찰에) 신고하다'의 '신고'는 글자 그대로 발음하지만, '(신발을) 신고'의 '신고'는 [신꼬]로 발음하는 것은 '신 + 고'의 형태소 결합 때문임을 설명해 준다.
  하지만 어두에 있는 평음과 격음을 경음과 구별할 줄도 모르는 외국인 한국어 학습자들에게 위에 주어진 것처럼 복잡하기 그지없는 경음화 현상을 설명하는 일은 결코 쉽지 않다. 게다가 한국어에 대한 직관이 없기 때 문에 경음화 현상을 이해하고, 바르게 발음하기란 여간 어려운 게 아니다. 따라서 경음화에 관한 자세한 설명보다는 경음화가 일어나는 단어가 나올 때마다 듣고 따라 하기 등의 방법을 통하여 경음화의 환경에 많이 노출되도록 해야 할 것이다.

# 6.7 'ㄴ' 첨가

합성어나 파생어 등 복합어의 경계에서 앞말의 끝이 자음이고, 뒷말의 첫음절이 'ㅣ, ㅑ, ㅕ, ㅛ, ㅠ'인 경우 'ㄴ'음을 첨가하여 [니, 냐, 녀, 뇨, 뉴]로 발음한다. 이러한 'ㄴ' 첨가는 없었던 'ㄴ'가 첨가되고 첨가된 'ㄴ'가 앞음절의 자음과 음운현상을 일으키는 경우가 있어 외국인 학습자들이 한국어의 발음 학습에서 가장 어려움을 겪는 음운현상 중의 하나이다.

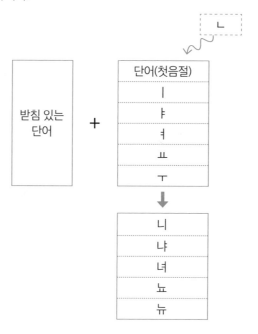

(20) 맨-입[맨닙], 한-여름[한녀름], 밤-일[밤닐]
    꽃-잎[꼰닙], 색-연필[생년필], 부엌-일[부엉닐]
    물-약[물략], 서울-역[서울력], 알-약[알략]

위와 같이 첨가된 'ㄴ'는 다시 앞 음절의 종성 자음과 인접하게 되므로 앞에서 설명한 자음동화가 일어난다. 예를 들어, '꽃-잎'은 '꽃-잎 → 꽃닢 → 꼳닙 → [꼰닙]'의 과정을 거쳐 [꼰닙]으로 소리 난다.

'ㄴ' 첨가 교육에서는 무엇보다 학습자가 'ㄴ' 첨가가 일어나는 환경을 알게 하는 것이 중요하다. 이를 위해 'ㄴ' 첨가만 일어나는 경우와 'ㄴ' 첨가가 다른 음운현상과 복합적으로 일어나는 경우로 나누어 교육한다. 이때 'ㄴ' 첨가만 일어나는 경우를 먼저 교육하고, 'ㄴ' 첨가 후에 다른 음운현상이 일어나는 경우를 뒤에 교육하도록 한다. 다시 말해, '맨입, 한여름'과 같이 'ㄴ' 첨가만 일어나는 낱말, '꽃잎, 색연필'과 같이 'ㄴ' 첨가 후에 비음화가 일어나는 낱말, '물약, 서울역'과 같이 'ㄴ' 첨가 후에 유음화가 일어나는 낱말의 순으로 교육함으로써 학습자들의 이해를 돕는다. 'ㄴ' 첨가가 일어나는 환경에 대한 설명이 끝나면, 해당하는 낱말을 활용하여 반복적으로 연습하도록 한다.

# 7. 발음 교육은 어떻게 할 것인가

효과적인 발음 교육을 위해서는 교사가 학습자들에게 "무엇을", "왜" 학습하고 있는지를 분명히 알도록 해야하는 제시 단계가 필요하다. 그런 다음에는 원어민의 자연스러운 발음을 듣고 따라 하는 연습단계가 필요하며, 마지막으로는 학습자가 연습과 같은 인위적인 상황에서 벗어나 자연스러운 상황에서도 학습한 방법대로 발음할 수 있도록 하는 생성 단계가 필요하다. 이를 좀 더 구체적으로 알아보자.

## 7.1 발음 교육의 과정

### ① 제시 단계

학습자들에게 목표음의 음가 및 목표음의 특징과 관련된 사항을 제시함으로써 학습자들로 하여금 그 소리를 알게 하는 단계이다. 학습자들이 목표음을 이해하는 데 도움이 될 수 있도록 학습자의 모어와 한국어의 음운에 나타난 대조적 특징을 제시해 주는 것도 도움이 된다. 보통 목표음에 대한 설명과 듣고 구별하기 활동으로 구성된다. 교사는 학습자들에게 어떤 특정한 발음과 음운 규칙이 언제 어떻게 나타나는지에 관하여 명확한 설명을 제시한다. 또한 듣고 구별하기 활동을 통하여 학습자로 하여금 자연스러운 원어민의 발음에 노출되도록 한다. 학습자에게 목표음을 집중적으로 들려주어 학습자가 스스로 규칙을 찾아내고 그 규칙을 이해할 수 있도록 하면 좋다.

다양한 게임을 이용하여 교사와 학습자, 또는 학습자끼리 듣고 구별하거나 반응하기 등의 활동을 할 수 있다.

### ② 연습 단계

학습자가 연습을 통하여 학습 대상 언어의 발음을 모방할 수 있을 뿐만 아니라 새로 습득한 발음을 자신의 발음으로 고정시킬 수 있는 수준까지 발전할 수 있도록 지도해야 한다. 연습한 발음이 아직 자신의 발음으로 굳어지지 않았으므로 대화문, 연설문, 대본 등과 같은 완전한 글이나 고정된 텍스트를 이용한다. 이 단계에서는 제시 단계에서 학습한 내용을 학습자로 하여금 실제로 연습해 보도록 한다. 따라서 초기 단계에는 특정 소리나 소리의 대립과 같은 형태에 초점을 두고, 주로 문맥에 나타난 요소를 이용하여 연습하도록 한다. 대본을 소리 내어 읽기나 문장, 시, 대화문 등을 따라 하는 연습도 좋다. 그런 다음에는 형태에만 초점을 두는 단계에서 발전하여 의미, 문법, 의사소통 등에까지 초점을 맞추도록 한다. 드라마 장면의 역할극이나 준비한 이야기 발표하기 등과 같이 미리 준비한 글이나 텍스트를 사용한다. 이때 학습자들에게 실제와 유사한 의사소통 상황에서 자신이 연습한 발음을 적용해 보도록 하는 것이 중요하다.

③ 생성 단계

이 단계의 목표는 제시와 연습 단계를 통해 습득한 새로운 발음을 학습자가 경험할 수 있는 자연스러운 상황에서 즉흥적이고 창의적으로 발화할 수 있도록 하는 데 있다. 학습자의 언어학적, 담화적, 사회언어학적, 전략적 능력의 신장에 주안점을 두고 고정된 텍스트 없이 형태와 의미 모두를 말하게 하는 조사 활동, 역할극, 인터뷰, 즉흥 연설, 패널 토의 등의 활동을 할 수 있다. 이 활동에서 주의할 점은 학습자들에게 목표 발음 외의 여러가지 요소들을 한꺼번에 강조해서 학습 목표를 흐리거나 주의를 분산시켜서는 안 된다는 것이다. 즉, 학습자들에게 한 번에 한두 가지 발음의 특징에만 주목하게 하면서 의사소통 활동을 하도록 한다. 예를 들어, 발음 교육의 목표가 자음동화라면, 의사소통 활동 연습으로 역할극을 하더라도 학습자들에게 자음동화에 관심을 두면서 과제를 수행하도록 해야 한다. 교사의 욕심으로 초성 자음의 발음이나 억양 등을 강조하여 해당 활동의 목표를 잊어버리게 해서는 의도한 교육 효과를 얻기 어렵다.

## 7.2 한국어의 홑받침 발음 교육의 실제

다음은 한국어 초급 학습자에게 홑받침의 발음을 지도하는 방법에 관한 실례이다.

① 복습

가. 자음 'ㄱ, ㄴ, ㄷ, ㄹ, ㅁ, ㅂ, ㅅ, ㅈ, ㅊ, ㅋ, ㅌ, ㅍ, ㅎ, ㄲ, ㄸ, ㅃ, ㅆ, ㅉ'가 적힌 카드를 칠판에 붙인다.

나. [그, 느, 드, 르, 므, 브, 스, 즈, 츠, 크, 트, 프, 흐, 끄, 뜨, 쁘, 쓰, 쯰]를 여러번 따라 읽힌다.

다. 모음과 결합시켜 '가, 나, 다, 라, 마, 바, 사, 자, 자, 차, 카, 타, 파, 하, 까, 따, 빠, 싸, 짜'를 따라 읽힌다.

라. 낱말 카드로 아래와 같이 받침 없는 최소대립쌍 읽기 연습을 하여 각 자음의 음가를 확실하게 익힌다.

| | | |
|---|---|---|
| 대/태/때 | 비/피 | 보도/포도 |
| 다리/파리 | 개/깨 | 벼/뼈 |
| 크다/끄다 | 부르다/푸르다 | 바르다/빠르다 |
| 다르다/따르다 | | |

② 제시

가. 한국어에서 자음은 어두에서는 모두 제 음가대로 소리 나지만 받침에서는 아래에 있는 일곱 소리
만 가능하다는 사실을 설명해 준다. 이 일곱 개의 소리는 모두 파열되지 않은 소리임을 강조한다.

나. 교사는 영어 'top, cup, pop' 등의 단어를 종성 자음 'p'를 파열하지 않고 여러 번 발음해 준다. 단
어를 발음하고 나서 입을 다물고 있는 모습을 학생들에게 보여준다. 이는 학생들로 하여금 파열되
지 않는 음의 특징을 깨닫게 하기 위함이다.

다. 자음을 하나씩 제시한다. 이때 글자의 이름으로 제시하거나 초성자음으로 제시하지 않도록 주의한
다. 다시 말해, 해당 자음을 종성의 위치에 넣어 제시하되 [은], [음], [응], [을], [읍], [윽], [은] 과 같
이 공명음, 양순음, 연구개음, 나머지 자음 순으로 제시한다.

[한국어의 종성 발음]
- 공명음 : ㄴ[은] , ㅁ[음], ㅇ[응], ㄹ[을]
- 양순음 : ㅂ, ㅍ[읍]
- 연구개음 : ㄱ, ㅋ, ㄲ[윽]
- 나머지 자음 : ㄷ, ㅅ, ㅆ, ㅈ, ㅊ, ㅌ[은]

③ 연습

가. 위의 단계를 거친 다음 초성과 종성에서 음가의 변화가 없는 자음(즉, 비음과 유음)부터 받침 읽기
연습을 한다.

나. 칠판에 '아'를 쓴 뒤 종성에 'ㄴ'을 쓴 다음 학생에게 읽어 보게 시킨다.

다. [안]이라고 읽는 것을 가르쳐 준다. '아ㄴ'이라고 쓰지 않고 음절 단위로 씀을 설명해 준다.

라. 종성 'ㄴ'은 [n]이라고 써 준다.

마. 'ㄴ'을 지우고 'ㅁ'을 써서 [암]이라고 읽는 법을 가르쳐 주고 연습시킨다. 그리고 받침 'ㅁ'은 [m]이
라고 써 준다.

바. 'ㅇ, ㄹ'을 같은 순서대로 한다.

사. 비음과 유음의 연습이 끝나면, 이런 순서대로 장애음을 발음하는 방법을 하나씩 가르쳐 준다.

| | |
|---|---|
| ㄴ [n] | 안, 온 |
| ㅁ [m] | 암, 옴 |
| ㅇ [ŋ] | 앙, 옹 |
| ㄹ [l] | 알, 올 |
| ㅂ [p] | 압, 밥 |
| ㅍ [p] | 앞, 숲 |
| ㄱ [k] | 악, 옥 |
| ㅋ [k] | 부엌 |
| ㄲ [k] | 낚, 밖 |
| ㄷ [t] | 낟, 앋 |
| ㅌ [t] | 팥, 밭 |
| ㅅ [t] | 앗, 옷 |
| ㅆ [t] | 았 |
| ㅈ [t] | 잊, 낮 |
| ㅊ [t] | 낯, 옻 |

단어 카드로 'ㄱ, ㅋ, ㄲ, ㄷ, ㅅ, ㅆ, ㅈ, ㅊ, ㅌ, ㅂ, ㅍ' 등의 장애음으로 끝나는 단어를 집중적으로 연습한다 (이 단계에서는 경음화는 크게 신경 쓰지 않아도 된다). 단어 카드로 받침이 있는 단어를 연습한다. 이때 자음과 자음이 만나 동화현상이 일어나는 단어는 되도록 피해야 한다.

> 국, 악수, 박수, 한국, 부엌, 국수
> 숟가락, 듣다, 옷, 씻다, 젓, 빚, 숯, 옻, 낮, 잊다
> 꽃, 쫓다, 끝, 낫, 보리밭, 빗, 빛
> 밥, 입술, 잎, 옆, 앞, 빛, 입, 숲

④ 확인 연습

　가. 단어 카드 중에서 발음이 같은 것을 골라 보게 한다.

> 입 - 잎
> 빗 - 빛
> 옷 - 옻
> 낮 - 낫

　나. 단어 카드로 여러 가지 단어 읽기를 연습한다.

다. 학생들로 하여금 각각의 단어를 구별하여 읽어 보게 한다.

| | | |
|---|---|---|
| 박/밖 | 옷/꽃 | 입/잎 |
| 꼭/꽃 | 방/밖 | 부엌/부업 |
| … | | |

라. 간단한 게임
- 여러 가지 단어 카드 중에서 교사의 발음을 듣고 해당하는 단어를 고르게 한다.
- 여러 가지 받침이 있는 단어 중에서 종성의 발음이 다른 것을 고르게 한다.

## 참고문헌

강옥미(2003), 『한국어 음운론』, 태학사.

김선정(1999), 「영어모국어화자를 위한 한국어 발음교육방안」, 『한국어교육』 10-2, 국제한국어교육학회.

김선정(2003), 「어말 음절구조의 특성과 한국어 교육적 접근」, 『언어과학연구』 24, 언어과학회.

남기심·이상억·홍재성 외(1999), 『외국인을 위한 한국어 교육의 방법과 실제』, 한국 방송 대학교 출판부.

배주채(2003), 『한국어의 발음』, 삼경문화사.

연세대학교 한국어학당(1995), 『한국어 발음』, 연세대학교 출판부.

이기문 외(1990), 『국어음운론』, 학연사.

이현복(1998), 한국어의 표준발음, 교육과학사.

한재영 외(2003), 한국어 발음교육, 한림출판사.

허 용(2004), 「중간언어 음운론에서의 간섭현상에 대한 대조언어학적 고찰」, 『한국어 교육』 15-1, 국제한국어교육학회.

허 용 외(2003), 『한국어 교육을 위한 한국어 문법론』, 한국문화사.

Gussenhoven, C and Jacobs, H.(1998), *Understanding Phonology*, Arnold Publishers.

# 5 한국어 어휘,
## 어떻게 가르칠까

우리는 외국어를 배우면서 사전을 산다. 외국어를 잘 하는 사람은 사전의 모든 단어를 알까? 우리는 그 사전 안의 몇 단어를 알까? 그렇다면 우리는 목표어의 단어를 모두 외워야 하나?

외국어를 처음 배울 때도, 오래 배워 어느 정도 능숙해진 뒤에도 늘 '말하기'를 어렵게 하는 것은 어휘력의 부족이다. 처음에는 한 단어로도 말을 전할 수 있지만, 고급에 이른 후에는 아무리 많은 문장을 구사해도 내 뜻이 상황에 맞게 잘 전달되지 않을 수도 있다. 어떻게 하면 내가 아는 단어로 효율적으로 의미를 전달할 수 있을까? 이 장에서는 어떤 어휘를, 어떻게 배워야 하는지, 배운 단어는 어떤 방법으로 기억하는지 하는 것들을 함께 생각해 보기로 하자.

# 1. 어휘, 배워야 하나

어휘 학습의 초기에 학습자는 목표 언어의 단어와 모국어로 된 번역을 짝 연합으로 암기하는 경향이 있다. 모국어를 통해 아는 어휘의 개념들은 약간의 조정만으로 제2언어 개념으로 전환이 가능하며 특히 구체적인 물리적 지시물의 경우에는 더욱 그렇다. 이런 이유로 상당 양의 초기 어휘가 번역 짝으로 암기되어 습득된다. 그렇다면 학습자는 자신의 모국어의 의미와 제2언어의 어휘 의미를 대체하여 습득할 수 있을까?

하지만 각각의 언어는 개념을 조직하는 방식이나 개념의 세분화가 다르고 그 문화만의 독특한 의식은 다른 언어권의 개념에 존재하지 않을 수도 있으므로, 번역의 짝만으로는 학습이 어려우며, 흔히 과확장(overextension) 및 미확장(underextension)이 일어나기 쉽다.

언어 간의 어휘 대조는 크게 세 유형으로 나뉜다. 먼저, 서로 의미가 일치하여 대응되는 경우인데 이는 대개 언어 보편적인 사물을 지칭하는 물리적 실재를 나타내는 개념을 나타내는 단어에서 일어난다. 둘째로 두 언어 간의 개념은 같지만 둘 이상의 다른 어휘로 대응되는 경우인데, 예를 들어 영어에서는 모자를 쓰는 것부터 양말을 신거나 향수를 뿌리는 것까지 모두 'put on'이라는 동사로 표현 할 수 있지만 한국어에서는 각각 '쓰다, 입다, 신다, 걸치다, 매다, 뿌리다' 등으로 신체 부위에 따라 각기 다른 어휘로 표현한다. 셋째는 각 언어에만 의미가 존재하여 대응되는 단어가 없는 경우이다. 서로 다른 문화는 다른 방식으로 분류하기 때문에 특히 추상적 개념의 경우 이에 대응하는 모국어의 어휘를 찾기 어려운 경우가 많다. 예를 들어 영어의

---

### [보충·심화] 어휘교육 유용론과 무용론

언어 교육에서의 어휘교육은 과연 어휘교육이 필요한가 하는 근본적인 문제부터 논의되었다. 언어 교육에 있어서 어휘 교수의 필요성에 대한 문제는 교수법에 따라 변화해 왔는데, 먼저 청각구두식 교수법과 구조주의 접근법에서는 어휘교육이 무용하다고 보았다. Fries(1945)는 외국어를 배우는 데 있어서 제일 중요한 것은 소리 체계와 문법 구조를 배우는 것이지 어휘를 배우는 것은 아니라고 보고, 통사적 구조를 연습하는 데 필요한 어휘만 알고 있으면 충분하다고 보았다. 즉, 기능어, 대용어, 부정어와 긍정어 등의 문법에 관련된 단어들은 완전히 알아야 하지만 내용어(content word)는 조금만 알아도 된다는 입장이다. 어휘 교육에 부정적인 학자들은 학습자가 필요로 하는 단어를 예측할 수 없으며 어휘 학습은 어휘의 축적일 뿐이라고 보았고, 1960년대의 변형문법 역시 어휘는 주변적인 것이며 질서 있는 문법의 불규칙한 부분으로 여겼다.

반면에 의사소통 접근법에서는 어휘교육의 필요성을 인식하였다. 성공적인 제2언어의 사용을 위해 적당량의 어휘 습득은 필수적이며,'문법이 없이는 의미가 거의 전달되지 않지만 어휘가 없으면 의미는 전혀 전달되지 않는다.'는 지적은 어휘교육의 중요성을 드러내는 말이다. 1970년대 중반부터 다시 어휘에 대한 관심이 되살아나고 어휘의미론적인 관점이 도입되었으며 어휘가 언어 기술 중의 하나라는 입장이 나타나기 시작했다 어휘 교수는 번역의 과정을 이해하게 도와주고 어휘 목록을 조직화할 수 있게 하였으며, 의의 관계(sense-relation)를 공부하는 것은 단어의 완전한 의미를 이해하게 해준다는 점을 강조했다.(유용론과 무용론에 대한 소개는Cowie eds. (1988)『Vocabulary & Language Teaching』Longman Press 참조)

'identity, smooth'는 이에 대응하는 명확한 단어를 찾기 어렵고, 한국어의 '선배, 정, 한' 등은 이에 해당하는 영어 단어를 찾기 어렵다. 또한 이러한 언어 간의 개념 구조의 차이는 그 개념을 나타내는 어휘의 품사의 차이를 가져오기도 하는데, 예를 들면 영어에서의 형용사 중의 많은 부분이 우리말에서 명사나 동사로 표현되기도 하며, 대응이 되는 단어가 있더라도 함께 어울리는 단어가 다르게 나타나기도 한다. 또한 대응 단어의 기본 의미는 동일하나 사용역이나 뉘앙스가 달라지는 경우도 많다.

따라서 제2언어의 어휘는 대응되는 번역어로 학습하기보다는 목표어 그 자체로 학습하는 것이 바람직하다고 보는 학자들이 많다.

그렇다면 어휘를 학습하기 위해서는 교재에 나온 어휘들을 학습자 혼자서 단순히 외워나가기만 하면 충분한 것인가? 아니면 체계적인 교수 방법이 필요한 것일까? 다수의 통합 한국어 교재에서의 어휘는 본문의 주석 형태로 보조적으로 제시될 뿐 체계화되어 있지 못하며 학습자의 몫으로 남아있는 경우가 많다. 하지만 교사가 교실 현장에서 늘 부딪히게 되는 질문은 '어휘'의 문제이며 여전히 어휘 교수에 많은 시간을 보내는 자신을 발견하게 될 때가 많다. 또한 학습자가 외국어를 학습할 때도 기본 문법을 익히고 나면 여전히 '어휘' 학습에 많은 시간을 보내게 되며, 모국어 화자와의 대화에서 어려움을 겪는 것도 어휘의 문제인 경우가 허다하다. 한 언어를 공부하면서 누구나 어휘 사전의 사용을 학습의 시작점으로 삼으며 고급 단계에 이르러서도 모국어화자다운 다양한 어휘 표현들을 익히기 위해 노력하는 것을 생각해 볼 때 학습의 시작부터 끝까지 어휘 학습은 매우 중요한 일이다.

한국어 어휘 학습에서의 교수 내용과 순서, 방법 등을 논의하기에 앞서, 구체적으로 학습 대상이 되는 어휘 목록을 논하고자 할 때 고려해야 할 몇 가지 사항을 생각해 보기로 하자.

첫째, 대조적 관점을 고려해야 한다. 예를 들어 피동이나 사동의 경우, 어떤 나라에서는 문법 범주이고 어떤 나라에서는 어휘의 영역이기도 하다. 따라서 대조문법적 관점에서 범주가 다른 어휘 영역에 대한 교수가 고려되어야 한다. 한국어는 어휘적 피사동의 경우에는 개별적인 단어로  볼 수 있지만, 통사적 피사동의 관계도 존재하므로 이를 함께 교수하는 것이 일반적이다. 이에 학습의 초기에는 주동과 사동, 능동과 피동에 대한 문법적 대응 관계를 도입하여 교수하게 되는데, 이 범주에서는 굳이 어휘와 문법 영역을 구분할 필요는 없을 것이다.

둘째, 문법과 연관된 어휘 표현들에 주목할 필요가 있다. 어떤 단어들은 반드시 문법 범주와의 연관 속에서 학습해야만 하는 것들도 있다. 예를 들어 '아이고, 아니, 글쎄, 그럼, 있잖아요, 참, 저기, 응, 아니요' 등의 간투사는 어휘 자체의 의미보다는 상호 호응되는 문장에서의 역할이 중요시되며, 어휘적 높임법(계시다, 잡수시다, 드시다, 편찮으시다)의 경우도 개별 단어로의 접근보다는 존대법과의 연계에서 교수하는 것이 옳다. 또한 '개, 권, 명/분, 마리, 그루, 송이, 벌, 켤레, 쌍, 다발, 묶음, 끼, 번, 병, 잔, 채, 동, 통, 부, 자루, 살' 등의 분류사들도 개별 단어이지만 일정한 명사와만 어울리는 의존적인 쓰임을 보이므로,[1] 상호 비교와 연관성을

---

[1] 또한 세는 말도 달라진다. 예를 들어 '한/*일 시, 일/*한 분, 한/*일 끼'처럼 세는 말이 고유어나 한자어 중 하나와만 결합하거나 '책 한 권 /책 오십 권, 한 살/육십 살'처럼 숫자가 적을 때는 고유어와 쓰이나 많아지면 한자어와 함께 사용되는 경우, '한 사람, *한 책상'처럼 일반명사가 의존적으로 쓰일 수 있는 것과 없는 것 등의 다양한 차이를 보인다.

고려하면서 학습하는 것이 바람직하다.

셋째, 학습자의 이해 어휘와 표현 어휘에 대한 변별이 필요하다. 어휘의 습득 순서를 보면 먼저 '이해'를 하고 그 다음에 '표현'할 수 있게 된다. 그러나 모든 이해어휘가 표현어휘가 될 수 있는 것은 아니고, 표현어휘는 자기가 이해하고 있는 어휘 중에서도 많이 접하여 친근해진 어휘나 사용에 자신 있는 어휘, 많이 사용하는 어휘가 되기 때문이다. 즉, 학습자의 학습 대상 어휘는 이해어휘와 표현어휘로 구분해야 하는데, 여기서 이해어휘(Receptive vocabulary)란 문자로 보거나 음성으로 듣고 그 의미나 뉘앙스를 이해할 수 있는 어휘를 말하고, 표현어휘(Productive vocabulary)는 실제로 말이나 글로 표현할 때 사용할 수 있는 어휘를 말한다. 교사는 학습자의 수준을 고려하여 수업 당 혹은 시간 당 습득되어야 할 표현 어휘와 이해 어휘의 양을 정해야 한다.

넷째는 어휘 짐작하기 전략에 관한 것인데, 학습자가 낯선 단어를 이해하려면 단어의 대략적 의미를 파악하는 걸로 만족하고, 이를 대신할 전략을 사용할 필요가 있다. 학습자가 단어 모두를 학습하기란 어렵기 때문이다. 따라서 문맥을 이해함으로써 어려운 단어의 해석을 도와야 하고, 특히 저빈도 단어는 그 수가 많으므로 이들을 개별적으로 가르치는 것보다는 이해의 과정에서 이들을 처리하는 전략을 가르치는 것이 좋다. 여기에는 우선, 문맥적 실마리 찾기 전략이 있는데, 예를 들어 제목, 요약, 개요, 문맥의 흐름 속에서 주변의 다른 단어들을 참고하여 의미를 파악하는 것이다. 일단 학습자가 이천 내지 삼천 단어 정도 알게 되면 그 동안 개발했던 읽기 기술을 이용하여 모르는 단어의 의미를 추론할 수 있으며, 대부분은 맥락으로부터 추측될 수 있다. 이미 알고 있는 반대어나 유의어를 통해 단어를 유추하거나 어근과 접사의 분석 등의 단어 형태 분석을 통해 의미를 추측할 수도 있다. 또한 학습자가 단어를 접사와 어근으로 분리할 줄 알면 각 부분의 의미를 앎으로 해서 전체 단어의 의미를 파악할 수 있다. 따라서 교사가 어휘학습 전략을 가르치는 일은 중요하다.

다섯째는 이미 배운 단어를 기억하고 재생하는 전략을 가르칠 필요가 있다. 어휘 사용은 새로 배운 단어를 힘들이지 않고 빨리 사용하는 것이 중요한데 대화에 참여할 수 있는 어느 정도의 유창성이 학습자에게 자긍심을 주고 이는 그 언어에 더욱 접근할 수 있게 한다. 의사 전달력에서는 내용어가 기능어보다 중요하므로 문맥상 정확하지만 빈도가 낮은 단어를 쓰도록 고집할 것이 아니라 일반적인 단어가 대충 뜻에 맞으면 먼저 사용하게 할 수 있으며, 활용이나 곡용의 엄격성을 군이 강조할 필요도 없으며 학생들은 자신이 아는 단어를 이용하여 파생, 합성, 조합, 모방 등의 수단을 동원할 수 있도록 하게 한다. 단어는 연상의 망 속에 저장되고 기억되며 우리 마음속의 단어들은 서로 의미, 형태, 소리 뿐 아니라 시각에 의해서도 서로 연결되어 있다. 따라서 다른 단어들과의 연결 관계를 아는 것은 중요하며 이는 기억하고 있는 단어의 수가 중요함을 의미한다.

이상으로 어휘 교수의 필요성과 어휘 교수에서 고려해야 할 몇 가지 사항들을 생각해 보았다. 다음 절에서는 만약 어휘 교수가 필요하다면, 구체적으로 무엇을 가르쳐야 하는지, 무엇부터 가르쳐야 하는지, 어떻게 가르쳐야 하는지에 대해 차례로 살펴보기로 하겠다.

# 2. 어휘란 무엇이며 어떤 것들이 있나

## 2.1 한국어 교수에서 '어휘'란 무엇인가

한국어 교실에서 교수되는 어휘란 무엇인가? 단어와 어휘는 어떤 차이가 있을까? 단어는 '의미를 가진 최소의 자립형식'이라고 정의된다. 단어는 띄어쓰기의 단위가 되며 이러한 단어의 특성은 '자립성, 분리성, 쉼'으로 설명한다. 즉, 질문, 진술, 감탄에 대한 대답으로서 독자적으로 사용될 수 있다면 단어가 된다. 아래의 예문에서/로 구분되는 단위는 단어가 된다.

(1) 수미/는/ 오늘/ 재미있는/ 영화/를/ 보았다.

하지만 단어의 정의는 그리 간단한 것이 아니다. 단어의 경계 구분에서 문제가 되는 것은, 먼저 단어로는 분류되지만 독자적으로는 사용되지 못하며 맥락적으로 다른 단어와의 관련 하에서만 사용되는 조사를 들 수 있다. 이들은 '실질적인 의미를 가진' 의미 단위로 보기 어렵다. 둘째로 단어의 경계에서 문제가 되는 것은 관용구인데, 이들은 단어 이상의 단위이지만 더 이상의 축약이 불가능하며 마치 단어처럼 한 덩어리를 이루는 한 단어로 대치가 가능한 구들이다.

그렇다면 한국어교육에서 어휘란 무엇인가? 위에서 예로 든 조사나 관용구는 모두 한국어 교육에서 중요한 의미를 가지는 어휘들로서 한 언어의 어휘는 단순한 단어의 목록은 아님을 알 수 있다. 따라서 언어 교육에서의 어휘는 단어의 단위와 동일하지는 않아서 단어를 이루는 접사와 단어, 연어구, 관용구 등이 모두 어휘 교수의 대상이 되며, 단어와 구분해서 어휘 항목이라고 부르기도 한다.[2] 이밖에도 한국어 교육에서 다루어야 할 목록으로 어미결합형(-겠군요, -었더군요`…), 조사결합형(에서야말로, 에조차`…) 등과 같은 문법결합형들도 있다.

## 2.2 단어형성법에 따른 어휘들은 어떤 것들이 있나

이 절에서는 단어형성법에 따른 어휘들을 구별해 보고 이들을 활용하여 어휘를 가르치는 방법을 간단히 제시해 보고자 한다. 한국어의 단어형성 방법은 크게 세 가지로 나뉜다. 단일어, 파생어, 합성어가 그것이다. 어휘의 분류는 1장에서도 다루어진 바 있으므로 간단히 도표로 제시하고 이 절에서는 이러한 조어 방식을 어휘 교수에 활용하는 방안들을 제시해 보고자 한다.

첫째로 단일어는 하나의 어근으로 이루어진 단어로 보통 기본적인 어휘들로 구성되어 있다. 이들은 보통 단어 자체를 가르친다.

---

**[보충·심화 : 한국어 단어 형성법]**

한국어의 단어는 실질형태소에 형식형태소가 붙거나 실질형태소끼리 모여 새 단어를 만들게 된다. 한국어의 단어는 만드는 방법에 따라 단일어와 복합어로 구분되며, 복합어는 다시 파생어와 합성어로 나뉜다.

**단일어** : 하나의 어근으로 이루어진 단어. 예) 책, 손, 떡, 국, 머리…

**복합어 : 파생어** : 어근에 접두사나 접미사가 붙어 새 단어를 이루는 것으로 파생된 단어의 품사에 따라 명사파생어, 동사파생어 등으로 구분할 수 있으며, 파생접사의 위치에 따라 접두파생어와 접미파생어로 구분된다.
- 접두파생어- 헛+손질, 드+높다, 풋+ 과일…
- 접미파생어- 선생+님, 멋+쟁이, 국가+적, 공부+하다…

**합성어** : 두 개 이상의 어근이 합하여 한 단어를 이루는 것으로 합성되어 이룬 단어의 품사에 따라 명사합성어, 동사합성어 등으로 구분할 수 있으며, 합성된 요소의 의미관계에 따라 병렬합성어, 융합합성어로 구분된다,
- 명사합성어- 밤낮, 봄비…
- 동사합성어- 들어가다, 살펴보다…
- 병렬합성어- 남북, 돌다리…
- 융합합성어- 밤낮('언제나, 항상'의 의미)…

---

2) 어휘구나 상투적 문형표현 등은 어휘와 문법요소 간의 중간에 서게 된다. 어휘를 확장할 경우 문법(문형) 단위와의 변별에 어려움이 있어서, 기존의 한국어 교재에서 문형으로 제시되는 많은 것들은 특정 어휘의 제한적인 쓰임을 문형으로 다루고 있는 것도 많다. '-에 대하여, -임에도 불구하고, -ㄹ 따름이다' 등과 같이 용언의 활용형이 제약되면서 특정 조사와 어울리거나 의존명사가 특정 관형형과 어울려 나타나는 덩어리로 굳어진 구들은 어휘교육에서 다루는 것이 바람직하다고 보며, 효과적인 한국어 교육을 위해서 이들의 역할은 매우 중요하다.

둘째로 파생어는 어근과 접사가 결합한 것으로, 접사의 결합 양상과 접사의 기능 및 의미에 관하여 교수하여 단어의 확장에 도움을 줄 수 있다. 예를 들어 생산성이 강한 주요 접두사와 접미사 목록을 가르치거나 접미사의 품사 전성의 기능을 가르칠 수 있다. '풋과일'을 배운 뒤에 '풋사과, 풋고추, 풋밤' 등의 단어로 확장이 가능하며 '풋사랑, 풋내기' 등의 추상어로의 어휘 확장도 가능하다. 한편 생산성이 강한 '선생님'에서의 접사 '-님'은 매우 생산적이므로 해당 접사의 의미와 용법을 가르칠 수 있다. 파생어를 활용한 교수는 학습자의 어휘 확장에 도움을 준다. 또한 다음과 같은 파생어를 활용한 품사 전성에 대해서도 가르칠 수 있다.

(2) 넓다 - 넓이, 길다 - 길이, 높다 - 높이, 깊다 - 깊이

---

**[보충·심화 : 고빈도 한국어 접사 목록]**

**[접두사]**
군-(군-소리), 덧-(덧-버선), 맨-(맨-머리), 새-(새-까맣다), 시-(시-꺼멓다), 암-(암-캐), 애-(애-호박), 올-(올-벼), 짓-(짓-누르다), 풋-(풋-과일), 헛-(헛-되다)

**[접미사1]** 체언 밑에 붙거나 체언화 하는 접미사
　　-껏(기-껏, 능력-껏), -군(-김-군), -들, -꾸러기, -꾼, -노릇(기사-노릇), -붙이(금-붙이), -양(박-양, 김-양), -이(높-이, 넓-이), -쟁이, -질, -티(부자-티)

**[접미사2]** 용언 밑에 붙거나 용언화하는 접미사
　　-다랗다, -답다, -롭다, -스럽다, -으스름하다(붉-으스름하다), -기(굶-기다), -리(열-리다), -이(녹-이다), -히(박-히다)

---

셋째로 합성어는 어근과 어근이 결합한 단어로, 새로운 단어의 형성에 중요한 역할을 한다. 합성에 중심적인 역할을 하는 대표 어휘를 빈도수 및 생산성에 의하여 선정하여 어휘 교수에 활용할 수 있으며, 아울러 합성에 의한 어휘 의미 변화도 교수의 대상이 된다. 합성어는 의미 변화가 없는 병렬합성어의 경우에는 띄어쓰기에 유의하여 한 개념이 되었음을 강조해야 하며, 의미가 변화되거나 품사를 달리하는 합성어는 이들의 다른 의미와 용법을 주지시켜야 한다.

(3) 병렬합성어 : 남북, 돌다리…
　　융합합성어 : 돌아가(시)다(= '죽다')← 의미변화
　　　　　　　　 밤낮(= '언제나, 항상')← 의미변화, 품사변화

## 2.3 어휘 의미 관계에 따른 어휘들은 어떻게 가르칠까

어휘는 단어 간의 의미 관계로도 분류를 할 수 있다. 이에는 유의어, 반의어, 상위어, 하위어 등이 있다. 이들은 단어 간의 계열적 관계를 보이는 것으로 단어 상호 간의 연관성을 보인다는 점에서 어휘 확장이나 어휘의 정확한 의미 파악에 주요 역할을 한다.

첫째, 유의어란 '의미적으로 중첩되거나 포함되는 부분이 있는 두 개 이상의 단어'로 규정할 수 있다. 국어학적 논의에서의 유의어의 정의는 주로 어휘 의미적인 면을 주로 고려한 것으로, 학자에 따라 완전 동의어는 주로 '동의어'로, 부분 동의어는 주로 '유의어'로 쓰이는 경우가 많다.

---

**[보충·심화 : 유의어의 유형]**

- 외래어가 유입되면서 기존에 있던 고유어와 의미의 중첩 관계를 가지게 되는 경우 : 예) '같다/동일하다, 열쇠/키, 시위/데모...' 등
- 사회적 변이에 의한 경우 : 지역 방언, 사회계층 간 차이를 드러내는 것. 예) '옥수수'와 '강냉이'
- 성별, 연령의 사용 차이에 의한 경우 : 예) '맘마/밥'
- 존비 관계에 의한 유의어 : 예) '밥/진지, 자다/주무시다'
- 금기에 의한 유의어 : 성(性)이나 죽음, 배설물, 신앙 등에 관련된 것들. 예) '변소/뒷간/화장실', '죽다/돌아가다/숨지다/눈감다/사라지다/입적하다/열반하다'
- 글말/입말 환경에서의 유의어 : 예) '매우/되게, 서신/편지'

---

유의어를 이용한 어휘 교수는 전통적으로 가장 널리 어휘를 교수하는 방법이었으며 현재도 많은 교육 현장에서 유의어를 이용해 어휘 확장을 유도한다. 한국어 교육 현장에서의 유의어는 유사 관계를 포함하는 확장적 범위이다. 유의어는 모든 상황에서 치환되어 사용되지는 않으므로 각 유의어 간의 차이점도 명확히 제시하여야 한다. 이러한 유의어의 변별 교수를 위해서는 단어 간의 의미 차이가 드러날 수 있도록 설명하고 관련어 관계를 이용하여 정보를 주거나 아래의 (예4)와 같이 유의어 간의 선택 제약이나 격틀의 차이와 같은 문법적인 차이를 격틀과 논항 정보를 활용할 필요가 있다.

(4) '아름답다/예쁘다'

　　가. 수미가[아름답다/예쁘다].
　　나. 나는 수미가[*아름답다/예쁘다].

또한 정도의 차이를 보임으로써 유의어를 변별하는 방법도 있는데, 예를 들어 시간적인 빈도를 나타내는 부사들은 그 의미 풀이만으로는 빈도의 정도를 쉽게 구별해 내기 힘들다. 따라서 이러한 정도성의 차이는 아래와 같은 상관관계를 통해 파악하게 하는 것이 효과적이다.

(5) [+frequent] - - - - - - - - - - - - - - - - - - - - - - - - - - - - - [+sparse]

자주- 종종- 때때로/때로- 가끔/이따금/간간이/더러/간혹- 드문드문/띄엄띄엄

연어 관계의 차이로 변별되는 유의 관계도 있다. 아래(예6)에서 '좌석'과 '표'는 유의어나 습관적으로 결합하는 동사가 달리 나타난다. 단어의 의미는 보통 연관되는 단어와 관련이 깊으므로 연어 관계를 활용해서 어휘를 교수하는 것은 기억에 도움이 될 뿐 아니라 그 단어의 의미 영역을 알게 해준다. 아울러 학습자로 하여금 어떤 종류의 단어가 서로 어울릴지 예상할 수 있는 지식을 갖게 한다는 효과가 있다.

(6) 좌석을 예약하다, 표를 예매하다

다만 유의 관계를 가지는 단어들은 한꺼번에 교수할 경우 혼동의 우려가 있고 실제 의사소통 환경에서 사용되는 않는 빈도가 낮은 것들이 있으므로 이들 유의관계 단어 간의 교수의 우선 순위를 정하는 것도 중요하다.

예를 들어 '좋다'와 유의 관계를 가지는 어휘들의 교수 순서를 정한다면 '좋다, 괜찮다, 마음에 들다' 등은 난이도가 낮기 때문에 초급에서 적당하며, '훌륭하다, 적당하다, 알맞다' 등은 중급 학습자에 적당하고, '뛰어나다, 원만하다, 마땅하다' 등은 난이도가 높고 용례가 제한되므로 고급 학습자에게 적당하다고 볼 수 있다. 또한 유의 관계는 단어의 의미 전체가 아닌 일부 의미만이 유의 관계를 가지는 경우가 많으므로 교수에 있어 주의가 필요하다.

둘째, 반의어란 의미적 반대 또는 무관성을 나타내는 반의성을 보이는 것이다. 교사는 어휘를 제시하면서 흔히 반의어를 사용하여 어휘 확장을 시도한다. 교수에 주의할 점으로는 동시에 대립 짝을 제시하면 의미 간의 혼동이 생겨날 수 있으므로 순차적으로 주는 것이 좋다. 즉, 이미 알고 있는 단어의 반의어가 새 어휘로 도입될 때 기존에 아는 단어와의 반의 관계를 설명하는 것이 좋다. 또한 단순한 어휘 제시에 그치지 않고 문맥에서 활용할 수 있는 구 전체의 제시가 필요하다.

---

**[보충·심화 : 반의어의 유형]**

상보 대립어 : 남자-여자, 참-거짓
정도 대립어 : 길다-짧다, 좋다-나쁘다, 덥다-춥다
정도 상보 대립어 : 깨끗하다-더럽다
방향 대립어 : 꼭대기-밑바닥, 암나사-수나사, 오르다-내리다, 조상-후손

---

셋째, 상위어와 하위어는 특정한 단어의 의미가 이 단어보다 더 일반적인 단어의 의미 안에 포함되는 계층적인 관계를 말한다. 예를 들어 상위어 '요일'에는 '월요일, 화요일, 수요일, 목요일, 금요일, 토요일, 일요일'이 하위어 관계에 있으며 이들 각각은 서로 자매어 관계이다. '아버지, 어머니, 아들, 딸, 할아버지, 할머

니, 오빠, 누나, 형, 언니, 동생' 등은 친족어로 묶일 수 있으며, '자동차, 배, 비행기' 등은 '교통수단'으로 묶일 수 있다.

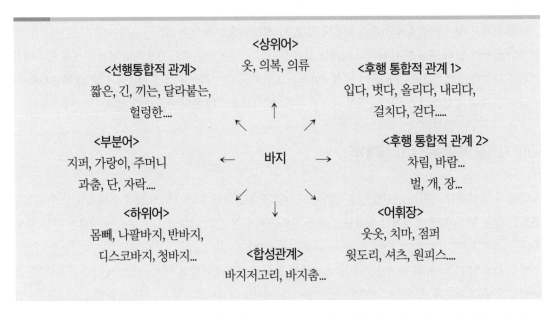

의미장을 이용한 어휘 교수는 이미 설정된 범주에 맞추어 어휘를 분류해서 뜻을 설명하는 방법으로 학습자에게 어휘를 체계적으로 익히게 한다는 장점이 있다. 초급의 경우 학습자가 아는 어휘가 제한되어 있기 때문에 지나치게 어휘를 확대하는 것은 좋지 않다. 따라서 각 단계별로 어휘를 확장하는 것이 한 방법이다. 상위어나 하위어를 교수하면서 필요에 따라 자매어나 상하 관계의 어휘를 함께 연관지어 어휘 확장을 시도하는 것도 바람직한데, 예를 들어 '시계'를 가르치면서 '손목시계, 벽시계, 탁상시계, 알람시계'와 같은 하위어를 소개하거나 '짜다'라는 단어를 가르치면서 맛을 나타내는 자매어들인 '달다, 맵다, 시다, 쓰다…' 등을 가르치는 것을 예로 들 수 있다. 서로 가깝게 연결되어 있는 단어들은 관련되지 않은 단어보다 상기하기가 더 쉽지만, 어떤 종류의 관련성은 배우는 데 도움을 주고 어떤 것은 배우는 데 있어서 매우 강한 부정적인 영향을 가지고 있다.[3]

넷째, 다의어란 한 단어의 의미 항목으로 기본 의미부터 변이 의미까지 다양하게 나타난다. 한국어 학습자에게는 수많은 새로운 단어를 계속해서 가르치는 것보다는 다양한 다의어의 사용법을 가르치는 것도 학습에 효과적이다. 다의어는 용법에 따라 각각 그 의미가 달라지지만 근본적이고 핵심적인 의미를 공통적으로 가지고 있다. 아래(예7)은 '손'의 다양한 의미를 보인 것이다.

---

3) 단어 사이의 연합망 관계는 제2언어 학습자에게 필요한 정보가 될 지도 모르나, 이것을 직접 가르치는 것이 최선의 방법인지는 더 많은 실제 연구가 필요하다고 본다. 실제로 유의어를 함께 배우는 것은 어렵다는 연구도 있으며 새 단어를 연합망에서 가르치자는 제안에 부정적인 시각도 많다.

(7) 손

    ① 신체의 일부분- 오른손, 손을 흔들다, 손으로 가리키다

    ② 일손이나 노동력- 손이 많다/부족하다, 여러 사람의 손을 거치다, 손이 달리다

    ③ 도움이 되는 힘- 손을 빌리다

    ④ 교제·관계·인연- 손을 끊다, 손을 씻다

    ⑤ 수완·꾀- 손에 놀아나다

    ⑥ 소유나 권력의 범위- 손에 넣다, 손에 넘어가다, 손을 빼다, 손에 걸리다, 손에 쥐다

    ⑦ 힘·능력·역량- 손에 달려 있다

    ⑧ 솜씨- 손이 서투르다, 손이 빠르다

    ⑨ 버릇- 손이 거칠다

다의어에 있어서 고려해야 할 점은 다의어와 동음이의어 간의 경계가 확정적이지 않다는 점이다. 기존의 몇몇 사전들의 의미 기술을 대조해 보면 금방 사전에 나타난 의미의 기술의 불일치를 쉽게 확인할 수 있는데, '가다'라는 동사를 살펴보면 사전에 따라 변이 의미가 달리 나타난다. 따라서 기본 의미와 관련이 많은 변이 의미를 가르치는 것이 좋다. 학습의 단계에 따라 다의 항목 중 어떤 의미부터 가르칠 것인가도 중요한 문제인데, 기본 의미나 의미 빈도수가 높은 항목, 학습에 유용한 것을 먼저 가르치는 것이 좋다. 초급에서 배우는 빈도수가 높은 기본 어휘들은 다의어인 경우가 많기 때문에 각 학습자의 수준별로 중심 의미(기본 의미)에서 주변 의미(변이 의미)로 점차 확대하며 가르치는 것이 필요하다.

이밖에도 화용적인 기준에 의해 구분하면, 존대어, 비속어, 완곡어, 성별어(남성어, 여성어), 연령어, 유행어 등으로 구분할 수 있다. 먼저 존대어의 경우 학습 모국어에 높임말이 없다면 높임말을 배우기에 어려움을 겪는다. 어휘적 높임말의 목록을 만들어 단계적으로 가르치는 것이 필요하며 어휘의 제시에만 그치지 않고 주어의 바뀜에 따른 어휘적 높임말의 교체를 집중적으로 연습시킬 필요가 있다. 아울러 자신을 낮추는 겸양어에 대한 교수도 필요하다. 비속어는 교양 있는 사람들의 언어 생활에서는 적당하지 않은 어휘이다. 따라서 표현어휘로는 가르칠 필요가 없지만 생활에서 비속어를 들었을 때 이를 습득하여 재활용하지 않도록 일상어와의 차이점을 설명해 주는 것이 필요하다. 완곡어는 금기가 되는 어휘를 대체해서 완곡하게 부르는 말로 언어권마다 '죽음, 배설물'과 같은 어휘에 많이 나타난다.

성별어란 남자들만이 혹은 여자들만이 즐겨 쓰는 어휘를 말하며 문형으로도 나타난다. 이에 대한 교수도 필요하다. 연령어란 어린아이나 노인들과 같은 특정 나이의 사람들이 즐겨 쓰는 표현으로 이해어휘 학습에 필요하다.

외래어나 한자어도 한국어의 어휘 교수에 있어서 중요한 부분이다. 외래어 어휘 교육은 원어와는 무관하게 나라마다 발음과 철자가 다른 경우가 대부분이므로 따로 목록을 마련하여 학습해야 할 영역이다. 또한 현재 많은 외국어가 범람하고 있는 현실을 고려한다면 어휘의 이해를 위해서는, 외래어가 아니더라도 고빈

도로 사용되는 외국어의 목록을 확보하여 이를 제공하는 것이 필요하다. 한자어권 학습자들의 경우, 한자어에 구성되어 있는 한자를 활용하여 어휘 확장을 시도할 수 있으나, 단순한 비교가 아닌 철저한 대조분석이 바탕이 된 한자어 자료를 활용해야 한다. 실제로 한자를 사용하는 동양어권들에서 사용하는 한자들이 기본 의미에서는 관련이 있으나 변이 의미에서는 다른 의미로 나타나는 경우가 많으므로 이를 주의하여야 한다. 또한 구어, 준말, 의성어, 의태어, 간투사 등의 교수도 중요하다.

## 2.4 구로 나타나는 어휘들은 어떻게 가르칠까

단어를 활용한 어휘 교수 외에도 주목해야 할 어휘 단위로 구로 이루어진 고정 표현이 있는데, 이렇게 관례적으로 사용되는 패턴들이 다수 존재하는데, 언어 교수에서의 이런 고정적인 표현의 역할은 아주 크다. 어휘 교수에 있어서 이러한 고정표현이 최근 주목을 받는 이유는 모국어나 제2언어 습득 시 혹은 성인의 언어 생산에 주요 역할을 한다는 점 때문이다.

이러한 고정적 표현은 고립된 단위가 아니라, 구조화된 언어상의 담화이므로 이를 기능에 따라 분류하여 교수하는 것은 매우 중요하다. 예를 들어 '가만 있어라, 내가 여기 왜 왔지? 가만 있자, 그 사람 이름이 뭐더라?'와 같은 문장에서의 '가만 있어라, 가만 있자'는 주로 문장 첫머리에 쓰여서 남의 말이나 행동을 잠시 멈추거나 화자에게 다른 사람의 주의를 돌리게 할 때 쓰게 되는데, 고정표현들은 그 의미뿐만 아니라 그것이 가지는 기능을 함께 학습하는 것이 중요하다. 또한 이러한 고정적 표현은 언어와 문화 사이의 상관관계를 잘 보여주는 영역으로 어휘부 중 문화적 정보를 가장 많이 담고 있으므로 언어를 통한 문화 연구의 가장 좋은 실례가 된다.

한국어의 고정표현은 '배짱을 부리다, 방정을 떨다…'와 같은 연어 표현, '코가 삐뚤어지게 술을 마시다, 눈이 빠지게 기다리다…' 등의 상투표현, '원숭이도 나무에서 떨어질 때가 있다'와 같은 속담, '미역국을 먹다, 파리를 날리다…' 등과 같은 관용적 숙어를 모두 포함한다. 한국어 교재에서 주로 다루는 속담의 목록은 아래와 같다.

(8) 발 없는 말이 천 리 간다/ 둘이 먹다가 하나가 죽어도 모르겠다/ 병 주고 약 준다/ 첫 술에 배 부르랴/ 누워서 침 뱉기/ 가는 말이 고와야 오는 말이 곱다/ 배보다 배꼽이 크다/ 시작이 반이다/ 말 한 마디에 천 냥 빚 갚는다/ 콩 심은데 콩 나고 팥 심은 데 팥 난다 천리 길도 한 걸음부터/ 길고 짧은 건 대어 보아야 안다/ 소 귀에 경 읽기/ 고생 끝에 낙이 온다/바늘 도둑이 소 도둑 된다/ 오르지 못 할 나무는 쳐다보지도 마라/ 꼬리가 길면 밟힌다/ 돌다리도 두드려 보고 건너라…

**[보충·심화 : 고정표현]**

이러한 고정 표현들은 어휘와 문법 간의 경계에 서는 단위가 된다. 문법 지향적 어휘 연구는 어휘를 문법과 같은 방법, 즉 연쇄(결합축)과 선택(계열축)의 패턴과 관련해서 연구하며 이런 면에서 어휘는 문법과 병행되고 중복된다고 생각되기도 한다. 하지만 어휘는 독립적인 언어 층위로 볼 수 있는데, 문법이 구조의 연쇄로 나타난다면 어휘는 연어로 나타나며 문법이 체계를 선택하는 것이라면 어휘는 집합을 선택하는 것이다. 따라서 연어(배짱을 부리다, 방정을 떨다…), 상투 표현(코가 삐뚤어지게 술을 마시다, 눈이 빠지게 기다리다…), 속담(원숭이도 나무에서 떨어질 때가 있다…), 관용적 숙어(미역국을 먹다, 파리를 날리다…) 등은 어휘 영역에서 다루어질 부분이며, 어휘가 다른 어휘와 관련하여 통사적으로 굳어진 구(-에 대하여, -임에도 불구하고, -ㄹ/을 따름이다…)들은 문법적 구조로 파악할 수 있다. 일반적으로 한국어 교재에서는 후자를 문형 표현(pattern expression)으로 처리하여 문법 항목으로 간주하고 있다.

어휘 교수에 있어서 개별 단어의 교수에만 국한하지 않고 구 단위 이상의 고정표현을 가르치는 일은 왜 중요한가? 이는 아래의 몇 가지 이유를 생각해 볼 수 있다.

첫째, 고정표현의 교수는 기존의 교사 중심으로 이루어지던 교육을 학습자 중심 교육으로 전환하는 데에 기여한다. 습득의 관점에서 보면 학습자들은 어휘의 덩어리(chunk)를 학습하는 게 언어의 유용성 면에서 아주 중요한데, 이는 학습자들은 텍스트에 만들어진 덩어리를 많이 알면 알수록 그들이 인지한 입력(input)을 완전한 수용(take)으로 전환하기 쉽기 때문이다. 학습자들은 각자의 모국어 배경과 언어적 숙달도에 따라 텍스트에서 만나는 고정표현을 스스로 찾아 자신이 의미 있다고 생각되는 것들을 목록화하며 이를 학습하는 것이 바람직하다.[4]

둘째, 학습자들은 문맥을 통한 덩어리의 학습을 통해 어휘 관계에 대한 귀납적 지식을 얻게 된다. 최근의 말뭉치 언어학의 발달은 이러한 자료 확보를 가능하게 하고 있다. 기존의 교실 현장에서 교사나 학습자는 단어를 학습할 때 모두 문맥에서 새 단어를 분리시키려는 경향이 많았으나, 이는 단어의 의미가 결국 단어의 사용이라는 중요한 정보를 놓치는 것이다. 모든 단어는 나름의 문법을 가지고 있으므로 덩어리진 표현 안에서 귀납적으로 문법을 학습하는 것도 좋은 방법이다. 조합된 덩어리는 그간의 학습이 개별의 단어를 알아 이들 간의 조합을 통해 문장을 산출하던 방식에서 문맥에서의 덩어리를 학습한 뒤 이를 나중에 분석하는 분석적 방법을 취할 수 있게 한다.[5]

셋째, 의사소통 능력에 있어서 유창성을 증진할 수 있게 된다. Nation(2001)에서 지적되듯이 유창하고 적절한 언어 사용은 연어적 지식을 필요로 한다. 전통적 교수에서는 문법 규칙과 정확성에 가치를 두고 정확성 후에 유창성이 늘 것이라고 믿어 왔다. 그러나 미리 조합된 많은 덩어리를 이해한다면, 문법 규칙은 다

---

4) 그간의 교육에서 '제시-연습-생산(P-P-P)'의 방식은 교사 연수의 중심 부분이었으나, 최근 어휘 접근법에서는 이의 대안으로 학습자 주도 의 '관찰-가정-실험' 패러다임을 제안하고 있다. '관찰'은 새로운 언어를 만나고 인지함을 말하며, '가정'은 유사성과 차이점에 기반하여 입력을 분류화함을 말한다. '실험은 학습자의 중간 문법에 기반하여 언어를 사용하는 것'이다.

5) 이런 면에서George Woolard(2000)는 어휘의 통합관계에 대한 교수의 지위는 음운, 문법과 동등한 위치해야 한다고 주장하기도 했다.

른 덩어리들 사이의 유사성과 차이점을 관찰하는 과정에서 얻어질 수 있다. 이는 전통적 방법과는 완전 반대되는 입장이다. 또한 실제 문맥을 통한 덩어리 표현의 학습을 통해 언어 사용의 실제성을 제고할 수 있게 된다. 실제 언어에 나타나는 관습적인 주요 표현을 학습하는 것은 큰 의미가 있다.

넷째, 학습자의 모국어 언어 전이에 따른 오류를 줄이는 효과가 있다. 고급 학습자의 오류 중 많은 부분은 문법적 오류보다는 어휘의 연어적 오류에 집중되는 양상을 보이는데, 모국어의 통합관계의 전이가 부자연스런 한국어를 낳게 된다. 어휘의 통합적 관계에 따른 어휘 대조를 바탕으로 한 교수와 학습은 학습자의 오류 방지에 도움을 준다. 따라서 중급과 고급에서는 주요 어휘의 통합적 관계에 대한 학습자 스스로의 학습 전략 개발이 유창성 확보에 도움을 준다고 하겠다. 따라서 최근 어휘 교수에서의 초점은 개별 단어에서 구 단위의 고정표현으로 확대되는 양상이며 이는 학습자의 유창성 증진에 큰 도움을 줄 수 있으리라 기대한다.

결국 제2언어의 단어를 안다는 것은 단어의 사용 방법을 알며 능동적인 사용을 위해 단어를 상기할 수 있는 능력, 텍스트에 있어서 단어가 나타날 가능성에 관한 지식, 단어가 들어갈 통사적 틀과 그 기저 형식 및 파생어의 지식, 모국어의 대응 관계에 관한 지식, 단어의 화용적 기능이나 담화적 기능, 문체 등에 관한 지식, 단어와 연관되는 언어적 패턴 범위에 관한 지식, 고정표현의 일부 혹은 전체로서의 단어에 대한 지식 등을 의미한다고 할 수 있겠다.

# 3. 어휘, 무엇부터 가르치나

그렇다면 한국어를 배우기 위해서는 어느 정도의 어휘를 알아야 할까? 처음 배우는 학습자가 아니라면 학습자가 이미 알고 있는 어휘량이 얼마인지는 어떻게 측정해야 할까? 초급에서 꼭 알아야 할 한국어 어휘에는 어떤 것들이 있을까? 또 그것을 정하는 기준은 무엇일까?

이러한 문제들을 해결하기 위해 이 절에서는 학습자들에게 필요한 어휘량을 살펴보고 수많은 어휘 중 어떤 어휘를 먼저 가르쳐야 하는지, 그러한 어휘 선정의 기준은 어떻게 정하는지에 대해 살펴보기로 하겠다.

첫째, 학습자가 알고 있는 어휘량의 측정에 대해 살펴보자. 교사들은 먼저 학생들이 특정한 활동(task)을 하는 데 학습자들이 필요한 어휘를 얼마나 가지고 있는지를 파악할 필요가 있다. 이럴 때에 학습자의 어휘량 측정은 중요하다. 이는 교재의 선정이나 교수 방법 등에 다양하게 영향을 미치기 때문이다. 학습자가 알고 있는 어휘의 크기를 측정하는 방법에는 사전을 이용하는 방법과 빈도를 이용하는 방법이 있다.[6]

둘째는 학습자가 필요로 하는 학습 목표 어휘를 산출하는 방법에 대해 살펴보자. 학습자들이 얼마나 많은 단어가 필요한지를 알기 위해서는 텍스트에 나타나는 어휘의 빈도를 살피거나 어휘의 범위(range)를 살펴볼 수 있다. 어휘의 빈도(frequency)는 각 단어가 얼마나 자주 등장하는가를 의미하며, 어휘의 범위란 한

---

6) 먼저 사전을 이용하여 어휘 크기를 계산하는 공식은 '사전의 총 표제어수× 맞춘 답의 개수'를 '문제의 총수'로 나누면 되는데, 가능한 한 큰 사전을 사용하는 것이 좋다. 둘째 빈도를 이용하는 방법이 있는데, 상위 빈도 단위별로 단어를 나누어 각 부분의 어휘 능력을 파악하는 방법이다. 빈도가 높은 단어는 학습자가 알고 있는 어휘가 많은 반면 빈도가 낮은 단어는 고급 학습자들이 많이 알고 있다는 연구 결과가 널리 알려져 있다.

단어가 등장하는 텍스트의 종류의 수를 통해 학습자에게 가장 유용한 단어를 살펴보는 방법이다.

가장 많이 사용되는 객관적인 기준은 '빈도'이다. 최근 한국어교육 분야에서 이러한 빈도 조사에 근거한 어휘량 연구들이 많다. 하지만 이런 빈도를 기반으로 하는 어휘 선정에도 다음의 몇 가지 문제점을 지니고 있다. 즉 유용하고 중요한 단어가 기본 어휘에서 누락될 수 있고 최상위 빈도로 나타난 어휘가 초급 학습자에게 적합하지 않을 수 있다. 또한 대상이 된 글의 종류에 따라 어휘 빈도가 다를 수 있으며 어휘의 빈도와 어휘의 중요도는 일치하지 않을 수 있다. 이에 균형 말뭉치를 기반으로 선정하는 것이 중요하다.

이런 문제점에 근거하여 교사의 오랜 경험적인 직관에 의해 기초 어휘를 선정하기도 하는데, 이 역시 현행 교재에 익숙한 교사들의 경험이 객관성에 부정적 영향을 미칠 수도 있는 문제가 있다. 이런 이유로 고빈도 어휘를 바탕으로 하되, 해당 교수 전문가의 직관에 따른 어휘 선정이 부가적으로 이루어지는 절충적 방식이 사용되기도 한다.

학습자들이 필요로 하는 어휘는 '교육용 기본어휘'라는 이름으로 불리기도 한다. 교육용 기본어휘는 고빈도의 어휘이면서 학습자의 필요를 충족시켜야 한다. 이러한 기본어휘의 활용이 가장 잘 이루어져야 하는 것은 교재이다. 좋은 교재를 만들려면 교재를 만드는 당시부터 교육용 기본 어휘에 근거한 어휘 실러버스가 마련되어야 하기 때문이다.

---

**[기본어휘와 기초어휘]**

기본어휘란 특정 목적을 가지고 해당 분야에서 사용 빈도가 높고 사용 범위가 넓은 어휘를 구체적인 자료(교과서, 잡지, 뉴스 방송 등)에서 뽑아낸 객관적인 방법으로 선정된 어휘를 말하며, 기초어휘는 이론적 토대를 기반으로 하여 일상생활에 필요한 언어 표현 단위로서의 어휘 집합으로 전문가에 의한 주관적이고 연역적인 방법으로 선정된다.

---

셋째로는 선정된 어휘 목록을 등급화하는 것에 대해 살펴보자. 교육용 기본 어휘가 선정된 다음에는 이를 대상으로 하여 학습자의 학습 목적과 수준에 따라 급별로 등급화하는 것이 중요하기 때문이다. 아래는 어를 등급화할 때 논의되는 기준들이다.

- 고빈도성으로 기초어휘 순으로 우선 학습 어휘를 선정한다.
- 중복도가 높은 단어 순으로 우선 학습 어휘를 선정한다.
- 편찬될 교재의 단원별 주제와 관련된 기본 어휘를 우선적으로 학습해야 하며, 어휘 자체의 상관관계도 고려한다.
- 기본 의미를 가진 어휘, 파생력이 있는 어휘를 우선 학습 어휘로 선정한다.
- 단원의 문법 교수요목과 연계를 가진 어휘를 우선적으로 학습해야 하며, 문법 이해를 위한 필수적인 기능 어를 우선 학습 어휘로 삼는다.
- 다만, '교실, 선생님'과 같은 교수 현장에서 필수적인 단어는 저빈도 단어라도 우선 학습 어휘의 대상에 넣을 수 있다.

이러한 어휘 등급화의 결과는 교재 편찬 및 교수 활동, 평가 등에 고루 이용되어야 하며 한국어능력시험에서의 어휘 등급과도 연계하는 것이 바람직하다. 아래는 현행 한국어능력시험에서 제시하는 어휘 관련 등급별 평가 항목의 내용이다.[7]

### ■ 1급
- 일상생활에 필요한 가장 기본적인 어휘
- 사적이고 친숙한 소재와 관련된 가장 기본적인 어휘
- 기본 인칭 및 지시대명사, 의문대명사
- 주변의 사물 이름, 위치 관련 어휘
- 수와 셈 관련 어휘
- '크다', '작다' 등과 같은 기본적인 형용사
- '오다', '가다' 등과 같은 기본적인 동사
- 물건사기, 음식 주문 등 기본적인 생활과 관련된 기초 어휘

### ■ 2급
- 일상생활에 자주 사용되는 어휘
- 공공시설 이용 시 자주 사용되는 기본적인 어휘
- '제주도', '민속촌' 등 자주 접하는 고유 명사
- '깨끗하다', '조용하다', '복잡하다' 등 주변 상황을 나타내는 형용사
- '출발하다', '고치다' 등 일상생활에서 자주 사용하는 동사
- 우체국 이용, 회의 등 공적인 상황과 관련된 기본 어휘
- 약속, 계획, 여행, 건강과 관련된 어휘
- '자주', '가끔', '거의' 등 기본적인 빈도부사

### ■ 3급
- 일상생활에서 사용되는 대부분의 어휘
- 업무나 사회 현상과 관련한 기본적인 어휘
- 직장 생활, 병원 이용, 은행 이용 등 빈번하게 접하는 공적인 상황에서 사용하는 기본적인 어휘
- '행복하다', '섭섭하다' 등 감정 표현 어휘
- '늘어나다', '위험하다' 등 사회현상과 관련한 간단한 어휘
- '참석하다', '찬성하다' 등 직장생활과 관련한 기본적인 어휘
- '장점', '절약' 등 기본적인 한자어
- '생각이 나다', '버릇이 없다' 등 간단한 연어

---

7) 김왕규 외, 2002「한국어능력시험의 평가기준 개발 연구」

■ **4급**
- 일반적인 소재를 표현하는 데 필요한 추상적인 어휘
- 직장에서 일상적인 업무를 수행하는 데 필요한 어휘
- 신문 기사 등에 자주 등장하는 어휘
- 빈도가 높은 관용어와 속담
- 자연·풍습·문화·사고방식·경제·과학·예술·종교 등 일반적인 사회현상과 관련한 핵심적인 개념어

■ **5급**
- ·사회 현상을 표현하는 데 필요한 추상적인 어휘
- ·직장에서의 특정 영역과 관련한 기본적인 어휘
- ·세부적인 의미를 표현하는 어휘(아프다 : 결리다, 노랗다 : 누르스름하다)
- ·자주 쓰이는 시사용어
- ·'이데올로기', '매스컴' 등 사회의 특정 영역에서 자주 쓰이는 외래어
- ·일반적으로 사용되는 관용어와 속담

■ **6급**
- 사회 현상을 표현하는 데 필요한 추상적인 어휘
- 널리 알려진 방언, 자주 쓰이는 약어, 은어, 속어
- 사회, 각 영역과 관련하여 널리 쓰이고 있는 전문용어
- 복잡한 의미를 갖는 속담이나 관용어

이상으로 어휘 교수에 있어서의 교육용 기본어휘의 선정과 등급화에 따른 여러 가지 사항들을 살펴보았다. 다음 절에서는 구체적인 어휘 교수의 방법에 대해 살펴보기로 한다.

## 4. 어휘, 어떻게 가르쳐야 하나

많은 경우 제2언어 학습은 모국어와는 달리 대부분 실제 생활이 아닌 교실이라는 제한된 범위에서 이루어지므로 목표어로 상호 작용할 수 있는 기회가 제한되기 쉽다. 하지만 쉽게 이미지를 그릴 수 있는 어휘나 음운상으로 쉽게 기억할 수 있는 길이의 단어, 분류의 범주상 기본 층위의 어휘, 학습자의 시야에 가깝거나 흥미를 가지는 어휘, 모국어와 개념적으로 일대일 대응될 수 있는 단어 등은 비교적 쉽게 배울 수 있다.

따라서 교사는 단어에 따라 각각의 단어를 어떻게 가르치는 것이 효율적인가를 고민해야 한다. 또한 학습자의 단계에 따라 적절한 수준의 어휘가 학습될 수 있도록 어휘를 통제하는 것이 효과적인 학습을 가져올

수 있고 학습자로 하여금 성취감을 주어 계속적으로 상급 단계의 어휘를 학습할 동기를 부여해 줄 수 있으므로, 어휘 교수의 전략을 치밀하게 마련해야 하는 것이다.

교실에서 이루어지는 듣기, 말하기, 읽기, 쓰기의 활동에서 필연적으로 만나게 되는 것은 새 단어들이다. 학생들은 언어 학습 활동 중에 새 단어를 만나게 되면 새 단어의 의미와 용법을 알고자 하며, 어떤 유형의 학습자들은 모르는 단어를 알지 못하면 다음 단계의 활동을 하는 데에 심리적 부담을 느끼기까지 한다. 그렇다면 학습자들이 알지 못하는 새 단어를 어떻게 가르쳐야 할까?

하나는 교사가 새 단어를 설명하는 방법이 있고, 다른 하나는 학습자로 하여금 스스로 새 단어의 의미를 찾게 하는 방법, 나머지 하나는 새 단어를 가르치지 않고 무시하는 방법이 있다. 학습자 스스로 찾는 방법은 수업 중에 사전을 이용하게 하거나 숙제를 활용하는 방법이 있으며, 새 단어를 가르치지 않는 경우는 읽기 자료에서 저빈도 어휘가 나왔을 때, 문맥 이해에 큰 지장이 없는 경우에 생략할 수 있다. 그렇다면 교사가 새 단어를 설명하는 방법에는 어떤 것들이 있을까?

교실에서 교사가 어휘를 제시하는 방법으로는 다음과 같은 것들이 있다. 첫째는 실물이나 그림, 동작을 통한 방법이 있다. 실물을 보여주거나 손으로 하는 제스처, 그림, 사진을 보여주는 행동들을 포함하는데, 이러한 정의 방식에 적절한 단어는 교실에 있는 물건이나 가져오기 쉬운 물건, 확인하기 쉬운 동작(걷다, 잡다, 던지다…), 부사(천천히, 빨리, 크게, 작게…) 등을 들 수 있다.

> **[어휘 제시 방법]**
> - 실물이나 그림, 동작을 통한 방법
> - 분석적 정의를 활용하는 방법
> - 문맥을 활용하는 방법
> - 학습자 모국어 번역을 활용하는 방법

크레파스나 학생들이 입고 있는 옷을 이용해 색을 나타내는 어휘를 배우고, 일기예보의 그림 정보를 이용하여 날씨 관련 어휘를 배울 수도 있다. 생활 주변의 구체적인 사물을 가지고 위, 아래, 앞, 뒤 등의 공간 지시어를 배운다거나 몸짓으로 쉬운 동작 동사나 의태어를 쉽게 배울 수 있다. 초급 교실에서 흔히 사용하는 방법으로 웹사이트의 그림 자료나 그림 어휘집 등을 활용할 수 있다. 하지만 이 방법을 추상적인 어휘 설명에는 적합하지 않으며 오해의 소지가 있을 수 있다. 예를 들어 '갑자기'를 제시하려고 몸을 움직일 때 학생들은 '빨리'로 해석할 수도 있기 때문이다.

둘째는 추상화에 의한 분석적 정의를 활용한 제시 방법으로 뜻풀이·설명·연상 등에 의한 방법을 들 수 있다. 이 방법은 '학습자가 이미 알고 있는 것만을 가르칠 수 있다'는 학습 이론에 근거한 것으로 학습자에게 완전히 생소한 어떤 것을 묘사하거나 정의하는 것은 사실상 불가능하다고 보는 관점에서 사용한다. 흔히 사전의 뜻풀이에 제시된 내용을 설명하거나 해당 어휘의 기능을 통해 설명하는 방식이다. 예를 들면 '병원'을 설명하면서 '병을 치료하는 곳'이라는 뜻풀이나 '몸이 아플 때 가는 곳이에요', '의사나 간호사가 치료해 주어요.' 등의 사용 상황을 설명함으로 해서 그 의미를 파악하게 하는 방식이다. 그러나 분석적 개념이 명확하게 제시되어도 학생들이 이해하거나 기억하기 어려우므로 학습자들이 스스로 그러한 정의를 내릴 수 있을 때까지 많은 예를 들어가면서 학생들을 이끌어 줄 필요가 있다.

셋째는 문맥을 활용한 제시 방법이 있다. 실제로 배우는 문맥 속에서 정의하는 것이므로 다른 어떤 방식보다도 자연스럽다. 이는 '의미는 곧 사용'이라는 관점으로 어휘를 제시할 때는 그 어휘의 의미 자체도 중요하나 문장 안에서의 용법에 중점을 두어 학습자가 실제로 사용하는 데에 도움이 되도록 해야 한다. 문맥적 정의는 단어의 의미를 직접적으로 설명하지 않고 학습자로 하여금 단어의 사용과 다른 단어와의 결합 과정에서 의미를 찾아가도록 유도하는 방식이다. 새 어휘를 상황에 넣어 문장을 만들어 설명하는 방법이 효과적이다. 또한 말할 때 쓰는 어휘인지 글을 쓸 때 쓰는 어휘인지가 구별이 되는 경우에는 그것도 구별하여 제시한다.

넷째는 학습자의 모국어로의 번역을 활용하는 방식이다. 이 방법은 시간이 절약되므로 읽기에서 그다지 중요하지 않은 단어를 빨리 넘어가기를 원할 때 유용하며, 특별히 단어의 품사에 제약을 받지 않고 학습자들이 이해했는지 확인하기 쉽다. 다만 단어의 개념이 학습자의 모국어의 개념과 같을 때에 사용이 가능하다. 하지만 이 방법은 학습자가 목표어에 노출할 기회를 줄이며 교사는 부호화에 유용한 여러 가지 기술을 사용할 기회를 잃게 된다. 또한 잘못된 번역이나 정확하게 일치하지 않은 개념을 대응시킬 수 있다. 여러 유형의 정의 방식을 적용할 때는 정의되는 단어의 유형, 단어의 중요성과, 학습자의 필요, 학습자의 나이, 관심, 지적 수준등의 변수를 고려해야 하며 위의 네 가지 방식들은 보통 서로 결합해서 사용하고 있다.

한국어교육 현장에서 설명어를 이용하여 어휘의 정의를 내려야 할 경우에는 다음과 같은 점을 유의할 필요가 있다. 우선 의미의 제시는 될 수 있는 한 쉬운 고유어로 설명하는 것이 좋으며 기초적인 단어 혹은 선행학습 단어로만 통제하여 간단히 설명하는 것이 좋다. 해당 단어보다 어려운 말로 설명하거나 지나치게 많은 정보를 제공하면서 설명한다면 학습자가 이해하기 어렵기 때문이다. 특히 한국어를 배우는 과정에 있는 학습자들에게 문법 정보나 형태적 제약 정보 등의 과다한 정보 제시는 해당 어휘의 정의 학습에 장애가 될 수 있다. 예를 제시하는 경우에도 지나치게 복잡한 복문을 피하고 될 수 있는 한 단문 위주로 제시해 주는 것이 좋다. 초급 학습자들에게는 관형절 구성이 반복되거나 연결어미로 이어져 있는 복잡한 문장은 의미를 이해하는 데 어려움을 줄 수 있다. 어휘 의미의 설명 중 가장 기술하기 어려운 부분이 추상어나 다의어인데, 실제 문장에서 쓰이는 용법을 중심으로 기술하여 학습자들이 단순한 사전적 의미보다는 용법을 이해하고 실제로 문장 안에서 사용할 수 있게 하는 데 중점을 두는 것이 좋다. 또한 학습자가 단지 해당 단어의 의미를 이해하는 것을 넘어서서 실제로 사용하고 정확하게 표현할 수 있으려면 단순한 의미 파악 외에도 화용적인 정보의 학습도 중요하다. 즉 지시적 의미는 아니지만 실제 통용되는 부가적인 의미나 해당 단어와 연관된 사회 문화적 관습 등도 함께 학습하는 것이 중요하다. 따라서 교사는 먼저 가르칠 단어의 용법 중 어디까지를 가르칠 것인가를 결정해야 한다.

교사가 효과적인 방법으로 단어의 의미를 제시하는 것은 아주 중요하다. 하지만 단어를 학습한 뒤에 이를 외우게 하는 기술 역시 중요하다. 교사의 단어 제시가 끝난 후에는 간단한 질문, 응답 등 의사소통적 활동을 통해서 학생들의 이해 여부를 반드시 점검해야 한다. 교사가 학습자에게 어떤 내용을 전달할 수는 있지만 그것이 곧 학습자에게 학습되었다는 것을 의미하지는 않기 때문이다. 학습이 제대로 일어나게 하기 위해서는 학습자 스스로가 새로운 자료에 주의를 기울이고 그것을 배우려는 노력을 해야만 한다. 교실의 학습 결과를 주의 깊게 분석하면 교사는 많은 정보를 얻을 수 있다. 학습자들의 활동의 변화를 통해서 교사는 끊임없이 교수의 효과가 무엇인지 학생들이 이미 배운 단어에서 유도된 단어의 의미까지도 이해할 수 있는지 등에 대한 질문을 하면서 교수의 효과에 주의를 기울여야 한다.

# 5. 어휘야, 놀자

교실에서 어휘를 재미있게 가르치는 방법은 없을까? 어떻게 하면 더 효율적으로 어휘를 가르칠 수 있을까? 이 절에서는 학습자의 어휘력을 증진시키는 방법들을 살펴보고[8] 교실에서 활용할 수 있는 구체적인 어휘 게임 등에 대해 살펴보기로 하겠다.

## 5.1 말하기

먼저 학습자의 어휘력이 부족한 경우, 교사는 통제된 활동이나 어휘 학습기술을 사용하여 학습자들의 어휘를 늘리는 것이 필요하다. 둘째로 학습자가 충분한 양의 어휘를 알고 있지만, 이를 생산적으로 사용할 수 없는 경우도 있는데, 언어 학습의 대부분의 과정에서 학습자의 소극적 어휘(혹은 이해 어휘)는 적극적 어휘(혹은 표현 어휘)에 비해 그 양이 훨씬 많다. 적극적 어휘는 우리가 일상생활에서 사용할 필요가 있고 일상에서 거리낌 없이 사용하는 어휘들로 구성되어 있음에 반하여, 소극적 어휘는 단지 부분적으로만 이해되고 적극적으로 사용될 만큼은 잘 알지 못하는 단어들로 일상적 의사소통에서는 필요하지 않은 단어들이다. 이 경우 교사는 학습자들이 이미 기존에 알고 있던 이해어휘를 더 충분히 학습하게 하고 이를 표현어휘로 사용할 기회를 늘리는 활동에 집중해야 한다.

말하기에 있어서 어휘력 향상을 위한 교실 활동으로는 먼저 통제된 활동을 들 수 있는데, 통제된 활동은 학습자들이 자신이 말할 내용에 대해 선택을 거의 못하게 하는 활동으로 반복 연습, 대체 연습, 대화 외우기가 있다. 이는 현재 한국어 교육 현장에서도 자주 사용되는 방법이다. 흔히 통제된 활동에서의 어휘 설명은 대개 연습 직전에 간단하게 설명되거나 연습 중에 그림이나 실물을 통해 제시되며, 이들 어휘를 학습자들이 완전히 학습하기 전에 곧바로 생산적인 어휘로 사용되는 경우가 많다. 이러한 반복적 활동들은 짧은 시간 안에 입을 열게 한다는 장점이 있으나, 학습자들이 새 어휘를 정말로 완전히 이해하기 전에 이를 사용하게 하는 문제점이 있기도 하다.

둘째로는 단어의 형태 기억에 도움을 주는 활동으로, 학습자에게 이미 배운 단어를 기억해서 말하게 하거

---

8) 이 절은 Nation(1990)을 참고하였다.

나 단어 철자를 순서에 맞게 재조립하게 하는 방법이 있다

셋째로는 관련된 어휘의 사용을 향상시키는 방법으로 격자형 비교표(격자표)(Grids), 정도차이 비교선(Clines), 군집(Clusters) 등을 사용하는 것이다. 이러한 방법은 학습자들이 이미 친숙하게 알고 있는 단어의 의미를 확장시키고 의미를 견고하게 하는 데 도움을 준다. 격자형 비교표(Grids)는 한쪽 편에 위에서 아래로 단어의 목록이 제시되고 다른 한 편에 그 단어들을 분류하는 다른 방법이나 의미들로 구성된 목록이 제시된 표인데(아래 도표 참조), 이러한 연습은 고급 학습자들에게 단어간의 의미 차이와 각 개별 단어의 의미 자질을 인식하게 해 준다. 아래는 비교표(격자표)의 예이다.

| | 날씨 | 음식물의 온도 | 사람의 태도 | 장소명사 | 주관적 감각 |
|---|---|---|---|---|---|
| 선선하다 | ○ | | ○ | ○ | |
| 시원하다 | ○ | ○ | ○ | ○ | |
| 서늘하다 | ○ | | | ○ | |
| 싸늘하다 | ○ | | ○ | ○ | |
| 쌀쌀하다 | ○ | | | | |
| 차다/차갑다 | ○ | ○ | ○ | | |
| 춥다 | ○ | | | ○ | |

정도차이 비교선은 대개 경사선에 의해서 나타내는데, 이 경사선에 배열된 단어들은 정도의 차이를 보여 준다. 교사들은 이 경사선에서의 특정 지점들을 보여주고, 학생들에게 주어진 단어와 관계하여 가장 적절한 자리에 넣어져야 할 단어의 목록을 제공함으로써 이를 수업에 활용할 수 있다. 예를 들면 '언제나, 자주, 때때로, 이따금'을 가지고 다음과 같은 경사선을 활용한 어휘 학습을 생각해 볼 수 있다.

```
————————————————— (이따금)
           ————————— (때때로)
                  ————————— (자주)
                        ————————— (언제나)
```

군집은 중심이 되는 단어의 주변에 그룹화된 단어들의 무리로 새 단어들이 서로 만날 때, 이들은 가장 적당한 장소에서 군집의 형태로 맞추어질 수 있고, 이러한 절차는 관계된 단어들을 재분류해 보는 좋은 기회를 제공한다. 위의 방법들이 사용될 때 친숙하지 않은 단어들을 관계 의미들과 함께 제시하는 것은 방해를 유발하여 학습을 더욱 어렵게 할 수 있으므로 이미 친숙한 단어들에 사용하는 것이 중요하다. 또한 완성되어야 할 도표를 사용하는 것은 빈도수가 높은 단어와 그렇지 않은 단어를 혼합하여 같은 정도의 주의를 기울이게 할 수도 있다. 따라서 교사가 제시되는 단어의 유용성에 대해 주의를 기울여 비교할 단어의 선정을 사전 조율하여야 한다. 이러한 방법들은 학습자들이 전에 다른 맥락에서 만났던 단어들을 연습하고 조직하는 활동으로서 사용될 때 효율적으로 사용될 수 있으며, 해당 어휘에 대한 이해와 어휘 사용을 향상시킬 수 있을 것이다.

넷째로는 연어를 활용하는 방법인데 새 단어를 학습하는 중요한 방법이다. 그 단어와 같이 나오는 단어들

을 학습하는 것으로 학습자들이 소그룹으로 나뉘어 연어의 목록 사전이나 문맥에서 해당 단어의 예를 찾음으로써 그 단어의 연어를 찾는다. 학습자들은 또한 어떤 연어가 나타날 수 있는지를 추측해 볼 수도 있다.

다섯째로는 학습자 간의 짝활동을 들 수 있는데 예를 들면 정보 결함 활동이 있다. 이는 한 학습자가 하나의 정보를 가지고 있고 다른 학습자는 다른 정보를 가지고 있어서 각자의 정보를 결합하여 어떤 결론에 도달해야하며 서로에게 이야기함으로써 이루어진다.

여섯째로 말하기의 유창성을 증진시키기 위한 활동으로 반복 활동이 있다. 같은 주제에 대해 발화 기회를 많이 제공하는 말하기 연습을 위한 기술들로 반복의 기회를 제공하기 위해 '요약하기', '들은 말 전하기' 등의 다양한 활동을 하게 한다.

일곱째로 바꿔 말하기 활동이 있는데 바꿔 말하기 전략을 사용하게 하는 것이다. 이는 말하기에서 어휘가 부족한 부분에 대처하거나 필요한 단어를 떠올리는 것을 일시적으로 하지 못할 때 이런 현상들을 대처하기 위한 어휘 전략으로, 바꿔 말하기 기술이 특별히 말하기에서 유용한 이유는 말할 때 사전을 찾을 시간이 없고 자신이 말한 바꿔 말하기가 맞았는지 틀렸는지를 청자로부터 피드백 받을 수 있는 기회가 있기 때문이다.

구체적인 활동으로는 주어진 어휘로 빈칸을 채워 올바른 문장으로 말하게 하거나 그림을 보고 말하기, 제시된 어휘를 설명하기, 어휘 정의해 보기, 주어진 어휘를 넣어 문장 만들기, 주어진 주제와 관련된 어휘를 예측하고, 그 어휘로 상황을 만들어 대화하기, 주어진 주제와 관련된 어휘를 대상으로 하여 그룹별로 어휘의 의미를 파악한 후 해당 어휘를 이용하여 대화 구성하기 등을 들 수 있다.

## 5.2 듣기

학습자들이 듣기에 충분한 어휘력을 갖지 못할 경우에는 다음과 같은 활동을 통해 어휘력을 향상시킬 수 있다.

첫째, 읽기용 어휘를 듣기용 어휘로 전환시키는 활동이 있다. 대부분의 학습자들은 읽기는 잘 하나 한국어를 들을 기회는 거의 가져보지 못하는 것이 일반적이다. 이러한 학습자들은 자신의 읽기용 어휘를 듣기용 어휘로 전환시키는 기회가 필요하다. 우선 학습자의 읽기 수준보다 더 낮은 어휘 수준의 흥미롭고 단순화된 읽기 교재를 선택한 뒤 흥미를 유지하도록 매일 읽어주고 반복해서 말하는 방법이 있는데, 이는 듣기를 습관화하기 위한 것이다.

둘째는 받아쓰기나 사전 받아쓰기 연습은 쓰기와 듣기 사이에 유용한 연결점을 제공할 수 있다. 예를 들어 아주 단순한 텍스트를 테이프에 녹음시켜 학습자들에게 이를 듣고 받아쓰도록 시키는 것이다. 이런 연습은 듣기 활동에 도움을 줄 수 있다.

셋째는 단어 단위의 듣기 연습을 활용할 수도 있다. 예를 들어 틀린 순서로 단어를 써 주고 그것을 바로잡게 하는 방법으로 단어를 알게 한다.

넷째는 듣기를 통해 어휘를 늘리는 활동으로 만일 학습자들이 매우 제한된 어휘밖에 모른다면 듣기를 통해 어휘를 가르친다.

듣기 어휘를 늘리기 위한 구체적인 활동으로는 학생들에게 친숙하지 않은 어휘를 칠판에 적은 후, 이 어휘가 나오는 본문의 개요를 들려준다. 그리고 3~4명이 한 조를 이루게 하여 각 어휘의 뜻, 의미 등을 적게 해 보고, 다른 조와 비교해 본다. 그런 다음 본문을 나눠주고 확인하게 하는 방법 등이 있다. 교수 자료로는 영화, TV, 라디오를 녹음 또는 녹화한 것 등을 사용할 수 있으며, 프린트나 그림·지도·사진 등과 같은 시각 자료를 활용할 수 있다. 교수 방법으로는 학생에게 동일한 그림 또는 지도를 나누어주고 하나의 단어를 제시하고 이를 들은 학생들이 답을 표시해 나가게 하거나, 교사가 나누어준 그림 자료를 교사의 지시를 듣고 맞추어 나가는 연습, 교사의 지시에 따라 그림 그리기, 이미 배운 단어를 활용한 단어 게임, 듣고 행동하기, 듣고 완성하기, 듣고 관련이 없는 내용 찾기, 듣고 맞는 답 고르기 등을 들 수 있다.

## 5.3 읽기

읽기의 여러 요소들 중에서 어휘는 가장 중요하고 강력한 영향을 가지며, 어휘 지식은 읽기 능력의 기반이 된다. 어휘의 난이도는 전체 읽기 능력의 가장 중요한 예측 요소가 되는데, 난이도의 평가 방법에는 어휘 빈도나 친근성, 단어 길이 등이 주된 기준이 된다. 자주 나타나는 고빈도 어휘, 긴 것보다 짧은 어휘를 포함하는 문장은 더 잘 읽을 수 있으며, 텍스트에 모르는 단어가 많으면 이해와 어휘 학습에 부정적 영향을 미친다는 연구가 있다.

읽기 활동 전에 어휘를 가르치는 것은 읽기 도중 해당 단어를 만날 때 그 단어에 집중을 하는 효과가 있으며, 이 경우 단어를 학습할 때의 맥락을 마음속에 상기시키게 된다. 그러나 어휘는 학습자에게 텍스트에서 정보를 얻도록 하는 많은 요소들 중의 하나일 뿐으로 만약 특정 텍스트에서 어휘 지식이 별로 중요하지 않다면, 어휘를 사전에 교수하는 것과 읽기 효과와의 상관성을 논하기는 어렵다. 왜냐하면 어휘의 사전 교수는 추측이나 '모르는 단어 건너뛰기' 같은 전략의 사용을 방해하기도 하기 때문이다.

성공적인 학습자는 심리언어학적 추측접근법을 사용해서 텍스트에서 실마리를 발견하고, 텍스트가 뜻한다고 생각하는 것의 정신적인 표현을 재구성한다. 읽기에 체계적인 접근을 하는 이러한 분석은 하향식(top-down) 모델이라고 표현되어 왔다. 한국어 학습자들은 이미 자신들의 모국어로는 글을 읽고 쓸 줄 알기 때문에 이런 하향식(top-down) 접근은 유용하며 따라서 맥락 사용을 강조하는 것도 중요하다. 즉, 독자는 텍스트의 주제에 대한 배경 지식을 갖고 있으며, 그러한 배경 지식을 텍스트에서 진행시키고 어떤 종류의 어휘가 나타날지 기대한다. 따라서 학습자가 읽기 전에 읽기 자료의 화제에 관한 정보를 주는 것은 텍스트의 모르는 단어의 뜻을 추측하기에서 아주 중요하다. 즉 맥락을 통한 어휘 학습이 어휘 지식 향상의 주요한 방법이라는 것이다.

교실 활동에서 사용할 수 있는 방법은 교사가 본문에 나오는 어휘를 미리 제시하고 학생들은 4명이 한 조가 되어 본문의 내용을 예상해 보는 작업을 수행할 수 있다. 또는 앞으로 읽게 될 본문의 내용에 대해 대략적 정보를 주고, 2명이 한 조를 이루어 본문에 나올 만한 어휘를 약10개 정도 예상해 보게 한 뒤 소그룹을 만들어 서로의 어휘 목록을 비교해 보게 하는 방법으로 어휘를 향상시킬 수 있다. 또는 본문에 나온 어휘나 관련된 어휘들을 목록을 만들게 하고, 이들 어휘들을 대상으로 특성별로 분류하게 한 후에 다른 조와 비교하게 하는 것도 어휘 학습에 도움을 줄 수 있다.

## 5.4 쓰기

말하기의 경우 학습자들은 적은 수의 생산적 어휘를 최대한 사용할 줄 아는 것이 중요하나, 쓰기의 경우엔 공부나 흥미의 분야에 관련된 어휘에까지 그들의 생산적 어휘를 확장하는 것이 중요하다. 쓰기에서의 어휘 학습은 철자, 문장에서의 단어 사용, 텍스트의 구성을 포함한다. 그 중 철자와 문장에서의 단어 사용이 어휘와 가장 밀접하게 관련된다. 한국어 철자는 모두 한 가지 소리만 난다. 다만 표기에 있어 형태가 음소에 반영되지 못하고 음운 현상의 지배를 받는 경우가 있다. 대부분은 예측이 가능하며 전혀 예측 불가능한 단어의 수는 매우 적다. 철자 교수 방법은 학습자가 전에 배운 단어의 지식을 이용하여 새 단어를 배우는 유추 방법을 쓴다. 예를 들어 '학생'과 '교실'을 쓸 줄 안다면 '학교'를 쓸 줄 알게 된다. 가능한 한 새 단어와 철자가 같고 학습자가 이미 아는 단어를 사용해야 하며, 철자 규칙을 가르치는 것이 중요한데 이는 학습자가 오자를 고치는 데에도 유용하다.

만약 규칙을 따르지 않는 어휘가 있다면 철자가 틀리는 단어를 리스트에 적는다. 왼쪽엔 단어를, 오른쪽엔 첫 번째 글자만 적고 왼쪽을 가리고 오른쪽에 나머지 철자를 쓴 후 정답을 확인하는 방법을 도입할 수 있다. 또는 칠판에 새 단어의 철자를 틀린 순서로 적은 다음 이를 추측하여 순서대로 바로 잡기, 단어의 위치 찾기 등의 게임을 통해 철자를 익히게 한다.

읽기를 사용해 쓰기를 돕는 것도 유용한데 특히 읽은 후에 과제를 제출해야 하는 고급 학습자들에게 적당하다. 글을 읽다가 새로운 단어가 나오면 단어를 파악하여 노트에 그 단어의 문법 의미 그 단어가 있는 문장, 사전의 예문을 적고 그 단어를 넣어 새 문장을 만들어 적은 다음 교사에게 확인을 받는다. 사전을 사용하는 경우에는 의미, 문법, 연어, 적합한 사용역(register), 빈도, 흔히 저지르는 실수에 대한 충고, 숙어 등을 제공받는 것이 좋다. 텍스트에 사용되는 어휘들은 주제를 중심으로 서로 관련되어 있으며, 특정한 범주에만 쓰이는 단어는 전형적으로 매우 한정된 어휘와만 연어 관계를 가지는 특징이 있다.

어휘에 초점을 둔 학습 활동으로는 찾아내기, 의미가 비슷한 단어 쓰기, 선택하기, 연결하기, 분류하기, 순서 매기기, 빈칸 채우기 등을 들 수 있다.

## 5.5 놀이로 배우는 어휘

교실 현장에서 학습자의 흥미를 유발하고 의사소통 능력을 신장시키기 위해 자주 이용되는 방법이 어휘 게임이다. 어휘 게임은 자모교육 단계부터 초급, 중급, 고급에 이르기까지 다양하게 활용하게 할 수 있으며 교사 중심의 수업을 학습자 중심으로 전환한다는 점도 장점이다. 교사는 게임 중에 학습자 게임에 열중해 있는 동안 학습자를 관찰할 있는 장점도 있다.

게임을 통한 학습의 효과는 학습자가 긴장감을 해소하고 자발적이고 창조적인 언어 사용의 측면이 강화되며 강화·복습·발전의 촉매 기능을 할 수 있다는 점을 꼽는다. 다만 게임을 할 때는 학습목표를 분명히 하고, 게임이 학습자의 흥미를 끌고 있는지 확인해야 한다. 아울러 학습자의 연령이나 성향에 맞는 게임을 개발하는 것이 중요하다. 다음은 초급에서 많이 사용될 수 있는 어휘 게임의 예들이다.

- 실물 보고 한국어로 써 보기 : 본 것을 많이 기억해 내고 정확하게 쓰는 사람이나 그룹이 이기는 게임이다. 같은 소리로 시작하는 말 잇기 : 교사가 단어를 제시하면 그와 같은 자음으로 시작하는 단어의 목록을 말하거나 쓰는 게임이다. 혹은 같은 소리로 끝나는 말 잇기 게임도 가능하다.
- 모음 찾기 게임 : 어휘에서 모음을 빼고 자음만을 제시하면서 교사가 그 어휘를 발음해 주면 학생들이 알맞은 모음을 찾는 게임이다. 이 게임은 발음 수업과 연계해서 할 수 있으며 특정 모음의 구별을 어려워하는 학습자들에게 이용하기에 좋다.
- 틀린 철자 찾기 : 그룹을 나누어서 틀린 철자가 있는 카드를 찾게 하는 게임이다.
- 벽에 붙이기 : 수업 전에 배울 단어를 벽에 붙여 놓고 수업이 끝난 후에 암기한 어휘를 말해 보게 한다.
- 이야기 듣고 그림 그리기 : 이야기를 연상할 수 있는 사진이나 그림을 고른 후 교사가 이야기를 해 준다. 학생은 듣고 그림을 그린다. 그 후 원본과 비교해 본다. 위치를 나타내는 어휘인 '위, 아래, 왼쪽, 오른쪽, 앞, 뒤, 옆' 등을 교수할 때 편리하다.

다음에 게임의 난이도와 운영 방법을 바꾸어 다양한 수준의 학습자들에게 활용할 수 있는 것들이다.

보고 기억하고 본문 예측하기 : 어휘를 섞은 종이를 나눠주고 외우게 한 다음 외운 어휘를 말하게 한다. 다음 조별로 본문에 관해 토론하게 한 후 본문을 나누어준다. 어휘 기억에 도움을 주는 방법이다. 이 방법은 어휘를 보고 본문의 내용을 예측하게 하는 효과가 있으며 '읽기 전 단계'로 활용하면 좋다.

- 핵심어휘 찾기 : 읽기 수업과 관련된 게임으로 조별로 나누어 각각 다른 본문을 조에 주고 몇 분 동안 본문을 훑어보게 하고 주제 등에 관한 핵심 어휘를 비교해 보도록 한다. 본문의 길이가 지나치게 길거나, 본문이 너무 어려우면 학습자의 흥미를 떨어뜨릴 수 있다.
- 이야기 사슬 : 학생들에게 하나씩 어휘를 나눠주고 그 단어를 이용해서 문장을 만들게 한다. 이 때 문장들을 이었을 때 하나의 이야기가 되도록 해야 한다. 학습자들의 의사소통이 자유롭게 일어나고, 이야기를 구성하는 능력이 키워진다는 점에서 의의가 있는 게임이다. 어휘 대신 문장을 이용하는 방법도 가능하다.
- 낱말 맞추기(Crossword) : 가로, 세로 열쇠의 설명을 보고 단어를 써 나가는 게임이다. 어휘의 복습 방법으로 이용하기에 좋은 게임이다.
- 모눈종이 속 어휘 찾기 : 사각형 속에 어휘를 숨겨 놓고 어휘를 찾게 하거나 해당 어휘의 설명을 보고 찾게 하는 게임이다. '학교, 동물, 병원' 등과 같이 어휘의 범주를 정해 놓고 할 수도 있다. 무의미한 음절을

사각형 속에 나열해 놓고 그 속에 유의미한 어휘를 넣어 두는 게임이기 때문에 학습자의 흥미를 유발할 수 있으며, 개인별로 또는 소그룹으로 나누어 찾게 할 수도 있다.

- 끝음절 잇기 : 교사가 어휘 하나를 제시하면 학생들이 그 어휘의 마지막 음절과 같은 음절로 시작되는 어휘를 계속 이어서 말해 가는 게임이다. 어휘의 맞춤법을 연습하고 확인하는 데 좋은 방법이다.

- 귓속말로 전달하기 게임 : 단어를 듣고 다른 사람에게 귓속말로 전달하여 얼마나 정확하게 전달했는지를 알아보는 게임이다. 문장으로 할 수도 있다. 이 게임은 소리와 단어를 연결시켜서 단어를 익히기에 좋은 방법이다.

- 사전 찾기 게임 : 학습자가 어떤 어휘를 말하면 나머지 학생들이 그 발음을 적고 사전을 찾는 게임이다. 중급 이상에서 적당하며 글자의 모양과 발음이 일치하는 어휘를 선택하는 것이 좋다.

- 설명 듣고 어휘 맞추기 : 한 학생에게만 어휘를 보여 주고 제시된 그 어휘를 한국말로 설명하게 하면 다른 학생들이 알아맞히는 게임이다. 이 게임은 말하기, 듣기 활동이 같이 일어날 수 있는 어휘 게임이다.

- 예문 듣고 어휘 맞추기 : 하나의 특정 어휘에 대한 예문을 몇 개 제시하고 어떤 단어인지 알아맞히는 게임이다.

- 스무고개 게임 : 어휘 분류를 활용하여 학생들의 질문과 대답으로 스무 번 안에 해당 어휘를 맞히는 게임이다.

- 띄어쓰지 않은 문장을 띄어 읽기 : 띄어쓰지 않은 문장을 얼마나 정확하게 끊어 읽는지 하는 게임이다. 이 게임은 문장 속에서 단어를 익히기에 좋다.

## 참고문헌

강현화(2002), 「한국어 문화 어휘의 선정과 기술에 대한 연구」, 박영순 편, 『21세기 한국어교육학회의 현황과 과제』(서울: 한국문화사, 2002), 397-417쪽.

강현화(2004), 「통합적 어휘 관계를 이용한 관련어 교수 방안」, 『국제한국어교육학회:학술대회논문집』, 국제한국어교육학회, 659-667쪽.

강현화(2004), 「한국어학습을 위한 프레지올러지 유형에 대한 연구(1)-강조표현을 중심으로」, 『이중언어학』, 24, 이중언어학회, 49-66쪽.

강현화(2015), 「한국어 교재의 숙달도별 품사 분석 연구: 국내 교육기관 교재를 중심으로」, 『외국어교육』, 22(1), 한국외국어교육학회, 327-344쪽.

강현화·원미진(2017), 『한국어 교육학의 이해와 탐구』, 한국문화사.

강현화(2018), 『한국어 어휘교육론』, 한글파크.

김중섭 외(2010), 『국제 통용 한국어 교육 표준 모형(1단계)』, 국립국어원.

김중섭 외(2011), 『국제 통용 한국어 교육 표준 모형(2단계)』, 국립국어원.

김진해(2007), 「〈표준국어대사전〉의 관련어 정보와 어휘관계 기반 사전 기술」, 『한국어의미학』 24, 한국어의미학회.

남길임(2007), 「사전텍스트의 화용정보 유형 연구」, 『텍스트언어학』 23, 한국텍스트언어학회.

박동근(2014), 「국어사전에서 흉내말의 다의어, 동형어 판별에 대한 연구」, 『겨레어문학』, 53, 겨레어문학회, 237–261쪽.

신명선(2006), 「학문 목적 한국어 학습자를 위한 어휘 교육의 내용 연구」, 『한국어교육 17(1)』, 국제한국어교육학회.

심혜령·문정현(2015), 「한국어 다의어 의미별 등급화 연구 – 보다를 중심으로」, 『문법교육』, 22, 한국문법교육학회, 125–148쪽.

신희삼(2014), 「반의어를 이용한 한국어 어휘교육 방안」, 『언어학』 22, 대한언어학회, 297–316쪽.

이미혜(2013), 「숙달도에 따른 한국어 쓰기 교육의 주요 장르 선정」, 『국어국문학』, 163, 국어국문학회, 225–247쪽.

이정은·김동규(2014), 「영어 어휘 연구의 주제별 분석을 통한 영어 어휘 교육의 재조명」, 『國際言語文學』 30, 國際言語文學會, 31–63쪽.

임지룡(2015), 「학교문법 다의어 교육 내용의 현황과 대안」, 『우리말연구』 42, 우리말학회, 61–97쪽.

장채린·홍연정(2014), 「한국어 교육용 반의어의 개념 설정 및 목록 선정에 관한 연구」, 『언어사실과 관점』 33, 연세대학교 언어정보연구원, 247–272쪽.

최명원(2013), 「L2 어휘 학습에 나타나는 L1 다의어의 간섭현상 – 한국어(L1) 성인화자의 독일어(L2)와 영어(L2) 어휘학습을 중심으로」, 『독일언어문학』 61, 한국독일언어문학회, 1–24쪽.

한송화·강현화(2004), 「연어를 이용한 어휘 교육 방안 연구」, 『한국어교육』 15(3), 국제한국어교육학회.

Coxhead, A. (2000), A new academic word list, TESOL Quarterly 34(2), 213–238.

ISP Nation and Stuart Webb(2011) Researching & Analyzing Vocabulary, HEINLE.

D. Alan Cruse(2000) Meaning in Language –An Introduction to Semantics & Pragmatics. Oxford Univ. Press.

I.S.P. Nation(1990) Teaching & Learning Vocabulary. Heinle & Heinle publishers James Nattinger「Some trends in vocabulary teaching」(Carter, Ronald eds. (1988) 4장(Vocabulary & Language Teaching. Longman Press).

Jackson, Howard & Etienne ZAmvela, (2000), Words, Meaning and Vocabulary–An Introduction to Modern English Lexicology, ch.1. "What is Lexicology", Cassell Publishers.

# 6 한국어 문장, 어떻게 표현할까

우리는 독백이 아닌 한, 혼자서 말하지 않는다. 누군가와 대화를 나누게 되는 것이다. 우리는 그 사람이 누구냐에 따라 나와 어떤 관계인지에 따라 말을 높이기도 하고 낮추기도 한다. 다른 언어에도 공손함을 나타내는 표현이 있기는 하지만 한국어처럼 체계적이고 위계에 따라 존대를 드러내는 말은 많지 않다. 만약 한국말을 할 때, 사람에 맞추어 또는 상황에 맞추어 제대로 높여 말하지 못한다면 예의 없는 사람으로 오해를 받을 수도 있는 것이다.

또는 우리는 상대방에게 무엇을 시키기도 하고, 우리의 뜻과 상관없이 어떤 일을 당하게 되는 경우도 있다. 이럴 때는 어떻게 표현해야 할까? 또한 '아닌 것'과 '못하는것'은 어떻게 달리 표현할까? 이 장에서는 이런 다양한 표현의 방식들이 문법적으로 어떻게 규칙화되어 나타나는지 살펴보게 된다.

# 1. 나보다 나이 많은 사람을 만나면 어떻게 말해야 할까

## 1.1 언제, 어떻게 높여서 말할까

한국어의 특징 중 하나는 높임법이 있다는 것이다. '높임법'은 학자에 따라 '존대법, 존비법, 공손법, 겸양법, 경어법, 대우법' 등으로 다양하게 불린다. 우리가 말을 할 때는 말하는 사람이 있고 말을 듣는 사람이 있다. 그리고 말하는 사람은 듣는 사람에게 '누군가가(누군가에게) 무엇을 했다'라는 내용을 얘기하게 된다. 그래서 대화는 적어도 두 명 이상(말하는 사람과 듣는 사람)이 있어야 하고, 만약 두 사람이 아닌 다른 사람에 대해 말하고 있다면 주고받는 말 속에는 세 명 이상의 사람이 등장하게 된다. 한국어의 높임은 말하는 내용에 따라 대화에 나타나는 사람들에 따라 누구를 높이느냐에 따라 높임이 달라지게 된다.

'존대'의 사용을 결정하는 요건에는 나이, 사회적 지위, 계층적 서열, 친밀도, 격식성, 성별과 같은 다양한 요소가 있다. 때로는 한 가지 조건으로, 때로는 여러 가지 조건이 복잡하게 작용한다. 어떤 때는 이러한 조건보다 심리적 자세가 더 우선되기도 한다.

한국에서는 높임법이 격식적으로 요구되는 경우가 많으므로 이를 쓰지 않으면 듣는 이가 불쾌하거나 사회적 관계에서 문제를 낳을 수도 있으므로 외국인 학습자가 높임표현을 익히는 것은 매우 중요하다.

말하는 사람이 자기자신을 높이지는 않으므로 한국어의 높임은 크게 다음의 세 가지가 있을 수 있다. 먼저 말하는 사람이 듣는 사람을 높이는 '상대 높임'이 있고, 말하는 이가 말하는 내용의 주체가 되는 사람을 높이는 '주체 높임', 그리고 말하는 내용의 객체가 되는 사람을 높이는 '객체 높임'이 있다. 한편 말하는 사람이 자신을 높이는 대신 자신을 낮추는 말의 방법이 있는데 이는 뒤에서 간단히 설명하기로 한다. 이제 앞서 설명한 관계를 그림으로 살펴보자.

(1)    (내가)       "김 선생님께서 이 선생님께 책을 드렸다"(고 말한다)    (수미에게)
       말하는 사람                    "말의 내용"                          듣는 사람

(나 - 말하는 사람)   (수미 - 듣는 사람)

한국어의 높임은 사람 간에 누가 누구보다 더 존귀한지, 서로 간에 친근한지에 따라 높임의 표현이 달라진다. 한국인은 자신보다 나이가 많거나 지위가 높은 사람과 얘기를 나누게 되면 높임 표현을 사용한다. 하지만 나이가 많더라도 가족같이 아주 가까운 사람이면 높임 표현을 쓰지 않는 경우도 있고, 처음에는 높임 표현을 쓰다가도 친근하게 되면 높임 표현을 쓰지 않기도 한다. 또 공식적인 자리나 많은 사람들 앞에서는 높임말을 쓰다가도 사적인 자리나 개인적으로 만나면 높임 표현을 사용하지 않는 경우도 있다. 아래 예문에서(가)와 (가'), (나)와(나'), (다)와(다')를 비교해보면, 가족간에도 친근성에 따라 높임이 달라지고, 같은 상대에게도 친근성에 따라 높임이 달라짐을 알 수 있다. 선생님의 말도 학생 전체를 상대로 한 격식적인 말과 학생 개인에게 얘기하는 비격식적인 말투에 있어 높임이 달라지게 되는 것이다.

(2) 가. 할아버지, 어디에 다녀오세요?

　　가'. 엄마, 빨리 밥 줘.

　　나. 수미 언니, 안녕하세요. 저는 2학년 김영미라고 해요.

　　나'. 수미 언니, 안녕? 어제 잘 들어갔어?

　　다. 자, 오늘은 여기까지 공부하도록 하겠습니다.

　　다'. 음, 민수야 뭐 질문할 것 있니?

이제 이 장에서는 한국인이 언제 어떻게 높임 표현을 사용할까를 좀 더 자세히 살펴보기로 한다. 높임의 방법에는 용언의 활용에 의한 문법적인 것과 특수한 어휘에 의한 것으로 나뉜다. 용언의 활용에 의한 높임법은 말하는 사람이 서술어의 주체를 높이는 '주체 높임'과 듣는 사람을 높이는 '상대 높임' ,그리고 서술어의 목적어나 부사어를 높이는 '객체 높임'이 있다. 다만 객체높임은 현대 국어에서는 문법적인 활용으로 나타나지않고 '드리다, 모시다…' 등의 특수 어휘를 사용하여 문장 안의 목적어나 보충어를 높인다.

| | |
|---|---|
| • **주체 높임** | 화자가 서술의 주체를 높임. |
| • **상대 높임** | 청자에 따라 높이거나 낮춤. |
| • **객체 높임** | 서술의 객체(목적어)를 높임. |

한국어를 가르칠 때 학습자가 가장 어려워하는 부분 중의 하나가 '높임표현'이다. 일본어를 제외한 다른 언어에는 용언의 활용에 의한 문법적인 높임표현이 체계적으로 사용되는 경우가 없으므로, 학습자의 모국어에 없는 새로운 문법 체계를 학습해야 하는 까닭이다. 심지어 같은 높임표현을 가지고 있는 일본어의 경우도, 높임의 방법이 동일하지 않아서 일본인 학습자도 작은 오류들을 만들어 내기 마련이다.

높임을 가르치는 일이 더욱 어려운 것은 담화적 상황에 따라 높임의 조건이 자주 변화하는 데에서도 찾아볼 수 있다. 일반적인 규칙만으로는 설명할 수 없는 다양한 높임의 관습들이 존재하기 때문이다. 교사들은 사회생활에서 필요한 '최소한의 높임법 사용'을 반드시 교수해야 하며, 반면에 '과잉 높임' 사용으로 인해 어색한 한국어를 구사하지 않도록 주의를 기울여야 한다. 다음 절에서는 높일 대상에 따라 달리 나타나는 높임에 대해 차례로 그 방법을 살펴보기로 한다.

## 1.1.1 어떻게 주체를 높일까

한국어에서 말하는 내용의 주체는 어떻게 높이는 것일까? 아래의 예를 통해 살펴보자.

(3) 가. 김 선생님께서 학교에 <u>가십니다.</u>
　　나. 영수가 학교에 간다.
　　다. 할아버지께서 저녁 진지를 <u>잡수십니다.</u>
　　라. 영수가 저녁 밥을 먹는다.

위의 예처럼 주체를 높이는 방법은 보통 서술어에 '-시-'를 사용하여 문장의 주어를 높이는 것이다. 한국 사람들이 높이는 주체는 주로 자기보다 나이가 많은 사람이나 지위가 높은 사람, 어른들의 경우 친숙하지 않아 격식을 갖추어야 하는 사람 등이 대상이 된다. (3가)는 '김 선생님'이 주체이므로 '가시다'라는 표현을, (3다)는 '할아버지'가 주체이므로 '잡수시다'라는 높임 표현을 사용하였다. 이 때 높임의 대상이 되는 '주체'에 사용되는 주격조사는 '이/가' 대신 '께서'가 주로 쓰인다. 이에 반해(3나, 라)는 높임을 사용하지 않는다.

또한 위의 (3다)에서처럼 어떤 서술어의 경우에는 '-시-'를 붙이는 대신 특정한 꼴의 존대 어휘를 사용하기도 한다. 이 경우(4나)와 같이 '-시-'만을 붙여 표현하면 비문이 되기도 한다. '잡수시다'라는 어휘가 사용되면 '밥' 대신에 '밥'의 높임말인 '진지'가 사용되기도 한다. 보충어휘에 의한 높임법은 뒤에서 다시 다루기로 한다.

(4) 가. 할아버지께서 저녁 진지를 <u>잡수십니다.</u> (=3다)
　　나. *할아버지께서 저녁 진지를 <u>먹으십니다.</u>

그러나 주체 높임이 항상 문장의 주어만을 높이는 것은 아니다. 다음의 예문을 보자.

(5) 가. 유미야, 저기 김 선생님께서 <u>오신다.</u>
　　나. 김 선생님, (선생님께서는) 지금 어디를 <u>가십니까?</u>
　　다. 선생님의 손이 <u>크시다.</u>
　　라. 선생님께서 감기가 <u>드셨다.</u>

위의 예문 (5가)에서 서술어가 높이는 대상은 '오시다'의 주어인 '김 선생님'으로 말하는 이(=나)도 듣는 이(=유미)도 아닌 말하는 내용의 중심이 되는 제삼자를 높이는 것이다. (5나)는 서술어의 주어와 듣는 이가 동일하게 나타난 예이다. 즉, 말하는 이가 듣는 사람인 '김 선생님'에게 말을 할 때, '가다'의 주체가 되는 '김 선생님'을 높여 '가-시-ㅂ니까'로 표현하는 것이다. 한편, (5다)나(5라)처럼 높일 대상의 신체 명사나 소유물 등이 주어가 되는 경우에도 '-시-'가 사용될 수 있다. (5라)에서처럼 주어가 두 번 쓰이며, 서술어에는 '-시-'가 붙어 높임을 표현하기도 하는데, 이때 앞선 주어인 주체는 '께서'라는 조사가 쓰이는 경우가 많으며 두 번째 주어인 주체의 관련어는 '이/가'만이 쓰인다.

하지만 높일 주체와 연관된 단어를 한정하는 일은 발화자의 태도와 연동된다. 화자에 따라 주체에 관련된 많은 단어들에 '-시-'를 붙이는 경우와 그렇지 않은 경우가 있기 때문이다. 아래의 예문에서(6다)의 경우에는 '-시-'를 사용해도 어색하지 않으나, (6라)의 경우에는 '-시-'를 사용하면 다소 어색해진다. 보통 주체와 관련된 신체명사에는 '-시-'를 사용하지만, '사물'에는 사용하지 않는 것이 일반적이다.

(6) 가. 김 과장님은 집이 멀어서/머셔서 회사에 오시기에 불편하시겠어요.

　　나. 선생님의 하시는 일이 잘 되길/되시길 바라겠습니다.

　　다. 김 선생님은 책이 많다/많으시다.

　　라. 선생님, 들고 계신 가방이 예쁘네요./??예쁘시네요.

앞서 설명한 바와 같이 어떤 서술어의 경우에는 '-시-'를 붙이는 대신 특정한 꼴의 존대 어휘를 사용하기도 한다. 아래는 대표적인 예들이다.

(7) 있다-계시다　　　　자다-주무시다

　　먹다-잡수시다　　　아프다-편찮으시다

---

### [보충·심화 : '있다'의 높임표현]

'있다'의 높임 표현은 '있으시다'와 '계시다'가 있다. '계시다'는 주체인 사람을 높이며, '있으시다'는 주체와 관련된 어휘를 높일 때 쓴다.

가. 김 선생님은 집에 계십니다.

나. 김 선생님은 따님이 있으세요.

'편찮으시다'의 경우에는 '편하지 않다'의 줄임말로 '(몸이) 아프다'의 높임말로 사용되는데 항상 줄임말로만 사용된다. '편하다'의 부정어로는 '편치 않다'가 사용되는데 이는 높임말이 아니며 감정형용사이다.

가. 요즘 김 선생님이 많이 편찮으시다고 해요. 병원에 입원하셨다고 하네요.

나. 둘째가 시험에 떨어졌다는 소식을 들으니 마음이 편치 않구나.

말하는 이가 당연히 높여 말해야 하는 사람이지만 듣는 이가 서술어의 주체보다도 높은 지위일 경우, 높임을 나타내는 '-시-'를 쓰지 않는 경우가 있다. 이를 '압존법'이라고도 한다. 아래의 예문에서(8가)는 대화에 등장하는 세 사람의 지위가 '사장님=듣는 이)과장님=주체 〉말하는이' 순으로 이루어진 경우로 말하는 이가 가장 지위가 높은 '사장'에게 '과장'에 대해 말할 때, 비록 '과장'이 말하는이 보다 나이가 많더라도 낮추어 말하는 것을 말한다. (8나)의 경우는 대화에 등장하는 세 사람의 지위가 '선생님=듣는 이 〉 김 선배=주체 〉 말하는 이'의 순이며 마찬가지의 관계이다.

(8) 가. 사장님, 과장님이 아직 출근하지 <u>않았습니다.</u>

　　나. 선생님, 김 선배가 먼저 <u>갔습니까?</u>

하지만 입말에서 이러한 압존법이 언제나 명확하게 지켜지는 것은 아니다. 때로는 (9가)처럼 직장에서 존댓말을 사용할 때, 압존법을 지키지 않을 수도 있다. 이는 '일반사원'인 말하는 이가 말하는 내용의 주체가 되는 '과장'에 대해 '과장'보다 높은 지위인 '부장'에게 압존법을 사용하지 않고 높여 말하기도 한다. 또 위의 (9나)처럼 말하는 이가 주체보다는 높지만 듣는 이의 입장을 고려해 높임을 붙이는 경우도 있다. 이를 '승존법'이라고도 한다.

(9) 가. 부장님, 과장님 지금 외근 나가셨는데요.

　　(부장님=듣는 이 〉 과장=주체〉말하는 이)

　　나. 민수야, 어머니 집에 돌아오셨니?

　　(할머니=말하는 이 〉 어머니=주체〉민수=듣는 이)

## 1.1.2 상대높임법

한국어의 높임 표현 중 가장 빈번히 사용되는 표현은 상대 존대이다. 앞에서 다룬 주체높임이나 다음 절에서 공부할 객체높임의 경우에는 높임 표현만이 존재하지만 한국어의 상대높임법은 말하는 이와 듣는 이와의 관계에 따라 상대를 높이거나 낮추어 말하는 것을 말한다. 아래의 예문에서 보듯이 높임의 등급에 따라 동사의 어미가 달라진다.

(10) 가. 김 선생님, 지금 학교에 가십니까?(아주높임)

　　나. 김 선생, 지금 학교에 가시오?(예사높임)

　　다. 김 군, 지금 학교에 가나?(예사낮춤)

　　라. 영수야? 지금 학교에 가니?(아주낮춤)

높임의 등급은 학자에 따라 위의4단계로 나누기도 하고 더욱 다양하게 구분하기도 한다. 이밖에도 비격식적 인 환경에서 사용되는 두루높임과 두루낮춤의 일상적 표현도 있다.

| 상대 높임법 체계 | | | | |
|---|---|---|---|---|
| | 높임 표현 | | 낮춤 표현 | |
| 격식체 | 합쇼체<br>(아주높임) | 하오체<br>(예사높임) | 하게체<br>(예사낮춤) | 해라체<br>(아주낮춤) |
| 비격식체 | 해요체 | | 해체 | |
| | (두루높임) | | (두루낮춤) | |

다음으로 말하는 사람의 의도가 무엇이냐에 따라서 상대높임을 표현하는 방법이 달라진다. 즉 서술형, 의문형, 명령형, 청유형, 감탄형 등의 문장 종결의 방법에 따라 존대를 표현하는 종결어미가 달라지는 것이다.

(11) ㄱ. 영수는 방금 집에 갔다.(서술형)

　　ㄴ. 어제 도착하셨습니까?(의문형)

　　ㄷ. 여기 앉게.(명령형)

　　ㄹ. 내일 오후에 영화나 보러 갈까요?(청유형)

　　ㅁ. 달이 참 밝구나!(감탄형)

따라서 한국어의 상대높임을 알기 위해서는 상대에 따른 높임의 등급과 말하는 이의 의도가 동시에 고려되어야 하므로 아래의 도표와 같은 다양한 표현 방법이 쓰이게 된다. '가다'를 예로 높임의 등급을 보이면 아래와 같다.

| | 등급 | 서술형 | 의문형 | 명령형 | 청유형 | 감탄형 |
|---|---|---|---|---|---|---|
| 격식체 | 아주높임<br>(하십시오체) | 갑니다 | 갑니까 | 가십시오 | 가십시다<br>가실까요? | 갑니다 |
| | 예사높임<br>(하오체) | 가오 | 가오 | 가(시)오 | 갑시다 | 가오 |
| | 예사낮춤<br>(하게체) | 가네 | 가나 | 가게 | 가세 | 가네 |
| | 아주낮춤<br>(해라체) | 간다 | 가느냐 / 가냐 | 가라 | 가자 | 가는구나 |
| 비격식체 | 두루높임<br>(해요체) | 가요 | 가요 | 가세요 | 갈까요 | 가요 |
| | 두루낮춤<br>(해체) | 가 | 가 | 가 | 갈까 | 가 |

높임의 등급은 정도에 따라 '아주높임, 예사높임, 예사낮춤, 아주낮춤'의 네 가지가 있으며 이를 표현하는 어미에 따라 '하십시오체, 하오체, 하게체, 해라체' 등으로 부르기도 한다. 이들은 모두 격식적인 환경에서 주

로 사용된다. 이밖에 비격식적인 환경에서 쓰이는 반말이 있는데, 두루 낮추어 말하는 '해체'와 두루 높여서 말하는 '해요체'가 있으며 이는 각각 두루낮춤, 두루높임이라고도 불린다.[1]

그렇다면 위에서 제시한 높임의 등급들은 각각 어떤 상황에서 사용될까? 먼저 격식적인 환경에서 사용되는 경우를 살펴보자. '아주높임체'는 처음 만났거나 예의를 갖추어야 하는 공식적인 대화, 토론, 강의 등에서 사용된다. 텔레비전의 뉴스 같은 다수를 대상으로 하는 공식적 보고에도 사용된다. '예사높임체'는 청유형을 제외하고는 일상표현에서 잘 쓰이지 않으며, 청유형은 말하는 이와 비슷하거나 약간 나이가 많은 사람들과 얘기할 때 사용된다. '예사낮춤체'는 주로 나이든 남자가 아랫사람을 약간 낮춰 말할 때 쓴다. 그러나 자주 사용되는 표현은 아니며, 선생이 나이든 제자에게 혹은 장인이나 장모가 사위에게 말할 때에만 제한적으로 쓰이는 경우가 보통이다. '아주낮춤체'는 주로 나이가 어린 사람들이 친구 사이에 사용하며, 나이가 든 사람 사이에 사용하는 경우에는 아주 친밀한 경우에 사용할 수 있다. 가족 안에서 나이가 어린 사람한테 많이 사용하며 나이 차이가 많지 않은 형제나 자매간에는 화자보다 나이가 조금 많은 사람에게도 흔히 사용된다.

따라서 위에서 설명한 격식체 중 일반적으로 사용되는 것을 정리해 보면 다음과 같다.

| 등급 | 상황 | 상황 예문 | 비고 |
|------|------|-----------|------|
| 아주높임체 | (성인들이) 처음 만났을 때<br>격식적인 인사<br>TV 등의 공식보고<br>회의, 강의 등 | 처음 뵙겠습니다<br>안녕하십니까<br>뉴스를 전해드리겠습니다<br>지금부터 회의를 시작하겠습니다.<br>질문 없습니까? | 남자들이 주로 쓴다 |
| 예사높임체 | (성인들) 권유할 때 | 지금 나갑시다.<br>빨리 갑시다. 이러다 늦겠어요. | 청유형만 쓴다 |
| 예사낮춤체 | (남자) 선생이 제자에게<br>장인/장모가 사위에게 | 여기 앉게. 무슨 일로 왔나?<br>어서 오게(나)/식사하러 가세 | |
| 아주낮춤체 | 가족간에<br>어린이 간에<br>(성인) 친한 친구간에 | 언니야 네가 가라./빨리 가자<br>철수야, 너 언제 왔냐?<br>빨리 좀 다녀라, 너 또 늦었냐? | (가족)나이 차가 많지 않으면 손 위에도 쓴다. |

'두루높임체'와 '두루낮춤체'는 일상 표현에서 가장 많이 사용되는 표현이다. 일상생활에서는 주로 비격식체가 많이 쓰이며, 격식체는 문장이나 공식적인 회의나 모임 등에서 사용된다. 물론 앞서 설명한 격식체와 두루 높이거나 낮추어 표현하는 비격식체가 언제나 분명한 경계를 가지는 것은 아니다. (12가)처럼 처음 만났더라도 비슷한 위치이면 두루높임을 쓰는 경우도 있고, (12나)처럼 공식적인 자리더라도 반드시 격식을

---

1) 이 밖에도 '-(으)옵/으오-, -삽/사옵/사오-'등의 공손한 표현이 있으나, 주로 문어체나 기도문에서 사용되며 일상표현에서는 잘 쓰이지 않는다. 예) 이번에는 부디 성공하시옵소서.

차리지 않아도 되는 환경에서는 격식체와 비격식체를 혼용해서 쓰는 경우도 많다 .

(12) 가. 안녕하세요. 저는 김수미라고 합니다. 저는 한국 대학을 졸업했고요, 지금은 통신회사에서 일을 하고 있어요. 앞으로 잘 부탁드립니다.

　　　나. 안녕하십니까? 자, 지금부터 회의를 시작하도록 하지요. 먼저 김 선생님이 발표를 해 주시겠어 요? 발표 내용은 나누어드린 유인물을 참고하시기 바랍니다.

한편, 높임의 방법은 대화의 대상이 되는 한 사람에게도 격식체와 비격식체가 섞여 사용될 수 있다. 보통 사람들이 처음 만났을 때는 격식적 표현을 쓰다가 친근함을 드러낼 때 비격식적 표현으로 전환되는 경우가 많으며, 동일한 대상이라도 친근감이 생기면 심리적 거리를 좁히고 친밀감을 표시하기 위해서는 비격식적 표현을 사용하는 일이 많다.

(13) 가. 반갑습니다, 오랜만이네요. 한2년 됐지요?

　　　나. 아, 김 선생님, 이 선생으로부터 말씀 많이 들었습니다. 제가 김영수입니다. ⋯ 이렇게 직접 얘기 를 나누니 정말 좋네요. 정말 많은 도움이 되었어요.

한편 인쇄물이나 구호에서 주로 쓰이는 중화 표현인 '하라체'가 있다. 이 표현은 상대를 낮추는 의미가 없 으며 특정한 상대가 아닌 대중 전체를 일반적인 대상으로 삼을 때 사용한다.

(14) 가. 다음 질문에 답<u>하라.</u>

　　　나. 주민에 고통을 주는 다리 건설은 당장 <u>중지하라!</u>

## 1.1.3 객체높임법

한국어의 높임표현 중 세 번째 것은 객체를 높이는 방법이다. 객체높임법이란 문장의 목적어나 부사어가 나타내는 대상에 대한 높임의 태도를 말한다. 아래의 예문에서 '모시다'와 '드리다'는 화자의 발화 내용의 주 체를 높인 것도 아니며(주체높임), 듣는 상대를 높인 것(상대높임)도 아니다. 이 문장에서(15가')의 '모시다' 는 '아버님을'이라는 단어로 인해 사용된 것이고, (15나')의 '드리다'라는 단어는 '선생님께'라는 단어로 인해 사용된 것이다.

(15) 가. 어제 철수가 동생을 <u>데리고</u> 영화를 봤어요. (주체>객체)

　　　가'. 어제 철수가 아버님을 <u>모시고</u> 영화를 봤어요.(주체<객체)

　　　나. 이 책을 영수한테 <u>주고</u> 와라. (말하는 이>듣는 이>객체)

　　　나'. 이 책을 선생님께 <u>드리고</u> 와라. (말하는 이>객체>듣는 이)

　　　나". 이 책을 선생님께 <u>드리고</u> 오십시오.(듣는 이>객체>말하는 이)

이렇듯 주체의 행위가 미치는 대상을 객체라고 하며, 문장의 목적어나 부사어로 나타나는 객체에 높임의 대상이 나올 때 이에 따르는 서술어를 높이는 표현을 객체높임이라고 한다.

따라서 이 높임법은(15가,가')와 같이 주체와 객체의 관계가 고려되어야 하며, (15나,나')와 같이 말하는 이와 듣는 이가 고려되어야 한다. (15가')에서는 주체인 '철수'에 비교해 높임의 대상이 되는 객체 '아버님'을 높이는 것이며, (15나')에서는 화자보다 높임의 대상이 되는 '선생님'이라는 객체를 높인 것이다. 한편 아래의 (16가)처럼 말하는 이가 자신보다 나이가 어린 객체에게는 높임표현을 쓰지 않는 것이 보통이나, (16나)와 같이 듣는 이를 고려하여 듣는 이를 기준으로 한 객체높임을 사용하기도 한다.

(16) 가. 이 책을 네 아버지에게 <u>주고</u> 와라. (말하는 이〉객체〉듣는 이)

　　　 나. 이 책을 어머니께 <u>드리고</u> 와라. (말하는 이〉객체〉듣는 이)

객체높임은 몇몇의 단어로만 제한되어 한국어에서 가장 미발달된 높임법으로 볼 수 있다. 현대국어에서 객체존대는 용언의 문법적 활용으로 나타나지 않고 개별 어휘로 나타난다. 객체가 되는 체언에는 아래의 (17나)와 같이 '께'를 사용하는 것이 보통이다.

(17) 가. 이 책을 선생님<u>에게</u> 드리고 와라.

　　　 나. 이 책을 선생님<u>께</u> 드리고 와라.

이러한 어휘에는 다음과 같은 것들이 있다. (18) 예문에서 '드리다'는 '주다'의, '모시다'는 '데리다'의, '뵈다(뵙다)'는 '만나다'의, '여쭈다(여쭙다)'는 '묻다'의 높임 표현이다.

(18) 가. 영수가 김 선생님께 카네이션을 <u>드렸어요.</u>

　　　 나. 어제 할머니를 서울역까지 <u>모셔다</u> 드렸어요.

　　　 다. 어제 학교에서 오랜만에 김 선생님을 <u>뵈었어요.</u>

　　　 라. 할머니께 <u>여쭈어보면</u> 알려주실 거예요.

## 1.1.4 특수어휘에 의한 높임법

한국어에는 특정 단어의 높임말이 따로 있는 경우가 있다. 주로 명사와 동사에 나타난다.

(19) 밥-진지　　　　　　　　자다-주무시다
　　　 나이-연세　　　　　　　먹다-잡수시다
　　　 이-치아　　　　　　　　있다-계시다
　　　 말-말씀　　　　　　　　죽다-돌아가시다
　　　 이름-성함　　　　　　　아프다-편찮으시다

집-댁

생일-생신

딸-따님

아들-아드님

자식-자제분

술-약주

특수 어휘의 사용은 관용적 표현에도 나타나는데, 흔히 나이든 사람에게 '나이'나 '이름'을 물어볼 때는 아래와 같이 표현한다.

(20) 가. 연세가 어떻게 되십니까?

　　 나. 성함이 어떻게 되십니까?

한편 대답을 나타내는 표현인 '응, 아니'도 '예, 아니요'의 높임 표현을 가진다.

(21) 영수: 저녁 먹었니?

　　 영수 친구: 응/아니, 안 먹었어.

　　 영수 후배: 예/아니요, 안 먹었어요.

부르는 말에 높임이 나타나는 경우도 있다. 이런 경우에는 대체로 '-님'이 붙어 나타나는 경우가 많다. 사람 이름은 보통 '씨'를 붙여 높이기도 한다.

| | |
|---|---|
| 아버지-아버님 | 어머니-어머님 |
| 누나-누님 | 형-형님 |
| 선생-선생님 | 교수-교수님 |
| 과장-과장님 | 사장-사장님 |
| 민수-민수 씨 | 민수-민수군 |
| 수미-수미 씨 | 수미-수미양 |

하지만 최근 한국의 직장에서는 성과 이름을 모두 부른 후 '씨'를 부르거나 직함을 부르는 경우가 일반적이며, 이름 다음에만 '씨'를 붙이는 경우는 아주 친한 사이에서만 가능하다. 또한 직업의 직함이 일반적인 호칭으로 사용되는 경우가 있는데, 남자 어른을 부를 때 사용하는 '선생님'이나 여자 어른을 부르는 '사모님'이 그러한 예다. 최근 공공장소의 안내방송에서 손님을 높여 지칭하는 말로 이름 다음에 '-님'을 붙여 '김철수님, 이영수님' 등으로 사용하는 예도 있으나 일반적인 표현은 아니다.

사람의 이름에 '씨'를 붙여 높이는 경우에는 성과 이름을 합친 말 뒤에 붙이거나 이름 뒤에만 붙인다. 성 뒤에만 '씨'를 붙이는 경우에는 '높임'의 의미보다는 보통 육체노동에 종사하는 남자를 약간 낮추어 부를 때 쓰인다. 또한 '김씨'와 같이 붙여 쓸 때는 해당 성씨를 나타낸다.

ㄱ. 김철수 씨[높임]　　　　ㄴ. 철수 씨[높임]

ㄷ. 김 씨[×높임]　　　　　ㄹ. 김씨 가문

---

**[보충·심화 : 가족을 부르는 높임표현]**

한국에서 가족을 부르는 말은 나이가 변해감에 따라 달라진다. 어린아이가 자신의 부모를 부를 때는 '아빠, 엄마'로 부른다. 성인이 되면 '아버지, 어머니'라고 바꾸어 부르는 경우가 많다. 하지만 사람에 따라 성인이 되어서도 '아빠, 엄마'라고 부르는 사람도 있으며 여자의 경우가 더욱 그렇다. 또한 '아빠'는 '아버지'로 바꾸어 불러도 '어머니'는 그대로 '엄마'로 부르는 경우가 흔하다. 하지만 결혼을 해서 배우자의 부모를 부를 때는 '아버지'나 '어머니'대신에 '아버님, 어머님'이라는 호칭을 사용한다.

형제간에도 나이가 들어 성인이 되면 남자의 경우, '형'이나 '누나'대신에 '형님, 누님'으로 부르는 사람도 있으나 여자의 경우에는 '언니'의 경우에 그대로 '언니'로 부르는 경우가 많다.

이밖에도 친구의 부모님을 '아버님'이나 '어머님'으로 부르는 경우도 있는데, 이는 친한 친구 사이에 자신의 부모와 동일시하여 사용하는 것이다.

---

한편 자신이나 자신과 관련된 것을 낮추어 표현하는 겸양을 나타내는 어휘도 있다.

(22) 나-저　　　　　　　　　우리-저희

　　　(나의) 말-(제) 말씀[2]　　(나의) 원고-졸고

한편 공공기관에서 '우리 회사'를 '폐사'로 표현하거나 '우리 학교'를 '폐교' 등으로 표현하는 등, 한자어를 사용해 문서를 작성하기도 하나 일반적으로 쓰이는 표현은 아니다. 일반 사람 중에 '우리 나라'를 '저희 나라'로 표현하는 사람도 있지만 이는 올바른 표현이 아니며 '우리 나라'로 표현하는 게 옳다.

또한 방송이나 신문, 서적과 같은 격식체에서 높임법이 중화되는 경우도 있다.

(23) ㄱ. 오늘 김 대통령은 주요 담화를 <u>발표하였다.</u>/발표하셨다.

(23) ㄴ. 세종은 조선의 가장 훌륭한 <u>왕이다.</u>/왕이셨다.

위의 예들에서 두 표현 모두 가능한 표현이나, 중화체를 쓸 때는 개인적인 감정의 태도보다는 사실을 객관적으로 서술하는 의미를 가질 때 허용된다.

---

2) '말씀'은 높임말로도 쓰일 수 있고 자기를 낮추는 겸양어로도 쓰인다.

## 1.2 높임법을 어떻게 가르칠까

한국어 교재에서 '높임'은 서술법과 더불어 문형으로 제시된다. 예를 들어 기본적인 문장종결법은 대부분의 한국어 교재에서 초급에서 나오는데 이들은 모두 높임법과 결합되어 있다.

---

**[보충·심화 : 한국어 교재의 높임법]**

아래는 현행 한국어 교재에서 문법으로 제시하고 있는 높임과 관련 표현들이다. 아래는 초급부터 고급까지 차례로 보인 것이다.

ㄱ. -ㅂ/습니다(평서문), -ㅂ/습니까(의문문), -(으)십시오(명령문), -(으)ㅂ시다(청유문)

ㄴ. 여기는N-입니까?
   (N은/는) N이/가A-ㅂ니다/습니다
   N은/는 N을/를 V-ㅂ니다/습니다

ㄷ. 비격식체
   평서형: V-아/어요
   의문형: V-아/어요
   명령형: V-(으)세요
   청유형: V-(으)ㄹ까요
   감탄형: V-는군요

ㄹ. 반말 표현(V-아/어, N-이야)

ㅁ. 평서문: -네, -지, -오
   의문문: -나요, -는가요, -지(요) -니, -냐
   명령문: -어, -어라청유문: -자
   감탄문: -는구나, -는군

ㅂ. 평서문: -오, -소
   의문문: -을까요-을래요
   명령문: -라, -게, -오
   청유문: -세
   감탄문: -네요, -네, -어라

---

따라서 높임법의 교수는 문장종결법의 교수와 밀접하게 연결되어 있다. 교실에서의 높임표현에 대한 교수역시 문장종결법과 연관된다. 따라서 교사는 문장종결법과 존대의 개념을 한 번에 가르치게 된다.

이제 구체적인 예를 통해 '-아요/-어요'의 교수 방안의 샘플을 제시하고자 한다. 아래는 학습목표이다.

교수 현장에서 문법을 교수하는 순서적인 단계는 아래와 같이 제시할 수 있다.

(24) 도입 단계- 제시 단계- 연습 단계- 사용 단계- 마무리 단계

먼저 도입 단계에서는 오늘 공부할 내용을 자연스럽게 이끌어낸다. 그림을 사용하거나 교사가 앞서 배운 관련 표현을 사용하여 오늘 배울 내용을 유도할 수 있다.

(25) 가. 오늘 날씨가 좋습니다. 오늘 날씨가 좋아요.

　　　나. 아침에 학교에 왔습니다. 아침에 학교에 왔어요.

대부분의 한국어 교실에서는 '-어요'보다 '-습니다'를 먼저 학습한다. '-어요'가 더 고빈도로 사용되고 친숙하다는 점에서 '-어요'를 먼저 가르치자는 주장도 있으나, 어미의 활용 면에서 '-어요'가 더 어렵다는 이유와 '-습니다'가 더 격식 표현이라는 이유로 '-습니다'를 먼저 학습하는 경우가 많다. 따라서 앞선 배운 '-습니다'체의 평서형 어미, 의문형 어미, 명령형 어미를 간단히 복습하는 것이 중요하다. 플래시 카드를 이용해도 좋다. 학습자의 인지적 수준이나 시간 배분에 따라 한 시간에 교수할 문형의 분량에는 조절이 필요하다. 격식 표현인 '-습니다'의 경우에는 보통 시간 당 한 유형만을 가르치는 것이 보통이며 평서형, 의문형, 명령형, 청유형의 순서로 순차적으로 가르치는 것이 보통이다.

하지만 비격식 표현인 '-아요/-어요'의 경우에는 평서형, 의문형, 명령형, 청유형의 형태가 동일하므로,[3] 학습자들이 선행 학습한 격식 표현을 잘 기억하고 있다면 한꺼번에 교수할 수 있다.

제시 단계에서는 '해요'체의 '-아요/-어요' 표현을 가르친다면, 우선 이 표현은 문장을 서술하는 표현이면서 동시에 말을 듣는 상대를 높이는 표현임을 설명한다. 아울러 이 표현은 문어체보다는 구어체(말)에서 잘 쓰이며 친근한 사람들 사이에서 주로 사용함을 설명한다. 학습자의 모국어를 사용하든지 상황으로 설명하든지 학습자들 스스로 오늘 배울 내용이 무엇인지 알게 한다.

---

3) 명령형은 '-아요'와 '-(으)세요'가 모두 가능하다

아울러 교사는 '-아요'가 쓰이는 환경적 제약을 간단히 제시한다. '-아요'는 앞선 용언이 형용사나 동사냐, '명사+이다'냐에 따라 어미가 달라지며, 용언의 어간의 모음이 양성모음이냐 음성모음이냐에 따라 '-아요'와 '-어요'로 달라지므로 이를 단계적으로 이를 교수할 계획을 세워야 한다.[4] 학습자의 수준이나 교재에 따라 수업의 양이 달라질 수 있다.

(26) 용언+ -아요　　　　　　예) 작아요, 잡아요, 많아요, 좋아요
　　용언+ -어요　　　　　　예) 길어요, 먹어요, 적어요, 싫어요
　　명사+이에요　　　　　　예) 자동차이에요, 의자이에요, 책이에요, 연필이에요.
　　명사+예요　　　　　　　예) 자동차예요, 의자예요

문형의 의미를 이해하기 위해 일상생활에서 친숙한 환경을 바탕으로 한 충분한 예문을 제시한다. 혹은 격식 표현과 대조하여, 비격식적인 친근한 환경에서 '-아요/-어요'로 대치하는 예를 반복하여 보여주어도 좋다. 혹은 간단히 존대의 단계를 제시해 주어도 좋다.

　　아주 높임 ----------- 약간 높임 ------------- 반말
　　-습니다　　　　　　　　-어요　　　　　　　　-어

다음은 연습 단계이다. 연습 단계에서는 구조적 연습(structural drill)과 유의적인 연습(meaningful drill)이 함께 이루어져야 하며, 다양한 연습 유형이 제공되어야 한다. 아울러 연습은 문법 항목이 형태·의미·사회적·담화적 기능의 어떤 면을 가지고 있는지 무엇이 중요한지를 검토하고 이에 맞춘 교육이 이루어져야 한다.

먼저 주요 용언의 기본형을 가지고 이들을 '-아요/-어요' 꼴로 바꾸는 연습을 한다. 이 때 단어카드를 이용해도 좋고, 소그룹 별로 목록을 작성하게 해도 좋다. 이 때 앞선 격식표현과는 달리, 용언 어간의 모음이 양성모음이냐 음성모음이냐에 따라 달라짐을 설명해야 한다.

또한 '가다, 자다'와 같은 일부 용언은 반드시 축약된 꼴로만 쓰임을 설명한다. 기본형으로 부터 동사의 활용을 설명할 때, 이미 배운 격식체 '-습니다' 꼴을 아래와 같이 활용해도 좋고 생략해도 좋다.

　　잡다 → 잡습니다 → 잡아요　　　　먹다 → 먹습니다 → 먹어요
　　살다 → 삽니다 → 살아요　　　　　웃다 → 웃습니다 → 웃어요
　　가다 → 갑니다 → *가아요/가요　　오다 → 옵니다 → *오아요/와요

다음으로는 불규칙 용언의 '-어요'형을 연습한다. 학습자의 수준을 고려하여 이 부분은 차기 시간에서 순차적으로 가르치거나, 텍스트에 해당 용언이 나왔을 때 가르쳐도 좋다.

---

4) 아래의 설명은 교수의 단계를 설명한 것인지 한 차시에 수업해야 함을 의미하지는 않는다.

쓰다 → 써요                    덥다 → 더워요

듣다 → 들어요                  짓다 → 지어요.

즉, 용언은 활용이 규칙적인 것부터 불규칙적인 순서로 제시한다.

명령형의 경우에는 '-어요' 꼴과 '-시-'와 '-어요'가 결합된 '-세요' 꼴이 쓰일 수 있음을 설명한다.

(27) 가. 여기 앉아요.

　　　나. 여기 앉으셔요/앉으세요.

'앉으셔요'는 잘 쓰이지 않으며 '앉으세요'가 자주 쓰임을 설명하고, '앉아요' 보다는 '-시-'와 결합한 '앉으세요'가 더 공손한 표현임을 설명한다.

한편 연결된 차시에 '명사+이다'의 서술문에서의 '-어요'를 가르친다면 다음과 같은 내용에 유의해야 한다. 먼저 규칙형인 '학생이어요, 자동차이어요'를 보여주고, 실제로는 '학생이에요, 자동차이에요'가 쓰임을 설명한 뒤, 모음으로 끝나는 명사인 '자동차'의 경우에는 쓸 때는 '자동차이에요'로 주로 쓰지만, 말할 때는 '자동차예요'로 줄여 말하는 것이 자연스럽다고 설명할 수 있다.

(28) 저는 학생입니다 학생이어요 / 학생이에요 / ??학생예요

　　　저것은 자동차입니다 자동차이어요 / 자동차에요 / 자동차예요

'-아요/-어요'의 활용형 모두를 한 차시에 가르치게 되는 경우에는, 한 표현을 가르친 뒤 해당 표현의 연습을 하고 다음 표현으로 넘어가는 것이 좋다. 연습에는 대체연습(29가), 대화연습(29나), 완성연습(29다) 등을 활용할 수 있다.

(29) 가. 어디에 가요?　　　　　_____에 가요.(학교)

　　　　　　　　　　　　　_____에 가요.(도서관)

　　　　　　　　　　　　　_____에 가요.(극장)

　　　　　　　　　　　　　_____에 가요.(집)

　　　나. 오늘 숙제가 많아요?

　　　　　예, _____

　　　　　아니요, _____

다. 오늘 친구 집에 _____ (가다)

　　토요일에 약속이 _____ (있다)

　　배가 아프다 _____ (아프다)

　연습의 단계가 끝나면 실생활과 연계된 사용 단계로 넘어간다. 이때에는 다양한 상황을 제시한 활용 연습이나 역할 극과 같은 실제적인 연습을 도입할 수 있다. 소그룹활동이나 짝활동을 통해 학생들 스스로 실생활에 연관된 질의 응답을 하게 한다.

　마무리 단계에서는 오늘 배운 내용을 정리하고 학생들이 잘 이해했는지를 확인한다. 또한 숙제를 내주거나 차기 수업에 대해 예고한다.

　높임법은 실제로 일상표현에서 고빈도로 사용되는 높임표현은 '합니까체'와 '해라체', '해요체', '해체' 등에 제한되므로 이들을 집중적으로 가르칠 필요가 있다.

　현행 한국어 교재에서 높임법은 문형의 형태로 초급부터 고급까지 산발적으로 제시되고 있다. 따라서 자칫 개별 문형으로 접근할 경우 존대 표현의 큰 틀을 놓치기 쉽다. 따라서 교사는 급별로 만나게 되는 문장종결법의 문형들이 존대 체계에서 어떤 위치를 차지하는가에 대한 암시적인 교수가 필요하다.

　아울러 실생활에서 나타나는 존대의 표현은 다양한 상황별 변인이 있다. 말하기 교재나 읽기 교재에 등장하는 문장을 통해서 직장 생활에서의 존대 표현이나 가정 내에서의 존대 표현이나 공식적인 자리에서의 존대 표현의 특징을 설명하고 적절한 존대 표현을 제시해 주는 것이 바람직하다. 또한 화자와 청자가 동일해도 두 사람의 친근 관계가 달라지거나 대화상황 장면이 달라지면 존대 표현도 달라질 수 있음을 설명해 준다. 특히 호칭어는 존대 표현과 밀접한 관련이 있으므로 호칭과 존대 표현과의 관계에서 주의를 기울여야 한다.


## 2. 누구를 시킬 때는 어떻게 말해야 할까

### 2.1 사동이란 무엇일까

　다음의 예를 살펴보자. 아래의 예문에서(30가)와 (30나)의 '먹는다, 운다'와 같은 동사는 주어가 스스로 동작하는 것이며(30가'), (30나')는 스스로의 동작이 아닌 다른 사람이 시켜서 하는 동작이다.

(30) 가. 아이가 우유를 먹는다.

　　가'. 어머니가 아이에게 우유를 먹였다.

　　나. 아이가 운다.

　　나'. 선재가 아이를 울린다.

이렇듯 남에게 어떤 동작을 하게 하는 것을 사동이라고 하며, 이것을 드러내는 표현을 문법적으로 나타낸 것을 사동문이라고 한다. 즉, 주어가 직접 동작을 하는 것이 아니라 주어가 남에게 동작을 하도록 시키는 것이다. 사동문이란(30가'), (30나')와 같이 아이 스스로 무엇을 하는 것이 아니라 '어머니가' '우유를 먹게' 하거나, '선재'가 '아이를 울게' 하는 문장을 말한다. 이러한 사동문은 주동문과 대응된다. 주동이란 어떤 동작이나 행위를 남이 시켜서가 아니라 자기 스스로 하는 것을 말하며, 이를 드러내는 표현을 주동문이라고 한다. 위의 예문에서(30가)와(30나) 문장은 스스로의 동작으로 어떤 행위를 하므로 주동문이라고 부른다. 위의 예문에서 '먹는다, 운다'와 같은 동사를 주동사라고 하며, '먹였다, 울린다'와 같은 동사를 사동사라고 한다.

사동을 나타내는 표현은 위의 예문에서와 같이 사동사로 표현하는 방법과 아래의 예문과 같이 '-게 하다'와 같은 문법적 표현을 사용한 것이 있다. 전자는 접미사에 의한 것이므로 접미사 사동법이라고도 부르며, 후자를 통사적 사동법이라고도 부른다. 통사적 사동은 대부분의 동사에 모두 사용되나, 접미사에 의한 것은 일부 동사에만 제한되며 이를 파생적 사동법이라고도 부른다. 혹은 사동법의 길이에 따라서 이름을 붙이기도 하는데, 접미사 사동을 '단형사동'이라 하고 통사적 사동을 '장형사동'이라고 부르기도 한다.

| 접미사 사동=파생적 | 사동=단형사동(이, 히, 기, 리, 우, 구 추…) |
| 통사적 사동 | =장형사동 (-게 하다) |

아래의 예문에서(31나)는 접미사 사동이며, (31다)는 통사적 사동의 예이다.

(31) 가. 아이가 밥을 먹는다.

　　 나. 어머니가 아이를 밥을 <u>먹인다</u>.

　　 나. 어머니가 아이에게 밥을 <u>먹게 한다</u>.

접미사에 의한 사동사는 주동사인 자동사나 타동사, 혹은 일부 형용사에 '-이-,-히-,-리-,-기-,-우-,-구-,-추-' 등이 붙어서 이루어진 타동사인데, 각 용언마다 붙는 접미사는 일정하지 않다. 각 접미사에 의한 사동사를 보이면 아래와 같다.[5]

---

5) 이밖에도 아래와 같은 사동사 있으나 이들을 형성하는 사동접미사는 생산력이 없으므로 어휘화된 것으로 본다.
　예) 없다 → 없애다, 젖다 → 적시다, 일다 → 일으키다, 돌다 → 돌이키다

**자동사 → 사동사**

-이- : 죽다 → 죽이다　속다 → 속이다　줄다 → 줄이다　녹다 → 녹이다

-히- : 앉다 → 앉히다　익다 → 익히다

-리- : 울다 → 울리다　살다 → 살리다　얼다 → 얼리다　날다 → 날리다

-기- : 웃다 → 웃기다　남다 → 남기다　숨다 → 숨기다

-우- : 깨다 → 깨우다　자다 → 재우다　타다 → 태우다　서다 → 세우다

**타동사 → 사동사**

-이- : 먹다 → 먹이다　보다 → 보이다

-히- : 읽다 → 읽히다　입다 → 입히다　잡다 → 잡히다　업다 → 업히다

-리- : 알다 → 알리다　물다 → 물리다　듣다 → 들리다　들다 → 들리다

-기- : 맡다 → 맡기다　안다 → 안기다　벗다 → 벗기다　뜯다 → 뜯기다

-우-: 지다 → 지우다　차다 → 채우다

**형용사 → 타동사[6]**

-이- : 높다 → 높이다

-히- : 좁다 → 좁히다　넓다 → 넓히다　밝다 → 밝히다

-추- : 낮다 → 낮추다　늦다 → 늦추다

위의 어휘적 사동 중 일부 동사는 아래와 같이 접미사를 겹쳐서 사용하기도 한다.

세우다(서+이+우+다)　재우다(자+이+우+다)　타다(타+이+우+다)

다음으로는 사동문이 어떻게 만들어지는지를 살펴보자. 자동사나 형용사에서 파생된 사동사로 이루어진 문장에서는 주동문의 주어가 사동문의 목적어가 되며, 타동사에서 파생된 사동사를 가진 문장에서는 주동문의 주어가 목적어가 되거나 '에게, 한테'가 붙은 부가어가 된다.

**[자동사문]**

주동문:　　　　　　얼음이　　　녹았다.

　　　　　　　　　　↓　　　　　↓

　　　　　　　　　　↓　　　　　↓

사동문:　　우리는　　얼음을　　녹+이+었+다.

---

6) 형용사는 주동사가 아니므로 형용사에 사동 접미사가 붙어서 된 타동사는 사동사가 아니라고 볼 수 있다. 하지만 '무엇을 어떻게 되게 한다'라는 사동의 의미를 가지고 있으므로 사동사로 볼 수 있다. 엄밀히 말하면 사동법이란 통사적 관계라기보다는 개별 어휘 자체의 파생법이므로 사전에서는 사동사를 하나의 독립적 어휘로 다룬다. 이는 파생이 불규칙하며 사동관계의 대응이 일정하지 않은 까닭이다.

① 새 주어 생성(우리는)

② 주동문의 주어 → 사동문의 목적어(얼음이 → 얼음을)

③ 주동사 → 사동사(녹았다 → 녹이었다/녹였다)

**[형용사문]**

주동문:                    길이        넓다.

                            ↓          ↓

                            ↓          ↓

사동문:      구청에서      길을      넓+히+었+다.

① 새 주어 생성(구청에서)

② 주동문의 주어 → 사동문의 목적어(길이 → 길을)

③ 주동사 → 사동사(넓다 → 넓히었다/넓혔다)

**[타동사문]**

주동문 :                   아이가     옷을      입었다.

                            ↓         ↓        ↓

                            ↓         ↓        ↓

사동문:      어머니가     아이를     옷을     입+히+었+다.

① 새 주어 생성(어머니가)

② 주동문의 주어 → 사동문의 목적어(아이가 → 아이를)[7]

③ 주동사 → 사동사(입었다 → 입히었다/입혔다)

하지만 사동사에 의한 사동문을 언제나 만들 수 있는 것은 아니다. 아래는 몇 가지 제한적인 특징이다.

첫째, 사동사에 붙는 접미사는 용언마다 달리 나타나며 규칙화하기 힘들다. 다음은 접미사 사동이 불가능한 동사의 목록이다.

(32) 가다, 주다, 만들다, 만나다, 보내다, 열다, 닫다, 밀다, 치다, 쉬다, 뛰다, 다치다…

    '공부하다' 류의 '-하다' 동사

---

7) 타동사문의 접미사 사동의 경우에는 주동문의 주어가 사동문의 목적어가 되지 않고 '에게, 한테'꼴로 나타나기도 한다.
(예) 아이가 옷을 입었다. → 어머니가 아이를/아이한테/아이에게 옷을 입혔다.

둘째, 어휘적 사동표현이 있는 주동사도 본래 가지고 있는 의미 모두가 사동으로 나타나지는 않는다. 아래의 예에서처럼 '얼다'의 의미 중 '얼리다'의 사동형으로 대응되는 것은 기본 의미인(1)뿐이다. 어휘적 사동형을 가지는 대부분의 어휘들이 기본 의미에서만 대응형을 가지는 경우가 많다.

(33) 얼다
    1. (온도가 낮아져서) 물이 굳다. [예] 오늘은 바람이 불고 얼음도 얼었어요. (얼리다.)
    2. 추위로 몸의 한 부분이 차가워지고 감각이 없어지다. [예] 밖에서 한 시간이나 있었더니 손이 꽁꽁 얼었다. (×얼리다)
    3. 지나치게 긴장하여 얼떨떨해지다. [예] 예진이는 얼어서 선생님의 질문에 대답도 제대로 못했다. (×얼리다)

셋째, '-이다'의 경우는 접미사 사동과 '-게 하다' 사동 모두가 불가능하다.

(34) 가. 민수는 학생이다.
    나. 선생님은 민수를*학생이이다/*학생이게 했다.

사동사에 의한 사동법 외에도 앞선 지적한 '-게 하다'에 의한 통사적 사동법이 있다. 주동사의 어간에 '-게'를 붙이고 '하다'를 사용하여 사동의 뜻을 나타내는 표현이다.

**[자동사의 통사적 사동문]**

| 주동문 : | | 임산부가 | 자리에 | 앉았어요. |
|---|---|---|---|---|
| | | ↓ | | ↓ |
| 사동문 : | 우리는 | 임산부에게 | 자리에 | 앉+게+했어요. |

① 새 주어 생성(우리는)
② 주동문의 주어 → 사동문의 목적어(임산부가 → 임산부에게)
③ 주동사 → 사동사(앉았어요 → 앉게 했어요)

**[타동사의 통사적 사동문]**

| 주동문 : | | 아이들이 | 그림을 | 그린다. |
|---|---|---|---|---|
| | | ↓ | | ↓ |
| | | ↓ | | ↓ |
| 사동문 : | 선생님이 | 아이들에게 | 그림을 | 그리+게+한다. |

① 새 주어 생성(선생님이)

② 주동문의 주어 → 사동문의 목적어(아이들이 → 아이들에게)

③ 주동사 → 사동사(그린다 → 그리게 한다)

위의 통사적 사동문은 몇 가지 특징을 가진다.

첫째, 사동문이 될 때 주동문의 주어는 그대로 쓰이기도 하고 목적격 조사 '를'이나 '에게, 한테'를 취하기도 한다. 이중 '에게'나 '한테'가 쓰이는 것이 가장 자연스럽다.

(35) 가. 선생님이 아이들이 그림을 그리게 했다.

　　 나. 선생님이 아이들을 그림을 그리게 했다.

　　 다. 선생님이 아이들에게/한테 그림을 그리게 했다.

둘째, '-었-, -겠-' 등과 같은 어미는 본동사의 어간에 붙지 않고 '-하다'에만 붙는다.

(36) 가. 선생님이 아이들이 그림을 그리게 했다.

　　 나. *선생님이 아이들이 그림을 그렸게 한다.

　　 다. *선생님이 아이들이 그림을 그렸게 했다.

셋째, 주체 존대를 나타내는 '-시-'는 누구를 높이느냐에 따라 달리 나타난다. 아래의 예문에서처럼 양쪽에 다 나타날 수 있으나 의미가 달라진다. (37나)는 할머니를 높이는 것이며, (37다)는 할머니와 아버지 모두를 높인 것이다.

(37) 가. 할머니가 빈자리에 앉으셨어요.

　　 나. 우리는 할머니를 빈자리에 앉으시게 했어요.

　　 다. 아버지는 할머니를 빈자리에 앉으시게 하셨어요.

넷째, 접미사에 의한 사동 뒤에 '-게 하다'를 붙여 다시 사동문을 만드는 경우도 있다.[8]

(38) 가. 어머니는 내게 동생한테 우유를 먹이게 하셨다.

　　 나. 어머니는 영수에게 동생에게 옷을 입히게 하셨다.

---

8) '-게 시키다'나 '-게 만들다'등은 사동의 의미를 가지지만 사동법으로 설명하지 않는다. 이 경우에는 '시키다'와 '만들다'에 사동의 의미가 담겨 있다.

접미사 사동과 통사적 사동은 차이점이 있다. 통사적 사동문은 복문이므로 부사의 수식 범위가 달라진다.

(39) 가. 선생님은(너무 바빠서) 학생들에게 책을 <u>못</u> 읽혔다.

　　가'. 선생님은(좋지 않은 책이어서) 학생들에게 책을 <u>못</u> 읽게 했다.

　　나. 어머니는 아이를 우유를 <u>빨리</u> 먹였다.

　　나'. 어머니는 아이를 우유를 <u>빨리</u> 먹게 했다.

위의 예문에서 (39가)는 선생님이 책을 읽히는 행위를 하지 못했다는 의미이나 (39가')는 학생들이 책을 읽지 못하게 했다는 의미가 된다. (39나)는 어머니의 우유를 먹이는 동작이 빠름을 나타내고(39나')는 '빨리'가 아이가 우유를 먹는 동작을 수식하고 있다.

## 2.2 어떻게 사동을 가르칠까

한국어에서는 '사동법'이라는 문법 범주적 접근보다는 '사동사'를 독립된 어휘로 다루는 것이 좋다. 다만 학습자에 따라 모국어에는 사동법이 존재하는 경우가 있으므로, 사동의 관계를 학습하게 하기 위해서는 초급에서는 주동사와 사동사의 관계를 제시하여 규칙으로 가르칠 수도 있다.

한국어 학습에 있어서 사동 표현은 보통 중급에서 제시되며 접미사에 의한 어휘적 사동이 먼저 다루어지고 다음에 '-게 하다' 꼴의 통사적 사동이 다루어진다.

이제 구체적인 예를 통해 접미사에 의한 사동의 교수 방안의 샘플을 제시하고자 한다. 아래는 학습목표이다.

**학습목표** : 주요 동사의 접미사에 의한 사동법을 배운다.
**해당 급** : 중급
**단계**
　　도입: 질문을 통해 오늘 학습할 내용을 노출시킨다.
　　제시: 사동의 의미를 제시하고 용법을 설명한다.
　　연습: 그림이나 단어카드를 이용하여 사동표현을 연습한다.
　　사용: 실제 생활과 연결된 쓰임을 익히도록 한다.
　　마무리: 역할놀이 등을 통해 정리한다.

먼저 도입 단계에서는 오늘 공부할 내용을 자연스럽게 이끌어낸다. 교사는 그림이나 동작을 사용하여 오늘 배울 내용을 유도할 수 있다. 예를 들면 맨 앞에 앉은 학생을 일어서게 한 다음, 다시 학생의 어깨를 살짝 눌러 자리에 앉게 한 다음 학생들에게 말한다. "선생님이 요시다 씨를 앉힙니다." 다음으로는 학생 스스로가 앉게 하고 "요시다 씨가 앉았습니다."고 말한다. 그리고는 "앉힙니다-앉습니다"를 대비하여 천천히 말해준다.

또는 모자를 준비하여 모자를 이용하여 사동표현을 설명할 수도 있다. 칠판에 '쓰다-씌우다, 벗다-벗기다'를 적어 놓고 아래와 같이 실제 동작을 통해 보여준다.

(41) 한 학생의 머리에 씌운 다음,　　　　　가. "선생님이 마이클 씨에게 모자를 씌웁니다."
　　　학생 스스로의 동작과 대비시키면서　나. "마이클 씨가 모자를 썼습니다."
　　　다시 모자를 벗긴 다음,　　　　　　다. "선생님이 마이클 씨의 모자를 벗깁니다."
　　　학생 스스로의 동작과 대비시키면서　라. "마이클 씨가 모자를 벗었습니다"

이와 같이 동작을 함께 하면서 오늘 배울 내용이 스스로 하는 행동과는 달리 누가 누구에게 어떤 행동을 하게 하는 것임을 보여준다.

제시단계에서는 사동사를 써서 만드는 문장의 예와 상황을 제시하면서 사동사의 의미를 설명한다. '입히다'라는 사동사를 설명하면서 그림을 제시할 수 있다.

교사는 아이가 혼자서 옷을 입는 장면과 어머니가 아이 옷을 입히는 장면의 차이를 보여주고, 이를 통해 학습자들이 사동의 의미를 파악하게 한다. 유사한 방법으로 몇 개의 사동사를 설명한다.

다음은 연습 단계이다. 우선 어휘적 사동을 만드는 사동사의 주요 목록을 제시한다. 차트를 이용할 수도 있고 단어카드를 이용할 수도 있다.

(42) -이- : 보다 → 보이다       죽다 → 죽이다       먹다 → 먹이다

　　 -히- : 읽다 → 읽히다       앉다 → 앉히다       입다 → 입히다

　　 -리- : 울다 → 울리다       살다 → 살리다       알다 → 알리다

　　 -기- : 웃다 → 웃기다       남다 → 남기다       맡다 → 맡기다

　　 -우- : 깨다 → 깨우다       자다 → 재우다       타다 → 태우다

단어카드를 이용해 따라 읽거나, 소그룹 별로 대응 사동 표현을 찾는 게임을 진행할 수 있다. 다음으로 사동사의 활용형을 다양하게 제시한다.

먹여요, 먹였어요, 먹일 거예요, 먹이세요, 먹입시다

입혀요, 입혔어요, 입힐 거예요, 입히세요, 입힙시다

다음에는 문장을 통해 사동문을 만드는 연습을 한다.

(44) 쥐가 죽었어요. - (왜요?) - 고양이가(쥐를) 죽였어요.

　　 영미가 울었어요. - (왜요?) - 남수가(영미를) 울렸어요.

　　 아이가 자고 있어요. - (왜요?) - 엄마가(아기를) 재웠어요.

　　 아이가 우유를 먹었어요. - 내가 아기에게 우유를 먹였어요.

　　 유미가 신발을 신었어요. - 아버지가 유미에게 신발을 신겼어요.

혹은 질문-대답의 연습이나 변환 연습, 대체 연습을 통해 사동 표현을 읽히게 할 수 있다.

(45) 가. 누가 아이를 울렸어요? (영수)

　　　가. ＿＿＿＿＿가 아이를 울렸어요.

　　　나. 누가 아이를 재웠어요? (어머니)

　　　나. ＿＿＿＿＿가 아이를 재웠어요.

(46) 가. 아이가 울어요.

　　　가. 영수가 아이를 ＿＿＿＿＿ .

　　　나. 영수가 신발을 신어요.

　　　나. 누나가 영수에게 신발을 ＿＿＿＿＿ .

(47) (보기) 어머니가 아이를 재웁니다.(자다)

　　　가. 영수가 아이에게 신발을 ＿＿＿＿＿ . (신다)

　　　나. 어머니가 아이를 옷을 ＿＿＿＿＿ . (입다)

　연습의 단계가 끝나면 사용의 단계이다. 지금까지 학습한 사동사를 실제 생활에서 사용할 수 있는지 확인하기 위해 다양한 상황을 제시한 활용 연습이나 실제적인 연습을 도입할 수 있다. 소그룹이나 짝활동을 통해 학생들 스스로 실생활에 연관된 질의응답을 하게 한다.

　마무리 단계에서는 오늘 배운 내용을 정리하고 학생들이 잘 이해했는지를 확인한다. 또한 숙제를 내주거나 차기 수업에 대해 예고한다.

# 3. 누구에 의해 어떤 행동을 한다면 어떻게 표현할까

## 3.1 피동이란 무엇일까

　다음의 예를 살펴보자. 아래의 예문에서(48가)와(48나)의 '잡았다, 먹었다'와 같은 동사는 스스로의 힘으로 동작을 하는 것이며(48가'), (48나')는 스스로의 힘이 아닌 다른 사람의 힘으로 행해지는 동작이다.

(48) 가. 경찰이 도둑을 잡았다.

　　　가'. 도둑이 경찰에게 잡혔다.

　　　나. 고양이가 쥐를 잡아먹었다

　　　나'. 쥐가 고양이에게 잡아먹혔다.

이렇듯 남의 힘에 의해 어떤 동작이 행해지는 것을 피동이라고 하며, 이것을 드러내는 표현을 문법적으로 나타낸 것을 피동문이라고 한다. 즉, 주어가 스스로 어떤 동작을 하는 것이 아니라 주어가 다른 사람의 힘에 의해 어떤 동작을 당하는 것이다. 피동문이란(48가), (48나)와 같이 '도둑'은 '경찰'의 힘에 의해 '잡힘을' 당하거나 '쥐'가 '고양이'에 의해 '잡아 먹힘을' 당하는 문장을 말한다. 이러한 피동문은 능동문과 대응된다. 능동이란 어떤 동작을 자기 스스로의 힘으로 하는 것을 말하며, 이를 드러내는 표현을 능동문[9])이라고 한다. 위의 예문에서(48가)와 (48나) 문장은 스스로의 힘으로 어떤 행위를 하므로 능동문이라고 부른다. 위의 예문에서 '잡았다, 잡아먹었다'와 같은 동사를 능동사라고 하며, '잡혔다, 잡아먹혔다'와 같은 동사를 피동사라고 한다. 보통 행동을 가하는 명사에는 '에게, 한테(유정명사), 에(무정명사) 등이 쓰이지만 '에 의해'가 쓰이기도 한다.

피동을 나타내는 표현은 위의 예문에서와 같이 피동사로 표현하는 방법과 아래의 예문과 같이 '-어지다'와 같은 문법적 표현을 사용한 것이 있다. 전자는 접미사에 의한 것이므로 접미사 피동법이라고도 부르며, 후자를 통사적 피동법이라고도 부른다. 통사적 피동은 대부분의 동사에 모두 사용되나, 접미사에 의한 것은 일부 동사에만 제한되며 이를 파생적 피동법이라고도 부른다. 혹은 피동법의 길이에 따라서 이름을 붙이기도 하는 데, 접미사 피동을 '단형피동'이라 하고 통사적 피동을 '장형피동'이라고 부르기도 한다.

접미사 피동 = 파생적 피동 = 단형피동(이, 히, 기, 리)
통사적 피동           = 장형피동(-어지다)

아래의 예문에서(49나)는 접미사 피동이며, (49다)는 통사적 피동의 예이다.

(49) 가. 수위가 문을 열었다.

　　　나. 수위에 의해 문이 <u>열렸다.</u>

　　　다. 수위에 의해 문이 ? <u>열어졌다 .</u>

접미사에 의한 피동사는 능동사인 타동사에 '-이-,-히-,-리-,-기-' 등이 붙어서 이루어진 자동사인데, 각 용언마다 붙는 접미사는 일정하지 않다. 각 접미사에 의한 피동사를 보이면 아래와 같다.

---

9) 능동문은 피동문에 대응되는 개념이며 주동문은 사동문에 대응되는 개념으로 사용하는 것이며, 기본적으로 주어 스스로 어떤 행동을 한다는 점에서 같은 문장이다.

| 타동사 → 피동사 | | | |
| --- | --- | --- | --- |
| -이- : 보다 → 보이다 | 나누다 → 나뉘다 | 바꾸다 → 바뀌다 | 쓰다 → 쓰이다 |
| 놓다 → 놓이다 | 파다 → 파이다 | 섞다 → 섞이다 | |
| -히- : 닫다 → 닫히다 | 먹다 → 먹히다 | 읽다 → 읽히다 | 찍다 → 찍히다 |
| 잡다 → 잡히다 | 밟다 → 밟히다 | 묻다 → 묻히다 | 박다 → 박히다 |
| -리- : 듣다 → 들리다 | 떨다 → 떨리다 | 열다 → 열리 | 팔다 → 팔리다 |
| 풀다 → 풀리다 | 누르다 → 눌리다 | 물다 → 물리다 | |
| -기- : 감다 → 감기다 | 안다 → 안기다 | 쫓다 → 쫓기다 | 빼앗다 → 빼앗기다 |

다음으로는 피동문이 어떻게 만들어지는지를 살펴보자. 타동사에서 파생된 피동사를 가진 문장에서는 능동문의 주어가 '에 의해'가 붙은 부가어가 되거나 생략되고 능동문의 목적어가 피동문의 주어가 된다. 피동문은 원래 타동의 능동문에서 나온 것이기 때문에 엄격한 의미에서 볼 때 자동사나 형용사 구문의 피동문이 없다.

**[타동사문]**

능동문 :  영수가  문을  닫았다.

피동문 :  (영수에 의해)  문이  닫+히+었+다.

① 능동문의 목적어 → 피동문의 주어(문을 → 문이)

② 능동문의 주어 → 피동문의 부가어(영수가 → 영수에 의해)

③ 능동사 → 피동사(닫았다 → 닫히었다/닫혔다)

하지만 피동사에 의한 피동문을 언제나 만들 수 있는 것은 아니다. 아래는 몇 가지 제한적인 특징이다.

첫째, 각 피동사에 나타나는 접미사는 용언마다 달리 나타나며 규칙화하기 힘들다. 접미사 피동형을 가지는 대부분의 어휘들이 비유적 의미에서는 피동사 대응형을 가지지 못하는 경우가 많다. 사실 접미사 피동이 가능한 동사보다는 불가능한 동사의 목록이 더 많다. 아래는 접미사 피동이 불가능한 대표적인 동사들이다.[10]

(50) 가. 가다, 주다, 만들다, 받다, 그리다, 얻다, 돕다, 알다, 배우다, 만나다, 찾다 …

나. '공부하다' 류의 '-하다' 동사

다. 사동사 류

---

10) 동사 어간이 'ㅣ' 모음으로 끝나는 동사(던지다, 지키다, 때리다, 만지다 등)들은 어휘적 피동사를 사용하지 못한다는 제약이 있다.

둘째, 모든 동사에 어휘적 피동이 존재하지는 않으며, 어휘적 피동표현이 있는 능동사도 본래 가지고 있는 의미 모두가 사동으로 나타나지는 않는다. 아래의 예에서처럼 '나누다'의 의미 중 '나뉘다'의 피동형으로 대응되는 것은 기본 의미인 (1), (2), (4)뿐이다.

(51) 나누다

　　1. (무엇을) 여러 부분이나 갈래로 가르다. [예] 남자와 여자로 팀을 나누었어요. (나뉘다)

　　2. (수학에서 어떤 수를) 다른 수로 나눗셈을 하다. (나뉘다)

　　3. (누구와 이야기, 행동 등을) 주고받다. 함께 하다. [예] 학생들은 한국 문화에 대해 많은 얘기를 나누었다. (× 나뉘다)

　　4. 각각의 몫으로 분배하다. [예]아이들에게 똑같이 과자를 나누어 주었어요. (나뉘다)

　　5. (어떤 감정을) 함께 하다. [예]기쁨은 나누면 커지고 고통은 나누면 적어진다. (× 나뉘다)

셋째, '-하다' 동사류는 아래의 접미사를 붙여 피동의 의미를 가지는 동사가 된다. 주로 '-되다'이고 '-당하다'나 '-받다'도 종종 쓰인다.

가. 건설하다-건설되다, 결정하다-결정되다, 반복하다-반복되다, 발표하다-발표되다, 설치하다-설치되다, 정복하다-정복되다, 증명하다-증명되다, 포함하다-포함되다

나. 교육하다-교육받다, 사랑하다-사랑받다, 주문하다-주문받다, 전화하다-전화받다, 훈련하다-훈련받다

다. 고문하다-고문당하다, 공격하다-공격당하다, 납치하다-납치당하다, 모욕하다-모욕당하다, 살해하다-살해당하다, 해고하다-해고당하다

넷째, 피동사는 앞 절의 사동사와 모양이 같은 것이 많은데, '보이다, 잡히다, 끌리다, 업히다' 등은 사동사이면서 피동사인 것들이다.

다섯째, (52)와 같이 주어진 능동문에 대응되는 피동문이 없거나(53)과 같이 피동문만 있고 능동문은 없는 경우도 많다.

(52) 가. 철수가 칭찬을 들었다.

　　가'. *(철수에게) 칭찬이 들렸다.

(53) 가. 손에 못이 박였다.

　　가'. *(누가) 손에 못을 박았다.

　　나. 날씨가 풀렸다.

　　나'. *(누가) 날씨를 풀었다.

다. 영수가 감기에 걸렸다.

다'. *(누가) 영수를 감기에 걸었다.

피동문만 있고 능동문이 없는 구 표현에는 '기가 막히다, 눈이 뒤집히다, 말이 안 먹히다, 법에 걸리다, 일이 밀리다, 차가 밀리다, 마음에 걸리다, 속이 보이다, 맥이 풀리다, 일이 손에 안 잡히다…' 등이 있는데, 주로 관용적으로 쓰이는 표현들이다.

피동사에 의한 피동법 외에도 '-어지다'에 의한 통사적 피동법이 있다. 능동사의 어간에 '-어지다'를 붙여 피동의 뜻을 나타내는 표현이다. 앞선 접미사에 의한 피동이 타동사에만 쓰일 수 있음에 반하여 이러한 통사적 피동은 거의 모든 동사에 쓰일 수 있다. 아래의 예문과 같이 타동사, 형용사에 모두 붙을 수 있으며 사동사에도 붙을 수 있다.[11]

**[타동사의 통사적 피동문]**

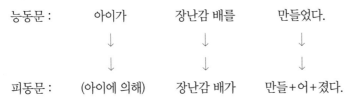

① 능동문의 목적어 → 피동문의 주어(장남감 배를 → 장남감 배가)

② 능동문의 주어 → 피동문의 부가어(아이가 → 아이에 의해)

③ 능동사 → 피동사(만들었다 → 만들어졌다)

**[형용사의 통사적 피동문]**

① 능동문의 주어 → 피동문의 주어(하늘이 → 하늘이)

② 능동사 → 피동사(높다 → 높아진다)

---

11) 문맥에 따라 자동사의 통사적 피동문도 가능하다. 예를 들어 아래와 같은 문장도 가능하다.
　(예) 나는 요즘 그 식당에 자주 가요. (나는) 요즘 그 식당에 자주 가져요(가+아+져요).

**[사동사의 통사적 피동문]**

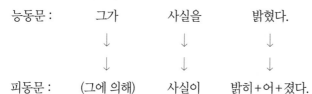

① 능동문의 목적어 → 피동문의 주어(사실을 → 사실이)

② 능동문의 주어 → 피동문의 부가어(그가 → 그에 의해)

③ 능동사 → 피동사(밝혔다 → 밝혀졌다)

위의 통사적 피동문은 몇 가지 특징을 가진다.

첫째, 통사적 피동문의 사용 범위가 더 넓은 것이 일반적이나 문맥에 따라 접미사 피동은 가능하나 통사적 피동문이 자연스럽지 못한 경우도 있다.

(54) 가. 이 신문을 많은 사람들이 읽는다.

　　가'. 많은 사람들에 의해 이 신문이 읽힌다.

　　가''. *?많은 사람들에 의해 이 신문이 읽어진다.

둘째, '-어지다'에 의한 피동법도 언제나 가능하지는 않다.[12]

(55) 가. 나는 매일 아침 책을 읽는다.

　　가'. ??(나에 의해) 매일 아침 책이 읽힌다.

　　가''. ??매일 아침 책이 잘 읽어진다.

셋째, 아래와 같이 접미사적 피동 중 일부 동사는 접미사 피동과 통사적 피동이 겹쳐서 사용되기도 한다.

(56) 가. 다리가 <u>끊겼다.</u>

　　가'. 다리가 <u>끊겨졌다.</u>

　　나. 쥐가 고양이에게 <u>먹혔다.</u>

　　나'. 쥐가 고양이에게 <u>먹혀졌다.</u>

---

12) 하지만 '요즘은 책이 잘 읽힌다'와 같은 문장은 자연스럽다.

**[피동문의 형성 방법]**

(1) 접미사 피동(단형 피동) : 타동사 어근 + 이,히,리,기 → 피동사

(2) 통사적 피동(장형 피동) : 용언 어간 + 어지다 → 피동사

(3) 단형 피동 + 어지다 → 피동사

---

**[보충·심화 : '에게'를 쓸 수 없는 피동 표현]**

능동문의 주어는 피동문에서 보통 조사 '에게'가 붙어 나타나지만 예외가 많다. 어떤 겨우에 '에게'를 쓸 수 없는지는 규칙화하기는 어렵다. 다만 원래의 능동문에서 '에게, 에'나 처소의 '에'가 결합된 명사구가 있으면 '에게'형태를 쓸 수 없다.

가. 김치가{*어머니에게, 어머니에 의해} 땅속에 묻혔다.

나. 종이가{*수미에게, 수미에 의해} 찢겼다.

다. 전화가{*민수에게, 민수에 의해} 끊겼다.

## 3.2 피동을 어떻게 가르칠까

한국어에서는 '피동법'이라는 문법 범주적 접근보다는 '피동사'를 독립된 어휘로 다루는 것이 좋다. 다만 학습자에 따라 모국어에는 피동법이 존재하는 경우가 있으므로 피동의 관계를 학습하게 하기 위해서는 학습 초기에는 능동사와 피동사의 관계를 규칙으로 제시하여 가르칠 수 있을 것이다.

피동 표현 역시 대부분의 한국어 교재의 중급에서 다루어진다. 먼저 어휘적 피동 표현을 학습하고 통사적 피동 표현을 학습하는 것이 일반적이다.

이제 구체적인 예를 통해 접미사에 의한 피동의 교수 방안의 샘플을 제시하고자 한다. 아래는 학습목표이다.

**학습목표** : 주요 동사의 접미사에 의한 피동법을 배운다.

**해당 급** : 중급

**단계**

도입: 질문을 통해 오늘 학습할 내용을 노출시킨다.

제시: 피동의 의미를 제시하고 용법을 설명한다.

연습: 그림이나 단어카드를 이용하여 사동표현을 연습한다.

사용: 실제 생활과 연결된 쓰임을 익히도록 한다.

마무리: 역할놀이 등을 통해 정리한다.

먼저 도입단계에서는 오늘 공부할 내용을 자연스럽게 이끌어낸다. 교사는 그림이나 동작을 사용하여 오

늘 배울 내용을 유도할 수 있다. 예를 들면 '경찰이 도둑을 잡는 그림'이나 '쥐가 고양이에게 잡히는 그림' 등을 보여주면서 학습자로 하여금 어렴풋하게나마 피동의 관계를 인식하게 한다.

칠판에 '잡다-잡히다, 나누다-나뉘다'를 적어 놓고 아래와 같이 실제 동작을 통해 보여준다.

(57) 가. 고양이가 쥐를 잡습니다. 쥐가 고양이에게 잡혔습니다.
　　　나. 선생님이 사과를 반으로 나눕니다. 사과가 반으로 나뉩니다.

이와 같이 동작을 함께 하면서 오늘 배울 내용이 누구에 의해 어떤 행동을 입게 되는 것임을 보여준다. 제시단계에서는 피동사를 써서 만드는 문장의 예와 상황을 제시하면서 피동사의 의미를 설명한다.

(58) 가. 갑자기 문이 <u>닫혔다</u>.
　　　나. 소리가 <u>들리지</u> 않아요.
　　　다. 이 연필로 쓰면 글씨가 잘 <u>써집니다</u>.

개념을 설명하기 위해서는 가장 전형적인 피동 표현의 예문을 제시할 필요가 있다.

연습단계에서는 가장 대표적인 어휘적 피동사들의 단어카드를 이용해 피동사를 만드는 방법을 먼저 배운다. 차트를 이용할 수도 있고 단어카드를 이용할 수도 있다.

(59) -이- : 보다 → 보이다　　나누다 → 나뉘다　　바꾸다 → 바뀌다　　쓰다 → 쓰이다
　　　-히- : 닫다 → 닫히다　　먹다 → 먹히다　　읽다 → 읽히다　　찍다 → 찍히다
　　　-기- : 감다 → 감기다　　안다 → 안기다　　쫓다 → 쫓기다　　빼앗다 → 빼앗기다
　　　-리- : 듣다 → 들리다　　떨다 → 떨리다　　열다 → 열리다　　팔다 → 팔리다

단어카드를 이용해 따라 읽거나 소그룹 별로 대응 피동 표현을 찾는 게임을 진행할 수 있다. 다음으로 피동사의 시제에 따른 활용형을 다양하게 제시한다.

보여요, 보였어요, 보일 거예요
닫혀요, 닫혔어요, 닫힐 거예요
떨어요, 떨려요, 떨릴 거예요

다음에는 문장을 통해 피동문을 만드는 연습을 한다.

(60) 가. 쥐가 고양이에게 잡혔어요.

　　나. 바람에 문이 열렸어요.

　　다. (발에) 껌이 밟혔어요.


혹은 질문-대답의 연습이나 변환 연습, 대체 연습을 통해 피동 표현을 읽히게 할 수 있다.


(61) 가. 누가 고양이에게 잡혔어요? (쥐)

　　가'. _____ 고양이에게 잡혔어요.

　　나. 무엇이 발에 밟혔어요? (가방)

　　나'. _____ 발에 밟혔어요.


(62) 가. 사자가 사슴을 잡아먹었어요.

　　가'. 사슴이 _____ .

　　나. 땅에 타임캡슐을 묻었어요.

　　나'. 땅에 타임캡슐이 _____ .


(63) (보기) 문이 열리다. (열다)

　　가. 벽에 못이 _____ . (박다)

　　나. 옆 사람의 발에 _____ . (밟히다)


　연습의 단계가 끝나면 사용의 단계이다. 지금까지 학습한 피동사를 실제 생활에서 사용할 수 있는지 확인하기 위해 다양한 상황을 제시한 활용 연습이나 실제적인 연습을 도입할 수 있다. 소그룹이나 짝활동을 통해 학생들 스스로 실생활에 연관된 질의응답을 하게 한다.

　마무리 단계에서는 오늘 배운 내용을 정리하고 학생들이 잘 이해했는지를 확인한다. 또한 숙제를 내주거나 차기 수업에 대해 예고한다.

　어떤 경우에 어휘적 피동사를 사용하고 어떤 경우에 '-어지다'를 사용하는지는 어휘에 따라 달라진다. 따라서 교사는 교재에서 피동사를 만나면 불규칙 여부에 주의를 기울여야 한다. 또한 '-되다, -받다, -당하다 등'과 같이 동사에 따라 통사적 피동형이 달라지는 경우에도 어휘별로 주의를 기울일 필요가 있다.

　한편 '-어지다'는 피동의 의미보다는 '-게 되다'와 비슷한 의미를 가져 어떠한 상태로 된다는 '과정화'의 의미가 더 강할 때가 있는데, 이는 자국 언어의 관점에서 피동을 생각하는 외국 학생들에게는 혼란을 줄 수 있다. 이 경우는 '피동'의 의미보다는 '과정화나 상태의 변화'의 의미를 가르치는 것이 좋다.

(64) 가. 요즘은 그 가게에 잘 <u>가지지</u> 않아요.

나. 그 소식을 듣고 더욱 <u>슬퍼졌어요.</u>

다. 해가 뜨니까 갑자기 주변이 <u>환해진다.</u>

라. 공사를 해서 길이 <u>넓어졌다.</u>

피동문과 관련한 여러 가지 제약들은 문법으로 직접적으로 가르치기보다는 학생들이 생산하는 언어 자료에서 틀린 부분을 수정함으로써 간접적으로 가르치는 것이 더욱 효과적일 것이다.

사동법이나 피동법은 한 과에서 집중적으로 다루어지는 편이다. 따라서 학습자의 학습 부담이 비교적 큰 편으로 흥미를 잃지 않게 주의할 필요가 있다. 주의할 점은 제시한 것을 한꺼번에 외우도록 해서는 안 된다는 것이다. 한꺼번에 외운 것은 문맥에 의존한 것이 아니기 때문에 기억에 오래 남을 수 없다. 또한 한번 학습하면 반복 학습되지 않는 경우가 많으므로, 해당 과의 문형 표현으로 제시되지 않더라도 지속적으로 반복 학습을 유도할 필요가 있다.

# 4. '아니하다'와 '못하다'는 어떻게 다른가

## 4.1 부정법은 어떻게 표현되나

부정을 나타내는 부사 '안, 못'이나 부정의 의미를 가진 용언 '아니다, 않다, 못하다, 말다'를 써서 부정문을 만드는 방법을 부정법이라고 한다. 부정문은 아래의 세 가지로 나뉜다.

1. '안'부정법: '아니(안), 아니다, 아니하다(않다)'를 써서 만든 부정문
2. '못'부정법: '못, 못하다'를 써서 만든 부정문
3. '말다'부정법: '말다'를 써서 만든 부정문

### 4.1.1 '안'부정법

먼저 '안'부정법은 단순부정법이라고도 불리는데, 서술어가 '체언+이다'로 된 문장의 부정은 이 체언에 보격조사 '이'를 붙이고 '아니다'를 쓴다.

(65) 가. 민수는 학생이다. (긍정문)

가'. 민수는 학생이 <u>아니다.</u> (부정문)

서술어가 용언이면 서술어 앞에 '안(아니)'을 넣거나 서술어인 용언의 어간에 '-지'를 붙이고 그 뒤에 '않다(아니하다)'를 써서 부정문을 만든다.

(66) 가. 민수는 노래를 불렀다.

　　　가'. 민수는 노래를 부르지 <u>않았다.</u>

　　　가". 민수는 노래를 안 <u>불렀다.</u>

이 때 부정문의 길이에 따라 가'를 장형부정, 가"를 단형부정으로 부르기도 한다. 아래의(67)의 예에서 처럼 용언에 따라 단형부정을 허용하지 않는 것도 있다.

(67) 가. *그 여자는 <u>안</u> 아름답다.

　　　나. *이 나뭇잎은 <u>안</u> 샛노랗다.

　　　다. *민수는 <u>안</u> 학생답다.

　　　라. *영수는 어제 <u>안</u> 숙제했다.

보통 용언이 합성어나 파생어는 단형부정문을 만들지 않으며 용언의 음절이 긴 경우에도 단형부정을 허용하지 않는다. 이에 반해 장형부정문은 이러한 제약이 없다.[13]

(68) 가. 그 여자는 아름답지 <u>않다.</u>

　　　나. 이 나뭇잎은 샛노랗지 <u>않다.</u>

　　　다. 민수는 학생답지 <u>않다.</u>

　　　라. 영수는 어제 숙제하지 <u>않았다.</u>

하지만 '-하다'파생동사들은 체언과 '-하다'가 분리될 때 '하다'앞에 '아니(안)'을 넣어 단형부정문을 만들 수 있다.

(69) 가. *민수는 지금 <u>안</u> 공부한다.

　　　나. 민수는 지금 공부 <u>안</u> 한다.

장형부정문의 '않다(아니하다)'는 앞선 용언이 동사이면 동사활용을 하고, 형용사이면 형용사 활용을 한다. 또한 '-았-, -겠-, -더-' 등의 시간 표현 어미는 '않다(아니하다)'에 붙는다.[14]

---

13) 하지만'돌아가다, 들어가다, 나가다, 나오다, 내려오다, 잡아먹다…'와 같은 합성어나'전하다, 상하다, 독하다…'와 같이 일음절 어근에 '-하다'가 붙은 파생동사들, 사동사, 피동사와 같은 파생동사들은 단형부정을 만들지 못하는 제약이 없다.

14) '-았-, -았었-'이'아니하다'가 아닌 앞 용언에 붙는 경우도 있는데, 이는 부정의문문이 아니라 선행 사실을 확인하는 확인의문문 인 경우에만 가능하다. (예) 민수가 미국에 갔지 않니? 너도 거기 있었지 않니?

(70) 가. 민수는 노래를 부르지 <u>않는다.</u>

　　나. 민수는 키가 크지 <u>않다.</u>

　　다. 민수는 노래를 부르지 <u>않았다.</u>

　　라. 민수는 키가 크지 <u>않더라.</u>

부정문의 의미는 그 부정이 미치는 범위에 따라 다양하게 해석될 수 있다.

(71) 민수는 빵을 먹지 <u>않았다.</u>

　　㉠ 빵을 먹지 않은 사람은 <u>민수</u>다. '민수'를( 부정)

　　㉡ 민수가 먹은 것은 <u>빵</u>이 아닌 다른 음식이다. '빵'을( 부정)

　　㉢ 민수는 빵을 <u>먹지</u> 않고(예를 들면) 버렸다. '먹다'를( 부정)

　한편, '안(아니)'이나 '않다(아니하다)' 부정문은 의미에 있어서 단순한 부정과 의도적인 부정이 모두 가능하다. 아래 예문에서(72가)와 (72나)는 단순한 부정이나(72다)는 단순한 부정과 의도적인 부정의 두 가지 해석이 모두 가능하다.

(72) 가. 민수는 학생이 <u>아니다.</u>

　　나. 민수는 키가 작지 <u>않다.</u>

　　다. 민수는 노래를 부르지 <u>않았다.</u>

## 4.1.1 '못'부정법

　'못'부정문은 능력부정법이라고도 불리는데, 주체의 의지가 아닌 능력이나 다른 원인으로 인해 그 행위가 일어나지 못했을 때 사용한다. 서술어가 '체언+이다'로 된 문장이나 형용사의 부정에는 사용할 수 없다. 다만 (73다)과(73라)처럼 말하는 이의 기대에 못 미친다는 의미로 일부 형용사에 쓰일 수 있다. 이를 '상태 부정'이라고도 한다.

(73) 가. *민수는 학생이지 못하다.

　　나. *민수는 작지 못하다.

　　다. 민수는 똑똑하지 못하다.

　　라. 이 지역은 물이 풍부하지 못하다.

　서술어가 동사이면 서술어 앞에 '못'을 넣거나 서술어인 용언의 어간에 '-지'를 붙이고 그 뒤에 '못하다'를 써서 부정문을 만든다. 이 때 부정문의 길이에 따라 아래의 예문에서(74가)을 단형부정, (74나)를 장형부정

으로 부르기도 한다.[15]

(74) 가. 민수는 영어책을 못 읽는다.
　　나. 민수는 영어책을 읽지 <u>못한다</u>.

동사에 따라 단형부정을 허용하지 않는 것도 있다. 보통 합성어나 파생어는 단형부정문을 만들지 않으며 동사의 음절이 긴 경우에도 단형부정을 허용하지 않는다. 이에 반해 장형부정문은 이러한 제약이 없다. 이는 단순부정의 제약과 같다.

(75) 가. *민수는 어제 못 숙제했다.
　　나. *선생님은 민수를 못 꾸중하셨다.

'-하다' 파생동사들은 체언과 '-하다'가 분리될 때 '하다' 앞에 '못'을 넣어 단형부정문을 만들 수 있다.

(76) ㄱ. *민수는 못 공부한다.
　　ㄴ. 민수는 공부를 못 한다.

'-았-, -겠-, -더-' 등의 시간 표현 어미는 '못하다'에 붙는다.

(77) 가. 민수는 마늘을 먹지 <u>못한다</u>.
　　나. 민수는 마늘을 먹지 <u>못했다</u>.
　　다. 민수는 마늘을 먹지 <u>못하더라</u>.

부정문의 의미는 그 부정이 미치는 범위에 따라 다양하게 해석될 수 있다.

(78) 민수가 마늘을 못 먹었다.
　　㉠ 마늘을 먹지 못하는 사람은 <u>민수</u>다. '민수'를(부정)
　　㉡ 민수가 먹지 못하는 것은 <u>마늘</u>이다. '마늘'을(부정)
　　㉢ ③ 민수는 마늘을 <u>먹지만</u> 못할 뿐이다. '먹다'를(부정)

---

15) '고민하다, 염려하다, 걱정하다, 후회하다, 망하다, 실패하다, 잃다, 당하다, 변하다…'등의 동사는 의미상 '못' 부정문과 함께 쓰이지 않는다.

## 4.1.2 '말다' 부정문

앞서 설명한 '안'부정법과 '못'부정법이 평서문과 의문문에만 적용됨에 반하여, '말다'부정문은 명령문과 청유문에만 사용한다. 서술어가 '체언＋이다'로 된 문장이나 형용사의 부정에는 사용할 수 없다.

(79) 가. 지금 떠나지 마라.

　　나. *학생이지 <u>말아라</u>.

　　다. *예쁘지 <u>맙시다</u>.

　　라. *나는 밥을 먹지 <u>말았다</u>.

　　마. *(너는) 밥을 먹지 <u>말았니?</u>

다만, 서술어가 '바라다, 원하다, 기대하다…'와 같은 바람을 나타내는 동사가 오면 명령문이나 청유문이 아니더라도 '말다'가 사용될 수 있다. 또한 아래의(80다)처럼 '기원'의 의미를 가지는 문장에서도 '말다'가 사용될 수 있다.

(80) 가. 나는 네가 늦지 <u>않기/말기</u>를 바란다.

　　나. 너무 오래 기다리지 <u>않기를/말기를</u> 원해.

　　다. 내일 날씨가 너무 춥지만 <u>말기를</u>….

서술어가 동사이면 서술어인 용언의 어간에 '-지'를 붙이고 그 뒤에 '말다'를 써서 부정문을 만든다.

(81) 가. *쓰레기를 버리지 <u>않으시오</u>.

　　나. *쓰레기를 버리지 <u>못하시오</u>.

　　다. 쓰레기를 버리지 <u>마시오</u>.

　　라. *오늘은 영화를 보러 가지 <u>않읍시다</u>.

　　마. *오늘은 영화를 보러 가지 <u>못합시다</u>.

　　바. 오늘은 영화를 보러 가지 <u>맙시다</u>.

## 4.2 어떻게 부정을 가르칠까

| 부정표현 | | | |
|---|---|---|---|
| | 단형부정 | 장형부정(평서문, 의문문, 감탄문) | 장형부정(명령문, 청유문) |
| 능력부정 | 못 | -지 못하다 | -지 마라/말아라, 말자 |
| 의지부정 | 안(아니) | -지 않다(아니하다), 안하다 | -지 마라/말아라, 말자 |

한국어 교실에서 부정문은 비교적 이른 시기에 다루어진다. 현행 한국어 교재를 살펴보면 초급에서는 다음과 같은 부정문을 다룬다.

> 용언의 '안'부정문
> 용언의 '-지 않다'부정문
> 형용사의 부정문

초급의 후반이나 중급의 초반에서는 '못'부정문과 '-지 못하다'부정문을 배우며, 중급의 후반에 이르러 '말다'부정문을 배우게 된다. 구체적인 예를 통해 '못'부정문을 예로 들어 교수 방안의 샘플을 제시하고자 한다. 아래는 학습목표이다.

> **학습목표** : '못'부정법을 배운다.
> **해당 급** : 초급
> **단계**
>    도입: 질문을 통해 오늘 학습할 내용을 노출시킨다.
>    제시: '못'부정의 의미를 제시하고 용법을 설명한다.
>    연습: 그림이나 단어카드를 이용하여 부정표현을 연습한다.
>    사용: 실제 생활과 연결된 쓰임을 익히도록 한다.
>    마무리: 역할놀이 등을 통해 정리한다.

부정의 개념은 언어마다 모두 있고, 대부분의 학습자들은 단순부정과 능력부정의 개념도 대부분 알고 있으므로 부정문을 교수하는 것은 어렵지 않다. 다만 단형부정과 장형부정의 쓰임을 구분하는 것과 문어체와 달리 구어체에서 자주 쓰이는 부정 표현에 초점을 두고 교수하는 것이 중요하다. 가장 간단한 문법 범주이면서도 적지 않은 오류를 보이는 표현임에 주의할 필요가 있다.

먼저 도입 단계에서는 오늘 공부할 내용을 자연스럽게 이끌어낸다. 교사는 자연스럽게 대화를 이끌면서 오늘 배울 내용을 도입한다.

(82) 가. 오늘 점심에 밥을 많이 먹었어요. 배가 불러서 더 이상 못 먹어요.
     나. 오늘 오후에 소풍을 가고 싶어요. 하지만 비가 와서 못 가요.
     다. 민수는 3살입니다. 아직 책을 못 읽어요.

제시 단계에서는 '못'부정문의 의미와 충분한 예문을 통해 학습자에게 노출한다. 앞선 시간에 배운 '안'부정문과 대비하여 의미의 차이를 설명하는 것도 한 방법이다.

(83) 가. 민수가 학교에 갑니다.

　　　나. 오늘은 일요일입니다. 민수는 학교에 안 갑니다.

　　　다. 오늘 민수가 아픕니다. 민수는 학교에 못 갑니다.

다음으로는 동사의 짧은 부정과 긴 부정 표현을 설명하고, 단어 카드 등을 이용해 부정 표현을 만들어 본다.

(84) 가다- 못 가다- 가지 못하다

　　　먹다- 못 먹다- 먹지 못하다

　　　읽다- 못 읽다- 읽지 못하다

다음으로는 질의-응답 연습 등을 통해 배운 문형을 충분히 연습하게 한다. 소그룹이나 짝활동으로 할 수 있다. 혹은 간단한 게임을 응용할 수도 있다.

(85) 영수: 같이 수영할까?

　　　민수: 아니. 수영 못 해.

　　　영수: 김치 먹을 수 있어요?

　　　민수: 아니요, 못 먹어요.

다음 사용의 단계에서는 실제 생활에서 자주 쓰이는 '못'부정 표현을 대화를 통해 익힌다. 교사는 학습자들로 하여금 '못'부정 표현이 많이 사용되는 실제 대화문 구성하게 하여 자연스러운 대화로 발전시키도록 유도한다.

마무리 단계에서는 학습자들이 제대로 이해했는지를 확인하고 숙제 등을 통해 '못'부정문을 충분히 학습하게 지도한다.

부정문을 교수할 때는 부정의 질문에 대한 대답에도 주의를 기울일 필요가 있다. 한국어에서는 부정의 질문을 받을 때는 뒤에 부정의 문장이 와도 긍정의 대답이 쓰인다. 대부분의 인구어에서는 부정 의문에 대한 대답이 한국어와 같지 않은 경우가 많으므로 학습자들이 혼동하지 않도록 교수한다. 아래의(87) 문장은 (88)의 영어 문장과 대비할 때 '예, 아니요'의 쓰임이 다르므로 이의 교수에 주의를 기울여야 한다.

(86) 영수: 밥 먹었니?

　　　민수: 응, 먹었어/아니, 안 먹었어.

(87) 영수: 너 아직 숙제 안 했니?

　　　민수: 예, 안 했어요./ 아니요, 했어요.

(88) 영수: Haven'tyou done your homework yet?

　　민수: Yes, I have. /No, I haven't.

　　참고문헌

강현화 (2006), 「한국어 문법 교수학습 방법의 새로운 방향」, 『국어교육연구』18: 31-60, 서울대학교 국어교육연구소.

강현화 (2007), 「한국어 표현문형 담화기능과의 상관성 분석 연구: 지시적 화행을 중심으로」, 『이중언어학』34: , 1-26, 이중언어학회.

강현화 외(2016), 『한국어교육 문법』, 한글파크.

강현화 외(2017), 『한국어 유사 문법 항목 연구』, 한글파크.

고춘화 (2010), 『국어교육을 위한 문법 교육론』, 역락.

구본관 (2017), 「한국어 문법 교육의 내용 −한국어 문법 교육은 왜, 어떻게, 무엇이 달라야 하는가?−」, 『국제한국어교육학회』 Vol.2017, 국제한국어교육학회.

국립국 어원 편, 김정숙·박동호·이병규·이해영·정희정·최정순·허용(2005), 『외국인을 위한 한국어 문법 2』, 케뮤니케이션북스.

김광순 (2021), 『새 선생님을 위한 한국어 문법 교육론』, 박문사.

박덕유 (2017), 『(이해하기 쉬운) 문법교육론』, 역락.

박동호 (2016), 「한국어 문법의 교육 내용 구축 방안− 한국어 문법 교사를 위하여 −」, 『문법교육』 Vol.28, 한국문법교육학회.

우형식 (2017), 「한국어교육문법의 성립과 과제 」, 『국제한국어교육학회 춘계학술발표논문집』 Vol.2017, 국제한국어교육학회.

Brown, H. D. (2000). Principles of Language Learning and Teaching. 권오량, 김영숙, 한문섭 공역. 2001. 『원리에 의한 교수: 언어 교육에의 상호작용적 접근법』. Pearson Education Korea.

Bygate , M. and Tonkyn, A. and Williams, E. eds.(2000), Grammar and the Language Teaching. New York: Printice Hall.

Lewis, M.(2002), Implementing the Lexical Approach. Boston: Heinle.

Swan, M. (2002), Seven Bad Reasons for Teaching Grammar−and Two Good Ones, Edited by Richards, J. C. and Renandya, W. A. Methodology in Language Teaching, Cambridge: Cambridge University Press.

Thorn bury, S. (1999), How to Teach Grammar? 이관규 외 옮김(2004), 『문법을 어떻게 가르칠 것인가?』, 서울: 한국문화사.

# 7 문장에서 조사는 어떤 일을 할까

옆의 집 중에서 어떤 집이 제대로 된 집일까? 물론 위쪽의 집이 제대로 된 집이 다. 똑같은 재료를 이용했음에도 불구하고 왜 어느 한 쪽은 멋진 집이 되고 어느 한 쪽은 단순히 재료만 쌓아 놓은 것이 될까? 이는 각각의 재료들이 제자리에서 서로 잘 결합되어 있어야 집이 되기 때문이다. 그리고 이렇게 각각의 재료들을 연결시킬 때 못이나 볼트 등이 필요하다.

문장을 만들 때에도 마찬가지로 낱말들을 아무렇게나 연결시킨다고 해서 문장이 되는 것은 아니다. 각 낱말들이 문장에서 자리를 지켜 자신들의 역할을 해야 비로소 제대로 된 문장이 된다. 문장에서 각각의 낱말들을 연결시켜 제자리에 있게 하는 것이 격조사이다. 그럼, 문장에서 낱말들이 자리를 바꾸면 어떻게 자신들의 역할을 알 수 있을까? 조사가 없으면 어떻게 될까? 그리고 대화상에서 조사가 없이 쓰인 문장은 틀린 것일까?

# 1. 조사, 외국인에게는 낯선 문법이다

문장을 이루는 기본 요소는 낱말이다. 그러나 낱말을 아무렇게나 나열한다고 문장이 되는 것은 아니고 일정한 순서에 의해 문장이 만들어진다(영희 밥 먹어요.). 그렇다면 낱말을 일정한 순서에 따라 나열만 하면 의미있는 문장이 될까? 다음 예문을 보자.

(1) 가. 토끼 호랑이 잡아 먹었다.
　　나. 철수 영희 싸운다.
　　다. 철수 줘요 선물 영희.

(1가)는 낱말들의 순서로 본다면 "토끼가 호랑이를 잡아먹었다."라는 의미로 추측할 수 있다. 그러나 낱말들 간의 의미로만 본다면 "토끼를 호랑이가 잡아먹었다."도 된다. (1나)도 "철수가 영희와 싸운다."와 "철수와 영희가 싸운다."의 두 가지 의미로 해석할 수 있다. (1다)는 낱말들의 순서가 바뀌면서 누가 누구에게 선물을 줬는지 알 수 없다. 그렇다면 이러한 문장의 의미를 어떻게 결정할 수 있을까? 이런 낱말들의 문장 안에서의 자리(격)를 결정해 주는 것이 격조사이다. 이처럼 한국어에서는 격조사가 문장 안에서의 격을 결정해 주지만 영어와 같은 인구어에서는 이런 격을 결정해 주는 것이 문장 안에서의 어순(낱말들의 순서)이다. 따라서 한국어를 배우려는 외국인에게는 자신들의 문법에 없는 조사를 배우는 것이 큰 어려움이다.

그럼, 다음 문장을 외국인에게 어떻게 설명할 수 있을까?

(2) 가 A : 누가 학생이에요?
　　　B : 철수가 학생이에요.(○)
　　　　　철수는 학생이에요.(×)

　　나 A : 철수는 학생이에요?
　　　B : 네, 철수는 학생이에요.(○)
　　　　　네, 철수가 학생이에요.(×)

(2)에서 '철수는'과 '철수가'는 모두 문장에서 주어를 나타내는데 영어권 화자에게는 왜 (2가)에서는 '철수가'로, (2나)에서는 '철수는'으로 대답해야 하는지를 이해할 수 없다. 한국어 모어 화자에게는 단순히 '철수가'의 '가'는 주격조사이고, '철수는'의 '는'은 보조사라고 설명하면 되지만, 외국인에게는 주어 자리에 쓰이는 '가'와 '는'이 어느 경우에 주격조사로 쓰이고 어느 경우에 보조사로 쓰이는지에 대한 정보를 제시해야 한다.

이처럼 외국인에게 '조사'라는 문법 범주는 상당히 낯설고 어려운 부분이다.

# 2. 조사는 문장에서 어떤 역할을 하나

## 2.1 조사란 무엇인가

한국어에서 조사는 낱말이기는 하나 다른 낱말들과는 달리 낱말로서의 독립성을 갖지 못하고 주로 체언 (명사, 대명사, 수사)과 결합하여 선행명사와 다른 문장성분과의 관계를 나타내거나 의미를 더해 준다. 따라서 영어와는 달리 조사가 붙은 낱말은 문장에서 어디에 있더라도 그 성분을 알 수 있기에 문장 안에서의 이동이 자유롭고, 간단하게 선행명사 뒤에 붙어 다양한 의미를 더해 주거나 제한해 주기도 한다.

이는 한국어의 특징 중의 하나로 격조사를 알고 있으면 문장 안에서 어순이 뒤바뀌었더라도 격조사와 결합한 명사구가 문장 안에서 어떤 격을 나타내고 있는지 알 수 있고, 보조사를 알고 있으면 그 문장에 더해진 의미를 알 수 있다.

## 2.2 조사와 어미는 무엇이 다른가

조사가 다른 말에 붙는 것을 보면 용언의 활용에서 어간 뒤에 어미가 붙는 것과 별 차이가 없어 보인다. 그러나 용언의 어미는 어간이라는 의존형태소에 결합하는 반면 조사는 낱말인 자립형태소에 붙는다. 또한 어미는 어간과 분리될 수 없고 생략도 될 수 없지만, 조사는 다른 조사에 의해 선행명사와 분리되기도 하고 문장의 성분과 의미에 따라 생략되기도 하는 등 낱말로서의 기능을 더욱 많이 나타내므로 낱말로서의 지위를 가진다.

| (3) | <u>철수</u> | <u>만</u> | <u>의</u> | <u>책</u> | <u>을</u> | <u>읽</u> | <u>는다.</u> |
|---|---|---|---|---|---|---|---|
| | 명사 | 조사 | 조사 | 명사 | 조사 | 어간 | 어미 |
| | 자립 | 의존 | 의존 | 자립 | 의존 | 의존 | 의존 |

즉 (3)에서 조사 '이'는 명사 '철수'와의 사이에 조사 '만'이 끼어들어가 분리되기도 하고, 또 "철수만 책을 읽는다."처럼 생략되어 쓰이기도 한다. 그러나 용언 '읽는다'는 어간 '읽-'과 '-는다' 사이에 다른 말이 끼어들어갈 수도 없고 '-는다'가 생략될 수도 없다.

그러면 다음과 같은 의문이 생길 수도 있다.

(4) <u>할아버지</u> <u>만</u> 이 책 을 읽 으시 ㄴ다.

(4)에서처럼 '읽-'과 '-ㄴ다' 사이에 '-으시-'와 같은 형태소가 끼어들 수도 있지 않은가? 그러면 이도 분리될 수 있는 것이 아닌가?

그러나 용언은 활용한다는 기본 개념을 염두에 두고 살펴보면, 어간이란 활용하지 않는 부분이고 어미란 활용하는 부분이다. '읽으신다'를 활용시켜 보면 '읽으신다, 읽으시고, 읽으시니, 읽으시면…'처럼 '읽-'은 어간, '-으시-'는 선어말어미로 활용하지 않고, 그 뒤부터 어말어미로 활용을 한다. 어간과 어미 사이에는 다른 부분이 끼어들어올 수 없고 생략될 수도 없다.

이처럼 조사는 독립적인 기능을 하므로 낱말로 인정을 받고, 어미는 항상 어간에 의존해서 쓰이므로 낱말로 인정을 받지 못한다.

## 2.3 조사에는 어떤 종류가 있는가

그럼, 조사는 모두 같은가? 그렇지 않다. 현행 학교문법에서는 조사를 분류할 때, 주어, 목적어, 부사어처럼 문장 안에서의 성분을 나타내는 격조사와 문장 안에서의 의미를 더해 주거나 제한해 줌을 나타내는 보조사, 그리고 낱말과 낱말을 연결해 주는 접속조사로 나누어 제시하고 있다.


(5) 가. 철수**가** 영희를 만난다.

　　나. 철수**도** 영희**만** 만난다.

　　다. 철수**와** 영희가 만난다.


(5가)는 주격조사 '가'가 쓰여 '철수'가 주어임을 나타내고 목적격조사 '를'이 쓰여 '영희'가 목적어임을 나타낸다. 이처럼 격조사는 문장 안에서의 체언의 성분을 지정해 주는 조사이다.

(5나)는 격조사가 쓰이는 대신 다른 사람뿐만 아니라 '철수' 역시 영희를 만난다는 의미를 나타내는 '도'와, 다른 사람을 만나지 않고 오직 '영희'를 만난다는 의미를 나타내는 '만'이 쓰여 (5가)에서의 의미보다는 그 문장의 의미를 제한해 주고 있다. 이처럼 보조사는 문장에 어떤 의미를 더해 주거나 의미를 제한해 주는 조사이다.

(5다)의 '와'는 명사 '철수', '영희'를 연결해 주는 기능을 한다. 이처럼 접속조사는 명사와 명사, 혹은 구와 구를 연결해 주는 기능을 하는 조사이다.

**[보충·심화 : 접속조사에 대한 또 다른 관점]**

종래에는 접속조사를 선행명사의 자리를 나타내는 것으로 취급하여 부사격조사처럼 취급하였다. 그러나 부사격조사가 선행명사와 서술어와의 관계를 나타내는 반면 접속조사는 선행명사와 서술어와의 관계가 아니라 명사와 명사, 또는 구와 구, 때로는 문장과 문장을 이어 주기도 하는 역할을 하므로 따로 분리하여 접속조사로 분류한다.

위에서 말한 격조사, 보조사, 접속조사의 세 가지 중 이 장에서는 격조사에 대해 살펴보고, 보조사와 접속조사는 다음 장에서 살펴본다.

# 3. 격조사란 무엇인가

위 2.3에서 설명한 것처럼 체언 또는 용언의 명사형 전성어미(이하 명사형으로 칭함)와 결합하여 그 체언이나 명사형이 문장 안에서 주어, 목적어 등의 일정한 자격으로 기능하게 하는 조사를 격조사라 한다. 이처럼 격조사는 조사와 결합하는 선행명사가 문장 안에서 어떤 성분으로 기능하는지를 나타내는 조사이므로 대체로 문장성분과 일치한다.

격조사의 종류로는 선행명사가 주어로 기능하게 하는 주격조사, 목적어로 기능하게 하는 목적격조사, 관형어로 기능하게 하는 관형격조사, 부사어로 기능하게 하는 부사격조사, 독립어 중 누군가를 부르는 기능을 나타내는 호격조사가 있다. 이 중에서 부사격조사는 다른 격조사와는 달리 부사어를 나타내는 격을 제시하기보다는 그 의미에 따라 다시 하위 분류한다. 각 격조사의 종류를 보이면 다음과 같다.

| 격조사의 종류 | 형태 |
| --- | --- |
| 주격조사 | 이/가, 에서, 께서 |
| 목적격조사 | 을/를 |
| 관형격조사 | 의 |
| 호격조사 | 아/야, (이)여 |
| 부사격조사 | 에 |
| | 에서 |
| | 에게, 한테, 께 |
| | 에게서, 한테서 |
| | (으)로 |
| | (으)로서 |
| | (으)로써 |
| | 보고 |
| | 보다 |
| | 처럼 |

학교문법에서는 '이(다)'를 다른 조사처럼 선행명사에 붙고 선택적으로 쓰이기도 하는 등의 기능을 중시하여 서술격조사라 칭하고 격조사에 포함시켜 다루고 있으나 한국어교육 문법에서는 '이다'가 다른 용언과 마찬가지로 활용한다는 점에 비중을 두어 용언에 포함시킨다. 따라서 이 책에서도 '이다'를 용언에 포함시켜 설명한다.

# 4. 주격조사의 용법은 무엇일까

## 4.1 이/가

'이/가'는 앞에 오는 명사(여기에서의 명사란 체언(명사, 대명사, 수사), 용언의 명사형을 통칭하여 일컫는다. 이후 '명사'라는 말은 이 모두를 포함하는 의미로 사용한다.)가 문장의 주어임을 나타내는 격조사이다.

### 4.1.1 문법적 특성

명사와 결합하여 선행명사가 문장의 주어임을 나타내며, 선행명사가 자음으로 끝나는 경우에는 '이', 모음으로 끝나는 경우에는 '가'와 결합된다.

| 자음 + 이 | 모음 + 가 |
|---|---|
| 가방이 싸다 | 시계가 싸다 |
| 사람이 있다 | 남자가 있다 |

**[보충·심화 : 주격조사와 결합하여 형태가 변하는 경우]**

다음과 같은 형태가 주격조사와 결합하는 경우에는 다른 형태로 나타난다.

> 예 저(존칭형)+가 → 제가(존칭형/주어)
> 나(평칭형)+가 → 내가(평칭형/주어)
> 너(평칭형)+가 → 네가(평칭형/주어)
> 누구(의문형)+가 → 누가(의문형/주어)

### 4.1.2 '이/가'의 생략

주격조사 '이/가'는 글과 같은 문어체에서는 생략되지 않으나 구어체 문장에서는 자주 생략되어 쓰인다.

(6) 가. 철수(**가**) 어디에 가요?

　　나. 지금 밖에 눈(**이**) 와요.

### 4.1.3 기능적 특성

1. 대화 상황에서 주격조사가 쓰여 의미를 나타낼 경우에는 '강조'의 뜻을 나타낸다.

(7) 가. 버스 와요?(단순히 버스가 오는지를 물어볼 때)

　　나. 버스**가** 와요?(무엇인가 오는 것은 알고 있는데 그것이 버스임을 물어볼 때)

다. 나도 이제는 사랑**이** 하고 싶다.(목적격조사 대신 쓰여 선행명사를 강조할 때)

라. A : 누**가** 와요?(질문의 초점이 '누구'에 놓여 있을 때)

　　B : 철수**가** 와요.(대답의 초점이 '철수'에 놓여 있을 때)

2. 명사 뒤뿐만 아니라 부사어나 '거의, 본래' 등의 부사, 연결어미 뒤에 붙어 쓰이기도 하며 부사격조사나 보조사 뒤에서 쓰이기도 하는데 이때에는 의미 기능을 나타낸다. 이처럼 의미 기능을 나타내는 주격조사 '이/가'는 생략될 수 없고 다른 조사와 같이 쓰일 때에는 다른 조사의 뒤에서만 쓰인다.

(8) 가. 물이 끓지**가** 않는다.

　　나. 이 식당에서는 거의**가** 불고기를 먹는다.

　　다. 철수는 본래**가** 그런 사람이다.

　　라. 영어는 한국어와 어순부터**가** 다르다.

　　마. 평화만**이** 우리의 살 길이다.

## 4.1.4 이/가 (되다/아니다)

서술어 '되다', '아니다' 앞에 나타나는 명사와 결합하여 그 명사가 문장의 보어가 됨을 나타낸다. 영어권 화자의 경우에는 '되다', '아니다' 앞에 오는 명사는 '을/를'을 붙여 이야기하는 경우가 많다. 그러나 한국어 에서는 주로 '-이 -이 되다', '-은 -이 아니다'의 형태로 쓰인다.

(9) 가. 물이 얼음**이** 되었다.

　　나. 철수는 학생**이** 아니다.

---

**[보충·심화 : 보격조사]**

학교문법에서는 '되다, 아니다' 앞에 오는 명사에 붙는 '이/가'를 보격조사라 하여 따로 구분하고 있다. 그러나 학자에 따라서는 보격조사를 인정하지 않고 '-이/가 -이/가 되다'의 구조를 이중주어 구조, 혹은 앞의 '이/가'를 주제, 뒤의 '이/가'를 주어의 개념으로 나누어 설명하기도 한다.

---

## 4.2 께서

'께서'는 앞에 오는 명사가 문장의 주어이면서 높임의 대상임을 나타내는 격조사이다.

### 4.2.1 문법적 특성

명사와 결합하여 문장의 주어를 나타내며 주어가 화자보다 나이가 많은 경우(할아버지**께서** 오셨습니다.), 사회적 지위가 높은 경우(사장님**께서** 오셨습니다.), 공식적인 자리에서 주어가 화자보다 어리더라도 격식을 차려 이야기해야 할 경우(발표자**께서** 발표를 끝내시겠습니다.)처럼 주어가 높임의 대상이 되는 경우에 '이/가' 대신 '께서'가 쓰인다. 이 경우 문장의 서술어도 이와 호응하여 존칭접미사'-(으)시-'와 결합하여 쓰여야 한다.

> (10) 가. 선생님**께서** 학교로 오십니다.
>
> 　　 나. 아버지**께서** 회사에서 일하십니다.
>
> 　　 다. 사장님**께서** 어디에 계십니까?

### 4.2.2 '께서'의 생략

'께서'는 선행명사가 문장의 주어라는 격을 나타내면서 높임의 대상이라는 의미를 나타내므로 문장에서 생략될 수 없다. 다만 '대화'에서는 휴지(休止)를 두고 생략해서 이야기할 수 있다.

> (11) 가. *선생님 학교로 오십니다.
>
> 　　 나. *아버지 회사에서 일하십니다.

> (12) A : 영희 씨, 사장님 어디에 계세요?
>
> 　　 B : 사장님 지금 회의 중이세요.

## 4.3 에서

'에서'는 앞에 오는 명사가 주어이면서 단체임을 나타내는 격조사이다.

### 4.3.1 문법적 특성

선행명사가 문장의 주어이면서 단체임을 나타낼 때에는 '이/가' 대신 '에서'가 쓰이기도 한다. 단, 주어가 단체이더라도 유정명사일 때에는 '에서'가 쓰일 수 없고, '이/가'가 쓰여 문장의 주어임을 나타낸다.

> (13) 가. 정부**에서**/가 공식 발표를 하였다.
>
> 　　 나. 우리 학교**에서**/가 우승을 하였다.
>
> 　　 다. 각 지방 자치 단체**에서**/가 만든 결과물이다.
>
> 　　 라. 3학년 학생들***에서**/이 모여서 응원을 했다.

### 4.3.2 '에서'의 생략

문장에서의 주어가 단체 혹은 기관을 나타낼 때에는 '에서'가 생략되지 않는다.

(14) 가. *각 지방 자치 단체 만든 결과물이다.

　　나. *정부 공식 발표를 하였다.

## 4.4 주격조사의 종류

'을/를'은 앞에 오는 명사가 문장의 목적어임을 나타내는 격조사이다.

| 형 태 | 기 능 |
| --- | --- |
| 이/가 | 선행명사가 문장의 주어임을 나타낸다. |
| 께서 | 선행명사가 문장의 주어이면서 높임의 대상임을 나타낸다. |
| 에서 | 선행명사가 문장의 주어이면서 단체임을 나타낸다. |
| 이/가 되다/아니다 | 선행명사가 문장의 보어임을 나타낸다. |

# 5. 목적격조사의 용법은 무엇일까

## 5.1 을/를

'을/를'은 앞에 오는 명사가 문장의 목적어임을 나타내는 격조사이다.

### 5.1.1 문법적 특성

명사와 결합하며 선행명사가 자음으로 끝나는 경우에는 '을', 모음으로 끝나는 경우에는 '를'과 결합한다.

| 자음+을 | 모음+를 |
| --- | --- |
| 철수가 가방을 샀어요. | 철수가 시계를 샀어요. |
| 영희가 선생님을 만났어요. | 영희가 남자를 만났어요. |

### 5.1.2 목적격조사의 생략

목적격조사는 구어체에서는 자주 생략되어 쓰이고 "무엇을 먹어요? → 뭘(뭐) 먹어요?", "사과를 먹어요. → 사괄 먹어요."와 같이 축약되어 사용된다.

(15) 가. 철수가 시계 샀어요.

　　나. 영희가 선생님 만났어요.

　　다. 아이들이 쉬는 시간에 밥 먹어요.

### 5.1.3 의미적 특성

목적격조사는 다음의 경우에는 목적어를 나타내기보다는 '강조'의 의미를 나타낸다. 이처럼 구어체에서 목적격조사가 쓰일 수 없는 곳에 '을/를'이 쓰이면 '강조'의 뜻이 된다.

(16) 가. 철수는 학교**를** 간다.(이동을 나타내는 서술어와 함께)

　　나. 영희가 오늘 학교**를** 지각했다.(대상)

　　다. 어제 세 시간**을** 걸었더니 피곤하다.(시간의 양)

　　라. 2km**를** 걸었다.(공간의 양)

　　마. 앞에서 빨리**를** 가야지.(부사어 뒤)

또한 반어적 의문문과 같이 쓰여 '강조'의 뜻을 나타낼 때에도 사용한다.

(17) 가. 애들에게 담배**를** 팔아요?

　　나. 너희들이 게 맛**을** 알아?

# 6. 관형격조사의 용법은 무엇일까

## 6.1 의

문장에서 낱말과 낱말의 수식관계를 나타내는 격조사는 '의'로, 명사 뒤에 붙어 뒤에 나오는 명사를 수식하는 관형어임을 나타내는 격조사이다.

### 6.1.1 문법적 특성

명사가 다른 명사를 수식할 때 앞의 명사에 붙어 관형어임을 나타낸다.

(18) 가. 아버지**의** 사진

　　나. 철수**의** 책상

　　다. 코끼리**의** 코

### 6.1.2 관형격조사의 생략

명사와 명사의 수식을 나타내는 대부분의 경우에는 관형격조사가 생략될 수 있으나 다음의 몇 경우에는 생략될 수 없다.

(19) 가. 아버지(**의**) 사진(친족관계: ○)

　　나. 철수(**의**) 책상(소유관계: ○)

　　다. 코끼리(**의**) 코(전체와 부분관계: ○)

　　라. 내 마음**의** 호수(비유관계: ×)

　　마. 서울**의** 눈 오는 거리(관형어와 수식받는 명사 사이에 다른 단어가 있는 경우: ×)

　　바. 한 잔**의** 커피(수량명사: ×)

---

**[보충·심화 : 관형격조사와의 축약형]**

다음의 경우에는 주로 축약된 형태로 쓰인다. 더구나 아래의 형태는 주어로 쓰일 때와 같은 형태이므로 다른 명사와의 관계에 유의해야 한다.

저+의 → 제  나+의 → 내  너+의 → 네

---

# 7. 호격조사의 용법은 무엇일까

## 7.1  아/야

문장과 독립되어 쓰이는 독립어에서 사람 이름 혹은 유정명사 뒤에 붙는 호격조사는 부름을 나타내는 격조사로 '아/야'가 대표적이다.

### 7.1.1 문법적 특성

사람을 나타내는 명사와 결합하며 선행명사가 자음으로 끝나는 경우에는 '아', 모음으로 끝나는 경우에는 '야'와 결합한다.

| 자음+**아** | 모음+**야** |
|---|---|
| 영욱**아**, 놀러 가자. | 철수**야**, 어디 가니? |

### 7.1.2 호격조사의 생략

누군가를 부를 때에는 호격조사 없이 이름만으로 그 사람을 부르기도 한다. 또한 선행명사가 모음 'ㅣ'로 끝난 경우에는 'ㅣ'를 탈락시키고 '아'와 축약시켜 말하기도 한다.

(20) 가. 철수, 어디 가?

　　　나. 영철, 결국은 오는군.

　　　다. 바둑이+야 → 바둑아, 꾀꼬리+야 → 꾀꼴아, 순둥이+야 → 순둥아

### 7.1.3 의미적 특성

1. 선행명사를 부르는 의미를 나타낸다. 사람이 아닌 사물과 결합할 때에는 사람처럼 부르는 의미를 나타낸다.

(21) 가. 나비**야**, 나비**야**, 이리 날아오너라.

　　　나. 바람**아**, 불어라.

2. 외국 사람들의 이름 혹은 직함 등과는 결합하지 않고 사람의 성(姓)만 부를 때에도 쓰이지 않는다. 그리고 성까지 들어간 이름 뒤에 호격조사가 쓰이면 어색하다.

(22) 가. *존**아**, 어디 가니?

　　　나. *다나카**야**, 놀러 가자.

　　　다. *김 과장**아**, 회의합시다.

　　　라. *김**아**, 잘 잤어?

　　　마. ?김철수**야**, 빨리 와.

# 8. 부사격조사의 용법은 무엇일까

## 8.1 에

문장에서 앞에 오는 명사와 결합하여 장소를 나타내는 격조사이다.

### 8.1.1 문법적 특성

장소명사, 시간명사, 단위명사 등과 결합하여 명확하게 공간적 · 추상적 장소로서의 의미를 나타낸다. 장소를 나타내는 '에'는 뒤에 서술어 '있다, 없다, 계시다, 많다, 적다' 등만이 나타난다.

(23) 가. 그분은 회사에 있습니다.

　　 나. 그분은 집에 없습니다.

　　 다. 서울에는 아파트가 어디에 많습니까?

　　 라. 사장님이 사무실에 계십니다.

### 8.1.2 '에'의 생략

이동의 의미를 나타내는 경우 구어체에서 선행명사가 장소라는 의미가 확실한 경우에는 생략되어 쓰인다. 다만 장소명사가 일음절인 경우에는 생략하는 것이 어색하다.

(24) 가. A : 어디 가니?

　　　　 B : 학교 가요.

　　 나: ?집 가요.

　　 다. 큰집 가요.

### 8.1.3 의미적 특성

추상적인 의미의 장소를 나타내는 명사와도 결합하여 장소라는 의미를 더욱 확실하게 나타내며 이 경우에는 생략되지 않는다.

(25) 가. 내 마음에 네가 있다.

　　 나. 사람들이 기쁨 속에 저마다 외쳤다.

### 8.1.4 '에'의 의미별 분류

부사격조사 '에'는 기본적인 의미가 장소를 나타내나 세분하면 다음과 같은 여러 의미를 가지는 것으로 구분된다. 이를 정리하면 다음과 같다.

| 장소명사에 | 존재의 장소 | 집에 있습니다. |
|---|---|---|
| 장소명사에 가다/오다/다니다 | 장소로의 이동 | 회사에 갑니다. |
| 시간명사에 | 시간명사 표지 | 한 시에 만납니다. |
| 단위명사에 | 기준 | 이 사과 한 개에 얼마입니까? |

1. '장소명사' 에: 장소를 나타내는 명사와 결합하여 존재의 장소를 나타낸다.

(26) 가. 우리 집은 서울에 있어요.

　　　나. 철수는 지금 집에 없어요.

2. '장소명사'에 가다/오다/다니다: 뒤에 '가다/오다/다니다' 등의 이동을 나타내는 동사와 결합하여 방향을 나타내며 그 장소로의 이동을 나타낸다.

(27) 가. 아침 일찍 학교에 가요.

　　　나. 어디에 가니?

　　　다. 날마다 우리 집에 와요.

　　　라. 내일부터 회사에 다닐 거예요.

> **[보충·심화 : 로/에 이사하다/이사 가다]**
>
> 　이동을 나타내는 동사 '이사하다' 및 '이사 가다'는 '에'와 결합하지 않고 '로'와 결합한다.
>
> 가. 내일 서울로 이사해요/이사 가요.
> 나. ?내일 서울에 이사해요/이사 가요.

3. '시간명사'에 : 시간을 나타내는 명사와 결합하여 '때'를 나타낸다. 시간명사 뒤에서는 '에'가 생략되지 않는다.

(28) 가. 내일 한 시에 만납시다.

　　　나. 이 산은 겨울에 몹시 춥다.

　　　다. 하루에 그 일을 다 끝낼 수는 없다.

> **[보충·심화 : '에'와 결합하지 않는 시간명사]**
>
> 　다만, 다음의 시간명사에는 '에'가 결합하지 않는다.
>
> 어제, 오늘, 내일, 모레, 지금

4. '단위/기준 명사'에 : 가격을 나타내는 단위명사 혹은 기준명사와 결합하여 기준을 나타낸다.

(29) 가. 한 개에 얼마예요?

　　　나. 이 사과는 만 원에 다섯 개예요.

> **[보충·심화 : 단위명사와 결합하는 '에'가 생략되는 경우]**
>
> 일반적으로 기준을 나타내는 명사 뒤에서는 '에'가 생략되지 않는다. 다만, 구어체에서 단위명사 뒤에 '에'를 말하지 않고 쓰는 경우도 있다.
>
> 이 사과 <u>한 개</u>(**에**) 얼마예요? (단위명사 뒤에서는 생략 가능)
> <u>만 원</u>**에** 다섯 개예요. (기준명사 뒤에서는 생략 불가능)

## 8.2 에서

문장에서 앞에 오는 명사와 결합하여 장소를 나타내는 격조사이다.

### 8.2.1 문법적 특성

선행하는 명사와 결합하여 뒤에 나타나는 서술어의 행위가 일어나는 장소를 나타낸다.

(30) 가. 어제는 식당**에서** 밥을 먹었어요.
　　　나. 학생들이 운동장**에서** 축구를 해요.

### 8.2.2 '에서'의 생략

이동과 장소를 의미하는 '에서'는 '에'와는 달리 문장에서 생략될 수 없다.

(31) 가. 철수는 지금 막 학교**에서** 왔어요.
　　　나. 버스가 어디**에서** 출발해요?
　　　다. 영희가 도서관**에서** 공부해요.

### 8.2.3 의미적 특성

장소를 나타내는 명사와 결합하여 그 장소에서 서술어의 행동이 일어남을 나타낸다.

(32) 가. 학생들이 도서관**에서** 한국어를 공부해요.
　　　나. 서울역에 가는 기차는 어디**에서** 출발해요?

### 8.2.4 '에서'의 의미별 분류

부사격조사 '에서'는 기본적인 의미가 선행하는 장소에서 어떤 행동이 일어남을 나타내지만 구체적인 의미를 세분화하여 정리하면 다음과 같이 구분할 수 있다.

| 장소명사에서 | 동작이 일어나는 장소 | 학교에서 공부합니다. |
|---|---|---|
| 장소명사에서 가다/오다/다니다 | 장소로부터의 이동 | 회사에서 갑니다. |

1. 장소명사에서 : 장소를 나타내는 격조사로 뒤에는 항상 동작을 나타내는 동사와 결합한다.

(33) 가. 회사에서 일합니다.

　　　나. 식당에서 밥을 먹습니다.

　　　다. 집에서 친구를 만납니다.

2. 장소명사에서 가다/오다/다니다 : 선행하는 장소로부터의 출발을 나타내는 격조사로 뒤에는 이동을 나타내는 동사가 온다.

(34) 가. 지금 막 회사에서 집에 왔습니다.

　　　나. 언제 학교에서 출발할까요?

> **[보충·심화 : 이동을 나타내는 '에'와 '에서']**
>
> '에서 가다/오다'에 비해 '에 가다/오다'는 그 장소로의 이동을 나타낸다.
>
> 학교에 가요.(학교로의 이동) / 학교에서 가요.(학교로부터의 출발)
> 집에 와요.(집으로의 이동) / 집에서 와요.(집으로부터의 출발)

## 8.3 에게, 한테, 께

문장에서 유정명사 혹은 인명명사와 결합하여 행동을 받는 대상을 나타내는 격조사이다.

| 에게 | 주로 사람을 나타내는 명사와 결합<br>문어체 표현 | 동생에게 선물을 주었다.<br>외국 사람에게 한국어를 가르친다. |
|---|---|---|
| 한테 | 주로 사람을 나타내는 명사와 결합<br>구어체 표현 | 동생한테 선물을 줬어요.<br>외국 사람한테 한국어를 가르쳐요. |
| 께 | 사람을 나타내는 명사와만 결합<br>높임의 표현 | 할머니께 한글을 가르쳐 드린다.<br>선생님께 선물을 드렸다. |

## 8.4 에게서, 한테서

문장에서 사람을 나타내는 명사 혹은 동물을 나타내는 명사와 결합하여 서술어의 행동이 그 주체로부터 일어남을 나타내는 격조사이다. 이들을 구분하여 정리하면 다음과 같다.

| 에게서 | 주로 사람을 나타내는 명사와 결합<br>문어체 표현 | 이건 철수**에게서** 받은 선물이다.<br>이 강아지**에게서** 무슨 냄새가 납니다.<br>친구**에게서** 생일잔치 초대를 받았습니다. |
|---|---|---|
| 한테서 | 주로 사람을 나타내는 명사와 결합<br>구어체 표현 | 이건 철수**한테서** 받은 선물이에요.<br>이 강아지**한테서** 무슨 냄새가 나요.<br>친구**한테서** 생일잔치 초대를 받았어요. |

## 8.5 (으)로

문장에서 명사와 결합하여 방향 혹은 도구의 의미를 나타내는 격조사이다.

### 8.5.1 문법적 특성

문장에서 명사와 결합하여 방향이나 도구를 나타내며, 선행명사가 모음이나 'ㄹ'로 끝나는 경우에는 '로', 'ㄹ' 이외의 자음으로 끝나는 경우에는 '으로'와 결합한다.

| (으)로 | 모음, ㄹ | 로 | 회사**로** 간다.<br>버스**로** 다닌다.<br>지하철**로** 왔다. |
|---|---|---|---|
| | 자음('ㄹ' 제외) | 으로 | 집**으로** 오세요.<br>은행**으로** 갔다. |

### 8.5.2 '(으)로'의 생략

'(으)로'는 부사격조사이면서 방향이나 도구 등의 의미도 같이 나타내기 때문에 생략될 수 없다.

(35) 가. 종로**로** 해서 갑시다.(○)

　　나. *종로 해서 갑시다.(×)

　　다. 날마다 회사에 버스**로** 옵니다.(○)

　　라. 날마다 회사에 버스 옵니다.('회사에 버스가 온다'는 의미로 해석되어 의미가 달라짐)

### 8.5.3 의미적 특성

선행명사로의 방향을 나타내거나 선행명사가 도구로 쓰임을 나타내는 격조사이다.

| 장소명사(으)로 가다/오다/다니다 | 방향 | 서울로 가는 기차가 몇 시에 출발해요? |
|---|---|---|
| 명사(으)로 | 도구 | 이 그림은 연필로 그렸어요. |

1. 장소명사(으)로 가다/오다/다니다: 장소를 나타내는 선행명사에 '(으)로'가 결합하여 그 장소로의 방향을 나타내는 경우로 서술어는 항상 '가다/오다/다니다' 등의 이동동사가 나타난다.

(36) 가. 이번 방학에는 서울로 갈 거예요.

나. 언제 이 학교로 왔어요?

2. 명사(으)로 : 선행명사가 서술어의 행위를 하는 도구를 나타낼 때 쓰인다.

(37) 가. 이 연필로 그림을 그려라.

나. 한국에서는 숟가락으로 밥을 먹는다.

## 8.6 (으)로서

문장에서 선행하는 명사가 어떤 자격이나 신분을 나타냄을 뜻하는 격조사이다.

### 8.6.1 문법적 특성

명사와 결합하며 선행명사가 모음이나 'ㄹ'로 끝나는 경우에는 '로서'와 결합하고 'ㄹ' 이외의 자음으로 끝나는 경우에는 '으로서'와 결합한다.

| (으)로서 | 모음, ㄹ | 로서 | 이 분은 웅변가로서 이름을 날렸다.<br>공부는 학생들로서 당연히 해야 할 일이다. |
|---|---|---|---|
| | 자음('ㄹ' 제외) | 으로서 | 그 아이들의 부모님으로서 책임을 지셔야지요.<br>이 학교의 교장으로서 한마디 하겠습니다. |

### 8.6.2 '(으)로서'의 생략

선행명사가 어떤 자격이나 신분 등의 의미가 명확한 경우에는 '서'가 생략된 '(으)로'만으로도 쓰인다.

(38) 가. 지금부터는 네 친구로 이야기하겠다.

나. 그 사람은 내 게임 상대로 맞지 않는다.

## 8.7 (으)로써

문장에서 명사와 결합하여 도구나 수단을 나타내는 격조사이다.

### 8.7.1 문법적 특성

명사와 결합하며 선행명사가 모음이나 'ㄹ'로 끝나는 경우에는 '로써'와 결합하고, 'ㄹ' 이외의 자음으로 끝나는 경우에는 '으로써'와 결합한다.

| (으)로써 | 모음, ㄹ | 로써 | 외로움을 술**로써** 달랠 수밖에 없는가?<br>친절은 미소**로써** 나타낼 수 있다. |
|---|---|---|---|
| | 자음('ㄹ' 제외) | 으로써 | 일을 열심히 함**으로써** 자신의 능력을 보여야 한다.<br>이 술 한잔**으로써** 하루의 피로를 푼다. |

### 8.7.2 '(으)로써'의 생략

선행명사가 도구나 수단 등의 의미가 명확한 경우에는 '써'가 생략된 '(으)로'만으로도 쓰인다.

(39) 가. 여행 대신 독서**로** 간접 경험을 할 수 있다.

　　나. 친절은 미소**로** 나타낼 수 있다.

## 8.8 보고

'에게'의 구어체 표현으로 문장에서 유정명사와 결합하여 서술어의 행동을 받는 대상임을 나타내는 격조사이다.

(40) 가. 영희 씨**보고** 같이 가자고 전해 주세요.

　　나. 지금 누구**보고** 이 일을 하라는 거니?

## 8.9 보다

문장에서 명사와 결합하여 기준이 되는 비교 대상에 비해서 어떠함을 나타내는 격조사이다.

(41) 가. 철수는 아버지**보다** 키가 커요.

　　나. 급할 때에는 지하철이 버스**보다** 빨라요.

　　다. 한국어가 생각**보다** 어려워요.

## 8.10 처럼

문장에서 명사와 결합하여 다른 것과 비교했을 때 그만큼 혹은 그와 비슷함을 나타내는 격조사이다.

(42) 가. 내 방은 운동장**처럼** 넓다.

　　나. 네 피부가 눈**처럼** 곱다.

　　다. 선생님의 말**처럼** 우리가 더 열심히 해야 돼.

# 9. 외국인에게 조사를 어떻게 가르칠 것인가

조사를 가르칠 때에 가장 중요한 것이 한국어에서의 여러 개념을 어떻게 설명할 것인가이다. 예를 들어 주격조사의 이형태를 이야기할 때 학교문법에서는 받침이 있는 경우에는 '이', 받침이 없는 경우에는 '가'와 결합한다고 서술하고 있다. 이 경우 '받침'이라는 말을 외국인에게 어떻게 설명할 것인가가 문제이다.

한국어교육 문법에서는 받침에 대한 개념이 없는 외국인에게 받침을 이해시키기보다는 조사의 이형태를 설명할 때 자음으로 끝나는 경우와 모음으로 끝나는 경우로 나누어서 설명하는 것이 외국인들이 주격조사의 이형태를 이해하는 데 도움이 된다.

다음의 교수방법은 격조사를 가르치는 데에 유용하게 사용할 수 있는 방법들이다. 한국어를 배우는 외국인들이 격조사 중에서 잘 이해하지 못하는 점을 조사들 간의 비교 및 대조를 통해 외국인들에게 어떻게 설명하면 좋을지에 대하여 제시한다.

## 9.1 '-이 -이 되다', '-은 -이 아니다'를 어떻게 설명할 것인가

학교문법에서 보격조사로 설명하고 있는 '되다', '아니다' 앞에 오는 '명사+이'를 외국인 학습자에게 어떻게 설명할 것인가? 학교문법에서 설명하는 것처럼 보격조사로 설명하게 되면 또 다른 문법 체계를 가르쳐야한다. 그러나 외국인이 한국어에 대한 지식을 배우러 온 것이 아니라 한국어로 의사소통하는 데에 목적이 있음을 염두에 둔다면 문법을 설명하기보다는 어떻게 사용하는지를 알려주는 것이 더 효과적이다. 즉, 방법적인 면에서 조사와 서술어를 따로 떼어서 가르칠 것이 아니라 '이/가 되다','이/가 아니다'와 같은 문형(pattern)으로 제시하고 가르치는 것이 효과적이다.

## 9.2 '에'와 '에서'를 어떻게 구분하여 설명할 것인가

우리가 영어를 쓸 때 장소를 나타내는 전치사 'at, on, in' 중에서 어느 것을 써야 하는지 혼란을 느끼는 것과 같이, 외국인은 처소의 의미를 나타낼 때 장소명사 뒤에 '에'와 '에서' 중 어느 것을 써야 하는지 혼란스러울 때가 많다고 한다. '에'와 '에서'는 뒤에 나타나는 서술어에 따라 달리 선택된다. 장소를 나타내는 '에'는 '있다/없다, 많다/적다' 등의 상태를 나타내는 형용사와 결합하는 반면에 '에서'는 '운동하다, 먹다, 공부하다' 등의 동작을 나타내는 동사와 결합한다.

(43) 가. 회사**에** 있어요. / 회사**에서** 일해요.

　　　나. 사과는 이 가게**에** 많아요. / 사과는 이 가게**에서** 팔아요.

## 9.3 '-에서 -까지'와 '-부터 -까지'를 어떻게 구분하여 설명할 것인가

어디로부터의 출발이라는 의미를 나타내는 경우에는 '-에서 -까지'의 형태와 '-부터 -까지'의 두 가지 형태가 있다. 이들은 흔히 서로 바꾸어 쓰기도 하나 그 정확한 쓰임새를 구분하면 장소를 나타낼 때에는 '-에서 -까지'를 쓰고, 시간을 나타낼 때에는 '-부터 -까지'를 쓴다. 이를 정리하면 다음과 같다.

| 장소**에서** 장소**까지** | 서울**에서** 부산**까지** 두 시간 걸려요. |
|---|---|
| 시간**부터** 시간**까지** | 9시**부터** 10시**까지** 공부해요. |

## 9.4 '에/로/를 가다'를 어떻게 구분하여 설명할 것인가

장소나 방향을 나타내는 체언 뒤에 쓰여 동작의 방향을 나타내는 조사로 '에'와 '(으)로'가 있다. 또한 목적격조사 '을/를'도 방향을 나타낼 때 쓰인다. 이들은 그 의미를 나누어 제시하는 것이 좋다.

(44) 가. 산**에** 가요.(장소)

　　　나. 산**으로** 가요.(방향)

　　　다. 산**을** 가요.(목적)

(45) 가. 철수는 교회**에** 가요.(교회라는 장소만을 나타낼 뿐 왜 가는지를 알 수 없음)

　　　나. 철수는 교회**로** 가요.(단지 방향만을 나타낼 뿐 왜 가는지, 최종 목적지가 어디인지 알 수 없음)

　　　다. 철수는 (일요일에) 교회**를** 가요.(예배를 드리러 교회에 가는 목적을 나타냄)

## 9.5 '에게'와 '보고'를 어떻게 구분하여 설명할 것인가

'보고'는 '에게'의 구어체로 쓰이나 '에게'가 쓰인 모든 문장을 '보고'로 바꾸어 쓸 수는 없다. 즉 '보고'는 '-다고', '-냐고', '-자고', '-라고' 등의 간접인용문, 혹은 '전해 주다, 묻다(問), 욕하다' 등의 동사와 주로 쓰인다. 또한 대상을 직접 보면서 이야기할 때에도 '보고'가 쓰인다.

(46) 가. 외국인이 나**에게** 동대문 시장이 어디냐고 물었다.(○)

　　　가'. 외국인이 나**보고** 동대문 시장이 어디냐고 물었다.(○)

(47) 나. 어머니께서 철수**에게** 전화하셨어요.(○)

　　　나'. 어머니께서 철수**보고** 전화하셨어요.(×)

**참고문헌**

김영아(1992), 「한국어 교수상의 격조사 '-이/가'의 문제」, 『홍익어문 10.11, 홍익대 사대 홍익어문연구회.

김정숙(1992), 「한국어 교육과정과 교과서 연구」, 고려대학교 박사학위논문.

김정숙 · 남기춘(2002), 「영어권 한국어 학습자의 조사 사용 오류 분석과 교육 방법」, 『한국어 교육』 제13권 1호, 국제한국어교육학회.

김재욱(1997), 「인칭접미사 '-이'에 대하여」, 『한국어문학연구』 제8집, 한국외대 한국어문학연구회.

김재욱(2000), 「격조사의 인지의미론적 연구」, 한국외국어대학교 박사학위논문.

김재욱(2002), 「한국어교육에서의 격조사교육」, 『한국어교육학의 현황과 과제』, 한국문화사.

남기심 · 고영근(1989), 『표준 국어문법론』, 탑출판사.

남기심 · 이상억 · 홍재성 외(1999), 『외국인을 위한 한국어 교육의 방법과 실제』, 방송대출판부.

박기덕(1990), 「외국어로서의 한국어 교육에 관한 소고」, 『외국어교육연구 논집』 6, 외국어교육연구소.

박영순(1999), 「조사의 인지의미론적 고찰」, 『국어의 격과 조사』, 한국어학회.

백봉자(2002), 『외국어로서의 한국어문법사전』, 연세대학교 출판부.

성기철(1994), 「주격조사 '가'의 의미」, 『선청어문』 22, 서울대 국어교육과.

연세대학교 언어정보개발연구원편(2002), 『연세한국어사전』, 두산동아.

이지영(1995), 「한국어 학습자의 오류 분석(Ⅱ): 조사」, 『자하어문논집』 9. 상명여자대학교 국어교육과.

이지영(1996), 「한국어 조사의 교수모형」, 상명대학교 박사학위논문.

이희자 · 이종희(1998), 『사전식 텍스트 분석적 국어 조사의 연구』. 한국문화사.

임호빈 · 홍경표 · 장숙인(1997), 『외국인을 위한 한국어 문법』. 연세대학교 출판부.

임홍빈(1979), 「'을/를' 조사의 의미와 통사」, 『한국학 논총』 2집. 국민대학.

임홍빈 · 장소원(1998), 『國語文法論Ⅰ』. 한국방송대학교 출판부.

전은주(1994), 「한국어 학습시 나타나는 학습자의 모국어 영향: 조사 교육을 중심으로」, 『한국말 교육』 5. 국제한국어교육학회.

홍윤표(1991), 「방향성 표시의 격」, 『문법(1)』. 태학사.

Langacker, Ronald(1987), *Foundations of Cognitive Grammar* Vol Ⅰ. Stanford University Press.

Langacker, Ronald(1991), *Foundations of Cognitive Grammar* Vol Ⅱ. Stanford University Press.

# 8 문장에 의미를 더해 주는 조사는 어떤 것이 있을까

제7장에서 우리는 집을 완성할 때 단순히 재료를 쌓아 놓는 것이 아니라 이를 못이나 볼트 등으로 연결시켜야 제대로 집이 되는 것처럼 문장도 단순히 단어를 연결시켜서는 문장이 되지 않고 격조사로 각 낱말의 자리를 찾아서 연결하여야 문장이 된다고 하였다.

그렇다면 문장에서 기본 구조에 어떤 의미를 더하려고 할 때는 어떻게 할까? 영어에서는 낱말들이 문장에 더해져서 의미를 나타낸다. 한국어에서도 낱말이 더해져서 의미를 나타내기도 하지만 보조사가 명사 뒤에 더해져 화자의 태도를 나타내거나 의미를 더해 주기도 한다. 그럼, 문장에서 명사 뒤에 격조사와 보조사가 동시에 나타날 때에는 어떻게 결합할 수 있을까? 또 여러 의미를 나타내는 보조사들이 여러 개 결합하여 나타나면 어떻게 연결되어 쓰일 수 있을까?

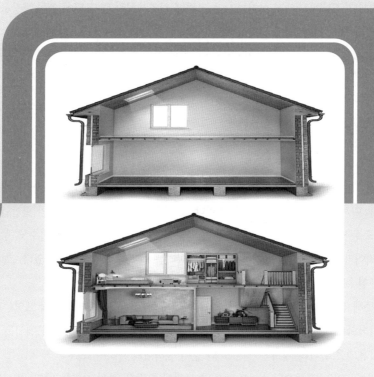

# 1. 보조사, 외국인에게는 격조사와 무엇이 다른가

우리는 앞 장에서 격조사에 대해서 살펴보았다. 그런데 격조사처럼 명사 뒤에 붙어 문장을 이루는 조사에는 또 다른 종류의 조사가 있다. 다음 문장을 보자.

(1) 가. 철수가 영희를 좋아한다.
　　나. 철수만 영희를 좋아한다.
　　다. 영희도 철수만 좋아한다.
　　라. 영희는 철수도 좋아한다.

(1)에서 밑줄 친 '철수가', '철수만', '영희도', '영희는'은 모두 '좋아한다'라는 서술어의 '주어'이다. 그런데 이들 중 주격조사 '이/가'와 결합한 것은 (1가)뿐이다. 그렇다면 (1나-라)에서 명사와 결합한 '만', '도', '는'은 무엇인가? 이들도 주격조사인가? 그리고 이들 주어 다음에 오는 '영희를, 철수만, 철수도' 등은 각 문장에서 '좋아한다'의 목적어가 된다. 그런데 (1가, 나)에만 '를'이라는 목적격조사가 사용되었다. 그렇다면 (1다, 라)에서의 '철수만', '철수도'에서 '만'과 '도'도 목적격조사인가?

그런데 (1)을 통해 관찰되는 또 하나의 사실은 (1나)에서 '철수만'은 주어 자리에 쓰였는데, 같은 낱말이 (1다)에서는 목적어의 자리에 쓰였다는 것이다. 마찬가지로 '도'의 경우를 보면, (1다)에서는 '영희도'와 같이 주어의 자리에 사용되었고, (1라)에서는 '철수도'와 같이 목적어의 자리에 쓰였다.

이는 무엇을 말하는가? '도'와 '만', '는'은 주어나 목적어와 같은 격의 자리를 나타내는 것과는 상관없이 어떤 다른 역할을 하고 있음을 알 수 있다. 그 역할이 무엇인지를 생각해 본다면, '도'는 '역시'라는 의미를, '만'은 '그것뿐'이라는 의미를, '는'은 '대조나 주제'의 의미를 문장에 더해 주고 있음을 알 수 있다. 이처럼 문장에 어떤 의미를 더해 주는 조사를 보조사(또는 보조조사, 특수조사)라 한다.

그러면, 외국인들은 격조사와 보조사를 다르게 인식하는가? 그렇다. 앞 장에서도 살펴본 것처럼 격조사는 영어나 중국어에 없는 범주이므로 외국인들은 그 존재를 이해하기 어려워 하는 반면에, 보조사는 영어의 경우 '도'는 'also', '만'은 'only'와 같은 단어로 그 의미를 나타내고 있기 때문에 격조사보다는 좀더 쉽게 이해할 수 있는 문법범주이다.

그러나 보조사는 의미와 밀접한 관련을 갖기 때문에 그 의미를 정확하게 모르거나 비슷한 의미의 보조사들의 의미 차이를 모르는 외국인들은 잘못 사용하기 쉽다.

(2) 가. 철수가 영희**만** 좋아한다.
　　나. *철수가 영희**뿐** 좋아한다.
　　다. 넌 차비**조차** 안 가지고 왔어?
　　라. ?넌 차비**조차** 가지고 왔어?
　　마. *철수가**도** 밥을 먹었어요.

(2가)와 (2나)는 모두 배타적인 의미를 나타내는 조사이다. 그러나 외국인들에게는 왜 (2가)는 허용이 되고 (2나)는 허용이 안 되는지를 알 수 없다. 그리고 (2다)와 같은 의미로써 (2라)의 문장이 어색한 이유를 외국인들은 모를 수밖에 없다. (2마)에서도 외국인들이 한국어 문법 규칙을 충실히 지켜 주어 다음에 주격조사 '가'를 쓰고 그다음에 의미를 더해 주는 '도'를 쓴 것이나 이 역시 비문이다. 따라서 외국인들에게는 보조사도 그 의미와 쓰임새를 정확하게 모르면 이해하기 어려운 문법범주이다.

그러면, 의미적인 부분 외에 격조사와 보조사는 다른 점이 없을까?

(3) 가. 철수는 어제 늦게**까지** 돌아오지 않았다.

　　나. 철수는 매일 게임을 하지 않고**는** 못 견딘다.

　　다. 여기에서만**은** 금연입니다.

　　라. 나는**요** 오늘**요** 학교에서**요** 밥을 먹고**요** 친구하고**요** 놀았어**요**.

격조사는 주로 명사와 결합하여 격을 나타내는 반면에 보조사는 (3)에서 보듯이 명사뿐만 아니라 부사(구), (연결)어미, 다른 조사와 결합하여 그 의미를 더해 준다. 이처럼 보조사는 그 쓰임에 있어서 격조사보다 자유롭다.

# 2. 보조사에는 어떤 것이 있나

보조사는 체언이나 용언의 명사형, 부사, 연결어미, 혹은 다른 조사와 결합하여 문장에 의미를 더해 주거나 의미를 제한하는 기능을 하는 조사이다. 보조사의 종류를 보이면 다음과 같다.

| 보조사의 의미 | 형태 |
|---|---|
| 주제/대조 | 은/는 |
| 유일, 단독 | 만 |
| 한계 | 밖에 |
| 그것만 | 뿐 |
| 역시 | 도 |
| 극한 | 까지 |
| 한계 | 마저 |
| 첨가 | 조차 |
| 출발점 | 부터 |
| 빠짐없이 | 마다 |
| 높임 | 요 |
| 어느 정도는 | 깨나 |
| 모두 | 치고 |
| 사실 부정 | 커녕 |

다른 한국어문법서 또는 한국어문법사전에 제시한 보조사 중에서 보조사로 보기에 문제가 되는 것들이 있다. '(이)야', '(이)나', '(이)나마', '(이)든지', '(이)ㄴ들', '(이)라도', '(이)라든지', '(이)ㄹ랑' 등이다. 이는 모두 선행명사가 자음으로 끝나는지, 모음으로 끝나는지에 따라서 '이'가 결합하고 안 하고 결정된다. 이때 '이'의 성격이 무엇인가 하는 것이 문제이다. 이는 두 가지 견해로 설명할 수 있다.

한 가지 견해는 '이'를 매개모음으로 보는 것이다. 즉 '책을 **본** 아이', '밥을 **먹은** 아이'와 같은 관형어에서 선행하는 동사어간이 자음으로 끝나는지 모음으로 끝나는지에 따라서 모음 '-으-'가 나타나기도 하고 안 나타나기도 한다. 이처럼 '이'도 '-으-'와 같이 자음과 자음이 충돌하는 것을 막아주기 위해서 나타난 매개모음으로 보는 것이다.

또 하나의 견해는 '이'를 용언(학교문법 용어로는 서술격조사) '이(다)'로 보는 것이다. 이렇게 보면 위에서 제시한 형태들은 모두 용언의 어간 '이'와 결합하는 '야, 나, 나마, 든지, ㄴ들, 라도, 라든지, ㄹ랑' 등은 연결어미로 취급하여야 한다. 여기서는 두 번째 견해에 따른다. 이는 앞 장에서도 설명한 것처럼 한국어교육 문법에서는 '이다'의 활용성을 중요시하여 '이다'를 용언으로 분류하여 다루고 있고, 이들이 '이고', '이니', '이어서', '이므로' 등의 연결어미와 무슨 차이가 있는지를 외국인은 쉽게 알 수 없으므로 이를 연결어미로 다룬다.

## 2.1 '주제 혹은 대조'를 나타내는 '은/는'

명사뿐만 아니라 부사형, 용언의 활용형, 조사 다음에 쓰여 '대조' 혹은 '주제'의 의미를 나타내는 보조사이다. 선행명사가 자음으로 끝나면 '은', 모음으로 끝나면 '는'과 결합한다.

| 자음 + 은 | 모음 + 는 |
|---|---|
| 가방**은** 있어요. | 시계**는** 있어요. |
| 영희가 컴퓨터를 조금**은** 해요. | 그 말을 듣고**는** 쓰러져 버렸다. |
| 거짓말만**은** 용서할 수 없다. | 교실에서**는** 떠들지 마세요. |

(4) 가. 철수**는** 밥을 먹고 영희**는** 빵을 먹는다.(대조)

　　나. 코끼리**는** 코가 길다.(주제)

'은/는'은 대부분 주어 자리에 많이 쓰이기 때문에 주격조사로 잘못 알고 있으나 다른 보조사들과 마찬가지로 명사뿐만 아니라 부사형, 용언의 활용형, 어말어미 다음에도 쓰인다.

(5) 가. 이 옷이 아름답게**는** 보인다.

　　나. 지금 자고**는** 싶지만 내일을 위해 열심히 공부해야지.

'은/는'은 일차적으로 대조의 의미를 나타낸다. 대조란 다른 것과 비교하여 배타적이라는 의미를 나타낸다.

(1) 가. **나는** 빵을 먹고 동생**은** 밥을 먹어요.('나'와 '동생'을 대조)

　　나. 철수가 전화**는** 해요.('전화'와 '그 밖의 다른 것'을 대조)

이와 더불어 '은/는'은 주제의 의미를 나타낸다. 주제(topic)란 어떤 화제를 이끌어내는 기능을 말한다. 다시 말하면 '-이란, -으로 말하자면' 정도로 설명될 수 있는 뜻이다. 따라서 주로 문두에서 '은/는'이 붙어서 나타나고 문장의 여러 성분이 주제로 실현될 수 있다.

(2) 가. **어제는** 뭘 하며 지냈어요?(부사어)

　　나. 불고기**는** 제가 시켰어요.(목적어)

　　다. 철수**는** 내가 이미 선물을 주었어.(여격보어)

　　라. 미영이**는** 눈이 참 아름다워.(주제어)

## 2.2 '유일 혹은 단독'을 나타내는 '만'

명사뿐만 아니라 부사형, 조사, 어미 다음에 쓰여 '유일함' 혹은 '단독'의 의미를 나타내는 보조사이다.

(6) 가. 이것**만** 책입니까?

　　나. 아이를 울리지**만** 마세요.

　　다. 학교에서**만** 공부해요?

## 2.3 '한계'를 나타내는 '밖에'

명사뿐만 아니라 부사 다음에 쓰여 '(선행하는 어휘) 이외에는'이라는 의미를 나타내며, 뒤에는 반드시 부정을 나타내는 문장에 쓰이는 보조사이다.

(7) 가. 시간이 10분**밖에** 안 남았어요.

　　나. 아직 한 명**밖에** 안 왔어요.

　　다. 이제 우리에게 남은 돈은 만원**밖에** 없어.

　　라. 일을 그렇게**밖에** 못하겠니?

　　마. 이젠 돈이 조금**밖에** 안 남았다.

위의 예문에서 보듯이 '밖에'는 모두 명사 뒤에 쓰이나 띄어쓰기와 의미에 따라 '보조사' 또는 '명사+조사'로 구분된다. '보조사'인 '밖에'는 뒤에 부정의 의미를 나타내는 말이 오지만 '명사+조사'인 '밖에'는 서술어의 긍정, 부정과 관계가 없다.

이 집밖에 무엇이 있니?(보조사) ('이 집 이외에'의 의미로 '이 집 이외에 아무것도 없음'을 나타낸다.)
이 집 밖에 무엇이 있니?(명사+조사) ('이 집 바깥에'의 의미로 '이 집 바깥에 무엇이 있는지 물어봄'을 나타낸다.)

## 2.4 '그것만'을 나타내는 '뿐'

명사뿐만 아니라 조사 다음에 쓰여 '그것만 있고 다른 것은 없음'이라는 의미를 나타낼 때 쓰는 보조사이다. '뿐'과 연결되는 서술어는 '이다/아니다'에만 한정된다.

(8) 가. 이제 우리가 믿을 것은 기적**뿐**이다.

　　나. 올해는 공휴일이 열흘**뿐**이다.

　　다. 그 사람의 허풍은 이 동네에서**뿐** 아니라 다른 동네에서도 유명하다.

## 2.5 '역시'를 나타내는 '도'

명사뿐만 아니라 조사, 어미 다음에 쓰여 '역시'의 의미를 나타내는 보조사이다.

(9) 가. 이것**도** 책입니다.

　　나. 다나까 씨에게**도** 한국인의 피가 흐릅니다.

　　다. 그 아이는 전학을 가서**도** 말썽이구나.

'도'가 부사어 다음에 쓰이면 '강조'의 의미를 나타낸다. 이 경우에는 '역시'를 나타내는 '도'와는 달리 '도'가 생략되어도 기본 의미는 달라지지 않는다.

많이**도** 먹는구나.
아이가 예쁘게**도** 생겼다.
아마**도** 그건 사랑인가 봐.

## 2.6 '극한'을 나타내는 '까지'

명사뿐만 아니라 부사, 어미 다음에 쓰여 '시간이나 공간, 혹은 행위나 상태가 미치는 마지막 위치까지를 포함'하는 의미를 나타내는 보조사이다.

(10) 가. 우리 가족은 내 동생**까지** 키가 크다.

　　나. 학생들이 밤늦게**까지** 공부한다.

　　다. 호랑이는 죽어서**까지** 사람을 위해 가죽을 남긴다.

---

**[보충·심화 : '도'와 '까지']**

위의 예문에서 '까지'는 '도'와 바꿔 쓸 수 있다. 그러나 의미상 '도'는 '다른 것은 모르지만 단순히 선행하는 어휘를 포함한다'는 의미를 나타내는 데 비해 '까지'는 '다른 것은 물론이고 선행하는 어휘도 포함한다'는 뜻으로, '도'에 비해 '마지막까지 포함함'이라는 의미를 나타낸다.

---

## 2.7 '한계'를 나타내는 '마저'

명사뿐만 아니라 조사, 연결어미 다음에 쓰여 '마지막 한계까지'의 의미로 '하나 남은 마지막 것도 모두'라는 의미를 나타내는 보조사이다. 후행하는 서술어는 보통 부정적인 의미를 나타내는 어휘가 나타난다.

(11) 가. 믿었던 너**마저** 나를 배신하다니.

　　나. 빚이 늘어나서 집에서**마저** 쫓겨났어요.

　　다. 어릴 때에도 못된 짓을 하더니 커서**마저** 못된 짓을 한다.

## 2.8 '첨가'를 나타내는 '조차'

명사뿐만 아니라 조사 다음에 쓰여 '기대하지 않았거나 예상하지 못했던 것이 첨가됨'의 의미를 나타내는 보조사이다. 뒤에는 주로 부정형과 잘 어울린다.

(12) 가. 길에는 개미 한 마리**조차** 없었다.

　　나. 환자들은 물**조차** 마실 수 없었다.

　　다. 너무 조용해서 숨소리**조차** 낼 수 없었다.

## 2.9 '출발점'을 나타내는 '부터'

명사뿐만 아니라 부사어, 조사, 어미 다음에 쓰여 '선행하는 대상에서 시작하여'의 의미를 나타내는 보조사이다.

(13) 가. 그는 자리에 앉자마자 영희의 안부**부터** 물었다.
　　나. 철수는 처음**부터** 결혼할 생각이 없었다.
　　다. 이 일은 어디에서**부터** 시작해야 하나?
　　라. 아이가 태어나면서**부터** 건강이 안 좋았다.

## 2.10 '빠짐없이'를 나타내는 '마다'

명사 다음에 쓰여 '하나도 빠뜨리지 않고'의 의미를 나타내는 보조사이다. 숫자로 표현된 시간을 나타내는 명사와 쓰일 때에는 '-에 한 번씩'의 의미를 나타낸다.

(14) 가. 생각은 사람**마다** 달라요.
　　나. 아침**마다** 수영을 해요.
　　다. 자동차는 2년**마다** 검사를 받아야 해요.

## 2.11 '높임'을 나타내는 '요'

명사뿐만 아니라 구 단위와 결합하며 '청자를 높임'의 의미를 나타내는 보조사이다. 주로 비격식체 문장에 쓰이며 어린이들의 어투처럼 귀여운 느낌이 나기도 하고, 격식체 평서형 어말어미 뒤에 쓰일 때에는 상대방에게 약간 굽신거리는 듯한 느낌을 주기도 한다.

(15) 가. 나는**요**, 오늘**요**, 집에서**요**, 밥을**요**, 먹고**요**, 잤어**요**.
　　나. 오늘은 날씨가 참 좋지**요**?
　　다. 지금 갑니다**요**.

## 2.12 '어느 정도는'을 나타내는 '깨나'

명사 다음에 쓰여 비아냥거리거나 못마땅한 느낌으로 화자의 마음에는 들지 않으나 '어느 정도는 인정함'을 나타내는 보조사이다.

(16) 가. 돈**깨나** 있다고 자랑하지 마라.

　　　나. 겉보기에는 힘**깨나** 쓰게 보인다.

　　　다. 그가 큰 집을 샀으니 자랑**깨나** 하겠군.

## 2.13 '모두'를 나타내는 '치고'

명사뿐만 아니라 문장 다음에 쓰여 선행하는 말은 '모두 예외 없이'라는 의미를 나타내는 보조사이다. 뒤에 따르는 문장은 주로 부정문이나 수사의문문의 형태로 나타난다.

(17) 가. 키 큰 사람**치고** 싱겁지 않은 사람 없다.

　　　나. 그건 그렇다**치고** 이번 일은 잘 되어야 할텐데...

　　　다. 한국 사람**치고** 김치 싫어하는 사람 봤어?

## 2.14 '사실 부정'을 나타내는 '커녕'

명사뿐만 아니라 조사 다음에 쓰여 선행하는 말을 부정하면서 '그보다 더 못한 것이나 못한 상황임'을 나타내는 보조사이다.

(18) 가. 밥**커녕** 죽도 못 얻어먹었다.

　　　나. 그 아이는 일을 하기는**커녕** 심부름조차 못해요.

　　　다. 금메달은**커녕** 입상도 못했다.

## 3. 접속조사란 무엇인가

조사 중에는 격이나 의미를 나타내지 않고 단지 단어와 단어, 문장과 문장을 같은 자격으로 연결해 주는 기능을 하는 조사가 있는데 이를 접속조사라 한다. 그 종류를 보이면 다음과 같다.

| 접속조사의 종류 | 형태 |
| --- | --- |
| 대등접속 | 와/과, 하고, (이)랑 |
| 첨가, 부가 | 에(다가) |
| 나열 | (이)며 |

## 3.1 대등접속: 와/과, 하고, (이)랑

단어와 단어를 연결하는 접속조사로 선행명사가 자음으로 끝났을 경우에는 '과, 이랑', 받침이 없이 모음으로 끝났을 경우에는 '와, 랑'과 결합된다. 그러나 구어체에서는 받침에 상관없이 선행명사에 '하고'가 결합한다.

| 자음 + **과, 이랑** | 모음 + **와, 랑** |
|---|---|
| 가방**과** 책 | 시계**랑** 전화 |
| 가방**이랑** 책 | 시계**와** 전화 |
| 가방**하고** 책 | 시계**하고** 전화 |

또한 두 개 이상의 명사가 접속될 때 마지막 명사 다음에 '하고'는 쓰일 수 있으나 '와/과'는 쓰일 수 없다.

(19) 가. 시계**하고** 가방**하고** 샀습니다.

나. *시계**와** 가방**과** 샀습니다.

'(이)랑'은 주로 구어체에 쓰이고, '하고'보다 귀여운 느낌을 준다. 따라서 어린이나 젊은층의 말에 많이 쓰인다.

(20) 가. 선물로 시계**랑** 볼펜을 주었다.

나. 자기 전에는 손**이랑** 발을 깨끗이 씻어야지.

다. 이 가게에서 사과**랑** 배**랑** 감**이랑** 모두 샀다.

---

**[보충·심화 : '와/과, 하고'와 '그리고']**

문장과 문장을 연결할 때에는 접속부사 '그리고'를 쓴다. 그러나 문장 안에서 낱말과 낱말을 연결할 때에는 주로 접속조사 '와/과' 혹은 '하고'를 쓴다.

사과를 샀다. <u>그리고</u> 배를 샀다.(○)
사과 <u>그리고</u> 배를 샀다.(?)
사과<u>와</u> 배를 샀다.(○)
사과<u>하고</u> 배를 샀다.(○)

---

## 3.2 첨가, 부가: 에(다/다가)

명사와 명사를 연결할 때 사용하는 조사로 선행하는 명사에 후행하는 명사가 더해지거나 여러 가지를 더하여 나열할 때 쓴다. '가' 혹은 '다가'를 생략한 채 '에다' 혹은 '에'만으로 쓰이기도 한다.

(21) 가. 지난 주말에는 감기**에다가** 몸살까지 겹쳐 고생했다.

나. 그는 주량이 맥주 열 병**에다가** 소주 두 병 정도이다.

다. 철수는 가방**에다** 돈을 잔뜩 넣었다.

라. 영희의 생일잔치에는 갈비**에** 회**에** 없는 것이 없었다.

## 3.3 나열: (이)며

명사와 명사를 연결할 때 사용하는 조사로 여러 사물을 열거할 때 쓰인다. 주로 '-이며 -이며'의 형태로 쓰이며 나열한 것들을 '모두 포함하여'의 의미로 쓰인다. 선행명사가 자음으로 끝나면 '이며'와 결합하고, 모음으로 끝나면 '며'와 결합한다. 주로 '모두, 다, 모두 다'와 같은 말과 함께 쓰이는 경우가 많다

| 자음 + **이며** | 모음 + **며** |
|---|---|
| 옷**이며** 가방을 모두 들고 나왔다. | 편지**며** 사진을 모두 없애 버렸다. |
| 지갑**이며** 돈을 다 도둑맞았다. | 시계**며** 반지를 나에게 주었다. |

(22) 가. 배가 고픈 아이는 밥**이며** 반찬을 모두 먹어치웠다.

나. 어젯밤에 도둑이 시계**며** 보석**이며** 패물을 몽땅 털어갔다.

다. 지난 홍수에 집**이며** 논**이며** 밭**이며** 모두 떠내려갔다.

## 4. 조사들은 어떻게 어울려 쓰일까

외국인에게 한국어는 낯선 언어(strange language)이다. 특히 조사는 앞 장에서 설명한 것처럼 영어권 학습자에게는 그들의 문법범주에 없는 개념으로 한국어를 배우는 외국인 학습자가 조사를 정확하게 사용한다는 것은 어려운 일이다. 더구나 외국인 학습자를 위한 한국어교육 기관에서도 개별적인 조사의 쓰임만을 가르쳐왔을 뿐 조사의 상호결합에 대한 규칙은 제시한 적이 없었다. 따라서 외국인이 보다 원활하게 한국어를 구사하도록 하기 위해서는 조사의 상호결합관계에 대한 규칙도 제시되어야 한다.

## 4.1 왜 조사들은 서로 어울려 쓰일까

한국어 체언과 결합하는 조사는 왜 하나만 결합하는 것이 아니라 둘 이상이 결합하는 것일까?

(23) 가. 정부**에서만** 그 문제를 해결할 수 있다.

나. *철수**가만** 그 문제를 해결할 수 있다.

(23가)의 예문은 명사 뒤에 '에서+만'이 결합된 문장이다. 이처럼 조사는 여러 개의 조사가 같이 결합하여 쓰이기도 한다. 그러나 (23가)의 '정부에서만'과 비교하여 볼 때 (23나)의 '*철수가만'도 주어를 나타내는 조사 다음에 보조사 '만'이 결합한 것이다. 그런데 왜 '정부에서만'은 괜찮고 '*철수가만'은 안 되는 것일까?

다음 예문을 보자.

(24) 가. 정부**에서만이** 그 문제를 해결할 수 있다.

　　　나. 철수**만이** 그 문제를 해결할 수 있다.

(24가)의 '정부에서만이'에서 '이'는 주격조사인가? 그리고 왜 '*철수가만'처럼 '이+만'은 안 되는데 '철수만이'처럼 '만+이'는 허용이 되는 것일까?

이러한 문제들은 같은 성격의 조사라고 하더라도 그 기능 및 의미에 따라 결합관계가 다르기 때문이다. 즉 그 조사가 가지고 있는 기능에 따라 어떤 조사는 선행하고 어떤 조사는 후행하는 등의 결합관계가 달라지는 것이다.

일반적으로 조사의 결합에서 선행하는 조사는 격 기능을 담당하고 후행하는 조사는 의미 기능을 담당한다. 따라서 (24가)에서 명사 '정부'에 여러 격조사(에서+만+이)가 결합한 것도 선행하는 격조사 '에서'는 명사 '정부'의 단체 주어로서의 격 기능을 담당하고 후행하는 '이'는 '강조'의 의미 기능을 담당하는 것이다.

즉 상호결합하는 조사 중 선행하는 조사는 격 기능을 나타내고 후행하는 조사일수록 의미 기능을 나타낸다. 그런데 이는 첨가어인 한국어의 특징에 어긋나는 것처럼 보인다. 한국어는 선행하는 요소가 어휘적 요소이고 후행하는 요소는 문법적 요소이기 때문이다.

(25) 가. 먹(동사어간)+었(과거시제보조어간)+습니다.(종결어미)

　　　나. 먹(동사어간)+음(명사형어미)

(25)의 예를 살펴보면 각 형태들의 결합이 한 낱말의 내부에서 일어나고 있다. 이에 비해 조사의 결합은 낱말과 낱말의 결합이다. 엄밀하게 이야기하면 (23가)는 조사와 조사의 결합이라기보다는 명사에 낱말인 조사가 결합하여 이루어진 명사구(정부+에서)에 또다시 낱말인 다른 조사가 결합하는(정부에서+만) 방식의 결합구조인 것이다. (25)의 예에서는 동사어간에 후행하는 형태들이 생략되거나 탈락할 수 없다. 그러나 (24)에서와 같은 조사의 결합에서는 후행하는 조사도 낱말이므로 생략 혹은 탈락이 가능하다.

이는 한국어의 복합어 구성을 살펴보면 더욱 명확하다. 일반적으로 낱말과 낱말의 결합인 한국어의 복합어 구성에서 복합어를 구성하는 한 낱말을 탈락시켜도 그 의미만 사라질 뿐 낱말의 문법성에는 아무런 문제가 없다. ('볶음밥', '돌다리'와 같은 복합어에서 '볶음', '밥', '돌', '다리' 중 어느 것을 탈락시켜도 그 의미만 사라질 뿐 문법성에는 문제가 없다.) 이처럼 조사와 조사의 결합에서 어떤 조사를 탈락시키면 그 조사의 의미만 사라질 뿐 문장의 문법성에는 아무 문제가 없다.

## 4.2 어떤 조사가 선행하고 어떤 조사가 후행할까

조사 간의 상호결합을 주격조사, 목적격조사, 부사격조사, 보조사로 유형화하여 그 의미관계를 중심으로 정리하면 다음과 같다.

　가. *주격, 목적격조사+부사격조사
　　　*주격, 목적격조사+보조사

: 부사격조사에 선행하는 주격, 목적격조사는 격을 나타낸다. 그러나 일반적인 문장에서는 그 격을 알 수 있으므로 격을 나타내는 주격, 목적격조사는 나타나지 않고 부사격조사만 나타난다. 마찬가지로 보조사에 선행하는 주격, 목적격조사도 나타나지 않는다.

　나. 부사격조사+주격, 목적격조사
　　　부사격조사+보조사
　　　부사격조사+보조사+주격, 목적격조사

: 선행하는 부사격조사는 격을 나타냄과 동시에 의미 기능도 동시에 나타내므로 문장에 나타나야 한다. 또한 부사격조사에 후행하는 주격, 목적격조사는 부사격조사에 후행하는 보조사가 의미를 나타내듯이 '강조'의 의미 기능을 나타낸다.

　다. 부사격조사+부사격조사

: 부사격조사끼리의 결합은 선행하는 부사격조사가 격과 의미 기능을 나타내고 뒤의 부사격조사는 의미를 보충해 주는 역할을 한다.(흔히 처소를 나타내는 부사격조사에 지향을 나타내는 부사격조사가 붙는다('에로', '에게로'). 이는 선행하는 부사격조사('에', '에게')는 선행하는 명사의 처소격을 나타내고, 다른 부사격조사(도구격 '로')는 그 의미를 보충하기 위하여 후행한다.

　라. *보조사+부사격조사

: 보조사에 후행하는 조사는 의미 기능만을 나타내야 하나 부사격조사는 격도 나타내므로 비문이 된다.

> **[보충·심화 : '만으로'와 '(으)로만']**
>
> 조사 '만'과 '(으)로'의 결합에서는 '(으)로만'으로도 결합하지만 '만으로'로도 결합하여 예외적이다. "사람이 빵으로만(만으로(는)) 살 수 없다."에서는 '보조사+부사격조사'로 결합된다. 그러나 이 경우는 '만' 이외의 다른 보조사는 나타날 수 없다("*사람이 밥은으로 살 수 없다." "*사람이 밥도로 살 수 없다."). 또한 조사의 상호결합에서도 '만'과 '(으)로'의 결합에서만 나타나는 문제이다. 이는 화자의 대상에 대한 인식 양상에 따라 격조사 '만으로'와 '(으)로만'의 상호결합이 다르게 나타난다.
>
> 가. 이 문**으로만** 나갈 수 있어요.(긍정적 인식 태도)
> 나. 이 색**만으로** 그림 그리기는 어려워요.(부정적 인식 태도)

마. 보조사＋주격, 목적격조사

: 보조사에 후행하는 주격, 목적격조사는 '강조'의 의미 기능을 나타낸다. 이처럼 의미 기능을 나타내는 주격, 목적격조사는 '강조'의 의미가 없을 때에는 나타나지 않는다.

# 5. 보조사, 어떻게 가르칠 것인가

다음에 제시한 교수방법은 외국인에게 보조사를 가르치는 데에 유용하게 사용할 수 있는 방법들이다. 한국어를 배우는 외국인들이 의미가 유사한 보조사와 보조사 혹은 보조사와 격조사 중에서 쉽게 이해하지 못하는 점을 조사 간의 비교 및 대조를 통해서 외국인들에게 어떻게 설명하는 것이 좋을지에 대하여 제시해 놓았다.

## 5.1 '이/가'와 '은/는'은 어떻게 가르쳐야 하나

"내가 철수이다."와 "나는 철수이다."의 차이를 영어권 학습자에게 어떻게 설명할 것인가? 이는 한국 사람에게는 직관으로 알 수 있는 부분이어서 별다른 설명이 필요하지 않으나 한국어에 대한 직관이 없는 외국인은 그 차이를 파악하는 것이 커다란 문제가 된다.

주어 자리에 쓰일 때의 '이/가'와 '은/는'은 어떤 차이를 나타낼까? 그리고 이를 외국인 학습자에게 어떻게 가르쳐야 하나? 학교문법에서는 이를 주격조사와 보조사로 제시하고 있으나 한국어를 배우는 외국인 학습자에게는 그 용법의 차이를 구체적이고 자세하게 알려 주어야 한다. 초급단계에서 주어 자리에 나타나는 '이/가'와 '은/는'의 용법의 차이를 정리하여 제시하면 다음과 같다.

① 일반적으로 '이다' 문장에서는 '은/는'을 쓴다. 그러나 여기에 제시된 설명은 외국인에게 '이/가'와 '은/는'의 차이를 명확하게 인식시키기 위한 설명으로 반드시 이렇다는 것은 아니라는 점이다. 즉 상황에

따라서는 '이다'가 쓰인 문장에 '이/가'가 쓰일 수도 있지만 이는 선행명사에 초점이 놓인 경우로 일반적인 진술에서는 '은/는'이 쓰인다는 점을 설명한 것이다.

(26) 가. 나**는** 한국 사람입니다.

　　나. 수잔 씨**는** 미국 사람입니다.

단, 질문의 초점이 의문사 "누구, 무엇, 언제, 어디"에 놓여 있을 때에는 '이다' 문장에서도 '이/가'를 쓴다.

(27) 가. A: 누**가** 미영 씨예요?

　　　B: 저 분**이** 미영 씨예요.

　　나. A: 어디**가** 철수 씨 집입니까?

　　　B: 저 집**이** 제 집입니다.

② 이야기에서 새로운 주어에 대해서 이야기할 때는 '이/가'를 쓰고, 이미 알고 있는 주어에 대해서 이야기할 때는 '은/는'을 쓴다.(이는 영어의 'a'와 'the'에 견줄 수 있다.)

(28) 가. 저기 철수**가** 옵니다. 철수**는** 내일 제주도에 갑니다.

　　나. 옛날 옛날에 임금님**이** 살고 있었어요. 그 임금님**은** 예쁜 딸이 있었어요...

③ '이/가'의 경우와 '은/는'의 경우는 초점이 놓이는 위치가 다르다. 즉 '이/가'는 앞부분에, '은/는'은 뒷부분에 초점이 놓인다.

(29) 가. (누가 파티에 갔어요?) 철수**가** 파티에 갔어요.('철수'에 초점이 놓임)

　　나. (철수는 뭐 해요?) 철수**는** 파티에 갔어요.('파티에 갔어요'에 초점이 놓임)

## 5.2 '만', '밖에', '뿐'은 어떻게 가르쳐야 하나

위의 세 보조사는 모두 선행하는 어휘를 '오직'이라는 의미로 한정하는 보조사이나 그 후행하는 서술어의 쓰임에 차이가 있다.

| 만 | 밖에 | 뿐 |
|---|---|---|
| 서술어의 긍정과 부정에 관계없이 쓰인다. | 서술어가 부정을 나타내는 말인 경우에만 쓰이나 '아니다'와는 쓰이지 않는다. | 서술어가 부정을 나타내는 말인 경우에만 쓰인다. |
| 그는 책**만** 샀다.<br>그는 책**만** 사지 않았다.<br>그는 책**만** 안다/모른다. | 그는 책**밖에** 없다.<br>그는 책**밖에** 안 샀다.<br>그는 책**밖에** 모른다. | 그에게는 책**뿐**이다.<br>그는 책**뿐**이 아니라 사전도 샀다. |

## 5.3 '까지', '마저', '조차'의 차이를 어떻게 설명할까

다음 문장을 언뜻 보면 사용된 보조사 중 어느 것이 맞는지 혼란스러울 때가 있다.

(로마의 시이저 황제가 자신을 암살하러 온 군중 속에서 자신이 믿었던 양아들을 발견하고서 하는 말)
부르투스 너**까지**...
부르투스 너**마저**...
부르투스 너**조차**...

흔히 비슷한 의미를 지닌 보조사로 '까지', '마저', '조차'를 비교하곤 한다. 모두 '마지막까지'라는 의미를 지닌 보조사로 그 차이를 외국인에게 설명하기란 쉽지 않다. 그러나 그 의미를 도표를 통해 보면 쉽게 이해할 수 있다.

'까지': 예상하는 전체 범위를 벗어나지 않고 그 범위 안에서의 일정 범위까지를 이야기할 때
'마저': 예상하는 전체 범위 가운데 마지막까지를 포함할 때
'조차': 예상하는 전체 범위를 벗어난 부분을 포함해서 이야기할 때

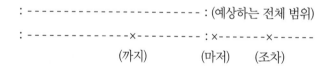

## 5.4 '와/과'와 'and', 'with'는 어떻게 설명할까

한국어에서 '와/과'로 쓰이나 영어권 화자에게는 그 의미가 다른 경우가 있다.

(30) 가. 내가 철수**와** 영희를 만났다.
　　　나. 내가 철수를 영희**와** 같이 만났다.

즉, '철수와 영희'는 영어로 그 의미를 제시할 때 'and'의 의미이고 '영희와 같이'는 영어로 'with'의 의미이다. 따라서 영어권 화자에게 설명할 때에는 형태적으로 같은 형태라고 하더라도 두 가지 의미를 가진 것으로 설명하여야 한다.

### 참고문헌

김기혁(1995), 『국어 문법 연구』, 박이정.

김재욱(2001), 「한국어 문법교육에서의 조사의 상호결합 규칙」, 『우리어문연구 제17집』, 우리어문학회.

김재욱(2003), 「외국어로서의 한국어 문법 교육」, 『이중언어학22호』, 이중언어학회.

김재욱(2004), 「한국어 문법 교육」, 『고려대학교 교사양성과정 강의안』, 고려대 한국어문화교육센터.

김정숙(1992), 「한국어 교육과정과 교과서 연구」, 고려대학교 박사학위논문.

김정숙·남기춘(2002), 「영어권 한국어 학습자의 조사 사용 오류 분석과 교육 방법」, 『한국어 교육』 제13권1호, 국제한국어교육학회.

남기심·고영근(1989). 『표준 국어문법론』, 탑출판사.

박기덕(2001), 「한국어 보조사 사용의 전제」, 『언어와 언어학』 26집, 한국외국어대학교 언어연구소.

박영순(1999), 「조사의 인지의미론적 고찰」, 『국어의 격과 조사』, 한국어학회.

백봉자(2002), 『외국어로서의 한국어문법사전』, 연세대학교 출판부.

성기철(1994), 「주격조사 '가'의 의미」, 『선청어문』 22, 서울대 국어교육과.

연세대학교 언어정보개발연구원편(2002), 『연세한국어사전』, 두산동아.

이규호(2001), 「한국어 복합조사의 판별기준과 구성 연구」, 한국외국어대학교 박사학위논문.

이지영(1996), 「한국어 조사의 교수모형」, 상명대학교 박사학위논문.

이희자·이종희(1998), 『사전식 텍스트 분석적 국어 조사의 연구』, 한국문화사.

임호빈·홍경표·장숙인(1997), 『외국인을 위한 한국어 문법』, 연세대학교 출판부.

임홍빈(1979), 「'을/를'조사의 의미와 통사」, 『한국학 논총』 2집, 국민대학.

임홍빈·장소원(1998), 『國語文法論 I 』, 한국방송대학교 출판부.

전은주(1994), 「한국어 학습시 나타나는 학습자의 모국어 영향: 조사 교육을 중심으로」, 『한국말 교육』 5, 국제한국어교육학회.

허 용(1999), 「조사」, 『외국인을 위한 한국어 교육의 방법과 실제』, 방송대출판부.

허 용(2004), 「조사」, 『계명대 한국어교사양성과정 강의안』, 계명대.

# 9

## 한국어 문장은
## 어떻게 끝나는가

한국어의 어간 뒤에는 다양한 형태의 어미들이 오며 하나 이상의 어미들이 올 때에는 그 순서가 정해져 있다. 따라서 이에 익숙하지 않은 외국인 학습자들은 한국어의 어미를 사용할 때 많은 어려움을 겪는다. 우리는 이 장에서 문장을 끝맺는 역할을 하는 종결어미와 다른 어미 앞에 와서 주체를 높이거나 시상을 나타내는 선어말어미의 종류와 특성을 알아보고자 한다.

# 1. 어미의 사용, 한국어교육에서 왜 중요한가

한국어의 중요한 언어유형론적 특성 중의 하나가 교착어라는 것이다. 교착어란 어간에 어미가 붙어 다양한 문법적 기능을 나타내는 언어이다. 예를 들어 한국어 동사 '가다'를 사용하여 문장을 만든다면 '가다'는 시상, 서법, 양태, 화계 등에 따라 다음과 같이 다양한 형태로 사용된다.

(1) 가. 철수가 학교에 <u>간다</u>.

나. 철수가 학교에 <u>갔다</u>.

다. 내가 학교에 <u>가겠다</u>.

라. 철수가 학교에 <u>가니?</u>

마. 철수가 학교에 <u>갔겠구나</u>.

바. 학교에 <u>가라</u>.

사. 선생님께서 학교에 <u>가시더라</u>.

(1)에서 동사 '가다'의 어간 '가-' 뒤에는 다양한 형태의 어미들이 오며 여러 어미들이 올 때에는 그 순서가 일정하게 정해져 있다는 것을 확인할 수 있다. 이와 같은 사실을 잘 모르는 외국인 학습자는 한국어 어미 사용에 있어 많은 실수를 범할 수 있다. (1)과 (2)를 비교해 보도록 하자.

(2) 가. *철수가 학교에 <u>가다</u>.

나. *철수가 학교에 <u>갔는다</u>.

다. *내가 학교에 <u>가겠었다</u>.

라. *철수가 학교에 <u>가십니까?</u>

마. *철수가 학교에 <u>가겠었구나</u>.

바. *학교에 <u>갔어라</u>.

사. *선생님께서 학교에 <u>가더시라</u>.

(2)에서 확인할 수 있듯이 한국어를 막 배우기 시작한 외국인들이 문맥에 맞는 올바른 형태의 어미를 쓴다든가 여러 어미들을 사용할 때 올바른 순서로 쓰는 것은 상당히 어려운 일이나 한국어를 잘 구사하기 위해서는 이를 반드시 학습해야 한다.

(1)에서 '가다'의 활용형을 살펴보면 어간 '가-' 뒤에 '-ㄴ다, -다, -니, -구나, -라' 등의 어미가 옴을 알 수 있다. 이와 같이 활용형의 끝에 오는 어미를 종결어미라 한다. 또한 어간과 종결어미 사이에 오는 '-았/었/였-, -겠-, -(으)시-. -더-' 등의 어미가 있는데 이들은 어말어미의 앞에 오므로 선어말어미라 한다. 선어말어미들은 일정한 순서로 결합하는데, 예를 들어, (1마)에서처럼 '-았/었/였-'은 '-겠-' 앞에 오며 (1사)에서처럼 '-(으)시-'는 '-더-' 앞에 오는데 이러한 순서 역시 외국인 학습자는 학습해야 한다.

이 장에서는 한국어의 종결어미와 선어말어미의 특성을 한국어교육의 관점에서 살펴보고자 한다.

# 2. 어미는 어떻게 분류되는가

## 2.1 어미

한국어에는 동사나 형용사의 어간이나 '이다'의 '이-' 뒤에 붙는 요소들이 있는데 이들은 분할 가능하고 어느 정도 형태가 일정하며 서술어의 꼴을 바꾼다. 이 요소들을 어미라고 하는데 이들은 여러 가지 문법적 의미나 기능을 나타낸다. 예를 들어, 동사 '먹다'는 다음과 같이 꼴이 바뀐다.

(3) 가. 먹다
　　나. 먹었다
　　다. 먹어라
　　라. 먹겠다

(3)에서 변하지 않는 부분 '먹-'이 동사의 어간이며 어간 뒤에 붙어 그 전체의 꼴을 바꾸는 '-다, -었-, -어라, -겠-'이 어미이다.

## 2.2 어미의 분류와 체계

한국어 어미는 분포적, 통사적, 의미적 기준 등을 사용하여 다음과 같이 분류할 수 있다.

| 분포 | 통사 | 의미 | 예 |
|---|---|---|---|
| 어말어미 | 종결어미 | 평서형 | -다, -아요/어요 |
| | | 의문형 | -(으)니, -(으)ㄹ까, -ㅂ니까/습니까 |
| | | 명령형 | -아라/어라, -(으)십시오 |
| | | 청유형 | -자, -(으)ㅂ시다 |
| | | 감탄형 | -구나/는구나, -군요/는군요 |
| | 연결어미 | 대등적 | -고, -(으)며/며 |
| | | 종속적 | -아서/어서, -(으)니까 |
| | | 보조적 | -아/어, -게, -지, -고 |
| | 전성어미 | 명사형 | -(으)ㅁ, -기 |
| | | 관형사형 | -(으)ㄴ, -는, -(으)ㄹ |
| | | 부사형 | -게, -도록 |
| 선어말어미 | 높임 | | -(으)시- |
| | 시상 | | -았/었/였-, -겠-, -더- |

① 어말어미와 선어말어미로 나누어지는 기준은 분포이다. 활용형의 맨 뒤에 오는 어미가 어말어미이며 어말어미 앞에 오는 어미가 선어말어미다.

② 어말어미는 다시 그 통사적 기능에 따라 문장을 끝맺음하는 종결어미, 절과 절을 연결하는 연결어미, 동사구나 절 뒤에 붙어 새로운 문법적 기능을 부여하는 전성어미로 나뉜다.

③ 종결어미는 다시 문장을 끝맺는 방식에 따라 평서형 어미, 의문형 어미, 명령형 어미, 청유형 어미, 감탄형 어미로 나뉜다.

④ 연결어미는 절과 절을 연결하는 통사적 방식에 따라 다시 대등적 연결어미와 종속적 연결어미로 나뉜다. 그리고 보조적 연결어미는 본용언과 보조용언을 연결해 준다.

⑤ 전성어미는 어미가 붙은 절이 문장 내에서 수행하는 통사적 역할에 따라 다시 명사형 전성어미와 관형사형 전성어미, 부사형 전성어미로 나뉜다.

⑥ 선어말어미는 어미가 수행하는 역할에 따라 높임어미와 시상어미로 나뉜다.


# 3. 활용은 어떻게 이루어지는가

## 3.1 활용

한국어에서 동사나 형용사의 어간, '이다'의 '이-' 뒤에 붙는 어미는 다양한 꼴로 나타난다. 다음 (4)의 예들을 살펴보도록 하자.

(4) 가. 철수가 책을 <u>봅니다.</u>

　　나. 철수가 책을 <u>봤습니다.</u>

　　다. 철수가 책을 <u>보면</u> 좋겠습니다.


(4)의 '봅니다', '봤습니다', '보면'은 각각 '보-'와 '-ㅂ니다', '보-'와 '-았습니다', '보-'와 '-면'으로 분석될 수 있다. '보-'는 보는 행위를 나타내는 어휘적 의미를 가지며, 그 나머지 부분은 '보-'의 어휘적 의미에 문법적 의미를 더해 준다. 이처럼 '보-'가 '-ㅂ니다', '-았습니다'와 사용되면 문장을 끝맺게 되고 '-면'과 사용되면 한 문장을 다른 문장에 연결하게 된다. 이처럼 동사나 형용사, '이다'는 그 문법적 의미와 역할에 따라 다양한 꼴로 나타나는데, 이를 활용이라 한다.

어간 뒤에 어미가 붙을 때, 동일한 기능을 할지라도 동사의 어간 뒤에 붙느냐, 형용사의 어간이나 '명사+이-' 뒤에 붙느냐에 따라 어미의 꼴이 달라지기도 한다. 다음 (5)와 (6)의 예들을 살펴보도록 하자.

(5) 영희는 시장에 <u>간다.</u> / *영희는 시장에 <u>가다.</u>

(6) 가. *얼굴이 예쁜다. / 얼굴이 예쁘다.

　　나. *영희는 학생인다. / 영희는 학생이다.

(5)와 (6)에서 현재를 나타내는 종결어미 '-ㄴ다'와 '-다' 중에서 전자는 동사의 어간 뒤에, 후자는 형용사의 어간이나 '명사+이-' 뒤에 사용됨을 확인할 수 있다.

동사의 경우에는 그 어간이 모음 또는 'ㄹ'로 끝나느냐 'ㄹ'을 제외한 자음으로 끝나느냐에 따라 그 뒤에 오는 어미의 꼴이 달라진다. 다음 (7)의 예들을 보도록 하자.

(7) 가. 영희는 시장에 간다. / 영희가 운다.

　　나. 영희는 야채를 잘 먹는다.

(7)에서 확인할 수 있듯이 '-ㄴ다'는 동사의 어간이 모음이나 'ㄹ'로 끝날 경우, '-는다'는 동사의 어간이 'ㄹ'을 제외한 자음으로 끝날 경우 그 뒤에 붙는다.

한편, 명령을 나타내는 어미 '-아라/어라', 청유를 나타내는 어미 '-자'도 그 의미 특성 때문에 동사의 어간 뒤에는 붙어 쓰일 수 있으나 형용사의 어간이나 '명사+이-' 뒤에는 붙어 쓰이지 못하는데 이는 명령과 청유라는 행위가 그 의미 특성상 동사에 대해서만 가능하기 때문이다. 다음 (8-10)의 예문들을 살펴보자.

(8) 가. (영희야), 야채 좀 먹어라.

　　나. (영희야), 야채 좀 먹자.

(9) 가. *(영희야), 예뻐라.

　　나. *(영희야), 예쁘자.

(10) 가. *(영희야), 학생이어라.

　　나. *(영희야), 학생이자.

(8)은 동사의 어간 뒤에 어미 '-아라/어라'와 '-자'가 붙을 수 있음을 보여 주는 예이고, (9)와 (10)은 각각 형용사의 어간이나 '명사+이-' 뒤에 이들 어미가 붙을 수 없음을 보여 주는 예이다. (9)나 (10)에서와 같이 형용사나 '명사+이-'가 서술어인 경우에는 명령형 어미 '-아라/어라'나 청유형 어미 '-자'가 붙을 수 없는데 그 이유는 서술어가 행위나 동작을 나타내는 경우에만 명령이나 청유가 가능하기 때문이다. 명령은 어떤 행동을 해 줄 것을 요구하는 것이고 청유는 어떤 행동을 같이 할 것을 청하는 것으로 모두 듣는 사람에게 어떤 행동을 요구한다. 그러므로 (8)에서처럼 서술어가 행동을 나타내는 동사인 경우에는 명령형 어미와 청유형 어미가 그 어간 뒤에 붙어 쓰일 수 있지만 서술어가 상태나 성질, 속성을 나타내는 형용사의 어간이나 '명사+이-' 뒤에는 이러한 어미가 붙어 쓰일 수 없다.

## 3.2 규칙 활용과 불규칙 활용

동사나 형용사, '이다'의 활용에는 어간이나 어미의 형태가 바뀌지 않는 규칙 활용과 어간이나 어미의 형태가 바뀌는 불규칙 활용이 있다.

예를 들어, 다음 (11)에서 알 수 있듯이 '먹다'는 규칙 활용을 하기 때문에 어간 뒤에 어미들이 붙어도 어간의 원래 형태가 바뀌지 않는다. 반면, 다음 (12)에서 '듣다'의 어간 '듣-'은 뒤에 붙는 어미에 따라 그 형태가 그대로 유지되기도 하고 바뀌기도 한다. 즉, 불규칙 활용을 한다.

(11) 가. 철수가 밥을 <u>먹-습니다.</u>

　　　나. 철수가 밥을 <u>먹-고</u> 학교에 갑니다.

　　　다. 철수가 밥을 <u>먹-었습니다.</u>

　　　라. 철수가 밥을 <u>먹-으면서</u> 책을 봅니다.

(12) 가. 철수가 음악을 <u>듣-습니다.</u>

　　　나. 철수는 음악을 <u>듣-고</u> 영희는 책을 읽습니다.

　　　다. 철수가 음악을 <u>들-었습니다.</u>

　　　라. 철수가 음악을 <u>들-으면서</u> 신문을 봅니다.

(11)에서 '먹다'의 어간 '먹-'은 뒤에 붙는 어미의 종류와 관계 없이 항상 그 형태가 변함이 없다. 반면, (12)에서 확인할 수 있듯이 '듣다'의 어간 '듣-'은 뒤에 붙는 어미의 종류(옆의 표 참조)

> **[어미의 종류]**
>
> 1군 어미(자음으로 시작하는 어미) : -고, -지, -는, -게 등
> 2군 어미(모음으로 시작하는 어미) : -아서/어서, -았/었/였- 등
> 3군 어미('으' 계열 어미) : -(으)며, -(으)면, -(으)니, -(으)려고 등

에 따라 어떤 때에는 '듣-'으로 나타나지만, 어떤 때에는 '들-'로 변한다.

## 3.3 불규칙 활용의 유형

불규칙 활용에는 어간만 바뀌는 것, 어간과 어미가 모두 바뀌는 것, 그리고 어미만 바뀌는 것의 세 가지 유형이 있다.

### ● 어간만 바뀌는 불규칙 활용

어간만 바뀌는 불규칙 활용은 어간이 뒤에 붙는 어미의 종류에 따라 그 형태가 불규칙하게 바뀌는 것으로, 여기에는 'ㅅ, ㄷ, ㅂ, 르' 불규칙 활용 등이 있다.

• 'ㅅ' 불규칙 활용

| 대상 | 어떤 어미를 만날 때 | 무엇이 | 어떻게 변하는가 |
|---|---|---|---|
| 'ㅅ'로 끝나는 동사, 형용사 어간 | 1군 어미 | 받침 'ㅅ' | 변함 없음 |
|  | 2군 어미, 3군 어미 |  | 탈락 |

(13) 가. 철수가 집을 <u>짓습니다.</u>

　　 나. 철수가 집을 <u>짓는</u> 동안 영희는 철수를 도왔습니다.

　　 다. 철수는 집을 <u>짓고</u> 영희는 아이들을 키웁니다.

　　 라. 철수가 집을 <u>짓지</u> 않았습니다.

　　 마. 철수가 집을 <u>지었습니다.</u>

　　 바. 철수가 집을 <u>지어도</u> 결혼하지 않겠습니다.

　　 사. 철수가 집을 <u>지으려고</u> 돈을 모았습니다.

　　 아. 철수가 집을 <u>지으면</u> 참 좋겠습니다.

(13가-라)에서 확인할 수 있듯이 동사 '짓다'의 어간 '짓-'은 1군 어미(자음으로 시작하는 어미)와 결합할 때에는 그 꼴이 변하지 않으나 (13마-자)에서와 같이 2군 어미나 3군 어미와 결합할 때에는 어간 끝의 'ㅅ'가 탈락한 '지-'의 꼴로 바뀐다.

반면, 규칙 활용을 하는 '벗다'나 '빗다' 등의 경우에는 어떤 어미가 오더라도 'ㅅ'가 탈락하지 않는다.

'ㅅ' 불규칙 활용 동사 : 긋다, 낫다, 붓다, 잇다, 잣다, 젓다, 짓다, 낫다 등

'ㅅ' 불규칙 활용 형용사 : 낫다 등

'ㅅ' 규칙 활용 동사: 벗다, 빗다, 빼앗다, 씻다, 솟다 등

• 'ㄷ' 불규칙 활용

| 대상 | 어떤 어미를 만날 때 | 무엇이 | 어떻게 변하는가 |
|---|---|---|---|
| 'ㄷ'로 끝나는 동사 어간 | 1군 어미 | 받침 'ㄷ' | 변함 없음 |
|  | 2군 어미, 3군 어미 |  | 'ㄹ' |

(14) 가. 철수가 <u>묻습니다.</u>

　　 나. 철수가 <u>묻지</u> 않고 영희가 묻습니다.

　　 다. 철수가 <u>묻고</u> 영희가 대답합니다.

　　 라. 철수가 <u>묻는</u> 동안 영희는 답변을 준비합니다.

　　 마. 철수가 <u>물었습니다.</u>

　　 바. 철수가 <u>물어서</u> 대답했습니다.

사. 철수가 <u>물었으면</u> 합니다.

자. 철수가 <u>물으려고</u> 하자 영희가 막았습니다.


(14가-라)에서 확인할 수 있듯이 '묻다' 동사의 어간 '묻-'은 1군 어미와 결합할 때에는 그 모양이 변하지 않으나 (14마-자)에서 확인할 수 있듯이 2군 어미나 3군 어미와 결합할 때에는 어간 끝 'ㄷ'가 'ㄹ'로 바뀌어 어간의 형태가 '물-'로 바뀐다. 'ㄷ' 불규칙 활용을 하는 용언은 동사밖에 없다.

반면, 규칙 활용을 하는 '묻다(땅에 ~)'와 같은 동사의 경우에는 어떤 어미가 오더라도 'ㄷ'가 변하지 않는다.


'ㄷ' 불규칙 활용 동사 : 걷다, 깨닫다, 듣다, 묻다(누구에게 ~), 싣다, 일컫다 등

'ㄷ' 규칙 활용 동사 : 닫다, 돋다, 묻다(땅에 ~), 믿다, 쏟다, 얻다 등


• 'ㅂ' 불규칙 활용

| 대상 | 어떤 어미를 만날 때 | 무엇이 | 어떻게 변하는가 |
|---|---|---|---|
| 'ㅂ'으로 끝나는 동사, 형용사 어간 | 1군 어미 | 받침 'ㅂ' | 변함 없음 |
| | 2군 어미, 3군 어미 | | '우' 또는 '오' |

(15) 가. 꽃이 참 <u>아름답습니다/곱습니다.</u>

나. 이 꽃은 <u>아름답고/곱고</u> 향기도 좋습니다.

다. 이 꽃처럼 <u>아름다우면/고우면</u> 얼마나 좋을까.

라. 이 꽃이 더 <u>아름다우니/고우니</u> 이것을 드리겠습니다.

마. 그 꽃은 참 <u>아름다웠다/고왔다.</u>

바. 이 꽃이 <u>아름다워서/고와서</u> 샀습니다.


(15가-나)에서 확인할 수 있듯이 어간 '아름답-'은 1군 어미와 결합할 때에는 그 모양이 변하지 않으나 (15다-바)에서 확인할 수 있듯이 3군 어미나 2군 어미와 결합할 때에는 어간 끝 'ㅂ'가 '우'로 변한다. 단, (15마-바)에서 볼 수 있듯이 '곱-'은 2군 어미와 결합할 때 'ㅂ'가 '오'로 바뀐다. 이렇게 2군 어미가 올 때 'ㅂ'가 '우'가 아닌 '오'로 바뀌는 용언에는 '곱다'와 '돕다'만이 있다.

반면, 규칙 활용을 하는 '입다'와 같은 동사의 경우에는 어떤 어미가 오더라도 'ㅂ'는 변하지 않는다.


'ㅂ' 불규칙 활용 동사: 굽다, 눕다, 돕다, 줍다 등

'ㅂ' 불규칙 활용 형용사: 곱다, 덥다, 쉽다, 어렵다, 춥다, '어근-답다', '어근-롭다', '어근-스럽다' 등

'ㅂ' 규칙 활용 동사: 뽑다, 씹다, 입다, 잡다, 접다 등

'ㅂ' 규칙 활용 형용사: 좁다 등

• '르' 불규칙 활용

| 대상 | 어떤 어미를 만날 때 | 무엇이 | 어떻게 변하는가 |
|---|---|---|---|
| '르'로 끝나는 동사, 형용사 어간 | 1군 어미, 3군 어미 | '르' | 변함 없음 |
| | 2군 어미 | | 'ㄹㄹ' |

(16) 가. 이것은 <u>다르고</u> 저것은 같습니다.

　　　나. 이 문제는 <u>다르지만</u> 저 문제는 같습니다.

　　　다. 이 문제도 <u>다르지</u> 않습니다.

　　　라. 문제가 <u>다르니까</u> 답도 다릅니다.

　　　마. 두 사람은 성격이 아주 <u>달랐습니다.</u>

　　　바. 성격이 <u>달라서</u> 자주 싸웁니다.

　　　사. 성격이 <u>달라도</u> 잘 어울립니다.

(16가-라)에서 확인할 수 있듯이 형용사 '다르다'의 어간 '다르-'는 1군 어미나 3군 어미와 결합할 때에는 그 모양이 변하지 않으나, (16마-사)에서와 같이 2군 어미와 결합할 때에는 그 모양이 '다르-'에서 '달ㄹ-'로 변해 '달랐습니다, 달라서, 달라도' 등으로 바뀐다. 즉, '르'에서 'ㅡ' 모음이 없어지고 하나뿐이던 'ㄹ'가 두 개가 된다.

반면, 규칙 활용을 하는 '치르다(값을 ~)'와 같은 동사의 경우에는 1군 어미와 3군 어미와 결합할 때에는 변함이 없고 2군 어미와 결합할 때에는 '치렀다, 치러서, 치러도'에서와 같이 어간의 마지막 'ㅡ'가 탈락하는데 이러한 탈락은 한국어의 정상적 음운현상으로 불규칙 활용으로 간주하지 않는다('ㅡ' 탈락 참조). 물론 한국어교육에서는 설명의 편의를 위해 'ㅡ' 탈락을 불규칙 활용으로 취급하기도 한다.

'르' 불규칙 활용 동사: 가르다, 고르다, 기르다, 나르다, 누르다, 모르다, 오르다, 이르다(선생님께 ~),
　　　　　　　　　　찌르다, 흐르다 등
'르' 불규칙 활용 형용사: 게으르다, 다르다, 이르다(지금 떠나는 것은 너무 ~) 등
'르' 규칙 활용 동사: 치르다(값을 ~), 따르다, 들르다 등

● **어간이 바뀌는 규칙 활용**

어간의 꼴이 바뀌지만 이러한 변화가 음운 규칙에 의한 것이어서 규칙 활용으로 처리되는 경우가 두 가지 있는데, 하나는 'ㅡ' 탈락이며, 다른 하나는 'ㄹ' 탈락이다. 이 두 가지를 불규칙 활용으로 간주하지 않는 이유는 거의 예외 없이 모든 경우에 적용되기 때문이다.

• '—' 탈락

| 대상 | 어떤 어미를 만날 때 | 무엇이 | 어떻게 변하는가 |
|---|---|---|---|
| '—'로 끝나는<br>동사, 형용사 어간 | 1군 어미, 3군 어미 | '—' | 변함 없음 |
| | 2군 어미 | | 탈락 |

(17) 가. 편지를 <u>쓰</u>지만 소용이 없습니다.

　　나. 편지를 <u>쓰</u>고 이메일도 보냈습니다.

　　다. 편지를 <u>쓰</u>지 않겠습니다.

　　라. 편지를 <u>쓰</u>면 좋겠습니다.

　　마. 편지를 <u>썼</u>습니다.

　　바. 편지를 <u>써</u>서 보냈습니다.

　　사. 편지를 <u>써</u>도 답장이 없습니다.


(17가-라)에서 확인할 수 있듯이 어간 '쓰-'는 1군이나 3군 어미와 결합할 때에는 어간 말의 '—'가 그대로 남아 '쓰-'가 된다. 그러나 (17마-사)에서 알 수 있듯이 2군 어미와 결합하면 그 모양이 '쓰-'에서 '—'가 탈락한 '쓰-'로 변해 '썼습니다, 써서, 써도'의 꼴로 쓰인다. 이러한 현상은 한국어에서 일반적으로 나타나는 것인데 이는 한국어에서 '—' 모음이 가장 약한 모음으로 다른 모음을 만나면 탈락하기 때문이다.

'—' 탈락 규칙 활용 동사: 쓰다, 따르다, 다다르다 등

'—' 탈락 규칙 활용 형용사: 고프다, 기쁘다, 바쁘다, 슬프다, 아프다, 쓰다 등


• 'ㄹ' 탈락

| 대상 | 어떤 어미를 만날 때 | 무엇이 | 어떻게 변하는가 |
|---|---|---|---|
| 'ㄹ'로 끝나는<br>동사, 형용사 어간 | 아래 어미를 제외한 경우 | 'ㄹ' 받침 | 변함 없음 |
| | ① '-ㄴ'로 시작하는 어미<br>② '-(으)ㄴ'<br>③ '-(으)시-'<br>④ '-(스)ㅂ니다, -(스)ㅂ니까'<br>⑤ '-(으)ㄹ'<br>⑥ '-오' | | 탈락 |

(18) 가. 이 사실을 <u>아는</u>(알 + 는) 사람 있어요?

　　나. 이 사실을 <u>안</u>(알 + ㄴ) 사람 있어요?

　　다. 선생님, 이분을 <u>아십니까?</u>(알 +시 + ㅂ니까)/<u>아세요</u>(알+ 시 + 어요)?

　　라. 제가 이 문제는 잘 <u>압니다</u>(알 + ㅂ니다).

마. 자네도 그 사실을 <u>알</u>(알 + ㄹ) 걸?

바. 당신도 이 사실을 <u>아오</u>(알 + 오)?

사. 너무 많이 <u>알려고</u> 하지 마세요.

아. 답을 <u>알면</u> 가르쳐 주세요.

자. 답을 <u>알고</u> 써야지.

'ㄹ' 탈락 용언은 전술한 불규칙 활용의 경우나 'ㅡ' 탈락의 경우와 달리 어미의 종류로는 설명이 되지 않는다. 'ㄹ' 탈락은 'ㄹ'가 가진 특성으로 인한 경우가 많다. '소나무(솔 + 나무), 마소(말 + 소)'에서와 같이 한국어에서는 'ㄹ'가 'ㄴ'나 'ㅅ'를 만나면 흔히 탈락한다. (18가)에서는 어미가 'ㄴ'로 시작하므로 어간의 'ㄹ'가 탈락했다. 'ㄹ'가 갖는 또 하나의 특징은 이 소리가 자음이면서도 모음의 특성을 갖는다는 것이다. (18나-마)가 그러한 경우이다. '-은'은 '먹-'과 같이 자음으로 끝나는 어간 다음에 사용되고 '-ㄴ'는 '가-'와 같이 모음으로 끝나는 어간 다음에 사용되는데 (18나)에서는 어간이 자음 'ㄹ'로 끝났음에도 '-ㄴ'가 사용되었고 전술한 바와 같이 이 'ㄴ' 때문에 'ㄹ'가 탈락했다. (18다)에서도 어간이 모음으로 끝날 때 사용되는 어미 '-시-'가 사용되었고 'ㅅ' 때문에 'ㄹ'가 탈락했다. (18라)에서도 어간이 모음으로 끝날 때 사용되는 어미 '-ㅂ니다'가 사용되었는데 이 경우에는 어미 '-ㅂ니다' 때문에 'ㄹ'가 탈락했다. (18마)에서도 어간이 모음으로 끝날 때 사용되는 어미 '-ㄹ'가 사용되었는데 이때에는 어미 '-ㄹ' 때문에 'ㄹ'가 탈락했다. (18바)에서는 어미 '-오'가 사용되었고 어미 '-오' 때문에 'ㄹ'가 탈락했다. 그 밖의 경우에는 (18사-자)에서 알 수 있듯이 'ㄹ'가 탈락하지 않고 그대로 사용되었다.

'ㄹ' 탈락 동사: 알다, 살다, 울다 등의 'ㄹ'로 끝난 모든 동사

'ㄹ' 탈락 형용사: 멀다, 달다, 길다, 잘다 등의 'ㄹ'로 끝난 모든 형용사

### ● 어간과 어미가 모두 바뀌는 불규칙 활용

어간뿐만 아니라 어미도 바뀌는 불규칙 활용이 있는데 한국어에서 어간이 'ㅎ'로 끝나는 일부 형용사들이 이 'ㅎ'불규칙 활용에 속한다.

• 'ㅎ' 불규칙 활용

| 대상 | 어떤 어미를 만날 때 | 무엇이 | 어떻게 변하는가 |
|---|---|---|---|
| 'ㅎ'로 끝나는 형용사 어간 | 1군 어미 | ① 'ㅎ' 받침 ② 2군 어미 | 변함 없음 |
| | 3군 어미 | | ① 'ㅎ' 탈락 |
| | 2군 어미 | | ① 'ㅎ' 탈락, ② 애/에, 얘/예 |

(19) 가. 얼굴이 <u>까맣습니다</u>.

　　　나. 얼굴은 <u>까맣지만</u> 예쁩니다.

다. 얼굴이 <u>까마니까</u> 화장을 했어요.

라. 얼굴이 <u>까매서(꺼메서)</u> 예쁩니다.

마. 눈이 <u>하얬습니다(허옜습니다)</u>.

(19가-나)에서 알 수 있듯이 형용사 '까맣다'의 어간 '까맣-'은 1군 어미와 결합하면 어간의 모양이 변하지 않는다. 그러나 (19다-마)에서 알 수 있듯이 2군 어미나 3군 어미와 결합할 때에는 어간 말의 'ㅎ'가 탈락한다. 그리고 2군 어미와 결합할 때에는 어간 끝 음절 모음과 어미 첫 음절 모음 '아/어'가 합해져 '애/에'로 바뀐다. 즉 '까맣-'은 '까매서', '꺼멓-'은 '꺼메서'가 된다. '하얗-'과 같이 어간 끝 음절 모음이 'ㅑ'인 경우에는 '얘', '허옇-'과 같이 어간 끝 음절 모음이 'ㅕ'인 경우에는 '옜'로 변한다.

- 'ㅎ' 불규칙 활용 형용사: 까맣다, 동그랗다, 퍼렇다, 하얗다 등
- 'ㅎ' 규칙 활용 형용사: 좋다

● **어미만 바뀌는 불규칙 활용**

한국어 동사나 형용사 중에는 어간 자체는 변하지 않으나 어미가 불규칙하게 변하는 것들이 있다. 이들은 어간이 바뀌지 않는다는 점에서는 앞서 설명한 불규칙 활용과 다르나 어간과 어미가 연결되는 동사의 활용이 규칙적이지 않다는 점에서 불규칙 활용 동사에 속한다.

- '하다'(또는 '여') 불규칙 활용

| 대상 | 어떤 어미를 만날 때 | 무엇이 | 어떻게 변하는가 |
|---|---|---|---|
| '하'로 끝나는 동사, 형용사 어간 | 1군 어미, 3군 어미 | '하 + 2군 어미' | 변함 없음 |
| | 2군 어미 | | '하여/해' |

(20) 가. 철수가 공부를 <u>하고</u> 있습니다.

나. 철수가 공부를 <u>하러</u> 도서관에 갑니다.

다. 철수가 공부는 <u>하여도/해도</u> 일을 하지는 않습니다.

라. 철수가 공부를 <u>하여서/해서</u> 영희는 잤습니다.

마. 철수가 공부를 <u>하였습니다/했습니다.</u>

(20가-나)에서 알 수 있듯이 어간 '하-'가 1군과 3군 어미와 결합하면 어미의 모양이 바뀌지 않고 각각 '하고, 하러'으로 쓰인다. 반면, (20다-마)에서 알 수 있듯이 어간 '하-'가 2군 어미와 결합하면 각각 '하여도/해도, 하여서/해서, 하였습니다/했습니다'의 꼴로 쓰인다.

'하다' 불규칙 활용 동사: 하다, 공부하다, 생각하다, 원하다 등

'하다' 불규칙 활용 형용사: 깨끗하다, 행복하다, 피곤하다, 조용하다 등

• '러' 불규칙 활용

| 대상 | 어떤 어미를 만날 때 | 무엇이 | 어떻게 변하는가 |
|---|---|---|---|
| '르'로 끝나는 동사, 형용사 어간 | 1군 어미, 3군 어미 | '르' | 변함 없음 |
| | 2군 어미 | | '러' |

(21) 가. 도심에 <u>이르니까</u> 소음이 들리기 시작했다.

　　　나. 그들의 관계는 파경에 <u>이르고</u> 말았다.

　　　다. 노사는 파국에 <u>이르러도</u> 협상할 줄 몰랐다.

　　　라. 목적지에 <u>이르러서</u> 승객들은 짐을 챙기기 시작했다.

　　　마. 영희는 집에 <u>이르렀을</u> 때 표정이 밝아지기 시작했다.


(21가-나)에서는 어간 '이르-'가 3군이나 1군 어미와 결합하여 어미의 모양이 바뀌지 않고 각각 '이르니까, 이르고'로 쓰였다. 반면, (21다-마)에서는 어간 '이르-' 뒤에 2군 어미가 와서 각각 '이르러도, 이르러서, 이르렀'의 꼴로 쓰였다. 이 경우에 어미 '-어, -었-'이 '-러, -렀-'으로 바뀐 것으로 간주한다. '러' 불규칙 활용을 하는 용언으로는 다음 세 개가 있다.

'러' 불규칙 활용 동사: 이르다
'러' 불규칙 활용 형용사: 누르다, 푸르다

지금까지 한국어 동사, 형용사, '이다'의 활용에 대해 살펴보았다. 이밖에도 '거라', '너라', '오' 불규칙 활용이 있다. '거라' 불규칙 활용은 '가다, 먹다, 자다, 일어나다, 들어가다' 등과 같은 동사의 어간 뒤에 보통의 명령형 어미 '-아라/어라' 대신에 다음 예문 (22)에서와 같이 '-거라'가 붙는 것이다.

(22) 가. <u>가거라</u>./가라.

　　　나. 많이 <u>먹거라</u>./먹어라.

　　　다. <u>자거라</u>./자라.


'-너라' 불규칙 활용은 '오다' 동사나 '오다'가 들어간 합성 동사 '나오다, 들어오다' 등의 어간 뒤에 보통의 명령형 어미 '-아라/어라' 대신에 다음 (23)에서와 같이 '-너라'가 붙는 것이다.

(23) 가. 이리 <u>오너라</u>./와라.

　　　나. 어서 <u>나오너라</u>./나와라.

　　　다. <u>들어오너라</u>./들어와라.

'주다' 동사나 '보여 주다, 읽어 주다' 등에 쓰인 보조동사 '주다'는 명령형으로 쓸 때 '말하는 사람 자신을 위해 어떤 행위를 하다'의 뜻으로 그 어간을 '달/다-'로 바꿔 쓸 수 있는데 이때 이 어간 뒤에는 다음 (24)에서와 같이 보통의 명령형 어미 '-아라/어라' 대신에 '-오'가 붙는다. 이를 '오' 불규칙 활용이라 한다.

> (24) 가. 내게 만 원만 <u>다오</u>.
>     나. 노래 좀 불러 <u>다오</u>.
>     다. 그 책 좀 읽어 <u>다오</u>.

그러나 (22)와 (23)에서 확인할 수 있듯이 '가거라', '오너라' 대신에 '-아라'가 붙은 '가라'와 '와라' 꼴도 쓰이므로 '거라', '너라' 불규칙 활용은 '오' 불규칙 활용을 포함하여 전술한 다른 불규칙 활용과는 차이가 있다. '가라, 와라'는 '가거라, 오너라'와 비해 구어에서 많이 쓴다.

# 4. 종결어미란 무엇인가

## 4.1 종결어미의 기능

한국어 종결어미의 주된 기능은 문장을 끝맺음하는 것인데 이 외에도 종결어미는 문장의 종류를 표시하거나 듣는 사람에 대한 높임의 정도를 표시하는 기능을 한다. 종결어미의 기능을 보다 자세히 살펴보도록 하자.

● **문장을 끝맺는 기능**

한국어의 어미 중에는 문장을 끝맺는 기능을 하는 어미들이 있는데 이들을 종결어미라고 한다. 다음 (25)의 예문을 살펴보도록 하자.

> (25) 가. 철수가 노래를 불렀<u>다</u>.
>     나. *철수가 노래를 불렀.

(25가)가 올바른 문장인데 반해 (25나)가 비문인 까닭은 (25나)의 마지막 위치에 어미 '-다'가 쓰이지 않았기 때문이다. 이처럼 문장을 끝내는 기능을 하는 '-다'와 같은 어미를 종결어미라 한다. 종결어미 없이 문장을 끝낼 수 없다는 것은 한국어의 중요한 언어 유형적 특성이다.

● **문장의 종류를 표시하는 기능**

종결어미는 문장의 끝맺음 외에도 문장의 종류를 표시한다. 다음 예문들을 살펴보도록 하자.

(26) 가. 학교에 <u>간다</u>.

　　나. 학교에 <u>가니</u>?

　　다. 학교에 <u>가라</u>.

　　라. 학교에 <u>가자</u>.

　　마. 학교에 <u>가는구나</u>!

(26가-마)는 각각 한국어의 평서문, 의문문, 명령문, 청유문인데 이 문장들은 각기 평서형 종결어미 '-ㄴ다', 의문형 종결어미 '-니', 명령형 종결어미 '-아라', 청유형 종결어미 '-자', 감탄형 종결어미 '-는구나'에 의해 표시되었다.

반면, 영어와 같은 언어에서는 평서문이 의문문으로 바뀔 때 다음 (27가-나)에서처럼 일반적으로 도치와 같은 어순 변화가 일어나며 청유문이나 감탄문도 다음 (27다-라)에서와 같이 그 문장에 합당한 어휘나 표현을 사용하여 나타낸다.

(27) 가. Mary is a student.

　　나. Is Mary a student?

　　다. Let's go home.

　　라. How cute you are!

즉, 영어와는 다르게 한국어에서는 문장의 종류가 종결어미를 통해 나타나는데 이는 한국어 종결어미가 갖는 매우 중요한 기능 중의 하나다.

● **듣는 사람에 대한 높임의 정도를 표시하는 기능**

한국어 종결어미는 듣는 사람에 대한 높임의 정도를 표시하는 기능도 가지고 있다.

## 4.2 종결어미의 분류

전술한 바와 같이 한국어의 종결어미는 문장을 끝맺는 기능 외에 문장의 종류나 듣는 사람에 대한 높임의 정도를 표시하는 기능을 하는데 이에 따라 종결어미를 분류할 수 있다.

## 4.2.1 문장의 종류에 따른 분류

한국어의 문장은 듣는 사람에 대해 말하는 사람이 나타내는 심리적 태도에 따라 크게 평서문, 의문문, 명령문, 청유문, 감탄문으로 나눌 수 있다. 여기에 약속문, 허락문이 추가되기도 하나 약속문은 평서문의 한 종류로, 허락문은 명령문의 한 종류로 분류될 수 있다. 경우에 따라서는 감탄문도 평서문의 한 종류로 보기도 한다.

문장의 종류에 따른 대표적 종결어미는 다음 (28)과 같다.

(28) **가. 평서문**: -다/ㄴ다/는다, -네(요), -데(요), -소/오, -아(요)/어(요), -지(요), -ㅂ니다/습니다, -(으)마, -(으)ㄹ게

   **나. 의문문**: -ㅂ니까/습니까, -(으)ㄹ래(요), -(으)ㄹ까(요), -(으)니, -느냐/(으)냐, -아(요)/어(요), -소/오, -나, -ㄴ가/는가, -지(요)

   **다. 명령문**: -아라/어라, -구려, -(으)오, -(으)십시오, -(으)라, -아/어, -게, -(으)소서, -(으)렴, -(으)려무나

   **라. 청유문**: -자, -(으)세, -(으)ㅂ시다

   **마. 감탄문**: -구나/는구나, -군요/는군요, -아라/어라

문장의 종류에 따라 분류된 종결어미 중에서 몇 가지 대표적인 것들을 보다 자세히 살펴보도록 하자.

● **평서형 종결어미**

평서형 종결어미는 평서문을 만드는 데 사용되는 어미로, 말하는 사람이 듣는 사람에게 자신의 생각이나 정보를 전달하는 기능을 한다. 이 경우, 자신의 주관적 의도나 요구 등은 포함되지 않는다. 평서형 종결어미 중 가장 대표적인 것이 '-다, -ㄴ다/는다'와 이들의 높임말인 '-ㅂ니다/습니다'이다.

| 종결어미 | 용법 |
|---|---|
| -다 | ① 형용사, '이다'의 현재형으로 사용한다.<br>② 동사의 경우 시상 선어말어미 '-았/었/였-, -겠-' 다음에 사용한다. |
| -ㄴ다/는다 | ① 동사 현재형으로 사용한다.<br>② -ㄴ다: 어간이 모음, 'ㄹ'로 끝난 경우에 사용한다.<br>③ -는다: 어간이 자음('ㄹ' 제외)으로 끝난 경우에 사용한다. |
| -ㅂ니다/습니다 | ① '-다, -ㄴ다/는다'의 높임말(동사, 형용사, '이다')이다.<br>② -ㅂ니다: 어간이 모음, 'ㄹ'로 끝난 경우에 사용한다.<br>③ -습니다: 어간이 자음('ㄹ'제외)으로 끝난 경우에 사용한다. |

(29) 가. 철수가 밥을 <u>먹는다</u>./ * 철수가 밥을 <u>먹었는다</u>.

   나. 우리가 학교에 <u>간다</u>./ * 우리가 학교에 <u>가겠는다</u>.

다. 민우는 요즘 무척 바쁘다./ *민우는 요즘 무척 바쁜다.

라. 영희는 학생이다./ *영희는 학생인다.

마. 철수가 밥을 먹었다./우리가 학교에 가겠다.

바. 민우가 무척 바빴다./민우가 무척 바쁘겠다.

사. 영희는 학생이었다./영희는 학생이겠다.

아. 집에 갑니다./날씨가 매우 좋습니다./그 사람은 한국 사람입니다.

(29가-나)에서 확인할 수 있듯이 '-ㄴ다/는다'는 동사의 현재 평서형 종결어미로 사용되며 과거나 미래를 나타내는 선어말어미와는 함께 사용할 수 없다. 한편, '-다'는 (29다-라)에서와 같이 형용사나 '이다'의 현재 평서형 종결어미로 사용되며 (29마-사)에서처럼 동사나 형용사, '이다'가 현재형이 아닐 때에도 시상 선어말어미 다음에 붙어 평서형 종결어미로 쓰인다. '-ㅂ니다/습니다'는 (29아)에서처럼 듣는 사람에 대한 높임말로 사용된다.

### ● 의문형 종결어미

의문형 종결어미는 의문문을 만드는 데 사용되는 어미로, 말하는 사람이 주어와 관련된 것에 대해 질문을 하여 그 대답을 요구하는 기능을 한다. 전술한 바와 같이 한국어의 의문문은 평서문과 어순상의 차이가 없다.

의문형 종결어미 중 가장 대표적인 것이 '-ㅂ니까/습니까, -(으)니, -느냐/(으)냐, -(으)ㄹ래(요), -(으)ㄹ까(요)'이다.

| 종결어미 | 용법 |
| --- | --- |
| -느냐 | 동사와 '있다, 없다'의 현재형으로 사용한다. |
| -(으)냐 | ① 형용사, '이다'의 현재형으로 사용한다.<br>② 일상 회화에서는 동사에 사용하기도 하나 표준어는 아니다. |
| -(으)니 | 동사, 형용사, '이다'의 현재형으로 사용한다. |
| -(으)ㄹ래 | ① 동사에만 사용한다.<br>② 2인칭이나 1인칭 복수에 사용한다.<br>③ -ㄹ래: 모음, 'ㄹ'로 끝난 경우에 사용한다.<br>④ -을래: 자음('ㄹ'제외)으로 끝난 경우에 사용한다.<br>⑤ '요'와 결합하여 높임말로 사용한다. |
| -(으)ㄹ까 | ① 동사, 형용사, '이다'에 사용한다.<br>② -ㄹ까: 모음, 'ㄹ'로 끝난 경우에 사용한다.<br>③ -을까: 자음('ㄹ'제외)으로 끝난 경우에 사용한다.<br>④ '요'와 결합하여 높임말로 사용한다. |
| -ㅂ니까/습니까 | ① 듣는 사람을 높이는 상대 높임말의 역할을 한다.<br>② -ㅂ니까: 모음, 'ㄹ'로 끝난 경우에 사용한다.<br>③ -습니까: 자음('ㄹ'제외)으로 끝난 경우에 사용한다.<br>④ 동사, 형용사, '이다'에 사용한다. |

(30) 가. 바람이 부느냐?/차비 있느냐?/*집이 좁느냐?

　　나. 시골 공기가 맑으냐?/그 사람 학생이냐?

　　다. 바람이 부니?/집이 좁으니?/그 사람 학생이니?

　　라. 학교 갈래?/*집이 예쁠래?/*너 학생일래?

　　마. 너(희) 학교 갈래?/우리 학교 갈래?/*그 사람 학교 갈래?

　　바. 형, 영화 볼래요?

　　사. 학교 갈까?/집이 예쁠까?/그 사람 학생일까?

　　아. 형, 이제 그만 갈까요?

　　자. 바람이 붑니까?/날씨가 좋습니까?/그 사람 한국 사람입니까?

(30가-나)에서 확인할 수 있듯이 '-느냐'는 동사와 '있다, 없다'의 현재 의문형으로 사용되며, '-(으)냐'는 형용사와 '이다'의 현재 의문형으로 사용된다. 그리고 (30다)에서 볼 수 있듯이 '-(으)니'는 동사, 형용사, '이다'에 모두 사용된다. 그리고 (30라-아)에서 볼 수 있듯이, '-(으)ㄹ래'와 '-(으)ㄹ까'는 품사와 인칭 제약에 있어 차이를 보이며 조사 '요'를 붙이면 높임말이 된다. (30자)에서 알 수 있듯이 '-ㅂ니까/습니까'는 듣는 사람을 높이는 상대 높임말의 역할을 한다.

### ● 명령형 종결어미

명령형 종결어미는 명령문을 만드는 데 사용되는 어미로 말하는 사람이 듣는 사람에게 어떤 행동을 하도록 요구하는 기능을 한다. 명령형 종결어미는 '이다'와 같이 쓸 수 없고, 특별한 경우가 아니면 형용사와도 같이 쓸 수 없다. 명령형 종결어미 중 가장 대표적인 것이 '-아라/어라'와 높임의 '-(으)십시오'이다.

| 종결어미 | 용법 |
| --- | --- |
| -아라/어라 | ① 듣는 사람을 높이지 않는 명령형 종결어미다.<br>② 시상 선어말어미와 함께 쓸 수 없다. |
| -(으)십시오 | ① 듣는 사람을 높이는 명령형 종결어미다.<br>② 시상 선어말어미와 함께 쓸 수 없다.<br>③ 부탁의 경우에는 '-아/어/여 주십시오'를 사용한다. |

(31) 가. 어서 밖으로 나가라./*기뻐라./*선생님이어라.

　　나. 안녕히 가십시오./*기쁘십시오./*선생님이십시오.

　　다. ?건강해라./?친절해라./?행복하십시오.

　　라. 예뻐져라./예뻐지십시오.

　　마. 선생님이 되어라./선생님이 되십시오.

　　바. 어서 가라.(*어서 갔어라.)/많이 먹어라.(*많이 먹겠어라.)

　　사. 써 주십시오.(*쓰십시오.)/가르쳐 주십시오.(*가르치십시오.)

명령형 종결어미는 (31가-나)에서 확인할 수 있듯이 일반적으로 형용사나 '이다'와는 결합하지 못한다. 그러나 일부 형용사는 (31다)에서처럼 명령형으로 사용되는데 이는 상태를 나타내는 형용사의 의미가 동사적 의미로 변했기 때문이다. 한편, (31라)는 가능한 표현인데 이는 형용사 '예쁘다'에 '지다'가 붙어 만들어진 '예뻐지다'가 동사이기 때문이다. (31가)의 '*선생님이어라'와 (31나)의 '*선생님이십시오'를 (31마)와 비교해 보면 '이다'를 명령형으로 만들기 위해서는 '되다'로 바꿔 써야 함을 알 수 있다. (31바)는 명령형 종결어미가 시상 선어말어미와는 함께 쓰일 수 없음을, (31사)는 부탁을 나타낼 때에는 '-아/어/여 주십시오'를 사용함을 보여 준다.

한편, 명령형 종결어미는 다음 (32)에서처럼 '있다'와는 쓸 수 있으나 '없다'와는 쓸 수 없다.

(32) 가. 집에 있어라./집에 있는다.
　　　나. *집에 없어라./*집에 없는다.

명령형 어미가 사용된 (32가)의 첫째 문장이 가능한 이유는 (32가)의 둘째 문장이 가능한 것에서 알 수 있듯이 '있다'가 동사로 사용될 수 있기 때문이다. 반면, (32나)의 첫째 문장은 불가능한데 그 이유는 (32나)의 둘째 문장에서 알 수 있듯이 '없다'는 동사로 사용될 수 없기 때문이다.

● **청유형 종결어미**

청유형 종결어미는 청유문을 만드는 데 사용되는 어미로, 말하는 사람이 듣는 사람에게 어떤 행동을 함께 할 것을 요구하는 기능을 한다. 따라서 청유형 종결어미는 명령형 종결어미와 마찬가지로 '이다'와는 같이 쓸 수 없고, 특별한 경우가 아니면 형용사와도 같이 쓸 수 없다. 청유형 종결어미 중 가장 대표적인 것이 '-자'와 '-(으)ㅂ시다'다.

| 종결어미 | 용법 |
|---|---|
| -자 | ① 듣는 사람을 높이지 않는 청유형 종결어미다.<br>② 시상 선어말어미와 함께 쓸 수 없다. |
| -(으)ㅂ시다 | ① 듣는 사람을 높이는 명령형 종결어미다.<br>② 시상 선어말어미와 함께 쓸 수 없다.<br>③ 듣는 사람을 높이지만 윗사람에게는 쓸 수 없다. |

(33) 가. 우리 같이 떠나자./*우리 같이 예쁘자./*우리 같이 선생님이자.
　　　나. 우리 같이 갑시다./*우리 같이 예쁩시다./*우리 같이 선생님입시다.
　　　다. 같이 떠나자./*같이 떠났자./*같이 떠나겠자.
　　　라. *선생님, 같이 듭시다.
　　　마. 우리 같이 있자./*우리 같이 없자.

청유형 종결어미는 많은 경우에 명령형 종결어미와 동일한 제약을 갖는다. (33가-나)에서 확인할 수 있듯이 보통 형용사나 '이다'와 함께 쓰일 수 없으며 (33다)에서처럼 시상 선어말어미와 함께 쓰일 수 없다. 한편, (33라)에서 알 수 있듯이 '-(으)ㅂ시다'는 윗사람에게는 쓸 수 없으며 명령형 종결어미의 경우와 마찬가지로 (33마)에서 확인할 수 있듯이 '있다'는 청유형이 가능하나 '없다'는 청유형이 불가능하다.

● **감탄형 종결어미**

감탄형 종결어미는 감탄문을 만드는 데 사용되는 어미로 말하는 사람의 느낌을 표현하며 가장 대표적인 것이 '-구나/는구나'다.

| 종결어미 | 용법 |
|---|---|
| -구나/는구나 | ① 듣는 사람을 높이지 않는 감탄형 종결어미다.<br>② -구나: 형용사와 '이다'에 쓴다.<br>③ -는구나: 동사에 쓴다.<br>④ 듣는 사람을 높일 때에는 '-군요/는군요'를 쓴다. |

(34) 가. 머리 모양이 아주 <u>예쁘구나</u>./착한 <u>어린이구나</u>.

　　 나. 노래를 잘 <u>부르는구나</u>./노래를 잘 <u>부르는군요</u>.

(34가)에서와 같이 형용사와 '이다'에는 '-구나'를, (34나)에서와 같이 동사에는 -는구나'를 쓴다. 듣는 사람을 높일 때에는 '-군요/는군요'를 쓴다.

## 4.2.2 듣는 사람에 대한 높임의 정도에 따른 분류

한국어 종결어미는 듣는 사람에 대한 높임의 정도에 따라 해라체, 해체(반말체), 하게체, 하오체, 해요체, 합쇼(하십시오)체로 나눌 수 있다. 이에 대해서는 제6장에서 이미 다루었으므로 여기에서는 6가지 유형만을 제시하고 자세한 것은 다루지 않는다.

● **해라체** : 나이 어린 손아랫사람이나 가까운 친구에게 쓴다. 가장 허물이 없는 사람에게 쓴다.

　　 종결어미: -다/ㄴ다/는다, -구나/는구나, -느냐/(으)냐, -(으)니, -아라/어라, -자

● **해체(반말체)** : 해라체와 거의 동등한 등급이나 해라체보다 상대방을 좀 더 조심스러워하는 말투다.

　　 종결어미: -아/어, -지, -야/이야

● **하게체** : 아랫사람이나 친구에게 쓰되, 상대를 높여 대우하는 말투다. 말하는 사람과 듣는 사람이 서로 나이가 꽤 들어야 쓸 수 있다. 예를 들어, 손위 동서가 손아래 동서에게 쓴다.

　　 종결어미: -네, -나, -ㄴ가/는가, -게, -(으)세

- **하오체** : 아랫사람이나 친구에게 쓰되, 상대를 거의 자신과 대등하게 높여 대우하는 말투이다. 그래서 존대하기도 하대하기도 어려운 낯선 사람에게 쓰기도 한다. 말하는 사람과 듣는 사람이 서로 나이가 꽤 들어야 쓸 수 있다.

  종결어미: -소, -(으)오, -구려

- **해요체** : 윗사람이거나 윗사람이 아니더라도 아랫사람으로 간주하기 어려운 사람에게 쓰는 말투다. 예를 들어, 상점에서 점원과 손님 사이에 쓴다. 격식을 덜 차린 느낌을 준다.

  종결어미: -아요/어요, -지요, -네요

- **합쇼체(하십시오체)** : 윗사람에게만 쓰는 말투다. 가장 정중하고 격식적이다. 방송에서 사용하는 말투다.

  종결어미: -ㅂ니다/습니다, -ㅂ니까/습니까, -(으)십시오

위의 설명에서 알 수 있듯이 해요체와 합쇼체만 윗사람에게 쓰고 나머지 체는 윗사람에게 쓰지 못한다. 그러나 나머지 체가 모두 상대방을 하대하는 것은 아니므로 체 사이의 차이에 유의할 필요가 있다.

해라체는 상대방을 하대하는 느낌이 뚜렷하나 해체는 해라체에 비해 상대방을 보다 조심스러워하는 말투고 하게체는 상대방을 다소 높여 대우하는 말투며 하오체는 상대방을 거의 자신과 대등할 정도로 높이는 느낌을 주는 말투다.

위의 체는 친밀한 상황에 쓰이느냐 다소 격식적인 상황에 쓰이느냐에 따라 나뉘기도 하는데 해체와 해요체는 친밀한 상황에서 쓰이며 나머지 말투는 다소 격식적인 상황에서 쓰이는 것이 보통이다. 특히 하게체와 하오체는 말하는 사람과 듣는 사람이 모두 어느 정도 나이가 들어야 쓸 수 있는 다소 격식적인 말투로 현대 한국어에서는 그 쓰임이 활발하지 못하다.

# 5. 종결어미를 어떻게 가르칠 것인가

한국어 교육 현장에서 이루어지고 있는 종결어미 교육 방안의 실례를 살펴보도록 하자.

종결어미 '-(으)ㄹ까요?'의 교안은 다음과 같이 제시될 수 있다.

## [종결어미 '-(으)ㄹ까요?'의 교안]

### • 학습 목표

'-(으)ㄹ까요?'가 듣는 사람에게 무엇을 하자고 권유할 때 쓸 수 있는 표현임을 익혀 이를 자연스럽게 사용할 수 있다.

### (1) 도입

교사가 학습자와 대화하면서 '-(으)ㄹ까요?'을 여러 번 자연스럽게 노출시켜 학습자로 하여금

'-(으)ㄹ까요?'의 의미를 파악해 보도록 한다. 이 과정을 통해 학습자의 '의식 고양(consciousness-raising)'이 일어난다.

> 교　사: 스미스 씨는 주말에 뭐 할 거예요?
> 스미스: 영화 볼 거예요.
> 교　사: 그래요? 우리 같이 영화 볼까요?
>
> 교　사: 나오코 씨는 수업 후에 뭐 할 거예요?
> 나오코: 도서관에 갈 거예요.
> 교　사: 그렇군요. 같이 도서관에 갈까요?

### (2) 제시
교사가 '-(으)ㄹ까요?'의 의미와 형태를 명시적으로 제시한다.

- **의미 제시**: '-(으)ㄹ까요?'는 말하는 사람이 듣는 사람에게 권유할 때 사용해요.
- **형태 제시**: 받침이 있으면 '-을까요?', 받침이 없거나 'ㄹ'로 끝나면 '-ㄹ까요?'를 사용해요.

같이 책을 읽을까요? 같이 집에 갈까요? 같이 음식을 만들까요?

### (3) 연습
기계적 연습과 유의미한 연습으로 나눈다.

- **기계적 연습** : 단순 반복적 연습

동사에 따라 '-(으)ㄹ까요?'의 형태가 바뀌는 것을 연습한다.

> 보다 → 볼까요
> 먹다 → 먹을까요

- **유의미한 연습** : 학습자가 스스로 생각해야 할 수 있는 연습

대화를 완성하세요.

> <보기> 가: 배가 고파요.
>
>  나: 식당에 같이 갈까요?
>
>  가: 영화를 보고 싶어요
>
>  나: 같이 영화를 _____?
>
>  가: 한국어 시험이 있어요.
>
>  나: 도서관에서 같이 _____?

**(4) 산출: 학교 앞에서 무엇을 같이 할까요?**

① 큰 종이에 학교 지도를 그린다.

② 어느 식당, 카페, 서점, 꽃집이 좋은지 질문한다.

③ 지도 위에 어디가 좋은지 표시한다.

④ 학습자들끼리 돌아가면서 연습하게 한다.

학습자들 대화의 한 예를 들면 다음과 같다.

> 탄꿍: 산스 씨, 학교 앞에 좋은 카페가 있어요. 거기에서 커피를 마실까요?
>
> 산스: 네, 좋아요. 같이 가요. 영수 씨, 학교 앞에 좋은 노래방이 있어요. 같이 노래를 부르러 갈까요?
>
> 영수: 아니요, 미안해요, 나는 목이 아파서 못 가요. 송씬 씨, 학교 앞에 맛있는 식당이 있어요. 거기
> 서 점심을 먹을까요?
>
> 송씬: 네, 좋아요. 탄꿍 씨, 같이 갈까요?
>
> 탄꿍: 좋아요. 우리 다 같이 갈까요?

# 6. 선어말어미란 무엇인가

## 6.1 선어말어미의 기능

선어말어미는 어간 뒤에, 어말어미 앞에 오는 어미로 주체 높임, 시상, 양태 등의 문법적 범주를 표시한다. 선어말어미는 어말어미와 차이가 있다. 어말어미가 동사나 형용사, '이다'의 활용에 필수적으로 사용되는 반면, 선어말어미는 문법적 기능을 표시하기 위해 수의적으로 사용된다.

## 6.2 선어말어미의 분류

선어말어미에는 높임을 표현하는 높임 선어말어미와 시상이나 양태를 표현하는 시상 선어말어미가 있다.

## 6.2.1 높임 선어말어미

높임 선어말어미에는 주체를 높이는 '-(으)시-'가 있다.

**● 주체높임의 '-(으)시-'**

한국어에는 높임의 방법이 두 가지가 있는데 하나는 동사나 형용사의 어간이나 '이다'의 '이-'에 높임의 어미 '-(으)시-'나 '-ㅂ니다/습니다' 등을 붙여 만드는 문법적 방법이고 다른 하나는 예를 들어, '있다'를 '계시다'로 바꿔 써 높이는 어휘적 방법이다. 다음 예문(35-37)을 보도록 하자.

(35) 가. 영희가 집에 돌아왔다.

　　　나. 어머님께서 집에 돌아오셨다(돌아오<u>시</u>었다).

(36) 가. 철수야, 영희가 학교에 갔다.

　　　나. 어머니, 영희가 학교에 갔<u>습니다</u>.

(37) 가. 영희가 지금 집에 있다.

　　　나. 어머님께서 지금 집에 <u>계시다</u>.

(35나)는 '-시-', (36나)는 '-습니다'를 사용한 문법적 높임의 예이고 (37나)는 어휘를 사용한 높임의 예이다. 한편, 문법적 높임에도 주체를 높이는 방법과 듣는 사람을 높이는 두 가지 방법이 있는데 (35나)는 전자의 예이고 (36나)는 후자의 예이다. 선어말어미 '-(으)시-'는 주체를 높이는 기능을 하는데 (35나)의 '-시-'는 주체에 사용된 접미사 '-님'이나 조사 '께서'와 호응한다.

● **간접높임의 '-(으)시-'**

전술한 바와 같이 선어말어미 '-(으)시-'는 보통 주어인 주체를 직접 높이는 경우에 사용되나 '-(으)시-'가 간접높임에 사용되는 경우가 있다. 다음 (38)의 예를 살펴보도록 하자.

(38) 가. 어머님은 마음이 참 <u>고우시다</u>.

　　　나. 그 어머님의 마음이 참 <u>고우시다</u>.

(38)에서 '마음'은 높임의 대상이 아니지만 '어머님'이 높여야 할 대상이므로 선어말어미 '-시-'가 사용되었다. 이와 같이 높임을 받아야 하는 사람의 신체 부위나 소유물 따위를 나타내는 말이 주어일 때 '-(으)시-'가 사용되는데 이와 같은 높임의 방법을 간접높임이라고 한다.

● **문장 내에서의 '-(으)시-'의 위치**

여러 개의 서술어가 사용된 복문에서는 '-(으)시-'를 어디에 두어야 할까? 이는 한국어 학습에서 외국인 학습자들이 어려워하는 것 중의 하나이다. 다음 (39)와 (40)의 예들을 살펴보도록 하자.

(39) 가. 할머니는 <u>건강하셔서</u> 요즘도 손수 요리를 <u>하시거나</u> 청소를 <u>하신다</u>.

　　　나. 할머니는 건강해서 요즘도 손수 요리를 하거나 청소를 <u>하신다</u>.

(40) 가. 아버지는 야구를 좋아하시고 어머니는 축구를 <u>좋아하신다</u>.

　　　나. *아버지는 야구를 <u>좋아하고</u> 어머니는 축구를 <u>좋아하신다</u>.

(39)의 예문들은 하나의 공통된 주어에 대해 여러 개의 서술어가 사용된 문장인데 (39가)에서처럼 각각의 서술어에 '-시-'를 붙일 수도 있지만 (39나)에서와 같이 보통 마지막에 오는 서술어에만 '-시-'를 붙인

다. 한편, (40)에서 확인할 수 있듯이 앞뒤 문장의 주어가 다른 경우에는 각 주어에 호응하는 서술어에 모두 '-시-'를 붙여야 한다.

## 6.2.2 시상 선어말어미

시상 선어말어미에는 '-았/었/였-, -겠-, -더-' 등이 있다.

### ● '-았/었/였-'

### ● 과거 시제의 '-았/었/였-'

선어말어미 '-았/었/였-'은 동사나 형용사, '이다'의 어간 뒤에 붙어 과거 시제를 표시한다. 다음 (41)의 예들을 살펴보도록 하자.

(41) 가. 철수가 나를 봤다(보<u>았</u>다).
　　　나. 영미는 밥을 너무 많이 먹<u>었</u>다.
　　　다. 영희는 무척 피곤했다(피곤하<u>였</u>다).

과거 시제 선어말어미는 '-았-, -었-, -였-'의 형태로 실현되는데 (41가)에서처럼 'ㅏ'나 'ㅗ' 어간 뒤에는 '-았-', (41나)에서처럼 그 외의 어간 뒤에는 '-었-', (41다)에서처럼 '하-'로 끝나는 어간 뒤에는 '-였-'이 쓰인다.

### ● 완료 상의 '-았/었/였-'

'-았/었/였-'은 완료 상을 나타낼 수 있는데 이러한 상적 의미는 화자가 시작과 끝이 있는 사태에서 사태의 끝에 관심을 둘 때 만들어 진다. 다음 (42)의 예를 보도록 하자.

(42) 가. 드디어 철수가 도착<u>했</u>다.
　　　나. 영희는 마침내 논문을 끝<u>냈</u>다.

(42)의 문장을 발화할 때, 화자가 (42가)의 '철수가 도착하거나' (42나)의 '영희가 논문을 끝내는' 사태의 완료에 초점을 둔다면 이 경우,'-았/었/였-'은 완료 상을 나타낼 수 있다.

한편, '-았/었/였-'이 미래에 일어날 사태에 쓰일 수도 있는데 이 역시 '-았/었/였-'의 완료 상 용법과 관련이 있다. 다음 (43)을 살펴보도록 하자.

(43) 너희들, 아빠 오시면 혼났다.

(43)의 '-았/었/였-'은 과거가 아닌 사태에 쓰였다. (43)에서 화자는 '아이들이 혼나는 것'이 마치 완료된 것처럼 '-았/었/였-'을 사용하였다.

### ·상태 지속 상의 '-았/었/였-'

'-았/었/였-'은 일부 동사들과 함께 쓰여 상태 지속 상을 나타낼 수 있다. 다음 (44)의 예들을 살펴보도록 하자.

(44) 가. 철수는 결혼했다.
      나. 이 사과는 썩었다.

(44)의 '-았/었/였-'은 과거 시제가 아닌 상태 지속 상을 나타낸다. (44가)의 '결혼했다'는 결혼한 상태를, (44나)의 '썩었다'는 썩은 상태를 나타낸다.

### ● '-겠-'

'-겠-'의 기본적으로 추측의 양태를 나타내는데 특정한 문맥에서는 시제로서의 미래, 양태로서의 의지, 완곡 등을 나타내기도 한다. 양태란 말하는 내용에 대한 말하는 사람의 심적 태도다.

### ·추측의 '-겠-'

'-겠-'은 기본적으로 추측의 양태를 나타낸다. 다음 예문을 살펴보도록 하자.

(45) 가. 수원에도 지금 비가 오겠다.
      나. 철수가 공항에 도착했겠다.

(45가)의 '-겠-'은 현재 사태에 대한 추측, (45나)의 '-겠-'은 과거 사태에 대한 추측을 나타낸다. (45나)에서는 선어말어미 '-았/었/였-'이 '-겠-'앞에 사용되었다.

혹자는 '-겠-'의 양태의 용법 중의 하나로 가능성을 설정하기도 한다. 문장의 주어가 일인칭이고 서술어가 주어의 능력과 관련된 표현일 때에는 '-겠-'이 가능성을 나타낸다는 것이다. 다음 (46)을 살펴보도록 하자.

(46) 나도 그 정도는 하겠다.

(46)은 '나도 그 정도는 할 수 있다.'의 뜻을 갖는데 따라서 (46)의 '-겠-'이 가능성을 나타낸다고 할 수

있다. 그런데 이 가능성 역시 말하는 사람의 추측의 다른 모습이라고 할 수 있다. 말하는 사람의 추측을 나타내는 '-겠-'이 특정 문맥, 즉 문장의 주어가 일인칭이고 서술어가 주어의 능력과 관련된 표현일 경우, 가능성을 나타내는 것처럼 보인다. 그러나 이는 '-겠-'의 추측 용법의 속한다. 따라서 '-겠-'의 가능성의 용법을 별도로 설정하는 것은 바람직하지 않다.

### • 미래의 '-겠-'

'-겠-'은 특정 문맥에서 미래 시제를 나타낼 수 있다. 다음 (47)을 살펴보도록 하자.

(47) 곧 두 시가 되겠습니다.

(47)에서 '-겠-'은 화자의 추측이 아니라 앞으로 일어날 사태, 즉 시제로서의 미래를 나타낸다.

### • 의지의 '-겠-'

문장의 주어가 일인칭이고 서술어가 주어의 자발성을 나타내는 표현일 경우, '-겠-'은 말하는 사람의 의지를 나타낼 수 있다. 다음 (48)을 살펴보도록 하자.

(48) 가. 나는 부자가 되겠다.
　　　나. 오늘 안으로 그 일을 마치겠습니다.

(48)에서 두 문장의 주어는 일인칭이며 서술어는 주어의 자발성을 나타낼 수 있는 표현이다. 여기서 쓰인 '-겠-'은 말하는 사람의 의지를 나타낼 수 있다.

### • 완곡의 '-겠-'

전술한 바와 같이 '-겠-'은 기본적으로 말하는 사람의 추측을 나타내는데 말하는 사람의 추측이란 말하는 사람의 비단정적 진술을 뜻하며 이는 때때로 말하는 사람의 완곡하게 말하는 태도로 나타난다. 따라서 '-겠-'은 경우에 따라 말하는 사람의 완곡하게 말하는 태도를 나타낸다. 다음 (49)의 예를 보도록 하자.

(49) 가. 처음 뵙겠습니다. 들어가도 되겠습니까?
　　　나. 처음 뵙습니다. 들어가도 됩니까?

(49)에서 확인할 수 있듯이 '-겠-'이 사용된 (49가)가 '-겠-'이 사용되지 않은 (49나)에 비해 보다 정중한 표현이다.

**• 말하는 사람의 추측을 나타내는 '-겠-'과 '-(으)ㄹ 거예요'**

선어말어미 '-겠-'과 마찬가지로 '-(으)ㄹ 거예요' 역시 말하는 사람의 추측을 나타내는데 둘 사이에는
다음과 차이가 존재한다.

| -겠- | 말하는 사람 자신의 직접 지각에 바탕을 둔 추측 |
|---|---|
| -(으)ㄹ 거예요 | 말하는 사람의 지식이나 믿음에 바탕을 둔 추측 |

다음 (50)의 예문을 살펴보도록 하자.

(50) 가. 곧 비가 오겠어요.

　　　나. 한국은 지금 무척 더울 거예요.

말하는 사람이 먹구름이 가득한 하늘을 보면서 (50가)와 같이 말할 수 있다. 한편, 말하는 사람이 한국 사
람이고 한국 날씨에 대해 잘 알고 있는데 지금 외국에 있다면 (50나)와 같이 말할 수 있다.

## • '-더-'

### • '-더-'의 기능

'-더-'는 말하는 사람이 과거에 직접 경험한 것을 회상하면서 전달하는 기능을 하는 어미로 흔히 회상 선
어말어미로 불린다. 이 과정을 도식화하면 다음과 같다.

| 말하는 사람의 직접 경험 | ➡<br>(장소, 시간의 이동) | 회상과 보고 |
|---|---|---|

'-더-'가 쓰인 예를 살펴보도록 하자.

(51) 철수가 도서관에 왔더군요.

(51)은 말하는 사람이 철수가 도서관에 온 것을 직접 눈으로 보고 이를 시간이나 장소가 달라진 상황에서
회상하면서 듣는 사람에게 전달하는 문장이다.

### • '-더-'의 제약

**인칭 제약**

'-더-' 보통 일인칭 주어의 문장에서 쓰일 수 없다.

(52) 가. 영희가 공부를 열심히 하더군요./*내가 공부를 열심히 하더군요.

　　나. 꿈속에서 보니 내가 춤을 잘 추더군요./*내가 춤을 잘 추더군요.

(52가)에서 확인할 수 있듯이 말하는 사람의 직접 지각 대상이 되기 어려운 일인칭 주어 문장에서는 일반적으로 '-더-'가 쓰이지 못한다. 한편, 일인칭 주어 문장인 (52나)의 첫째 문장이 가능한 이유는 꿈속이기 때문에 자신이 춤을 추는 행위가 말하는 사람의 직접 지각 대상이 될 수 있기 때문이다.

## 6.3 선어말어미의 결합 순서

선어말어미는 어간과 어말어미 사이에 놓인다. 그러나 선어말어미는 어말어미와 달리 문법적 기능에 따라 둘 이상 결합할 수 있다. 선어말어미가 둘 이상 쓰일 때에는 이들 사이에 결합 제약과 결합 순서가 존재하는데 이는 다음과 같이 나타낼 수 있다.

(53) 어간+{-(으)시-}+{-았/었/였-}+{-겠-}+어말어미

(53)에서 알 수 있듯이 '-(으)시-'는 '-았/었/였-'이나 '-겠-' 앞에 오며 '-았/었/였-'은 '-겠-' 앞에 온다.

# 7. 선어말어미를 어떻게 가르칠 것인가

한국어 교육 현장에서 이루어지고 있는 선어말어미 교육 방안의 실례를 살펴보도록 하자.
선어말어미 '-겠-'의 교안은 다음과 같이 제시될 수 있다.

## [선어말어미 '-겠-'의 교안]

### ● 학습 목표
'-겠-'을 사용해 말하는 사람의 추측을 표현할 수 있다.

### (1) 도입
교사가 학습자와 대화하면서 '-겠-'을 여러 번 자연스럽게 노출시켜 학습자로 하여금 '-겠-'의 의미를 파악해 보도록 한다. 이 과정을 통해 학습자의 '의식 고양(consciousness-raising)'이 일어난다.

교　사: 하늘을 보니 곧 비가 오겠어요.
스미스: 네. 비가 와요.

교사: 이 음식은 정말 맛있겠어요.
탄꿍: 네. 그래요.

교사: 오늘은 덥겠어요.
산스: 네. 맞아요.

## (2) 제시
교사가 '-겠-'의 의미와 형태를 명시적으로 제시한다.

의미 제시: '-겠-'은 말하는 사람의 추측을 나타낼 때 사용해요.
형태 제시: 항상 '-겠-'을 사용해요.

## (3) 연습
● **기계적 연습** : 동사나 형용사와 함께 '-겠-'을 사용해 보도록 한다.

---
보다 → 보겠어요
덥다 → 덥겠어요
만들다 → 만들겠어요

---

● **유의미한 연습:** '-겠-'을 사용해 대화를 완성하세요.

<보기> 가: 하늘이 흐려요.
　　　　나: 비가 오겠어요.

　　　　가: 친구들하고 여행을 갈 거예요.
　　　　나: _____

　　　　가: 어제 밤 12시까지 공부했어요.
　　　　나: _____

## (4) 산출
그림이나 사진을 보고 추측해서 말하기

① 다음과 같은 그림이나 사진을 제시한다.

　　먹구름이 몰려오는 그림

　　에어컨을 켜는 그림

　　김치를 먹는 그림

② 학습자로 하여금 '-겠-'을 사용해 일어날 일을 추측해서 말해 보도록 한다.

　　비가 오겠어요.

　　시원하겠어요.

　　맵겠어요.

참고문헌

국립국어원(2005), 『외국인을 위한 한국어 문법 1』, 커뮤니케이션북스.

권재일(1992), 『한국어 문법의 연구』, 서광학술자료사.

남기심·고영근(2002), 『표준국어문법론』, 탑출판사.

남기심·고영근·홍재성 외(1999), 『외국인을 위한 한국어 교육의 방법과 실제』, 한국방송통신대학.

박동호(출간 예정), 『외국인을 위한 한국어 문법교육론』, 도서출판 참.

서정수(1996), 『현대국어문법론』, 한양대학교 출판원.

이익섭·채완(1999), 『국어문법론강의』, 학연사.

이재승(1997), 『국어교육의 원리와 방법』, 박이정.

임동훈(2000), 『한국어 어미'-시-'의 문법』, 태학사.

임홍빈 외(1995), 『국어문법론 Ⅰ』, 한국방송통신대학교.

최동주(1995), 「국어 시상 체계의 통시적 변화에 관한 연구」, 서울대 박사학위논문.

한동완(1991), 「국어의 시제 연구」, 서강대학교 박사학위논문.

허용 외(2003), 『한국어교육을 위한 한국어 문법론』, 한국문화사.

# 10 문장은 어떻게 연결되는가

아래의 영어 문장들은 모두 두 문장을 'and'로 연결한 것들이다. 이를 번역한 한국어 문장은 자연스러운가?

- Yesterday I got my report card, and I was very upset.
  (어제 나는 성적표를 받았고 몹시 속이 상했어요.)
- My mother bought a dress and gave it to me. The next morning I
  wore the dress to school and all my friends loved it.
  (엄마는 옷을 하나 샀고 그것을 나에게 주었어요. 다음날 그 옷을 입고 학
  교에 갔었고 친구들이 모두 그 옷이 좋다고 했어요.)

문장의 연결과 관련하여 볼 때 한국어와 영어의 차이점은 무엇일까?

언뜻 보기에 하나의 꽃처럼 보이지만 조금만 더 자세히 보면 꽃은 여러 개의
작은 꽃잎들이 모여서 이루어진 것이다. 우리가 사용하는 말도 하나하나의
작은 문장들이 모여서 더 큰 문장으로 이루어진다.

# 1. 문장의 연결, 외국인에게 무엇이 문제인가

사람은 자신의 생각을 말이나 글로 드러낼 때 문장 단위로 표현한다. 그러나 모든 말이나 글이 한 문장씩으로만 표현되는 것은 아니다. 예를 들어, '배가 고팠어요. 그래서 밥 먹었어요'와 같이 각각의 문장으로 표현하는 것보다는 '배가 고파서 밥 먹었어요'와 같이 하나의 문장으로 묶어서 표현하는 것이 훨씬 자연스럽고, 한국어를 모국어로 하는 사람들은 누구나 전자보다는 후자와 같이 쓴다. 그런데 일본어권을 제외한 대부분의 외국인들은 두 문장을 연결하여 하나의 문장을 만들 때 이러한 방법을 매우 낯설어한다.

> * 배가 고팠어서 밥 먹었어요.
> * 저는 걸어서 학교 가고 친구는 차 타서 학교 가요.
> * 비가 오느라고 밖에 못 나가요.
> * 한국말을 잘 하러 열심히 공부해요.
> * 날씨가 너무 추워서 문을 닫아주세요.
> * 저는 미국에서 커피 만든 일을 했어요.
> * 그 성은 옛날에 임금님이 산 곳이에요.
> * 나는 나중에 외국인에게 친절할 사람이 될 거예요.

외국인들은 왜 위와 같은 문장을 만들까? 한국 사람에게는 쉽게만 느껴지는 문장들이 왜 외국인들에게는 어려울까? 그 이유는 여러 가지가 있겠지만, 한국어와 아주 다른 언어이지만 한국인에게 매우 익숙한 영어와 비교하여 생각하면 한국어에는 영어에서 찾아볼 수 없는 두 가지 특징이 있기 때문이다. 먼저 영어에서는 두 문장을 연결할 때 흔히 말하는 접속사나 관계대명사와 같은 것을 사용하지만 한국어는 그렇지 않다는 것이다. 다음의 예를 보자.

(1) 가. My mother bought a dress. My mother gave it to me.
　　나. My mother bought a dress and gave it to me.

(2) 가. 엄마는 옷을 하나 사셨다. 엄마는 그 옷을 나에게 주셨다.
　　나. 엄마는 옷을 하나 사셨다. 그리고 그 옷을 나에게 주셨다.
　　다. 엄마는 옷을 하나 사셔서 나에게 주셨다.

위의 예문을 보면 영어의 경우는 두 문장을 접속사 'and'로 연결하면 하나의 문장이 된다. 그러나 한국어에서는 영어의 'and'에 해당하는 접속어인 '그리고'를 이용하여 하나의 문장으로 만들 수 없다. 위 (2나)에서 보는 것과 같이 '그리고'를 사용하면 여전히 두 문장이다. 한국어에서는 아주 특별한 경우가 아니면 '그리고, 그러나'와 같은 말은 문장의 중간에 나타나기가 어렵다. 이와 같은 말들을 사용하려면 '엄마는 옷을 하나 사셨다'와 같이 앞 문장이 완전히 끝나야 한다. 따라서 '그리고, 그러나' 등과 같은 말로는 두 문장을 한 문장으로 묶을 수가 없다.

그러면 한국어는 어떻게 두 문장을 연결하는가? 그 방법은 서술어를 변형시키는 것이다. (2다)에서 서술어인 '사셨다'를 '사셔서'로 변형시킨 것이 그 예가 된다. 이를 뒤집어 말하면, 한국어에서 '사셨다'와 같은 말을 '사셔서'와 같이 그 형태를 변형시키는 (정확히 말하면 어미의 변형이다) 이유는 그 다음에 오는 문장과 연결시키기 위해서이다. 이렇게 그 다음에 오는 문장과 연결시키는 데 사용되는 어미를 **연결어미**라고 한다. 결론적으로 한국어에서는 두 문장을 연결하려면 연결어미나 그에 상응하는 다른 표현 (예 : - 기 때문에 등)을 사용해야 한다. **전성어미**를 통해서도 두 문장을 합칠 수 있다. 예를 들어, '내가 나비를 잡았다'라는 문장과 '동생은 그 나비를 놓쳐버렸다'라는 두 문장을 합치면 '동생은 내가 잡은 나비를 놓쳐버렸다'와 같은 문장이 된다. 이 두 문장은 '- 은'과 같은 전성어미를 통해서 합쳐진 것이다. 이것은 마치 영어의 관계대명사 구문과 비슷하다. 전성어미를 통해 문장을 합치는 것에 대해서는 뒤에서 다루도록 하고 먼저 연결어미의 경우를 보도록 한다.

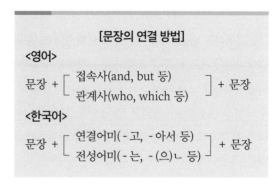

문장의 연결과 관련하여 볼 때 한국어가 갖는 또 하나의 특징은 한국어에는 연결어미의 종류가 무척 많고 그 쓰임이 연결어미마다 조금씩 다르다는 것이다. 다음의 예를 보자.

(3) 가. 너무 힘들<u>어서</u> 더 이상 걸을 수가 없어.

　　나. 방안이 너무 답답<u>하니</u> 창문을 좀 열면 어때?

　　다. 이 물건은 부피가 크지 않<u>으므로</u> 휴대하기 쉬울 겁니다.

　　라. 늦잠을 자<u>느라고</u> 지각을 하고 말았다.

　　마. 물가가 오른다는 뉴스가 나오<u>자</u> 사람들은 너나없이 사재기를 했다.

위에서 밑줄 친 연결어미들은 모두 이유나 원인의 의미를 갖는 것들이다. 영어에서는 이유나 원인이 'because, as'와 같은 한두 개의 접속사로 표현될 수 있지만, 한국어에는 위에 제시한 5개 외에도 이유나 원인의 의미를 갖는 연결어미가 많다. 그런데 위의 연결어미들을 좀더 자세히 보면 각각의 용법이 조금씩 다름을 알 수 있다. 위에 사용된 연결어미들을 아래와 같이 서로 바꾸어 보면 그 사실을 잘 알 수 있다.

(4) 가. *너무 힘들<u>므로</u> 더 이상 걸을 수가 없어.

　　나. *방안이 너무 답답<u>하느라고</u> 창문을 좀 열면 어때?

　　다. *이 물건은 부피가 크지 않<u>자</u> 휴대하기 쉬울 겁니다.

라. *늦잠을 자니 지각을 하고 말았다.

마. *물가가 오른다는 뉴스가 나와서 사람들은 너나없이 사재기를 했다.

연결어미를 바꾼 위의 예문들을 보면 잘못되었거나 어딘가 어색하다. 이유나 원인이라는 같은 성격의 연결어미인데 서로 바꾸면 잘못되거나 어색한 이유는 무엇일까? 그것은 같은 성격의 어미라 할지라도 각각의 연결어미마다 고유의 세부적인 의미 기능과 문법적 제약이 있기 때문이다. 예를 들어, 위의 연결어미 중에서 '-느라고'는 (3라)를 제외한 (3)의 어느 문장에 넣어도 잘못된 문장이 된다. 그것은 '-느라고'만이 갖는 또 다른 세부적인 의미기능과 문법적 제약(선행절과 후행절의 시간적 겹침, 형용사와의 결합제약, 등)이 있기 때문이다. 그리고 '-아서/어서'와 같은 연결어미는 명령문이나 청유문 같은 문장에서는 사용할 수 없기 때문에 '방안이 너무 답답하여서 창문 좀 열자'와 같은 문장은 잘못된 문장이 된다.

* 방 안이 너무 답답하여서 창문 좀 열자.

방 안이 너무 답답하니까 창문 좀 열자.

한국어를 모국어로 하는 사람은 이런 기능들을(지식적으로는 알지 못해도) 잠재적으로는 분명히 인식하고 있기 때문에 잘못 사용하는 경우가 거의 없다. 그러나 한국어를 모국어로 하지 않는 사람들은 이러한 기능을 정확히 알지 못하므로 잘못된 문장을 만들게 된다.

이런 점에서 영어의 접속사와 한국어의 연결어미를 비교해서 본다면, 영어는 두 문장이 '인과로 이어졌느냐, 대조로 이어졌느냐, 아니면 단순한 두 문장의 나열이냐'와 같은 큰 틀의 의미 기능으로 접속사를 사용하는 반면, 한국어는 그러한 큰 틀은 물론이고 보다 세부적인 의미 기능과 함께 '명령문이나 청유문에 쓸 수 있느냐, 과거시제를 붙일 수 있느냐, 두 문장의 주어가 같아야 하느냐'하는 문법적인 제약까지 고려하여 사용해야 한다.

지금까지 문장의 연결과 관련된 한국어의 특징을 간단히 살펴보았다. 아래에서는 이와 같은 문제점을 바탕으로 한국어의 문장 확대와 관련된 것들을 외국인들에게 보다 잘 가르치기 위해 우리가 가져야 할 지식은 무엇인지에 대해 살펴보도록 하자.


## 2. 두 문장을 연결하는 고리에는 어떤 것들이 있나

문장의 연결(또는 확대)이란 두 개 이상의 문장(단문)이 합쳐져 있는 것을 말한다. 하나의 문장이 되기 위해서는 적어도 주어와 서술어가 각각 하나씩은 있어야 하므로 연결 또는 확대된 문장은 아래와 같이 두 개 이상의 주어와 서술어가 있어야 한다.

(5) 가. 꽃이 피고 새가 운다.

　　나. 해연이는 엄마가 오는 것을 보았다.

　(5가)의 문장은 '꽃이'라는 주어와 '피다'라는 서술어로 된 문장과 '새가'라는 주어와 '운다'라는 서술어로 된 문장이 연결되어 더 큰 문장이 된 것이다. (5나)는 '해연이는'이라는 주어와 '보았다'라는 서술어로 된 문장과 '엄마가'라는 주어와 '오다'라는 서술어로 된 문장이 합쳐져 하나의 문장이 된 것이다.

　이와 같이 **홑문장**(또는 **단문**)이 둘 이상 모여 더 큰 문장으로 확대된 것을 **겹문장**(또는 **복문**)이라고 하는데, 겹문장은 두 가지 방식으로 만들어진다. 첫째는 **이어진 문장**(접속)을 만드는 것으로, 한 문장(A)을 다른 문장(B)과 나란히 연결하는 방식이고, 둘째는 **문장 속의 문장**(내포)을 만드는 것으로, 한 문장을 다른 문장 속에 들어가게 하는 방식이다. 위 (5가)는 '이어진 문장'으로 확대된 것이고, (5나)는 '문장 속의 문장'으로 확대된 것이다.

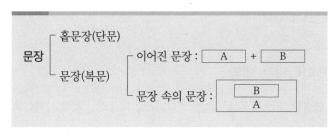

　여기서 중요한 것은 문장을 확대할 때는 두 문장을 맺어주는 연결고리가 반드시 있다는 것이다. 다시 말해, 확대된 문장에는 그것이 확대된 것임을 알려주는 표지가 있다. 일반적으로 어미가 그 연결고리 역할을 한다. 두 문장을 '이어진 문장'으로 연결할 때는 앞에서 언급한 것처럼 '연결어미'가 연결고리 역할을 하고, 두 문장을 '문장 속의 문장'으로 만들 때에는 '전성어미'가 연결고리 역할을 한다. 그런데 연결어미와 전성어미는 다양한 의미 기능과 문법적 제약을 갖기 때문에 외국인 학습자들은 이에 대해 많은 오류를 일으킨다. 아래에서는 이에 대해 자세히 살펴보도록 한다.

## 3. 연결어미에는 어떤 종류가 있으며 가르칠 때 유의할 점은 무엇인가

　두 문장을 연결해주는 연결어미는 앞뒤 문장의 의미관계에 의해 선택된다. 다음의 예문을 보자.

(6) 가. 열심히 공부했지만 시험에 떨어지고 말았다.

　　나. 이 옷은 너무 작으니까 다른 것으로 바꿔 주세요.

　　다. 옷을 사러 남대문 시장에 갔다.

　　라. *열심히 공부하지만 시험에 떨어지고 말았다.

　　마. *옷을 샀으러 남대문 시장에 갔다.

위에서 밑줄 친 것들은 모두 두 문장을 이어주는 연결어미들이다. 위에서 말한 것처럼 이 연결어미들은 앞뒤 문장의 의미관계에 따라 선택된다. (6가)에서는 '열심히 공부한' 사실과 '시험에 떨어진' 사실이 서로 대조되는 내용이기 때문에 '대립·대조'의 의미를 갖는 '-지만'이 선택되었고, (6나)에서는 '옷이 너무 작은 것'이 '다른 것으로 바꾸려는 행위'의 이유가 되기 때문에 '이유'의 의미를 갖는 '-(으)니까'가 선택되었다. 그리고 (6다)에서는 '남대문 시장에 간' 목적이 '옷을 사기 위한 것'이기 때문에 '목적'의 의미를 갖는 '-(으)러'가 선택되었다. 따라서 모든 연결어미는 의미범주를 가지며, 만약 의미범주에 맞지 않는 연결어미를 사용하면 비문이 된다.

올바른 의미범주를 사용했다고 하더라도 각각의 연결어미가 갖는 제약을 지키지 않으면 비문이 된다. 위 (6라, 마)는 올바른 의미범주를 사용하고 있지만, '-지만'과 '-(으)러'가 갖는 제약을 지키지 않아 비문이 된다.

먼저 연결어미가 갖는 제약의 내용을 살펴보고 그 다음 의미범주에 따른 연결어미의 종류, 각각의 연결어미가 갖는 제약을 살펴보도록 한다.

# 3.1 연결어미에 나타나는 제약

연결어미로 문장을 연결할 때는 주의할 점들이 있다. 그 중 대표적인 것이 시제선어말어미 제약, 주어일치 제약, 선행용언 제약, 문장형태 제약의 네 가지이다.

### ① 시제선어말어미 제약
문장의 시제가 과거일 때, 선어말어미 '-았/었-'과 결합하여 사용되는 연결어미가 있는가 하면 시제가 과거일지라도 써서는 안 되는 어미들도 있다.

(7) 가. 바람이 많이 불었어요. (그렇지만) 춥지는 않았어요.

　　나. 바람이 많이 <u>불었지만</u> 춥지는 않았어요.

　　다. *바람이 많이 <u>불지만</u> 춥지는 않았어요.

(8) 가. 배가 고팠어요. (그래서) 밥을 먹었어요.

　　나. 배가 <u>고파서</u> 밥을 먹었어요.

　　다. *배가 <u>고팠어서</u> 밥을 먹었어요.

(7가)의 두 문장의 시제는 모두 과거이다. 이 두 문장을 연결한 (7나)를 보면 '바람이 많이 불었지만, 춥지는 않았어요'라고 하여 앞 문장과 뒤 문장 모두 과거시제로 나타내고 있음을 알 수 있다. 만약 '불지만'이라고 하면 잘못된 문장이 된다. (8가)의 두 문장의 시제 역시 과거이다. 그러나 이 두 문장을 '-아서/어서'로 연결할때는 과거를 나타내는 '-았/었-'을 사용할 수 없다. 즉, '-아서/어서'는 과거시제 선어말어미인

'-았/었-'을 쓸 수 없다는 제약을 갖는다.

### ② 주어일치 제약

연결어미 중에는 앞 문장과 뒤 문장의 주어가 달라도 되는 것이 있는가 하면 두 문장의 주어가 반드시 일치해야 하는 어미도 있다. 그리고 드물지만 주어가 반드시 달라야 하는 어미도 있다.

(9) 가. [동생은] 음악은 좋아하지만 [(동생은)] 춤추는 것은 좋아하지 않아요.

　　　나. [언니는] 학교에 갔지만 [나는] 집에 있었어요.

(10) 가. *[우리는] 커피를 마시면서 [친구는] 이야기를 했어요.

　　　나. *[내가] 유학을 간다고 하자 [나는] 반대했다.


'-지만'과 같은 어미가 올 때는 (9가)처럼 앞 문장의 주어와 뒤 문장의 주어가 같을 수도 있고, (9나)에서와 같이 다를 수도 있다. 그러나 '-(으)면서'와 같은 어미는 (10가)에서 보는 것과 같이 앞 문장과 뒤 문장의 주어가 항상 같아야 하는 제약을 갖는다. 한편 '-자'가 사용된 (10나)의 경우는 두 문장의 주어가 달라야 하는 제약을 갖는다.

---

연결어미는 서술어가 될 수 있는 말에만 붙는다. 서술어가 될 수 있는 말은 동사, 형용사, '이(다)'이다. 따라서 연결어미는 다음의 세 경우에만 붙는다.

1) 동사 어간 다음에 : 가 - 고, 먹 - 지만
2) 형용사 어간 다음에 : 좋 - 으면서, 좁 - 은데
3) '이(다)' 다음에 : 선생님+이 - 어서, 나무+(이) - 니까

---

### ③ 선행용언 제약

연결어미 중에는 동사와 형용사, '이(다)'모두와 쓰일 수 있는 어미들이 있는가 하면, 이들 중 한두 부류하고만 쓰이는 어미들도 있다.

(11) 가. 이 강아지는 잘 뛰고 잘 먹는다.

　　　나. 이 강아지는 작고 귀엽다.

　　　다. 이것은 강아지 그림이고 저것은 고양이 그림이다.

(12) 가. 강아지를 잘 키우려고 책을 보고 있어요.

　　　나. *강아지와 친하려고 애를 쓰고 있어요.

　　　다. *나는 우리집 강아지에게 좋은 주인이려고 노력하고 있다.

'-고'와 같은 어미는 (11가)의 '뛰고'와 같이 동사와도 결합할 수도 있고, (11나)의 '작고'와 같이 형용사와 결합할 수도 있다. 그리고 (11다)와 같이 '이(다)'와도 쓰일 수도 있다. 그러나 '-(으)려고'와 같은 어미는 '의지'의 의미를 가지고 있어서 동사와만 결합할 수 있다. 따라서 (12가)와 같은 문장은 맞지만, (12나, 다)의 '친하려고'나 '주인이려고'와 같이 형용사나 '이(다)'와 결합하면 틀린 문장이 된다. 따라서 이 어미는 형용사와 '이(다)'와 결합하지 못하는 제약을 갖는다.

#### ④ 문장형태 제약

연결어미 중에는 모든 종류의 문장과 잘 어울리는 어미들이 있는가 하면 명령문이나 청유문과 어울리지 못하는 어미들이 있다. 그리고 경우에 따라 의문문이나 부정문이나 긍정문과 어울리지 못하거나 어울리면 어색한 것들도 있다.

(13) 가. *더워서 창문을 열자./열어라.

나. *학교에서 안 돌아오자마자 밖으로 나갔다.

다. *학교에서 돌아오자마자 숙제를 안 했다.

라. ?그 지역은 아직 미개발 지역이므로 속히 가서 개발할까?/하자./해라.

(13가)에서 볼 수 있는 것과 같이 '-아서/어서'와 같은 어미는 뒤 문장에 청유문이나 명령문이 올 수 없다. 그리고 (13나, 다)에서 볼 수 있는 것처럼 '-자마자'는 앞 문장의 부정도 잘못된 문장을 생성하고 뒤 문장의 부정도 잘못된 문장을 생성하며, '-(으)므로'와 같이 문어체에 사용되는 어미들은 (13라)에서와 같이 일상대화와 관련된 문형인 의문문, 청유문, 명령문 등과 어울리면 어색한 문장이 되어, 이런 문장들에 대한 제약을 갖는다.

## 3.2 의미범주에 따른 연결어미의 종류와 제약

한국어의 연결어미는 어떤 의미범주로 구분이 될까?

이에 대해서는 학자들마다 의견이 다르지만 여기서는 10가지의 의미범주로 나누어 살펴보도록 한다.

### 3.2.1 '나열·병렬관계' 연결어미와 제약

'나열·병렬관계' 연결어미는, 아래와 같이 두 문장을 **나열·병렬관계**로 이어주는 연결어미다.

(14) 가. 바람이 불고 눈이 옵니다.

나. 우리 집 큰아들은 축구선수이며 작은아들은 야구선수이다.

위 두 문장은 나열·병렬관계로 연결되었는데, 이 경우에 사용되는 연결어미로는 '- 고,  - (으)며'와 같은 것이 있으며, 이 외에도 '새는 동물이요, 꽃은 식물입니다'에서 사용된 '- 요'도 나열·병렬관계의 연결어미이다. 나열·병렬관계의 연결어미로 이어진 두 문장은 앞뒤의 순서를 바꾸어도 의미에는 큰 차이가 없다. 아래와 같은 문장은 앞뒤 순서를 바꿀 수 없으므로 이 경우의 '- 고'는 나열·병렬관계의 연결어미가 아니다.

(15) 그는 밥을 먹고 나갔다.

나열·병렬관계 연결어미인 '- 고'와  - (으)며'는 용법상으로는 큰 차이가 없어 서로 바꾸어 쓸 수 있다. 다만 '- 고'는 구어체와 문어체 양쪽의 경우에 모두 쓰이지만, '- (으)며'는 일반적으로 문어체에 주로 쓰이는 특징을 가지고 있다.

### • '나열·병렬관계' 연결어미의 제약

나열·병렬관계 연결어미는 아래와 같이 거의 제약을 받지 않는다. 시제선어말어미 제약의 경우, '없음'은 과거시제일 때 '- 았/었 -'을 쓸 수도 있고 쓰지 않을 수도 있다는 의미이고, '있음(+)'은 '- 았/었 -'을 써야 한다는 의미이며, '있음( - )'은 '- 았/었 -'을 쓰면 안 된다는 의미이다.

| 제약＼어미 | - 고 | - (으)며 |
|---|---|---|
| 시제선어말어미제약 | 없음 | 있음(+) |
| 주어일치제약 | 없음 | 없음 |
| 선행용언제약 | 없음 | 없음 |
| 문장형태제약 | 없음 | 없음 |

**시제선어말어미제약** : '- 고'는 과거시제 선어말어미와 결합에 있어서 제약이 없어 '- 았/었 -'을 써도 좋고 쓰지 않아도 좋다. '- (으)며'는 '- 았/었 -'을 써야 한다.

(16) 가. 어렸을 때 나는 수영을 <u>좋아했고/좋아하고</u> 동생은 미술을 좋아했다.
　　　나. 어렸을 때 나는 수영을 <u>좋아했으며</u> 동생은 미술을 좋아했다.
　　　다. *어렸을 때 나는 수영을 <u>좋아하며</u> 동생은 미술을 좋아했다.

**문장형태제약** : 의문문, 명령문, 청유문에는 '- (으)며'보다는 '- 고'가 더 잘 어울린다. 그것은 '- (으)며'는 주로 문어체에서 많이 쓰이기 때문이다.

(17) ?미국도 <u>가며</u> 캐나다도 가니?/가자./가라

## 3.2.2 '시간관계' 연결어미와 제약

'시간관계' 연결어미는, 아래와 같이 앞뒤 두 문장을 **시간관계**로 이어주는 연결어미이다. '시간관계'에는 두 사건이나 상황이 같은 시간에 이루어지는 **동시관계**와 시간적 순서에 따라 이루어지는 **순차관계**가 있다.

(18) 가. 동시 : 우리들은 차를 마시면서/마시며 이야기를 했다.

　　　나. 순차 : 그는 아침을 먹고 학교에 갔다.

　　　다. 순차 : 그는 아침에 일어나서 학교에 갔다.

위의 문장들은 시간 관계로 연결되었는데, (18가)는 동시 관계이며, (18나, 다)는 순차관계이다. 동시관계로 사용되는 연결어미로는 '-면서, -(으)며'와 같은 것이 있고, 순차관계로 사용되는 연결어미로는 '-고, -아서/어서'와 같은 것들이 있다. 그리고 '그는 집에 들어오자마자 옷을 갈아입고 다시 밖으로 나갔다'에 사용된 '-자마자'도 시간관계의 의미를 갖는 연결어미이다. 그 외 '병원에 들렀다가 회사로 갈게'에 사용된 '-다가'도 시간관계를 나타내는 연결어미이다. 다만, '-다가'는 순차관계와 달리 행위의 전환을 뜻하는 **전환관계** 연결어미이다.

순차관계 연결어미인 '-고'와 '-아서/어서'는 용법상에 차이가 있다. 위 (18나)와 (18다)는 비슷한 문장이지만, (18나)에서는 '-고'를 사용하고, (18다)에서는 '-아서/어서'를 사용하고 있으며, 이 둘은 서로 교체하여 사용할 수 없다. 이 두 연결어미는 크게 다음과 같은 두 가지 면에서 차이가 난다.

① '-고'는 앞의 행위가 완전히 끝이 난 다음 그 다음 행위가 이루어질 때 쓰는 반면, '-아서/어서'는 앞의 행위가 이루어진 다음 그 행위의 결과가 그 다음 행위가 이루어지는 동안에도 계속 지속될 때 쓴다. 위 (18나)는 '아침을 먹는 행위'가 완전히 끝이 난 다음 '학교에 가는 행위'가 이루어진 것이다. 반면, (18다)는 '아침에 일어나는 행위'는 끝이 났지만 '학교에 가는 행위'가 이루어질 때에도 '아침에 일어나 깨어 있는 상태'가 지속되는 경우이다. 간단히 말해, '-고'는 아래 (19가)와 같이 두 행위 사이에 단절이 있는 반면, '-아서/어서'는 (19나)와 같이 하나의 행위의 결과나 상태가 계속 지속되는 상태에서 다른 행위가 일어난다. 이를 그림으로 나타내면 다음과 같다. 그리고 (20)과 같은 문장들에서 이러한 차이를 볼 수 있다.

(19) 가. 아침을 먹음 ▌학교에 감

　　　나. 아침에 일어남(계속 깨어 있음)━━━▶
　　　　　　　　　학교에 감

(20) 가. 그는 숙제를 끝내고 잠자리에 들었다.

　　　나. 그는 전화를 끊고 방으로 들어갔다.

　　　다. 그는 미국에 가서 영어 공부를 했다.

　　　라. 그는 앉아서 책을 읽는다.

② 일반적으로 목적어를 갖는 타동사 다음에는 '-고'를 사용하고, 목적어를 갖지 못하는 자동사 다음에는 '-아서/어서'를 쓴다. (18나)의 '먹다'는 타동사이고, (18다)의 '일어나다'는 자동사이다. 전자의 경우는 '-고'를 사용하고 후자의 경우는 '-아서/어서'를 사용한다. 위(20)의 문장에서도 이러한 차이를 볼 수 있다.

단, 다음과 같이 앞뒤 문장의 동사가 동일한 목적어를 취할 때는 '-아서/어서'를 쓴다.

(21) 가. 휴지를 주워서 (그 휴지를) 쓰레기통에 버렸다.

　　 나. 책을 사서 (그 책을) 동생에게 주었다.

　　 다. 미국에 가서 (거기서 ) 영어 공부를 했다.

(21가, 나)의 경우는 동일 목적어를 취하는 경우이다. 이렇게 볼 때 (21다)와 같이 동일 부사어를 취하는 경우에도 '-아서/어서'를 사용한다고 해석할 수 있다.

위의 ①, ②를 종합하여 두 문장에서의 직접관련성(또는 계기상관성)으로 설명할 수 있다. 즉, 두 행위가 서로 관련을 맺을 경우에는 '-아서/어서'를 사용하고, 그렇지 않을 경우에는 '-고'를 사용한다. 아래와 같은 문장이 그 예가 된다.

(22) 가. 그는 많은 고생을 해서 큰 돈을 벌었다.

　　 나. 그는 고생도 안 하고 큰 돈을 벌었다.

그러나 아래 (23가)와 같이 동일 목적어를 취하는 데도 '-고'를 쓰는 경우가 있으며, (23나)와 같이 '-고'와 '-아서/어서' 둘 다 쓰는 경우도 있다.

(23) 가. 책을 들고 (그 책을) 읽어라.

　　 나. 그는 땅을 파서/파고 쓰레기를 묻었다.

● '시간관계' 연결어미의 제약
시간관계 연결어미는 아래와 같은 제약을 받는다.

| 제약 ＼ 어미 | - 고 | - 아서/어서 | - 자마자 | - 다가 |
| --- | --- | --- | --- | --- |
| 시제선어말어미제약 | 있음(-) | 있음(-) | 있음(-) | 없음 |
| 주어일치제약 | 있음 | 있음 | 없음 | 있음 |
| 선행용언제약 | 있음 | 있음 | 있음 | 없음 |
| 문장형태제약 | 없음 | 없음 | 있음 | 없음 |

**시제선어말어미제약** : '-(으)면서, -(으)며, -고, -아서/어서, -자마자'는 과거를 나타내는 선어말어미와 결합하여 쓰일 수 없다.

> (24) 가. *우리는 차를 <u>마셨으면서</u> 이야기를 했다.
>     나. *그는 아침을 <u>먹었고</u> 학교에 갔다.
>     다. *그는 아침에 <u>일어났어서</u> 학교에 갔다.
>     라. *그는 집에 <u>들어왔자마자</u> 옷을 갈아입고 다시 밖으로 나갔다.

한편, '-다가'는 '-았/었-'을 쓸 때와 쓰지 않을 때의 의미가 다르다.

> (25) 가. 그는 땅을 <u>파다가</u> 주위를 살펴보았다.
>     나. *그는 땅을 <u>팠다가</u> 주위를 살펴보았다.
>     다. 그는 땅을 <u>팠다가</u> 다시 묻었다.

'-다가'는 미완료 상태에서 다른 행위를 하는 것이고, '-았다가/었다가'는 완료된 상태에서 다른 행위를 하는 것이다. 그런데 '-았다가/었다가'는 '죽었다가 살아났다, 입었다가 벗었다'와 같이 그 다음 행위가 앞의 행위와 반대되는 행위에만 적용되는 것이 일반적이다. 따라서, (25나)와 같은 문장은 잘못된 것이다.

**주어일치제약** : '-(으)면서'는 사람이나 동물이 주어일 때는 주어가 일치해야 한다. 단, 사물이 주어일 때는 주어가 일치하지 않아도 된다. 이 경우엔 나열관계의 의미를 갖는다고도 할 수 있다.

> (26) 가. *[언니는] 노래를 <u>부르면서</u> [동생은] 춤을 추었다.
>     나. 이 집은 [방도] <u>넓으면서</u> [채광도] 좋네.

**선행용언제약** : 동시관계와 순차관계란 모두 행위와 관련된 개념이다. 따라서 이에 해당하는 연결어미들은 동사와만 어울리는 것이 원칙이다. 만약 이들이 형용사나 '이(다)'와 어울리면 시간관계가 아닌 다른 의미가 된다. 단, '-자마자'는 동사와만 어울리고, '-다가'는 주로 동사와 잘 어울린다.

> (27) 가. 그의 할아버지는 <u>변호사이면서</u> 국회의원이시다. (나열·병렬관계)
>     나. 그 여자는 콧대가 <u>높고</u> 쌀쌀맞다.(나열·병렬관계)
>     다. 형은 마음씨가 <u>고와서</u> 늘 칭찬을 받는다.(이유관계)
>     라. *그의 할아버지는 <u>변호사이자마자</u> 국회의원이시다.
>     마. 하늘이 <u>맑다가</u> 갑자기 흐려졌다.(형용사)

**문장형태제약** : '- 자마자'는 부정문과 잘 어울리지 못한다. 앞 문장의 부정과도 어울리지 못하고 뒤 문장의 부정문과도 어울리지 못한다.

 (28) 가. *학교에서 안 돌아오<u>자마자</u> 밖으로 나갔다.
   나. *학교에서 돌아오<u>자마자</u> 숙제를 안 했다.

## 3.2.3 '대조관계' 연결어미와 제약

대조관계 연결어미는, 아래와 같이 주로 동사와 잘 어울린다.

 (29) 가. 그는 몸집은 작<u>지만</u> 매우 용감하다.
   나. 꽃은 피었<u>으나</u> 벌은 오지 않는다.

위 두 문장은 대조관계로 연결되었는데, 이 경우에 사용되는 연결어미로는 '- 지만, - (으)나'와 같은 것이 있으며, 이 외에도 '그는 노래는 잘 부르는데 춤은 잘 못 춘다'에서 사용된 '- 는데'나 '그는 영어는 못해도 독일어는 잘 한다'에서 사용된 '- 아도/어도'도 경우에 따라 대조관계의 연결어미로 쓰이기도 한다. 이들은 앞뒤 문장의 성격에 따라 순서를 바꾸어 쓸 수도 있다.

● **'대조관계' 연결어미의 제약**

대조관계 연결어미는 아래와 같이 거의 제약을 받지 않는다.

| 제약        어미 | - 지만 | - (으)나 |
|---|---|---|
| 시제선어말어미제약 | 있음(+) | 있음(+) |
| 주어일치제약 | 없음 | 없음 |
| 선행용언제약 | 없음 | 없음 |
| 문장형태제약 | 없음 | 없음 |

**시제선어말어미제약** : '- 지만, - (으)나'는 과거시제일 때 '- 았/었 -'을 써야 한다.

 (30) *어제 학교에 가<u>지만</u>/<u>가나</u> 아무도 없었다.

**문장형태제약** : 의문문, 명령문, 청유문에는 '- (으)나'보다는 '- 지만'이 더 잘 어울린다. 그것은 '-(으)나'가 주로 문어체에서 많이 쓰이기 때문이다.

 (31) ?시험은 끝났<u>으나</u> 공부는 계속 할래?/하자./해라.

## 3.2.4 '이유관계' 연결어미와 제약

이유관계 연결어미는, 아래와 같이 선행절이 후행절의 근거나 이유가 되는 관계로 이어주는 연결어미이다.

(32) 가. 영수는 배가 아파서 병원에 갔다.

　　 나. 장사가 잘 되니까 기분이 좋습니다.

　　 다. 그곳은 평지가 많으므로 농사짓기에 좋을 것이다.

　　 라. 밀린 일을 하느라고 정신이 없다.

위의 문장들은 이유관계로 연결되었는데, 이 경우에 사용되는 연결어미로는 '- 아서/어서, - (으)니까, - (으)므로, - 느라고'와 같은 것이 있으며, 이 외에도 '사랑했기에 행복하였노라'에 사용된 '- 기에'와 '그가 온다길래 마중 나왔어요'에 사용된 '- 길래', '날씨가 영하로 떨어지자 사람들은 외투를 껴입기 시작했다'에 사용된 '- 자' 등과 같은 연결어미가 있으며, 연결어미는 아니지만 '그는 나라를 위해 싸우다 죽었기 때문에 국립묘지에 묻혔다'에서 사용된 '- 기 때문에'와 '네가 떠드는 바람에 나까지 혼났잖아'에서 사용된 '- 는 바람에'도 이유관계를 나타낸다. 위의 네 가지 연결어미 중에서 '- (으)므로'는 문어체에 많이 사용되고, '- 느라고'는 주로 부정문에 많이 사용된다. 그리고 '- (으)니까'는 '- (으)니'로 바꾸어 쓸 수 있다.

- **'이유관계' 연결어미의 제약**

이유관계 연결어미는 아래와 같은 제약을 갖는다.

| 제약＼어미 | - 아서/어서 | - (으)니까 | - (으)므로 | - 느라고 |
|---|---|---|---|---|
| 시제선어말어미제약 | 있음(-) | 없음 | 있음(+) | 있음(-) |
| 주어일치제약 | 없음 | 없음 | 없음 | 있음 |
| 선행용언제약 | 없음 | 없음 | 없음 | 있음 |
| 문장형태제약 | 있음 | 없음 | 없음 | 있음 |

**시제선어말어미제약** : '- 아서/어서, - 느라고'는 과거를 나타내는 선어말어미와 결합하여 쓰일 수 없다. 반면 '- (으)므로'는 과거시제일 때 '- 았/었 -'을 써야 한다.

(33) 가. *해연이는 늦잠을 잤어서 학교에 지각했다.

　　 나. *해연이는 늦잠을 잤느라고 학교에 지각했다.

　　 다. *그 당시에는 우리 글자가 없으므로 한자를 빌려 썼다.

**주어일치제약** : '- 느라고'는 두 문장의 주어가 반드시 같아야 한다.

(34) *[언니가] 늦잠을 자느라고 [동생이] 학교에 지각했다.

**선행용언제약** : '- 느라고'는 동사와만 결합할 수 있고, 형용사나 '이(다)'와는 결합할 수 없다.

> (35) 가. *형은 여자친구와 <u>즐거우느라고</u> 매일 늦는다.
> 나. *그는 <u>사장이느라고</u> 늘 바쁘다.

**문장형태제약** : '- 아서/어서, - 느라고'는 일반적으로 명령문, 청유문과는 어울리지 않는다. 그리고 '- 느라고'는 대개의 경우 뒤에 부정적인 내용의 문장이 온다. 따라서 아래 (36다)와 같이 긍정의 내용이 오면 잘못되는 경우가 많다.

> (36) 가. *기분이 정말 <u>좋아서</u> 소리를 지르자./질러라./질렀다.
> 나. *숙제를 <u>하느라고</u> 잠을 못 자자./자라./잤다.
> 다. *숙제를 <u>하느라고</u> 잠을 잤다.

## 3.2.5 '조건관계' 연결어미와 제약

조건관계 연결어미는, 아래와 같이 선행절이 후행절 내용이 이루어지기 위한 조건이 되는 관계로 이어주는 연결어미이다.

> (37) 가. 네가 <u>가면</u> 나도 갈 거야.
> 나. 좋은 한국어 선생님이 <u>되려면</u> 경험을 많이 쌓아야 한다.
> 다. 돈이 <u>있어야</u> 옷을 사주지.

위의 문장들은 조건관계로 연결되었는데, 이 경우에 사용되는 연결어미로는 '- (으)면, - (으)려면, - 아야/어야'와 같은 것이 있다. 이들은 모두 앞 문장이 뒤 문장의 조건이 된다.

● **'조건관계' 연결어미의 제약**

조건관계 연결어미는 아래와 같은 제약을 갖는다.

| 제약＼어미 | - (으)면 | - (으)려면 | - 아야/어야 |
|---|---|---|---|
| 시제선어말어미제약 | 있음(＋) | 있음(－) | 있음(＋) |
| 주어일치제약 | 없음 | 있음 | 없음 |
| 선행용언제약 | 없음 | 있음 | 없음 |
| 문장형태제약 | 없음 | 없음 | 있음 |

**시제선어말어미제약** : '- (으)려면'은 과거를 나타내는 선어말어미와 결합하여 쓰일 수 없다. 반면 '- (으)면',

'-아야/어야'는 과거시제일 때 '-았/었-'을 써야 한다.

(38) 가. *회사에 늦지 <u>않았으려면</u> 일찍 일어났어야지.

나. *그 때 집을 <u>사면</u> 돈을 좀 벌었을텐데.

**주어일치제약** : '-(으)려면'은 사물이 주어인 경우에는 두 문장의 주어가 달라도 되나 사람이나 동물이 주어인 경우에는 대개 두 문장의 주어가 같다.

(39) 가. [우리나라가] 축구 강국이 되려면 [기술이] 더 좋아져야 한다.

나. *[(여러분이)] 영어를 잘 하려면 [친구가] 꼭 미국에 가야 하나요?

**선행용언제약** : '-(으)려면'은 형용사나 '이(다)'와는 결합할 수 없고, 동사와만 결합할 수 있다.

(40) 가. *기분이 <u>좋으려면</u> 모든 것을 긍정적으로 생각해야 한다.

나. *한국어 <u>선생님이려면</u> 문법 공부를 많이 해야 한다.

다. 한국어 선생님이 <u>되려면</u> 문법 공부를 많이 해야 한다.

**문장형태제약** : '-아야/어야'는 명령문, 청유문과는 잘 어울리지 않는다.

(41) *당신이 돈을 많이 <u>벌어야</u> 저 아이를 유학 보내 줍시다./주세요.

## 3.2.6 '목적·의도관계' 연결어미와 제약

목적·의도관계 연결어미는, 아래와 같이 두 문장을 **목적·의도관계**로 이어주는 연결어미이다.

(42) 가. 영수는 돈을 <u>찾으러</u> 은행에 갔다.

나. 김 과장은 <u>승진하려고</u> 많은 노력을 하고 있다.

다. 아이들이 잘 <u>자라도록</u> 좋은 환경을 만들어 주어야 한다.

라. 나는 아내가 편히 잘 수 <u>있게</u> 베개를 높여 주었다.

위의 문장들은 목적·의도관계로 연결되었는데, 이 경우에 사용되는 연결어미로는 '-(으)러, -(으)려고, -도록, -게'와 같은 것이 있다. 그리고 연결어미는 아니지만 '그는 돈을 벌기 위해 열심히 노력했다'에서 사용된 '-기 위해'도 목적·의도관계를 나타낸다. '-(으)려고' 대신 '-(으)려'를 쓸 수 있다.

● **'목적·의도관계' 연결어미의 제약**

목적·의도관계 연결어미는 아래와 같은 제약을 갖는다.

| 제약 \ 어미 | - (으)러 | - (으)려고 | - 도록 | - 게 |
|---|---|---|---|---|
| 시제선어말어미제약 | 있음( - ) | 있음( - ) | 있음( - ) | 있음( - ) |
| 주어일치제약 | 있음 | 있음 | 없음 | 없음 |
| 선행용언제약 | 있음 | 있음 | 있음 | 있음 |
| 문장형태제약 | 없음 | 있음 | 없음 | 있음 |
| 기타제약 | 있음 | | | |

**시제선어말어미제약** : ' - (으)러, - (으)려고, - 도록, - 게'는 과거를 나타내는 선어말어미와 결합하여 쓰일 수 없다.

(43) 가. *그는 돈을 <u>찾았으러/찾았으려고</u> 은행에 갔다.
　　　나. *철훈이는 바람이 잘 <u>통했도록/통했게</u> 창문을 열었다.

**주어일치제약** : ' - (으)러, - (으)려고'는 두 문장의 주어가 같아야 한다.

(44) *[형이] 돈을 <u>찾으러/찾으려고</u> [동생이] 은행에 갔다.

**선행용언제약** : ' - (으)러, - (으)려고'는 동사와만 결합할 수 있고, 형용사나 '이(다)'와는 결합할 수 없다. ' - 도록, - 게'는 동사와 형용사와만 결합할 수 있다. 그런데 형용사와 결합할 때는 (45다)와 같이 '목적·의도관계'가 아닌 다른 의미가 된다.

(45) 가. *아내가 <u>기쁘러/기쁘려고</u> 꽃을 샀어요.
　　　나. *김 과장은 <u>지점장이러/이려고/이도록/이게</u> 많은 노력을 했다.
　　　다. 해림이는 밤 <u>늦도록/늦게</u> 공부한다.

**문장형태제약** : ' - (으)려고'는 명령문, 청유문과는 잘 어울리지 않는다.

(46) 돈을 <u>찾으려고</u> 은행에 갑시다./가세요.

**기타제약** : ' - (으)러'는 뒤 문장의 서술어가 '가다, 오다, 다니다'와 같은 말이거나 이들과 합성된 '돌아가다, 다녀오다, 올라가다' 등과 같은 말들만 올 수 있다. 그리고 '가다, 오다, 알다' 등과 결합하지 못한다.

(47) 가. *그는 영어를 공부하러 회화책을 샀다.

　　 나. *나는 외국에 가러 여권을 만들었다.

　　 다. *민수는 시험 점수를 알러 교수님 연구실로 찾아갔다.

## 3.2.7 '가정·인정관계' 연결어미와 제약

　가정·인정관계 연결어미는, 아래와 같이 두 문장을 **가정·인정관계**로 이어주는 연결어미이다. **가정관계**는 아래 (48)에서와 같이 미래에 일어날 일을 가정하여 표현한 것이고, **인정관계**는 (49)에서와 같이 선행절의 내용을 인정하면서 후행절에서는 그와 상반되는 내용이나 오는 상황을 표현한 것이다. 가정·인정관계를 **양보관계**라고도 한다.

(48) 가. 아무리 높은 자리를 주어도 그 회사는 안 간다.

　　 나. 우리의 미래가 어두울지라도 결코 좌절하지 말자.

　　 다. 비가 오더라도 가겠습니다.

(49) 가. 그는 중학교밖에 안 나왔어도 아는 것은 많다.

　　 나. 내 비록 힘은 없을지라도 그와 같은 놈에겐 굴복하지 않는다.

　　 다. 자네가 아무리 높은 위치에 있더라도 어른에게 이러면 안 되지.

　위의 문장들은 가정 또는 인정관계로 연결되었는데, 이 경우에 사용되는 연결어미로는 '-아도/어도, -(으)ㄹ지라도 -더라도'와 같은 것이 있다. 그리고 '그는 비록 나이는 어릴망정 생각은 깊다'에서 사용된 '-(으)ㄹ망정'이나 '시험에 떨어질지언정 부정행위는 못하겠다'에서 사용된 '-(으)ㄹ지언정' 등도 가정·인정관계를 나타낸다. 이와 같은 연결어미들은 '아무리, 비록' 같은 말과 잘 어울린다.

- **'가정·인정관계' 연결어미의 제약**

　가정·인정관계 연결어미는 아래와 같이 제약을 거의 갖지 않는다.

| 제약 ＼ 어미 | -아도/어도 | -(으)ㄹ지라도 | -더라도 |
|---|---|---|---|
| 시제선어말어미제약 | 없음 | 없음 | 없음 |
| 주어일치제약 | 없음 | 없음 | 없음 |
| 선행용언제약 | 있음 | 없음 | 없음 |
| 문장형태제약 | 없음 | 없음 | 없음 |

**선행용언제약** : '-아도/어도'는 '이(다)'나 '아니(다)'와 결합할 경우 '-라도'로 바뀐다.

(50) 가. 초등학생이어도/초등학생이라도 그런 행동은 안 할 게다.

　　 나. 새것은 아니어도/아니라도 아직은 쓸 만한 물건이다.

## 3.2.8 '수단·방식관계' 연결어미와 제약

수단·방식관계 연결어미는, 아래와 같이 선행절의 행위를 방법이나 수단으로 하여 후행절의 행위를 하는 관계를 보여주는 연결어미이다

(51) 가. 그는 걸<u>어서</u> 학교에 갔다.

나. 우리는 차를 타<u>고</u> 학교에 갑니다.

다. 방에 들어가 누<u>워서</u> 자라.

라. 철수는 눈을 뜨<u>고</u> 잔다.

위의 문장들은 수단·방식관계로 연결되었는데, 이 경우에 사용되는 연결어미로는 '-아서/어서, -고'와 같은 것이 있다. '수단·방식관계'란 어떤 행위를 하는 데 있어 그 행위를 어떤 방식이나 수단으로 하는가를 말해주는 것이다.

이 경우에 '-아서/어서'와 '-고'는 용법상의 차이가 있는데, 앞에서 설명한 대로 대체적으로 자동사와 타동사로 구분된다. 즉, (51나, 라)와 같이 목적어를 갖는 '타다, 뜨다'의 경우는 '-고'를 사용하고, (51가, 다)와 같이 목적어를 갖지 못하는 '걷다, 눕다'의 경우는 '-아서/어서'를 사용한다.

### ● '수단·방식관계' 연결어미의 제약

수단·방식관계 연결어미는 아래와 같은 제약을 갖는다.

| 제약 \ 어미 | - 아서/어서 | - 고 |
|---|---|---|
| 시제선어말어미제약 | 있음(-) | 있음(-) |
| 주어일치제약 | 있음 | 있음 |
| 선행용언제약 | 있음 | 있음 |
| 문장형태제약 | 없음 | 없음 |

**시제선어말어미제약** : '-아서/어서, -고'는 과거를 나타내는 선어말어미와 결합하여 쓰일 수 없다.

(52) 가. *그는 걸<u>었어서</u> 학교에 갔다.

나. *손을 깨끗이 씻<u>었고</u> 밥을 지었다.

**주어일치제약** : '-아서/어서, -고'는 두 문장의 주어가 같아야 한다.

(53) 가. *[동생은] 걸<u>어서</u> [언니는] 학교에 갔다.

나. *[동생은] 차를 타<u>고</u> [언니는] 학교에 갔다.

**선행용언제약** : '-아서/어서, -고'는 동사와만 결합할 수 있고, 형용사나 '이(다)'와는 결합할 수 없다. 만약 형용사나 '이(다)'와 결합할 때는 수단·방식관계가 아닌 다른 의미가 된다.

> (54) 가. 동생은 성격이 좋<u>아서</u> 친구들이 많다.(이유관계)
>
> 나. 동생은 성격도 좋<u>고</u> 키도 크다.(나열·병렬관계)

## 3.2.9 '선택관계' 연결어미와 제약

선택관계 연결어미는, 아래와 같이 선행절과 후행절 모두에 선택의 내용을 제시할 때 사용한다.

> (55) 가. 그의 행동으로 보아 그는 공무원이<u>거나</u> 학교 선생님일 거야.
>
> 나. 김 씨<u>든지</u> 박 씨<u>든지</u> 둘 중 한 사람은 올 것이다

위의 문장들은 선택관계로 연결되었는데, 이 경우에 사용되는 연결어미로는 '-거나, -든지'와 같은 것이 있다. 이들은 둘 중 하나 또는 둘 다 선택하거나 아무것을 선택하여도 무방한 경우에 사용된다. '-든지' 대신에 '-든'을 사용할 수 있다.

● **'선택관계' 연결어미의 제약**

선택관계 연결어미는 다음과 같이 아무런 제약을 받지 않는다.

| 제약＼어미 | - 거나 | - 든지 |
|---|---|---|
| 시제선어말어미제약 | 없음 | 없음 |
| 주어일치제약 | 없음 | 없음 |
| 선행용언제약 | 없음 | 없음 |
| 문장형태제약 | 없음 | 없음 |

## 3.2.10 '배경관계' 연결어미와 제약

배경관계 연결어미는, 아래와 같이 후행절의 내용인 설명, 제안, 질문 등을 하기 전에 그 배경이나 상황을 제시하는 데에 사용한다. 배경관계에는 '시간적 배경'과 '상황적 배경'의 두 가지가 있다.

> (56) 가. 그는 늙<u>어서</u> 비참한 삶을 살다가 갔다.
>
> 나. 점심을 먹고 있<u>는데</u> 친구가 찾아왔다.
>
> 다. 학교에 가 보<u>니</u> 친구들은 놀고 있더라.

위의 문장들은 배경관계로 연결되었는데, 이 경우에 사용되는 연결어미로는 '-아서/어서, -는데, -(으)니'와 같은 것이 있다. 이 중 '-아서/어서'는 시간적 배경을, '-는데/(으)ㄴ데'와 '-(으)니'는 상황적 배경을 나타내는 데 사용되는 연결어미이다. 이 외에도 연결어미는 아니지만, '식사를 하는 동안 잠깐 광고 말씀을 드리겠습니다'에서 사용된 '-는 동안'과 '그가 길을 가고 있을 때 갑자기 소나기가 내렸다'에서 사용된 '-(으)ㄹ 때'도 배경관계를 나타낸다.

## ● '배경관계' 연결어미의 제약

배경관계 연결어미는 아래와 같은 제약을 갖는다.

| 제약 \ 어미 | -아서/어서 | -는데 | -(으)니 |
|---|---|---|---|
| 시제선어말어미제약 | 있음(-) | 없음 | 있음(-) |
| 주어일치제약 | 없음 | 없음 | 없음 |
| 선행용언제약 | 있음 | 없음 | 있음 |
| 문장형태제약 | 없음 | 없음 | 있음 |

**시제선어말어미제약** : '-아서/어서, -(으)니'는 과거를 나타내는 선어말어미와 결합하여 쓰일 수 없다.

(57) 가. *그는 젊었<u>어서</u> 해외에서 살았다.

　　　나. *어제 학교에 가봤<u>으니</u> 방학이라 그런지 학교가 텅 비어있었다.

**선행용언제약** : '-아서/어서'는 주로 형용사나 '되다'와만 결합하고, '-(으)니'는 주로 동사와만 결합한다. '-(으)니'가 형용사나 '이(다)'와 결합할 때는 '배경관계'가 아닌 다른 의미가 된다.

(58) 가. 그는 젊<u>어서</u> 해외에서 살았다.(형용사)

　　　나. 점심때나 되<u>어서</u> 그들이 왔던 것 같아요.(되다)

　　　다. 이 꽃은 예쁘<u>니</u> 잘 가꾸도록 하자.(이유관계)

　　　라. 그는 아직 어린<u>이니</u> 잘못을 했더라도 용서해 주시기 바랍니다.(이유관계)

**문장형태제약** : '-(으)니'는 명령문, 청유문과는 잘 어울리지 않는다. 함께 쓰이는 경우에는 '배경관계'가 아닌 다른 의미가 된다.

(59) 가. *방에 들어가<u>니</u> 아이들이 정신없이 놀자/놀아라.

　　　나. *엄마는 나가<u>니</u> 집 잘 보고 있자/있어라.(이유관계)

# 4. 연결어미는 어떻게 가르칠 것인가

## 4.1 연결어미는 어떤 것부터 가르쳐야 하는가

모든 교육이 그러하듯이 연결어미 중에도 초급에서 가르쳐야 하는 것이 있고 중급에 가서 가르쳐야 하는 것이 있어 각 교재에도 연결어미를 단계별로 제시하고 있다. 그런데 교재마다 제시하는 단계가 조금씩 다르다. 그것은 연결어미 교육에 있어 '문법적으로 얼마나 많은 제약을 가지고 있는가, 의미적으로 이해하기가 얼마나 어려운가, 일상생활에서 얼마나 많이 쓰이는가'하는 문제와 함께 고려해 보아야 할 것이 많기 때문이다. 이러한 여러 가지 요소들을 고려하여 연결어미의 단계를 초급, 중급 이후로 나누어 보면 대체로 다음과 같다.

**[연결어미의 교육 등급]**

| 의미범주 \ 학습단계 | 초급 | 중급 | 고급 |
|---|---|---|---|
| 나열·병렬관계 | - 고 | | - (으)며 |
| 시간관계 | - (으)면서 | - 고, - 아서/어서, - 자마자, - 다가 | |
| 대조관계 | - 지만 | | - (으)나 |
| 인과관계 | - (으)니까, - 아서/어서 | - 느라고 | - (으)므로 |
| 조건관계 | - (으)면 | - (으)려면, - 아야/어야 | |
| 목적·의도관계 | - (으)려고 | - 으러, - 도록, - 게 | |
| 가정·인정관계 | - 아도/어도, - 라도 | - 지라도 | |
| 수단·방식관계 | | - 아서/어서, - 고 | |
| 선택관계 | - 든지, - 거나 | | |
| 배경관계 | - 는데/(으)ㄴ데, - 니 | | - 아서/어서 |

## 4.2 연결어미는 어떻게 가르쳐야 하는가

언어수업 모형은 크게 PPP(presentation → practice → production) 모형과 TTT(task → teach → task) 모형의 두 가지가 있다. 전자의 경우는 대체로 초급이나 중급 단계에서 많이 활용되며, 후자의 경우는 초급이나 중급보다는 고급에서 많이 활용된다.

여기서는 PPP 모형을 응용하여 '- 니까'를 가르치는 방법에 대해 살펴보도록 한다.

### I. 제시(presentation)

#### 1. 도입

1) 목표하는 문법('- 니까')의 언어맥락을 제공하기 위해 학생들에게 질문한다.

    ㉠ 요사이 사람들은 왜 '○ ○○'이라는 영화를 많이 볼까요?

2) 위의 질문을 통해 '그 영화가 재미있어요'라는 말을 이끌어 낸 다음 교사가 다음과 같이 말한다.

　　㉩ 네, 그 영화가 재미있으니까 사람들이 많이 봐요.

3) 다음 그림을 제시하고 교사가 아래 문장을 말로 몇 번 해 준다.

　　추워요. 창문을 닫아요. ➡ 추우니까 창문을 닫아요.

## 2. 제시

1) 칠판에 '- 니까'를 쓴다.

2) 몇 가지 단어를 이용하여 '- 니까'가 들어가는 형태를 익히게 한다.

　　㉩ 자다 - 자니까　　먹다 - 먹으니까

　　　가다 - 가니까　　잡다 - 잡으니까

　　　쓰다 - 쓰니까　　읽다 - 읽으니까

　　　울다 - 우니까　　앉다 - 앉으니까

　　　길다 - 기니까　　젊다 - 젊으니까

3) 몇 개의 문장을 제시하여 '- 니까'의 의미를 보다 잘 알 수 있도록 한다.

　　㉩ 추우니까 창문을 닫아요.

　　　피곤하니까 졸려요.

　　　밥을 많이 먹으니까 배가 불러요.

## II. 연습(practice)

## 1. 제한된 연습(controlled practice)

| 보<br>기 | (보기) 내일 시험 보다. 바쁘다.<br>➡ 내일 시험 보니까 바빠요. |
|---|---|

오늘은 일요일이다. 학교에 안 가다.

➡️

등산을 하다. 기분이 좋다.

➡️

## 2. 의미적인 연습(meaningful practice)

밖에 비가 와요. 해림이가 우산을 써요.

밖에 _____ .

날씨가 추워요. 코트를 입으세요.

날씨가 _____ .

영미 씨, 배 고파요. 밥 먹으러 가요.

영미 씨, _____ .

\<주의 사항\>

1) '-(으)니까'는 명령문이나 청유문에 잘 쓰이는데 평서문에 사용되면 강한 주장의 표현이 동반된다. 그렇기 때문에 '-니까'를 잘못 사용하면 자칫 버릇없는 표현이 될 수 있음을 알려준다.

예) 아파서 못 왔어요.　　　　　　　시간이 없어서 그렇게 했어요.

　　아프니까 못 왔어요.　　　　　　시간이 없으니까 그렇게 했어요.

2) '-(으)니까'는 '-아/어서'와 달리 '-었/았-'과 결합할 수 있다

　　예) 비가 왔으니까 축구를 못했어요(○)　　비가 왔어서 축구를 못했어요(×)

3) '-(으)니까'는 '-아/어서'와 달리 종결어미 '-(으)ㅂ시다, (으)ㄹ까요?, -(으)세요'와 잘 어울려 사용된다.

　　예) 비가 오니까 나중에 갑시다(○)　　　비가 와서 나중에 갑시다(×)

　　　　비가 오니까 나중에 갈까요?(○)　　비가 와서 나중에 갈까요?(×)

　　　　비가 오니까 나중에 가세요(○)　　　비가 와서 나중에 가세요(×)

4) '-(으)니까'는 '-아/어서'와 달리 관용적으로 사용되는 인사말에는 사용되지 않는다.

　　예) 늦으니까 죄송합니다(×)　　　　　늦어서 죄송합니다(○)

## III. 생산(production)

### 1. 학생들에게 다음의 여러 상황에 대해 묻고 '-니까'를 사용하여 대답하게 한다.

　1) 친구와 영화를 보러 가려고 합니다.

　　주말에는 영화관에 사람이 많습니다.　⟹　주말에는 사람이 많으니까 내일 갑시다.

　　주말(x)　내일(○)

　2) 퇴근 시간이라서 길이 막힙니다.

　　친구가 택시를 타려고 합니다.　　　⟹　＿＿＿＿＿＿＿＿＿＿＿＿＿＿.

　　택시(x)　지하철(○)

　3) 친구가 컴퓨터로 숙제를 하려고 합니다.

　　이 컴퓨터가 고장이 났습니다.　　　⟹　＿＿＿＿＿＿＿＿＿＿＿＿＿＿.

　　이 컴퓨터(x)　저 컴퓨터(○)

## 5. 두 문장을 합치는 또 다른 방법에는 어떤 것이 있을까

　지금까지 연결어미를 이용하여 두 문장을 합치는 방법에 대해 살펴보았다. 그러나 두 문장을 합치는 방법에는 이 방법 외에 다른 방법이 또 하나 있다. 그것은 바로 아래 (60)에서와 같이 전성어미나 그와 성격이 비슷한 조사를 이용하여 한 문장을 다른 문장 안에 넣는 것이다. 다음 문장을 보자.

　(60) 가. 나는 (여러분이 모두 시험에 합격하기를) 바랍니다.

　　　　나. 철수는 (눈이 맑은) 아이를 만났다.

다. 동생은(바람이 잘 통하도록) 창문을 열어 놓았다.

라. 선생님은 나에게("방과 후에 학교에 남아 있어")라고 말씀하셨다.

위의 네 문장은 모두 괄호 안의 문장과 괄호 밖의 문장이 합쳐진 것이다. 예를 들어, (60가)는 '여러분이 합격하다'라는 문장과 '나는 (그것을) 바랍니다'라는 두 문장이 합쳐진 것이다. 다른 경우도 마찬가지다.

그런데 위의 문장들은 두 문장이 나란히 연결된 것이 아니라, 하나의 문장이 다른 문장 속에 들어가 있는 형태다. 이러한 것을 '**문장 속의 문장**(또는 **내포**)'이라 한다. 마치 아래 그림과 같이 어미 캥거루가 새끼 캥거루를 안고 있는 모습이다.

이럴 때 어미 캥거루와 같이 다른 문장을 품고 있는 문장을 **안은문장**이라 하고, 새끼 캥거루와 같이 다른 문장 속에 들어가 있는 문장을 **안긴문장**(또는 **내포문**)이라 한다. 두 문장을 합치는 방법에는 앞에서 본 연결어미를 이용하여 합치는 방법 외에 이렇게 안긴문장과 안은문장으로 합치는 방법도 있다.

# 6. 안은문장과 안긴문장의 연결고리에는 어떤 것들이 있나

앞에서 이어진 문장은 연결어미가 두 문장을 연결하는 고리가 된다는 것을 보았다. 그렇다면 안은문장과 안긴문장을 연결하는 고리는 무엇일까? 그것은 위에서 말한 대로 전성어미 또는 인용격 조사이다. 전성어미에는 명사형 전성어미, 관형사형 전성어미, 부사형 전성어미의 세 가지가 있는데 이들은 각각 **명사절로 안긴 문장, 관형절로 안긴문장, 부사절로 안긴문장**을 이루는 데 사용된다. 그리고 인용격조사는 **인용절로 안긴문장**을 이루는 데 사용된다. 이 책에서는 부사절을 '이어진 문장'으로 처리하였으므로 여기서는 다루지 않는다.

| | 연결고리 | 예 |
|---|---|---|
| 명사절로 안긴문장 | 명사형 전성어미 | -(으)ㅁ, -기, -(으)ㄴ/는 것 |
| 관형절로 안긴문장 | 관형사형 전성어미 | -는, -(으)ㄴ, -던, -았던/었던, -(으)ㄹ |
| 부사절로 안긴문장 | 부사형 전성어미 | -이, -게, -도록 |
| 인용절로 안긴문장 | 인용격 조사 | 고, 라고 |

## 6.1 명사절을 만드는 전성어미

명사절은 명사와 같은 구실을 하는 안긴문장을 말한다. 즉, 아래와 같이 문장 안에서 주어나 목적어, 보어 등의 구실을 한다.

(61) 가. [사람이 모든 일을 완벽하게 하기]는 어렵다.
　　　나. 그는 [나의 주장이 잘못되었음]을 지적했다.
　　　다. 이것은 [내가 원하는 것]이 아니야.

(61)의 대괄호 속에 든 말은 각 문장에서 주어, 목적어, 보어이다. 그런데 이들은 하나의 단어가 아니라 절, 즉 '주어 + 서술어'로 구성되어 있다. 즉, 명사와 같은 기능을 하는 명사절이다. 이때 사용되는 전성어미로는 '-기, -(으)ㅁ'가 있으며, 이들과 같은 기능을 하는 '-(으)ㄴ/는 것'이 있다. 이들을 각각 '-기' 명사절, '-(으)ㅁ' 명사절, '것' 명사절이라 한다. 그리고 명사가 문장 안에서 주어, 목적어, 보어 외에 다른 문장성분이 될 수 있는 것처럼 명사절도 아래와 같이 다른 문장성분이 될 수 있다.

(62) 가. 오늘 같은 날씨는 [(사람들이) 산책하기]에 좋다.(부사어)
　　　나. 이 곡은 [다른 사람이 작곡한 것]의 일부분을 표절하였다.(관형어)

위의 명사절 외에 다음과 같이 특수하게 사용되는 것들이 있다.

(63) 가. 어떻게 하느냐가 문제다.
　　　나. 무엇을 먹을지(를) 결정하자.
　　　다. 누가 이런 짓을 했는가(를) 생각해 보세요.
　　　라. 어떻게 하느냐가 고민이다.

명사형 전성어미에 대한 몇 가지 특징을 살펴보면 다음과 같다.
첫째, '-(으)ㅁ' 명사절은 문어체에서는 자주 쓰이는 편이나 구어체에서는 잘 사용되지 않고, 아래와 같이 '것' 명사절로 대체하여 사용된다.

(64) 가. 그는 [나의 주장이 잘못되었음]을 지적했다.
　➡ 나. 그는 나의 주장이 잘못되었다는 것을 지적했다.

둘째, '-(으)ㅁ' 명사절과 '-기' 명사절은 아래와 같이 교체하여 사용되기 어려운 경우가 많은데 그 이유는 각 어미가 갖는 의미에서, 그리고 안은문장에서의 서술어에서 차이가 나기 때문이다.

(65) 가. 나는 그가 <u>합격함(×)/합격하기(○)</u>를 기대한다.

　　　나. 그가 <u>범인이기(×)/범인임(○)</u>이 밝혀졌다.

### • 두 어미의 의미적 차이

'-(으)ㅁ'의 경우는 의미상으로 볼 때, 이미 이루어졌거나 결정되어 있는 일에 많이 사용하고, '-기'의 경우는 의미상으로는 아직 결정되지 않은 일이나 동작의 과정이나 방법을 나타내는 일에 많이 사용한다. (65가)의 경우는 '그가 합격하는 것'은 아직 이루어지지 않은 일이고, (65나)의 경우는 이미 이루어졌거나 결정된 일이다.

### • 안은문장에서의 서술어의 차이

위 (65가)에서는 안은문장의 서술어로 '기대하다'가 사용되었고, (65나)에서는 안은문장의 서술어로 '밝혀지다'가 사용되었다. 이러한 경우에 '기대하다'에는 '-기' 명사절이, '밝혀지다'에는 '-(으)ㅁ' 명사절이 사용되는 것이 일반적이다. 서술어에 따른 두 명사절의 쓰임을 보면 아래와 같다.

| | '-기' 명사절 | '-(으)ㅁ' 명사절 |
|---|---|---|
| 동사 | 두려워하다, 바라다, 희망하다, 빌다, 갈망하다, 기다리다, 기대하다, 그치다, 시작하다, 약속하다, 명령하다, 결심하다, 약속하다, 제안하다 등 | 알려지다, 드러나다, 밝혀지다, 탄로나다, 보다, 발견하다, 듣다, 알다, 알리다, 밝히다, 깨닫다, 모르다, 기억하다, 부인하다, 짐작하다, 발표하다, 주장하다, 지적하다, 보고하다 등 |
| 형용사 | 적합하다, 적당하다, 알맞다, 쉽다, 어렵다, 싫다, 괴롭다, 힘들다, 지루하다 등 | 필요하다, 바람직하다, 중요하다, 마땅하다, 분명하다, 확실하다, 타당하다, 이상하다, 현명하다, 옳다, 어리석다 등 |
| 기타 | 일쑤이다, 십상이다, 예사이다 등 | 사실이다, 잘못이다, 수치이다 등 |

셋째, '-(으)ㅁ' 명사절과 '-기' 명사절은 높임 선어말어미 '-시-'와 함께 사용될 수 있다는 점에서는 같으나, 과거시제 선어말어미 '-았/었-'의 쓰임에서는 차이가 난다. '-(으)ㅁ'은 (66가)에서처럼 '-았/었-'과 결합할 수 있으나, '-기'는 (66나)처럼 '-았/었-'과 결합하지 못하는 것이 일반적이다.

(66) 가. 나는 할머니께서 동생을 <u>사랑하셨음(사랑하+시+었+음)</u>을 알게 되었다.

　　　나. *나는 아버지께서 그 일을 <u>하셨기(하+시+었+기)</u>가 무척 어려우셨다는 것을 알게 되었다.

　　　다. 나는 아버지께서 그 일을 <u>하시기(하+시+기)</u>가 무척 어려우셨다는 것을 알게 되었다.

넷째, '-기'는 '-(으)ㅁ'에 비해 훨씬 생산적이어서, 다음과 같이 '-기 마련이다, -기에, -기를, -기(가) 이를 데 없다, -기 위하여, -기 전에' 등처럼 관용적인 표현으로 사용되기도 한다. 이런 경우에는 (67나)에서와 같이 '-았/었-'과 결합하기도 한다.

(67) 가. 슬픈 일을 겪으면 눈물이 나기 마련이다.

　　나. 난생 처음 집을 떠났기에 무척 외로웠다.

　　라. 오랜만에 그를 만나니 반갑기(가) 이를 데 없다.

　　마. 그는 성공하기 위하여 열심히 노력했다.

　　바. 다음부터는 공부를 시작하기 전에 교실에 들어와 있으세요.

## 6.2 관형절을 만드는 전성어미

관형절은 관형사와 같은 구실을 하는 안긴문장을 말한다. 즉, 아래와 같이 문장 안에서 관형어를 형성하여 뒤에 오는 명사를 수식한다.

(68) 가. 너는 [갑돌이와 갑순이가 결혼한다는] 소문을 들었니?

　　나. 나는 [어제 해연이가 잡은] 나비를 놓쳐버렸다.

(68)의 대괄호 속에 든 말은 각 문장에서 각각 뒤에 나오는 '소문, 나비'를 꾸미는 관형어이다. 그런데 이들은 하나의 단어가 아니라 '주어 + 서술어'로 구성된 절이다. 이때 사용되는 전성어미로는 위에 사용된 '-는, -(으)ㄴ' 외에 아래에 사용된 '-던, -았던/었던, -(으)ㄹ' 등이 있다.

(69) 가. 이곳은 [내가 어렸을 때 살던] 동네다.

　　나. 그는 고등학교 시절 [(자신이) 읽었던] 책을 다시 읽어보았다.

　　다. 이것은 아들 결혼식 때 [내가 입을] 옷이야.

관형절을 만드는 관형사형 전성어미는 어간의 품사와 시제에 따라 다르게 사용된다. 즉, 어간이 동사인가 아니면 형용사 또는 '이(다)'인가에 따라 현재, 과거, 미래가 다음과 같이 차이가 난다. 아래 표에서 형용사와 '이(다)'의 경우는 '-(으)ㄹ'은 미래로 쓰이지 않고 추정으로만 쓰인다.

**[품사와 시제에 따른 전성어미의 종류]**

| 품사<br>시제 | 동사 | | 형용사/이(다) | |
|---|---|---|---|---|
| | 어미 | 예 | 어미 | 예 |
| 현재 | -는 | 읽는 책 | -(으)ㄴ | 착한 아이, 군인인 사람 |
| 과거 | -(으)ㄴ, -던,<br>-았던/었던 | 읽은 책, 읽던 책,<br>읽었던 책 | -던, -았던/었던 | 착하던 아이, 착했던<br>아이, 군인이던 사람,<br>군인이었던 사람 |
| 미래/추정 | -(으)ㄹ | 읽을 책 | ×/ -(으)ㄹ | 착할 거야, 군인일 거야 |

## 6.2.1 현재시제 관형사형 전성어미는 언제 사용하는가

현재시제를 나타내는 관형사형 전성어미는 다음과 같은 경우에 사용한다.

첫째, 시제가 현재일 때 사용한다. 즉, 화자의 말하는 시점과 문장 안에서의 행위 또는 사건의 시점이 동일한 경우에 사용한다. 참고로, 말하는 시점을 기준으로 해서 볼 때 어떤 사건이나 행위가 예전에 일어난 것이면 과거이고, 동일한 시점에 일어난 것이면 현재이고, 앞으로 일어날 것이면 미래이다.

(70) 가. 지금 네가 읽는 책은 뭐니?
　　　나. 저기 가는 사람이 우리 선생님이시다.
　　　다. 넓은 들판에 바람이 분다.

(70)의 예문들에서, '책을 읽는' 시점 또는 '사람이 가는' 시점이 화자가 말하는 시점과 같으면서 뒤에 나오는 '책'과 '사람'이라는 명사를 수식하고 있다. 이런 경우에 현재시제 관형사형 전성어미를 사용한다. (70다)의 경우도 마찬가지다.

둘째, 안은문장과 안긴문장의 행위의 시점이 동일한 경우에 사용한다. 즉, 과거의 사건이나 행위라도 안은문장의 행위와 같은 시점이라면 현재형을 사용한다.

(71) 가. 친구는 비가 오는 밤에 나를 찾아왔다.
　　　나. 엄마는 예쁜 강아지를 사 오셨다.

(71)의 문장은 모두 과거시제이지만, 관형사형 전성어미는 과거형이 아니다. (71가)에서는 '친구가 나를 찾아온' 시점과 '비가 오는' 시점이 동일하고, (71나)에서는 '강아지를 사 온' 시점과 '강아지가 예쁜' 시점이 동일하다. 이런 경우에는 전체 시제가 과거라도 현재형을 사용한다.

셋째, 주어진 행위가 총체적인 것이거나 반복적인 것일 때 사용한다.

(72) 가. 부모가 자식을 사랑하는 것은 지극히 당연한 일이다.
　　　나. 어렸을 때는 친구들과 노는 것처럼 즐거운 일이 없었다.
　　　다. 나는 할머니가 오시는 날이 제일 좋다.
　　　라. 서울 가는 기차는 몇 시에 있나요?

(72가, 나)는 총체적인 행위이고, (72다, 라)는 반복적인 행위이다. 총체적인 행위는 특정 시점에서 행해진 단편적이고 일회적인 행위가 아니라, 그러한 행위 전체를 일컫는 것을 말한다. 주로 '것, 일' 등과 같은 말과 잘 어울린다.

넷째, '중, 도중, 동안' 앞에 올 때 사용한다.

(73) 집에 가는 중/도중/동안에 친구를 만났다.

1) '있다'와 '없다' 그리고 이들이 붙은 말은 형용사이더라도 현재시제의 경우 '-는'을 사용한다.

　맛있는 음식, 멋없는 사람, 재미있는 영화, 필요 없는 가구, 관계있는 것 등

2) '쓰다, 입다, 신다, 벗다, 끼다'와 같은 말은 사용하는 어미에 따라 의미가 달라진다. '-(으)ㄴ'을 사용하면 지금 현재의 상태를 말하고, '-는'을 사용하면 습관적인 행위를 일컫는다.

　　노란 옷을 입은 사람　　모자를 쓴 사람

　　노란 옷을 입는 사람　　모자를 쓰는 사람

## 6.2.2 과거시제 관형사형 전성어미는 언제 사용하는가

과거시제를 나타내는 관형사형 전성어미는 다음과 같은 경우에 사용한다.

첫째, 시제가 과거일 때 사용한다. 즉, 문장 안에서의 행위 또는 사건이 일어난 시점이 화자의 말하는 시점보다 앞설 때 사용한다.

(74) 가. 그는 물고기를 잡은 후 다시 놓아 주었다.(동사)

　　나. 그 애는 조금 전까지 읽던 책을 덮어 버렸다.(동사)

　　다. 이 책은 작년에 읽었던 책인데……(동사)

　　라. 그렇게 착하던 아이가 왜 저렇게 변했지?(형용사)

　　마. 허허 벌판이던 곳이 빌딩 숲으로 바뀌었다.(명사＋이(다))

　　바. 즐거웠던 그 날이 다시 올 수 있다면 얼마나 좋을까.(형용사)

　　사. 그때 고등학생이었던 사람들이 지금은 할아버지가 되었어요.(명사＋이(다))

[ '-(으)ㄴ, -던, -았던/었던'의 차이점]

| | 설명 | 예 | |
| --- | --- | --- | --- |
| | 기본의미 | 부가의미 | |
| -(으)ㄴ | 완료된 행위나 상태 | | 내가 읽은 책 |
| -던 | 회상 | 미완료된 행위나 상태 지속·반복되던 행위나 상태 | 내가 읽던 책 그가 살던 집 |
| -았던/었던 | 회상 | 완료된 행위나 상태 지속·반복되던 행위나 상태 일회적이고 순간적인 행위나 상태 | 내가 읽었던 책 그가 살았던 집 선생님이 주셨던 책 |

## 6.2.3 미래시제 관형사형 전성어미는 언제 사용하는가

미래시제를 나타내는 관형사형 전성어미는 다음과 같은 경우에 사용한다.

첫째, 시제가 미래일 때 사용한다. 즉, 문장 안에서의 행위 또는 사건이 일어나는 시점이 화자의 말하는 시점보다 시간적으로 뒤일 때 사용한다.

(75) 가. 내일 팔 물건을 챙겨보자.
　　　나. 우리 둘이 같이 살 날이 언제일까?
　　　다. 이 남자가 너와 결혼할 사람이니?
　　　라. 내일은 비가 올 거 같네.
　　　마. 나는 이번 시험에 꼭 합격할 거야.

(75가 - 다)의 예문들에서, '물건을 팔고, 둘이 같이 살고, 결혼하는' 시점이 화자가 말하는 시점보다 뒤에 일어나는 일들이다. 이런 경우에 미래시제 관형사형 전성어미를 사용한다. 그리고 (75라)의 문장은 미래시제이긴 하지만, 추정의 성격이 강하고, (75마)는 의지의 성격이 강하다. 이렇듯 미래시제는 단순히 시제를 나타내는 경우도 있지만, 추정이나 의지를 포함하는 경우도 있다.

**[보충·심화 : 형용사/'이(다)'의 미래형의 의미]**

'- (으)ㄹ'은 동사에 붙어 미래, 화자의 의지, 추측을 모두 나타내지만, 형용사와 '이(다)'의 경우에는 추정의 의미만을 나타낸다. 명사 다음에 오는 '이(다)'는 이 경우 '되(다)'로 바뀐다.

가. 내일 하늘이 맑을 거야.
나. 그 집 애는 나중에 군인이 될 것 같아.

추정의 경우에는 '- 았/었 -'과 함께 쓰이기도 한다. 그것은 상황이 완료되었을 것이라고 추측하는 의미가 강하기 때문이다.

가. 그때 나는 아마 울었을 거예요.
나. 어렸을 때 아주 귀여웠을 것 같네요.
다. 그때 나는 아마 초등학생이었을 거예요.
라. 지금쯤 기차가 부산역에 도착했을 거예요.
마. 지금 가 봐야 영수는 벌써 떠났을 거예요.

둘째, 안긴문장의 시점이 안은문장의 시점보다 시간적으로 뒤일 때 사용한다.

(76) 가. 해림이는 서점에서 휴가 때 읽을 책을 샀다.
　　　나. 네가 서울 갈 때 나에게 알려 줘.

(76가)의 안은문장은 과거시제이고, (76나)의 안은문장은 현재시제이다. 그러나 두 문장의 안긴문장은 앞으로 일어날 미래의 상황들이다. 이런 경우에 미래형을 사용한다.

셋째, '때, 뿐, 뻔, 기회, 자신, 정도, 가능성'과 같은 말이 오면 대개 시제와 관계없이 관용적으로 이 명사들 앞에 관형사형 어미 '-(으)ㄹ'을 쓴다.

(77) 가. 어린(×)/어릴(○) 때는 오사카에서 살았어요.

　　 나. 큰 일 난(×)/날(○) 뻔한 적이 있었어요.

　　 다. 한국에 오는 (×)/올(○) 기회가 많지 않았어요.

　　 라. 유명한 영화배우를 만난(×)/만날(○) 기회가 오면 좋겠다.

## 6.2.4 관형절에는 어떤 것들이 있나

관형절의 종류나 성격은 관형절과 그 관형절의 꾸밈을 받는 명사와의 관계에 따라 구분된다. 다음의 두 문장을 보자.

(78) 가. 나는 아이를 만났다.　　 (그) 아이는 키가 크다.

　　 나. (그) 아이는 키가 크다.　　 나는 (그) 사실을 몰랐다.


(78가)의 경우는 '아이'라는 공통적인 요소를 가지고 있다. 이런 경우에 두 문장을 합치면 다음과 같은 문장들이 생성된다.

(79) 가. 나는 키가 큰 아이를 만났다.

　　 나. 내가 만난 아이는 키가 크다.

즉, 공통적인 요소인 '아이'를 두 문장 중의 한 군데에서 빼고 나머지 부분을 관형절로 만들어(즉, 어간에 상황에 맞는 관형사형 어미를 붙여) 다른 문장의 '아이' 앞에 넣는 것이다.

(80) 문장1 :　　ㄱ 아 이 누 키가 크다.
　　　　　　　　　　　 ↓ 　 ↓
　　 문장2 : 나는 (　　　　 키가 크+ㄴ) 아이를 만났다.

　　 ➡ 나는 (키가 큰) 아이를 만났다.

　　　　 나는 키가 큰 아이를 만났다.

　　　　 주의) 안긴문장의 주어는 주격조사 '이/가'를 취한다.

(81) 문장1 : <u>나는 아 이 를 만났다.</u>
　　　　　　 ↓ 　　　 ↓
　　 문장2 : (내가　　　 만나+ㄴ) 아이는 키가 크다.

　　 ➡ (내가 만난) 아이는 키가 크다

　　　　 내가 만난 아이는 키가 크다

　　　　 주의) 안긴문장의 주어는 주격조사 '이/가'를 결합시킨다.

이렇게 공통적인 요소를 제거한 나머지 부분으로 제거되지 않은 공통적인 요소를 수식하게 하는 절을 **관계절**이라 한다. 영어의 관계대명사를 이용하여 문장을 만드는 방법과 같다.

한편, (78나)의 두 문장에는 공통적인 요소가 없다. 반면, '그 (사실)'의 내용이 다른 문장 전체를 포괄하고 있다. 즉, "그(사실) = 그 아이는 키가 크다"이다. 이렇게 하여 형성된 관형절을 '동격절'이라 한다. 이러한 경우에는 아래 (82)와 같은 방법을 통해 하나의 문장으로 합쳐진다.

(82) 문장1 :      그 아이는 키가 크다.
                    ↓     ↓    ↓
    문장2 : 나는 ( 그 아이가 키가 크다 + 는) 사실을 몰랐다

➡ 나는 그 아이가 키가 크다는 사실을 몰랐다.
    주의) 안긴문장의 주어는 주격조사 '이/가'를 결합시킨다.

---

### [보충·심화 : 관형절의 몇 가지 특징]

**(1) 동격관형절을 갖는 명사**

관계관형절을 갖는 명사에는 제한이 없으나 동격 관형절을 취하는 명사로는 다음과 같은 것들이 있다. '사건, 기억, 경험, 용기, 예정, 경우, 가능성, 까닭, 소문, 소식, 말, 주장, 단언, 약속, 보고, 보도, 보장, 명령, 고백, 요청, 생각, 느낌, 견해, 이론, 연락, 질문, 독촉' 등과 같은 자립명사와 '줄, 바, 수, 리, 듯, 양, 체, 만, 법, 성' 등과 같은 의존명사.

**(2) 긴 관형절과 짧은 관형절**

가. 긴(동격) 관형절 : [어간 + 종결어미 + 관형사형 어미 '- 는']+ 명사
                        ↓_____↑
    ㉮ 나는 해림이가 미국에 여행 가+ㄴ다+는 소식을 들었다.

나. 짧은(동격) 관형절 : [어간 + 관형사형 어미('- (으)ㄴ, - 는, -(으)ㄹ' 등)] + 명사
                        ↓_____↑
    ㉮ 나는 해림이가 미국에 여행 가+는 것을 보았다.

긴 관형절이 짧은 관형절과 다른 점은 종결어미가 들어가며, 관형사형 어미로는 '- 는'만을 쓴다는 것이다. 그리고 관형절의 꾸밈을 받는 명사에 따라 어떤 관형절을 갖는지가 달라진다.

**가. 짧은 관형절을 갖는 명사**
    자립명사 : 사건, 기억, 경험, 용기, 예정, 경우, 가능성, 까닭 등
    의존명사 : 것, 줄, 바, 수, 리, 듯, 양, 체, 만, 법, 성 등

**나. 긴 관형절을 갖는 명사**
    자립명사 : 소문, 소식, 말, 주장, 단언, 약속, 보고, 보도, 보장, 명령, 고백, 요청, 생각, 느낌, 견해, 이론, 연락, 질문, 독촉 등과 같이 주로 '말'이나 '생각'과 관계된 명사

# 6.3 인용절

인용절은 아래와 같이 자신이나 남의 말, 글 또는 생각이나 판단 등을 직접 또는 간접으로 인용하여 다른 문장 안에 절의 형태로 안겨 있는 문장을 말한다. 인용절은 수식의 관점에서 볼 때 서술어를 수식하는 부사절의 일종이다.

(83) 가. 동생은 나에게 "형, 밥 먹자."라고 말했다.

　　　나. 그 아이는 갑자기 "엄마"하고 외쳤다.

　　　다. 김 교수의 책에는 한국어가 알타이 어족에 속한다고 씌어 있다.

　　　라. 나는 해연이에게 일본 생활이 즐거우냐고 물었다.

　　　마. 우리는 해가 지기 전에 산을 빨리 내려가야 한다고 판단했다.

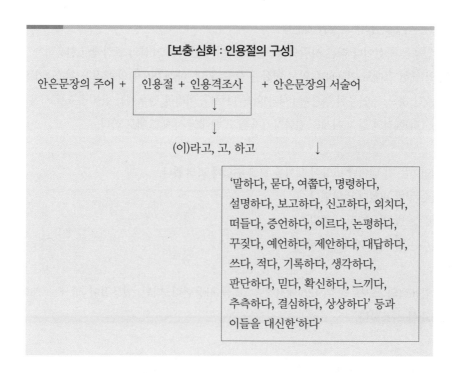

**[보충·심화 : 인용절의 구성]**

안은문장의 주어 + 　인용절 + 인용격조사　 + 안은문장의 서술어

↓

(이)라고, 고, 하고

'말하다, 묻다, 여쭙다, 명령하다, 설명하다, 보고하다, 신고하다, 외치다, 떠들다, 증언하다, 이르다, 논평하다, 꾸짖다, 예언하다, 제안하다, 대답하다, 쓰다, 적다, 기록하다, 생각하다, 판단하다, 믿다, 확신하다, 느끼다, 추측하다, 결심하다, 상상하다' 등과 이들을 대신한 '하다'

## 6.3.1 직접인용절의 특징은 무엇인가

직접인용절은 다음과 같은 특징을 갖는다.

첫째, 직접인용은 자신이나 남의 말, 글, 생각 등을 표현된 그대로 인용하는 것이다. 이런 경우에는 반드시 큰따옴표를 사용한다.

(84) 가. 해연이는 갓 태어난 고양이 새끼를 보고, "아, 너무 귀여워"<u>라고</u> 말했다.

　　　나. 그 때 갑자기 바로 곁에서 "쾅"<u>하고</u> 폭탄이 터졌다.


둘째, 직접인용절의 표지로 '고'는 사용하지 못하고 위 (84)에서와 같이 '라고' 또는 '하고'를 사용한다. 단, (84나)에서와 같이 의성어의 경우는 '라고'를 사용하지 못한다. 그리고 '라고'를 사용할 때는 표현 그 자체는 물론이고 감정이나 표정까지 그대로 인용하여야 한다.

셋째, 생각이나 판단, 느낌의 경우는 직접인용절로는 잘 쓰이지 않는다.


(85) ?나는 "그가 범인이다"<u>라고</u> 생각했다./믿었다./확신했다.


## 6.3.2 간접인용절의 특징은 무엇인가

간접인용절은 다음과 같은 특징을 갖는다.

첫째, 간접인용은 자신이나 다른 사람의 말, 글, 생각이나 판단을 자신의 관점에서 인용하는 것을 말한다. 따라서 원래의 표현 그대로 인용하지 않고 변화를 줄 수 있다. 아래 (86가)의 문장은 위 (84가)의 문장을 간접인용절로 옮긴 것으로, 인용된 부분이 (84가)와는 다르다. 이러한 경우에는 큰따옴표를 사용하지 않는다. 그리고 (86나 - 라)에서와 같이 시제는 변화시키지 않고 원래의 시제 그대로 한다.


(86) 가. 해연이는 갓 태어난 고양이 새끼를 보고 귀엽<u>다고</u> 말했다.

　　　나. 철수는 밥 먹었<u>다고</u> 말했다.

　　　다. 철수는 밥 먹는<u>다고</u> 말했다.

　　　라. 철수는 밥 먹을 거<u>라고</u> 말했다.


둘째, 간접인용절의 표지로는 위 (86)에서처럼 '고'를 사용한다. 다만, 인용절이 '명사 + 이다'로 끝나는 경우에는 '라고'를 사용한다.


(87) 그는 자기의 개가 진돗개(이)<u>라고</u> 말했다.


셋째, 간접인용절에서는 종결어미의 높임이 없다. 그리고 문장의 종류에 따라 한정된 어미만 사용한다.


(88) 가. 그는 할아버지께 "학교에 다녀오겠습니다"라고 말했다.(평서문)

　　➡ 그는 할아버지께 학교에 다녀오겠<u>다고</u> 말했다.

　　　나. 그는 할아버지께 "어디 가세요?"라고 여쭈었다.(의문문)

　　➡ 그는 할아버지께 어디 가시<u>느냐고</u> 여쭈었다.

다. 할아버지께서 나에게 "여기 앉아."라고 말했다.(명령문)

➡ 할아버지께서 나에게 여기 앉으라고 말했다.

라. 그는 나에게 "같이 갑시다."라고 말했다.(청유문)

➡ 그는 나에게 같이 가자고 말했다.

마. 그는 나에게 "날씨가 참 좋군요!"라고 말했다.(감탄문)

➡ 그는 나에게 날씨가 참 좋다고 말했다.

---

**[보충·심화 : 간접인용에서의 종결어미]**

**(1) 간접인용절의 종결어미**

평서문 : - 다(단, '이다'로 끝나는 문장에서는 '- 라')

의문문 : - 느냐(동사)/ - (으)냐(형용사, 명사+이다)

명령문 : - (으)라

청유문 : - 자

감탄문 : - 다

**(2) 일상 대화에서의 간접인용**

일상 대화에서는 '- 고 말했다'와 같은 표현을 사용하지 않고 위의 한정된 어미 다음에 'ㅣ'(높임의 경우에는 'ㅣ요')를 붙여 사용한다. 즉,

평서문 : '- 다 + ㅣ(요)' ➡ '- 대(요)'

⑩ 철수가 학교에 간대.

의문문 : '- 느냐/ - (으)냐 + ㅣ(요)' ➡ '-느내(요)/-(으)내(요)'

철수가 학교에 가느내(요)/엄마가 방이 좁으내(요)

명령문 : '- 라 + ㅣ(요)' ➡ '- 래(요)'

아빠가 빨리 학교에 가래(요).

청유문 : '- 자 + ㅣ(요)' ➡ '- 재(요)'

형이 영화 보러 가재(요).

감탄문 : '- 다 + ㅣ(요)' ➡ '- 대(요)'

친구가 너무 춥대(요).

---

넷째, 간접인용절에서의 주어나 목적어는 의미의 혼란을 초래하지 않는 범위 내에서 생략이 가능하다.

(89) 가. 영수는 영미에게 (나는) (너를) 좋아한다고 말했다.

나. 영수는 나에게 (자기가) 영미를 좋아한다고 말했다.

다. 선생님은 나에게 (너) 숙제 다 했느냐고 물으셨다.

라. 나는 민수에게 (그가) 그림을 잘 그린다고 말했다

위에서 (89가 - 다)에서는 괄호 속의 말들을 생략해도 의미에 혼란이 없다. 이러한 경우에는 생략하는 것

이 일반적이다. 그러나 (89라)의 경우는 '그가'라는 말이 있고 없음에 따라 의미가 달라진다. 따라서 이러한 경우에는 생략할 수 없다.

# 7. 전성어미는 어떻게 가르칠 것인가

전성어미를 가르치는 방법도 앞에서 연결어미를 교육시키는 데 사용한 PPP 방법을 이용하도록 한다. 다만, 변화를 주기 위해 조금 다른 방법을 사용하여 제시해 보았다. 앞에서 본 연결어미의 경우보다는 다소 문법성이 강한 방법이다.

---

**학습목표** : 관형사형 전성어미 '-는, -(으)ㄴ, -(으)ㄹ'을 올바르게 사용하여 관형절을 만들 수 있다.

**단계**
도입 : 질문을 통해 오늘 학습할 관형사형 어미를 노출시킨다.
제시 : 관형사형 어미의 의미를 제시한다.
　　　학생들이 관형사형 어미에 대해 눈으로 확인할 수 있도록 칠판에 형태를 제시한다.
연습 : 아직 초급 단계이므로 단어카드를 이용하여 관형사형 어미의 형태를 연습한다.
　　　관형사형 어미의 연습 순서는 '-는' → '-(으)ㄴ' → '-(으)ㄹ'로 한다.
활용연습 : 관형사형 어미의 형태와 의미에 대한 연습이 충분히 이루어졌으면 관형사형 어미를 가지고
　　　활용연습을 하여 그 쓰임을 익히도록 한다.

---

## 1. 도입

학생들에게 질문을 통해 관형사형어미 '-은, -는, -을'을 노출시킨다.

교사가 자기를 가리키며

교사 : 여러분, 누구예요?

학생 : 선생님이에요.

교사 : 여러분, 선생님은 어떤 사람이에요?

학생 : 가르쳐요.

이때 교사는 '가르치는 사람'이라고 이야기 해 준다.

## 2. 제시1

칠판에 "Avst는 + N"

　　　"가르치는 사람"이라고 쓴다.

교사 : 그래요. 그럼 여러분은 누구예요?

학생 : 학생

교사 : 학생은 어떤 사람이에요?

위와 같은 방법으로 대답하게 한다.

학생 : 배우는 사람이에요.

## 3. 연습1

학생들에게 시간이 나면 무엇을 자주 하는지 질문한다.

교사 : 유카 씨는 보통 시간이 있으면 뭐 해요?

유카 : 노래방에 가서 노래를 불러요.

교사 : 유카 씨는 노래방에 자주 가는군요? 린다 씨는요?

린다 : 저는 영화관에 자주 가요.

학생 전체에게 질문한다.

교사 : 노래방에 자주 가요. 이 사람은 누구예요?

교사 : 그래요. 노래방에 자주 가는 사람은 유카 씨예요.

Avst는 + N을 가지고 단순한 연습을 한다.

기본 동사를 이용하여 '가는 사람, 먹는 사람, 공부하는 사람' 등

## 4. 제시2

학생들에게 어제 무엇을 했는지 질문한다.

교사 : 유카 씨는 어제 뭐 했어요?

유카 : 노래방에 갔어요.

교사 : 린다 씨는 어제 뭐 했어요?

린다 : 도서관에서 공부했어요.

학생 전체에게 질문한다.

교사 : 어제 누가 도서관에 갔어요?

교사 : 도서관에 갔어요 + 사람은 누구예요?

'Avst은 + N'을 'Avst는 + N' 위에 쓴다.

교사 : 그래요, 어제 도서관에 간 사람은 린다예요.

교사 : 린다가 어제 간 곳은 어디예요?

교사 : 그래요. 어제 린다가 간 곳은 도서관이에요.

연습 : 단어카드로 형태 연습(교사는 간단한 단어만 주고 학생들이 대답하게 한다.)

## 5. 제시3

학생들에게 주말에 무엇을 할 것인지 질문한다.

교사 : 유카 씨는 주말에 뭘 할 거예요?

유카 : 명동에 갈 거예요.

교사 : 린다 씨는 주말에 뭐 할 거예요?

린다 : 친구하고 영화를 보러 갈 거예요.

학생 전체에게 질문한다.

교사 : 주말에 누가 명동에 갈 거예요?

교사 : 명동에 갈 거예요 + 사람은 누구예요?

'Avst을 + N'을 'Avst는 + N' 아래에 쓴다.

교사 : 그래요, 주말에 명동에 갈 사람은 유카예요.

교사 : 유카가 주말에 갈 곳은 어디예요?

교사 : 그래요. 유카가 주말에 갈 곳은 명동이에요.

연습 : 단어카드로 형태 연습(교사는 간단한 단어만 주고 학생들이 대답하게 한다.)

이렇게 해서 '‑은, ‑는, ‑을' 각각에 대한 의미와 형태 연습이 끝난다.
그 후에 이 세 형태를 함께 사용할 수 있는 연습(활용)을 한다.

## 6. 활용

1) 사람 찾기 퀴즈

이 사람은 누구입니까?(종이에 퀴즈를 써서 찾게 한다.)

⑩ 지난 여름에 하와이에 갔다/ 사람은 누구입니까?

　　날마다 학교에 일찍 오다/ 사람은 누구입니까?

2) 장소 맞히기

어떤 행위가 일어났거나 일어나거나 일어날 장소를 퀴즈로 만들어 팀을 나눠 맞히기 게임을 한다.

⑩ 1. 유카 씨가 자주 가는 곳입니다. 유카 씨가 이번 주말에도 갈 곳입니다. 사람들이 많이 가는 곳입니다. 노래하는 곳입니다. ‑ 노래방

　　2. 남자도 있고 여자도 있는 곳입니다. 제가 가끔 가는 곳입니다. 공부를 열심히 하는 사람은 자주 가는 곳입니다. 책도 많이 있는 곳입니다. ‑ 도서관

3) 인터뷰하고 쓴 다음에 누구인지 맞히게 하여 확인한다.

(학생 이름) 씨는 지난 겨울/요즘/주말에 무엇을 했어요/해요/할 거예요?

| 때 \ 이름 | 지난 겨울 | 요즘 | 주말에 |
|---|---|---|---|
| 유카 | 하와이 | 노래방에 자주 가요 | |
| 린다 | | | 도서관 |

㉖ 지난 겨울에 하와이에 간 사람은 누구입니까?

주말에 도서관에 갈 사람은 누구입니까?

참고문헌

김수정(2004), 『한국어 문법교육을 위한 연결어미 연구』, 서울대학교 박사학위논문, 한국문화사.

남기심(1994), 『국어연결어미의 쓰임』, 서광학술자료사.

남기심(2001), 『현대국어통사론』, 태학사.

남기심·고영근(2002), 『표준국어문법론』, 탑출판사.

남기심·이상억·홍재성 외(1999), 『외국인을 위한 한국어교육의 방법과 실제』, 한국방송대학교 출판부.

노마 히데키(2002), 『한국어 어휘와 문법의 상관구조』, 태학사.

백봉자(1999), 『외국어로서의 한국어 문법 사전』, 연세대 출판부.

연세대학교 언어정보개발연구원 편(2001), 『연세한국어사전』, 두산동아.

이관규(2004), 『학교문법론』, 도서출판 월인.

이관규 외 역(2004), 『문법을 어떻게 가르칠 것인가?』, 한국문화사.

이은경(1995), 「국어의 연결어미 연구」,서울대학교 박사학위 논문.

이익섭·이상억·채완(1997), 『한국의 언어』, 신구문화사.

이희자·이종희(1999), 『사전식 텍스트 분석적 국어 어미의 연구』, 한국문화사.

임호빈·홍경표·장숙인(1997), 『신개정 외국인을 위한 한국어 문법』, 연세대 출판부.

장광군(1999), 『한국어 연결어미의 표현론』, 도서출판 월인.

허용 외(2003), 『한국어교육을 위한 한국어 문법론』, 한국문화사.

허용(2020), 『외국어로서의 한국어학의 이해』, 소통출판사

# 11 한국어 가르치기, 어떻게 접근해야 할까?

외국인에게 한국어를 가르친다고 하면 대부분의 한국 사람들은 '아, 그거 나도 할 수 있겠다.'라는 생각이 들 것이다. 그러나 막상 가르치려 들면 도대체 어디에서부터 무엇을 어떻게 가르쳐야 할지 참 막막하기만 하다. 과연 외국인에게도 어린 아이들에게 말을 가르치듯 쉬운 문장부터 차근차근 하나씩 가르쳐야 할까, 아니면 한국어는 주어가 있고 목적어가 있으며 동사, 형용사는 맨 마지막에 나온다는 한국어의 문장 구조를 가르쳐야 할까, 그것도 아니면 기본적이고 자주 듣는 쉬운 단어부터 가르쳐야 할까? 어느 것이 좋은 방법일까? 아마 그것은 사람에 따라 생각이 다를 것이다. 언어란 무조건 암기해야 한다고 생각하는 사람에게는 암기와 모방, 연습이 중요할 것이고, 규칙을 이해하는 것이 중요하다고 생각하는 사람에게는 문법의 이해와 적용이 중요할 것이며, 언어란 무엇보다 그 사용이 중요하다고 생각하는 사람이라면 문법이나 암기보다는 실제 사용이 더 중요할 것이다. 즉 언어를 보는 관점, 또 언어 교수와 학습의 목적, 언어를 습득하는 과정에 대한 생각 등에 따라 언어교수에 접근하는 방법과 가르치는 방법도 달라질 것이다. 이번 장에서 우리는 과거에 시도되었던 여러 가지 교수법들이 어떤 배경 하에 생겨나게 되었는지, 새로운 방법들은 기존의 교수법의 어떤 문제점을 어떻게 보완하려고 생겨난 것이며, 각 교수법은 어떤 원리와 특징을 가졌고, 각 교수법이 가지는 장단점은 무엇인지 등을 살펴볼 것이다. 그리고 이들 교수법을 한국어 교육에 활용할 수 있는 방안을 알아보고 한국어 교육을 위한 바람직한 방법론 모색의 길잡이로 활용하고자 한다.

## 공부할 문제

1. 다음 낱말을 읽고 그 뜻을 말해 보세요.

· 시계 · 듣고 · 몇시에요 · 물으셨습니다.
· 대답했습니다. · 얼른 · 외식 · 전 · 먼저
· 뒤따라 · 이번에 · 정오 · 자정 · 자랑스럽게

2. 뜻이 같은 낱말을 위에서 찾아 두 번씩 쓰세요.

(1) watch _____ _____
(2) right after _____ _____
(3) noon _____ _____
(4) quickly _____ _____
(5) midnight _____ _____

3. 다음 문장을 읽고 _____ 에 알맞은 한국어를 써 넣으세요.

(1) 학교는 _____ 에 시작합니까?
　　　　　 (what time)

(2) 어제는 _____ 까지 _____ 를 했습니다.
　　　　　 (midnight)　 (homework)

(3) _____ 에 _____ 이 시작됩니다.
　 (noon)　 (lunchtime)

## 해봅시다 Test

1. 과일 가게에서 과일을 사려고 합니다

주인 : 어서오세요
샐리 : 이 사과는 얼마에요?
주인 : 다섯 개에 2,000원입니다
샐리 : 너무 비싸요 이건 얼마에요?
주인 : 그건 여섯 개에 2,000원이에요.
샐리 : 이것으로주세요 이 수박은얼마에요?
주인 : 14,000원이에요
샐리 : 너무 비싸요
주인 : 요즘 수박철이 아니라서 비싸요

▶ 단어와 표현
비싸다
한개에 얼마에요?
수박철이 아니다

▶ 과일

사과　　바나나　파인애플　멜론　　감　　포도

오렌지　　귤　　수박　　딸기　복숭아　배

# 1. 문법을 알아야 언어를 배운다
## (The Grammar Translation Method)

## 1.1 배경

외국어 수업이라면 어떤 수업 장면과 어떤 대화를 떠올릴까? 일제히 교사를 향해 앉아 조용히 교사의 설명에 귀를 기울이고, 교사의 지시에 따라 읽고 번역하는 식의 언어 수업의 방식은 아마 전혀 낯설지 않을 것이다. 문법을 배우고, 규칙을 외우고, 외국어를 모국어로 번역하는 방법으로 가르치는 이른바 **문법 번역식 교수법**은 가장 역사가 오래된 교수법으로 아직까지도 많은 교사들에 의해 사용되고 있는 가장 생명이 긴 교수법 중 하나이다. 그러나 이 방법은 뚜렷한 이론을 바탕으로 해서 이루어진 교수법은 아니다. 이 방법은 창시자도 없이 과거 수세기동안 라틴어와 그리스어를 가르치는 데에 주로 사용되면서 깊게 뿌리를 내렸다. 중세기 이후의 가장 중요한 외국어였던 라틴어 교육은 그 목적을 첫째로 고전 문학을 이해하고 감상하며, 둘째로 고전어 학습을 통하여 모국어에 대한 이해도를 높이고, 셋째로 난해한 고전어 학습을 통하여 학습자의 전반적인 지적 능력을 향상시키는 데에 두었는데, 현대어 교육에 있어서 이러한 생각을 그대로 계승한 것이 문법 번역식 교수법이라고 볼 수 있다. 이 방법에서는 이와 같은 목적을 달성하기 위해서 문법 규칙과 어휘를 학습하고, 이에 입각해서 외국어를 모국어로 번역하고, 더 나아가서 모국어를 외국어로 번역하는 능력을 기르는 것을 **목표**로 삼았다.

## 1.2 원리 및 특징

문법 번역식 교수법은 말 그대로 문법 교수를 강조하고 주요 활동 기법은 목표 언어를 모국어로, 모국어를 목표 언어로 번역하는 것으로 그 **특징**은 다음과 같다.

- 외국어 공부의 목표는 그 문학 작품을 읽거나, 외국어 공부의 결과로 생기는 지적발달과 정신 훈련에서 이익을 얻기 위해 언어를 배우는 것이다.
- 읽고 쓰는 것이 주된 초점이다.
- 어휘 선택은 사용되는 독서 교재에만 근거를 두었다.
- 문법은 단어를 조합하는 규칙을 제공하며, 수업은 단어의 어형 변화와 형태에 중점을 둔다.
- 문장이 언어학습과 가르침의 기본 단위이다.
- 유창성보다는 정확성을 강조한다.
- 문법은 연역적으로 가르친다.
- 학생들의 모국어가 교수매체이다.
- 초기부터 어려운 고전 글들을 읽기 시작한다.
- 교재로 사용되는 글의 내용에는 거의 관심을 두지 않으며, 그 내용은 단순히 문법적인 분석의 연습 자료로 취급된다.

# 1.3 교수 절차

이러한 특징을 가진 문법 번역식 교수법의 **교수 절차**를 보면 대체로 먼저 문법 규칙에 대한 것을 배우고, 문법 항목에 관한 연습 문제를 하고, 이어서 번역 연습을 하는 것으로 되어 있다. 이를 좀 더 구체적으로 살펴보면 다음과 같다.

- 먼저 교사는 외국어로 된 단락을 학생들에게 읽게 하거나 따라 읽힌다.
- 다음 한 문장씩 읽고 모국어로 번역하는데, 이 과정에서 새로 나온 어휘를 설명하거나 번역하며 학생의 이해를 돕는다.
- 외국어 구조와 문법 규칙을 제시하고 연역적으로 설명하면서 적용한다. 그리고 동사 변화 같은 문법 규칙을 암기시키며 새로운 어휘의 동의어나 반의어를 공부하고 새 어휘를 이용하여 문장을 만들게 한다.
- 문법 규칙은 예문과 함께 제시되고 각 규칙에 대한 예외가 있으면 이것도 같이 다룬다.
- 학생들이 문법 규칙을 이해했으면 이 규칙을 다른 몇 가지 예문들에 적용하는 연습을 한다.
- 이러한 연습이 끝나면 교사는 학생들에게 질문이 있는지 묻고 학생들이 모국어로 질문하면 모국어로 답한다.
- 그리고 빈칸 채우기 연습을 하거나 읽기 이해 문제에 대해 외국어로 답하게 하고 그 답을 맞춘다.
- 마지막으로 목표 언어로 교재 내용과 관련된 주제를 주고 작문을 하게 하거나 읽기 단락을 요약하게 하거나 또는 어휘와 문법에 관한 간단한 시험을 치를 수 있다.

이 방법은 고대 라틴어나 그리스어에서 실용적 사용보다는 고전어의 해독이나 번역에 목적이 있었으므로 주로 문자 언어를 중심으로 수업이 진행되었고 구어에 대한 학습은 경시되고 커뮤니케이션을 위한 훈련도 등한시되었다. 어떤 학자들은 이 방법이 읽기 능력에 있어서는 다른 방법보다도 우수한 성과를 나타낼 수 있다고 주장하기도 한다. 따라서 이 방법으로 공부한 사람들은 번역의 기술은 상당한 정도로 습득하게 될지 모른다. 그러나 언어의 다른 기능은 습득하지 못하는 것이 보통이다. 그러므로 외국어 교육의 목표를 번역 능력의 배양에만 국한시킨다면 모르되, 그렇지 않은 경우에 이 방법은 바람직한 방법이라고는 보기 어렵다.

## 1.4 장점과 단점

문법 번역식 교수법이 가지는 장점과 단점은 다음 표와 같다.

| 장점 | 단점 |
|---|---|
| ① 외국어 문법 체계를 이해하려고 하는 학습자들에게 도움을 준다. | ① 외국어의 의사소통 능력인 듣고 말하는 기능의 습득을 기대 할 수 없다. |
| ② 문학 교재의 이해가 외국어 공부의 주된 초점일 경우 효과적이다. | ② 학습자는 불필요한 문법규칙과 단어들을 끝없이 암기하고 어려운 지문을 완벽하게 해석해야 하므로 지루한 느낌을 갖거나 때로는 좌절감을 느낀다. |
| ③ 문법을 통해 정확한 문장 구조 습득이 가능하다. | |
| ④ 정확한 번역 능력을 상당 수준까지 기를 수 있게 한다. 번역 기술은 문제 해결 상황에서 학습자를 능동적인 해결자가 될 수 있게 한다. | ③ 연역적 문법 설명은 인지 발달 단계상 추상적 조작기에 이르지 않은 사춘기 이전의 아동에게는 적용하기 힘들다. |
| ⑤ 명시적인 문법 설명으로 일부 학습자들의 요구를 만족시킨다. | ④ 교사가 권위적이며 학생들은 교사가 말한 대로 행동하는 수동적 존재가 된다. |
| ⑥ 교사 중심의 수업이다. 즉 수업을 계획하고 통제하기가 쉬워 상대적으로 적용하기 쉽고 학생수가 많은 교실에서 숙달되지 않은 교사에 의한 지도가 가능하다. | ⑤ 교실에서의 학생 간 상호작용이 거의 없다. |
| | ⑥ 언어학적, 심리학적 또는 교육학적 이론의 뒷받침이 없다. |
| ⑦ 외국어로 말하는 능력이 별로 필요하지 않기 때문에 교사들에게 큰 부담이 없다. | |

# 2. 외국어는 외국어로 가르쳐라(The Direct Method)

## 2.1 배경

  19세기 중엽에 들어 유럽인들 사이에 의사소통의 기회와 필요성이 증대되면서 문법 번역식 교수법에 대한 검토와 비판의 목소리가 높아졌다. 이에 따라 언어 교수법에 대한 개혁의 움직임들이 대두되었는데, 이것은 살아있는 언어를 이미 사용하지도 않는 죽은 언어의 수단과 규칙으로 가르치고 있다는 점에 대한 자각과 반성에서 비롯된 것으로, 19세기 후반에 이르러 외국어 교수법에 대한 개혁운동이 일어나게 된다. 이와 같은 개혁 운동의 배경은 앞서도 말한 바와 같이 실용적인 교육 목표의 대두를 들 수 있다. 즉 19세기 중엽 이후 유럽인들 사이에 의사소통의 기회가 점차 증대되면서 경직된 규칙만을 강조하는 비의사소통적인 문법 번역식 방법을 통해서는 직접적인 구두 의사소통 능력의 배양이라는 새로운 욕구를 충족시킬 수 없었던 것이다. 또한 언어학 분야에서는 각 언어가 특별한 방식으로 구성되어 있다는 것을 확인하게 되었고, 그 결과 라틴어 규칙체계를 현대의 살아 있는 언어에 적용하는 것은 무의미하다는 결론에 이르게 되었으며, 이와 더불어 음성학의 발달로 구어와 문어의 차이에 대한 새로운 인식도 대두되었다.

  **직접식 교수법**은 이러한 배경에서 언어교수의 개혁자들이 언어의 본질과 언어 학습의 본질에 대한 이론적인 원리에서 자극을 받아 생겨나게 되었다. 이 방법은 번역이나 모국어를 사용하지 않고 시범과 행동을 통해서 의미를 전달할 수 있으며, 외국어와 직접 접촉하게 함으로써 외국어를 가르칠 수 있다고 주장한다. 교사는 문법 규칙 설명에 초점을 두기보다는 직접적이고 자연스럽게 외국어를 교실에서 사용하도록 학습자들을 격려하고, 이런 과정 속에서 학습자는 문법 규칙을 추론할 수 있게 된다. 이러한 자연적인 언어 학습 원리들이 직접식 교수법이라 불리게 된 교수법의 토대를 마련하였으며, 직접식 교수법은 자연 교수법 중에서 가장 널리 알려진 방법을 일컫는다.

## 2.2 원리와 특징

직접식 교수법은 그 당시 생겨난 음성학과 통일성 있게 수립된 문법에 기초하고 있다. 문자보다 말을 언어의 일차적 형태라 여겼으며 음성체계를 과학적으로 분석하여 기술하였다. 외국어 학습을 모국어 습득과 유사한 과정으로 보고 어린이의 모국어 습득과 언어 사용을 관찰하여 교수 원리를 개발하였는데, 이 교수법의 **특징**은 다음과 같다.

---

### [직접식 교수법의 특징]

- 모국어의 설명이나 번역을 허용하지 않기 때문에 수업에 실물이나 그림 같은 시청각 교재를 사용한다.
- 구체적인 사물은 실물이나 그림을 통해서 제시하고 추상적인 것은 비교나 연상을 통해서 제시한다.
- 수업 활동에서 질문과 대답이 중요한 위치를 차지한다.
- 읽기와 쓰기는 이미 배운 말을 읽고 쓰게 함으로써 말하기, 듣기와 병행하여 지도한다.
- 학습 내용은 언어의 실제 사용과 밀접하게 관련되는 기능적인 것에 국한한다.
- 문법 학습은 귀납적으로 이루어지도록 지도한다.
- 외국어 자체를 수업상의 매개어로 사용하기 때문에 구어에 중점을 두어 발음 및 억양 등 음성 훈련을 중요시하게 된다.

---

## 2.3 교수 절차

직접식 교수법은 모든 수업 과정을 목표 언어로만 진행하고 질문과 대답을 통해 틈틈이 학생이 이해를 하고 있는지를 확인한다. 직접식 교수법의 **수업 절차**를 살펴보면 다음과 같다.

- 먼저 학생에게 배울 내용의 단락을 읽힌다.
- 그리고 학생들에게 모르는 것을 질문하게 하고 질문에 교사는 번역 대신 그림을 그리거나 예를 제시함으로써 대답을 해준다. 구체적인 사물은 실물이나 그림을 이용하고, 추상적인 것은 연상이나 비교를 통해 제시한다.
- 질문에 답한 뒤 교사는 학생들에게 내용에 관련된 질문을 하고 학생은 목표 언어의 완전한 문장으로 대답을 하게 한다.
- 학생들에게 내용에 관련된 질문을 만들게 하여 질문과 대답을 하도록 시킨다.
- 마지막으로 배운 내용을 빈칸 채우기 연습 문제를 통해 다시 한번 확인하고 받아쓰기를 시킨다.

직접식 교수법은 제 1차 세계 대전 후에 외국어 교육계에서 많은 주목을 받았으며, 특히 국제적인 의사소통 수단으로서의 외국어 교육이라는 목표가 뚜렷해지면서 성인 교육에서 확고한 지위를 차지하였다. 직접식 교수법은 문법 번역식 교수법에 비해 의사소통 능력 증진의 측면에서 보다 효과적이긴 했으나 성인의 외국어 학습을 유아의 모국어 학습 과정과 동일하게 본 점이나 목표어에 능숙한 교사의 확보가 어렵다는 점 등의 문제점도 제기되었다.

## 2.4 장점과 단점

직접식 교수법이 가지는 장점과 단점은 다음과 같다.

| 장점 | 단점 |
|---|---|
| ① 말하기, 듣기 기능을 통해 의사소통 능력을 기를 수 있다.<br>② 교사와 학생 간 또는 학생과 학생 간의 상호 작용이 있다.<br>③ 목표어만 사용하므로 목표어로의 접근이 용이하다.<br>④ 이해를 돕기 위한 다양한 보조 자료 사용은 학습자들의 흥미를 유발시킬 수 있다.<br>⑤ 의미 전달의 시각화는 학습자들로 하여금 쉽고 오래 기억하게 만들 수 있다.<br>⑥ 자연스러운 표현, 실제로 쓰일 수 있는 표현을 배울 수 있다.<br>⑦ 일정 단계를 넘어서면 목표어 발화 능력의 급속한 증가를 기대할 수 있다. | ① 목표어가 유창한 교사를 확보하기가 쉽지 않다.<br>② 어휘나 표현, 문법 사항들이 체계적으로 제시되지 않는다.<br>③ 단어나 개념 설명(특히 추상적 개념)을 할 때 불필요한 노력을 기울여야 할 때가 있다.<br>④ 전혀 모국어를 사용하지 않고 외국어의 의미를 파악하는 일이나 순수한 귀납적인 방식에 의한 문법 항목의 학습 등에 적지 않은 곤란을 느끼는 경우가 많을 것이고 이러한 곤란은 자칫 학생들에게 일종의 좌절감을 느끼게 하여 학습에 대한 흥미를 잃게 하는 원인이 될 수도 있을 것이다.<br>⑤ 성인학습자에게 귀납적 문법 제시는 비효율적일 수 있다. |

## 3. 언어는 습관이다(Audio-lingual Method)

## 3.1 배경

외국어 교육의 개혁을 시도했던 직접식 교수법은 주목을 받았던 유럽과는 달리 미국의 경우 일반 학교 상황에 널리 보급되지 못하였으며, 미국에서는 여전히 문법 번역식 교수법으로 외국어를 가르치고 있었다. 외국어에 능숙한 원어민을 구하기 어려웠던 당시의 상황에서 미국은 구어보다 읽기 능력의 필요성을 강조했으므로 1930-40년대에는 오히려 문법 번역식 교수법으로 선회하는 경향이었다. 그러나 제2차 세계대전이 일어나면서 미국인들은 외국어를 실제로 사용하지 않으면 안 될 상황에 놓이게 되었다. 즉, 연합군으로 전쟁에 참여하기 위해서 프랑스와 소련 같은 우방국의 언어를 알아야 했고, 독일, 이탈리아, 일본과 싸우기 위해서 그들의 언어를 알아야만 했던 것이다. 미국 육군에서는 많은 기금을 들여서 이러한 외국어들을 실제 입말로 가르치는 과정을 마련하였는데 이 당시의 교수법을 흔히 군대 교수법(Army Method)이라고 부른다. 이 과정에서는 전통적인 문법 번역식 교수법에서 발견할 수 있는 문법 설명이나 번역 연습은 거의 없고 발음 연습, 문형 연습, 그리고 대화 연습이 주종을 이루었다. 이러한 군대 교수법은 새로이 대두된 구조주의 언어학, 행동심리학의 영향을 받아 새로운 교수법으로 발전하여 1950년대에 들어서면서 **청각구두 교수법**이라는 이름으로 직접식 교수법의 맥을 잇게 된다. 문법 번역식 교수법과 직접식 교수법이 뚜렷한 언어학 이론이나 외국어 교육 이론의 뒷받침이 없었던 데에 비하여 청각구두 교수법은 구조주의 언어학과 행동주의 심리학이라는 두 축을 배경으로 발전하였는데 구조주의 언어학은 다양한 언어들에 대해서 과학적 분석의 틀을 제공하였으며 행동주의 심리학에서는 모방 반복을 통한 습관 형성이라는 이론적 뒷받침을 제공했다.

체계적인 언어 자료를 제시하고 연습과 훈련을 강조한 이 교수법을 통해 어학 실습실이 크게 조성되는 등 언어 교수 방법에 획기적인 변화를 가져왔고, 미국에서는 1960년대까지, 우리나라에서는 1970년대까지 크게 발달했다.

## 3.2 원리와 특징

청각 구두식 교수법의 **기본 원리**는 다음 다섯 가지로 요약할 수 있다.

① 외국어 교육의 목표는 그 언어를 모국어로 사용하는 사람들의 경우와 같이, 그 외국어를 자동적으로 사용할 수 있는 능력을 기르는 것이다. 따라서 외국어 학습의 중심 과제는 학생들로 하여금 습관적으로 언어 행위를 할 수 있고, 무의식적으로 적절한 반응을 나타낼 수 있게 하는 것이다.

② 위와 같은 목표를 달성하기 위해서 모국어로 번역하거나 모국어의 구조와 대응시켜서 학습하는 것을 가급적 피하도록 한다.

③ 제시된 자극에 대해서 옳은 반응을 보이도록 조건지어진 환경 속에서 학습이 진행되도록 한다. 교실에서의 작업은 자동적이고 습관적인 반응의 형성을 목표로 하는 것이므로, 학생들은 주어진 자극에 대해서 오래 생각하는 일이 없이 즉각적으로 반응을 나타내도록 한다. 이를 위해서 문형 연습(pattern practice)을 집중적으로 실시한다.

④ 문형 연습의 목적은 거의 무의식적으로 반응을 나타낼 수 있도록 하는 데 있다. 문형 연습은 학생들에게 학습하는 문형의 구조에 대한 문법적인 설명을 하지 않은 채로 진행된다. 왜냐하면, 문법적인 설명이나 지식은 습관적이고 자동적인 반응을 나타내는 데에 오히려 방해가 된다고 생각되기 때문이다. 다만 해당 문형을 철저히 연습한 다음에는 필요에 따라 간단한 문법적인 설명을 해 주어도 좋다.

⑤ 언어의 네 가지 기능을 개발시키는 데에 있어서, 교사는 모국어를 습득할 때와 같은 순서로 가르친다. 다시 말하면, 학생들은 먼저 듣기를 익히고 그 다음에 말하기, 읽기, 쓰기의 순서로 학습을 하게 된다. 따라서 초기 단계에서 학생들이 한 번도 들어 보지 못한 말을 하게 한다든지, 구두로 사용해 보지 않은 표현을 읽기에서 다루게 한다든지, 또는 한 번도 읽어 보지 못한 말을 쓰기에서 다루게 한다든지 하는 일은 금지된다.

이와 같은 원리를 바탕으로 한 이 교수법의 중요한 **특징**을 보면 다음과 같다.

**[청각구두 교수법의 특징]**
- 새 학습 자료를 대화식으로 제시한다.
- 모방, 일정한 구문 암기, 반복을 통한 습관 형성을 하도록 한다.
- 반복적인 문형 연습을 한다.
- 구문은 대조분석의 방법으로 단계적으로 전개되며 한 번에 하나씩 교수한다.
- 제한된 어휘를 맥락 속에서 제시한다.
- 문법 설명은 귀납적인 방법으로 교수한다.
- 발음에 많은 중요성을 부여한다.
- 교사의 모국어 사용을 극히 제한해서 사용한다.
- 학생들로 하여금 오류 없는 발화를 생성하도록 노력한다.
- 학생의 응답에 대해 즉시 강화를 해 준다.
- 언어 기능은 듣기, 말하기, 읽기, 쓰기의 순서로 가르친다.
- 언어의 내용보다 형태를 중시한다.
- 어학 실습실, 시청각 자료 등을 최대한 활용한다.

## 3.3 교수 절차

구두 청각 교수법은 언어는 말이며 곧 습관이라는 가정 하에 좋은 언어 습관을 형성하기 위해서 대화를 암기하고, 즉각적인 정확한 반응을 요하는 문형 연습을 통해서 오류를 최소화하려고 한다. 규범 문법이 아니라 현재 쓰고 있는 말을 가르쳐야 한다는 언어관에 따라서 문법이나 규칙의 설명 없이 연습을 통해서 유추하는 능력을 기르기 위한 다양한 훈련(drill)을 하며 가능한 한 목표언어가 교수매개체로 사용되고, 번역이나 모국어의 사용은 권장되지 않는다. 구체적인 **수업 절차**는 대략 다음과 같다.

- 먼저 복습 단계로 간단한 질문을 통해서 지난 시간에 배운 내용을 복습한다.
- 복습이 끝나면 다음은 제시 단계로 교재의 내용을 원어민의 음성으로 들려준다. 이 때 학생들은 눈을 감고 주의를 집중하여 교재의 내용을 듣고, 다음에는 교재의 내용을 그림으로 보여 주면서 다시 한 번 듣게 한다.
- 그 다음 녹음기를 이용하여 교재의 대화문을 하나씩 듣고 학생들은 발음에 주의하면서 그 내용을 따라서 반복한다.
- 다음에는 교사가 읽어가면서 학생들에게 정확하게 따라서 암송하도록 한다.
- 어느 정도 연습이 이루어지면 교사와 학생 전체, 학생을 두 세 그룹으로 나누어 그룹 대 그룹, 그리고 학생과 학생이 개별적으로 대화를 하도록 요구한다.
- 암기가 끝나면 문형 연습을 하는데 대화 내용 중 중요한 구문을 발췌하여 반복 연습, 대치 연습, 변형 연습 등을 한다.
- 문형 연습이 끝나면 활용 단계로 처음에는 대화문을 그대로 모방하여 모방 연습을 하고 교사와 학생, 그룹과 그룹, 학생과 학생 사이에 역할을 분담하여 역할극을 시킨다.
- 그 다음에는 대화문의 상황과 유사한 상황을 제시하여 학생들이 대화문을 활용하여 대화를 하도록 유도한다.
- 다음은 활동 단계로 교재 내용의 주요 언어 항목들(어휘, 발음, 구문 등)을 심화시키기 위하여 적합한 노래, 게임, 활동 등을 사용한다.
- 마지막 정리 단계에서는 녹음기를 사용하여 교재의 내용을 원어민의 음성으로 다시 한 번 들려준다.

## 3.4 장점과 단점

청각 구두 교수법은 그것이 학습자로 하여금 의미 있는 학습보다는 기계적인 문형 연습에 치중하게 함으로써 장기적인 의사소통 능력의 개발이라는 외국어 교육 본래의 목적을 달성하기 어렵게 만든다는 점 때문에 점차 그 실효성에 의문을 가지게 되었다.

그러나 아직까지도 그 생명력이 꺼지지 않았다는 것은 많은 비판에도 불구하고 이 방법이 가지는 여러 가지 장점 때문이다.

## | 수업 예시 |

- **학습 목표** : 경험 묻고 답하기('-(으)ㄴ 적이 있다')

- **단계** : 초급

- **제시문**

> 냉면을 잡수신 적이 있습니까?
> 아니요, 먹은 적이 없습니다.
> 그럼 한번 잡숴 보세요.

- **수업 절차**

> 복습하기 → 기본 대화문 듣기 → 기본 대화문 외우기 → 어휘 및 문법 설명하기
> →연습하기(교체, 응답, 대화) → 마무리(숙제 부과)

오늘은 '-(으)ㄴ 적이 있다'를 공부할 거예요.

'-(으)ㄴ 적이 있다'는 과거에 그런 경험이 있다는 뜻이에요.

자 그럼 다음 단어를 넣어서 같이 연습해 볼까요?

> - - - -(으)ㄴ 적이 있다

(교체연습)    비행기를 타다,          김치를 먹다,
                한복을 입다,          태권도를 배우다.

그럼 이번에는 대답을 해 보세요.

(응답연습)    비행기를 탄 적이 있습니까?     네, 비행기를 탄 적이 있습니다.
                김치를 먹은 적이   있습니까?    (네)
                 한복을 입은 적이 있습니까?    아니요, 한복은 입은 적이 없습니다.
                태권도를 배운 적이 있습니까?    (아니요)

청각 구두 교수법이 가지는 장점과 단점은 다음 표와 같다.

| 장점 | 단점 |
|---|---|
| ① 어려운 문법 설명을 배제함으로써 저학년의 수업에 적절하다. | ① 문형 연습과 단순한 모방 기억술이 내용을 이해하지 않고 이루어질 수 있으며, 이렇게 익힌 지식이 실제 대화 상황에서 언어 능력으로 전이되지 않는다. |
| ② 철저한 구두 연습으로 인해 말하기, 듣기 능력이 향상된다. | ② 기계적인 반복 훈련이 언어 학습에 대한 흥미를 저하시킨다. |
| ③ 제한된 자료를 통해서 단 시일 내에 회화 기능을 익힌다. | ③ 과잉 반복연습은 단조롭고 지루하여 학습의욕을 상실하게 한다. 특히 상급 수준 학습자에게는 적절한 동기 유발이 되지 않는다. |
| ④ 학습해야 할 구문이 체계적으로 도입되고 연습을 통해 철저히 익히게 한다. | ④ 생각할 여유를 주지 않는 문형 연습은 즉각적인 응답을 요구하기 때문에 문장의 의미와 그 문장의 관련성을 생각하지 못하고 무의미한 기계적인 연습에 그칠 수 있다. |
| ⑤ 학습자가 언어 구조를 익히는 단계를 따라 교수자료가 제시된다. | ⑤ 초기 단계부터 모국어 화자와 같은 속도로 발음하도록 요구하므로 실력 없는 학습자는 자신감을 잃을 우려가 있다. |
| ⑥ 모국어와 목표어의 대조 연구를 통해서 학습자의 오류를 예상할 수 있다. | ⑥ 문형연습이 끝날 때까지 문법 설명을 미루거나 연습 후에 규칙을 찾게 하는 것에 지나치게 많은 시간이 낭비되며 정작 문장의 뜻을 정확히 모르고 지나치기 쉽다. |
| | ⑦ 목표어를 정확하게 원어민처럼 구사하는 교사를 확보하기 어렵다. |
| | ⑧ 학습자들의 오류를 인정하지 않으며, 창조적인 자기표현 능력을 향상시켜주지 못한다 |

# 4. 침묵 속에서 언어를 깨우쳐라(The Silent Way)

## 4.1 배경

1970년 이후 심리학자와 심리 치료사들은 제2언어 학습의 심리적인 방어를 감소시켜야 한다고 주장함으로써 언어 학습에 혁신적인 방법론을 제안하였다. 즉 전통적 또는 구조적인 교수법들이 교사중심으로 기계적인 훈련을 중시한 것과 달리 새로운 방법론은 학습자의 인격과 인간관계, 학습자의 상호작용 등을 중시하며 학습자들로 하여금 서로를 이끌어 주고 서로를 도와주며 일체감을 느끼게 하였다. 그러므로 심리학 중심의 새로운 방법론은 학습자의 태도를 중시하고 자신감을 심어주는 학습자 중심의 방법론이다. 이러한 경향을 바탕으로 하는 언어교수 방법에는 침묵식 교수법, 공동체 언어학습법, 암시적 교수법 등이 있다. 그 중 하나인 침묵식 교수법은 학습 환경을 인간화함으로써 학습자의 심리적 장벽을 해소시켜 주어 학습 능력을 높이고, 정의적 영역을 중시하며, 집중적인 학습으로 학습 효과를 높일 수 있다고 설명한다. 즉 지나치게 발화를 강요하지 않음으로써 정서적인 불안을 감소시켜 주며, 교사가 최소한의 설명과 시범으로 학생들의 집중을 유도하며, 동시에 학생들로 하여금 스스로 언어를 깨우치게 하는 인지적인 방법을 중시한다.

## 4.2 원리와 특징

침묵식 교수법의 **특징**을 구체적으로 살펴보면 다음과 같다.

---

**[침묵식 교수법의 특징]**

- 최소한의 어휘로 최대의 언어활동을 시킨다.
- 암기 대신에 인지를 위한 연습을 시킨다. 학습자가 시행착오를 하게 되는 것은 언어 실천의 올바름을 판단하기 위한 내적 기준을 발달시키는데 필요하다고 여긴다.
- 교사는 학습자의 과오 또는 오류를 거의 교정해 주지 않으며, 스스로 교정하거나 동료 학생이 교정해주게 한다. 이 두 가지 방법으로도 안 될 때에는 교사가 교정해준다.
- 교사는 가능한 한 침묵을 지키며 도표나 색 막대기, 몸짓 등을 사용한다.
- 발음기호는 사용하지 않으며, 그 대신 각각의 색에 의한 음색표를 사용한다.
- 모국어 습득과 외국어 학습이 다르다는 전제 하에 모국어 습득 과정에서 학습자가 이미 알고 있는 발음은 모국어의 발음을 연상하여 연습하고, 그렇지 않은 새로운 발음은 목표어의 정확한 발음에 접근하도록 연습한다.
- 문제 해결, 창조적 활동, 발견 활동을 통하여 학습을 하게 한다.
- 반복 훈련을 시키지 않는다. 이는 학생들의 주의를 집중시키고, 학생들이 자기 자신의 감지력과 분석력을 동원하여 독립적으로 학습을 함으로써 자율성을 기르며 문제를 해결하는 능력을 가지고 학습에 책임감을 갖도록 하기 위한 것이다.

---

## 4.3 교수 절차

침묵식 교수법은 기존의 언어 지도법들과는 달리 교사는 도와주기, 시범 보이기, 교정하기 등의 지도 방법을 가능한 한 자제하도록 요구된다. 가능한 한 교사는 침묵의 방법으로 학생들의 언어활동을 이끌어 가고 점검한다. 그 구체적인 **수업 절차**를 보면 다음과 같다.

- 첫 단계는 발음연습 단계이다. 이때 음-철자의 관계를 나타내는 채색된 도표를 이용한다. 채색표는 각 철자와 그것이 나타내는 발음을 조사하여 비슷한 발음이 나는 철자들을 모아 같은 계열의 색으로 표시하며, 색깔의 연하고 진한 정도로 발음의 차이를 구별한다. 즉 특정한 소리를 색으로 기호화하여 학생들

은 색을 보고 발음을 기억하여 글자를 읽는 데 대한 두려움을 없애 준다. 교사는 발음을 들려주기만 할 뿐 따라 읽히지 않으며 다른 학생들의 발음을 관찰하거나 학습자 스스로 여러 번의 시행착오를 거쳐 가장 나은 발음을 터득하도록 도와준다.

- 발음연습이 끝난 다음, 문형과 구조, 어휘 등을 연습하는데, 교사는 여러 가지 색깔과 크기로 되어 있는 막대기들을 소개한다. 여러 색깔의 막대기들은 10가지 종류로 길이도 다양하고 색깔도 다양하다. 막대기는 여러 가지 사물 때로는 상황이나 구조 등을 상징하는데, 막대를 이용하여 나무, 가구, 집의 구조나 건물을 만들어 보일 수도 있고, 막대의 배열을 바꾸어 어순의 변화를 보일 수도 있다. 막대기를 이용하여 문형, 구조, 어휘 연습이 끝나면 교사는 막대를 사용하여 그 구문을 연습할 수 있는 상황을 만들어 준다. 그리고 학생들에게 배운 것을 상황 속에서 직접 써보게 한다. 교사는 이외에도 보조 자료로써 그림책, 테이프, 선정된 독서 자료 등을 교재로 사용한다.

---

| 수업 예시 |

- **수업 목표** : 기본 문장 구조 익히기
- **단계** : 초급
- **준비물** :아기 그림이 그려진 카드, 웃는 모습이 크려진 카드. 작은 막대기

- 교사는 학생들에게 아기 카드를 보여주면서 '아기'라고 발음한다. 학생들은 교사의 발음을 유심히 듣고 따라하면서 단어를 기억한다.
- 교사는 웃는 모습의 카드를 보여주면서 '웃어요'라고 말한다. 학생들은 교사의 발음을 듣고 따라하며 단어를 기억한다.
- 교사는 아기 카드와 웃는 모습이 그려진 카드, 그리고 카드와 카드 사이에 작은 막대기를 놓는다.
- 교사는 카드를 가리키며 '아기가 웃어요'라고 말한다.
- 교사는 학생들에게 카드와 막대기, 두 번째 카드를 순서대로 가리키면 학생들은 교사의 지시대로 단어와 문장을 발음한다.
- 막대기는 주격 조사 '가'를 의미하는데 주어가 되는 단어 옆에 붙어서 사용됨을 막대기 사용을 통해 인지시킨다.
- 학생들이 말하지 못 하면 교사는 바로 대답해주는 대신에 기다리면서 학생이 기억하도록 하거나 또는 다른 학생들이 도와주도록 하여 문장을 말하도록 한다.
- 한 문장이 끝나면 다른 카드를 이용하여 비슷한 방법으로 문장을 하나씩 익혀나가도록 진행한다.

---

# 4.4 장점과 단점

침묵식 교수법을 발전시킨 Gattegno의 저서는 대부분 매우 철학적이고 형이상학적임에도 불구하고, 침묵식 교수법의 실제 적용 결과는 기대했던 것보다는 그다지 혁신적이지 못했다는 평가를 받는다. 그러나 이 방법도 나름대로의 장점은 있었다. 침묵식 교수법의 장점과 단점은 다음과 같이 정리된다.

| 장점 | 단점 |
|---|---|
| ① 교사가 침묵함으로써 학습자의 집중력을 높이고 학습자 스스로 공부할 수 있는 능력을 길러준다. | ① 학습 효과를 올리는데 시간의 소요가 많으므로 학습자들이 지루해 할 수 있다. |
| ② 모방과 기계적인 암기를 통해 학습하는 방법과는 달리 교사의 지시에 따라 학습자 자신이 그 문제 해결 방법을 발견해 내는 '발견학습'이다. | ② 수업 자료를 준비하는 데에 많은 시간이 걸린다. |
| ③ 학습자의 지각, 행동, 느낌 및 사고에 의해 언어 습득이 이루어지므로 기계적인 반복 연습보다 더 오래 기억된다. | ③ 직접적인 지도로 학습자들이 얻을 수 있는 이점이 많은 데도 불구하고, 학습자들이 문제 해결을 위해 몇 시간 며칠 동안을 고군분투해야 하는 경우도 있다. |
| ④ 음색표와 색막대 등의 시각 도구는 학습자에게 집중력을 제공하고 학습자가 기억하기 쉬운 이미지를 형성시키며 음색표를 통한 발음연습으로 문자에 대한 부담감을 줄여준다. | ④ 제시단계에서 새로운 어휘나 표현을 한 번만 들려주기 때문에 학습자가 주의를 기울이지 않을 경우 정확한 발음을 기억하는데 어려움이 있다. |
| ⑤ 학습자의 심리를 중시함과 동시에 학습자가 가지고 있는 지성을 신뢰하고 스스로 자연스럽게 언어를 습득하는 내적 판단 기준을 만들어 갈 수 있도록 학습자를 전면적으로 신뢰하는 학습자 중심의 방법이다. | ⑤ 추상적인 단어들에 대한 학습자들의 이해력이 떨어진다. |
| | ⑥ 초급단계 이후 학습자들에게 적용하는데 어려움이 있다. |
| | ⑦ 교사와 학생 간의 상호 작용에 의해 얻어지는 학습 효과를 기대할 수 없다는 점이다. |

# 5. 상담을 통해서 언어를 배운다(Community Language Learning)

## 5.1 배경

Community Language Learning(CLL)은 '공동체 언어교수법', '집단 언어교수법' 등으로 불린다. 이것은 Curran이라는 상담 전문가이자 심리학 교수에 의해 개발된 것으로 언어교육에 상담 학습 이론을 적용시킨 것이다. Curran의 상담 학습 이론은 Carl Rogers의 교육관에 많은 영향을 받았는데, Rogers는 학습자와 교사가 일체가 되어 집단 내의 개인을 존중하는 상황에서 학습이 촉진될 수 있다고 보았다. 집단 언어학습법은 번역의 방법을 교수에 도입하여 교사가 상담자가 되고 학생은 내담자가 되어 언어 표현을 자유롭게 유도하는 상담식으로 언어 학습을 진행하게 된다. 교사는 학생들의 모국어와 목표어를 다 잘 아는 사람이어야 하며, 교실에 있는 학생들을 상담과 치료가 필요로 하는 집단으로 생각한다. 학생이 하고 싶은 말을 교사에게 모국어로 질문하면 교사는 그 말을 목표어로 바꾸어 주고 학생은 이를 모방, 반복한다. 이와 같은 학습 활동은 15~20분 동안 계속되는 것이 보통인데 교사는 이를 녹음기에 녹음해 두었다가 다시 테이프를 들려주고 외국어 문장을 판서한 후 번역해 준다. 이와 같은 과정을 거치는 동안에 학생들은 자기가 하고 싶은 말을 하게 되어 뜻있는 학습을 할 수 있게 되고, 또 이렇게 함으로써 자기들 스스로가 학습 교재를 만들어 나가는 결과가 되므로 학습 동기도 높아질 수 있다. 즉 기존의 교사에 의해 일방적으로 교육 내용을 전달받는 식의 방법과는 달리 학생 스스로 원하는 내용을 학습하게 해 줌으로써 학습자의 요구를 충분히 반영하고자 하였다.

## 5.2 원리와 특징

집단 언어교수법은 상담자와 내담자 사이의 상담 방식으로 수업이 진행되는 것이므로 공감대 형성이 중요한 역할을 한다. 이 분위기를 위해서는 상호간의 온정, 이해심, 타인의 가치에 대한 긍정적 평가 등이 영향을 주는데, 성공적인 학습을 위한 심리적 요구 사항으로 안정감(security), 주의(attention), 도전(aggression), 기억과 회상(retention and reflection), 식별(discrimination) 등을 든다. Curran는 이들의 첫 자를 따서 SARD라고 하여 집단 언어교수법의 중요한 요소로 간주한다. 즉 학습자가 처음에는 안전과 안정감을 느껴야 하고, 주의를 기울이며, 새로운 지식을 자기주장의 수단으로 사용하며, 학습한 바를 내재화시키며 재평가하고, 식별 과정을 통하여 학습한 바를 교실 밖에서 의사소통을 위해 사용할 수 있게 된다는 것이다.

이 교수법의 **특징**을 살펴보면 다음과 같다.

---

**[집단 언어교수법의 특징]**

- 교사에 의해 일정하게 짜여진 교육 과정과 교재가 없고, 학습자들이 해당 교과 시간에 하고 싶은 말이나 내용을 중심으로 배우면서 만들어 가는 교육과정이다.
- 학습자 스스로 자신이 공부하고 싶은 내용을 묻고, 필요한 교재 내용을 구성할 수 있으며, 이는 학습자의 흥미 유발을 일으킨다.
- 격식이나 딱딱한 수업 방식을 배제한 상태에서 공감대 형성을 통한 자유 수업 방식을 채택한다.
- 지적 측면 뿐 아니라 정의적인 측면까지 고려한 전인적인 외국어 학습 방법이다.

## 5.3 교수 절차

집단 언어 교수법에서 학습자들은 전형적으로 6~12명이 한 그룹이 되어 원모양으로 둘러앉는다. 교사의 수는 한 그룹에 한 명에서부터 학생 한 사람 당 한 명에 이르기까지 다양하다. 교사는 상담자의 역할을 수행하고 학습자들은 교사의 말을 경청하고, 표현하고 싶은 말을 자유롭게 하며, 주저함 없이 목표어를 따라하고, 집단 내 동료들을 도와주며, 마음속 깊은 느낌들까지 공유하며 다른 학습자에게 상담자가 되기도 한다. 그 구체적인 **수업 절차**를 보면 다음과 같다.

- 먼저 학습자들은 원탁에 둘러앉아 서로 마주 보고 앉아 있다. 원탁의 중앙에는 녹음기와 마이크가 있다. 학생들 뒤에는 상담자인 교사가 서 있다.
- 학생들 중 누군가가 자기가 하고 싶은 말을 나머지 학생들을 향해 모국어로 이야기하면 교사는 학생의 모국어를 목표어로 번역해 말해주며 이를 녹음기에 녹음한다. 이 때 학생은 교사가 한 말을 반복하며, 필요하다고 생각되면 노트에 적는다. 이런 식으로 각자 학생들이 하고 싶은 말을 교사의 도움으로 배우게 된다.
- 교사는 녹음기에 녹음된 말을 다시 틀어서 문장 하나하나를 칠판에 적는다.
- 칠판에 적힌 내용을 가지고 학생들이 설명을 요구하면 교사는 자세히 설명한다. 이런 과정을 통해 학생들이 표현한 말이 목표어로 번역이 되면 곧 그것이 교재가 된다.

---

| 수업 예시 |

1) 오늘 주제는 물건 사기임을 알려 주고 주제와 관련하여 말하고 싶은 내용이 있는지 물어본다.
2) 학생들끼리 주제에 관한 대화를 하도록 짝을 지어 준다.
3) 제한 시간을 주고 시간이 다 되면 종료를 알리고 다른 짝과 또 이야기를 하도록 짝을 바꾼다.
4) 대화를 하면서 도움을 원하면 교사에게 질문을 하도록 한다(What is 'how much is it' in Korean?).
5) 이 때 목표어 발화 내용을 녹음한다(얼마예요?).
6) 대화가 끝나면 교실 활동을 종료하고 녹음된 내용을 한 문장씩 틀어주고 모국어로 번역한다.
7) 녹음된 자료를 칠판에 적고, 문법의 요점과 단어 등 강조할 부분을 선택하여 설명한다.
8) 학생이 잘 모르는 부분은 몇 번이고 지적하면 교사는 인간 컴퓨터가 되어 반복하여 문장을 들려준다.
9) 제시된 단어나 문형을 사용하여 문장을 만들어 보게 한다.
10) 테이프를 다시 한번 들려주며 배운 내용을 정리한다.
11) 전체적인 수업 활동에 대한 소감을 묻고 대답한다.

## 5.4 장점과 단점

집단 언어교수법이 가지는 장점과 단점은 다음과 같다.

| 장점 | 단점 |
|---|---|
| ① 학습자의 인간적 측면을 강조하여 우호적인 분위기를 형성하고 친밀감을 높여 응집성을 형성할 수 있다.<br>② 학생들은 교사와 관계없이 자신이 하고 싶은 말을 자유롭게 할 수 있다.<br>③ 실수에 대한 스트레스를 적게 받을 수 있으며, 녹음을 통해 자신의 실수를 깨닫고 수정할 수 있다는 장점이 있다.<br>④ 학습자가 원하는 화제를 사용하므로 동기와 흥미를 유발할 수 있다. 이러한 교수법은 고급 학습자들의 토론수업에도 유용하게 사용할 수 있다. | ① 학생이 전달하고자 하는 내용의 미묘한 언어의 차이까지 번역해야 하는데 이중 언어를 완벽히 소화하는 교사의 확보가 어렵다.<br>② 여러 가지 언어를 사용하는 다양한 학습자들이 있는 교실의 경우에는 이 학습법을 사용한다는 것이 거의 불가능하다.<br>③ 교사가 각 개인의 언어 발달 단계를 잘 알아 개인의 단계에 맞게 수업을 해야 하는데 학습자의 성향과 양상이 모두 다르므로 통제하기가 쉽지 않다.<br>④ 상담가적인 교수법에 대한 훈련을 받은 언어교사를 확보하는 일이 매우 어렵다.<br>⑤ 수업의 방향이 학습자의 발화에 따라 결정되므로 어휘나 문법, 교수요목 등의 통제가 어렵고, 성인 학습자의 경우 명시적이고 체계적인 수업 진도를 원할 때 학습자의 요구를 맞춰주기 힘들다.<br>⑥ 수업의 목표가 불분명하고 평가를 어렵게 하며, 개개인의 언어 능력 단계를 모두 고려한 수업 단계 설정이 어렵다.<br>⑦ 녹음을 해야 하는 사실이 오히려 학습자에게 부담이 될 수 있으며 교사가 학생 뒤에 있기 때문에 교사의 입 모양이나 몸짓, 표정을 따라할 수 없다. |

# 6. 무의식을 이용하라(Suggestopedia)

## 6.1 배경

암시 교수법은 '암시에서 나온 교수법'이라고 하여, 불가리아의 정신학자이며 교육가인 Georgi Lozanov가 발전시킨 교수법이다. 그는 암시학이 '인간의 비이성적 또는 무의식적인 영향에 대해 체계적으로 연구하는 학문'이라고 기술하고 있는데 이러한 영향들을 어떤 힘으로 바꾸어, 학습을 극대화시키는데 사용하도록 방향을 제시하고 있다.

암시적 교수법의 가장 두드러진 특징은 교실의 장식, 가구의 배치, 음악의 사용, 권위 있는 교사의 행동이다. 또 Lozanov는 라자-요가(raja-yoga)로부터 의식과 집중의 상태를 전환시키는 방법과 율동적으로 호흡하는 방법을 빌려왔고, 또 소비에트 심리학의 "모든 학생들은 어떤 주어진 문제를 같은 능력 수준으로 학습할 수 있다."는 견해를 받아들여 "암시 교수법으로 가르치면 학문적으로 천재성이 주어진 학생이든 주어지지 않은 학생이든 동일하게 성공을 약속할 수 있다."고 주장하였다.

Lozanov는 언어 이론에 대해서는 분명히 언급하지도 않고, 언어 구성 요소와 조직에 관한 어느 특정한 가정에도 별로 관여하지 않는 듯 하다. 어휘의 암기를 강조하고 목표어 항목과 모국어 번역 및 어휘가 중심이며 문맥보다는 어휘 번역을 강조한다.

## 6.2 원리와 특징

학습이론에서 중요시되는 것은 암시와 탈암시의 작용이며, 이들을 작동시키는 원리와 특징들은 다음과 같다.

**[암시 교수법의 원리와 특징]**

- 권위 : Lozanov는 교사를 가장 권위 있는 사람으로 기술하고 있다. 사람들은 권위 있는 곳에서 나온 정보들을 가장 잘 기억하고, 거기에서 많은 영향력을 받는다.
- 아동화 : 성인 학습자는 역할극, 게임, 노래, 체육에 참가함으로 아동과도 같은 역할을 한다. 이런 활동들이 성인 학습자들로 하여금 자신감과 수용적 태도를 가지도록 돕는다.
- 교수와 교수환경 : 학습자는 직접적인 교수의 효과뿐만 아니라 교수 환경에서도 배운다. 교실의 밝은 분위기, 배경음악, 의자 형태, 교사의 인격을 교육 자료 자체로 중요하게 여긴다.
- 억양, 리듬 그리고 수동성 : 언어 자료를 다양한 음조와 리듬으로 변화시키는 것은 반복의 단조로움에서 나오는 지루함을 없애는데 도움을 주며 언어 자료의 속도는 음악의 리듬에 맞춰 제시되어야 한다.

## 6.3 교수 절차

수업 절차는 대개 세 단계로 이루어진다.

- 첫 과정은 전 단계 혹은 "해설의 단계"라고 불리는데 이 단계에서 학생들은 원형으로 안락한 의자에 앉아서 세미나 형식으로 토론을 하고, 문법, 어휘에 주의를 기울이며 이미 배운 것을 중심으로 질문과 응답을 한다. 그 다음 새로운 자료를 중심으로 토론한다. 이 때 교사는 주로 목표어를 사용하지만 학습자

들은 모국어나 목표어를 사용하여 문답을 해도 좋다.

- 두 번째의 본 과정은 콘서트의 단계라고 하여 교사가 음악에 맞추어 교재를 낭독하여 학습자들에게 들려주는 것인데 전반부를 능동적 콘서트라 하여 교사가 음악에 맞추어 읽고 학습자는 텍스트와 함께 그것을 듣고 내용을 이해한다. 후반은 수동적 콘서트라 하여 교사는 학습자가 알파파(ᴀ파) 상태로 되기 쉬운 바로크 음악을 배경으로 교재를 낭독하고 학습자는 긴장이 완화된 상태로 듣기만 하면 된다.
- 마지막 과정은 마무리 단계로 학습자의 언어 운용 능력을 높이기 위한 연습을 행한다. 연습의 방법은 학습의 단계 및 학습자의 성향에 따라 다르지만 각종 게임이나 역할극 등의 방법으로 학습자들이 직접 참여할 수 있는 다양한 활동을 준비한다. 그 활동을 통해 학생들은 언어적 메시지가 아니라 의사소통을 하려는 의지에 초점을 둔다.

---

## | 수업 예시 |[1)]

- 교실의 모든 것이 밝고 색채가 풍부하며 분위기는 매우 편하다(반원형 가구 배치, 편안한 의자)
- 학습을 위한 자연스러운 분위기를 마련한다(그림과 이름, 한글 자모음표, 문법 차트, 노래 악보)
- 악기, 모자, 연극 소도구 들이 테이블 위에 놓여 있다.
- 모국어로 인사한다.

1) 교실은 밝고 색채가 풍부하며, 학생들은 편안한 의자에 앉아 있다. 조명은 은은하며 부드러운 음악이 흐른다.
2) 벽에는 여러 가지 그림과 사진, 자모음표, 발음 삼각도 등 차트가 걸려 있다.
3) 교사는 학생들에게 한국어 학습이 쉽고 재미있을 것이라고 자신 있게 말한다.
4) 학생들은 새로운 한국 이름과 신분을 부여받는다(예: 김진수- 대학원생).
5) 학생들은 모국어로 서로 인사를 나누고 간단한 대화를 나눈다.
6) 교사는 '인사'라는 주제로 공부할 것이라고 말한다.
7) 교사는 대화를 읽을 때 그 목소리와 억양을 음악과 어울리도록 한다.
8) 이번에는 다른 음악을 사용하면서 학생들에게 눈을 감게 하고 조금 빠른 속도로 다시 읽는다.
9) 교사는 교과서에 나온 어휘와 문법을 짧고 간단하게 설명한다(교과서에는 모국어로 번역이 되어 있다).
11) 교사는 학생들에게 역할을 상징하는 모자를 주면서 대화상의 각기 다른 역할을 하도록 시킨다.
12) 학생들은 연극 오디션을 하는 것처럼 역할에 맞추어 대화를 한다.
13) 교사는 이번에는 '안녕, 안녕, 친구들'이라는 동요를 가르친다.
14) 교사와 학생들은 공을 이용하여 인사하기 놀이를 한다. 공을 가진 사람은 다른 사람에게 공을 던지면서 인사를 하면 공을 받은 사람은 그 인사에 대답을 하고 다시 다른 사람에게 공을 던진다.
15) 허리 굽혀 인사하기, 악수하기, 절하기, 목례하기 등 여러 가지 인사법을 소개하고 인사말과 함께 실제로 인사해보기를 한다.
16) 인사해보기와 함께 수업이 끝나고 숙제는 없지만 원한다면 대화를 읽어보게 한다.

---

1) Diane Larsen-Freeman(2000) 내용을 참조한 것임.

## 6.4 장점과 단점

암시 교수법은 어떤 교수법보다도 가장 비판적인 반응을 받았다. 이 교수법은 독특한 가설과 초감각적인 경향을 보여주며, 수업 절차에서 보듯이 가능한 편안한 교실 환경에서 긴장이 없고 충분한 언어 입력과 함께 무의식적인 언어 습관들이 이루어지게 한다. 기억을 촉진시키기 위해 최선의 정신적 상태를 시도하며 학습에 음악 요법을 가미하는 등 여러 가지 장점도 있지만 이 교수법은 적용하기 어려운 교실 환경을 요구하며 특별한 훈련을 받은 유능한 교사를 요구하는 등의 문제점을 가지고 있다.

이 교수법이 가지는 장점과 단점은 다음과 같다.

| 장점 | 단점 |
|---|---|
| ① 안락한 주변 환경을 조성하여 학습자의 긴장과 불안감을 제거하도록 하였다. <br> ② 긴장이 완화된 집중은 상당량의 학습 자료를 빠르게 받아들일 수 있게 한다. <br> ③ 종전의 교수법과는 달리 대뇌의 좌반구와 우반구 양쪽 모두를 조화시켜 사용하도록 하여 기억력 증진과 장기 기억을 할 수 있게 한다. <br> ④ 학습자의 심리를 고려한 학습자 중심의 교수법이다. <br> ⑤ 암기에 초점을 두지 않고 문제를 이해하고 창조적으로 해결하는 데 초점을 둔다. | ① 암시의 효과, 음악의 효과, 깨어있는 무의식 상태에서의 학습능력의 신장 등이 과학적으로 증명되지 않았다. <br> ② 여러 가지 방법을 제대로 적용할 수 있도록 특별 훈련을 받은 유능한 교사의 양성이 어렵다. <br> ③ 교사는 권위를 가지고 통제하고 학습자는 아동화를 권고 받는 것이 성인 학습자에게 수용하기 어려운 점이 있다. <br> ④ 일반 언어 교실에서는 암시적 교수법에 적합한 환경 조성이 어렵다. <br> ⑤ 학습자들의 전인적인 접근을 강조하므로 적은 소인원에 적합한 교수방법이며 학생수가 많은 일반 학급에서는 실시하기가 어렵다. <br> ⑥ 교수법에 맞는 교재를 구성하기가 어렵다. |

# 7. 언어는 의사소통을 위한 것이다(Communicative language learning)

## 7.1 배경

의사소통 교수법의 기원은 1960년대 후반부터 시작되는 영국 언어 교수 전통의 변화에서 찾을 수 있다. 영국의 응용 언어학자들은 언어의 기능적 및 의사소통적 잠재성을 강조하며, 언어는 단순한 구조를 숙달하는 것보다는 의사소통 능력 숙달에 교수의 초점을 두어야 하고, 또 언어는 독자적인 체계로서가 아니라 그것이 실제로 사용되는 맥락 속에서 갖는 기능 위주로 분석 기술되어야 한다고 주장했다. 이와 더불어 또 하나의 자극은 유럽의 변화하는 교육현실이었다. 유럽 국가 간의 상호 의존도가 높아지면서 상호 이해를 위한 외국어 교육이 필요하게 됨으로써 문법적인 기능보다는 의사 전달 능력을, 정확성보다는 유창성을 우선시했다.

## 7.2 원리와 특징

이 교수법이 가지는 **원리**와 **특징**을 보면

**[의사소통 교수법의 원리와 특징]**

- 교실에서 학습하는 언어는 실제 생활에서 사용하는 언어를 중시한다.
- 언어 사용의 정확성보다는 유창성이 중요하며 이 과정에서 나타나는 학습자 오류는 언어 학습 과정에서 나타나는 자연스러운 결과로 보아 의사소통에 심각한 장애가 되지 않으면 그대로 넘어간다.
- 구조의 복잡성이나 문법의 난이도가 아닌 주제별, 상황별로 단원 학습을 구성한다.
- 실제 혹은 유사 의사소통 상황으로서 게임이나 역할극 등, 의사소통을 증진시키기 위한 다양한 활동을 이용한다.
- 문법은 대화의 맥락 속에서 자연스럽게 습득되도록 지도한다.
- 학생 중심이고 의미 중심이다.
- 교사는 의사소통을 활발하게 할 수 있는 분위기의 조성자이면서 조언자이다.
- 언어 체계보다 언어 사용을 강조한다.
- 문장이 아닌 담화에 관심을 기울인다.
- 실제적인 실물 자료를 많이 사용한다.

## 7.3 교수 절차

의사소통 교수법을 교실에서 실제로 적용하는 **절차**를 보면

- 먼저 동기 유발을 위해 대화 상황을 학습자의 실생활 경험에 연관시킨 짧은 대화의 상황을 제시한다.
- 그리고 교사가 시범을 보인 다음에 구두 학습(학급 전체, 그룹별, 개별 따라하기)모형을 제시하고, 그날 제시된 대화의 개개 발화에 대한 구두연습을 한다.
- 그 다음 대화의 화제와 상황에 바탕을 둔 질문과 대답을 하며, 학생 개인의 경험과 관련이 있는 대화 주제를 중심으로 질문과 대답을 한다. 구두 발화 활동은 통제에서부터 시작해 자유로운 의사소통 활동으로 나아간다. 의사소통 활동은 실물 혹은 드라마를 이용하여 하며, 표현이나 언어 구조의 보편성 및 규칙은 학습자 자신이 발견하게 한다. 말의 차이를 인식하고 의미를 이해하게 한 후 이야기를 중심으로 간

단한 놀이나 역할극 등의 말하기 활동을 한다.

- 말하기 활동이 끝나면 학생들이 사용한 어휘와 문장, 구문을 말하게 한다.
- 마지막으로 집에서 시청각 보조 자료를 보고 듣는 연습을 하도록 숙제를 부과할 수 있다.

---

### | 수업 예시 |

**1. 학습 목표** : 약속하기

**2. 단계** : 초급

**3. 어휘** : 만나다, 약속하다, 정하가

**4. 문법** : -(으)ㄹ까요? -(으)ㅂ시다. -지 맙시다, -는 게 어때요?

**제시문** :

> 주말에 뭐 할 거예요?
>
> 아직 계획이 없어요.
>
> 그럼 주말에 만나서 영화 보러 갈까요?
>
> 네, 좋아요. 그럽시다.
>
> 언제 만날까요?
>
> 이번 주 토요일에 만날까요?
>
> 좋아요. 몇 시에 만날까요?
>
> 5시 어때요?
>
> 좋아요. 어디에서 만날까요?
>
> 광화문 광장에서 만납시다. 만나서 같이 저녁을 먹고 영화를 보는 게 어때요?
>
> 그런데 광화문 광장은 너무 커서 찾기가 어려우니까 광화문 광장에서 만나지 맙시다.
>
> 광화문 지하철 역 3번 출구에서 만나는 게 어때요?
>
> 좋아요. 그럼 토요일 5시에 광화문 역에서 만나요.

교사 : 오늘은 약속하기에 대해서 공부하겠습니다.

자, 교과서를 읽어봅시다.

(교과서를 읽은 후 교사는 새로운 어휘와 문법을 간단하게 설명한다).

여러분은 이번 주말에 뭘 할 거예요? 그럼 우리 친구와 같이 주말 계획을 세워 볼까요?

등산, 영화 보기, 가까운 교외 나가기, 운동하기, 쇼핑하기 중에서 먼저 옆에 있는 친구에게 이번 주말에 이 중에서 뭘 하고 싶은지 물어 보세요. 그리고 옆에 있는 친구와 함께 주말 약속을 정해보세요. (10분)

약속을 정했으면 친구들과 함께 세운 주말 계획을 한 팀씩 나와서 발표해 보세요.

| | |
|---|---|
| 같이 갈 친구 이름 | |
| 약속 시간 | |
| 약속 장소 | |
| 하루 일정 | |

## 7.4 장점과 단점

의사소통 교수법은 교수법이라기보다는 접근 방법으로 간주하는 것이 좋으며, 혁신적이라기보다는 이제까지의 모든 교수법들을 통합한 형태라 볼 수 있다.

이 교수법이 가지는 장점과 단점을 보면 다음 표와 같다.

| 장점 | 단점 |
| --- | --- |
| ① 교수법뿐만 아니라 교수요목 개발에도 큰 공헌을 했다.<br>② 구조적, 상황적, 기능적인 모든 고려가 교수법에 필요함을 인식시켰다.<br>③ 학습자 개개인의 필요성을 중시하는 학습자 중심의 방법론이다<br>④ 설계나 절차에 있어서 다양성의 여지가 많다. | ① 낯선 언어를 배우는 성인 학습자들에게는 실제 언어 사용을 강조하는 이 교수법이 비효율적이고, 낯선 언어를 더욱 낯설게 만들어 거부감을 가질 수 있다.<br>② 반복적이고 누적적인 학습이 이루어지지 않아 학습자의 자신감이 결여되고 부정확성을 방지하지 어렵다.<br>③ 체계적이지 못하고 등급의 원리를 지킬 수 없어 의사소통 행위를 강조한 교수요목은 문장을 생성하는 능력을 발달시키기 어렵다.<br>④ 상황이나 주제 등을 우선할 경우 문법과 어휘의 등급별 난이도를 고려하기 어렵다. |

## 8. 행동을 통해 배운다(Total Physical Respond)

## 8.1 배경

전신반응 교수법은 말과 행동의 일치를 바탕으로 한 교수법으로 구조주의 언어학과 발달 심리학을 기본으로 하면서 인본주의 교수법을 적용한 교수법이다. 이것은 신체적 활동을 통해 언어를 가르치고자 시도한 것으로 캘리포니아 San Jose 주립대학 심리학 교수인 James Asher가 창안한 방법이다. 그는 성인의 성공적인 외국어 학습 과정을 어린이의 모국어 습득과 유사한 과정으로 보았는데, 그의 주장에 의하면 어린 아이들에게 하는 발화를 살펴보면 '이리 와.' '그거 만지지 마.' '얼른 자야지.' 등과 같이 주로 명령어로 구성되어 있으며, 어린이들은 이 명령어에 말보다는 행동으로 먼저 반응을 나타낸다는 것이다. 그러므로 성인 학습자들도 이러한 모국어 습득 과정을 따라야 한다는 것이 그의 생각이다. 또 그는 언어 학습에 있어서 심리적 요소의 역할을 중요시하고 있어 교사는 학생들에게 말을 하도록 요구하지 않으며, 게임과 같은 움직임을 통하여 긴장을 감소시키고 긍정적인 학습 분위기를 조성하여 언어 학습이 수월하게 이루어지도록 학습 활동을 구성해야 한다고 주장했다.

## 8.2 원리와 특징

이 교수법이 가지는 **원리 및 특징**을 살펴보면 다음과 같다.

---

**[전신 반응 교수법의 원리와 특징]**

• 우측 두뇌를 통한 학습을 강조한다. 일반적으로 언어활동은 좌측 두뇌가 관장하므로 대부분의 교수법이 좌측 두뇌를 이용한 학습 방법을 적용하는 반면 전신 반응 교수법은 우측 두뇌를 통한 학습을 강조한다.
• 행동주의 이론을 적용하여 교사가 자극을 주고 학생은 그에 따라 반응하게 한다.
• 언어 학습에서 듣고 이해하는 능력이 말하기 언어 기능보다 앞선다.
• 말하기는 듣고 이해하는 능력이 확실할 때까지 연기되어야 한다.
• 가르칠 때는 언어의 형태보다 의미를 강조한다.
• 학습자의 긴장감을 최소화한다.
• 문법은 귀납적으로 지도한다.

---

## 8.3 교수 절차

이 교수법을 실제로 교실에서 적용하는 **절차**를 보면

• 먼저 복습 단계인데 지난 시간에 배운 학습 내용을 확인하는 단계로 이미 배운 표현을 사용한 명령어를 사용하여 학습자들에게 명령하고 학습자들은 그 명령에 따라 행동한다.
• 다음은 시범관찰 단계로 새로운 명령어와 목적어를 제시한다. 명령어를 제시하고 교사는 행동으로 보여 준 후 따라하게 한다.
• 명령어를 익히면 새로운 말들을 섞어서 조금씩 문장을 늘려 지시한다.
• 그리고 역할 바꾸기를 통해 학생들은 자원해서 교사와 다른 학생들에게 움직이도록 명령을 내린다.
• 이러한 과정을 통해 학습이 끝나면 마지막으로 읽기 및 쓰기 단계에서 교사는 칠판 위에 각각의 새 어휘와 그 어휘를 묘사하기 위한 한 문장을 쓰고 그것을 읽고는 문장대로 움직인다. 학생들은 교사가 읽을 때 듣고, 필요한 경우 설명 내용을 자신의 공책에 적는다.

| 수업 예시 |

- **학습 목표** : 명령문 만들기
- **단계** : 초급
- **어휘** : 나가다, 들어오다, 가져가다, 주다
- **문법** : -(으)세요
  1) 교사는 기본 동사를 직접 행동으로 시범을 보인다. 그런 다음 명령형 문장으로 만들어 사용한다.
     나가다 → 나가세요   들어오다 → 들어오세요  가져가다 → 가져가세요  주다 → 주세요
  2) 학생에게 배운 명령형의 문장으로 지시하고 그 지시대로 행동하도록 한다.(마이클씨, 연필을 가져가세요)
  3) 조금씩 긴 형태의 명령형으로 지시한다.(마이클씨, 책상 위에 있는 컵을 로빈씨에게 주세요. 로빈씨. 마이클씨한테서 받은 컵을 뒤에 있는 가방 안에 넣고 밖으로 나가세요....)
  4) 역할을 바꾸어 배운 내용을 학생들끼리 연습하게 한다.
  5) 배운 것을 정리한다. 교사가 행동을 하면 학생들이 배운 문장으로 표현한다. 또는 동사 카드를 보여주면 학생은 동작을 직접 표현한다.
  6) 간단한 질문으로 학생들이 이해를 했는지 확인한다.(제가 컵을 어디로 가져갑니까?)

## 8.4 장점과 단점

이 교수법도 다른 교수법들과 마찬가지로 장단점을 가지고 있었는데 그것을 표로 정리하면 다음과 같다.

| 장점 | 단점 |
|---|---|
| ① 외국어를 처음 배우는 초기 단계의 학습자에게 좋은 교수 방법이다.<br>② 실물을 쓰고 행동과 함께 말을 들으므로 그 의미를 쉽게 안다.<br>③ 성취감을 즉시 맛볼 수 있고 언어를 배우는 긍정적인 태도를 갖게 된다.<br>④ 말하기를 강조 받지 않고 움직임으로 반응을 보이기 때문에 긴장감 없이 즐겁게 말을 익힐 수 있다.<br>⑤ 다양한 신체적 움직임, 게임을 이용한 수업은 학습자의 흥미를 유발시키고, 수업을 지루하지 않고 활기차게 만든다.<br>⑥ 언어의 형태가 아니라 동작을 통해 해석되는 의미에 초점을 맞춤으로써 학습자의 자의식과 긴장된 상황으로부터 자유로워지고 학습에 몰두할 수 있게 된다.<br>⑦ 명령에 수반되는 학습자의 행동을 보고 교사는 학습자의 이해 여부를 쉽게 판단할 수 있다. | ① 수업이 너무 긴장감이 없게 되어 학습자들의 행동이 장난으로 치우칠 염려가 있다.<br>② 고급으로 갈수록 동작을 통해 유추하기 어려운 추상적 어휘의 의미를 가르치기 힘들다.<br>③ 학생들이 각기 다른 시점에서 말할 준비가 된다면 교사는 수업을 효과적으로 이끌어 나가기가 힘들 것이다. |

# 9. 언어 습득은 i +1(The Natural Approach)

## 9.1 배경

우리가 전혀 낯선 외국어 방송을 날마다 듣는다고 가정해보자. 날마다 열심히 라디오 방송을 들으면 그 언어를 이해하고 배울 수 있을까? 아마도 그 언어에 대한 기본적이 지식이 있다면 다소 도움이 될지 몰라도 아무런 기반 없이 그런 방송을 듣는다고 그 언어를 이해하고 배울 수는 없을 것이다. 그러나 어떤 언어에 대해 조금씩 배워가는 과정이라면 잡지나 라디오, 텔레비전 방송을 열심히 보는 것은 언어 학습에 도움을 줄 수 있고 사람에 따라서는 그렇게 해서 외국어를 훌륭하게 연마하는 사람도 있다. 그것은 그러한 외부 입력이 자신이 가지고 있는 기존의 단계보다 조금 높은 단계이거나 또는 이해를 도와줄 수 있는 장면이나 사진, 상황이나 문맥 등의 도움으로 외부 입력이 이해 가능한 입력이 되었기 때문이다. 이렇게 언어는 자연적인 발달 단계에 따라 단계적으로 습득되는 것이라는 주장은 1977년 미국 캘리포니아에서 스페인어 교사인 Tracy Terrell에 의해 처음으로 제안되었다. **자연 교수법은** 제2언어 습득 연구에 확인되었던 전통적 접근방법인 자연주의 원리를 반영하여 언어 교수법을 개발하기 위한 시도였다.

## 9.2 원리와 특징

전통적 접근방법인 자연적 교수법은 모국어에 의지하지 않고 문법분석, 문법연습, 그리고 목표어의 언어사용에 중점을 둔다. 자연 교수법과 전통적 접근 방법인 자연적 교수법에는 차이가 있는데, 자연적 교수법은 직접식 교수법으로 알려지게 된 교수법의 다른 이름이고, 자연 교수법은 반복, 질문과 대답, 문장의 정확한 생성보다는 노출과 입력의 강조, 학습에 대한 정서적 준비의 극대화, 언어학습자들이 언어를 표현하려고 시도하기 전에 그들이 들은 것에 대해 주의를 기울이는 기간의 연장에 대해 강조하였다. Krashen과 Terrell의 자연 교수법은 경험에 기초를 둔 제2언어 습득 이론에 근거를 두고 있고 그것은 광범위하고 다양한 언어습득 및 학습상황에 관한 수많은 과학적 연구에 의해 지지 받아 왔다. 자연 교수법의 기초가 되는 **이론적인 가설**들을 살펴보면 다음과 같다.

**[자연 교수법의 이론적 가설과 특징]**

- 습득/학습가설: 습득과 학습은 다르며, 언어는 언어 지식의 축적에 의해 자연스럽게 습득되는 것이지 체계적이고 과학적인 훈련 즉, 학습에 의해 터득되는 것이 아니다. 또 학습은 습득으로 전이될 수 없으므로 초보 학습자의 외국어 교육 시 의미를 이해하고 습득하도록 해야 한다.
- 모니터가설: 발화란 습득을 통해 획득한 언어 능력에 의해 이루어지며, 의식적인 학습에 의해 얻은 지식은 그 발화가 이루어지는 전후에 자신의 발화를 점검하거나 고치는 조정자, 편집자의 역할만을 한다.
- 자연순서가설: 모국어 습득 시 먼저 습득되는 언어 구조, 형태소가 있듯이 외국어 습득에도 이와 유사한 습득 순서가 존재한다. 문법 구조의 습득은 예측할 수 있는 자연적 순서대로 진행되므로 문법상 오류는 발달 과정상 자연스럽게 생겨나는 것이다.
- 입력가설: 사람들은 자신의 현재 능력 상태보다 약간 더 높은 수준의 언어 자료(i+1)를 충분히 접하게 되면 언어 습득이 일어난다.
- 정의적 여과장치가설: 학습자 개인의 정서적 상태, 태도는 제공되는 언어를 통과시키기도하고 방해하기도 하는 여과 장치의 기능을 하는데. 이 여과 장치의 수준이 낮을수록 습득이 잘 된다.

## 9.3 교수 절차

자연 교수법은 다양한 교수법의 원천으로부터 교수 기법과 활동들을 자유롭게 채택하고 있기 때문에 이 교수법만의 특별한 교수방법의 제시는 없다. Krashen과 Terrell은 전신반응 언어교수법, 의사소통 중심 언어교수법 등 다른 교수법들의 광범위한 활동을 이용할 것을 제안한다. 그 구체적인 적용 절차를 보면

처음에는 전신반응 교수법에서 사용하는 명령으로 시작하는데, 처음의 명령들은 아주 간단하다. 교사는 교실 안의 물건을 명령문 속에서 소개하고, 교실에 가져올 수 있는 물건은 어느 것이든 이용할 수 있다. 학습 구성원을 이름으로 확인할 때도 신체적 특징과 옷 이름을 사용하여, 예컨대 머리가 긴 수진, 빨간 옷을 입은 마이클 등 이해 가능한 입력에 최대한 노출시키도록 노력한다. 중요 단어의 의미를 명확하게 하기 위해서는 문맥 및 물건, 또 그림이나 사진 같은 시각 자료들을 최대한 이용하며, 그림을 사용할 때는 명령문이나 조건절과 결합한다. 교사는 이해 가능한 입력의 흐름이 끊어지지 않도록 하며 이해를 확실하게 하기 위하여 주요 어휘, 적절한 몸짓, 문맥, 반복, 부연 설명 등을 한다.

## 9.4 장점과 단점

자연 교수법이 가지는 장점과 단점은 다음 표와 같다.

| 장점 | 단점 |
|---|---|
| ① 자연 교수법에서는 올바른 종류의 이해 가능한 입력의 제공뿐만 아니라 이해와 유의미한 의사소통을 강조함으로써 교실에서의 성공적인 제2언어와 외국어 습득을 위한 필수적이고 충분한 조건을 제공한다. | ① 학습자의 자발적 발화가 일어날 때까지 침묵 기간을 가져야한다는 주장은 한계가 있다. |
| ② 현존하는 다양한 자료들로부터 이끌어 온 교수 기법의 통합과 적용을 위한 새로운 논리적 근거가 된다. | ② "이해 가능한 입력"이라는 것은 명시적으로 정의하기 어려운 개념이다. |
| ③ 자연 교수법의 독창성은 문법적으로 완벽한 발화와 문장의 생성보다는 이해 가능하고 유의미한 연습 활동을 강조하는 교수법의 사용이라는 것이다. | ③ 학습 이론의 배경이 되는 가설들을 실제적으로 입증하기가 어렵다. |
| ④ 학습 초기에는 전신 반응 교수법이나 여타의 입력을 활용하고, 학습자가 새로운 언어에 적응하는 동안 얼마간의 침묵 기간을 둠으로써 학습자의 언어자아가 위협을 받지 않도록 배려한다. | ④ 목표어에 능통한 자질 있는 교사의 부족이 예상된다. |

# 10. 한국어와 교수법 : 최상의 교수법은 없다. 최선의 교수법이 있을 뿐이다.

우리는 지금까지 각 교수법의 배경과 원리 및 특징, 그리고 이를 실제로 적용하는 방법과 절차, 그리고 각 교수법의 장단점을 살펴보았다. 여기서 우리는 각 교수법이 가지는 몇 가지의 공통점과 차이점에 대해서 주의를 기울일 필요가 있다. 먼저 공통점 중 가장 중요한 한 가지는 문법 번역식을 제외한 대부분의 교수법이 목표하는 바는 학생들로 하여금 목표어로 의사소통을 하게 만드는 것이다. 두 번째 공통점은 이들 교수법 모두가 학교 교실 상황에서 적용될 수 있는 것이라는 점이다. 이 점은 당연한 이야기처럼 들릴지도 모르겠지만 가까운 미래에는 기술 발달의 영향으로 지금과 같은 교실 수업은 원격 교육으로 대체되고 정해진 수업 시간에 얼굴을 마주 보고 수업하는 면대면 수업은 먼 옛날의 이야기가 될 지도 모르기 때문에 이들 방법을 수업에 적용하기 어려워질 수도 있기 때문이다. 마지막으로 이들 교수법의 대부분은 암암리에 문화를 상당히 중요하게 취급해 왔다는 점이다. 문화는 언어의 4기능 외에 5번째의 기능으로 포함되었고 문화는 언어를 통해서 은연중에 전달되는 부분이 있다.

반면 각 교수법은 상당한 차이점도 보였는데 첫째, 각 교수법은 교사와 학습자 그리고 학습에 대한 상이한 관점을 보였다. 예를 들면 학습자는 그저 단순한 모방자에서부터 인지적이고 정서적이고 사회적인 존재로까지 다양한 시각으로 보았고, 마찬가지로 교사는 단순한 시범자에서부터 훈련사, 상담자, 조장자, 기술자, 협력자, 학습 조련사에 이르기까지 다양한 역할을 하는 존재로 보았다. 또 다른 차이점은 예를 들어 학습자의 모국어 사용에 대한 견해는 직접식 교수법이나 전신반응 교수법 등은 모국어 사용을 배척하는 데 반해 문법 번역식이라든가 공동체 교수법 등은 모국어 사용을 허용하고 있고, 또 학습자에게 주는 언어 입력에 관해서도 구두 청각 교수법은 강도 높게 수준을 제한하는 반면 직접 교수법이나 자연적 교수법 등은 크게 제약을 하지 않고 있다. 학습자 오류에 관한 견해도 처음부터 방지해야 한다는 견해부터 오류에 그다지 크게 신경 쓰지 않고 어느 시점에 가면 없어질 것이라는 견해까지 다양하다.

이들 외에도 여러 가지 다른 차이점들이 많이 있을 것이다. 그러나 이러한 상호 모순적 차이를 보면서 그렇다면 과연 교사는 무엇을 어떻게 선택해야 할지 혼란스러운 느낌이 들 것이다. '무엇을 어떻게'라는 것은 언어 교육 뿐 아니라 모든 교육이 가지고 있는 가장 근본적이고 공통적인 질문일 것이다. 교육의 내용과 방법에 관하여 어떤 한 가지 확실한 정답을 사람들이 합의하여 만들어 내는 일은 지극히 어렵고 또 어쩌면 그러한 수고 자체가 어리석은 헛수고일지도 모른다. 그럼에도 지금까지 언어 교육의 역사를 돌이켜 보면 그 무엇인가 한 가지 정답에 사람들은 합의를 보려고 많은 노력을 기울여왔던 것도 사실이다. 교육의 여러 가지 실천 영역에 있어서 교수 방법만큼 유행의 물결에 크게 휩쓸려 온 것도 드물다. 지난 역사동안 여러 이론을 바탕으로 한 새 방법들이 연구되고 발전하여 현장에 잠시 적용되다가는 다시금 새로운 교수 방법에 밀려 퇴출당하기도 하였다. 그러나 교수 방법이 이토록 유행의 물결을 타게 되었음을 반드시 부정적인 시각으로만 볼 일은 아니다. 그보다 왜 그토록 여러 가지 교수 방법들이 보다 안정성 있게 오랫동안 지지를 받지 못하고 나타났다 없어지는 일을 반복할 수밖에 없었는가를 한번쯤 깊이 생각해 볼 필요가 있다. 한 가지 분명한 것은 가르치는 데에는 무엇인가 최선의 방법, 즉 가장 좋은, 가장 바람직한, 가장 옳은 한 가지 정답의 교수 방법이 있지 않겠느냐 하는 사람들의 희구와 착각이 있다. 그러나 세상에 가장 최선의 교수방법이란 있을 수 없다. 마치 한 부모의 자식이라도 각기 그 아이에게 맞는 교육 방법이 있듯이 그 어떤 경우에도 예외 없이 적용될 수 있는 교수 방법이란 있을 수 없다. 그저 가장 적합한 교수 방법이 있을 뿐이다. 최적의 교수 방법은 그때 그때의 여러 가지 상황이나 조건에 따라 얼마든지 달라질 수 있다. 그러므로 교사는 각기 그때 그때마다 필요한 자신의 최적의 교수 방법을 개발하고 발전시켜 나가는 노력을 끝없이 기울여야 하고 유행의 물결을 따라 맹목적으로 교수 방법을 수용하고 활용해서는 안 된다. 최적의 교수방법을 찾고 선택하고 또 개발하기 위해서는 우리는 각자 풍부한 선택의 여지를 갖추고 있어야 한다. 많은 것을 놓고 고를 수 있는 기회를 스스로 갖추어야 한다. 뿐만 아니라 우리는 그 많은 교수 방법들 하나하나의 특성을 보다 분명하게 이해하고 있을 때 비로소 현명한 선택과 결정을 할 수 있는 것이다.

그렇다면 앞으로 한국어 교사가 이들 교수법을 활용할 때 유념해야 할 점은 무엇인가?

첫 번째로는 앞에서 많은 교수법들의 공통점으로 지적됐듯이 한국어 교육의 목표를 의사소통 능력 계발에 두어야 한다는 것이다. 문법적 언어지식으로서의 언어 학습이 아닌 구체적인 실제 언어 상황 속에서 목표어를 사용하여 의사소통을 할 수 있도록 교육해야 한다.

두 번째는 언어의 네 가지 기능을 고루 발전시킬 수 있는 통합 교육이 되어야 한다. 목표어로 원어민과 같이 자유롭게 듣고 말하고 또 읽고 쓰기 위해서는 어느 한 기능에 치우치지 않고 네 가지 기능이 조화롭게 배양될 수 있는 통합적 교육이 필요하다.

세 번째는 문법 교육을 도외시할 수 없다는 것이다. 특히 한국어와 같이 문법적 형태가 많은 언어일 경우 문법적인 지식을 소홀히 한 채 의미와 기능만을 강조하여 가르쳐서는 결코 성공적인 언어학습을 보장할 수 없을 것이다. 뿐만 아니라 성인 학습자의 경우, 아동이 모국어를 습득하는 과정과는 달리 분석적이고 체계적인 학습 과정을 통해 언어를 배우게 되므로 문법 지식은 언어의 효과적인 습득과 올바른 사용에 많은 도움을 줄 수 있기 때문이다.

네 번째는 유의적인 연습이 되어야 한다는 것이다. 구두 청각 교수법이 많은 비판을 받았던 것도 인간의 인지 능력을 무시한 채 암기와 훈련만을 강요했기 때문이다. 의미를 무시한 채 그저 앵무새처럼 따라하는 모방과 반복적인 연습, 실생활과 유리된 책 속에서만 존재하는 문장의 연습이 아닌 의미와 연결된, 그리고 실생활에서 적용 가능한 유의미한 연습이 되어야 학습의 효과가 오래 지속될 수 있을 것이다.

다섯 번째는 학습자 중심 교육이 되어야 한다는 것이다. 1970년대에서 1980년대 초기까지는 소위 개혁적인 다양한 방법론이 대두되었는데 이들은 하나같이 학습자의 정서적 안정감을 언어 학습의 중요한 요인으로 보고 학습자의 요구와 학습자의 상태를 최대한 배려하려고 노력하였다. 언어가 필요한 사람은 교사가 아닌 학생이다. 따라서 그들의 요구를 조사하고 그들이 필요로 하는 것이 무엇인가를 알아내어 교사가 일방적으로 이끌어가는 교육이 아니라 학습자 스스로 자신의 언어 능력을 발달시키고 발휘할 수 있도록 교사는 학습 기회를 제공하고 학습자를 격려하며 이끌어주어야 한다.

여섯 번째는 문화 교육의 중요성이다. 앞에서도 많은 교수법들의 공통점으로 지적되었듯이 언어와 문화는 뗄래야 뗄 수 없는 불가분의 관계이다. 문화에 대한 이해 없이는 그 나라에서 사용되는 언어를 올바르게 이해하고 사용하기란 불가능하다. 특히 의사소통 능력의 배양을 언어교수의 목표라고 볼 때, 의사소통 능력이란 문법이나 어휘를 이해하고 사용하는 문법적 능력뿐만 아니라 주어진 상황이나 문맥에 적절하게 사용할 수 있는 사회 맥락적 기능과 담화적 기능, 전략적 기능까지도 포함하는 개념이다. 그러므로 어떤 말이 특정 상황에서 사용될 때 그 배경이 되는 그 나라의 문화와 사고방식에 대한 이해는 언어 교수 학습에 있어서 매우 중요한 부분이 아닐 수 없다.

끝으로 이러한 점과 더불어 필요한 것은 교사의 탐구 정신이다. 교사는 어떻게 하면 자신의 학생들을 효과적으로 가르칠 것인가에 대한 끊임없는 성찰과 노력이 필요하며 자신의 가치관을 정립하고 늘 스스로에게 질문하며 재확인해야 한다. 가르친다는 것은 단순한 사고가 아닌 가치이며 행동이다. 따라서 새로운 기술에 대한 실험 정신을 가지고 늘 시도해보고 결과를 반추해 보고 적용해 보려는 탐구적인 자세가 필요하다.

## 참고문헌

김남국 외(1999), 『외국어 교수 방법론』, 하우.

김정렬(2001), 『영어과 교수-학습 방법론』, 한국문화사.

박경자 · 강복남 · 장복명 공저(1994), 『언어교수학』, 박영사.

박경수(1995), 『외국어 교수론』, 형설출판사.

신성철 역(1996), 『외국어 교수 학습의 원리』, 한신문화사.

신성철 · 박의재(1999), 『영어교수법』, 한신문화사.

심영택 외 역(2002), 『언어교수의 기본 개념』, 하우.

임병빈 역(1994), 『언어교수 방법론』, 형설출판사.

전병만 외 공역((2003), 『외국어 교육 접근 방법과 교수법』, Cambridge.

조명원 · 선규수 공역(1992), 『외국어 고육의 기술과 원리』, 한신문화사.

Diane Larsen- Freeman, Techniques and Principles in Language Teaching, Oxford University Press.

H.Douglas Brown(1994), Principle of language learning and teaching, Longman.

H.Douglas Brown(2001), Teaching by principle(3rd), Englewood Cliff, NJ ; Prentice Hall Regents.

Jack C. Richards & Theodore S. Rodgers, Approaches and Methods in Language Teaching, Cambridge.

# 12 한국어 표현 교육(말하기와 쓰기)을 어떻게 해야 할까

말하기와 쓰기는 표현 기능에 속한다. 표현 기능은 자기의 의사를 표현하는 능동적 기능이다. 표현을 하기 위해서는 물론 이해 기능인 듣기와 읽기가 필요하지만 읽기와 듣기를 잘 한다고 해서 말하기와 쓰기를 잘 하는 것은 아니다. 고전을 통해 선조의 지혜를 전달받던 시대나 발달된 선진국의 지식과 문명을 책이나 기록을 통해 전수받고자 했던 예전에는 문자나 구두 언어를 수동적으로 수용하여 정보를 습득하고 이해하는 것에 외국어 교육의 목표를 두었다. 그러나 교통과 통신, 과학 문명의 발달로 세계는 날로 가까워지고 있다. 문자메시지와 각종 SNS를 통해 다른 사람과 문자로 소통하는 일이 많아지고 직접 만나 얼굴을 보고 이야기하거나 의사를 표현하고 전달해야 하는 기회도 많아지고 있다. 그뿐만 아니라 화상전화나 화상회의 등 직접 대면하지 않고도 공간을 뛰어넘어 직접 의사소통을 할 기회도 점점 더 늘어나고 있어 의사소통 능력의 중요성은 더 부각되고 있다. 그러므로 학습자의 의사소통 능력을 신장시키기 위해서는 이해 기능뿐만 아니라 말하기나 쓰기와 같은 표현 기능의 지도가 매우 중요하며 또 필수적이다.

12장에서는 표현 기능인 말하기와 쓰기의 특징과 유형 및 구체적인 지도법에 관하여 소개하고자 한다.

# 1. 말하기 교육, 왜 중요한가

## 1.1 말하기 교육의 필요성

흔히 외국어 능력은 그 언어를 얼마나 잘 말할 수 있는지로 판명된다. 아무리 외국어 방송을 듣고 잘 알아듣는다 해도, 또 아무리 외국책을 술술 읽는다 해도 외국어를 한마디도 못 한다면 우리는 그 사람의 외국어 능력을 그다지 인정하지 않는다. 그러나 반대로 외국어를 한 글자도 읽고 쓰지는 못해도 유창하게 말만 잘할 수 있다면 그 사람의 외국어 능력은 그 사람이 가진 능력 이상으로 과대평가 된다. 그만큼 외국어 능력에서 말하기가 차지하는 비중은 크다. 물론 외국어 능력이란 듣고 말하고 읽고 쓰는 네 가지 기능이 골고루 발달되어야 하나 의사소통 능력이 중요시되는 상황에서는 네 가지 기능 중 가장 중요시되는 것은 말하기 기능이다. 특히 오늘날과 같이 세계 사람들이 서로 왕래하고 접촉할 기회가 많아 서로 대화할 기회가 잦아진 상황에서 말하기 교육은 예전보다 훨씬 중요하고 또 필수적인 것으로 간주되고 있다.

## 1.2 말하기의 특성

말하기가 갖는 여러 가지 특성은 말하기를 어렵게 하는 요인이 되기도 하지만 반대로 이를 잘 활용하면 오히려 의사소통에 도움이 될 수도 있다. 말하기의 특성으로 꼽을 수 있는 것들은 여러 가지가 있다(Brown, 1994).

- 덩어리 - 말은 단어 하나가 아닌 구나 절 단위의 덩어리로 이루어진다. 사람들은 말을 할 때 인지적으로 의미를 이루는 한 덩어리로 또는 한 번의 호흡으로 말의 덩어리를 만들며 발화한다.
- 중복성 - 화자는 말을 할 때 의미를 명확하게 하기 위해서 반복하거나 중언부언한다.
- 축약형 - 모음 탈락, 모음 축소 등 구어는 문어와 달리 축약된 형태로 자주 쓰인다.
- 머뭇거림 - 말하기가 갖는 이점 중의 하나는 말을 하면서 주저하거나 잠시 중단하거나 또는 먼저 했던 말로 다시 돌아가 좀 전에 했던 말을 수정할 수 있다는 점이다. 모국어 화자와 외국어 학습자의 가장 큰 차이점의 하나가 바로 이러한 주저 현상이다.
- 구어체 - 말할 때는 문장을 쓸 때와는 달리 구어체를 많이 사용한다. 따라서 구어체의 단어와 숙어, 관용구에 익숙해져야 한다. 교사는 학습자에게 이러한 구어체적 형태에 익숙해지도록 연습할 기회를 주어야 한다.
- 속도 - 유창성을 나타내는 정도 중의 하나는 말하는 속도이다. 그러므로 학습자들이 정상 속도로 이야기할 수 있도록 지도해야 한다.
- 강세와 리듬, 억양 - 어느 나라 말이든 특유의 강세와 리듬, 억양이 있다. 흔히 외국어 학습자의 경우 자신의 모국어 강세와 리듬, 억양으로 외국어를 말해 우스꽝스럽게 들리는 경우가 흔하다. 목표어가 가지는 강세와 리듬, 억양을 익히는 것은 매우 중요하다.

- 상호작용 - 말은 물론 때로 독백을 하는 경우도 있으나 대부분 화자와 청자 간의 대화적 특성을 갖는다. 그러므로 적절한 상호작용은 매우 중요하다. 상호작용에 따라 대화가 지속되기도 하고 단절되기도 한다.

# 2. 말하기 교육, 무엇을 가르쳐야 할까

## 2.1 발음과 억양

발음과 억양 교육에 관해서는 사람마다 여러 가지 견해 차이를 보이고 있다. 특히 결정적 시기(critical period)를 지난 성인 학습자의 경우 모국어 화자와 똑같은 발음과 억양을 습득하기가 거의 불가능함에도 불구하고 발음과 억양 교육을 강조해야 하는가에 대한 논란이 있어왔다. 구두 청각 교수법을 비롯한 행동주의적 교수법에서는 모국어 화자와 똑같은 발음과 억양을 연습시키는 데 많은 시간을 할애하였다. 그러나 의사소통 교수법이 등장하면서 발음은 의사소통에 있어서 중요한 요소이기는 하지만 개별의 정확한 발음보다는 담화의 전반적인 흐름에서 발음을 더욱 중요시하고 있다. 따라서 교사는 발음과 억양 지도의 목표를 개개 음소의 정확한 발음보다는 이해 가능한 그리고 수용 가능한 발음 기능의 습득에 두는 것이 더 효과적이다.

## 2.2 정확성과 유창성

정확성과 유창성은 언어 교사에게는 매우 고민스러운 과제이다. 정확한 발음과 문법적으로 오류가 없는 정확한 문장을 생성하도록 하는 것에 목표를 둘지, 아니면 자연스럽고 거침없는 언어의 구사에 목표를 두어야 할지 늘 혼란스럽다.

일부 언어 교사들은 마치 모국어를 배우는 과정처럼 문법을 무시하고 자연스러운 언어활동을 강조하였으나 이렇게 지도를 받은 학생들의 문장은 이해하기 어렵고 틀린 표현이 화석화되는 현상이 초래되었다. 그러나 정확성을 너무 강조하다 보면 학생들은 옳은 문장만을 생성하기 위하여 끊임없이 자신이 만든 문장을 검토하고 오류에 민감해지면서 자신감을 잃게 되고 새로운 것에 대한 시도조차를 두려워하게 된다.

결국 정확성과 유창성은 어느 하나도 무시할 수 없는 중요한 목표임에는 틀림이 없다. 유창성은 의사소통적 언어 교수 과정의 목표이고 반면에 정확성은 학습자들이 상호작용을 하는 과정에서 자신의 발음, 문법 그리고 담화적 요소에 관심을 가지게 하므로 매우 중요하다. 따라서 화석화를 방지하면서도 자연스러운 외국어를 구사할 수 있도록 하려면 문법을 정확하게 가르치되 기계적인 반복 훈련보다는 의사소통의 과정 안에서 이루어질 수 있도록 해야 한다.

## 2.3 의사소통 능력

Chomsky(1965)는 처음으로 인간의 언어에 관한 능력을 언어 능력(competence)과 언어 수행 (performance)이라는 말로 구분 지었다. 언어 능력이란 언어 사용에 내재된 문법적 능력, 즉 언어에 관한 지식을 의미하는 반면, 언어 수행은 구체적 상황에서 언어를 실제로 사용할 수 있는 능력을 의미하였다. 그러나 Hymes(1970)는 Chomsky의 언어 능력 개념이 언어의 사회적, 기능적 규칙을 충분히 설명하지 못한다고 비판하고 처음으로 의사소통 능력이라는 개념을 제시하였다. 그가 제시한 의사소통 능력이란 언제, 어디에서, 누구와 어떤 방식으로 이야기를 해야 하는지를 알고 판단하는 능력이라 정의하였다. 그는 효과적인 의사소통을 위해서는 언어의 문법성(grammaticality)과 용인성(feasiblity), 적합성(appropriateness)과 실행 가능성(practicality)을 고려한 언어 사용 능력이 있어야 한다고 보았다.

80년대에 들어와서 Canale과 Swain은 의사소통 능력을 문법 능력, 담화 능력, 사회 언어학적 능력, 전략적 능력의 네 가지로 나누고 있는데 그들의 의사소통 능력에 관한 정의는 외국어 교육에서 가장 많은 지지를 받고 있다. 문법 능력이란 어휘 지식, 형태, 구조, 의미, 음운 규칙에 관한 지식을 말하고 담화 능력이란 문장을 연결하여 유의미한 담화를 형성하고 이해할 수 있는 능력을 말하는데, 문법 능력이 문장 단위의 문법을 다룬다면 담화 능력은 문장 간의 관계를 다루는 것이라 말할 수 있다. 사회 언어학적 능력이란 언어 사용의 사회 언어학적 규칙을 아는 것을 말하는데 즉 특정한 발화가 대화 상황에서 적절한가를 판단할 수 있는 능력을 의미한다. 전략적 능력이란 부족한 언어 능력이나 피로, 주의력 산만, 부주의 등 언어 수행상의 변인으로 인해 의사소통에 실패하는 경우 반복, 회피, 바꿔 말하기, 혹은 풀어 말하기 등을 통해 이를 보완하여 의사소통을 이루게 해주는 언어적, 비언어적 능력을 말하는데, 효과적인 의사소통을 하기 위해서는 매우 필요한 요소이다.

말하기 지도에서는 정확한 발음이나 억양, 문법도 중요하지만 의사소통 능력을 가르치는 것이 매우 중요하다. 아무리 발음이 정확하고 또 오류 없는 정확한 문장을 발화했다고 하더라도 상황에 전혀 맞지 않는 말이라든가 부적절한 표현으로 상대방을 당황스럽게 하고 바로 의사소통이 단절되는 경우를 우리는 흔히 볼 수 있기 때문이다.

## 2.4 상호작용

언어 교수는 대부분 상호작용을 통하여 이루어진다. 교사와 학습자 간, 또는 학습자와 학습자 간에 서로 주고받는 상호작용을 통하여 교수 학습이 이루어진다. 교사는 새로운 문법이나 어휘를 도입함에 있어 학습자와 질문과 대답을 통한 상호작용을 하며, 또 어떤 때는 교사가 직접 의사소통 활동에 참여하는 공동 전달자가 되고 혹은 학습자 간 의사소통을 촉진해 주는 상황을 만들어 학습자 중심의 수업이 되도록 해야 할 때도 있다. 학습자는 대부분 상호작용을 통하여 말하기를 연습하게 되는 만큼 말하기 교육에서는 상호작용도 교육의 한 부분으로 다루어야 한다.

# 3. 말하기를 어떻게 가르쳐야 할까

## 3.1 말하기 지도 원리

모국어를 습득하는 경우 말하기는 먼저 듣기가 선행되며 충분한 입력이 축적되면 차츰 그리고 서서히 한두 음절에서 단어, 어절, 문장 순으로 조금씩 말하기 과정이 이루어진다. 그러나 외국어 교육의 경우 말하기 능력이 자연적으로 발생할 때까지 오랜 시간을 기다려줄 수가 없다. 많은 교실 수업에서 학생들은 첫 수업 시간부터 '네, 아니오' 라든가 자기소개 등 뭔가를 목표어로 말하도록 요구받기도 한다. 따라서 가장 빠른 시간 안에 효율적으로 말하기 능력을 개발시킬 수 있도록 지도해야 할 방법을 찾아야 한다.

Brown(1994)은 교사가 교실에서 말하기를 지도할 때 먼저 다음과 같은 것들을 충분히 고려하도록 충고하고 있다.

① 정확성에 초점을 맞춘 문법 중심 활동에서부터 유창성과 상호작용 그리고 의미를 중시하는 의사소통 활동에 이르기까지 폭넓게 활동을 이용해야 한다.

② 내적 동기를 부여할 수 있어야 한다. 교사는 학습자들의 궁극적인 목표와 관심이 무엇인지 또 그들이 필요로 하는 지식과 언어 능력, 자율성, 그리고 자신감을 일깨워주어야 하며, 수업 중의 활동이 그들에게 얼마나 또 어떻게 도움이 되는지를 학생들에게 분명하게 인식시킨다.

③ 유의미한 상황에서 실제적인 언어를 사용할 수 있도록 권장한다. 교실에서 유의미한 상호작용을 하기는 쉽지 않다. 실제적인 상황과 유의미한 상호작용을 생각해내는 것은 시간도 많이 걸리고 창의력도 필요하기 때문이다. 그러나 기계적인 반복 연습이라 할지라도 최대한 실제적인 감각이 가미되도록 하여 어느 정도 유의미한 상황을 만들어내도록 노력한다.

④ 적절한 피드백과 오류 수정을 해준다. 학습자들은 자신의 발화가 맞는지 잘못되었는지 적절한지 등에 관한 판단을 할 수 없다. 외국어 학습 상황에서 학습자들이 받는 피드백은 오로지 교사로부터 받는 것뿐이다. 따라서 교사는 자신의 지식을 최대한 활용하여 평가와 비판이 아닌 적절한 피드백을 해주는 것이 중요하다.

⑤ 말하기와 듣기 간의 밀접한 관계를 충분히 이용한다. 대부분의 의사소통적 말하기 활동들은 듣기 활동을 포함하고 있다. 그러므로 이 두 기능을 통합하는 기회를 가능한 한 많이 가지는 것이 좋다. 이 두 기능은 서로를 강화시키는 작용을 한다. 표현 기능은 많은 경우 이해 기능을 통해 발현된다.

⑥ 학습자가 먼저 의사소통을 주도하도록 기회를 준다. 교실에서 일어나는 상호작용은 대개 교사에 의해 주도된다. 교사가 질문하고 지시하고 정보를 주고 말을 시키면 그때에야 겨우 학습자는 말을 할 뿐이다. 의사소통 능력의 한 부분은 의사소통을 주도하는 능력이다. 학습자에게 질문하고 화제를 제시하고 대화를 통제하고 또 주제를 바꿀 수 있도록 주도권을 허용한다.

⑦ 말하기 전략을 개발하도록 격려한다. 초급 학습자의 대부분은 이러한 말하기 전략이 있는지도 잘 모른다. 따라서 의사소통 목적을 위하여 말하기 전략을 개발할 줄도 모른다. 교사는 학습자들에게 다양한 말하기 전략을 연습하도록 기회를 부여한다. 말하기 전략으로는 다음과 같은 것들이 있다.

분명히 말해 달라고 요구하기(뭐라고요? 그게 무슨 뜻이에요?)

반복 요청하기(네? 다시 말씀해 주세요.)

시간을 끌기 위한 군말 사용하기(음... 그러니까... 뭐냐하면...)

대화 유지를 위한 표현 사용하기(응, 그래서? 그래... )

다른 사람의 주의 끌기(있잖아. 자아.. 그런데 말이야...)

단어나 표현을 모를 때 다른 말로 쉽게 풀어 말하기

듣는 사람에게 도움 요청하기(이런 걸 뭐라고 하지요?)

정형화된 표현 사용하기(이거 얼마예요? 여기에서 공항까지 얼마나 걸려요?)

몸짓이나 표정 등 비언어적 표현 사용하기

⑧ 소집단 활동을 충분히 활용한다. 말하기 활동은 때로 교사 중심으로 교실 전체가 연습하기보다는 짝 또는 소집단으로 나누어 수행되는 경우가 많다. 이 방법의 장점은 학습자에게 할당된 시간을 최대로 허용할 수 있다는 점이고 학습자 간 상호작용을 활발하게 일으킬 수 있다는 점이다.

⑨ 실제적 자료를 많이 사용한다. 비단 말하기에만 해당되는 것은 아니나 특히 말하기는 교실 밖에 나가면서 바로 부닥치는 문제이므로 실제 언어생활과 관련된 자료를 많이 사용하여 배운 것을 즉시 활용할 수 있게 함이 중요하다. 살아있는 그리고 생동감 있는 언어는 학습자의 동기와 흥미를 유발한다.

⑩ 과제 중심적 학습을 한다. 과제 중심 학습은 학습 내용을 제시하되 학습자가 과제를 완수하면서 자연스럽게 자신의 경험을 활용하며 학습 과정을 거치도록 유도하고 있다. 과제는 대충 선택해도 좋은 게임이나 활동이 아니라 특정 목표, 내용, 절차 그리고 결과를 고려해서 구성된 의미 중심의 작업으로 학습자가 대상 언어를 이해, 생성, 또는 대상 언어로 상호작용을 할 수 있도록 구성된 것이어야 한다. 과제 중심 학습의 경우 통합적인 접근이 이루어질 수 있으며, 학생의 수준이 높아질수록 네 기능의 통합적 접근이 자연스럽게 이루어질 수 있는 좋은 방법이다.

## 3.2 오류 수정

언어를 가르치면서 많은 교사가 부닥치게 되는 고민 중의 하나는 오류의 처리 문제이다. 학습자의 잘못된 발화를 어디까지 허용할 것인가, 어떤 오류는 허용할 것이며 어떤 오류는 고쳐주어야 할까? 또 고쳐준다면 언제 어떻게 고쳐주어야 할까에 대해 판단을 내리기는 그리 쉽지 않다. Long(1977)은 "교사가 오류를 발견했을 때 가장 먼저 결정해야 할 것은 그 오류를 처리할 것인지 그냥 넘길 것인지 하는 일이다. 이런 결정을 할 때 교사는 그 오류가 현재 하고 있는 수업과 연관해서 얼마나 중요한 오류인지 또 학생에게 부정적 피드백을 주었을 때 학생에게 어떤 영향을 줄 것인지 등을 잘 고려하라"고 충고하고 있다.

### 3.2.1. 오류의 종류

오류에는 여러 가지 종류가 있다. 오류(error)와 실수(mistake), 그리고 혀가 미끄러지면서 말이 헛나오는 말실수(slip) 등이 있는데 이 중 가장 문제가 되는 것은 오류이다. 오류를 분류할 때 크게 총체적 오류(global error)와 국소적 오류(local error)로 나눈다. 총체적 오류란 의사소통에 방해가 되는 오류를 의미하고 국소적 오류란 의미 이해에는 큰 지장을 주지 않는 정도의 오류를 의미한다. 총체적 오류는 의미의 오해를 가져오고 따라서 의사소통을 방해하므로 고쳐주어야 하는 오류인데 반해서 국소적 오류는 의미에 큰 지장을 주지 않으므로 상황에 따라 고쳐주기도 하고 그냥 넘어갈 수도 있다. 만약 문법을 연습하는 시간이라면 정확성을 기해야 하는 수업이므로 의미 전달에 큰 지장이 없더라도 고쳐주는 것이 좋지만 자유롭게 의사소통을 하는 중이라면 의미 전달에 큰 방해가 없는 경우라면 그냥 넘어가는 것이 교육에 효과적일 수 있다. 틀릴 때마다 잘못을 지적하여 고쳐주면 학습자들은 말할 자신이 없어지고 오류에 신경을 쓰느라 말이 제대로 잘 안 나오기 때문이다. 또 자존심이 강한 성인 학습자의 경우 의사소통의 흐름을 깨면서까지 교사가 간섭을 하면 말하려는 욕구 자체를 잃을 수 있으므로 여러 가지 변인을 잘 고려하여 오류를 처리해야 한다.

### 3.2.2 오류의 처리 방법

오류 처리 방식은 여러 가지로 분류될 수 있는데 그 중 가장 유용하게 쓰이는 것으로 Kathleen Bailey(1985)의 분류법이 있다. 그는 7가지의 기본적 선택과 이를 보완하는 8가지의 가능한 특징을 다음과 같이 제시하고 있다.

| 기본적 선택 | 가능한 특징 |
| --- | --- |
| 1. 처리할 것인가 무시할 것인가 | 1. 오류가 있음을 지적 |
| 2. 즉시 처리할 것인가 나중에 할 것인가 | 2. 오류가 있는 부분을 지적 |
| 3. 다른 학습자에게까지 확대시킬 것인가 당사자에게만 해당시킬 것인가 | 3. 고쳐 말해볼 기회 허용 |
| 4. 다른 학습자에게까지 확대시킨다면 몇몇 개인에게만 국한시킬 것인가 아니면 소집단 또는 반 전체로까지 확대 적용시킬 것인가 | 4. 모델을 제시 |
| | 5. 오류 유형 지적 |
| | 6. 교정책 지적 |
| 5. 오류 처리 후 당사자의 오류 문제로 다시 돌아갈 것인가 말 것인가 | 7. 개선 지적 |
| 6. 다른 학습자로 하여금 오류를 고쳐보도록 기회를 줄 것인가 말 것인가 | 8. 칭찬 |
| 7. 오류 처치의 효과를 추후 시험해 볼 것인가 | |

Brown(2000)은 교사가 학습자의 오류를 처리하는 과정을 다음과 같이 표로 나타냈다.

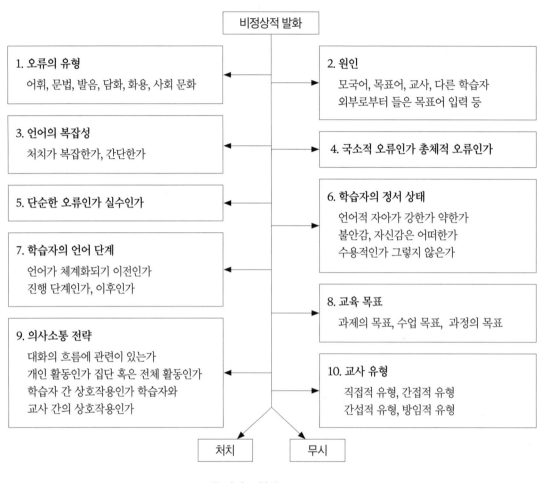

**오류 처치 모형(Brown, 2000)**

### 3.2.3. 오류의 수정 방법

위와 같은 과정을 거쳐 오류를 수정하기로 결정했다면 어떤 방법으로 오류를 수정해야 할까? Harmer(2001)는 오류를 수정하는 방법으로 다음과 같은 것들을 제시하고 있다.

- **반복 요구** : 학습자의 오류 부분을 다시 한번 되물음으로써 오류가 있음을 암시한다.
  ( 학생 : 학교에 만났어요.  교사 : 뭐라고요? 다시 한번? )
- **모방** : 학습자의 오류 부분을 그대로 따라함으로써 오류 사실을 지적한다.
  ( 학생 : 학교에 만났어요.  교사 : 학교에 만났어요? )
- **지적 또는 질문** : 틀렸음을 말해 주거나 질문을 통해 지적한다.
  ( 교사 : 아, 뭔가 틀렸네요. 뭐가 틀렸어요? )
- **표정** : 표정이나 몸짓으로 틀렸음을 암시한다.
- **힌트** : 힌트가 될만한 단서를 제공하여 스스로 고치도록 한다.
  ( 학생 : 학교에 만났어요.  교사 : 조사에 조심해서 다시 한번 말해보세요. )
- **직접 고쳐주기** : 올바른 문장으로 고쳐서 말해준다.
  ( 학생 : 학교에 만났어요.  교사 : 학교에서 만났어요. )

또 오류를 처리할 때는 어떤 상황이라도 오류가 화석화되지 않도록 주의를 기울여야 한다.  오류의 원인이 잘못된 입력에 있다면 이는 반드시 교정해 주는 것이 중요하며 과도한 일반화나 모국어 간섭으로 인한 오류도 수정을 해 주는 것이 좋다. 원인별 오류의 여러 가지 경우와 대처 방법을 살펴보면

- 학습자가 올바로 사용된 형태를 볼 기회가 거의 없었거나 언어 체계에 대한 충분한 지식의 발달이 덜 되어서 나타나는 오류인 경우는 고쳐주기보다는 모델을 자꾸 제시해 보여주고 관찰할 기회를 만들어준다.
- 신경과민, 겁, 소심증으로 인한 오류는 오히려 고쳐주기보다는 편안하고 덜 위협적이며 긴장을 주지 않는 활동을 하게 배려한다.
- 활동이 너무 어려워 인지적으로 과부하가 걸려 생각할 게 너무 많아 저지르는 오류는 고쳐주지 말고 좀 더 활동을 쉽게 해 준다.
- 활동이 너무 복잡하고 헷갈려서 오류를 범하는 경우나 발음 등이 너무 어려워 혀가 꼬이는 경우도 고쳐주지 않는다.
- 모국어로 인한 간섭으로 오류를 범할 때는 정정해주고 모국어와 목표어 간의 차이점을 알려준다.
- 잘못된 모델을 따라하면서 생긴 오류, 주로 교포 학습자들에게 많이 볼 수 있는 오류는 정정해주고 좋은 모델을 제시해준다.
- 틀린 경우이나 특히 발음이 잘못된 경우 직접 고쳐주기보다 재차 확인 질문을 함으로써 스스로 다시 생각해 보고 고쳐보도록 시도하게 한다.

## 3.3 교사의 역할

어느 교실 상황에서나 늘 그렇듯이 교사는 상황에 따라 다양한 역할을 수행해야 한다. 특히 말하기를 지도할 때 학습자로 하여금 유창하게 말을 하게 하기 위해서는 교사의 특별한 역할이 기대된다. 교사는 학습

을 촉진해 주는 사람, 관찰하는 사람, 가르치는 사람, 상담하는 사람, 조언하는 사람, 의사소통을 하는 사람으로 학습자들이 잘 학습하도록 조정을 하고, 학습 과정을 주시하며 경우에 따라서는 가르쳐주기도 한다. 그리고 교사는 학습자들이 활동을 수행하는 동안 간섭하는 대신 그들 스스로 독립적인 활동을 통해서 배울수 있도록 해야 한다. 또 교사는 학습자들이 활동을 하는 동안에 교실 곳곳을 다니면서 그들이 필요로 하는 것을 도와주고 학습자들의 강점과 약점을 파악해야 하며, 학습자들이 자유롭고 명랑한 분위기에서 활동을 하도록 교실의 분위기를 조성하여 학습자 위주로 그들이 최대의 학습 효과를 얻을 수 있도록 최선의 방안을 강구해야 한다.

### 3.3.1 통제자로서의 역할

언어 수업에서는 자유롭고 편한 분위기에서 마음껏 의사 표현을 해야 하지만 가끔 학습자들이 지나치게 산만해지거나 집중하지 못할 때 교사는 영향력 있는 리더의 역할을 수행해야 할 때가 있다. 그리고 현명하게 수업 시간과 수업 구성을 통제할 수 있는 통제력을 가져야 한다. 전통적으로 교사가 갖는 역할은 수업의 진행과 내용을 통제하며 학습자에게 수업을 어떻게 할 것인가를 지시하는 것이었는데 이러한 역할이 지나치면 학습자가 교사에게 의존적이 되거나 또는 교사가 권위적으로 학생을 통제함으로써 학습자의 창의적인 의사소통을 차단하는 문제가 생길 수 있으므로 통제력을 적절하게 조절해야 한다.

### 3.3.2 촉진자로서의 역할

학습자가 그룹의 중심이 되도록 하고 그들이 과제 수행을 스스로 할 수 있도록 교사가 촉진해 주는 역할이다. 그러나 때로 학습자들은 자신이 무슨 말을 하는지 또는 무슨 말을 해야 하는지 길을 잃고 헤맬 때가 있다. 이럴 때도 교사는 학습자가 스스로 이러한 난관을 극복해 나가도록 조용히 지켜봐 주는 것이 가장 좋은 방법이나 가끔은 교사가 슬쩍 제안을 던져줌으로써 학습자가 좌절감을 느끼지 않고 활동을 계속하도록 도와줄 수 있다. 교사는 학습자를 그냥 내버려두는 것이 아니라 그룹 활동을 제대로 수행할 수 있도록 중간에서 도와주는 정도의 개입을 해야 한다.

### 3.3.3 상담자로서의 역할

학습자가 학습을 할 때 감정적으로 느끼는 두려움을 없애도록 교사는 가능한 한 작은 규모의 그룹에서 학습자들 간의 두려움을 없앨 수 있도록 도와주어야 한다. 같은 문제를 가진 학습자들과 서로 이야기하고 학습자들이 가진 두려움과 문제를 없애기 위한 방법을 모색하도록 노력해야 한다.

### 3.3.4 관찰자로서의 역할

교사는 늘 학습자를 잘 관찰하여 어떤 문제가 있으며 어떤 것을 잘 하고 어떤 것에 약한지를 잘 파악해 두어야 한다. 그리고 학습자가 잘 틀리는 오류나 습관 등을 잘 메모하거나 기억했다가 적당한 기회에 학습자에게 피드백을 주어야 한다.

### 3.3.5 참여자로서의 역할

교사가 토론이나 역할극에 직접 참여함으로써 학습자들에게 정보를 주기도 하고 활동을 지속시키며 창의적인 분위기를 유지하도록 도움을 줄 수 있다. 그러나 교사가 지나치게 참여를 많이 하면 대화를 독점하거나 혼자 시선의 집중을 받을 수 있으니 주의한다.

### 3.3.6 평가자로서의 역할

학습자들의 대화 도중 지나치게 흐름을 방해하는 피드백은 좋지 않으나 도움이 되는 부드러운 피드백이나 교정은 이해를 돕고 의사소통을 원활하게 해 준다. 또 학습자들의 활동이 끝났을 때는 자신이 한 것을 스스로 평가하게 하거나 교사가 어떤 점이 잘됐는지 잘못됐는지를 평가해 준다. 이 때 언어 사용에 대한 평가뿐만 아니라 내용에 관한 것도 언급해 주는 것이 좋다.

## 3.4 말하기 평가 기준

Brown(2001)은 말하기 평가 기준을 6가지로 제시하였으며 각 구인별로 5개 단계로 등급을 구분하였다.

---

**1. 문법(Grammar)**

1) 문법 오류가 잦지만 외국인을 자주 접한 원어민은 화자를 이해할 수 있음.

2) 쉬운 문법 구조는 꽤 정확하나 철저하고 자신 있게 문법을 구사하지는 못함.

3) 문법 활용을 잘하며 실용적, 사회적, 업무적 주제에 관한 대부분의 공식적, 비공식적 대화에 효과적으로 참여할 만큼 충분히 정확한 구조로 언어를 구사함.

4) 직업적으로 요구하는 대부분의 상황에서 정확한 언어를 구사하며 문법적 오류를 거의 보이지 않음.

5) 교육받은 원어민에 상응하는 수준임.

---

**2. 어휘(Vocabulaly)**

1) 가장 초보적인 필요를 충족시킬 수 있는 수준의 어휘 구사

2) 하고 싶은 말을 단순하게 표현할 수 있는 수준의 어휘력

3) 실용적, 사회적, 업무적 주제에 관한 대부분의 공식적, 비공식적 대화에 참여할 수 있는 수준의 어휘력

4) 어떠한 대화에서도 매우 정확하고 적절한 어휘로 대화에 참여하고 또 이해할 수 있음.

5) 어휘와 관용 표현, 구어적 표현 등 교육받은 원어민 수준의 어휘력

---

### 3. 이해력(Comprehension)

1) 천천히 반복하거나 부연해서 말하면 간단한 질문과 서술을 이해할 수 있음.
2) 전문적이지 않은 일반적인 주제의 경우 대부분의 대화에서 중심적인 내용을 파악할 수 있음.
3) 대부분의 대화의 내용을 이해할 수 있음.
4) 자신의 경험 범위 내에서 거의 모든 대화를 이해함.
5) 교육받은 원어민에 상응하는 수준임.

### 4. 유창성(Fluency)

1) (유창성에 대한 특별한 기술은 없으나 다른 구인이나 영역을 참고해볼 때 말하는 속도가 느리며 말하는 중간 중간 휴지 시간이 있으며 더듬거리는 수준으로 짐작할 수 있음).
2) 일, 가족, 자신에 관한 정보 뿐 아니라 소개하기나 일상적 대화 등 대부분의 사회적 상황에서 언어를 구사할 수 있지만 능숙하지는 않음.
3) 특별한 관심사에 대한 토론을 상당히 편안하게 참여할 수 있음.
4) 직업적으로 요구되는 대부분의 상황에서 유창하게 언어를 구사함.
5) 교육받은 원어민 수준으로 유창하게 언어를 구사함.

### 5. 발음(Pronunciation)

1) 발음 오류가 잦으나 외국인을 자주 접한 원어민이라면 이해가 가능한 정도임.
2) 가끔 오류가 있지만 이해 가능한 수준임.
3) 오류가 있어도 원어민이 이해하기에 전혀 방해되지 않고 거슬리지 않는 정도이나 외국인 억양은 드러남.
4) 발음상 오류가 거의 일어나지 않음.
5) 교육받은 원어민에 상응하는 수준임.

### 6. 과제 수행(Task)

1) 자신에게 친숙한 주제에 대해 질문을 하거나 대답할 수 있음.
2) 일상적인 사회적 수준의 대화와 직업 관련 대화가 가능하나 복잡하고 어려운 상황에서는 도움이 필요함.
3) 실용적, 사회적, 업무적 주제에 관한 대부분의 공식적, 비공식적 대화에 효과적으로 참여할 수 있음.
4) 원어민으로 간주되지는 않으나 익숙하지 않은 상황에서도 적절히 반응할 수 있음. 비공식적인 통역을 할 수 있는 수준임.
5) 교육받은 원어민의 수준에 상응하는 수준임.

원미진 외(2018)[1]에서는 외국어 말하기 평가의 구인을 비교 정리하여 5개의 구인을 제시하고 있다.

1. **발음**  발음 및 억양의 정확성과 이해 가능 정도를 평가함.
2. **어휘**  어휘 사용의 폭과 적절성 및 정확성을 측정함.
3. **문법**  문법 사용의 정확성과 문법의 폭을 측정함.
4. **유창성**  답변의 머뭇거림이나 휴지를 기준으로 하여 발화의 리듬이 얼마나 자연스러운 속도로 흘러가고 있는지를 중심으로 평가함.
5. **내용**  과제가 요구하는 내용을 얼마나 적절하게 그리고 주어진 시간 내에 얼마나 완성도 있게 그리고 세부 내용들을 얼마나 논리적으로 연결하는지를 평가함.

한국어 능력시험(TOPIK)에서는 세 가지 구인을 다음과 같이 제시하고 있다.

1. **내용 및 과제 수행**  과제에 적절한 내용으로 표현하였는가
주어진 과제를 풍부하고 충실하게 수행하였는가
담화 구성이 조직적으로 잘 이루어졌는가
2. **언어 사용**  담화 상황에 적합한 언어를 사용하였는가
어휘와 표현을 다양하고 풍부하게 사용하였는가
어휘와 표현을 정확하게 구사하였는가
3. **발화 전달력**  발음과 억양이 어느 정도 이해 가능한가
발화 속도가 자연스러운가

# 4. 말하기 활동에는 어떤 것이 있을까

## 4.1 교실 말하기 활동의 유형

교실에서 하는 학생들의 말하기 활동을 유형별로 나누어 보면 다음과 같이 나눌 수 있다(Brown, 1994).

---

1) 원미진, 황지유(2018), 언어능력 평가로서의 말하기 평가 내용 연구

### 4.1.1 모방형

교실에서 하는 활동 중 일부는 녹음기가 돌아가듯 기계적으로 따라하는 활동이 있다. 예를 들어 어떤 특정 발음이나 억양 연습 같은 것들이 이에 속하는데 이런 연습들은 유의미한 의사소통 활동을 위해서라기보다는 언어 형태의 특정 요소에 초점을 맞추기 위한 것이다. 경험이 부족한 새 교사들은 과연 기계적인 연습인 드릴(drill)이 의사소통적 교실 수업에 필요할까 하는 질문을 많이 한다. 그러나 기계적인 연습은 학습자들이 음성적으로나 문법적으로 어려워하는 언어적 요소들을 듣고 반복해서 말하게 하는 기회를 제공해주므로 반드시 필요하다. 반복을 통한 연습을 함으로써 언어의 어떤 부분에 집중하게 하고 혀를 부드럽게 하는 것과 같은 심리 운동적 효과가 있고 특정 문법 형태와 적절한 상황을 연관시키도록 도와주는 역할을 한다. 그러나 이를 잘 활용하기 위해서는 몇 가지 주의해야 할 사항이 있다.

- 짧게 한다( 한 시간 수업이라면 몇 분을 넘지 않도록)
- 간단하게 한다(한번에 한 가지만 다루도록)
- 활기차게 한다(지루하고 늘어지지 않도록)
- 왜 이러한 연습을 하는 지 학습자에게 알려준다.
- 발음이나 문법적인 요소에만 한정해서 한다.
- 최종적으로는 의사소통적 목표로 향한다는 확신을 가진다.
- 지나치게 자주 사용하지 않는다.

### 4.1.2 집중형

집중형은 모방형보다 한 단계 높은 것으로 특정 음운적 요소나 문법적 요소를 연습하게 하기 위해 만들어진 말하기 활동이다. 이 활동은 혼자서 또는 짝 활동으로 할 수 있으며 학습자들은 언어의 어떤 형태를 연습하게 된다.

### 4.1.3 반응형

교실에서 이루어지는 말하기의 대부분이 이에 속하는 것으로 교사의 질문에 대한 짧은 대답이나 학습자의 질문이나 의견 같은 것들이다. 이러한 응답들은 그것으로 끝나며 대화로 확장되지는 않는다. 그러나 반응형 발화는 유의미하고 실제적인 것이 될 수 있다.

### 4.1.4 정보 전달을 위한 대화형

정보 전달을 위한 대화형은 특정한 정보를 교환하거나 전달하기 위한 목적으로 이루어지는 대화를 말하며 반응형의 확장된 형태이다. 그러나 대화형은 단순한 반응만이 아닌 의미 협상적 특성이 더욱 강하다고 볼 수 있다.

## 4.1.5 사회적 관계 유지를 위한 대화형

사회적 관계 유지를 위한 대화형은 정보나 사실의 전달보다는 사회적인 관계를 유지하기 위해 이루어지는 사람들 간의 대화이다. 그러나 이러한 말하기 활동은 일상적인 표현이나 구어체, 감정적 언어, 비속어, 생략형, 빈정거림, 암묵적인 순서 등을 포함하고 있어 학습자들에게는 꽤 까다롭다.

## 4.1.6 독백형

학습자가 중고급 단계가 되면 즉흥적으로 또는 미리 준비를 해서 구두 보고라든가 요약, 짧은 연설 등의 형태로 확장된 독백형의 말하기를 하게 된다. 이 경우 학습자들은 보다 형식적이고 수준 높은 표현들을 사용하게 된다.

## 4.2 말하기 활동의 종류

그렇다면 교실에서 사용할 수 있는 말하기 활동으로는 어떤 것이 있는지 말하기 활동의 여러 가지 종류를 실례를 통해 살펴보기로 한다.

## 4.2.1 모방과 암기

들은 것을 그대로 반복하거나 비슷하게 모방하는 방법으로 학습의 초기 단계에서 유용하다. 이 활동은 무의미한 기계적 활동이란 비판도 받으나, 초기 단계에서 필요한 이해와 발음, 말하는 속도, 정확성, 집중, 자신감, 기억, 문법 학습 등에 도움이 된다.

---

**1 계획표를 보고 [보기] 와 같이 이야기하십시오.**

|  | 월 | 화 | 수 | 목 | 금 | 토 | 일 |
|---|---|---|---|---|---|---|---|
| 마크 | 수영 | 도서관 | 농구 | 쇼핑 | 콘서트 | 등산 | 공부 |
| 리나 | 요가 | 아르바이트 | 영화 | 아르바이트 | 데이트 | 캠핑 | 캠핑 |

[보기]

**마크** : 리나 씨, **일요일**에 뭘 할 거예요?

**리나** : 저는 **캠핑을 할** 거예요.

　　　　마크 씨는 뭘 할 거예요?

**마크** : 저는 **공부할** 거예요.

**리나** : 아, 그래요?

---

**<새연세 한국어 말하기와 쓰기 1, 연세대학교 대학출판문화원>**

### • 질문과 대답하기

질문과 대답을 통해서 연습을 하는 것이다. 예를 들어 교사가 문장을 말하면 단순히 이를 부정문이나 의문문으로 바꾸게 할 수 있다.

> 교사 : 어제 영화를 봤어요?
> 학생 : 아니오, 영화를 안 봤어요.
> 교사 : 그럼 어제 수영을 했어요?
> 학생 : 아니오, 수영을 안 했어요.

또는 짝을 지어 친구들과 서로 질문하고 대답하게 하는 연습을 할 수도 있다. 간단한 질문을 주고 대답하게 하며 질문 중 단어를 간단히 바꾸어 질문할 수도 있다.

> • 다음 질문으로 친구와 이야기하고 와 같이 쓰십시오.
>
> • ＿＿＿＿＿＿＿ 씨는 어디에 삽니까?
>
> • ＿＿＿＿＿＿＿ 씨, 집이 멉니까?
>
> • 무슨 음악을 좋아합니까?
>
> • 그 음악을 자주 들어요?
>
> • 오늘은 몇 월 며칠이에요?
>
> • 오늘은 무슨 요일이에요?
>
> • 점심을 먹고 뭘 해요?
>
> • ＿＿＿＿＿＿＿ 고 뭘 해요?
>
> **<새연세 한국어 말하기와 쓰기 1, 연세대학교 대학출판문화원>**

### • 상황 제시

상황을 제공하여 목표 문형을 연습하게 하는 방법이다.

> **친구가 제안을 하지만 여러분은 너무 피곤해서 아무 것도 하고 싶지 않습니다.**
> 학생 A : 영화를 볼까요?
> 학생 B : 아니오, 영화를 보고 싶지 않습니다.
> 학생 A : 그럼 수영을 할까요?
> 학생 B : 아니오, 수영하고 싶지 않습니다.

이러한 연습에서는 학습자가 자신의 선택에 따라 자유로이 반응할 수 있다. 이와 같이 문법 구조의 연습에서도 단순한 모방 반복을 통해서가 아니라 의사소통적 기능을 고려하여 질문 대답 활동을 통해 다양한 연습을 할 수가 있다.

### 4.2.2. 시각 자료(그림, 사진, 그림책, 지도, 도표 등) 이용하기

그림이나 사진, 도표, 그래프 등을 이용하여 말하기 활동을 하는 방법이다. 그림을 이용하는 방법에는 여러 가지가 있다.

- 자신의 그림 설명하고 두 그림의 공통점 또는 차이점 찾기
- 두 사람이 짝이 되어 각자 자신이 가진 그림을 설명하고 묘사하기
- 조각 그림을 가지고 하나의 이야기 완성하기

또 그림이나 도표 등을 이용하여 목표 문형을 반복 연습하게 할 수도 있다. 이러한 활동을 통해 학습자는 자신이 학습한 것을 실제로 사용하고 성취감을 느낀다.

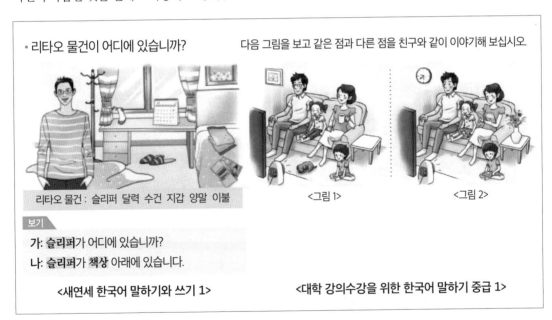

- 리타오 물건이 어디에 있습니까?

리타오 물건: 슬리퍼 달력 수건 지갑 양말 이불

보기
가: **슬리퍼**가 어디에 있습니까?
나: **슬리퍼**가 **책상** 아래에 있습니다.

**<새연세 한국어 말하기와 쓰기 1>**

다음 그림을 보고 같은 점과 다른 점을 친구와 같이 이야기해 보십시오.

<그림 1>          <그림 2>

**<대학 강의수강을 위한 한국어 말하기 중급 1>**

### 4.2.3. 역할극 또는 드라마

역할극은 크게 역할 맡기와 역할 만들기로 나눌 수 있다. 전자는 학습자로 하여금 마치 연극인이 주어진 대본을 가지고 연기를 하는 것처럼 자신의 역할을 수행하는 것이고 후자는 역할 카드를 통하여 어떤 일정한 상황 또는 장면을 제공 받으면 그에 따라 학습자가 자신의 판단으로 역할을 수행하는 것을 말한다. 이 둘은 각각 장단점이 있다. 전자는 역할을 수행함에 있어서 학습자에게 부담이 적지만 학습자 자신의 의사는 전혀 반영되지 않는 기계적인 것이고 후자는 창조적인 언어활동으로 자신의 의사에 따라 하고 싶은 말을 할 수 있지만 학습자의 부담은 크다. 경우에 따라서는 이 둘을 조합할 수도 있다. 즉 한 사람의 대화는 정해주고 다른 한 사람은 이에 자유로이 대답하게 하는 것이다. 역할극은 수업 중 배운 대화를 확실하게 암기하고 보다 적극적으로 활용할 수 있게 해주며, 실제적인 상황을 통해 배운 유형이 구체적으로 어떻게 사용되는지를 느끼고 살아 있는 언어를 습득하게 한다. 또 교과서 상황에서 조금 변형된 상황을 학생 스스로가 연출함으로 어휘를 확장하고, 자연스러운 발화를 유도하며 감정과 행동 언어까지 익힐 수 있는 기회를 제공한다. 학생들 간에 친목을 도모하고 수동적이고 소극적인 자세에서 벗어나 적극적인 수업 참여를 유도하게 하는 장점도 있다.

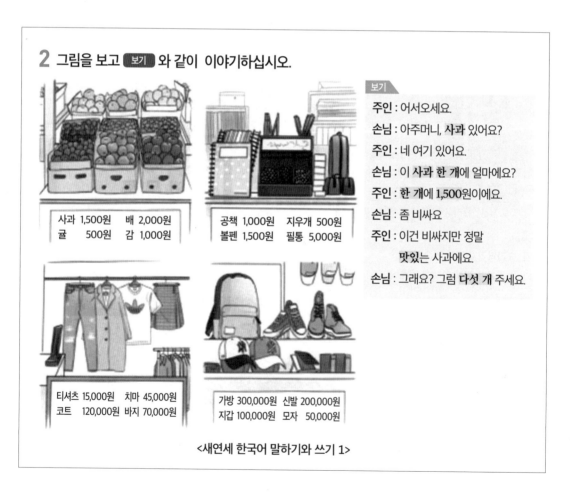

<새연세 한국어 말하기와 쓰기 1>

## 4.2.4. 문제 해결 활동

학습자에게 일정한 문제를 지닌 상황을 제공하여 학습자로 하여금 주어진 문제를 해결하도록 하는 것을 말한다. 해당 자료는 읽기 형식의 자료로, 녹음기로, 비디오로 제시할 수 있다. 이 활동에서 학습자는 먼저 문제 상황을 파악하고 이를 해결하기 위해 짝지어 또는 소그룹으로 토의를 한다. 이러한 과정에서 학습자들은 자신의 의견을 말하고 다른 사람의 의견을 듣는다. 그리고 다양한 의견을 수렴하여 최상의 해결책을 강구하게 된다.

**이런 경우, 어떻게 해야 할까요?** (연대 자료집)

**<아내 생각>** 항상 다정한 주한 씨, 결혼 4년째인데도 변함없는 사랑에 항상 고마워하고 있어요. 하지만 5월이 다가오면 속상해요. 주한 씨는 올해도 대학 때 동아리 후배들의 1박2일 MT에 따라가겠다고 하는군요. 친구나 후배들 일이라면 자다가도 벌떡 일어나는 남편. 하지만 졸업한 후 8년 동안 계속 1박2일 MT까지 따라가는 건 너무하지 않나요? 더구나 결혼기념일도 그 때인데... 사실 우리 부부는 단둘이 휴일을 보낼 기회가 많지 않아요. 모임도 많고 시댁에도 가야하고. 저는 이번 결혼기념일에는 둘이서 교외로 소풍이라도 가고 싶거든요. 이런 제 기대가 지나친 걸까요?

**<남편 생각>** 저는 친구와 후배를 좋아해요. 그러다보니 세상에서 가장 사랑하는 아내에게 소홀해질까봐 조심하고 있어요. 이번 MT에 참가하기로 한 것도 고민을 하다가 결정한 거예요. 사실 아내와 저녁 같이 먹는 것도 힘든 요즘에 휴일마저 후배들과 보내는 게 너무 미안해요. 하지만 모든 동아리 선후배들이 모이는 자리에 빠지면 안 되겠다는 생각을 했어요. 제가 동아리를 처음 만든 멤버거든요. 또 젊은이들의 생각과 감성을 이해해야 하는 직업의 성격 때문에 후배들과의 만남은 중요해요. 게다가 1년에 한 번이잖아요. 아내한테 미안해서 같이 가자고 했더니 불편해서 싫대요. 같이 가면 멋진 추억을 만들 수 있을 텐데....

## 4.2.5. 프로젝트

그룹이 서로 협동하여 하나의 일을 만들어 내는 것으로 성인 학습자들이 좋아하는 과제 중 하나이다. 이 활동은 그룹 성원들이 모여 공동의 일을 해내는 과정에서 서로 역할 분배와 함께 협동 정신을 발휘하여 과제를 성취해 내는 것이다. 성공적인 프로젝트를 위해서는 학습자 모두가 좋아하는 주제를 정하는 것이 중요하다. 예를 들어 주제를 정하고 그에 대한 설문 조사를 하고 이를 바탕으로 도표를 만들고 이것을 발표하는 등 모든 학습자가 참여할 수 있도록 역할 분담을 하는 것이다.

> • 우리 학교 홍보 영상 만들기
> • 학급 신문 만들기

## 4.2.6. 인터뷰

질문 기술을 향상시켜 주며 상호간의 이해를 증진시키는 활동이다. 대개 두 사람씩 짝 지어 서로의 신상 정보나 의견, 감정 등을 묻고 대답하는 활동이다. 초급 단계에서는 서로의 신상 정보, 이름, 나이, 주소, 국적, 취미 등을 묻고 대답하는 것이 적당하고 고급 단계가 되면 어떤 사항에 대해 의견을 묻고 토론하는 것도 가능하다. 꼭 자신의 이야기뿐 아니라 다른 사람이 되어 인터뷰를 할 수 있으며 가상의 인터뷰 상황을 설정하여 하는 것도 재미있다.

> • 옆 사람 인터뷰하기
> • 하숙집 아주머니 인터뷰하기
> • 유명인 가상 인터뷰
> • 역사적 인물 가상 인터뷰

## 4.2.7. 의사결정

문제 해결 과제 중 특히 학습자가 의사를 결정해야 하는 활동이다.

이 활동은 대개 중고급에서 많이 이용되며 학생들은 몇 가지 항목이 적힌 표에서 우선순위를 정하여 선택해야 하는 경우이다. 먼저 각자 선택을 하고 다시 몇 명이 모여 왜 자신이 그것을 선택했는지 설명하고 합의하는 과정에 이르도록 한다.

> 1. 팀이 사무실에 갇히게 된 상황입니다. 문은 잠겨 있고 문을 두드리거나 창문을 깨는 것은 선택 사항이 아닙니다. 팀에게 30분 동안 사무실에서 생존에 필요한 10가지 항목을 결정하고 중요한 순서대로 순위를 매기십시오. 이 게임의 목표는 30분 안에 모두가 10개 항목과 순위에 동의하는 것입니다.
> 2. 당신은 지금 난파선에 있습니다. 구조배가 오는데 구조배에는 세 명만 탈 수 있습니다. 자신이 구조선에 타야하는 이유를 설명하고 우리 팀에서 구조선에 탈 세 명의 순위를 정하십시오. 우리 팀 모두가 순위에 동의해야 합니다.

### 4.2.8. 좌담회

학습자의 공통적인 관심사 가운데 주제를 선정하고 사회자를 정하는 방법과 사회자가 주제를 정하고 좌담회의 전개 방향과 내용을 미리 학습자들에게 알려서 다른 학습자들은 토론에서 말할 내용을 준비하게 하는 방법이 있다. 진행 방법은 주제에 대해 문제 해결식으로 토론하는 방법과 찬성과 반대를 나누어 상대방을 설득시키며 자신들의 주장과 논리를 펴는 방법이 있다. 주의할 점은 너무 한 사람에게(말을 잘 하거나 자신감이 있는 학생) 기회가 치우치지 않도록 전체 학생들에게 골고루 기회가 가도록 주의한다.

- 동성애 합법화
- 양성 평등을 위한 여성의 군복무 의무제도

### 4.2.9. 토론(의견 교환)

학습자가 서로의 신념이나 감정에 대한 의견을 교환하는 것으로 주로 중고급에서 많이 이용된다. 주로 사람들의 도덕적, 종교적, 정치적 관념에 대한 주제가 많이 쓰이며 예를 들어 여성의 권리, 결혼 상대자의 조건, 낙태, 안락사, 동성연애, 결혼제도, 성형 수술 등 사람들이 열렬히 논쟁할 수 있는 이야기거리가 좋다. 의견 교환을 하는 가운데 학습자는 자신의 의견을 다른 사람에게 표현하고 설득하려 함으로써 발화의 질이 높아진다고 볼 수 있다.

학습자가 흥미를 가지고 활발하게 토의를 할 수 있는 문제 상황을 마련하는 것이 중요하다. 문제 상황이 지나치게 상식적이어서 정답처럼 하나의 의견 밖에 나올 수 없고 전혀 토의거리가 안 되거나 상황이 너무 난해하고 파악하기 힘들면 토의가 불가능하다. 그러므로 우리 주변에서 흔히 부딪힐 수 있는 다양한 문제거리를 활용하여 자료로 구성하는 것이 좋다.

### 4.2.10. 게임

게임은 교실을 즐겁게 하고 적극적인 동기를 유발시키며, 사회적인 상호작용을 촉진시키기 때문에 학습 장애가 줄어들고 기계적인 연습에서 오는 지루함을 없애 준다. 심리적으로 학습자에게 안정감을 주고 배운 구문이나 어휘를 이용하므로 강화 작용이 일어나고 경쟁심을 일으켜 학습에 대한 흥미를 갖게 하며, 신체적 정신적 긴장감을 풀어준다.

- 스무고개, 스피드 퀴즈, 끝말잇기
- (과일, 산, 도시 등) 이름 대기, 숫자 놀이
- 제스처를 보고 상황 알아맞히기. 연상 게임
- 원하는 대답 유도하기. 수수께끼 등

### 4.2.11. 설문조사

설문지를 만들어 설문 조사를 하는 방법이다. 설문 대상은 교실에서 학습자들끼리 할 수도 있으며 고급의 경우라면 교실 밖에서 모국어 화자를 대상으로 설문을 조사하게 할 수도 있다. 이 경우 교사는 자료 제공자의 역할을 해주거나 설문을 만들고 진행하는 과정을 도와주도록 한다. 설문의 결과는 토론이나 발표 활동으로 연계시킬 수 있다.

### 4.2.12. 발표

자신이 선택한 또는 주어진 주제에 대해 준비한 이야기를 발표하는 방법이다. 이 때 되도록이면 자신이 쓴 글을 보고 읽기보다는 간단한 메모만 가지고 이야기하도록 하는 것이 좋다. 학습자의 수준에 따라 주제를 다양하게 줄 수 있다. 초급에서라면 간단한 자기소개, 가족 소개, 주말 이야기에서부터 고급의 경우 인물에 대한 조사 발표, 신문 기사 발표, 주제 연구 발표 등에 이르기까지 학습자의 수준에 맞도록 적당하게 선정한다.

# 5. 쓰기 교육, 왜 중요한가

누구나 글쓰기 실력이 탁월할 수는 없다. 모국어 화자의 경우에도 누구나 말하는 것은 다 할 수 있지만 글쓰기는 누구나 다 잘 할 수 있는 것은 아니다. 이렇듯 쓰기는 학습 능력이다. 글이란 단순히 말을 글자라는 기호로 나타낸 것이 아니다. 우리가 익히 알듯이 쓰기와 말하기는 매우 다르다. 쓰기는 독특한 수사학적인 규칙들과 연관되어 있고 글의 영속성이나 독자와의 거리 등 말하기와는 다른 특성이 있다. 특히 글쓰기는 생각과 설계 및 특별한 기술을 요하는 과정이며 이러한 기술은 천성적으로 타고 나는 기술이 아니라 후천적인 노력으로 개발되는 기술이다. 따라서 교사는 학생들이 글을 잘 쓰기 위해 어떠한 기술과 능력들이 요구되는 지를 잘 알고 이러한 기술을 개발시킬 수 있도록 지도해야 할 것이다.

## 5. 1 쓰기 교육의 필요성

## 5.1.1 시대적 변화

앞서도 말한 바와 같이 과학 문명의 발달로 세계는 급속히 가까워지고 있다. 여행이나 출장으로 다른 나라를 찾는 일은 점점 많아지고 있고, 또 컴퓨터 기술의 발달로 인터넷을 통하여 글로 대화를 하거나 문서를 주고받는 일이 일상화되었다. 특히 문자를 통한 대화는 지금까지 쓰기에 대해 가지고 있던 개념을 새롭게 바꾸어 놓았다. 즉 지금까지의 쓰기에 대한 개념인 오랜 시간 준비하고 생각한 후 고치고 또 고치면서 완성된 문장을 만드는 것이 아니라 그 자리에서 바로바로 짧은 시간 안에 문장을 만들어 의사를 주고받아야 하는 경우가 많아지면서 예전에 비해 쓰기의 필요성은 더 크게 부각되고 있다.

## 5.1.2 문자 언어와 구두 언어의 차이

쓰기에 사용되는 문자 언어는 구두 언어와 여러 가지 측면에서 다르다. 문자 언어는 통사적, 어휘적, 문맥, 영구성, 문장의 완결성, 산출 시간, 잉여성 등의 측면에서 구두 언어와 다르다. 문자 언어는 구두 언어에 비해 통사적으로 또 어휘적으로 형식을 중요시하고 형식에 더 많이 구애를 받으며 복잡한 구문과 어휘가 더 많이 사용된다. 문자 언어에서는 종속절이나 긴 명사구나 부사구가 많이 쓰이고 문장 당 어휘 수가 더 많을 뿐만 아니라 어휘 밀집도[2]도 더 높다. 또 구두 언어에 비해 반복적 표현이나 잉여 정보가 적어 내용이 압축적으로 전달된다. 게다가 글을 쓰는 사람이 시간적으로나 공간적으로 독자와 떨어져 글로만 의사소통을 해야 한다는 것은 글 쓰는 사람에게 많은 심적 부담을 준다. 구두 담화는 대부분 즉석 의사소통이므로 비문법적인 발화나 표현이 반복되기도 하며 자연스럽게 화자와 창자 간의 상호작용이 이루어지지만 글에서는 의미의 전달이 오로지 글을 쓰는 사람에게만 달려 있기 때문에 그만큼 언어적 부담을 더 느끼게 된다. 문자 언어의 이러한 특징들 때문에 쓰기는 심리적, 언어적, 인지적 측면에서 학습하기가 매우 어려운 언어 기능이며 학습자의 인지적 능력이 매우 요구되는 기능이다.

**[문자 언어와 구두 언어의 차이](Nunan, 1996)**

| 구두 언어 | 문자 언어 |
|---|---|
| 내용 의존적 | 내용 독립적 |
| 대화적 특성 | 독백적 특성 |
| 즉흥적이고 준비되지 않으며 예측할 수 없음 | 편집이 가능하고 고쳐 쓸 수 있음 |
| 사건 중심적 | 사물 중심적 |
| 문법적 복잡성 | 어휘 밀집적 |

## 5.1.3 모국어와 외국어의 차이

모국어와 외국어 쓰기는 언어만 다를 뿐 같은 능력이 요구되므로 모국어 쓰기 능력이 우수하면 외국어 쓰기 능력도 우수할 것이라고 일반적으로 생각한다. 그러나 실제 외국어 학습 상황에서는 이러한 생각이 그대로 적용되지 않는 경우가 많다. 따라서 쓰기 지도를 할 때 교사가 알아두어야 할 사항 중의 하나는 모국어 쓰기와 외국어 쓰기의 차이이며 이에 대한 올바른 이해가 선행되어야 학습자가 경험할 어려움을 이해하고 효과적으로 지도할 수 있을 것이다.

이와 더불어 한 가지 더 고려해야 하는 것은 언어권에 따라 글의 구성 형태가 다르다는 것이다. Kaplan(1966)에 의하면 서양권 학생들은 논점을 직접 제시하는 반면 동양권 학생들은 간접적으로 언급하다가 마지막 부분에서 제시하는 순환적 구성 형태로 주로 글을 조직한다고 하는데 이는 모국어 쓰기의 영향을 받기 때문인 것으로 나타났다. 그러므로 학습자들이 목표 언어에서 선호되는 글의 구성을 인지하고 어떻

---

2) 어휘 밀집도란 한 절 당 기능어에 대한 내용어의 비율을 말한다.

게 글을 조직하는 것이 더 효과적인가를 학습할 수 있도록 도와주는 것이 중요하다.

## 5.1.4 학습에 주는 영향

쓰기는 학습에 도움을 준다. 쓰기는 문법적 구조나 어휘 등 배운 것을 강화시켜 주고 학생들로 하여금 학습한 언어를 시험적으로 사용해 볼 수 있는 기회를 부여한다. 또 문장 쓰기를 통하여 학생들은 새로운 언어에 몰입할 수밖에 없게 되는데, 문장을 쓰면서 적당한 단어를 생각하고 적당한 문장을 찾으려고 깊이 생각하고 애쓰는 과정 속에서 학생들의 언어가 발달하고 자신의 생각을 표현하는 새로운 방법을 찾게 된다.

## 5.2 쓰기의 특성

인간은 다른 사람과 의사소통을 하기 위해 언어를 사용하는 데 자신의 생각이나 의견을 표현하는 수단으로는 구두 언어와 문자 언어가 있다. 쓰기란 바로 이 문자 언어를 통한 상대방과의 의사소통이다. 즉 쓰기란 문자 기호를 사용하여 자신의 생각이나 느낌을 글로 표현한 것을 독자에게 전달하는 의사소통 과정이라고 정의할 수 있다. 문자 언어는 구두 언어와는 구별되는 특성을 가지는데 Brown(1994)은 문자 언어가 가지는 특성을 다음과 같이 설명하고 있다.

**• 영구성**

구두 언어는 말을 함과 동시에 휙 지나가 없어져 버리고 만다. 따라서 청자도 즉각적으로 인식하고 즉각적으로 저장해야 한다. 그러나 문자 언어는 이에 비해 영속성을 갖는다. 독자는 필요하다면 얼마든지 반복해서 단어 또는 문구, 문장 심지어 글 전체를 읽고 또 읽을 수가 있다.

**• 처리 시간**

문자 언어는 구두 언어와는 달리 속도에 크게 구애받지 않는다. 구두 언어라면 전달 시간에 어느 정도 부담을 갖게도 되지만 문자 언어는 자신의 속도로 쓰고 읽을 수 있다.

**• 거리**

문자 언어는 메시지가 전달되는 데 있어서 두 가지의 거리를 갖는다. 하나는 물리적 거리이고 다른 하나는 시간적 거리이다. 즉 구두 언어와는 달리 직접 얼굴을 보고 의사소통을 하는 것이 아니므로 공간적으로 글쓴이와 독자는 거리를 갖게 되며, 구두 언어처럼 바로 같은 시간에 의사를 주고받는 것이 아니라 짧게는 글을 쓴 바로 직후부터 멀게는 몇십 년, 몇백 년 그 이상까지도 문자를 통해 의미가 전달된다. 이러한 거리는 구두 언어와 달리 문자 언어를 더 이해하기 어렵게 만드는 요인이 되기도 한다.

### • 철자법

구두 언어에서는 강세와 리듬, 억양, 말 멈춤, 소리의 크기, 목소리의 질, 그리고 비언어적 단서들이 의미의 전달에 도움을 준다. 그러나 글에서는 가끔 그림이나 도표 같은 것을 이용할 수는 있기는 하지만 대체로 오로지 문자, 철자에 의존해 의사를 전달해야 하는 경우가 많다. 이런 것 때문에 독자는 이해하기가 애매하고 때로는 행간에 숨은 뜻을 찾기 위해 고군분투해야 한다.

### • 복잡성

어떤 사람들은 말보다 글이 더 어렵다고 생각하고 또 어떤 사람은 말이 글보다 더 어렵다고도 한다. 이렇게 사람에 따라 다르게 느끼는 이유는 글과 말이 서로 다른 복잡성을 갖기 때문이다. 글이 어렵다고 느끼는 이유 중의 하나는 문장의 복잡성 때문이다. 말은 대개 짧은 구를 많이 사용하는 반면 글은 길고 복잡한 절이 많다. 따라서 글을 쓰려면 말을 할 때와는 달리 인지적 지각을 재조직해야 한다. 글과 말의 이러한 언어적 차이는 학습자에게 어려움을 주는 또 하나의 중요한 원인이다.

### • 어휘

글은 말에 비해 훨씬 다양하고 많은 수의 어휘를 사용한다. 가족이나 친구, 동료들과 대화하게 되는 일상생활에서 우리가 사용하는 어휘는 매우 한정적이다. 그러나 글은 말보다 더 많은 시간을 허용하고 좀 더 정확하게 표현하고픈 욕구와 글의 형식적인 규칙들 때문에 일상생활에서는 사용 빈도가 떨어지는 어휘들이 심심치 않게 등장한다.

### • 형식성

글은 말보다 더 형식성이 강하다. 글은 지켜야 할 어떤 규정된 형식이 있는데, 예를 들면 수사학적 형식이나 글을 조직하고 구성하는 형식 등을 말한다. 글을 시작하고 끝내는 형식이라든가 논리적 순서, 같은 표현을 반복해서 쓰지 않는다든가 절을 종속시킨다든가 하는 이러한 형식들은 익숙해질 때까지 학습자를 무척 곤혹스럽게 만든다.

## 6. 쓰기 교육, 무엇을 가르쳐야 할까

## 6.1 쓰기의 구성 요소

쓰기에는 어떤 능력이 필요하며 쓰기는 어떤 것들이 모여 구성된 것일까. 이에 대한 대답은 사람마다 다를 것이다. 어떤 사람은 문법이, 또 어떤 사람은 어휘가, 또 다른 사람은 구성이 제일 중요하다고 생각할지 모른다. 이에 대한 대답으로 Raimes(1983)는 하나의 글을 완성하는 데에 필요한 구성 요인을 9가지로 제시하였다. 내용, 구성, 문법, 구문, 어휘, 맞춤법, 과정, 독자, 목적이 그것이다. 각각의 의미하는 바는 다음 그림과 같다. 이 중 어느 것을 강조하느냐에 따라 쓰기 접근법이 달라질 수도 있다. 교사는 학습자에게 필요하고 부족한 부분이 어느 부분이고 특히 어떤 부분의 지도를 강화해야 할 것인지를 올바르게 판단하고 지도해야 한다.

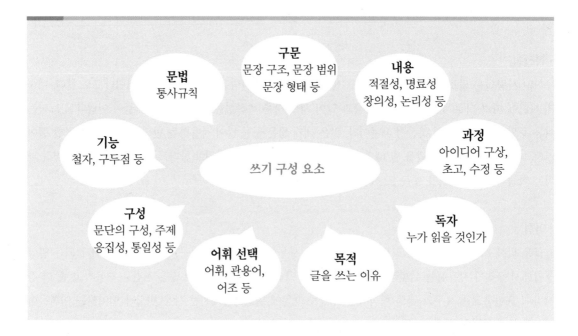

## 6.2 쓰기 능력

쓰기를 단순히 메시지의 기호화로 보았던 시기에 쓰기 능력이란 철자, 구두점, 대소문자의 올바른 조합을 의미하였다. 그러나 쓰기에 대한 많은 연구를 통해 60년대 이후에는 내용 전개와 구성의 중요성이 인식되면서 쓰기 능력은 문자 언어의 사용 능력뿐만 아니라 글의 내용 전개 및 구성 능력을 의미하였다. 여기서 말하는 문자 사용 능력이란 적절하고 다양한 어휘와 구문 사용, 적절한 관용적 표현 사용 및 표현의 간결성, 핵심 주제나 생각의 깊이와 질, 주변적 지지하는 글의 풍부성과 적절성, 논리적 정확성 등이 해당된다. 또한 글의 구성 능력에는 적절한 수사학적 구조, 단락 구성을 통한 논리적 전개, 주제의 연속성 및 일관성, 글의 결합성 및 종결성 등이 포함된다.

# 7. 쓰기를 어떻게 가르쳐야 할까?

## 7.1 쓰기 지도의 접근법

쓰기 지도의 비중은 역사적으로 많은 변화를 해왔다. 문법 번역 중심 교수법에서는 문법의 숙지 여부를 검증하는 과정으로 독해나 문장 수준의 쓰기 활동을 하기도 하였으나 쓰기 지도에 초점이 있지는 않았다. 1930년대의 직접 교수법과 상황 교수법 및 1950년대와 1960년대의 구두 청각 교수법에서는 쓰기가 거의 무시되어 왔는데 그 이유는 문자를 이차적인 것으로 간주하고 구어체의 지도에 중점을 두었기 때문이다. 1980년대 의사소통 중심 교수법에서는 학습 초기부터 듣기, 말하기, 쓰기, 읽기 네 기능의 통합 지도를 제안하고 있다.

쓰기 개념의 변화에 따라 쓰기 과정에 대한 생각도 변화되어 왔다. 과거에는 쓰기란 필자가 단순히 자신의 생각을 글로 옮기는 과정이고 쓰기란 종이에 나타난 결과물을 의미하는 것이며, 결과로서의 쓰기에 대한 학습은 모범적인 글을 모방하기, 베껴 쓰기, 변형하여 쓰기 등으로 주로 문장 단위로 이루어졌다. 특히 1960년대와 1970년대의 교사들은 학습자가 문단 단위의 글을 쓰기 전에 문장 단위의 글을 익혀야 한다고 보고, 문장 작성과 문법 연습에 치중하였다. 또한 쓰기 결과물의 문법적 정확성, 글 구조의 짜임새를 근거로 학습자의 쓰기 능력을 평가하고 오류를 교정해 주는 것을 쓰기 지도로 간주하였다. 그러나 80년대 들어 결과 중심이 아닌 과정 중심의 교육이 강조되면서 쓰기에서도 쓰기 과정이 새롭게 인식되기 시작했다. 과정으로서의 쓰기란 글을 쓰는 과정인 생각을 글로 옮기는 과정을 중시하는 쓰기를 말한다. 여기서는 글을 쓰는 과정에 관심을 가지며 단번에 글을 완성하지 않고 여러 번의 수정을 거치며 글을 쓰기 전에 소집단 활동을 통해 아이디어를 모으거나 하면서 글을 쓰는 일종의 귀납적인 접근을 말한다. 쓰기 과정은 발견 단계(discovery stage), 초고 단계(draft stage), 수정 단계(prevising stage), 편집 단계(editing stage)의 4단계로 나누어지기도 하고, 쓰기 전 단계(prewriting), 쓰기 단계(writing), 쓰기 후 단계(postwriting)로 나누어, 쓰기 전 단계에서는 발견의 단계, 쓰기 단계에서는 초고 단계, 쓰기 후 단계는 수정과 편집의 단계로 묶어 설정하기도 한다.

## 7.1.1 통제 자유 작문 접근법(The controlled-to-Free Approach) (Raimes, 1983)

1950년대에서 1960년대 초, 구두 청각법이 지배적인 언어 교수법으로 인정받고 있었던 시기에는 말하기가 주였고 쓰기는 문법과 구문 형태의 습득을 강조함으로써 말하기를 강화시키기 위한 부차적인 방편으로 간주되었다. 통제 자유 작문법은 단계적으로 글쓰기를 지도하는데 학생들은 주로 문장 연습을 하게 된다. 서술문을 의문문이나 부정문으로, 또 시제를 바꾸는 연습 등을 하게 되는데 이러한 연습들은 단어나 절 또는 문장 단위로 하게 된다. 주로 이러한 통제 연습은 자료가 주어지고 지시에 따라 어떤 것을 수행해야 하는 연습이고 비교적 쉬운 편으로 학생들이 그다지 큰 오류를 저지르지 않는다. 이런 연습을 하다가 중급 후반이나 고급에 이르러서야 약간의 자유 작문을 하도록 허락받는다. 이러한 연습에서 중요시하는 것은 문법과 구문, 그리고 기능적인 부분들이며 유창성이나 창의성보다는 정확성을 중시한다.

### 7.1.2 자유 작문 접근법(The Free-Writing Approach)

일부 교사들은 쓰기의 질보다는 양을 중요시한다. 즉 주제를 주고 무조건 되든 안 되는 자꾸 써보게 하면 쓰기 능력이 발전한다는 생각이다. 이러한 접근법은 중급 정도의 학생이라면 우선 형태보다는 유창성에 주의를 기울여야 하며 그러다보면 자연스럽게 문법적 정확성이나 구성력 같은 것들이 뒤따르게 된다는 설명이다. 이렇게 유창성을 강조하면서 교사들은 학생들에게 5분내지 10분의 시간을 주고 무슨 주제든 관심 있는 주제에 대해서 문법이나 철자에 구애받지 말고 자유롭게 써보라고 한다. 처음에는 학생들이 무척 어렵게 여기지만 점차 익숙해지면 나중에는 별 어려움 없이 쓰게 된다는 것이다. 교사는 학생들의 작문을 읽고 문법적인 수정을 해 줄 필요는 없고 다만 글을 읽고 작자의 생각에 대해 간단하게 논평을 해 주면 된다. 결국 독자로서의 관심과 글의 내용에 대한 관심이 이 접근법에서는 가장 중요한 부분이라 할 수 있다.

### 7.1.3 단락 문형 접근법(The Paragraph-Pattern Approach)

이 접근법은 문법이나 내용의 유창성 대신 글의 구성을 중요시한다. 학생들은 단락을 베껴쓰고 모범 단락의 형태를 분석하고 모방한다. 또 그들은 마구 섞여 있는 문장을 순서에 맞게 배열하기도 하고, 주제문을 고르거나 적합한 문장을 삽입 또는 삭제하는 연습 등을 한다. 이러한 접근법은 서로 다양한 문화적 배경을 가진 학생들이 의사소통을 할 때 서로 다른 방법으로 한다는 점에 착안하여 자신의 모국어로 아무리 훌륭하게 글을 구성한다고 해도 다른 외국어를 의사소통의 수단으로 사용할 때는 그 외국어가 가지는 글의 구성적 특징을 알아야 한다는데 주안점을 둔 방법이다.

### 7.1.4 문법 구문 구성 접근법(The Grammar-Syntax-Organization Approach)

글쓰기란 각각의 독립된 기능들이 모여서 이루어지는 합이 아니라는 것이 이 접근법의 기본적인 생각이다. 따라서 이들은 학생들이 글쓰기를 하는 동안 구성에 신경을 써야 함과 동시에 필요한 문법이나 구문에도 신경을 쓰도록 활동을 고안한다. 주어진 활동을 준비하고 서로 토론을 하면서 필요한 구문이나 문법, 구성 등을 지도한다. 결국 이 접근법은 글의 내용과 메시지를 전달하는 데 필요한 글의 형태를 연계시키는데 주안점을 두었다.

### 7.1.5 의사소통 접근법(The Communicative Approach)

이 접근법은 쓰기의 목적과 독자를 중요시하였다. 학생들은 실제 작가처럼 글을 쓰도록 격려받고 글의 목적과 독자에 관한 엄격한 질문을 받는다. 전통적 시각에서는 학생의 글을 읽는 사람은 교사 한 사람이었으나 글이 진정한 의사소통의 행위가 될 때 작가가 최선을 다하게 된다고 생각하게 되면서 교사 뿐 아니라 독자의 층을 넓혀 교실에 있는 학생들 모두에게 다른 사람의 글을 읽을 뿐 아니라 반응하고 요약하고 논평하는 등 적극적인 독자의 역할을 부여하였다. 또 학생들에게는 매우 실제적인 글쓰기 과제를 주는데 예를 들면 단순히 당신의 방을 묘사하라는 활동 대신 펜팔 친구에게 당신의 방을 설명하는 글을 쓰되 당신은 자신의 방을 매우 좋아하며 그러므로 될 수 있는 대로 당신의 방을 긍정적으로 묘사하는 글을 쓰라는 과제를 준다.

## 7.1.6 과정 중심 접근법(The Process Approach)

앞에서 제시된 접근법들은 각기 강조하는 점은 다르나 모두 결과물에 초점을 맞추는 결과 중심 접근법의 여러 가지 형태이다. 그러나 최근 들어 쓰기 지도는 결과물보다는 과정 자체에 관심을 많이 두게 되었다. 그들은 주어진 시간동안 작업을 하면서 교사나 다른 학생들로부터 짧은 평을 듣게 되고 이러한 과정 속에서 새로운 생각을 하게 되며, 또 새로운 문장과 단어를 발견하게 된다. 초고는 재고, 삼고를 거쳐 점차 완성된 문장으로 거듭나게 된다. 이러한 접근법에서 학생들은 제한된 시간에 주어진 주제로 글을 쓸 필요도 없고 교사에게 오류 수정을 위한 작문을 제출할 필요도 없다. 대신 그들은 쓰기를 통해 주제를 탐구하고 교사와 반 친구들에게 그들의 초고를 보이고 그들이 쓰려고 하는 것에 관해 생각에 생각을 거듭하고 때로는 새로운 아이디어로 생각이 바뀌기도 한다. 과정 중심 접근법을 이용하는 교사들은 학생들에게 두 가지의 중요한 지원을 해야 하는데 하나는 학생들이 생각할 수 있는 시간과 그들이 쓴 내용에 관한 피드백이다. 그들은 쓰기 과정을 통해 학생들이 새로운 생각과 그들의 생각을 표현하기 위한 새로운 언어 형태를 발견할 수 있도록 지도해야 한다.

과정 접근법에서는 쓰기를 세 단계로 나눈다. 쓰기 전 단계와 쓰기 단계인 초고 단계, 그리고 쓰기 후 단계인 수정 단계이다. 쓰기 전 단계는 주로 여러 가지 방법으로 아이디어를 창출하게 하는 단계인데, 아이디어를 창출하는 방법으로는 광범위하게 글 읽기, 글 훑어 읽기와 세밀히 읽기, 브레인스토밍, 목록 적기, 마인드맵 만들기, 주제나 질문에 관해 토론하기, 교사가 질문하기, 탐색하기, 자유 작문 등이 있다. 이 중 브레인스토밍은 열린 마음으로 주제에 접근하게 하므로 쓰기에서 매우 유용한 기술이다. 이 방법은 그저 자유롭게 아이디어를 떠오르게 할 뿐 평가하지 않기 때문에 자유롭게 아이디어를 생각할 수 있다.

쓰기 단계인 초고 잡기와 쓰기 후 단계인 수정 단계는 과정 쓰기의 핵심이다. 전통적인 쓰기 접근에서는 학생들이 주어진 시간 안에 처음부터 끝까지 때로는 숙제로 쓰도록 한다. 이러다보니 학생들이 체계적으로 초고를 잡을 수도 없었다. 그러나 과정 쓰기 접근법에서는 초고 쓰기는 매우 중요하고 복잡한 일련의 전략으로 본다. 초고와 수정 과정에서 사용되는 전략과 기술에는 다음과 같은 것들이 있다.

> 자유 작문 기법을 적용하여 시작하기
> 자신의 쓰기를 검토하기
> 친구끼리 검토해 주기
> 교사의 피드백 사용하기
> 크게 읽고 서로에게 도움말 주기
> 교정하기

## 7.2. 쓰기 기술 지도 원리

Brown(1994)은 쓰기를 지도할 때 다음과 같은 지도 원리를 제시하였다.

- 글을 잘 쓰는 사람들의 특성을 학생들에게 주지시킨다.

  예를 들어 우수한 필자의 특성인 쓰기의 목표나 주된 아이디어에 초점을 맞출 것, 독자를 염두에 둘 것, 글쓰기 계획에 충분한 시간을 할애할 것, 다른 사람들로부터의 피드백을 잘 활용할 것, 자신의 작품을 기꺼이 손볼 것, 필요하다면 몇 번이고 참을성 있게 수정할 것 등에 관심을 기울이고 자신의 것으로 만들도록 지도한다.
- 과정과 결과가 균형을 이루도록 한다. 결과물로서의 쓰기 뿐 아니라 과정으로서의 쓰기도 중요하다는 사실에 염두에 두고 지도한다.
- 문화적 언어적 배경을 고려한다. 학생들의 모국어와 목표어 간에 사용되는 수사적 기법이나 문화적 차이가 있다면 학생들에게 그 차이를 충분히 인식시키고 그들이 차이를 이해할 수 있도록 지도한다.
- 읽기와 쓰기를 연계한다. 쓰기를 배우기 위해서는 다른 사람이 쓴 글을 면밀히 관찰하는 것이 중요하다. 즉 관찰 또는 읽기를 통해 쓰기를 배울 수 있다. 그러므로 다양한 종류의 글을 통해 그들이 어떻게 써야 하는지 또 쓸거리가 될 주제에 관해서도 통찰을 얻게 하는 것이 중요하다.
- 가능한 한 풍부한 실제적 자료를 제공한다. 글을 읽게 될 독자가 누구인지 또 쓰기의 목적이 무엇인지를 고려하여 학습자에게 의미 있는 실제 작문이 될 수 있도록 지도한다. 교실에서 실제성을 부여할 수 있는 방법으로 학급 신문 만들기, 실제로 편지 쓰기, 이력서 쓰기, 연극 대본 만들기, 광고 만들기 등이 이용될 수 있다.
- 쓰기 전 단계, 쓰기 단계, 쓰기 후 단계를 적절하게 학습할 수 있도록 지도한다.

Brown(1994)은 쓰기 지도의 기본 원리에서 교사는 처음에는 내용 중심으로 학습자의 글을 평가하고, 재고부터는 문법, 철자, 결합성 등 좀 더 언어 형태 중심으로 평가하는 바람직하다고 말한다. 학습자 스스로 자신의 글을 수정하거나 다른 학생의 글을 읽고 평할 때도 내용 중심으로 먼저 이루어지는 것이 바람직하다. 왜냐하면 글의 내용 변화에 따라 언어 형태는 다시 바뀌게 되므로 언어 형태는 나중에 수정하는 것이 더 효율적이기 때문이다. 또한 과정 중심의 쓰기 지도는 고급 학습자나 성인 학습자에게 더 적절하다고 말한다. 따라서 교사는 학습 목표, 학습자의 연령, 쓰기 능력, 학습자의 욕구 등을 바탕으로 이러한 지도 방법을 활용하는 것이 바람직하다. 흔히 쓰기 단계만을 쓰기 과정으로 생각하고 쓰기 전 단계나 쓰기 후 단계가 무시되는 경우가 많은데 쓰기 능력이 결국 독자와의 효율적인 의사소통을 위한 능력의 하나라고 본다면 이를 지도하는 교사는 쓰기 단계 뿐만 아니라 쓰기 전 후 단계의 중요성을 인식하고 이를 학습자에게 훈련시켜 독자의 입장에서 자신의 글을 읽고 수정할 수 있는 능력을 배양할 수 있도록 노력을 경주해야 할 것이다.

# 7.3 오류 처리

학생들의 작문에 대한 교사의 임무가 오류를 찾아내는 일만은 아니다. 그러나 학생들은 글을 쓸 때 당연히 많은 오류를 범하게 되고 교사는 그러한 오류를 어떻게 처리해야 할지 고민해야 한다. 학생들의 오류를 처리할 때는 다음의 것들을 염두에 두어야 한다.(Raimer,1983).

- 오류를 적대시하고 정복해야 할 대상으로 보지 말고 친근하게 생각하라. 오류는 당신의 학생들에 대해 특히 학습 과정에 대해 많은 것을 알려준다.
- 학생들이 저지를 오류를 미리 예견하고 그를 이용하라. 그들이 쓰기 활동을 할 때 겪게 될 어려움이 무엇인지를 미리 예견한다.
- 교사가 오류를 고쳐주기 전에 학생들로 하여금 스스로 오류를 고칠 수 있도록 시간과 기회를 허락한다. 오류가 부주의에서 온 것인지, 규칙을 잘못 적용해서 생긴 문제인지, 구조에 대한 지식의 부족에서 온 것인지 오류의 원인을 밝히는 것은 학생을 위해 매우 유용하다.
- 학생이 초고를 쓸 때는 글의 내용에 집중하라. 우리는 흔히 학생들의 글을 읽으면 자신도 모르게 빨간 펜이 먼저 가고 틀린 것을 고쳐 주는 데 급급한 나머지 글의 내용에 집중하지 않는 경우가 많다. 가끔은 교사들이 펜을 들지 말고 작자가 무엇을 표현하려고 애를 썼는지에 먼저 관심을 기울일 필요가 있다. 따라서 내용에 심각한 지장을 초래하는 오류에 대해서만 지적을 하도록 하며 사소한 오류는 글의 내용에 심각한 영향을 미치지 않는다면 나중에 고치도록 한다.
- 학생이 쓴 재고나 삼고에서 나머지 오류를 지적하도록 하고 이러한 단계를 학생들에게 미리 알려준다.
- 학생들에게 학습의 발달 과정에서 오류는 필연적인 것임을 인식시키고 오류는 학습의 당연한 과정임을 주지시킨다.

# 7.4 쓰기 평가 기준

Hyland(2003)는 쓰기 평가 요소로 내용 지식, 맥락 지식, 언어 체계 지식, 쓰기 과정 지식, 장르 지식으로 제안했다.

| 범주 | 내용 |
|---|---|
| 내용 지식 | 주제와 관련된 개념적 지식 |
| 맥락 지식 | 특정 독자를 고려하여 적절한 글을 쓸 수 있는 능력 |
| 언어 체계 지식 | 텍스트를 구성하기 위하여 요구되는 어휘론이나 통사론과 같은 언어적인 지식 |
| 과정 지식 | 특정 쓰기 과제를 수행하는 데 가장 적절한 방법을 아는 것 |
| 장르 지식 | 특정 맥락에서 의사소통적 목표를 이루는 데 필요한 글의 장르에 대한 지식 |

Tribble(1996)도 이와 비슷하게 쓰기 평가 기준을 5가지로 제시하고 있는데, 각 영역과 해당되는 내용 및 점수를 보면 다음 표와 같다.

| 영역 | 점수 | 내용 |
|---|---|---|
| 내용 | 20점 | 주제를 얼마나 잘 다루었나<br>논거나 사고가 얼마나 다양한가<br>주제와 관련된 내용인가<br>구체적이고 상세한가 |
| 구성 | 20점 | 자연스럽게 표현했나<br>생각이 분명하게 나타났으며 뒷받침이 잘 되어있는가<br>단락을 적절하게 구성했나<br>논리적인 연계성이나 응집성이 있는가<br>연결 부분이 자연스러운가 |
| 어휘 | 20점 | 어휘의 폭이 넓은가<br>단어나 숙어의 선택이나 사용이 정확인가 |
| 문법 | 30점 | 문장 구조에 문제가 없는가,<br>복문 종속문의 사용이 제대로 되어있는가<br>시제, 숫자, 단어의 순서, 대명사, 조사, 관형어 등 문법  사용에 잘못이 없는가<br>의미가 모호하지는 않은가 |
| 기능적인 부분 | 10점 | 철자법, 구두점, 배치 등이 잘 되어있는가 |

한국어 능력시험(TOPIK)에서는 세 가지 구인을 다음과 같이 제시하고 있다.

### 1. 내용 및 과제 수행

• 주어진 과제를 충실히 수행하였는가?

• 주제에 관련된 내용으로 구성하였는가?

• 주어진 내용을 풍부하고 다양하게 표현하였는가?

### 2. 글의 전개 구조

• 글의 구성이 명확하고 논리적인가?

• 글의 내용에 따라 단락 구성이 잘 이루어졌는가?

• 논리 전개에 도움이 되는 담화 표지를 적절하게 사용하여 조직적으로 연결하였는가?

### 3. 언어사용

• 문법과 어휘를 다양하고 풍부하게 사용하며 적절한 문법과 어휘를 선택하여 사용하였는가?

• 문법, 어휘, 맞춤법 등의 사용이 정확한가?

• 글의 목적과 기능에 따라 격식에 맞게 글을 썼는가?

## 7.5 교사의 역할

외국어 교실 수업에서 교사는 일반적으로 통제자, 조력자, 상담자, 평가자의 역할을 해야 하는데 특히 쓰기 교육에서 Christopher Tribble(1996)은 교사가 해야 할 역할을 네 가지로 제시하고 있다.

### 7.5.1 독자로서의 역할

교사가 독자의 입장이 되어 그게 상응한 책임감과 관심을 가져야 함을 말한다. 즉 예를 들어 글의 내용이 흥미로운가? 이해하기 쉽게 쓰여졌나? 글쓴이의 생각이나 글쓴이의 시각이 잘 나타나 있는가? 등을 말한다. 흔히 교사들은 학생의 글을 볼 때 오류나 부적합한 표현 등에 대한 고민 때문에 정작 그들이 글을 통해 말하려고 하는 것을 소홀히 지나치는 경우가 많다. 그러므로 학생의 글에 대한 교사의 책임 중 하나는 그들의 아이디어나 느낌, 기분 등에 적절히 반응을 해 주어야 한다는 것이다.

### 7.5.2 조력자로서의 역할

교사는 학생들이 글을 쓰는 동안 그 글을 목적과 연계하여 가능한 한 효과적이 될 수 있도록 도와주어야 한다. 교사는 학생들이 글을 쓰면서 글에 필요한 지식, 적절한 언어, 장르, 주제 등을 넓히고 또 잘 사용할 수 있도록 도와주어야 한다.

### 7.5.3 평가자로서의 역할

교사는 학생의 글을 향상시키도록 노력하는 역할 뿐 아니라 앞으로 학생들이 더욱 효과적으로 좋은 글을 쓸 수 있도록 그들의 강점과 약점을 알려주고 전체적인 수행 능력에 관해 알려주어야 한다. 즉 평가는 글 하나 하나에 대한 평가만을 의미하는 게 아니라 학생이 가진 글쓰기 능력 전반에 걸친 평가로 그들이 좋은 글 쓰기를 할 수 있도록 인도해 주는 역할을 해야 함을 말한다.

### 7.5.4 검사관으로서의 역할

교사는 학생들이 얼마나 잘 쓸 수 있는지를 공식적인 시험이나 학생들의 작품을 일정 기간동안 수집해서 평가하는 포트폴리오 등을 통하여 정확하게 평가하는 것이다. 평가를 할 때는 평가의 기준을 명확하게 제시하고 성적은 학생들로 하여금 다른 교육 기관으로 연계하여 인도할 수 있게 하거나 또는 작가로서의 자신이 무엇을 할 수 있고 할 수 없는지를 이해시키는 도구가 될 수 있다.

# 8. 쓰기 활동에는 어떤 것이 있을까

## 8.1 쓰기의 유형

쓰기를 메시지의 기호화 과정으로 보았던 시대에는 쓰기가 목적에 따라 그 형식이나 내용이 달라지는 언어 사용이라는 측면이 부각되지 않았다. 그러나 쓰기를 의사소통의 과정으로 본다면 쓰기란 다양한 목적을 위해 자신의 생각을 글로 표현하는 것이다. 예를 들어 메모, 편지, 카드, 신청서 작성, 보고서, 논문, 수필 등 목적에 따라 글의 표현 양식도 달라진다. 그러므로 쓰기의 목적은 쓰기의 성격을 결정한다.

학자들은 쓰기의 유형을 목적에 따라 여러 가지로 분류하고 있다.

Hedge(1988)는 쓰기의 유형을 여섯 가지로 분류하였다. 표와 같이 개인적 쓰기, 공적 쓰기, 창조적 쓰기, 사회적 쓰기, 학문적 쓰기, 제도적 쓰기가 그것이다.

개인적 쓰기란 개인적 필요에 따라 쓰는 글로 대개 기억을 도와주기 위한 수단으로 사용되는데 예컨대 일기나 일지 등을 포함한다. 이러한 글에는 주로 자신의 모국어가 이용되지만 외국어 교실에서 이러한 활동들은 학생들에게 강한 흥미와 동기를 줄 수 있다.

학문적 쓰기도 역시 자신을 위한 쓰기이고 다른 사람에게 보여주기 위한 것은 아니다. 책을 읽으면서 노트를 하거나 강의를 들으면서 중요한 것을 적는 것, 또 시험 준비를 위한 요약 같은 것들이 여기에 해당되는데 이러한 종류의 쓰기도 학문을 위해 외국어를 배우는 학생들이라면 가르쳐야 할 기술 중 하나이다.

공적인 쓰기는 조직이나 기관의 구성원으로서 써야하는 글로 일정한 형식과 규칙을 지닌 글쓰기를 말한다. 예를 들어 공적인 서한이나 문서 등의 서류 작성, 지원서나 신청서 작성 등을 말한다.

창조적 쓰기란 시나 소설, 드라마 등 자신 뿐 아니라 다른 사람과 공유하기 위한 글의 종류이다. 주로 국어 교육에서 많이 이루어지는 부분이다.

사회적 쓰기란 가족이나 친구들과의 사회적 관계를 확립하고 유지하기 위한 쓰기를 말하며 개인적인 편지나 초대장, 축하 카드, 위로문, 전보, 전화 메시지 등이 이에 해당된다.

제도적 쓰기란 사업가, 교사, 기술자, 학생 등 직업적 역할과 관련된 글쓰기를 말한다. 예를 들면 보고서나 요약, 각서 등이 이에 해당한다.

| 개인적 쓰기 | 공적인 쓰기 | 창조적 쓰기 |
|---|---|---|
| 일기<br>일지<br>물건 목록<br>메모<br>포장 목록<br>주소<br>조리법 | 요청서<br>문의서<br>서식 작성<br>신청서 작성 | 시<br>소설<br>시조<br>희곡<br>노래<br>자서전 |
| **사회적 쓰기** | **학문적 쓰기** | **제도적 쓰기** |
| 편지<br>초대장<br>조의문<br>감사문<br>축하문<br>전보<br>전화 메시지<br>설명서 | 읽으면서 노트하기<br>강의 노트 작성<br>색인 목록 작성<br>요약<br>줄거리<br>논평<br>보고서<br>수필<br>참고 문헌 | 회의록<br>세부사항 지시문<br>보고서나 연설<br>검토서<br>신청서<br>계약서<br>이력서<br>사업 관련 편지<br>명세서<br>공지 사항<br>직업 관련 메모<br>광고 |

**쓰기의 유형(Hedge, 1988)**

　쓰기의 목적과 유형은 상황에 따라서도 달라진다. 예를 들어 직장에서는 주로 정보를 알리고, 지시나 명령을 전달하고 메모나 편지에 답하고, 기록을 보관하기 위한 서류를 작성하고, 새로운 대안 등을 제안하기 위해 쓰는 경우가 많다. 그러나 교실 환경에서는 강조되는 쓰기의 목적과 유형이 이와 다르다. Brown(1994)은 교실에서 요구되는 쓰기의 유형을 다섯 가지로 분류하였다.

> **교실 쓰기의 유형(Brown, 1994)**
> - 모방 쓰기
> - 집중 또는 유도 쓰기
> - 자율적 쓰기
> - 전시용 쓰기
> - 실제 쓰기

**• 모방 쓰기**

　학습 초기 글자를 배울 때 주로 사용되며 글자나 단어 문장을 단순히 베껴 쓰는 유형이다. 예를 들면 받아쓰기 연습이 이에 해당된다.

### • 집중 쓰기 또는 유도 쓰기

문법 학습이나 평가를 위한 통제형 연습 문제 답 작성이나 주어진 지시에 따라 글을 변화시키는 통제나 유도 작문의 유형이다. 학습이나 문법적 개념의 강화를 시험하기 위해 사용되는 쓰기 형태인데 이러한 집중적 쓰기에 해당되는 것으로는 문법 연습에 사용되는 통제된 쓰기가 대표적이다. 이러한 쓰기 유형은 쓰는 사람의 창조성을 그다지 요구하지 않는다. 통제된 쓰기로 흔히 사용되는 것은 주어진 문장의 형태를 바꾸는 것이다. 예를 들면 현재 시제로 제시된 문장을 과거 시제로 바꾸게 하는 것 등이 이에 해당된다.

또 다른 형태로 들 수 있는 것이 유도된 쓰기인데 이것은 통제된 쓰기에 비해 교사의 통제가 덜하나 여전히 기본적인 쓸 거리를 제공한다. 예를 들어 비디오테이프를 본 후 내용에 관한 질문에 대답하게 하는 것 등이다.

마지막으로 재생(dicto) 쓰기가 있는데 이것은 예를 들어 교사가 어떤 글을 읽어주고 그 글에 나오는 내용을 연속적으로 핵심 단어를 제시해 준 다음 그 단어를 이용하여 그들이 듣거나 읽은 내용을 상기하면서 글을 다시 쓰게 하는 유형의 쓰기 연습이다.

### • 자율적 쓰기

다른 사람에게 보이는 글이 아닌 순수하게 자기 자신만을 위한 글쓰기다. 대표적인 것으로는 수업 시간에 노트하기라든가 일기나 일지 등이 있다. 그러나 최근에는 학생들이 자신의 생각이나 기분, 반응 등을 일지에 쓰면 교사가 이를 읽고 응답을 하는 식의 대화적 일지도 많이 사용된다.

### • 전시용 쓰기

단답형 문제 답 쓰기, 주관식 답안 작성 등 기본적으로 자신이 알고 있는 것을 남에게 보여주기 위한 쓰기 유형이다. 에세이, 연구 보고서 등이 이에 해당된다.

### • 실제 쓰기

교실에서 하는 쓰기 활동들은 대개 전시용 쓰기가 주를 이루지만 그래도 가끔은 독자에게 메시지를 전달하기 위한 순수한 의사소통을 목적으로 하는 글쓰기가 있다. 실제 쓰기는 정보를 필요로 하는 독자에게 그 정보를 전달하는 진정한 의미의 의사소통을 위한 쓰기 유형으로 학문적 목적을 위한 학술적 쓰기와 서류 작성이나 실무 편지 등 직업 현장에서 필요로 하는 직업적 쓰기, 일기, 편지, 개인적 메시지 작성 등의 개인적 쓰기로 나누어진다.

이렇듯 쓰기는 그 목적에 따라 유형이 달라진다. 그러므로 쓰기를 지도할 때는 학생들에게 필요한 쓰기 유형과 목적을 파악하게 하고 이를 바탕으로 적절한 유형의 쓰기를 지도해야 할 것이다.

## 8.2 쓰기 활동의 종류

쓰기 지도를 위한 활동에는 여러 가지가 있다. 우선 가장 간단하고 단순한 베껴 쓰기, 받아쓰기, 통제된 쓰기, 유도된 쓰기, 자유 쓰기 등이 있는데 베껴 쓰기가 가장 정확성이 요구되는 것이고 자유 쓰기가 가장 유창성을 요구하는 활동이라 할 수 있다. 뒤로 갈수록 수준이 높아지고 유창성에 중점을 둔 활동이다.

### 8.2.1 베껴 쓰기

베껴 쓰기는 주어진 글을 보고 그대로 베껴 쓰는 활동으로 가장 통제되고 간단한 활동이며 따라서 주로 초급 단계에서 활용된다. 그러나 기계적이어서 학습자가 쉽게 지루함을 느끼는 단점이 있다. 베껴 쓰기의 방법으로 점선 위에 글자를 덧쓰게 하는 방법, 전체 글을 보고 베껴 쓰는 방법, 문장의 일부를 빈칸으로 남겨 그 부분만 베껴 쓰는 방법 등이 있다.

### 8.2.2 받아쓰기

받아쓰기는 교사가 문장이나 단락을 적당한 속도로 불러주면 그것을 그대로 받아쓰는 방법으로 맞춤법 과 언어 형태에 초점을 맞춘 방법이다. 이 방법은 듣기와 쓰기를 향상시켜주며, 학습자가 집중할 수 있게 해 준다. 받아쓰기의 방법으로는 전체를 다 받아쓰게 하는 방법, 빈칸에 들어갈 말 받아쓰기, 부분 받아쓰기 등이 있다. 주로 초급 단계에서 많이 활용되지만 노래, 뉴스, 대화 등 다양한 자료를 이용한다면 중고급에서도 유용하게 활용될 수 있다.

### 8.2.3 통제된 쓰기

통제된 쓰기는 학습자의 오류를 줄이고 쓰기를 보다 쉽게 하기 위해서 초급 또는 중급에서 많이 활용하 는 방법이다. 통제된 쓰기는 문장을 주고 시제를 바꾸어 쓰게 하거나 간접화법으로 바꾸어 쓰게 하는 등 주 로 문법적인 것에 치중된 활동이 많다. 이 방법은 다소 기계적인 것으로 학습자로 하여금 지루함을 느끼게 하며 자유롭게 자신의 의사를 전달하는 능력을 길러주기는 어렵다는 문제점이 있다.

**•표, 도표, 그림이나 사진보고 쓰기**

**1 사람들이 무엇을 합니까? 쓰고 이야기하십시오.**

✏ 연습하기

여기는 극장입니다. 극장에 친구들이 있습니다.
에릭 씨가 시계를 봅니다.

유키 씨가

리타오 씨가

존 씨가

주앙 씨가

흐엉 씨가

노라 씨가

<새연세 한국어 말하기와 쓰기 1>

## • 어순 배열하기

> 주말마다, 것을, 수퍼마켓에, 나는, 가서, 동안, 일주일, 사다가, 먹을, 놓는다

## • 문장 연결하기

### 1. -어서/아서/여서

(1) 보기 와 같이 문장을 만드십시오.

| | |
|---|---|
| 날씨가 좋습니다. ● | ● 극장에 사람이 많습니다. |
| 친구 생일입니다. ● | ● 그 식당에 갑니다. |
| 집에서 학교까지 가깝습니다. ● | ● 걸어서 옵니다. |
| 돈이 없습니다. ● | ● 선물을 삽니다. |
| 음식이 맛있습니다. ● | ● 공원에 갑니다. |
| 영화가 재미있습니다. ● | ● 아르바이트를 합니다. |

> 보기 **날씨가 좋아서 공원에 갑니다.**

1. _____
2. _____
3. _____
4. _____
5. _____

<3주 완성 연세 한국어 2>

• 질문에 대답하기

보기 가 : 왜 학생 식당에 자주 가요?

나 : 음식이 싸고 맛있어서 자주 가요.

1. 가 : 왜 동대문시장에 자주 가요?

   나 : _____

2. 가 : 왜 그 가방을 안 사요?

   나 : _____

3. 가 : 왜 김치를 안 먹어요?

   나 : _____

4. 가 : 왜 택시를 타요?

   나 : _____

5. 가 : 그 가수를 왜 좋아해요?

   나 : _____

<3주 완성 연세 한국어 2>

• 지시대로 바꿔 쓰기

1) 보기 와 같이 문장을 만드십시오.

보기 저는 지금 책을 읽어요 ➡ 나는 지금 책을 읽어

❶ 날마다 운동하기가 너무 힘들어요.  ➡ _____

❷ 영주 씨, 내일은 일찍 오세요.  ➡ _____

❸ 미선 씨, 우리 같이 도서관에 가요.  ➡ _____

❹ 유진 씨, 안녕히 계세요.  ➡ _____

❺ 수업 시간에 이야기하지 마세요.  ➡ _____

<3주 완성 연세 한국어 2>

• 빈 칸 완성하기

(      )에 알맞은 단어를 보기에서 찾아 이야기를 만드십시오.

**<보기>** 삽니다. 떡국, 어제, 시켰습니다, 벌, 버스, 약속, 음식값, 멀지 않았습니다, 저녁

나는 (      ) 남대문 시장에 갔습니다. 나는 신촌까지 (      )를 탔습니다.
남대문 시장은 (              ). 시장에서 바지 하나와 셔츠 한 (      )을 샀습니다.
모두 삼천원이었습니다. 오후 6시에 (      )이 있었습니다..........(생략)

## 8.2.4 유도된 쓰기

유도된 쓰기는 통제된 쓰기와는 달리 학습자가 스스로 어휘나 구문을 선택하여 주어진 내용에 맞게 글을 쓰는 것을 말한다. 즉 언어가 아닌 내용만 제한되는 글쓰기 방법이다. 예시문을 이용해서 글을 쓸 수 있다.

**2** 그림을 보고 보기 와 같이 쓰고 발표하십시오.

보기

왼쪽에 있는 큰 집이 에릭 씨 집이에요. 신문을 읽는 사람이 에릭 씨예요. 에릭 씨 집에는 좋은 그림이 많아요. 예쁜 꽃도 많아요. 집 앞에 있는 작은 자동차가 에릭 씨 자동차예요. 빨간색 티셔츠를 입은 사람이 에릭 씨 아버지예요.

✏️ 연습하기

오른쪽에 있는

<새연세 한국어 말하기와 쓰기 1>

- 빈 칸 완성하기(연세대, 쓰기 교재)

안녕하십니까? 저는 _____에서 온 _____입니다. 제 고향은 _____인데 아주 _____(은)ㄴ/는 곳입니다. 저는 _____살이고 가족은 _____이/가 있습니다. 한국에 온 지는 _____되었습니다. 한국에는 _____(으)려고 왔습니다. (생략)

<연세 한국어 말하기와 쓰기 2>

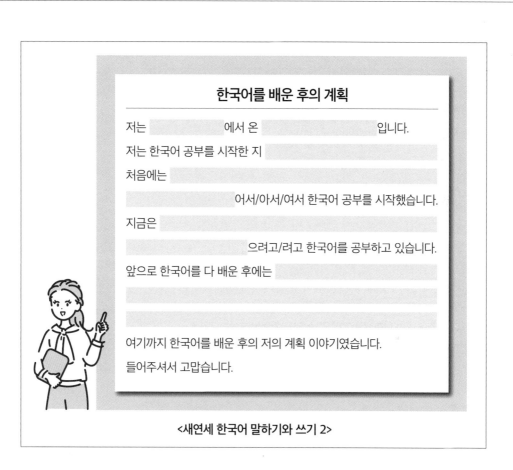

**한국어를 배운 후의 계획**

저는 _____에서 온 _____입니다.

저는 한국어 공부를 시작한 지 _____

처음에는 _____

_____어서/아서/여서 한국어 공부를 시작했습니다.

지금은 _____

_____으려고/려고 한국어를 공부하고 있습니다.

앞으로 한국어를 다 배운 후에는 _____

_____

_____

여기까지 한국어를 배운 후의 저의 계획 이야기였습니다.

들어주셔서 고맙습니다.

<새연세 한국어 말하기와 쓰기 2>

• 응답 쓰기

## 친구가 이메일을 보냈습니다. 친구에게 답장을 쓰십시오.

유키 씨.

왜 학교에 오지 않았어요? 제가 몇 번을 전화했는데 받지 않아서 걱정이 돼요. 혹시 어디 아픈가요?

선생님과 친구들 모두 걱정을 많이 하고 있어요.

우리 이번 주말에 반 모임이 있는데 기억해요? 반 모임에 올 수 있는지 알려주세요.

제 이메일을 보면 꼭 답장을 해 주세요.

주앙 씀

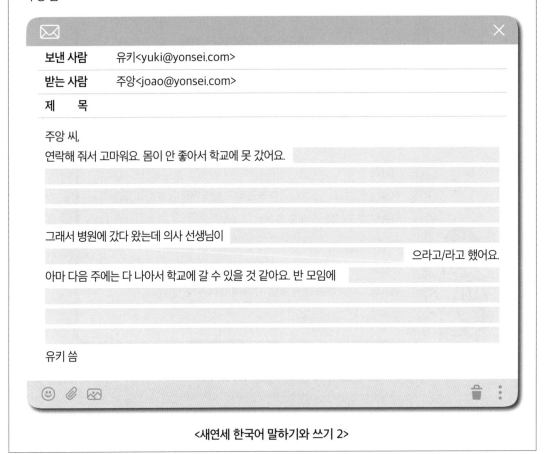

| 보낸 사람 | 유키<yuki@yonsei.com> |
| --- | --- |
| 받는 사람 | 주앙<joao@yonsei.com> |
| 제　목 | |

주앙 씨,

연락해 줘서 고마워요. 몸이 안 좋아서 학교에 못 갔어요.

그래서 병원에 갔다 왔는데 의사 선생님이

으라고/라고 했어요.

아마 다음 주에는 다 나아서 학교에 갈 수 있을 것 같아요. 반 모임에

유키 씀

<새연세 한국어 말하기와 쓰기 2>

• 그림을 이용한 유도된 쓰기

이 사람의 하루 일과를 쓰십시오.

&lt;새연세 한국어 말하기와 쓰기 2&gt;

## •시청각 자료를 이용한 유도된 쓰기

---

### -(으)ㄹ 겁니다.

5. 졸업을 앞둔 학생들은 졸업 후 자신의 진로에 대한 계획을 가지고 있습니다. 5년 후, 10년 후에 어떤 계획이 있는 지 말해 보십시오.

 연습하기
Practice

---

다음은 재호의 대학 졸업 계획입니다. 어떤 계획이 있는지 써 보십시오.

| 취직하다 | 결혼하다 | 세계일주를 하다 | 별장을 사다 | 회사 사장이 되다 |

재호는 졸업 후에 취직을 할 겁니다. 그리고

_____

_____

<말이 트이는 한국어 I, 1998>

## • 글 완성하기

> **보기와 같이 자신의 생각을 이어서 써보십시오.**
>
> <보기> 추석날 밤, 하늘에 떠 있는 밝은 보름달을 보았습니다.  <u>저는 그 달을 보고 제 소원을 빌었습니다.</u>
>
> • 육교 위에 앉아 있는 아주머니와 아이를 보았습니다. _____
>
> <연세대, 쓰기 교재>

## 8.2.5 자유 쓰기

일정한 주제에 대해 제한 없이 학습자 스스로 자유롭게 글을 쓰게 하는 방법으로 중고급 단계에서 많이 활용된다.

- 읽기, 듣기 또는 시청각 자료 등 제시된 자료에 대해 자신의 견해 쓰기
- 제목 주고 글쓰기
- 자유롭게 수필이나 논문 쓰기

### 참고문헌

『대학 강의수강을 위한 한국어 말하기 중급 1』(2012), 연세대학교 대학출판문화원.

『말이 트이는 한국어 1』(1998), 이화여자대학교 출판문화원.

『새연세 한국어 말하기와 쓰기 1』(2018), 연세대학교 대학출판문화원.

『연세 한국어 말하기와 쓰기 2』(2019), 연세대학교 대학출판문화원.

『3주 완성 연세 한국어 2』, 연세대학교 대학출판문화원, 2013

원미진, 황지유(2018), 「언어능력 평가로서의 말하기 평가 내용 연구」, 『어문론총』, 75권

Brown, H. D.(1994), Principle of language learning and teaching, Longman.

Brown, H. D. (2001). Teaching by Principle and Interactive Approach tolanguage pedagogy. New York: Longman Inc.

Christopher Tribble(1996), Writing, Oxford University Press.

Harmer, J. (2001). The Practice of English Language Teaching. Harlow: Longman.

Hedge, T(1988). Writing. Oxford University Press.

Nunan, D. (1996) Syllabus Design. Oxford University Press, London.

Raimes, A.(1983). Techniques in Teaching Writing. Oxford: Oxford University Press, 1983.

# 13 한국어 이해교육(듣기와 읽기)을 어떻게 할 것인가

최근 외국어로서의 한국어 교수법에는 다양한 방법이 소개되고 있다. 그중 의사소통 중심의 교수법이 각광을 받고 있는데, 이 교수법은 이해와 표현교육으로써, 언어의 기능인 듣기, 읽기, 말하기, 쓰기가 중심을 이룬다. 특히 본 장에서는 바람직한 이해교육(듣기와 읽기)이란 무엇이며, 어떻게 효과적으로 수행해야 하는가를 제시함으로써 '정보의 획득과 문화의 수용', '다양한 상황에서 바른 언어활동' 등 궁극적으로 학습자의 의사소통 신장에 도움을 줄 것이다.

# 1. 언어의 이해 활동이란 무엇인가

음성이나 문자에 의한 인간의 의지, 생각, 감정 등의 정보를 표현 또는 전달하는 매개체를 언어라 하는데, 한 사회의 구성원들이 자신들의 경험과 지식을 저장하고, 그것을 새로운 세대에게 전수하며 문화를 창조하는 대표적인 활동 방식을 제공한다. 이처럼 인간은 언어를 통해 세계를 인식하고, 해석하고, 재창조 하는 등 다양한 사고 활동을 한다. 이러한 언어의 이해 활동은 <그림1>과 같이 듣기와 읽기 두 가지로 나타낼 수 있다.

**[그림 1. 언어의 이해 활동]**

**듣기**

· 담화 관계자 사이에 음성 텍스트를 통하여 정보를 얻고 처리하는 과정
· 매개체 : 음성 언어

언어를 매개체로 하여 청자나 독자가 화자나 필자의 전달하고자 하는 의미를 이해하는 일련의 인지적 과정

**읽기**

· 문자 텍스트를 통하여 정보를 얻고 처리하는 과정
· 매개체 : 문자 언어

## 1.1 이해 교육과 교수법의 변천

최근 SNS 및 각종 인쇄물의 급증 등 여러 가지 정보 매체의 발달로 정보를 얻을 수 있는 영역이 확대되고, 정보의 양이 증가하는 속도가 급격히 빨라지고 있다. 따라서 앞으로 언어 이해의 중요성은 더욱 커질 것이며, 아울러 언어능력을 기르는 이해 교육도 중요하게 다루어져야 할 것이다. 이해 교육과 교수법의 변천을 살펴보면 <그림 2>와 같다.

**[그림 2. 이해 교육과 교수법의 변천]**

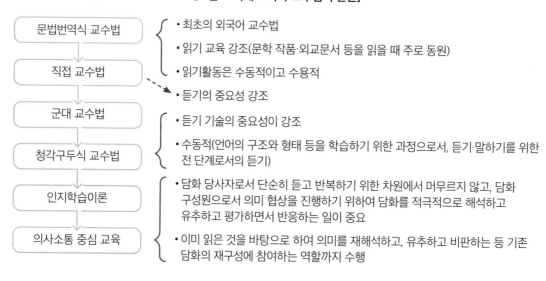

| 문법번역식 교수법 | { |
|---|---|

- 최초의 외국어 교수법
- 읽기 교육 강조(문학 작품·외교문서 등을 읽을 때 주로 동원)

**직접 교수법**

- 읽기활동은 수동적이고 수용적
- 듣기의 중요성 강조

**군대 교수법**

**청각구두식 교수법**

- 듣기 기술의 중요성이 강조
- 수동적(언어의 구조와 형태 등을 학습하기 위한 과정으로서, 듣기·말하기를 위한 전 단계로서의 듣기)

**인지학습이론**

- 담화 당사자로서 단순히 듣고 반복하기 위한 차원에서 머무르지 않고, 담화 구성원으로서 의미 협상을 진행하기 위하여 담화를 적극적으로 해석하고 유추하고 평가하면서 반응하는 일이 중요

**의사소통 중심 교육**

- 이미 읽은 것을 바탕으로 하여 의미를 재해석하고, 유추하고 비판하는 등 기존 담화의 재구성에 참여하는 역할까지 수행

한편, 小林 (2019 : 156-157)는 16세기 문법번역식 교수법을 출발로, TPR(Total Physical Response), 자연 교수법, 20세기 후반의 의사소통 중심 교수법까지를 제시하면서 비교적 자세히 설명하고 있다.

## 1.2 이해 과정의 모형

여러 학자들이 제안한 인간의 언어 이해 모형은 크게 상향식 모형(bottom-up model)과 하향식 모형 (top-down model)으로 나눌 수 있다. 그리고 이 두 모형의 절충 모형으로 상호작용 모형(interactive model)이 있다.(강현화 2009, 2021 참조), (오윤주 외2021 참조)

[그림 3. 이해 과정의 모형]

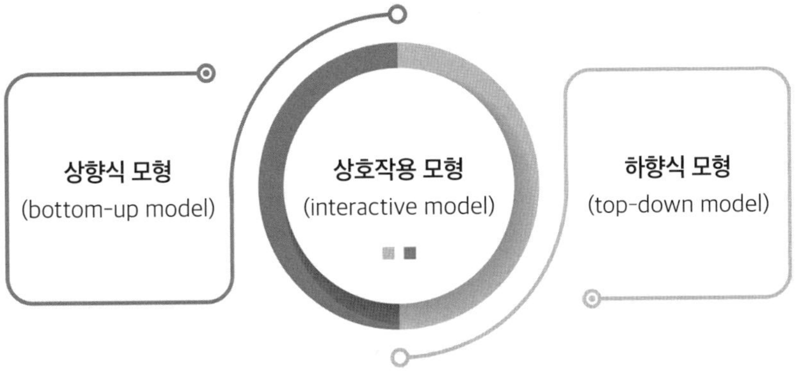

| [상향식 모형] | [하향식 모형] |
|---|---|
| **'언어'의 역할을 강조한 모형** | **'이해자'의 역할을 강조한 모형** |
| • 언어기호의 표상화 과정 : 단어, 구, 절, 문장 …, 전체 의미 | • 언어 이해는 말이나 글의 의미에 대한 이해자의 가정 또는 추측에서부터 시작되며, 이 가정이나 추측이 언어기호 번역의 출발이 된다고 봄. |
| • 청자나 독자가 우선 언어를 정확하게 해독해야 함. | • 이해자의 가정이나 추측은 그 이해자가 가지고 있는 배경지식의 정도에 크게 영향을 받음. |
| • 어휘, 문법과 같은 언어기호에 대한 지식이 이해의 가장 중요한 요소 | *배경지식 : 인지심리학에서는 독해과정에서 독자가 지니고 있는 배경지식의 역할을 스키마 이론으로 형식화하였음. 스키마란 사전에 독자가 습득하고 있는 지식의 구조를 의미함. |
| • 의미형성이 언어기호에서 비롯된다고 보기 때문에 이 모형에서 듣기 과정과 읽기 과정은 결국 같은 과정 | • 배경지식이 많은 이해자는 언어기호의 번역에 크게 의존하지 않고 부분적인 언어 자료만으로도 내용을 이해 할 수 있지만, 배경지식이 적은 이해자는 많은 언어자료를 필요로 함. |
| • 의미형성이 언어로부터 시작된다고 보기 때문에 번역 과정에서 이해자의 역할은 수동적 | • 하향식 모형은 언어를 의미로 번역하는 언어 이해 과정에서 이해자의 능동적인 참여와 언어처리 역할을 강조함. |

**상호작용 모형**

- 상향식 언어 처리 과정과 하향식 언어 처리 과정이 상호 협조적으로 작용한다고 보고 있으며, 언어 이해자의 역할은 하향식에 의해 형성된 메시지 내용에 대한 추측이 얼마나 강력하고 정확한가에 따라 능동적일 수도 있고 수동적일 수도 있음.
- 상호작용 모형에서의 언어 이해는 메시지 내용에 대한 이해자의 가정과 추측, 언어의 확인이 동시에 작용함으로써 이루어진다고 봄.

앞에 제시한 언어 이해 모형을 읽기에 적용시켜 살펴보면 다음과 같다. 초창기의 읽기 연구는 글자, 단어, 구와 같은 언어의 작은 단위에서 문장이나 단락 같은 큰 단위의 순서로 해독을 한 후에 전체 텍스트의 의미를 파악하는 상향식 모형(bottom-up model)으로 이해되었다. 그러나 텍스트에 포함된 어휘나 문법 등을 알고 있음에도 불구하고 내용을 제대로 이해하지 못하는 사례들을 설명하지 못하는 한계에 부딪히면서, 읽기에 관한 새로운 문제가 대두되었다. 이런 점을 보완하여 독자가 가지고 있는 개념을 조작, 새로운 의미를 재구성하는 과정으로 보는 하향식 모형(top-down model)이 출현하였다. 이 모형에 따르면 의미는 텍스트 속에 명시적으로 제시되어 있는 것이 아니라 독자가 읽기 과정을 통해 자신의 배경 지식에 기대어 능동적으로 구성해 낸다고 본다.

그러나 읽기는 이 두 가지 관점 중 어느 하나만이 선택되는 사고 과정이 아니다. 읽기는 해독과 이해의 모든 과정을 포함하는 것으로 보아야 한다. 상향식 모형이나 하향식 모형 어느 하나만으로는 독해의 과정을 완전히 설명할 수 없다는 한계를 극복하기 위해 제시된 모형이 상호작용 모형(interactive model)이다. 읽기는 글과 독자가 만나는 행위로써, 읽기의 인지적 과정에는 자극체로서의 글의 영향과 해석자로서의 독자의 영향이 함께 작용한다.

강현화 외(2021 : 41-52)는 문법적 구성 및 문장 구성 성분 간의 관계를 '소리 → 단어 → 문장 → 담화 → 의미'의 상향식 처리과정을, 그 역순은 하향식 처리과정임을 설명하고 있다.

이와 같이 읽기는 글에 제시되어 있는 정보와 독자 자신의 배경 지식을 결합하여 글 전체의 의미를 구성하는 의미 구성 과정이다. 독자는 글을 읽으면서 글 속에 나타나 있지 않은 정보를 추론하기 위해 자신의 배경지식을 활용한다. 이러한 과정에서 독자는 자신의 배경 지식과 주어진 글과의 끊임없는 상호 작용을 통해 글을 이해하게 되는 것이다. 아래의 <그림 4.>는 읽기 전후의 이해활동을 도식화한 것이다.

**[그림 4. 읽기에 의한 이해활동]**

| | | | | |
|---|---|---|---|---|
| 배경지식<br>예비지식<br>(흥미, 관심) | ← | 읽기 | → | 행동, 태도의 변화<br>(과제의 수행) |

듣기와 읽기는 각각 음성언어와 문자언어라는 매개체에 의해 전달된다는 차이점이 있으나 이해 기능이라는 면에서 공통점을 갖는다. 또한, 정보처리 과정에 있어서도 듣기 전, 읽기 전의 스키마 형성을 위한 활동을 하게 된다는 점과, 나아가 앞서 설명한 상향식, 하향식, 상호작용 모형 과정도 동일하게 적용됨을 알 수 있다.(양명희 외 2011 참조)

## 2. 이해 교육(듣기·읽기)을 어떻게 할 것인가

한국어 교육의 목표는 한국어를 이해하고 표현하여 자연스러운 의사소통할 수 있도록 돕는 것이다. 의사소통이란 언어적 또는 비언어적 기호를 사용하여 정보를 교환하고 유통하는 과정을 말한다. 원활한 의사소통을 위해서 학습자는 듣기, 말하기, 읽기, 쓰기의 네 가지 언어 기능을 익혀야 한다. 이 네 영역은 각각 분리된 것이 아니라 상호 보완적인 관계를 갖고 있으며, 듣기와 읽기는 이해능력으로, 말하기와 쓰기는 표현능력으로 나타난다.

최근 외국어로서의 한국어 교육은 문자 언어 중심에서 벗어나, 이해 중심의 교육과 표현 중심의 교육으로 변화하고 있다. 언어의 일차적인 기능은 의사소통이므로 언어 교육이 의미의 이해와 표현이라는 의사소통적 기능에 초점을 맞추는 것은 당연하다.

듣기는 지금까지 다른 언어 기능들에 비해 소홀히 다루어져 왔다. 그러나 듣기는 원활한 의사소통을 위해 빼놓을 수 없는 기능이다. 듣기란 음성언어에 의한 input의 인식, 이해를 말한다. 이러한 듣기는 회화 중에 상대방의 말을 듣는 쌍방향 듣기, 라디오 등을 듣는 한 방향 듣기가 있다.(小林 2019 : 76) 일반적으로 학습자들은 듣기를 같은 이해 영역인 읽기보다 어렵게 생각하는 경향이 있다. 우리는 무엇인가를 들을 때 모든 정보에 항상 똑같은 주의를 기울이지는 않는다. 청자는 듣기 처리과정에서 청각기관을 통해 입력된 자료를 자신의 듣기 목적에 따라 선택적으로 처리하면 된다. 듣기에서 중요한 것은 소리로 입력된 자료를 다 들었느냐 못 들었느냐가 아니라, 의사소통 상황에서 자신에게 필요한 정보를 얼마나 잘 구별해 들을 수 있느냐하는 것이다. 따라서 앞으로는 듣기의 특성을 고려한 듣기 수업과 그에 대한 평가가 효과적으로 이루어져야 할 것이다. 듣기의 특성을 살펴보면 다음과 같다.

첫째, 듣기는 시간적 흐름 속에서 진행되는 의사소통 활동이므로, 학습자는 의사소통의 흐름을 놓치지 않기 위한 전략과 기술이 필요하다. 청자가 임의로 담화에 개입하거나 진행 속도를 조절하기가 어렵다. 듣기의 매개체인 음성은 녹음을 하지 않으면 표현되자마자 사라지기 때문에 음성 언어를 통한 의사소통에서는 표현과 이해가 동시에 이루어져야 하기 때문이다.

둘째, 듣기는 구어의 여러 언어적 특징들로부터 영향을 받는다. 언어 수행과정에서의 억양, 휴지(pause), 반복, 수정, 다른 요소의 개입 등과 같은 구어의 형태적인 특징과 수행 상의 변수들은 듣기에 상당한 영향을 미치는 요소들이다.

셋째, 듣기에서는 언어외적인 요소가 이해에 많은 영향을 미친다. 청자는 화자의 어조(語調), 표정, 동작

등을 고려해야 청자의 의도를 정확하게 파악할 수 있다. 따라서 듣기 학습과 평가에서는 듣기에 영향을 미치는 언어외적인 요소를 고려해야 한다.

읽기는 의사소통 능력 가운데 정보의 획득과 문화의 수용이라는 측면에서 무엇보다 중요하게 다루어져야할 기능이다. 한국어 학습자가 한국의 언어와 문화를 쉽게 접할 수 있는 자료는 대부분 문자의 형태를 띠고 있으며, 그것을 읽고 해독함으로써 정보의 이해가 가능하기 때문이다. 이러한 측면에서 보면 읽기는 말하기, 듣기, 쓰기와 더불어 의사소통의 기능 중 가장 중요한 위치를 차지한다고 해도 과언이 아니다.

나아가 읽기 교육에 있어서는 기초학습(문자, 어휘, 문장 읽기)이 선행되어야 하고, 학습자의 수준(초급, 중급, 고급)에 맞는 수업이 이루어져야 하겠다. 또한, 읽기 교육 후 평가에 대한 것도 읽기의 본질에 따라서 다양하게 생각할 수 있으며, 현행 '한국어능력시험(TOPIK)'은 좋은 지침이 될 것이다. 또한, 읽기 교육을 위한 텍스트 선택에 있어서도 신중을 기하여야 하겠다.

## 2.1 듣기 교육

듣기는 의사소통 기능 중에서 가장 많이 사용하는 기능이면서도 가장 소홀히 하기 쉬운 기능이다. 그러나 언어를 사용하는 궁극적인 목적은 원활한 의사소통에 있으므로, 대화는 청·화자 간의 상호 교류적으로 이루어져야 하는 것이다. 성공적인 의사소통에 중점을 둔 교육을 하고자 하는 경우, 체계적인 듣기 교육은 필수적으로 수행되어야 한다. 듣기를 수동적이고 수용적인 기술로 잘못 인식하는 경우, 단순히 문형 연습을 통한 문장 듣기나 발음의 변별에 대한 연습 등의 수업만이 이루어진다. 그러나 이러한 연습을 통해서는 실제의 담화 현장에서 들려오는 무수한 정보로부터 소외되기 쉽고, 듣기의 궁극적 목적인 원활한 의사소통의 달성은 기대하기 어렵게 된다.

듣기의 요소에는 <표 1.>에 제시된 다섯 단계가 있으며, '듣기활동의 주요단계'와 '성공적인 청자의 듣기 단계'를 연결시켜 살펴볼 수 있다.

**[표 1. 듣기의 단계]**

| 듣기의 단계적 요소 | 듣기활동의 주요단계 | 성공적인 청자의 듣기단계 |
|---|---|---|
| 사전 지식(배경지식, 경험)<br>(Previous knowledge) | | |
| 외부의 자극에 대한 반응<br>(Response to external stimulus) | 자극에 의한 반응과 조직화<br>(Responding and organizing) | |
| 지각<br>(Physiological activity of the listener) | | 소리 인식(Recognition of<br>hear / sound)<br>기억(Hold in memory) |
| 인지(깨달음)<br>(Realization) | | 참여(Attend)<br>심상 구축(Form images)<br>배경 지식(스키마) 활용<br>(Search past store of ideas)<br>비교(Compare)<br>검증(Test)<br>확인(Recode) |
| 고등적인 사고<br>(Highly conscious intellectual activity) | 의미의 구축화<br>(Getting Meaning) | 언어적 이해<br>(Literal comprehension) |
| | 사고 및 의미의 확장<br>(Thinking Beyond Listening) | 사고의 확장화(Intellectualize) |

## 2.1.1 듣기 교육의 방법

효과적인 듣기 교육의 방법을 제시하면 다음과 같다.

첫째, 효과적인 듣기 지도를 위해서는 먼저 학습자를 동기화 시켜야 한다. 학습자 중심의 수업에서는 수업에 사용되는 모든 것들은 학습자의 요구(needs)와 흥미를 반영해야 하며, 그렇게 될 때 학습자가 적극적이고 능동적인 자세를 가질 수 있다. 학습자의 동기를 최대화 시켜, 듣기 능력을 향상시켜 줄 듣기 전략을 학습자 스스로 개발할 수 있도록 유도하고 수업 현장이 아닌 곳에서도 듣기 활동을 성공적으로 수행하도록 도와 주어야 한다.

둘째, 모국어 환경에서 듣기 활동을 할 때와 마찬가지 방법으로 접근해야 한다. 실제 생활에서 듣기를 수행할 때는 억양, 장단, 휴지(pause), 발음, 속도, 축약, 방언, 은어, 비문법적 요소 등 여러 가지 요소가 개입될 수 있다. 이런 것들은 외국어 듣기 수행을 어렵게 만들기도 한다. 그러나 수업 현장에서는 이 요소들이 배제된 상태에서 학습이 이루어지기 때문에 실제 현장에서는 듣기를 제대로 수행할 수 없는 경우가 있다. 실제 담화 현장에서의 원활한 의사소통을 위해서 어느 정도 기초적인 듣기 수업이 이루어진 후에는, 여러 가지 언어외적인 요소들을 포함시켜 담화를 접하게 하는 것이 좋다.

셋째, 듣기 자료는 학습자의 수준에 맞고 반드시 흥미를 가질 수 있는 것이어야 하며, 쉽고 익숙해 있는 수준보다 약간 높은 수준의 듣기 활동을 전개하는 것이 좋다. 학습자는 <그림 5>에 제시된 단계를 거치게 되므로 소기의 목적을 달성하려면 일정기간이 필요하다.

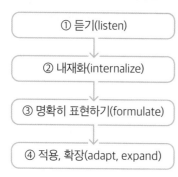

[그림 5. 단계적 듣기 교육의 방법]

① 듣기(listen)

② 내재화(internalize)

③ 명확히 표현하기(formulate)

④ 적용, 확장(adapt, expand)

넷째, 학습보조 자료인 음성파일이나 동영상 자료는 다양하고 정확한 표현과 발음을 듣고 연습할 수 있는 좋은 재료이지만, 네이티브 교사의 역할을 대신해 줄 수는 없다. 교사는 교실 언어나 일상생활의 지시어들을 목표어로 계속 제공해 줌으로써 훨씬 많은 것을 가르쳐 줄 수 있다. 또한 학습자는 소리뿐만 아니라 표정, 몸짓 등 눈에 보이는 다른 요소들로 이해하기 때문에 녹음자료보다는 교사의 교수학습 활동이 훨씬 더 효과적인 자료라고 할 수 있다. 무엇보다도 교사와는 언어학습에서 가장 중요한 상호작용이 가능하며, 실제상황의 듣기를 경험할 수 있다.

다섯째, 전신반응 교수법(TPR)을 다양하게 활용하여 가장 재미있고, 빠른 효과를 볼 수 있도록 한다. 가능한 아주 간단하고 기초적인 명령어에서 출발하여 긴 문장까지 해 볼 수 있도록 한다.

여섯째, 교사는 한국어 표준발음을 구사해야 하고 수준에 따라 말하는 속도를 조절하는 것이 좋다. 또한 지나치게 어려운 내용은 학습자들의 흥미를 잃게 하므로 수준에 맞는 학습 내용을 선정하고 개발하는 것이 중요하다.

## 2.1.2 듣기 교육의 전략

듣기 수업은 듣기 전 활동, 듣기 활동, 듣기 후 활동으로 3단계로 나누어 진행할 수 있다. 듣기 전 활동으로는 들려줄 내용에 대한 간단한 배경지식, 관련된 읽을거리, 그림을 미리 보여주거나 내용에 대한 질문과 대답을 해 보는 것이 좋다. 듣기 활동에서는 내용에 맞는 그림을 배열/완성/그리기를 하거나 표나 차트를 완성하기, 내용의 목록표 만들기, 참/거짓 문제, 괄호 채우기, 오류 찾기, 특정 정보 찾기 등의 여러 가지방법을 사용하여 집중과 정확하게 듣는 습관, 지속적인 흥미를 갖도록 도와준다. 듣기 후 활동으로는 내용을 충분히 들은 후 표나 차트 완성하기, 순서 정하기, 문장의 인과 관계, 요약하기, 역할극(role playing) 해보기, 문장조각을 이어서 들은 것을 이야기로 만들기 등을 해 볼 수 있다. 이때에는 들은 내용의 결과가 드러나는 다양한 활동과 과제를 부과하도록 한다.

강현화 외(2021 : 90)는 듣기 전략을 명시적으로 제시하고 훈련 기회를 제공할 필요가 있다고 한다. 예를 들어 들은 내용을 토대로 추론해 보기, 중요 단어를 들리는 대로 메모하며 듣기, 잘 이해하고 있는지 스스로의 이해를 점검하기 등과 같은 전략이 필요함을 강조하고 있다.

한편, 양명희 외(2011 : 136)는 성공적인 듣기를 위한 전략으로는 청자가 이전에 경험한 모든 언어적 지식과 배경지식을 활용해야 한다고 하면서 이때 주목할 점으로는 1) 주어진 상황이 어떤 상황인가? 2) 내가 무엇을 하도록 되어있는가? 3) 중요한 의미 단어와 단위는 무엇인가? 4) 메시지의 의미가 통하는가? 등을 강조하고 있다.

### 2.1.3 수준별 듣기

#### 가. 초급단계에서의 듣기

초급단계에서의 듣기 지도는 음운이나 단일어 수준에서 듣기 지도를 하는 것이 좋다. 새로운 언어를 접하는 첫 단계인 자모를 발음하고 익히는 과정에서 가장 기본적인 과제는 하나하나의 음가를 변별하여 들을 수 있는 능력을 기르는 것이다. 이것이 가능해지면 어휘나 문장 안에서 음운 식별이 가능하도록 한다. 초급단계의 학습자들은 문자의 소리와 실제 발음이 다른 경우(연음화, 격음화, 경음화 현상 등) 혼란을 일으켜 듣기 학습에 어려움을 겪게 된다.

초급단계에서는 듣고 이해한 내용을 표현하는 일이 어려우므로 듣고 맞는 답을 고르게 하거나, 간단한 받아쓰기 등의 방법을 사용하는 것이 좋다.

[그림 6. 자모음 음가의 변별]

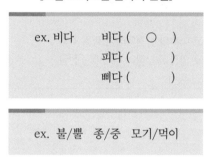

초급단계에서의 받아쓰기는 음절단위에서부터 시작하는 것이 좋다. 자모에 의해 의미가 변별되는 최소대립어(ㄱ/ㅋ/ㄲ, ㄷ/ㅌ/ㄸ…)를 중심으로 받아쓰게 한다.

속도면에서, 초급단계라고 해서 지나치게 속도를 느리게 하는 것은 실제 담화 상황에 빨리 적응하지 못하게 하는 요인으로 작용할 수도 있으므로 보통 속도에서 말하고 듣는 연습을 시키는 것이 좋다. 또한, 초급단계에서는 특정 단어나 문법을 이해하지 못하더라도 거기에 너무 많은 시간을 할애하지 않도록 한다.

#### 나. 중급단계에서의 듣기

중급단계에서는 어휘, 문장, 이야기 단위로 듣기 연습을 할 수 있다. 받아쓰기도 문장 단위로 지도할 수 있고, '먹는다, 학교, 나뭇잎, 신라' 등의 단어를 발음대로 적게 하고 실제 맞춤법과 어떻게 다른지 익히도록 한다.(지나친 '음운규칙'의 강조는 '정서법'지도에 어려움을 가져다 준다.) 그리고 다른 학습자의 단어 설명을 듣고 단어를 알아 맞히는 단어 게임을 통해 말하기와 연계한 수업을 할 수 있다.

#### 다. 고급단계에서의 듣기

고급단계에서는 담화와 문맥의 단위에서 이야기를 이해하는 연습이 가능하다. 또한 듣기만 연습하기보다는 말하기, 읽기, 쓰기와 연계한 수업을 진행할 수 있다.

듣기의 각 단계에서 사용할 수 있는 방법을 요약해 보면 다음과 같다. (난이도에 따라 단계 조정)

**[표 2. 수준별 듣기의 단계 및 방법]**

| 단계 | 방법 |
|------|------|
| 초급 | 담화 내용에 맞는 그림이 어느 것인지 구별<br>원어민의 발음을 듣고 맞는 것을 구별(O, X)<br>담화 내용을 듣고 전체 그림에 해당 위치 그리기<br>빈칸 채우기(음운 변화가 없는 단어, 받침에 주의) |
| 중급 | 짝이 되는 내용을 선으로 연결<br>메모 및 요약하기(어휘, 문장)<br>담화의 중요한 핵심어를 듣고 빈칸에 쓰기<br>담화의 중심 생각, 중심 내용 등을 알아보기 |
| 고급 | 주장이나 논제가 있는 대화, 뉴스 등을 듣고 주어진 담화의 제목 고르기<br>담화 장소, 시간 등 담화 장면을 파악, 화자의 발화 태도 추측<br>들은 내용 요약하기<br>두 사람의 대화를 듣고 이후의 사건이나 변화를 추측<br>서로 다른 정보를 듣고 의견 종합하여 타인에게 전달<br>담화를 듣고 논평, 의견 피력 |

## 2.1.4 듣기 지도의 실제

**※ 다음 뉴스를 듣고 질문에 대답하십시오.**

앞으로 사나흘 간은 포근한 봄날씨가 계속되겠으나, 주 후반부부터 기온이 큰 폭으로 떨어지면서 막바지 겨울 추위가 찾아올 것으로 예상됩니다.
각 지역별로 내일의 날씨입니다. 서울, 경기와 강원지방은 대체로 맑겠습니다. 충청과 남부지방 오전중 짙은 안개가 끼겠고 안개가 걷힌 뒤 대체로 맑겠습니다. 제주도는 한때 비가 조금 오겠습니다. 동해와 서해는 구름이 많이 끼겠고 남해는 바람이 약간 불겠습니다. 해상의 물결은 비교적 낮게 일겠습니다.

**1. 내일 경기와 강원지방의 날씨는 어떻습니까?**
① 흐리다                    ② 비가 내린다.
③ 눈이 내린다.              ④ 대체로 맑다.

**2. 위의 일기예보와 일치하는 것은 무엇인가?**
① 서울 지방은 안개가 끼겠다.     ② 앞으로 사나흘 간은 겨울 추위가 오겠다.
③ 물결은 전 해상에서 높게 일겠다.  ④ 제주도 지방은 비가 조금 내리겠다.

- 국제교육진흥원 -

위의 내용은 중·고급단계의 듣기 문제 내용이다. 실제수업에서 활용할 수 있는 것을 듣기의 단계별로 제시하면 다음과 같다.

### 가. 듣기 전 활동

- 일기예보 그림 보여주기
- 어려운 어휘 제시하기
- 일기예보에 자주 쓰이는 정형화된 표현 알기
- 한국의 계절과 날씨에 대해 이야기하기

### 나. 듣기 활동

- 정확하게 듣기
- 들으면서 문제 풀기
- 모르는 단어를 들리는 대로 받아적기
- 메모하기
- 귀로 들으면서(listening) 동시에 따라 말하는(speaking) 쉐도잉(shadowing)

### 다. 들은 후 활동

- 답 맞추기
- 다시 듣고 틀린 것 체크하기
- 핵심 문장 따라 말하기
- 질문하기
- 들은 정보를 바탕으로 기상도 그리기
- 들은 뉴스 내용을 대화로 만들기
- 실제로 기상 캐스터가 되어 일기예보 하기
- TV 일기예보 보기

## 2.1.5 듣기의 평가

좋은 평가와 나쁜 평가의 척도는 신뢰성(reliability), 타당성(validity), 객관성(objectivity), 실용성(practicability)이 있다.(小林 2019 : 146) 언어생활의 주목적이 의미의 전달이라는 점에서 볼 때, 일상적인 의사소통은 주로 음성 언어를 매개로 해서 이루어진다. 그러나 실제 수업에서 듣기는 예전부터 말하기, 읽기, 쓰기의 보조적인 기능으로 다루어져 왔으며, 그 점은 평가에서도 마찬가지였다.

외국어 학습자는 화자들이 어떤 상황에서 어떤 어휘들을 사용하여 어떤 방식으로 의미를 표현하는지를 배워야만 제대로 들을 수 있다. 따라서 듣기에 대한 효과적인 학습이 이루어져야 하며, 학습의 결과를 알기 위해서 듣기능력에 대한 정확한 평가가 이루어져야 할 것이다.

우선 듣기 평가는 의사소통 능력의 구성요소로서의 듣기 능력을 측정할 수 있는 구체적인 평가 항목들을 반영해야 한다. 그리고 듣기 평가의 목표는 청해력 측정에 맞추어야 할 것이다. (일반적으로 듣기평가에서는 소리의 식별에서부터 들은 내용에 대한 이해 능력까지를 측정한다. 전자는 음소, 강세, 억양 또는 어휘나 문형을 정확히 듣는 능력을 말하며, 후자는 담화 내용에 대한 종합적인 이해 정도를 뜻한다.) 어휘나 문형과 같은 개별적인 언어 항목보다는 보다 넓은 의미의 의사소통과 관련지어 이루어져야 한다. 언어의 표면구조에 비중을 둔 평가는 정보 획득이나 관계 유지 등과 같은 언어사용의 실제적인 목적을 제대로 반영하지 못할 뿐만 아니라 학습자의 언어사용 능력을 정확히 측정할 수 없기 때문이다. 또한 평가 자료에는 담화가 이루어지는 실제 언어 환경이 최대한 반영되어야 하며, 듣기 평가 문제를 구성할 때에는 듣기의 목적이나 기능과 상관없이 들은 내용에 대한 단순한 암기 위주의 질문이 되지 않도록 주의해야 한다. 예를 들어 구체적인 평가 항목으로는 <u>음운 듣기</u>, 대화 흐름 파악, <u>세부 내용 파악</u>, 주제 파악, 내용 요약, <u>추론하기</u> 등이 있다.

최근의 듣기(이해)에 대한 평가 문항의 주제를 살펴보면, 교육, 일, 전문분야, 사회문제, 취미, 예술, 건강, 일상생활, 가정 및 가족, 기술 및 과학, 커뮤니케이션, 매스컴, 강연, 광고 등을 다루고 있다. 구체적인 문제를 보면, 1) 듣고 알맞는 그림 고르기, 2) 회화를 듣고 이어지는 대답 고르기, 3) 회화를 듣고 맞는 행동 고르기, 4) 회화를 듣고 중심생각 고르기, 5) 들은 내용에 대해 답하기 등이다.(林鍾大 2022 참조)

다음은 '한국어능력시험' 및 '한글능력검정시험'의 기출문제 및 참고서를 참조하여 제시하되, 각 급은 '한국어능력시험'을 기준으로 하였다.


## <1급>

※ 다음을 듣고 알맞은 것을 고르십시오.

1) 아주머니, 여기 (　　) 한 잔 주세요. (음운 듣기)
  ① 물　　　　　② 불
  ③ 풀　　　　　④ 뿔

2) 이 사과는 (　　)원입니다. (음운 듣기)
  ① 300　　　　② 400
  ③ 3,000　　　④ 4,000

3) 손님, 어디까지 가세요? (대화 흐름 파악)
  ① 아주 맛있어요.　　② 서울역까지 부탁해요.
  ③ 버스로 와요.　　　④ 월요일이에요.

**4) 다음 대화 내용과 맞는 것을 고르시오.** (세부 내용 파악 <스크립트 생략>)

① 두 사람은 친구입니다.

② 두 사람은 처음 만났습니다.

③ 여자는 선생님입니다.

④ 남자가 여자에게 시계를 주었습니다.

## <2급-3급>

**1) 다음 안내 방송의 내용은 무엇입니까?** (세부 내용 파악 <스크립트 생략>)

① 지갑을 찾고 있습니다.

② 지갑을 찾았습니다.

③ 지갑을 사고 있습니다.

④ 지갑을 팔고 있습니다.

**2) 다음 대화를 듣고 이어질 수 있는 말을 고르십시오.** (대화 흐름 파악)

① 그런데 왜 필요한지 모르겠어요.

② 그런데 어떻게 사야 할지 모르겠어요.

③ 그런데 무엇이 필요한지 모르겠어요.

④ 그런데 얼마나 사야 할지 모르겠어요.

## <4급>

**※ 이 내용과 가장 관계가 깊은 표어를 고르십시오.** (주제 파악 <스크립트 생략>)

① 세계 속의 한국은 전통 문화 계승으로

② 교통질서, 청결한 거리, 밝아오는 우리 사회

③ 내가 먼저 건넨 인사, 오늘 하루 기쁜 마음

④ 밝은 미소 작은 친절, 다시 찾는 외국 손님

**※ 대화를 듣고 남자의 다음 행동으로 적절한 것을 고르십시오.** (추론하기)

남자 : 뭐 좀 마실 것 없어요?

여자 : 냉장고에 시원한 음료수와 맥주가 있는데요.

남자 : 1시간후에 운전을 해야하는데,...

① 냉장고 문을 닫는다.

② 뜨거운 커피를 마신다.

③ 시원한 맥주를 마신다.

④ 시원한 물을 마신다.

<5급>

**※ 다음은 강연의 한 부분입니다. 듣고 물음에 답하십시오.** (스크립트 생략)

1) 요즘 젊은이들을 'MZ세대'라고 일컫는 이유는 무엇입니까?(내용 요약)

(                                                )

2) 들은 내용과 일치하지 않는 것은 무엇입니까? (세부 내용 파악 )

① 체형이 점점 서구화되고 있다.

② 젊은이들은 서양의 것을 동경한다.

③ 색깔 렌즈를 끼는 사람들이 많아진 것은 요즘의 일이다.

④ 기성세대를 무시하는 것은 민족 주체성을 잃어버리는 일이다.

<6급>

**※ 강사가 강조하고 있는 "과학과 종교"의 관계는 어떻게 설명할 수 있습니까?** (내용 요약 <스크립트 생략>)

① 서로 대조된다.

② 서로 조화된다.

③ 종교가 과학에 포함된다.

④ 과학이 종교에 포함된다.

| [보충·심화 : 외국인에게 있어서 듣기의 약점] | [보충·심화 : 듣기 단계의 교수요목] |
|---|---|
| • 정확한 음가를 모른다.<br>• 한국어 발음기관에 익숙하지 못하다.<br>• 발음이나 억양이 달라도 다른말로 인식한다.<br>• 절대적으로 어휘력이 부족하다.<br>• 문장이 길면 이해하지 못한다.<br>• 문어체와 구어체의 구별이 불분명하다.<br>• 화자의 보통속도의 말도 빠르게 느낀다.<br><br>듣기는 언어기능의 가장 기본이 되는 것으로, 한국어를 접하기 곤란한 외국인에게는 지속적이고 반복적인 듣기훈련이 요구된다. | • 한글 자모음 듣고, 음가 알기<br>• 예사소리, 거센소리, 된소리구분<br>• 언어권별 난해한 듣기<br>• 단어 듣고 구별하기(고유어, 한자어, 외래어)<br>• 문장 듣기<br>• 대화 듣기<br>• 받아 쓰기<br>• 각종 안내방송 알아듣기<br>• 광고 듣기<br>• 뉴스 듣기<br>• 비유적 표현 듣기(관용구/속담) |

## 2.2 읽기 교육

글을 읽을 수 있다는 것은 과연 무엇을 말하는가. 문자로 표기된 것을 소리로 발음할 수 있으면, 그것을 읽을 수 있다고 말할 수 있을까? 모국어 습득 과정에 있는 어린아이들의 경우에는 그렇다고 할 수 있다. 그 경우에는 글자와 소리의 관계를 알고, 점차 간단한 단어나 표현을 소리로 읽을 수 있는 것을 의미한다. (모국어에서의 읽기 교육은 대부분 음성 언어를 매개로 한 의사소통, 즉 말하기와 듣기를 통해 이미 표현 능력과 이해능력을 습득한 상태에서 이루어진다. 따라서 문자와 음성의 상관관계를 인지하고 그것을 소리내어 읽을 수 있다는 것은 이미 그 단어의 의미를 이해하고 있다는 사실을 전제로 한다.) 그러나 이와 같은 활동이 읽기의 한 측면이기는 하지만, 외국어 학습에 있어서 읽기의 궁극적인 목적은 될 수 없다. 외국어 학습자가 단순히 문자를 소리로 발음할 수 있다고 해서 읽기 능력을 갖고 있다고 말하기는 어려울 것이다. 외국어를 읽을 수 있다고 하는 것은 그 언어로 쓰여진 글의 의미를 이해할 수 있다는 것을 의미한다. 따라서 자신이 읽은 내용을 제대로 이해하지 못했다면 그 사람은 현재의 상황을 잘 알지 못하며, 진정한 읽기 능력을 획득했다고 말하기 어렵다.

본질적으로 읽기는 언어기호를 저자의 본래 의도에 가깝게 해석해야 하는 유의미한 이해 활동이기 때문이다.

외국어로서의 한국어 읽기 교육은 한국어로 쓰인 글을 하나의 담화로서 전체적으로 이해할 수 있는 능력, 즉 독해력을 신장시키는 데 그 궁극적인 목표를 두어야 한다. 이에 따라 읽기 교육의 목표는 크게 다음과 같이 세 가지로 생각해 볼 수 있다.

① 읽기가 끝나는 동시에 이해할 수 있도록 한다.
- 주어진 단문을 여러 차례 반복해서 읽고 이해하여야 한다.(단문은 직독직해의 능력이 필요)
② 각각의 단문(短文/單文) 이해에 그치지 않고, 장문(長文) 전체의 큰 뜻을 파악하도록 한다.
- 단문이나 장문의 경우 이해한 내용의 요약이 가능해야 한다.
③ 모르는 단어, 관용표현 등은 스스로 사전을 찾아서 글을 이해하도록 한다.
- 사전을 찾아서 의미를 알아내는 자체가 독해능력이 있음을 보여준다.

말하기, 듣기, 읽기, 쓰기의 네 가지 언어 기능 중에 읽기는 의사소통 능력 가운데 정보의 획득과 문화의 수용이라는 측면에서 무엇보다 중요하게 다루어져야 할 기능이다. 한국어 학습자가 한국의 언어와 문화를 쉽게 접할 수 있는 자료는 대부분 문자의 형태를 띠고 있고, 그것을 읽음으로써 정보의 이해가 가능하기 때문이다. 특히, 문화의 수용이라는 측면은 한국어 교육의 목표가 궁극적으로 의사소통 능력을 발달시키는 데 있다고 볼 때, 더욱 중요하게 고려되어야 할 부분이다. 의사소통은 상호 간의 문화를 이해하지 못하고서는 완벽하게 이루어질 수 없기 때문이다.

| | [보충·심화 : 읽기 교육의 기초학습] | |
|---|---|---|
| 문자 | -음가에 대해서 정확히 알기(로마자 표기<모국어 간섭현상>, IPA 등)<br>-자음, 모음의 체계 익히기(훈민정음의 자모음 체계, 자음의 상관속, 단모음의 기본 사각도)<br>-성음법(C+V+C)에 의한 발음, 받침의 대표음 읽기<br>-음운규칙에 대한 이해 및 연습 | |
| 어휘 | -모르는 어휘에 대해 대처하는 방법을 익히기(주위의 어휘로부터 미지의 어휘의미를 추측)<br>-주어진 어휘에 대해 연상어, 동의어, 반의어, 동음이의어, 다의어, 상·하의어 등을 숙지 | |
| 문장 | -어절 끊어 읽기('아버지가방에들어가신다.')<br>-생략된 주어 찾기<br>-지시어가 지시하는 것<br>-수식, 피수식의 관계<br>-관용적 표현의 의미 | |

기초학습에 있어서 근본이 되는 것은 배우고자하는 목적 언어 즉 한국인의 생활, 사회, 전통, 문화, 역사, 종교 그리고 그것을 지탱해 주는 모든 것에 대해서 어느 정도 지식과 이해가 수반되어야 학습의 효과가 있다.

## 2.2.1 읽기 교육의 방법

읽기란 독자가 자신의 언어학적 지식과 배경 지식을 바탕으로 텍스트를 이해하는 것이며, 자신의 필요와 목적과 관련지어 그것을 해석하는 사고 과정이라고 할 수 있다. 따라서 읽기 교육은 텍스트나 독자 어느 한 쪽에 치중되어서는 안 되며, 텍스트의 구조, 독자의 배경 지식, 그리고 이들 사이의 상호작용에 초점이 맞추어져야 한다. 이를 고려한 읽기 교육의 방법으로 다음과 같은 것들을 생각해 볼 수 있다.

첫째, 텍스트의 원활한 이해를 위해 학습자의 배경 지식(스키마)과 경험, 인지 능력을 최대한 활용할 수 있도록 하여야 한다. 독자가 읽기 목적을 가진 것처럼 텍스트도 저자(작가)의 의도를 담고 있다. 그러므로 단순한 언어 기호의 해독뿐만 아니라 주제와 관련된 독자의 기존 지식으로부터도 가능한 모든 정보들이 읽기 과정에 포함될 때 비로소 저자가 텍스트를 통해 제시한 의미를 제대로 이해할 수 있게 된다. 따라서 신속하고 정확한 독해를 위해서는 텍스트에 담긴 정보는 물론 독자의 사전지식과 배경지식, 즉 스키마의 활성화가 필수적이다.

둘째, 실제 언어 환경에서 접할 수 있는 다양한 유형의 텍스트(실용문 등)를 읽기 자료로 활용해야 한다. 지금까지의 읽기 자료는 학습자의 특성에 맞는 흥미로운 자료라기보다는 주로 완성도가 높은 모범적인 것(교재 등)들을 선택하였다. 그러나 학습자들이 읽기의 유창성을 획득하려면 그들이 모국어에서 접하는 것과 같은 자연스러운 읽기 자료를 제시하는 것이 중요하다. 실제로 현실 속에서는 문학적인 글보다는 뉴스나 광고, 잡지, 영수증 등과 같은 실용적인 읽기 자료를 더 많이 접하게 된다.

1.논픽션(보고서, 사설, 에세이, 기사 등)  2.픽션(소설, 시, 극본 등)  3.서신  4.축하 카드  5.일기, 기록문
6.메모  7.메시지  8.공고  9.신문 기사  10.학문적인 글  11.각종 양식, 신청서  12.설문지  13.지시문  14.상표
15.간판  16.처방전  17.청구서  18.지도  19.매뉴얼  20.메뉴  21.스케줄  22.광고  23.초대장  24.목록
25.제품의 설명서 등...

또한, 간판이나 상표, 광고, 신문 등에 더 흥미를 갖게 되는 것이 사실이다. 따라서 읽기 교육에서는 가능한 실생활에서 접할 수 있는 다양한 자료를 제시해야 한다. 읽기 교육의 궁극적인 목적은 수업에서 제시되는 자료의 이해에 그치지 않고 학습장 밖에서 접하게 되는 자료들을 처리할 수 있는 지식과 능력을 길러주는 것이기 때문이다.

셋째, 담화 유형이나 읽기 목적에 따라 텍스트 처리 시간을 탄력적으로 운영해야 한다. 읽기는 유목적적이고 선택적인 이해활동이므로 읽기 교육은 유창한 읽기 능력, 즉 빠른 시간 내에 필요한 정보를 얻을 수 있는 능력을 길러주는 데에 그 목적이 있기 때문이다. 읽기가 항상 내용의 완벽한 이해를 필요로 하는 것은 아니지만, 텍스트 처리에 시간적 제약이 따르게 되면 학습자들은 자신에게 필요한 정보 선택에 집중하게 된다. 그 결과 내용 이해에 불필요한 부분은 과감히 생략하면서 읽기를 진행할 수 있게 된다. 가능한 한 최소한의 정보로 의미를 재구성해 내는 연습은 읽기 속도를 증진시키는 데 큰 도움이 될 것이다.

넷째, 모르는 단어를 접하는 경우에도 전후 맥락 속에서 의미를 유추할 수 있도록 지도해야 한다. 대부분의 학습자들은 텍스트를 읽을 때 사전에 의존하는 경우가 많다. 그러나 이것은 반드시 초급단계에서는 필요하겠지만, 중·고급단계에서는 그리 효과적이지 못하다. 사전에 의존하면 독해에 오랜 시간이 걸릴 뿐만 아니라 내용의 정확한 이해에도 도달하기 어렵다. 아는 어휘의 양이 많아지더라도 내용 전체의 이해에는 어려움을 느끼게 된다. 따라서 독자들의 어휘력이 조금 부족하더라도 원활한 독해를 할 수 있는 전략의 하나로서 문맥을 통한 의미의 추리를 적극적으로 권장해야 한다. 이것은 단어 각각의 정확한 의미를 확인하지 않아도 의미를 이끌어 낼 수 있는 전략으로, 의미나 사고 단위로 텍스트를 끊어 읽는 연습이 필요하다. 의미 단위로 끊어 읽는다는 것은 이해할 수 없는 단어가 나왔다 하더라도 나중에 그 의미를 알게 해 줄 단서가 나올 것이라는 기대를 갖고 읽기를 진행해 나가는 것이다. 텍스트나 맥락이 주는 정보의 도움으로 독자는 낯선 어형을 만나게 되더라도 전후의 의미 구조나 문법 구조를 이용해 그 단어의 의미를 추측해 볼 수 있고, 이를 통해 전체 텍스트를 이해할 수 있게 된다.

다섯째, 어휘력 향상을 위해 정독보다는 다독(extensive reading)을 적극 권장해야 한다. 독해력 향상에 가장 큰 영향을 미치는 것은 얼마나 많은 글을 광범위하게 읽었나 하는 것이다. 어휘력을 향상시키고 독해 속도를 향상시킬 수 있는 가장 효과적인 방법은 학습자들 스스로 다독을 활용하는 것이다. 우선 수업에서 다루는 것과 비슷한 유형의 텍스트를 다수 선정해 읽는 것이 좋다. 숙달도에 따라 텍스트의 종류가 달라지겠지만 학습자의 현재 상태에서 별 어려움 없이 읽어나갈 수 있는 정도의 것이 적절할 것이다. 주변에서

쉽게 접할 수 있는 신문이나 잡지 등은 유용한 자료가 될 수 있다. 교사는 자료를 제공하는 것에 그치지 않고 제시한 자료의 이해 정도를 점검할 수 있는 장치를 마련하는 것이 좋다.

## 2.2.2 읽기 교육의 전략

### 가. 읽기 전 활동
- 사전 정보 제시
- 어휘 문법학습
- 본문 내용 유추

### 나. 읽기 활동
- 주제 파악 어휘(키워드)
- 중심 내용 찾기
- 내용 및 결말 유추하기

### 다. 읽기 후 활동
- 내용 요약하여 발표하기
- 토론하기
- 요약 정리 및 감상문 쓰기

읽기를 위한 교실활동의 전략에 대해서 小林(2019 : 80-81)는 스캐닝과 스키밍을 강조하고 있다. 전자는 필요한 정보를 찾아 읽어내는 것이며, 후자는 전체를 빠르게 읽으며 대의를 찾아내는 읽기 방법을 말하는 것이다.

## 2.2.3 수준별 읽기

### 가. 초급단계에서의 읽기

초급단계에서 읽기는 문자에 소리를 붙이는 연습이라고 할 수 있다. 초급에 있어 외국어 습득의 단계는 언어의 심층구조와 표면구조가 상반되지 않는 단어나 문형 등의 언어학습이 우선적이기 때문에, 일단 들어서 배운 음을, 문자를 보고 발음하는 데 익숙해지는 훈련이 필요하다. 그리고 초급단계에서는 묵독보다 낭독이 더 권장된다. 초급에서의 읽기의 목표는 유창한 독해력에 있는 것이 아니기 때문이다. 낭독은 발음 연습과 말하기 능력을 보완하는 데에도 도움을 줄 수 있다.

한국어 읽기 지도에서 유의할 점은, 우선 학습한 발음 원칙을 그대로 따르도록 해야 한다. 즉, 한국어는 표음문자로서 그 음가를 익히는 것이 매우 중요하다. 음가를 이해시키는데 로마자 표기나 IPA 기호가 상용 쓰여지고 있으나, 이것은 모국어 간섭현상이 있기에 그렇게 바람직한 방법은 아니다. 글자 읽기 학습이 끝나면, 연음법칙을 이해하도록 한다. 초급 읽기에서는 연음법칙이나 자음동화, 구개음화 등과 같은 읽기에 필요한 교육이 이루어진다. 이러한 기본적인 사항을 습득한 후에는, 현재의 한국어의 경향, 예를 들어 경음화 현상이나 모음조화 파괴 현상과 같은 것을 설명하는 것도 필요하다. 그러나 이러한 음운규칙을 일일이 원칙을 설명하면서 가르칠 필요는 없다. 이는 오히려 학습자의 거부감을 불러일으킬 것이다. 따라서 주어진 텍스트를 읽어 나가면서 자연스럽게 습득할 수 있도록 지도하는 것이 중요하다.

초급단계에서의 교재는 듣기와 말하기를 통해서 학습된 것을 기본으로 내용을 구성하는 것이 좋다. 말하기에서 습득한 일상적이고 실용적인 회화의 내용으로 구성한다. 그밖에 읽기 교육에서 주의해야 할 점으로는 초급단계에서의 학습자의 심리적인 부담을 고려할 것, 즉, 어휘 제시에 있어서 가장 일상적이고 명확한 어휘를 선택할 것, 학습자의 언어나 문화에 대한 배려 등을 유념해야 한다.

### 나. 중급, 고급단계에서의 읽기

중급, 고급은 어느 정도의 언어 능력이 형성되어 있는 단계이다. 중급단계의 언어 능력은 개인적, 사회적 관계를 다루는 간단한 텍스트에 대한 이해 능력이 향상되는 단계로 독자가 개인적 흥미나 지식을 가지고 있는 내용에 대해서는 충분한 이해를 가지고 일관성 있게 읽을 수 있는 단계이다. 고급단계에서는 개념적으로 추상적이고 언어학적으로 복잡한 텍스트의 부분을 이해할 수 있고, 익숙하지 않은 주제나 상황, 문화에 대한 텍스트도 읽을 수 있다. 중·고급단계에서 부딪히는 문제로는 이질적인 성격을 가지고 있는 문화의 이해에 대한 것을 들 수 있다. 문화의 이해에 대한 문제는 언어 교육 전반에 걸쳐서 중시되는 문제이다. 문화 차이에서 오는 괴리감은 자신의 의사전달을 위한 언어습득에 방해가 될 수도 있다. 이러한 문화의 차이가 문자화되어 읽힐 경우, 학습자들은 내용의 파악에 어려움을 느낄 수 있다. 특히 그것이 문학작품이거나 시대성, 역사성을 배경으로 한 글의 경우에는 더욱 그러하다. 예를 들어, 시를 읽을 경우, 고급단계에서 문제가 될 만한 어휘나 문법적인 까다로움이 없는 평이한 문장이 사용된 시라도, 그 시를 읽고 완전한 의미를 파악하기는 어렵다. 중급 이상의 단계에서는 문화적인 차이를 극복하는 것이 언어교육을 하는데 있어서 중요한 문제가 되고, 읽기 교육에 있어서도 중요한 요소가 된다.

중·고급단계에서의 교재는 초급단계의 실용가치에서 벗어나 사회·문화적 배경의 이해를 전제로 한 교양가치를 내용으로 다루게 된다. 중급에서는 좀 더 길고 높은 차원의 기술이나 해설로 이루어진 텍스트로 몇 개의 주요 생각이나 정보를 얻을 수 있는 것이면 좋을 것이다. 개인적 경험에 관한 수필 형식의 글, 무겁지 않은 내용의 사회, 문화면의 신문이나 잡지의 기사, 편지, 만화 등의 유형을 예로 들 수 있다.

또한 이 때에는 낭독보다 묵독이 효과적이다. 어휘의 양이 많아지고 내용도 단순한 것이 아니며, 읽을 분량도 많은 경우에 낭독은 오히려 의미 파악에 방해가 될 수 있다. 낭독은 학습자의 관심을 분산시켜 의미에 집중하도록 하는 것을 방해할 뿐만 아니라 읽는 과정에서 일어나는 발음상의 실수로 인해 의미의 재구성 활동을 지체시키기도 하기 때문이다. 그리고 요약하기나 접속사, 관용어 등의 지도가 함께 이루어진다면 읽기 능력을 신장시키는 데 많은 도움이 될 것이다.

한편, 리터러시(literacy)의 향상, 즉 한국어의 읽고 쓰는 능력의 향상을 위해서는 한자교육이 매우 중요하다. 중·고급단계에서는 한자문화권(중국, 대만, 일본, 베트남 등)의 학습자와 비한자문화권의 학습자를 위한 한자교육이 반드시 필요하다. 김중섭(2010)은 한자문화권 학습자를 위한 한자어의 의미 및 표현의 차이를 설명하고 있다. 또한, Taylor and Taylor(2014 : 223-228)는 한자어를 배우면 어떤 점이 좋고, 배우지 않으면 어떤 점이 불리한지를 강조하고 있다. 전자는 표현력과 간결함, 약어, 풍부한 조어력, 빠른 인식력 등을 들 수 있다. 후자는 사전의 정의만을 활용, 옛 문헌자료를 이해하는데 어려움 등을 강조하고 있다

## 2.2.4 읽기 지도의 실제(중, 고급)

### [보길도(甫吉島)]

보길도는 전라남도 완도군 노화읍에 속하는 섬으로서 2개의 유인도와 13개의 무인도로 이루어져 있으며, 난류의 영향으로 온화한 해양성 기후를 나타낸다. 농작물로는 쌀, 보리, 콩, 고구마, 마늘, 무 등이 생산되고, 연안에서는 도미, 삼치, 멸치가 많이 잡히며 굴양식도 이루어지고 있다.

보길도는 윤선도라는 사람이 살았던 곳으로 유명하다. 윤선도는 조선 시대에 고위 관직에 있었던 사람인데 제주도로 가던 중에 잠시 들렀던 보길도의 경치가 아름다워 그냥 보길도에 머물렀다 한다. 그는 51세에 들어와 85세까지 보길도에서 살면서 많은 글을 썼다. 윤선도가 글을 쓰던 곳, 조용히 생각하던 곳, 편히 쉬던 곳들이 지금은 모두 관광지로 개발되어 있다.

보길도는 사계절 중에서 여름이 가장 아름다운데 맑은 공기와 깨끗한 바다, 시원한 바람이 있기 때문이다. 또 여름에 보길도 앞바다에서 생산되는 톳은 대부분 일본으로 수출되는 보길도의 특산품으로 아주 유명하다.

- 국제교육진흥원 -

위의 글은 중급단계의 읽기 교재 중 여행에 관한 단원의 한 부분이다. 실제수업에서 활용할 수 있는 것을 읽기의 단계별로 제시하면 다음과 같다.

### 가. 읽기 전 활동

- 여행을 했던 경험 이야기하기
- 여행에 관련된 단어 생각해 내기
- 읽어야 할 글에 대한 간략한 안내
- 어려운 어휘 제시
- 보길도 사진 보여주기

## 나. 읽기 활동

- 정확하고, 빠르게 읽기(2, 3회 반복 읽기 및 time check)
- 중요한 부분에 밑줄 긋기 및 메모하기
- 읽기 활동중 학생 개개인이 자신을 모니터링하면서 이루어지는 단계이다.
  - 이해하는 단락은 그 옆에 " ", 이해하지 못하는 단락은 "?"으로 표시한다.
  - 해결되지 않는 것은 단어, 구, 논리적 관계, 문화적 차이 등 문제의 원인을 명시하도록 한다.
  - 사전이나 인터넷, 참고자료를 사용하여 학생이 문제를 해결하는 것을 권장한다.
  - 수준 높은 독해 활동을 위하여 동의하는 내용에는 'O', 동의하지 않는 내용에는 'x', 새로운 정보에는 '+', 중요한 것에는 '*'표시를 하는 등 다양한 기호를 사용하여 학습효과를 높인다.
- 질문 만들기

## 다. 읽은 후 활동

- 질문하기
- 읽은 내용 요약하기
- 중심 내용 찾기
- 그룹 별로 여행 계획을 세우고, 발표하기
- 윤선도 인물 에 관해 조사하고 발표하게 하기
- 실제로 여행을 하고 감상문 쓰기

---

**[보충·심화 : 읽기 교재의 선정]**

- 교사와 학습자의 관심(흥미)이 일치하는 교재를 선정(불일치시 많은 수가 동의하는 교재를 찾음)
- 문어체뿐만 아니라 다양한 구어체 학습이 가능한 교재를 선택
- 내용이 학습자 수준에 맞는 교재를 선택
- 문학작품을 교재로 선정할 때 문학적 가치뿐만 아니라 독해력이 가능한 지를 확인
- 사전을 지참하여 찾게 하고, 지도, 연표, 인명 사전 등 보조자료를 활용

---

## 2.2.5 읽기의 평가

읽기 영역의 평가는 읽기의 본질에 대한 <u>음가 이해</u>, <u>단어 이해</u>, <u>사실적 읽기</u>, <u>추론적 읽기</u>, <u>비판적 읽기</u>, <u>읽기 태도 변화</u>에 중점을 두어 설정하게 된다. 구체적인 예를 들면 다음 표와 같다.

**[표 3. 읽기 평가의 방법]**

| 평가의 예 | 내용 |
|---|---|
| 선다형 검사<br>(OX형,<br>4지 선다형,<br>5지 선다형) | - 집단 검사가 가능<br>- 문항 구성이 어렵고, 주어진 글에 담긴 수많은 정보 중에서 어떤 것을 어느 수준으로 물어야 하는가에 대한 판단이 어려움<br>- 학생의 답이 맞았거나 틀렸을 경우 왜 맞았는지, 또는 왜 틀렸는지 진단하기 어려움 |
| 빈칸 메우기 검사 | - 형태 심리학에 근거<br>- 어떤 부분을 공란으로 두냐에 따라 음절 삭제형, 어절 삭제형, 내용어 삭제형, 기능어 삭제형 등으로 변형시켜 사용가능 |
| 중요도 평정법<br>(키워드, 중심내용) | - 글에 들어 있는 정보를 중요한 정보와 중요하지 않은 정보로 가려낸다는 것 자체가 글을 잘 이해하고 있다는 증거 |
| 요약하기 | - 읽은 과정을 종합적으로 파악할 수 있는 총체적 평가 방법<br>- 독자의 이해와 정보의 수용 정도를 가시적으로 확인할 수 있는 평가 |

최근의 읽기(이해)에 대한 평가 문제의 주제는 다양하지만, 다음과 같은 장르로 구분할 수 있겠다. 1) 자기의 생각을 표현하는 문장(시, 소설, 수필, 논설 등), 2) 정보전달을 목적으로 하는 문장(신문기사, 공문서, 광고, 게시판 등), 3) 의사소통을 위한 문장(담화, 메일, 편지, 초대장, 인터뷰 등), 4) 제출을 목적으로 하는 문장(신청서, 계획서, 자기소개, 응모서류, 보고서 등) 등이다. 또한, 구체적인 문항을 살펴보면, 1) 문법능력을 묻기, 2) 실용문의 독해력, 3) 안내문 및 그래프의 이해, 4) 문장의 순서에 따른 나열, 5) 내용의 주제 찾기, 6) 문장 내용에 맞는 어휘 넣기, 7) 전체 내용에 대한 묻기 등이다.(林鍾大2022 참조)

다음은 '한국어능력시험' 및 '한글능력검정시험'을 참조하여 읽기 관련 문항을 제시하였는데, 각 급은 '한국어능력시험'을 기준으로 하였다.


## <1급-2급>

※ 「학문(學文)」을 바르게 읽은 것은? (음가 이해)

① 항문      ② 함문

③ 한문      ④ 할문


※ 이것은 손을 씻고, 세수를 할 때 필요합니다. 목욕탕과 화장실에도 있습니다. (단어 이해)

① 거울      ② 수건

③ 비누      ④ 안경

※ 다음 (  )에 들어갈 적당한 단어는 무엇입니까? (단어 이해)

어제는 바빠서 그 약속을 (        ).

① 잃어버렸어요.　　　　　② 얻었어요.

③ 잊어버렸어요.　　　　　④ 일어났어요.

<3급-4급>

※ 다음 (  )에 들어갈 적당한 단어는 무엇입니까? (단어 이해)

그렇게 말씀해 주시니 저로서는 정말로 고마울 (        )이에요.

① 만큼　　　　　　② 망정

③ 따름　　　　　　④ 막론

※ 무엇을 알리는 글입니까? (사실적 읽기)

우리가 대학을 졸업한 지 벌써 10년.

잊고 지냈던 그리운 얼굴들이 한 자리에 모이려고 합니다.

바쁘더라도 모두 참석하여 우리의 우정을 확인하는 시간이 되었으면 합니다.

일시 : 2023년 2월 25일(토) 오후 1시

장소 : 00캠퍼스 학생회관

회비 : 50,000원

① 입학식　　　② 졸업식　　　③ 동창회　　　④ 환송회

※ 선택지를 활용하여 아래의 문장을 완성할 때 (3)에 들어갈 적절한 단어는 무엇입니까? (사실적·추론적 읽기)

그 대학에 (　　1　　) (　　2　　) (　　3　　) (　　4　　) 안 됩니다.

① 열심히　　　　　　② 않으면　　　　　　③ 수밖에

④ 합격하려면　　　　⑤ 공부하지　　　　　⑥ 입학

<5급-6급>

※ 다음 글을 순서대로 맞게 나열한 것은? (사실적·추론적 읽기)

가. 비만 오면 어머니의 무덤이 개울물에 떠내려갈까 봐 청개구리는 걱정했다.

나. 옛날에 어머니의 말씀을 항상 반대로 행동하는 청개구리가 있었다.

다. 어머니는 죽기 전에 자기를 개울가에 묻어 달라고 했다.

라. 청개구리는 어머니의 소원대로 주검을 개울가에 묻었다.

① 나-다-가-라          ② 가-나-다-라

③ 나-다-라-가          ④ 가-나-라-다

※ 다음 글을 읽고 중심 내용을 고르세요. (사실적 읽기)

> 예전에는 취미를 묻는 질문에 '독서나 음악 감상'이라고 대답하는 경우가 많았다. 그만큼 문화생활이 다양하지 못했기 때문이었다. 그러나 시대가 변하고 경제적으로나 시간적 여유가 생기면서 취미란에 써넣을 항목이 많아졌다. 최근 통계에 의하면 가장 많은 사람들이 즐기는 취미 활동은 영화 관람이다. 다음이 등산, 사진 촬영, 박물관 관람, 연극 관람 등의 순이다.

① 현대인의 생활상

② 다양해진 취미 생활

③ 경제적 활동과 영화

④ 취미의 필요성

# 3. 화제별 실라버스 작성시 듣기·읽기는 어떻게 응용되는가

학습자를 위한 교재개발시에는 화제(topic)별 실라버스를 작성하는데, 화제의 분류에는 도서 분류(자연과학, 정치, 문화, 예술 등), 사회 분류(사건, 사고 등), 주변 분류(가족, 취미, 여름휴가 등) 등의 다양한 관점을 제시하게 된다.(小林 2019 : 37참조)

한편, 의사소통의 기능면을 강조하여 듣기, 읽기, 말하기, 쓰기(이해와 표현 중심)는 다음의 예시와 같이 응용될 수 있다.

**[보충 심화 : 화제별 실라버스]**

자기, 가족, 집, 음식, 건강, 일일생활, 활동, 노동, 계절, 자연, 환경, 취미, 스포츠, 쇼핑, 여행, 교통, 학교, 교육, 교제, 이문화(異文化) 등 …

다음은 음식과 관련된 화제별 실라버스(1. 기초, 2. 발전단계)의 예시이다.

## [화제별 실라버스 - 음식1]

| 급수 | 내용 | 기능 | | | |
|---|---|---|---|---|---|
| | | 말 | 듣 | 읽 | 쓰 |
| 초급 | 기본 음식의 이름을 듣고 알 수 있다. | | | | |
| | "잘 먹겠습니다"등의 기본적인 인사말을 할 수 있다. | | | | |
| | "밥 먹었어요?", "뭐 먹었어요?"등의 질문에 한 단어(예/아니오, 갈비)로 대답할 수 있다. | | | | |
| | 유명한 음식의 그림을 보고 이름을 말할 수 있다. | | | | |
| | 식당에 가서 메뉴를 보고 아는 음식을 주문할 수 있다. | | | | |
| 중급 | 다양한 종류의 음식의 이름을 알 수 있다. | | | | |
| | 초급보다 좀 더 자세한 음식 이름을 알 수 있다. (과일의 종류, 생선 이름...) | | | | |
| | 단맛, 짠맛, 쓴맛, 싱거운 맛, 신맛 등을 구별할 수 있다. | | | | |
| | 좋아하는 음식과 싫어하는 음식의 종류를 말하고 그 이유를 말할 수 있다. | | | | |
| | 음식의 이름을 듣고 맛을 상상해 볼 수 있다. | | | | |
| | 조리법에 관련된 기본적인 단어를 알 수 있다. (굽다, 끓이다...) | | | | |
| | 자기 나라의 대표적인 음식을 소개할 수 있다. | | | | |
| | 자기 나라의 대표적인 음식의 조리법을 간단하게 설명할 수 있다. | | | | |
| | 신문이나 잡지의 음식점 광고를 읽고 찾아갈 수 있다. | | | | |
| | 메뉴를 보고 원하는 종류의 음식을 주문할 수 있다. | | | | |
| | 메뉴의 음식에 대한 설명을 읽고 어느정도 이해할 수 있다. | | | | |
| | 자기 나라의 음식 문화에 대해 작문을 할 수 있다. | | | | |
| | 처음 만난 사람과 음식에 관한 이야기를 나눌 수 있다. | | | | |
| | 김치의 종류를 알 수 있다. | | | | |
| | 시장에 가서 원하는 음식 재료를 살 수 있다. | | | | |
| | 한국 명절의 대표적인 음식을 알고 자기 나라와 비교할 수 있다. | | | | |
| | 가고 싶은 음식점이나 먹고 싶은 음식을 인터넷으로 검색할 수 있다. | | | | |
| 고급 | 음식 재료의 이름을 대부분 알 수 있다. | | | | |
| | TV 음식 소개 프로그램을 보고 이해할 수 있다. | | | | |
| | TV의 요리 프로그램을 보고 요리법을 메모할 수 있다. | | | | |
| | 조리법에 관련된 자세한 단어를 알 수 있다. (조리다, 고다, 간을 하다, ...) | | | | |
| | 음식과 관련된 관용어를 알 수 있다. | | | | |
| | 인터넷에서 음식의 조리법을 찾아 친구에게 설명할 수 있다. | | | | |
| | 한국의 전통음식의 종류나 특징을 알 수 있다. | | | | |
| | 한국의 음식문화에 대해 자신의 의견을 작문하고 토론할 수 있다. | | | | |

| 급수 | 내용 | 기능 | | | |
|---|---|---|---|---|---|
| | | 말 | 듣 | 읽 | 쓰 |
| 초급 | 좋아하거나 싫어하는 음식에 대한 말을 듣고 따라 말하기 | | | | |
| | 좋아하거나 싫어하는 음식에 대한 간단한 말을 듣고 이해하기 | | | | |
| | 교사가 제시하는 그림을 보고 음식명 이해하기 | | | | |
| | 교사가 제시하는 그림을 보고 좋아하는 음식을 간단히 말하기 | | | | |
| | 자기가 좋아하는 한국 음식을 간단히 말하기 | | | | |
| | 자기 나라 음식에 대해 간단히 소개하기 | | | | |
| | 좋아하는 음식과 싫어하는 음식에 대한 질문을 듣고 예/아니오 수준으로 대답하기 | | | | |
| 중급 | 한국식당의 메뉴를 보고 이해, 주문하는 role playing* | | | | |
| | 음식 재료를 사고 파는 마켓, 시장에서의 role playing | | | | |
| | 한국 식문화와 관련된 도구나 장비, 부엌의 모습을 한국어로 알기 | | | | |
| | 좋아하는 음식 조사 놀이하기 (조별) | | | | |
| | 조사한 내용을 바탕으로 3분간 프리젠테이션 | | | | |
| | 자국 음식점의 위치, 상호, 메뉴를 설명하고 광고, 홍보지를 작성하기 | | | | |
| | 음식과 관련된 명사, 동사, 형용사 등이 다양한 뜻으로 쓰이는 경우를 알고 적용하기 | | | | |
| | 신문에 나와 있는 간단한 한국 음식에 대한 기사를 읽고 이해하기 | | | | |
| | 자기가 좋아하는 자국 음식에 대한 조리법을 한국어로 쓰고 발표하기 | | | | |
| 고급 | 한국의 식문화와 식습관에 대한 기사를 읽고 내용을 요약, 한국인의 정서와 문화를 이해하기 | | | | |
| | 음식과 관련된 속담을 통해 한국인들의 예전 생활 모습을 이해하기 | | | | |
| | 각 절기와 명절에 먹는 한국 전통음식에 관한 비디오, 신문, 잡지 기사를 보고 한국인의 정서와 풍습 이해하기 | | | | |
| | 한국의 궁중, 산사 음식 등에 대한 비디오를 보고 다양한 음식문화를 이해하기 | | | | |
| | 서양 문화유입에 따른 세대별 음식취향 및 세태에 관한 기사를 읽고 변화를 이해하고 비판, 토론하기 | | | | |
| | 자국 음식과 한국 음식을 비교하여 쓰고 발표하기 | | | | |
| | 각국 음식에 따라 다르게 나타나는 식습관에 대한 기사를 읽고 토론하기 | | | | |
| | 웰빙문화 속의 음식문화에 기사를 읽고 자기의 의견을 적고 토론하기 | | | | |
| | 한국 전통음식을 소개하는 행사에 대한 TV와 잡지 기사에 대해 이해하고 내용을 요약하기 | | | | |

* 近藤安月子 外(2021 참조)의 역할연기를 위한 role 카드를 만들어 보면 다음과 같다.(중급 수준)
 • role 카드 A : 당신은 손님으로, 식당의 메뉴를 보고, 먹고 싶은 음식을 주문하고 맛에 대해서 질문한다.
 • role 카드 B : 당신은 식당 종업원으로, 손님의 주문을 받고 질문에 대답한다.

## 참고문헌

강명순(1999), 『독해력 향상을 위한 한국어 읽기 교육 방안」, 말 Vol. 23.

강현화 외(2009), 『한국어 이해 교육론』, 형설출판사.

강현화 외(2021), 『한국어 이해 교육론』, 한국문화사.

고명균 외(2002), 『한국어 기본용언 활용예문 사전』, 국제교육진흥원.

고명균(2004), 「한국어 읽기교육에 대한 연구」, 한국언어문화교육학회, 창간호.

권미정(1999), 「외국어로서의 한국어 읽기 교육」, 『한국어 교육』 제10권.

김경숙(1983), 「외국어로서의 한국어 읽기 교육에 대한 한 견해」, 〈말 Vol. 8〉.

김상민 외(2002), 『한국어 듣기』, 『한국어 읽기』, 국제교육진흥원.

김재욱 외(2010), 『한국어 교수법』, 형설출판사.

김중섭(2010), 『한국어 교육의 이해』 도서출판 하우.

노명완 외(2000), 『국어과 교육론』, 을지출판사.

노명완 외(1997), 「97 말하기·듣기 영역 교육과정 내용의 체계화 연구 보고서」, 서울대학교 국어교육연구소.

박갑수 외(2000), 『국어 표현·이해 교육』, 집문당.

박경현(1980), 「듣기 교육에 관한 이론적 고찰」, 논문집 16, 한국국어교육연구회.

박영순(2001), 『외국어로서의 한국어 교육론』, 월인.

서현석(2005), 『말하기, 듣기 수업과정 연구』 박이정.

양명희 외(2011), 『한국어 듣기교육론』, 신구문화사.

오윤주 외(2021), 「상향식 교육과정 평가 모형 개발 및 적용에 관한 협력적 실행 연구」, 『Korean Journal of Teacher Education』 37.

이해영(1999), 「한국어 듣기 교육의 원리와 수업 구성」, 『한국어교육』 제10권 1호.

전은주(1999), 『말하기 듣기 교육론』, 박이정.

최길시(1998), 『외국인을 위한 한국어 교육의 실제』, 태학사.

Anderson, A. and T. Lynch(1989), *Listening*, Oxford : Oxford University Press.

David Numan(1991), *Syllabus Design*, Oxford university press.

G.H.Mills*J.A.Walter(1978), *Technical Writing*, Holt, Rinehart and Winston.

G.P.McCallum((1980), *101Word Games*, Oxford university press.

Morley, J.(1991), *Listening Comprehension in Second/Foreign Language Instruction*, In M. Celce-Murcia(Ed.).

Taylor and Taylor(2014), *Writing and Literacy in Chinese, Korean and Japanese*, John Benjamin Publishing Company.

木村宗男(1996),『日本語教授法-研究と實踐-』, 凡人社.

小林ミナ(2019),『日本語教育よくわかる教授法』, アルク

近藤安月子外(2021),『日本語教育実践入門』東京大学出版会

田中望(1999),『日本語教育の方法』, 大修館書店

富田隆行(1998),『教授法マニュアル70例(上)』, 凡人社

中村豊美 外(1997),『入門日本語教授法』, 創拓社


李昌圭(2020),『TOPIK II 読解編』, 白帝社

林鍾大(2022),『TOPIK I, II 総合対策』, 三松正堂

河仁南(2021),『TOPIK 1,2級 初級聞き取り対策』, 語研

『ハングル能力検定試験 初, 中, 上級(2021)』, ハングル能力検定協會

# 14 한국어, 무엇을 어떻게 평가할 것인가

교수 학습의 과정에서 불가피하게 따라다니는 것은 바로 평가이다. 한국어를 배우고 가르치는 수업에서도 역시 평가를 빼놓을 수는 없다. 그런데 평가라고 하면 어떤 판단을 하기 위한 것이고, 그러려면 일정 기준이 필요하다. 그렇다면 한국어 능력은 무엇을 가지고 어떻게 평가를 해야 할 것인가? 한국어를 잘 한다, 못 한다고 하는 것은 무엇을 의미하는가? 또 얼마나 잘 해야 한국어를 잘 한다고 할 수 있을까?

일반적으로 언어 능력은 여러 가지의 하위 능력이나 기능들로 이루어졌으며, 이러한 여러 가지의 하위 능력과 기능이 복합적으로 작용하여 나타나는 것이 언어 능력이다. 따라서 한 사람이 가지고 있는 언어 능력을 측정하고 평가하기 위해서는 여러 가지 하위 능력들을 종합적으로 측정해야 할 것이다. 이 장에서 우리는 먼저 평가를 왜 해야 하며, 평가는 교육에서 어떤 기능을 가지고 있는지, 또 평가의 종류와 각 기능별 구성 요소 및 평가 유형, 그리고 대안적 평가로서의 수행평가와 마지막으로 한국어 능력 평가는 현재 어떻게 시행되고 있는지를 국내와 국외의 경우로 나누어 살펴볼 것이다.

# 1. 평가란 무엇이며 왜 하는 것인가

## 1.1 평가의 정의

평가라고 하면 가장 먼저 머릿속에 떠오르는 말은 시험이다. 그렇다면 평가란 시험인가? 평가란 등수를 매기는 것인가? 실력을 수치화하는 것이 평가인가? 물론 부분적으로는 다 맞는 말이다. 그러나 이것이 평가의 전부는 아니다. 평가란 주어진 영역 안에서 개인이 가지고 있는 능력이나 지식, 수행 등을 측정하여, 어떤 대상에 대하여 가치 판단을 내리는 것을 말한다. 즉 교육에서 이루어진 활동과 교육 대상에 대하여 어느 정도의 성과가 있었는지 그 정도를 가치 판단하는 행위이다. 그런데 평가 대상의 가치를 바르게 헤아리기 위해서는 그 대상에 대한 여러 가지 정보나 자료를 먼저 수집해야 한다. 이를 위해서는 정보나 자료 수집을 위한 도구가 있어야 하고, 또 그 도구를 사용하여 실제로 정보나 자료를 수집하는 과정과 절차가 있어야 한다. 이렇게 수집된 여러 가지 정보나 자료를 바탕으로 그 대상의 좋고 나쁨, 혹은 가치가 있고 없음, 또는 그 정도를 판단하게 된다. 그리고 이 판단에 근거하여 어떤 의사결정을 내리게 된다. 이 전체 과정을 좀 더 구체적으로 살펴보면, 어떤 수험자(평가 대상)의 언어 능력(가치)을 알아보기 위해서는 그 수험자의 언어 능력을 알아볼 수 있는 시험(정보나 자료 수집의 도구)을 실시한 다음, 채점 결과 나온 성적을 보고(정보 수집의 과정과 절차) 그 수험자가 가진 언어 능력의 높고 낮음, 혹은 그 정도를 파악한다. 그 다음 그 정도의 언어 능력으로는 어떤 일을 할 수 있겠다, 없겠다 등의 판단을 하게 되는데, 그 정보나 자료를 수집하는 것부터 결과를 해석하고 판단하기까지의 일련의 전체적인 과정을 통틀어서 평가라 부르기도 하고 그 중의 어느 한 단계를 가리켜 평가라고 부르기도 한다.

## 1.2 평가의 목적

그렇다면 평가는 왜 하는 것인가? 많은 사람들이 평가라는 말을 들으면 될 수 있는 대로 피하고 싶고, 긴장되고, 두려움의 대상으로 느끼는데 이러한 시험, 평가를 왜 해야 하는가? 이러한 질문은 곧 평가가 가지는 목적이 될 수도 있으며, 동시에 평가가 가지는 기능에 대한 질문도 될 수 있을 것이다.

평가가 가지는 기능은 평가의 목적에 따라 달라지겠지만 일반적으로 교수적 기능과 관리적 기능, 동기적 기능, 진단적 기능 그리고 교과과정적 기능을 갖는다.

### • 교수적 기능

좋은 평가는 학생들에게 가르침을 주어 능력을 증진시켜주는 기능을 가진다. 즉 평가는 교수의 한 부분으로서의 기능을 가지는데 학생들은 평가를 위하여 공부를 하게 되고 평가의 과정을 통해서 새로운 부분을 깨닫게 되며 학습 목표와 강조점을 숙지하게 되어 실력이 향상하게 된다.

## • 관리적 기능

평가는 교사와 학생에게 피드백을 제공하여 교수와 학습을 관리하는데 도움을 준다. 특히 관리적 기능은 평가를 통해서 개별 학습자 또는 학급이 느끼는 제반 문제점들을 적시에 발견하여 그에 따른 조치를 마련해 줌으로써 교육의 과정이 부드럽고 원활하게 될 수 있도록 돕는 역할을 한다.

## • 동기적 기능

학생과 교사 모두에게 자극제적인 기능을 하여 동기 유발적인 작용을 한다. 평가를 통해서 교사와 학생은 성취감을 느끼고 자신의 부족한 부분을 깨닫게 됨으로써 스스로를 독려하게도 한다.

## • 진단적 기능

개별적 학생의 문제점을 파악하게 하며 특정의 교수·학습 문제에 어떤 문제가 있으며 이를 어떻게 해결하고 도와주어야 하는지를 파악하게 한다.

## • 교과과정적 기능

평가를 통해 교육 제반 문제를 이해하고 교과과정의 올바른 방향을 설정하는 데 도움을 줄 수 있다. 즉 평가의 환류 효과(washback-effect)를 의미하는데 평가의 결과를 분석하여 교과과정에 반영하며 전체적인 교과과정 구성에 총괄적인 도움을 주는 것을 의미한다.

**[평가의 목적]**

- 교수적 기능
- 관리적 기능
- 동기적 기능
- 진단적 기능
- 교과과정적 기능

# 2. 평가에는 어떤 것들이 있나

## 2.1 방법에 따른 분류

평가의 유형은 방법이나 목적에 따라 여러 가지로 나누어진다. 먼저 방법에 따라 상대 평가와 절대 평가, 객관식 평가와 주관식 평가, 직접 평가와 간접 평가, 분리 평가와 통합 평가, 속도 평가와 능력 평가로 구분할 수 있다.

## • 상대 평가와 절대 평가

교육 평가의 유형은 검사 점수에 가치를 부여하기 위해 어떤 평가 기준을 사용하는가에 따라 상대 평가와 절대 평가로 구분된다. 일반적으로 학생들의 성취 정도를 평가 집단 내의 평가 대상들과 비교하는 평가 방식인 상대 평가를 규준 지향 평가(norm-referenced test)라 하고, 학습 목표 등의 절대적인 준거에 비추어 학생들의 성취 정도를 확인하는 절대 평가를 준거 지향 평가(criterion-referenced test)라고 한다. 상대 평가의 경우 한 학생이 획득한 점수는 그 자체로 별 의미를 갖지 못한다. 상대 평가에서는 평가의 기준이 개별 학생이 무엇을 얼마나 성취했느냐보다는 학생들 사이에서 상대적으로 어느 정도의 성취도를 보이느냐에 있기 때문이다. 상대 평가는 평가 대상들 간의 성취도상의 변별을 강조하며, 선발을 목적으로 하는 입시 등과 같은 평가에 유용하게 사용될 수 있다. 따라서 상대 평가에서는 평가도구의 신뢰도가 무엇보다도 중요하다. 이에 반해 절대 평가는 개별 학생이 무엇을 얼마나 성취했는지에 관심을 갖는다. 상대적인 성취 정도는 중요하지 않으며 교육 목표나 학습 목표 같은 절대적 준거에 따라 학생의 성취도가 결정된다. 따라서 절대 평가는 선발보다는 특정한 자격 요건의 확인과 인정을 목적으로 하는 평가에 적합한 평가 방식이며 대체로 자격시험 등이 이에 해당된다. 그렇기 때문에 절대 평가에서는 평가 도구의 내용 타당도가 가장 중요시된다. 절대 평가는 원리상 평가의 목적이 교육의 목적과 일치해야 하기 때문에 절대 평가에서 다수의 학생이 정해진 기준에 도달하지 못 하는 결과가 나왔을 경우에는 평가 문항이 아니라 교사의 교수 방법, 교수 내용, 교사 혹은 교육의 목표 자체를 수정할 필요가 있다.

## • 객관식 평가(objective test)와 주관식 평가(subjective test)

객관식 평가와 주관식 평가는 채점하는 방법에 따른 분류인데, 객관식 평가는 주로 선택형 문제로 제시된다. 객관식 평가는 채점을 위한 훈련이 특별히 필요하지 않고 채점 결과가 항상 일정할 수 있다는 장점을 가진다. 반면 주관식 평가는 통찰력과 전문 지식에 기초한 주관적 판단에 의거하여 채점하는 형식의 평가를 가리킨다. 채점 결과가 채점자에 따라서, 혹은 동일 채점자라 하더라도 시간과 장소, 환경에 따라서 일정하지 않을 가능성이 매우 크다는 것이 약점이다. 이 약점을 극복하기 위해서는 자세하게 규정된 채점 기준이나 복수의 채점자를 활용하고, 또 사전에 채점자 훈련을 실시함으로써 채점 결과를 객관화하려는 노력이 필요하다.

## • 직접 평가(direct test)와 간접 평가(indirect test)

직접 평가는 실제적이고 자연적인 의사소통 상황에서의 언어 사용 능력을 직접적으로 측정하는 방식을 말한다. 마치 길에서 직접 운전을 해보게 함으로써 수험자의 운전 능력을 평가하고 합격 여부를 결정하는 것과 같이 실제로 언어를 사용할 수 있는 상황과 조건을 만들어 주고 실제로 언어를 사용하는 모습을 평가하는 것이다. 반면에 간접 평가는 언어 사용 능력을 간접적인 수단과 방법으로 측정하는 방식을 말한다. 물론 언어 평가의 경우, 언어에 관한 지식을 많이 가지고 있다는 것과 실제로 잘 사용을 할 수 있다는 것은 서로 같지 않지만 언어 능력 평가의 경우 평가라는 행위가 가지는 본질적인 인위적 성격 때문에 언어 능력을 항상 직접적으로 평가한다는 것이 현실적으로 어려운 것이 사실이다. 그래서 언어 능력 평가에서는 간접 평가가 가지는 한계에도 불구하고 간접 평가의 형식을 어느 정도 사용할 수밖에 없다.

### • 분리 평가(discrete-point test)와 통합 평가(integrative testing)

분리 평가는 언어의 세부적 요소에 대한 지식 정도를 측정하는 것으로 문법 구조, 어순, 음운 구조나 발음, 어휘, 철자 등을 통제하는 능력을 측정한다. 분리 평가는 언어 기능별로 듣기, 읽기, 말하기, 쓰기로 나누어 문항을 제작할 수 있는데, 기능간의 구성 성분 즉, 음운, 형태, 통사, 의미 및 어휘 등으로 나누어 문항을 구성하고 이해 기능과 표현 기능으로 나누어 측정할 수 있다.

통합 평가는 학생들이 상황에 적합하게 언어를 이해하고 사용하는 능력의 정도를 측정하는 방법이다. 통합 평가는 특정한 구문이나 문법, 어휘 등의 세부적 사항에는 별로 관심을 두지 않고 학생들이 의사소통을 얼마나 성공적으로 하느냐를 알아보는데 초점을 둔다. 따라서 통합 평가는 언어의 전체적인 사용을 측정하기 위해 한 번에 두 가지 이상의 기능을 동시에 측정한다. 통합 평가에는 토론, 보고, 묘사, 구술 면접시험, 규칙 빈칸 메우기(cloze test), 작문 시험 등이 있다.

### • 속도 평가와 능력 평가

속도 평가란 시간만 충분히 주어지면 모든 수험자가 다 풀 수 있을 정도의 문제들을 상당히 많은 분량으로 출제하여 주어진 시간 내에 제시된 문제를 얼마나 많이 풀 수 있는가를 측정하는 즉, 수험자의 문제 풀이 속도를 비교하는 방식의 평가이다. 반면 능력 평가는 충분한 시간을 주어 문제를 해결할 수 있도록 문항을 출제하여 수험자가 평가 당시에 가지고 있는 지식이나 능력을 측정하는 방식의 평가를 가리킨다. 즉 충분한 시간을 주고 마음껏 실력을 발휘해 보도록 하는 방식의 평가이다. 속도평가의 예로는 IQ 테스트 등을 들 수 있고 능력평가의 예로는 책이나 노트, 관련 자료 등을 참고하여 능력을 평가하는 open test를 들 수 있다. 그러나 대체로 학교에서 시행하는 시험들은 능력평가에 속한다. 물론 현실적인 문제로 제한된 시간이 있기는 하지만 학습자가 가지고 있는 능력의 최대치를 끌어내는 방식이므로 능력평가에 속한다. 따라서 평가를 제작할 때는 제한된 시간 내에 문제를 풀 수 있도록 문항 수를 적절히 조절해야 하며 시간이 부족해서 자신의 능력을 마음껏 발휘하지 못하는 일이 없도록 주의해야 한다.

## 2.2 목적에 따른 분류

두 번째로 평가는 평가하고자 하는 목적에 따라 다양한 형태의 절차와 과정을 거치게 된다. 언어 평가도 역시 다양한 목적과 그에 따른 다양한 평가의 형태가 있다. 예를 들면 배치 형가, 진단 평가, 형성 평가, 총괄 평가, 성취도 평가, 숙달도 평가 등 목적에 따른 다양한 평가가 존재한다.

## • 배치 평가

학생이 가지고 있는 지식이나 기능의 수준을 측정하여 비슷한 수준의 학생들끼리 같은 반에 배치하기 위한 목적으로 실시한다. 일반적으로 어떤 교육 프로그램을 실시하기 직전에 실시하며, 학생을 적절한 수준의 반에 배치하는 것으로 끝난다. 따라서 특정한 학습 내용에 관한 지식보다는 학생의 전반적인 능력을 탐색하고 추정하는데 중점을 둔다.

## • 진단 평가

주어진 학습 과제를 성공적으로 달성하기 위해서 학생들이 가진 배경과 특성이 되는 지적, 정의적 시발 행동을 진단하고 파악하기 위한 평가이다. 교수할 대상인 학생이 어떠한 특성을 지니고 있으며, 과거의 학습 정도, 적성, 준비도, 흥미, 동기 상태 등 학습이 시작되기 이전의 초기 상태에 대한 진단이 교수와 학습의 능률을 향상시키기는 데 중요한 정보의 역할을 한다. 즉 진단 평가는 어떤 학습 과제를 해결하기 위하여 이미 선행되었어야 할 기본적 기능이나 시발 행동에 결함이 있는지, 학업 성취에 어떤 누적된 결함이 있는지, 성취 수준은 어떠한지, 학습 부진의 원인이 무엇인지 등을 전반적으로 진단하여 교수 활동이 투입되기 전에 적절한 처방이나 치료, 교정하려는 데에 뜻이 있다. 따라서 이 경우 성적을 점수화하거나 등급화하지 않고 학생들의 취약점을 파악하고 해결책을 제시해 주는 것이 일반적이다.

## • 형성 평가

교수 학습 중에 수시로 학생들의 학습 정도를 측정하는 것으로 주로 앞으로의 교수 학습 계획을 수립하려는 목적으로 실시한다. 즉 형성 평가란 교수 학습이 진행되는 과정에서 학생에게 피드백을 주고 그 진보의 상태를 수시로 확인·평가하고, 수업 방법을 개선하고 교육 과정을 개선하기 위해 실시하는 평가라고 할 수 있다. 이 평가는 적은 양의 소학습 단위가 끝날 때마다 수시로 실시하는 것이 특징이다. 이를 위해서는 평가의 목표를 여러 개로 작게 나누어서 각 목표 별로 평가 문항을 구성하는 것이 좋다. 예를 들면 수업을 시작하기 전에 이전 수업 시간에 배운 내용에 대해 간단한 퀴즈 형태로 제시하는 시험이 이에 해당한다.

## • 총괄 평가

교수 학습이 끝난 다음 교수 목표의 달성과 성취 여부를 종합적으로 평가하는 방법이다. 이 때의 평가는 주로 수업을 시작할 때 세웠던 수업 목표에 비추어 학생들이 목표에 달성한 정도를 파악하는 것이다. 평가 결과는 학생들의 학업 성취도의 수준을 상대적으로 변별하여 등급을 매기거나 성적을 산출하는 데에 이용된다. 이처럼 일정 기간의 수업이 지난 뒤 학기말이나 학년 말에 학생들의 성취 정도를 판단하기 위해 수행되는 평가가 총괄 평가이다. 총괄 평가는 일반적으로 공식적인 의사결정을 위한 목적으로 사용된다.

위의 네 가지 평가는 목적도 다르지만 평가를 실시하는 시기도 다르다. 그러나 이 외에 성취도 평가와 숙달도 평가로도 목적에 따른 분류를 할 수 있다.

### • 성취도 평가

교육 과정에 의거하여 일정 기간동안 일정한 내용을 가르친 다음 학생들이 얼마나 잘 배웠는가 즉, 학습 목표를 얼마나 잘 성취했는지를 측정하는 평가를 말한다. 단위 수업 시간마다 성취해야 할 작은 단위의 목표들을 여러 개로 묶어서 평가하므로 상당 기간에 걸친 과거의 학습을 되돌아보고 점검하는 총괄 평가적 기능을 한다. 월말고사, 중간고사, 기말고사 등이 이에 해당하며 대개 총괄평가의 형태로 실시된다.

### • 숙달도 평가

학생이 가지고 있는 전반적인 언어 능력을 측정하는 평가이다. 이것은 이전에 배운 교육과정이나 교과서의 내용 등과는 관계없이 한 사람이 현재 가지고 있는 전체적인 숙달도, 혹은 숙련도를 측정하는 것이다. 즉, 어떤 사람이 특정한 목적을 수행하기에 충분한 언어 구사력을 갖추고 있는가, 또는 어떤 능력에 관해 미리 정해져 있는 기준에 도달하는가 못 하는가를 측정한다. 일반적으로 실제 상황에서의 언어 사용 능력을 측정하는데 이를 위해 평가 상황에서도 실제 상황에 있거나 혹은 아주 유사한 언어 사용 과제를 부과하여 배워서 알고 있는 내용을 실제 상황에 얼마나 잘 적용할 수 있는가, 미리 정해진 기준에 도달했는가 못 했는가, 도달했다면 그 정도는 어느 정도인가를 평가하는데, 한국어 능력 시험이나 토플 등 공인된 언어 능력 시험이 이에 해당된다.

#### [평가의 여러 가지 유형]

| 방법에 따른 평가 유형 | 목적에 따른 평가 유형 |
|---|---|
| • 상대평가/절대평가<br>• 객관식평가/주관식평가<br>• 직접평가/간접평가<br>• 분리평가/통합평가<br>• 속도평가/능력평가 | • 배치평가/진단평가/형성평가/총괄평가<br>• 성취도평가/숙달도평가 |

## 3. 좋은 평가 도구가 갖추어야 할 조건은 무엇인가

평가를 하려면 평가를 하기 위한 적절한 평가 도구가 있어야 할 것이다. 평가 도구는 평가의 목적에 맞아야 하고 믿을 만한 결과를 나타내 주어야 한다. 또 평가 도구는 평가를 시행할 수 있는 현실적인 여건에 맞아야 한다. 이 중 어느 하나라도 부족하거나 적절하지 않으면 평가 도구는 쓸모없는 것이 되고 만다. 그래서 일반적으로 평가 도구는 타당도, 신뢰도, 실용도가 높아야 한다.

## 3.1 타당도

언어능력이란 눈으로 확인할 수 없는 내재된 능력이다. 타당도란 어떤 평가 도구가 측정하고자 의도하는 것을 얼마나 효과적으로 측정하고 있느냐에 관한 것이다. 즉 그 평가 도구가 재려고 하는 것을 제대로 재고 있느냐를 말한다. 그러므로 타당도를 통하여 시험 문항이나 내용이 측정하려는 목적과 일치하며 측정하고자 하는 내용을 실제로 정확히 측정하고 있느냐의 여부를 알 수 있다. 예를 들어 말하기 능력을 평가할 때 '낭독'을 가지고 말하기 능력을 측정한다면 그것은 말하기 능력을 제대로 측정하고 있다고 보기 어렵다. 왜냐하면 말하기 능력이란 자연스러운 의사소통능력을 의미하는데, 낭독은 말이 아닌 글자를 읽을 수 있는 능력이나 발음, 억양 등의 정확성을 측정하는 것이기 때문이다. 물론 발음이나 억양도 말하기 능력을 구성하는 부분적 요소이긴 하나 그것이 말하기 능력의 전체를 나타낼 수 있는 구성 요소는 아니므로 타당도가 낮다고 할 수 있다.

타당도에는 크게 내용 타당도와 준거 관련 타당도, 그리고 구인 타당도가 있다.

### • 내용 타당도

평가의 문항들이 평가하려는 내용 영역을 얼마나 잘 대표하느냐 또한 얼마나 광범위하게 포함시켰느냐의 정도를 나타내는 것으로 다시 말하면 교육의 목표를 어느 정도나 제대로 적절하게 측정하고 있느냐를 의미한다. 교육을 하면 반드시 교육의 목표와 학습의 목표가 있다. 우리는 평가를 통해서 학습자들이 이 목표를 어느 정도 달성했는지를 측정하여 교육의 효과를 판단한다. 따라서 이를 위해서는 학습한 내용이 평가에 잘 반영되어 있어야 하며, 어느 한 부분에 치중함이 없이 배운 학습 범위의 내용이 골고루 출제되어야 할 것이다.

### • 준거 관련 타당도

한 시험의 점수와 어떤 준거, 즉 기준이 되는 시험 점수와의 상관계수를 측정하여 평가 도구의 타당성을 판단할 수 있다. 준거 관련 타당도에는 예측 타당도와 공인타당도가 있는데 예를 들어 한국어 능력 시험 점수와 대학에서의 평량 평균간의 상관 계수가 높다면 한국어 능력 시험은 학습자들의 대학 입학 후 수학 능력을 예측하는 예측 타당도가 높다고 할 수 있다. 또 어떤 어학기관에서 사용하는 6급 쓰기 시험이 이미 공인된 시험 예컨대 토픽 시험과의 상관관계가 높다면 6급 쓰기 평가의 공인타당도가 높다고 할 수 있다.

### • 구인 타당도

평가가 측정하려고 하는 어떤 특성의 개념이나 이론과 관련된다. 구인이란 구성 요인을 말하는 것으로 예를 들어 의사소통능력이 문법적 능력과 담화적 능력, 사회 언어적 능력과 전략적 능력으로 구성되어 있다고 한다면 의사소통능력을 측정하기 위한 평가가 이러한 구인을 제대로 측정하고 있는지를 밝히는 것이 구인

타당도이다. 만약 어떤 평가가 구인을 잘못 설정하여 잘못된 구인으로 평가도구를 만들었다면 이 평가는 구인타당도가 낮다고 할 수 있을 것이다.

평가의 타당도는 높을수록 좋다. 그러므로 평가의 타당도를 높이기 위해서는 타당도를 저해하는 요인이 무엇인지를 알고 이에 대처하는 것이 현명한 일이다. 그러기 위해서는 먼저 첫 번째로 평가하고자 하는 영역을 제대로 평가할 수 있는 적절한 평가 방법을 채택해야 한다. 말하기 능력을 지필 검사로만 평가할 수는 없을 것이다.

두 번째로는 평가 내용을 적절하게 선정해야 한다. 평가 문항이 교육의 목표나 내용과 일치하는지 교육 내용의 범위가 균형되게 포함되었는지 등을 잘 고려해야 한다.

세 번째로는 수험자가 평가에 제대로 준비하여 임할 수 있도록 평가에 대해 정확히 알려주거나 환경에 익숙해지도록 준비시켜야 한다. 평가 날짜나 시간, 방법 등을 정확하게 공지해야 하며 시험 환경과 유사한 환경에서 모의시험을 보게 한다든지 또 평가의 지시문을 잘 이해할 수 있도록 사전에 연습을 시키는 것도 필요하다. 평가에 대해 바르게 이해하지 못 한 경우 평가의 결과는 원래 평가가 의도한 목적과 목표를 달성할 수 없을 것이다.

네 번째로 준거 집단이 평가 목적에 맞는 집단인지를 고려해야 한다. 특정 수험자 집단에 대해 높은 변별도를 나타내거나 또는 반대로 아주 낮게 나타날 수 있기 때문이다. 예를 들어 EPS-TOPIK(고용허가제 한국어능력시험)은 한국에 취업하기 위한 외국인 근로자들이 보는 시험인데 준거 집단이 일반 목적의 학습자 혹은 학문 목적의 학습자 집단이라면 타당도가 낮게 나올 것이다.

다섯 번째는 평가 기준 선정의 적절성으로 평가의 내용이나 방법 등이 적절하다 하더라도 평가 기준 자체가 부적절하다면 그로 인해 그 평가 전체는 타당성을 잃을 수가 있다. 예를 들어 말하기 평가가 잘 구성되어 있다고 해도 평가 기준을 말하기 평가 외에 출석 점수라든지 수행 평가 점수, 과제 점수 등에 비중을 높게 두어 말하기 평가의 비중이 낮게 책정되어 있다면 말하기 평가도구의 타당도가 낮아질 수 있다.

여섯 번째는 평가 내용의 과대 간소화인데, 언어 능력의 구성 요소는 매우 복잡하고 다양하다. 이런 언어 능력을 한 번의 평가, 또는 한 두 문제로 충실하게 측정하기는 현실적으로 어렵다. 평가의 편이성을 위해 복잡한 언어 능력을 인위적으로 지나치게 간소화하여 평가의 대상으로 삼는다면 그것은 인간의 복잡한 언어 능력의 구성 요소 중 상당 부분을 평가의 대상에서 제외하는 결과를 초래하게 될 것이다.

일곱 번째는 구인 요소 선정의 적절성이다. 평가에서 측정의 대상으로 삼는 구성요인이 애당초 잘못 정의되었거나 부적절하게 규정되었다면 그 평가는 처음부터 타당도가 높은 평가가 될 수 없을 것이다.

## 3.2 신뢰도

신뢰도는 평가의 결과가 얼마나 일정하게 나오느냐에 관한 것이다. 앞서 말한 타당도가 무엇을 측정하고 있느냐 하는 내용의 문제라면 신뢰도는 어떻게 재고 있느냐 하는 방법의 문제라고 할 수 있다. 평가 도구가 어떤 특성을 측정할 때마다 점수가 다르게 나온다면 이 평가 도구는 신뢰할 만한 도구라고 할 수 없다. 그러므로 신뢰도란 측정하려는 것을 안정성 있고 일관성 있게 그리고 오차 없이 측정하고 있는가의 문제라 할 수 있다.

신뢰도에는 크게 두 가지가 있는데 하나는 채점자 신뢰도이고 다른 하나는 평가 자체의 신뢰도이다.

### • 채점자 신뢰도

채점자 신뢰도는 채점자간 신뢰도와 채점자내 신뢰도로 구분할 수 있다. 채점자간 신뢰도란 하나의 평가에 대해 여러 사람이 채점을 할 경우 채점자간에 평가가 얼마나 일치하는가를 의미한다. TOPIK 시험의 작문 문항이나 말하기 시험의 경우 여러 사람이 동시에 같은 대상을 평가하게 되는데 이 때 평가자 간에 결과가 얼마나 일치하는지가 채점자간 신뢰도에 해당한다. 채점자내 신뢰도란 한 사람이 같은 평가 대상자를 여러 번 평가했을 때 채점 결과가 얼마나 일치하는가를 의미한다. 주관식 문항의 경우 채점자가 채점 기준이 명확하지 않으면 채점할 때마다 다른 결과가 나올 수 있는데 같은 대상자를 여러 번 채점했을 때 결과가 얼마나 일치하는지를 채점자내 신뢰도라 한다.

### • 평가 자체 신뢰도

기본적으로 평가 도구 자체가 가지는 신뢰도로서 어떤 평가를 반복적으로 시행했을 때 비슷한 결과가 나오는 정도를 가리킨다. 예컨대 평가 문항의 질문이나 내용이 애매해서 사람마다 다르게 이해할 수 있다든지 같은 사람이라도 문항을 읽을 때마다 다르게 해석이 된다든지 한다면 그 평가에 대한 신뢰도는 떨어질 것이다. 예컨대 인터넷에 떠도는 성격 테스트나 심리 테스트 등은 어제 한 결과와 오늘 한 결과가 다르고 매번 할 때마다 내 기분에 따라서 결과가 달라지게 된다. 이런 경우 평가 결과에 의심을 갖게 되고 그 테스트를 믿지 못하게 된다.

신뢰도에 영향을 끼치는 요인으로는 평가 문항의 수와 문항의 난이도, 문항의 변별도 등이 있다. 평가 문항의 수는 많으면 많을수록 수험자의 취득 점수 분포가 넓어지고 수험자 간의 차별성이 분명히 나타나게 되며, 결과적으로 취득한 점수의 순위가 바뀌게 될 가능성은 적어진다. 문항의 난이도는 평가 문항이 너무 어렵거나 너무 쉬우면 취득 점수의 분포가 한 쪽으로 몰리게 된다. 즉 문제가 너무 어려우면 점수는 낮은 쪽에 몰리게 되고, 반대로 너무 쉬우면 점수는 높은 쪽에 몰린다. 점수 분포가 어느 쪽이든 한 쪽으로 몰리면 각 수험자의 점수를 잘 변별해 낼 수가 없어서 개인 분리도를 확보할 수 없게 되고 그 결과 평가의 신뢰도는 낮아지게 된다. 문항의 변별도는 학생들의 실력이 우수한지 그렇지 않은지를 구별해 주는 변별력을 의미하는데 이것이 크면 개인 분리도가 커지게 되고 수험자가 취득한 점수의 순위가 바뀔 가능성이 적어지기 때문에 결과적으로 평가의 신뢰도는 높아진다.

## 3.3 실용도

실용도란 한 평가가 실제 상황에서 효과적으로 시행될 수 있는 여건의 구비 정도를 가리킨다. 평가가 실제로 시행될 수 있기 위해서는 시간, 인력, 자원 등 여러 가지 조건이 구비되어야 한다. 예를 들어 인터뷰 평가를 하기 위해서는 자격이 있는 평가자의 확보, 적합한 장소의 확보, 수험자들을 인터뷰하는 데 걸리는 시간, 이를 위한 재정적 비용의 확보, 대기 수험자들의 관리와 같은 문제가 현실적으로 대두된다. 그러므로 어떤 평가가 아무리 타당도와 신뢰도가 높다고 하더라도 실제의 상황과 여건이 평가의 실시를 어렵게 만든다면 그 평가는 아무 소용없는 것이 되고 만다. 그러므로 평가가 실용도를 갖추기 위해서는 경제성이나 실시의 용이성, 채점의 용이성 등을 따져 봐야 한다.

### • 경제성

평가를 제작하거나 선택할 때는 평가의 관리와 채점에 어느 정도의 시간이 걸리는지, 또 시험지의 복사 비용, 몇 명의 시험 관리자와 채점자가 필요한지 등의 제반 비용을 고려해야 함을 말한다.

### • 실시의 용이성

평가를 실시하는 데 있어서 평가가 신속하고 효과적으로 수행될 수 있는지, 또 사용하기 어려운 기계적인 장치가 필요하지는 않은지 등 실시하는 데 있어서의 문제점은 없는가를 고려해야 함을 의미한다.

### • 채점의 용이성

채점 과정이 평가의 실용도에 중요한 영향을 미치는 만큼, 특히 아주 많은 수험생을 대상으로 시험을 치를 경우 객관식 평가인지 주관식 평가인지도 고려해야 하는데, 이 경우 주관식 문항이 많으면 채점하는 데 시간이 많이 걸릴 뿐만 아니라 채점자간 신뢰도를 확보하기도 쉽지 않다. 그러므로 주관식 평가의 경우 채점하는 데 용이하도록 명확한 평가 기준을 세우는 등 철저한 대책을 마련해야 한다.

**[ 평가 도구의 조건 ]**

| 타당도 | 평가하려는 대상을 얼마나 제대로 측정하고 있는가 | 내용 타당도<br>준거 관련 타당도<br>구인 타당도 |
|---|---|---|
| 신뢰도 | 평가의 결과가 얼마나 일정하게 나오는가 | 채점자 신뢰도<br>평가 자체 신뢰도 |
| 실용도 | 평가를 얼마나 효과적으로 시행할 수 있는가 | 경제성<br>실시의 용이성<br>채점의 용이성 |

# 4. 기능별 평가에서는 무엇을 어떻게 평가해야 하나

언어 능력은 여러 가지 하위 요소로 구성되어 있고, 각 하위 구성 요소는 또 그들을 이루는 더 작은 단위의 하위 요소들로 구성되어 있다. 그러나 일반적으로 언어 능력은 크게 네 가지 기능, 즉 듣기, 읽기, 말하기, 쓰기 등으로 분류하는 경우가 많다. 그러므로 여기서는 언어 능력을 네 가지 기능으로 나누고 각 기능별 평가에 대해 좀 더 구체적으로 살펴보고자 한다.

## 4.1 듣기 평가

### 4.1.1 듣기 능력

듣기 능력은 단일 능력이라기보다는 여러 가지의 하위 능력이나 기능들로 구성된 복합적 능력이다. 그러므로 듣기 평가는 하나하나의 하위 구성 요소들을 독립적으로 평가하기 보다는 각각의 구성 요소들을 통합적이고 복합적으로 평가하게 될 것이다. 듣기 평가는 대개 음소, 강세, 억양, 연음의 구별 등에 관한 청취력 평가(소리 듣기 평가)와 들은 말의 의미나 의도 파악, 정보나 지식의 이해, 분위기나 목적 등의 파악에 관한 청해력 평가(의미 듣기 평가)로 크게 나누어 볼 수 있는데, 듣기 평가의 주를 이루는 것은 청취력 평가보다는 청해력 평가 쪽이라 할 수 있다. 청해력 평가는 크게 사실적 이해, 추론적 이해, 평가적 이해를 묻는 세 가지의 형태로 나누어 볼 수 있다. 사실적 이해를 묻는 문항이 들려준 내용을 그대로 들었느냐 못 들었느냐를 묻는 문항이라면, 추론적 이해 문항은 사실적 이해를 묻는 단계에서 한 단계 더 나아가 들은 내용의 이해를 토대로 추론하게 하는 문항을 가리킨다. 또 평가적 이해 문항은 들은 내용의 타당성이나 정확성, 말하는 사람의 태도, 대화의 분위기 등을 듣는 사람이 판단하는 형태의 문항을 가리킨다.

### 4.1.2 등급별 듣기 평가의 목표[1]

TOPIK에서는 등급별 듣기 평가의 목표를 다음과 같이 제시하고 있다.

---

1) 한국어 능력 시험의 급별 영역별 평가 기준 참조

| | TOPIK 듣기 평가 기준 |
|---|---|
| 1급 | • 한국어의 기본적인 음운(자음, 모음, 받침)을 식별할 수 있다.<br>• 일상생활과 관련 있는 간단한 질문을 듣고, 대답할 수 있다.<br>• 일상생활과 관련 있는 간단한 대화를 듣고, 내용을 파악할 수 있다.<br>• 사적이고 친숙한 소재에 관한 매우 간단한 이야기를 듣고, 내용을 파악할 수 있다. |
| 2급 | • 구별하기 어려운 음운이나 음운의 변동을 식별할 수 있다.<br>• 일상 생활과 관련 있는 평이한 질문을 듣고, 대답할 수 있다.<br>• 일상 생활과 관련 있는 평이한 대화나 이야기를 듣고, 내용을 파악할 수 있다.<br>• 실생활에서 자주 접하는 간단한 안내 방송 등의 실용적인 담화를 듣고, 내용을 파악할 수 있다. |
| 3급 | • 대부분의 일상 대화를 듣고 내용을 파악할 수 있다.<br>• 사적이고 친숙한 소재에 관한 대부분의 이야기를 듣고, 내용을 파악할 수 있다.<br>• 친숙한 사회적 소재를 다룬 평이한 대화나 담화를 듣고, 내용을 파악할 수 있다.<br>• 광고나 인터뷰, 일기예보 등의 실용담화를 듣고 대체적인 내용을 파악할 수 있다. |
| 4급 | • 친숙한 사회적 소재를 다룬 대화나 담화를 듣고, 내용을 파악할 수 있다.<br>• 복잡한 맥락을 갖는 담화를 듣고, 함축된 의미를 파악할 수 있다.<br>• 간단한 뉴스나 방송 담화 등을 듣고, 내용을 파악할 수 있다.<br>• 친숙한 소재를 다룬 평이한 토론을 듣고 내용을 파악할 수 있다. |
| 5급 | • 업무 영역이나 전문 영역에서 이루어지는 일반적인 대화를 듣고, 내용을 파악할 수 있다.<br>• 친숙한 사회적·추상적 소재를 다룬 강연, 대담 등을 듣고 대체적인 내용을 파악할 수 있다.<br>• 사회적이고 추상적인 소재를 다룬 담화를 듣고, 화자의 의도를 파악하거나 내용을 추론할 수 있다.<br>• 주례사, 추모사 등 특수한 상황에서의 담화를 듣고 대체적인 내용을 파악할 수 있다. |
| 6급 | • 업무 영역이나 전문 영역에서 이루어지는 대부분의 대화나 담화를 듣고 내용을 파악할 수 있다.<br>• 사회적·추상적 소재를 다룬 대부분의 강연, 대담, 토론 등을 듣고, 내용을 파악하거나 추론할 수 있다.<br>• 대부분의 뉴스나 방송 담화를 듣고 내용을 파악할 수 있다.<br>• 일반적으로 널리 알려진 방언을 듣고 이해할 수 있다. |

## 4.1.3 듣기 평가의 유형

### ① 소리 인식/발음 식별력

저급에서 많이 사용하는 것으로 한국어의 기본적인 음운이나 억양의 식별을 평가하는 것이다. 주로 외국인 학습자에게 구분이 힘든 음운들 중, 아무 의미 없는 독립된 개별 음운이 아니라 문장 내에서 의미를 가지는 유의미한 음운을 평가 대상으로 삼는다. 그리고 평가 형식은 선다형이나 직접 받아쓰는 형식으로 제시된다.

### ② 어휘 듣기

들은 내용 중 핵심이 되는 어휘를 들었는지를 평가한다. 이는 초급에서 고급까지 사용할 수 있으나 주로 초급에서 많이 선호한다. 숫자를 듣는다든지 특정한 핵심 어휘에 집중하여 듣기 능력을 측정하는 것이다. 평가 형식은 한 단어, 한 문장에서부터 이야기 혹은 대화에 이르기까지 다양하게 제시될 수 있다.

### ③ 문법적 특질 듣기

문법적 항목에 집중하여 듣기 능력을 평가하는 것으로 유사한 문법적 항목을 찾게 한다든가 혹은 반대로 의미가 다른 문법적 항목을 찾게 함으로써 해당 문법 항목에 대한 듣기 능력을 평가한다.

### ④ 정보 듣기

일반적으로 듣기 활동은 자신이 필요한 정보를 찾는 것이다. 따라서 주어진 대화나 이야기 속에서 자신이 필요한 정보를 집중해서 찾게 하는 형식이다.

### ⑤ 이어지는 말 찾기

대화를 완성하는 평가 유형이다. 두 사람이 대화하고 있을 때 질문 내용에 따라 뒤에 올 수 있는 내용이 무엇인지 추측하고 찾는 것이다. 이는 단순한 담화의 의미 뿐 아니라 사회 언어학적인 맥락 등 전체적인 담화를 이해할 수 있어야 하므로 전체적인 의사소통 능력을 평가할 수 있다.

### ⑥ 핵심 내용 찾기

대화나 독백 등에서 들은 내용의 핵심 내용을 찾는 평가 유형으로 예를 들면 담화가 일어나고 있는 장소나 기능 등을 찾는 것으로 답안 유형은 선다형이나 연결하기 등으로 제시할 수 있다.

### ⑦ 내용 이해하기

들은 내용에 대해 전체적인 혹은 부분적인 이해의 정도를 평가하는 것이다. 이는 주제의 내용에 따라 등급이 정해질 수 있으며, 대화나 이야기 등으로 제시될 수 있다.

### ⑧ 요지 파악하기

들은 내용에 대한 중심 생각 즉 주제가 무엇인지 알아내는 평가 유형이다. 이는 주로 중고급에서 사용되는 평가 유형으로 제시되는 자료는 말하고자 하는 것 즉, 주제가 분명한 자료가 좋다.

### ⑨ 요약하기

들은 내용에 대한 대강의 내용을 요약하게 하는 평가 유형이다. 이는 말하기나 쓰기 평가와 연계하여 이루어질 수 있다. 그러나 요약이란 모국어 화자에게도 상당히 어려운 지적 활동이므로 실제적인 언어 능력보다는 다른 능력에 의존되기도 한다.

### ⑩ 제목 찾기

들은 내용에 맞는 제목을 찾게 하는 평가 유형이다. 이는 앞에서 말한 핵심 내용 찾기와 다소 중복되는 경향도 있으나 핵심 내용은 주로 주제어를 찾게 하는 유형이고 제목 찾기는 대화나 이야기를 대표할 수 있는 단어나 문장을 찾게 한다는 점에서 다소 차별성을 둘 수 있다.

### ⑪ 추론적 듣기

담화에 나타나지 않은 내용에 대해서 들은 내용을 바탕으로 추론하도록 하는 평가 유형이다. 이는 고급에서 자주 사용되며, 주로 담화 표지나 전체적인 내용 파악을 통해 앞 뒤 내용을 추론하도록 한다.

### ⑫ 담화 유형 구분하기

들은 담화의 성격과 기능을 파악하는 평가 유형으로, 담화 내에 이를 추론할 수 있는 다양한 표지나 실마리가 있어야 한다. 이 유형은 중고급에서 이용할 수 있으며, 주로 강의나 인터뷰, 소감, 연설, 토론 등의 담화 텍스트를 이용한다.

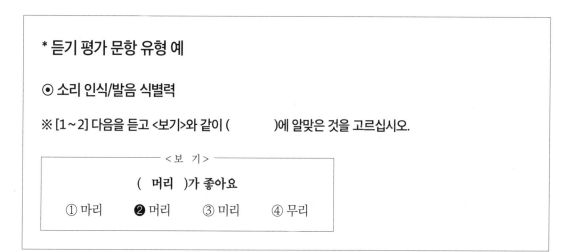

**\* 듣기 평가 문항 유형 예**

**◉ 소리 인식/발음 식별력**

※ [1~2] 다음을 듣고 <보기>와 같이 (            )에 알맞은 것을 고르십시오.

─── < 보 기 > ───
( 머리 )가 좋아요
① 마리　❷ 머리　③ 미리　④ 무리

## ⊙ 어휘 듣기

※ 다음 대화를 듣고 질문에 대답하십시오.

> 영수 : 미선씨, 지금 뭐하고 있어요?
>
> 미선 : 백화점에서 친구 선물을 사고 있어요.

미선씨는 어디에 있습니까?

## ⊙ 문법적 특질 듣기

다음을 듣고 의미가 같은 문장을 고르십시오.

> 저는 회사에서 일한 지 일 년 됐어요.

① 일 년 전부터 일했어요.　　② 일 년 전에 회사를 그만 두었어요.

③ 일년 만에 회사에서 일해요.　④ 일 년 동안 일하고 싶어요.

## ⊙ 대화 듣고 이어지는 말 찾기[2]

[4~8] 다음 (각 2점)

> 여자 : 영수 씨, 발표회 잘 끝났어요? 못 가서 미안해요.
>
> 남자 : 아니에요. 급한 일이 있었다면서요.
>
> 여자 : _____

---

2) 제 41회 한국어능력시험

① 발표회는 언제 시작해요?

② 꼭 가려고 했는데 못 갔어요.

③ 도저히 시간이 안 될 것 같아요.

④ 갑자기 무슨 일이 있었던 거에요?

### ⊙ 요지 파악하기 및 내용 이해하기[3]

**[33~34] 다음을 듣고 물음에 답하시오. (각 2점)**

> 여자 : 여러분은 어떤 태도로 남의 이야기를 들으세요? 하던 일을 멈추지 않고 건성으로 들은 적은 없으신가요? 여기 듣는 사람의 태도가 얼마나 중요한지 보여 주는 실험이 하나 있습니다. 어느 학교에 수업이 재미없기로 유명한 교사가 있었는데요. 한 심리학자가 그 교사에게 알리지 않고 수업을 듣는 학생들에게만 몇 가지 행동을 하도록 지시했습니다. 첫째, 교사의 말에 주의를 집중하면서 경청할 것. 둘째, 얼굴에 미소를 띠면서 고개를 끄덕여 줄 것. 셋째, 가끔 수업 내용과 관계있는 질문을 할 것 등이었습니다. 여러분, 한 학기 후에 어떤 변화가 일어났을까요? (잠시 후) 교사의 수업 태도는 눈에 띄게 달라졌습니다. 다양한 교수 방법을 활용하여 재미있는 수업을 만들기 시작한 겁니다.

### ⊙ 담화 듣고 추론하기

**33. 무엇에 대한 내용인지 맞는 것을 고르십시오.**

① 올바른 수업 태도

② 교수법과 수업의 관계

③ 적극적인 반응의 효과

④ 교사와 학생의 대화 방식

**34. 들은 내용으로 맞는 것을 고르십시오.**

① 학생들은 교사에게 수업 방식에 대해 질문했다.

② 교사는 교수 방식을 바꾸기 위해 실험에 참가했다.

③ 심리학자는 학생들에게 부정적인 행동을 지시했다.

④ 학생들은 실험 후에 재미있는 수업을 듣게 되었다.

---

3) 제 41회 한국어능력시험

요즘은 예전에 비해 쌀 생산량도 늘고 야채나 채소의 크기도 더 커졌습니다. 생명과학 덕분에 병에 강한 벼나 채소를 개발할 수 있었기 때문입니다. 또 치료가 힘들었던 많은 병을 치료할 수 있는 약도 개발되었으며 환경 문제를 해결하는 데도 많은 도움을 받게 되었습니다. 또 쥐나 양을 복제하는 데도 성공했습니다. 이젠 얼마 안 있어 나와 똑같이 생긴 인간이 거리를 걸어다닐지도 모릅니다.

　　그런데 이러한 발전이 인류의 앞날에 과연 도움이 될까요? 요즘 한 쪽에서는 이러한 생명 과학의 발전에 대한 우려와 걱정의 목소리들이 나오고 있습니다. 오늘 저는 이 문제에 대하여 여러분들의 이야기를 듣고 싶습니다.

\* 앞으로 무엇에 대하여 토론을 할 것 같습니까?

　① 생명 과학과 질병과의 관계에 대하여

　② 생명 과학의 문제점에 대하여

　③ 환경 문제에 대하여

　④ 인간의 수명을 연장하는 방법에 대하여

## ⊙ 태도 파악하기[4]

**[23~24] 다음 인터뷰를 듣고 물음에 답하십시오.(각 3점)**

남자 : 국내 한 대기업이 올해부터 절대 평가 방식을 적용해 직원들의 연봉과 상과급을 책정하기로 했습니다. 상대 평가 채택 10년 만의 변화입니다. 기존 평가에서는 정해진 비율에 따라 등급을 메겨야했기 때문에 평가자 재량에 한계가 있었습니다. 그에 비해 새로 도입된 평가 방식은 평가자가 제한 없이 등급을 매길 수 있어 인사 및 평가의 자율권이 커지는 효과가 있다고 사측은 말합니다. 실제 해당 기업 사원은 어떻게 느끼는지 이야기를 들어보겠습니다.

여자 : 상대 평가가 아니라면 직원 간의 무의미한 경쟁도 줄어들 것 같긴 한데요. 납득할 만한 평가가 될지 솔직히 모르겠어요. 사측에서 이 제도를 연봉 억제책으로 이용할 소지가 충분히 있잖아요. 이 평가 방식 적용으로 갑자기 우수 사원이 늘어날 리는 없을 것 같은데요.

---

4) 제 23회 한국어능력시험

**24. 여자의 태도로 가장 알맞은 것을 고르십시오.**

① 제도가 엄격해서 불안해한다.

② 제도가 악용될까 우려하고 있다.

③ 제도의 효과가 무엇인지 궁금해한다.

④ 제도의 성공적인 적용을 확신하고 있다.

## 4.2 읽기 평가

### 4.2.1 읽기 능력

읽기는 기본적으로 글을 쓴 사람이 의미하는 바를 파악하고 이해하는 행위이다. 따라서 읽기 능력의 측정 목표는 다양한 종류의 글을 읽고, 그 글이 의미하는 바를 정확하게 찾아내는 능력이 될 것이다. Wilkins에 의하면 글을 읽고 이해하는 수준에는 세 가지의 이해 수준이 있다고 한다.

첫째는 사실적 이해로 말이나 글의 내용을 추론이나 분석, 비판할 필요 없이 진술된 그대로 파악하는 능력을 말한다. 글이 포함하고 있는 정보의 내용을 정확하게 파악하는가, 정보의 내용과 그 관계를 정확하게 이해하는가, 글 전체의 내용과 핵심을 체계적으로 이해하는가 등은 글의 내용에 대한 사실적 이해 능력을 나타낸다.

둘째는 추론적 이해로 대화, 담화, 문단에 표현된 내용과 전개 방식의 사실적 이해에 근거하여 직접적으로 명시되지 않은 사항을 논리적으로 추론해 낼 수 있는 능력을 말한다. 글 속에 포함된 사실적 정보나 내용을 근거로 다른 내용을 추측해 내는가, 다른 상황에도 적용할 줄 아는가, 주어진 내용을 바탕으로 글의 내포적 의미를 추리해 내는가, 문학적 표현이 담고 있는 함축적 의미를 적절하게 상상해 내는가 등이 이에 해당한다. 구체적으로 지칭 대상의 문맥상 의미 추론, 의도적으로 삭제한 내용이나 표현의 추론, 문단의 전후 관계 추론, 말이나 글의 요지, 제목, 견해, 주장, 의도를 알아내는 것 등이 포함된다.

셋째는 평가적 이해이다. 주어진 지문의 내용을 비판적으로 이해하고, 그 내용의 정당성이나 적절성 또는 가치 및 우열에 대해 평가하는 능력이다. 이를 위해서는 언어 또는 사고 그 자체에 포함되어 있는 정확성과 적절성, 언어 사용의 외적, 상황적 국면과 관련되어 있는 타당성과 효용성 등을 기준으로 평가할 수 있다. 따라서 사실 또는 현실과 부합하여 풍부한 의미와 교훈성 또는 심미적 가치를 지니고 있는가를 판단하는 능력 등이 측정의 요소가 된다. 주로 말이나 글의 종류, 글의 분위기, 글 쓴 목적, 필자의 어조나 태도, 느낌 파악하기 등이 이에 해당한다고 할 수 있다(이완기, 2003).

## 4.2.2 등급별 읽기 평가의 목표[5]

| TOPIK 읽기 평가 기준 | |
|---|---|
| 1급 | • 기본적인 표지나 표지어의 의미를 이해할 수 있다.<br>• 짧은 서술문을 읽고, 소재를 파악할 수 있다.<br>• 일기, 편지 등 간단한 생활문을 읽고, 내용을 파악할 수 있다.<br>• 메모, 영수증 등 간단한 실용문을 읽고, 정보를 파악할 수 있다 |
| 2급 | • 실생활에서 자주 접할 수 있는 표지어의 의미를 이해할 수 있다.<br>• 일상생활과 관련된 설명문이나 생활문 등의 글을 읽고, 내용을 파악할 수 있다.<br>• 실생활에서 자주 접하는 간단한 광고나 안내문 등의 실용문을 읽고, 정보를 파악할 수 있다. |
| 3급 | • 일상생활을 다룬 대부분의 생활문을 이해할 수 있다.<br>• 친숙한 사회·문화 등의 소재를 다룬 간단한 글을 읽고, 내용을 파악할 수 있다.<br>• 일상생활에서 흔히 접하는 간단한 광고, 안내문 등의 실용문을 읽고, 정보를 파악할 수 있다. |
| 4급 | • 경제, 사회, 문화 분야의 소재를 다룬 설명문, 논설문 등의 글을 읽고, 내용을 파악하거나 추론할 수 있다.<br>• 계약서, 사용설명서, 광고, 안내문 등 실용문을 읽고, 구체적인 정보를 파악할 수 있다.<br>• 신문 기사, 건의문 등의 시사성 있는 글을 읽고, 대체적인 정보를 파악할 수 있다.<br>• 수필이나 동화 등의 작품을 읽고, 내용을 파악할 수 있다. |
| 5급 | • 정치, 경제, 사회, 과학 등의 소재를 다룬 글을 읽고, 내용을 파악할 수 있다.<br>• 비교적 쉬운 시, 소설 등의 문학 작품을 읽고, 내용을 파악할 수 있다.<br>• 대부분의 신문 기사, 건의문 등을 읽고, 정보를 파악할 수 있다.<br>• 본격적인 수필, 동화 등의 작품을 읽고, 내용을 추론하거나, 작자의 태도를 파악할 수 있다. |
| 6급 | • 전문적이고 추상적인 소재를 다룬 설명문이나 논설문 등의 글을 읽고 내용을 파악할 수 있다.<br>• 한국 문학의 대표적인 수필이나 소설, 희곡 등의 작품을 읽고, 작중 상황, 인물의 심리 등의 내용을 파악할 수 있다.<br>• 다양한 종류의 글을 읽고, 내용을 추론하거나 글을 쓴 의도를 파악할 수 있다.<br>• 전문 영역에 관련된 논문이나 저술을 읽고, 내용을 파악할 수 있다. |

---

5) 한국어 능력 시험의 급별 영역별 평가 기준 참조

## 4.2.3 읽기 평가의 유형

### ① 단어 및 문장에 맞는 그림 찾기 혹은 단어에 맞는 문장 찾기

주로 초급 단계에서 많이 사용될 수 있는 것으로, 고립된 단어나 문장을 읽고 이에 해당하는 그림을 찾는 것이다. 또는 단어를 제시하고 이에 해당하는 문장을 찾게 할 수도 있다. 이 때 제시되는 단어는 금지나 유의 사항 등 실생활에서 흔히 볼 수 있는 표어나 알림사항 등이 좋다.

### ② 제목 읽고 의미 해석하기

신문 기사나 책의 제목을 제시하고 이와 관계가 있는 글이나 문장을 찾게 하는 것이다. 초급에서도 사용될 수 있으나 주로 중고급에서 많이 사용되는 유형이다.

### ③ 글 읽고 제목 붙이기

위와는 반대로 글을 읽고 이에 대한 제목을 붙이게 하는 것이다. 이는 주관식이나 선다형 모두 가능하며, 이 경우 제시되는 자료는 제목을 분명히 상정할 수 있는 자료여야 한다.

### ④ 담화 상에서 단어, 문법, 관용어 의미 해석하기

담화 텍스트 내에서 해당 어휘나 관용어의 의미를 찾는 것이다. 이 경우 지엽적인 어휘력이나 문법 능력의 평가가 되지 않도록 하기 위해서, 담화 텍스트의 이해를 통해 그 의미를 유추할 수 있는 어휘나 관용어 항목을 선택하는 것이 바람직하다. 또 본문에서 동일한 의미로 쓰인 어휘나 표현을 찾게 할 수도 있으며 빈 칸에 들어갈 단어를 담화 텍스트 내에서 유추하여 찾게 할 수도 있다.

### ⑤ 어휘 및 담화 표지 찾기

주어진 글 안에서 글을 이해하고 적절히 완성하기 위해 필요한 어휘나 구, 담화 표지 등을 찾게 하는 것이다. 지엽적인 어휘 평가가 되지 않도록 하기 위해서는 담화 텍스트의 이해를 통해 그 의미를 유추할 수 있는 항목을 선택하는 것이 좋다.

### ⑥ 담화 완성하기

초급에서 중고급에 이르기까지 폭넓게 이용할 수 있는 유형으로 담화 표지나 어떠한 표현을 단서로 담화의 뒷부분을 완성하는 것이다. 담화 유형은 대화문이나 서술문 모두 가능하게 하며, 완성 단위는 구 이상으로, 직접 쓰게 하거나 혹은 보기에서 고르게 할 수도 있다.

### ⑦ 정보 파악하기

안내문, 광고, 사용 설명서, 계약서 등 실제적인 자료를 읽고 필요한 정보를 파악할 수 있는지를 평가하는 것이다. 이 경우 실생활에서 접할 수 있는 다양한 자료를 이용하는 것이 좋다.

### ⑧ 중심 내용 및 주제 파악하기

한 단락 이상의 글을 읽고 글의 요지나 중심 내용, 주제를 파악하게 하는 것이다. 이는 글의 전체적인 내용과 담화 구조의 이해도를 측정할 수 있다. 제시되는 자료는 주제나 핵심 내용이 분명한 글이라야 한다. 또 주제가 되는 문장을 제시문에서 직접 찾도록 하는 평가 방식도 있을 수 있다.

### ⑨ 단락 별 주제 연결하기

여러 단락의 글을 읽고 각 단락별 주제를 파악하거나, 단락과 단락 사이의 관계를 파악하게 하는 것이다. 또 단락 간의 관계를 파악하여 순서에 맞게 배열하게 할 수도 있다. 이 평가는 종합적인 이해 능력을 평가할 수 있다.

### ⑩ 글의 기능 파악하기

글을 읽고 글의 기능이 무엇인지 파악하게 하는 것이다. 즉 제시되는 글이 조언을 구하는 글인지, 상담을 해주는 글인지, 불만을 나타내는 글인지, 사과하는 글인지 등 의사소통의 기능을 파악하게 하는 것이다.

### ⑪ 글쓴이의 태도, 어조 파악하기

글을 읽고 글을 쓴 사람의 태도나 어조를 유추하여 해석하게 하는 것이다. 이 때 제시하는 자료에는 직접 드러나 있지는 않지만 글쓴이의 관점이 분명히 드러나는 자료를 제시해야 한다.

### ⑫ 문장 삽입, 삭제하기

논리적인 일관성을 위해 필요한 문장을 삽입할 곳이라든지, 반대로 불필요한 문장이나 논리적으로 내용에 맞지 않는 문장을 제거하게 하는 것으로 담화 전체의 이해력을 평가하는 것이다.

### ⑬ 지시어가 지시하는 내용 찾기

글의 내용과 담화를 이해하고 지시어가 지시하는 것을 찾는 것이다. 문장 내의 의미나 문장 간의 관계나 의미, 전체적인 담화를 이해해야 하는 것으로 주로 지시대명사가 지시하는 것을 찾게 한다. 이는 전체 내용 이해와 담화 이해를 전제로 한다.

### ⑭ 글의 세부 내용 파악하기

글의 자세한 내용을 파악하는 것으로 세부 내용을 얼마나 잘 이해했는지를 평가한다. 답안은 주관식, 객관식, 진위형 어느 것으로도 가능하다.

## * 읽기 평가 문항 유형 예

### ⊙ 정보 파악하기

다음은 벼룩 시장 광고입니다. 광고의 내용에 맞으면 O, 틀리면 X를 하십시오.

> 원목 컴퓨터 책상 겸 책장
>
> 15일 사용, 45만원에 샀음, 16만원에 팜
>
> 3661-9736

① 이 광고는 책상에 대한 광고이다.　　( 　 )

② 이 물건은 새 물건이다.　　　　　　( 　 )

③ 이 물건은 나무로 만들었다.　　　　( 　 )

### ⊙ 글 읽고 제목 붙이기

### * 다음 글의 제목은 무엇입니까?

> 불고기는 대표적인 한국 음식 중의 하나입니다. 불고기를 만들 때는 먼저 소고기에 설탕, 간장, 후추, 파, 마늘을 넣고 술도 조금 붓습니다. 술을 넣으면 고기가 부드러워집니다. 이 재료들을 잘 섞어서 두세 시간 동안 두었다가 프라이팬에 올려서 알맞게 굽습니다. 불고기는 상추에 싸서 먹으면 소화도 잘 되고 맛도 좋습니다.

① 불고기에 필요한 재료　　　② 한국의 대표적인 음식

③ 소화가 잘 되는 음식　　　　④ 불고기 만드는 법

## ⊙ 어휘 찾기[6]

* [16~18] 다음을 읽고 ( )에 들어갈 내용으로 가장 알맞은 것을 고르십시오. (각 2점)

> 상담을 통해 책을 추천해 주는 서점이 있어 화제가 되고 있다. 서점 주인은 손님과 오랜 시간 대화를 나눈 후 ( )책을 추천해 준다. 상처 받은 사람에게는 위로가 되는 책을, 자신감이 부족한 사람에게는 용기를 주는 책을 추천하는 방식으로 서비스를 제공한다.

① 내용이 재미있는　　　② 지식을 전달하는

③ 사람들이 많이 읽는　　④ 손님의 상황에 맞는

## ⊙ 지시어의 내용 찾기

* 다음 글에서 밑줄 친 '그런 모습'이 가리키는 것은 무엇입니까? ( )

> 내일이 여자 친구 생일인데 무엇을 선물해야 할지 모르겠다. 작년에 목걸이를 선물했으니까 올해는 다른 것을 사주고 싶은데 특별히 생각나는 게 없다. 사무실 동료에게 물어 봤더니 화장품 같은 걸 사 주라고 했다. 그런데 내 여자 친구는 화장을 안 한다. 나도 **그런 모습이** 더 보기 좋다.

## ⊙ 중심 내용 파악하기[7]

* [46~48] 다음을 읽고 중심 생각을 고르십시오.

46. (3점)

> 오늘 자동차 박물관에 갔습니다. 박물관이 작고 자동차도 많지 않았습니다.
> 재미가 없어서 일찍 나왔습니다.

① 박물관에 다시 가겠습니다.

② 박물관이 더 컸으면 좋겠습니다.

③ 박물관이 마음에 들지 않았습니다.

④ 박물관에 자동차가 너무 적었습니다.

---

6) 제 64회 한국어능력시험

7) 제 64회 한국어능력시험

## ⊙ 문장 삽입하기[8]

\* [59~60] 다음을 읽고 물음에 답하십시오.

> 저는 피아노 학원에 다닌지 3년이 되었습니다. ( ㉠ )그렇지만 지금은 여러노래들을 잘 칠 수
> 있게 되었습니다. ( ㉡ )피아노를 치면서 좋아하는 가수의 노래를 부르면 정말 즐거워집니다.
> ( ㉢ )피아노를 배우는 것이 정말 좋습니다.( ㉣ )

**59. 다음 문장이 들어갈 곳을 고르십시오. (2점)**

> 처음에는 피아노를 전혀 치지 못했습니다.

① ㉠    ② ㉡    ③ ㉢    ④ ㉣

## ⊙ 글의 기능 파악하기

\* 이 글은 무엇에 대한 글입니까?

> 수진: 영호 씨, 무슨 일이 있어요? 안색이 안 좋은데요.
>
> 영호: 몸이 좀 안 좋아서 그래요. 속이 아파요. 어떻게 해야 될지 모르겠어요.
>
> 수진: 참기가 어려우면 우선 꿀물을 좀 드세요. 어제 마신 술 때문에 그런 것 같으니까요. 그리
>       고 약국에 가서 약을 사 먹는 게 어때요? 길 건너편에 새로 생긴 약국이 있는데 약을 잘 지
>       어요.
>
> 영호: 그래야겠군요.
>
> 수진: 그리고 앞으로는 술 담배 좀 줄이세요.
>
> 영호: 알았어요. 고마워요.

① 소개하기    ② 정보 얻기    ③ 조언하기    ④ 약속하기

---

8) 제 64회 한국어능력시험

* [23~24] 다음 글을 읽고 물음에 답하십시오. (각 2점)

> 놀이공원 매표소에서 아르바이트를 했다. 아르바이트가 처음이라 실수를 하지 않으려고 늘 긴장하면서 일을 했다. 어느 날, 놀러 온 한 가족에게 인원수만큼 표를 줬다. 그런데 그 가족을 보내고 나서 이용권 한 장의 값이 더 결제된 것을 알아차렸다. 바로 카드사로 전화해 고객의 전화번호를 물었지만 상담원은 알려줄 수 없다고 했다. 하지만 내 연락처를 고객에게 전달해 주겠다고 했다. 일을 하는 내내 일이 손에 잡히지 않았다. 퇴근 시간 무렵 드디어 그 가족에게서 전화가 왔다. 내가 한 실수에 화를 낼지도 모른다는 생각에 떨리는 목소리로 상황을 설명하자 그 가족은 "놀이 기구를 타고 노느라 문자 메시지가 온 줄 몰랐어요. 많이 기다렸겠어요."라고 하며 따뜻하게 말해 주었다.

23. 밑줄 부분에 나타난 '나'의 심정으로 알맞은 것을 고르십시오.

① 걱정스럽다      ② 불만스럽다

③ 후회스럽다      ④ 당황스럽다

# 4.3 쓰기 평가

## 4.3.1 쓰기 능력

쓰기의 특징은 필자가 자신의 생각과 전달하고자 하는 메시지를 주제로 정한 후에 그것을 배경 지식과 복잡한 정신 과정을 통해 표현하는 활동이다. 말하기의 경우는 비교적 짧고 평이한 문장으로도 의미의 협상과 맥락을 통해 의사 전달이 이루어지지만 쓰기의 경우는 일방적으로 생각과 의미를 논리적으로 표현해야 하므로 보다 복잡한 정신적 사고가 요구된다. 쓰기 능력에는 대체로 다음과 같은 몇 가지 요소가 포함된다. 즉, 글로 쓰는 언어 자체에 관한 지식, 글을 쓰는 목적에 비추어 글의 내용을 정확하고 폭 넓고 깊게 다룰 수 있는 내용 지식, 독자가 이해하기 쉬운 방식으로 글을 구성하고 조직할 수 있는 과정 지식, 글의 문체를 목적에 맞게 선택하여 사용할 수 있는 수사적 지식, 글을 문법과 맞춤법에 맞게 쓸 수 있는 기술적 세부사항에 관한 지식 등이다. 쓰기 평가의 측정 목표를 보다 구체적으로 설정하기 위해서 세계적으로 통용되는 언어 능력 평가 기관이 설정한 공통적인 쓰기 능력의 구성 요소를 살펴보면 다음의 여섯 가지로 정리된다(이완기, 2003).

### ① 내용 지식

내용 지식이란 주어진 쓰기 과제의 성격과 목적, 또 그 글을 읽을 독자의 특성에 맞도록 글을 쓴 정도와 그 내용의 폭과 깊이가 얼마나 넓고 깊은가, 글의 요점을 얼마나 잘 부각시켰는가를 보여주는 정도를 가리킨다. 글에는 일반적으로 필자의 생각이 들어 있어야 하고 그것이 잘 드러나야 한다.

### ② 조직성

쓰기에서는 주어진 주제에 관한 내용을 독자가 읽고 이해하기 쉽게 글 전체를 잘 조직하는 능력이 필요하다. 조직성이란 글에 나타난 필자의 생각이나 의미의 논리성, 글의 전체적인 통일성과 의미 연결성, 문장이나 문장의 연결성, 문단 구성의 적절성 등에 관한 것으로 독자가 읽고 이해하는데 혼란을 겪지 않도록 글을 쓰는 것을 의미한다.

### ③ 정확성

글을 구성하는 어휘와 문법 요소들의 선택과 사용이 글의 목적에 맞고 문법적으로 정확한 것과 의미의 전달이 쉽고 명료하며 유창한 정도도 쓰기 능력의 중요한 구성 요소이다. 이것은 문법 구조나 어휘 등을 문법적으로 정확하고 전후 관계에 맞게 잘 호응되도록 사용하는 능력을 포함한다. 즉 쓰기 능력에서의 정확성이란 글에 문법적인 오류가 없거나 적은 정도를 말한다.

### ④ 다양성

같은 단어나 같은 문장 구조가 하나의 글 속에서 여러 번 반복된다면  그 글은 단조롭고 지루해서 재미가 없을 것이다. 따라서 다양한 문장 구조와 풍부한 어휘를 사용하여 단조롭거나 지루하지 않게 글을 써야 좋은 글이 될 것이다. 이런 능력은 글을 쓰는 사람이 가진 문법 구조와 어휘에 대한 지식의 크기와 다양성에 따라 좌우되는 것이며 이것은 쓰기 능력의 중요한 구성 요소 중 하나이다.

### ⑤ 적절성

글을 쓰는 목적이나 글을 읽는 독자의 수준, 성격 등을 잘 고려하여 그에 잘 어울리는 어투와 문체를 선택하여 처음부터 끝까지 일관성 있게 글을 쓰는 능력 또한 쓰기 능력의 중요한 요소이다. 적절성이란 어휘, 문장 구조, 글의 전개 방식, 글의 문체와 장르 등 글을 쓰는 목적과 독자의 특성에 얼마나 잘 맞게 썼는가의 정도를 나타낸다.

### ⑥ 기술적 세부 사항

글을 쓰는 데 필요한 여러 가지 세부적인 기술적 문제도 글을 쓰는 일반적인 관행에 맞아야 한다. 그러기 위해서는 철자의 정확성, 정확한 구두점이나 부호의 사용 등도 중요하다.

## 4.3.2 등급별 쓰기 평가의 목표[9]

| TOPIK 쓰기 평가 기준 | |
| --- | --- |
| 3급 | · 사적이고 친숙한 소재의 글을 유창하고 정확하게 쓸 수 있다.<br>· 자신에게 친숙한 사회적 소재에 대해 글을 쓸 수 있다.<br>· 설명문의 구조를 이해하여 간단한 글을 쓸 수 있다.<br>· 문어와 구어의 기본적인 특성을 구분할 수 있으며, 문어체 종결형을 사용해 글을 쓸 수 있다. |
| 4급 | · 친숙한 사회적· 추상적 소재에 대해 글을 쓸 수 있다.<br>· 일반적인 업무와 관련된 간단한 서류 및 보고서를 작성할 수 있다.<br>· 간단한 감상문, 설명문, 수필 등을 쓸 수 있다.<br>· 자신의 생각을 논리적으로 표현하는 간단한 글을 쓸 수 있다.. |
| 5급 | · 자신과 관련이 적은 사회적 · 추상적 소재에 대해 어느 정도 글을 쓸 수 있다.<br>· 업무나 학문 등의 전문 분야에서 요구되는 글을 쓸 수 있다.<br>· 다양한 담화 상황에 맞는 적절한 격식을 사용하여 글을 쓸 수 있다.<br>· 감상문, 설명문, 수필, 보고서, 논설문 등을 쓰거나 요약할 수 있다 |
| 6급 | · 자신의 업무나 전문 분야와 관련된 글을 정확하고 유창하게 쓸 수 있다.<br>· 한국어 담화 구조의 특징을 이해하여 설득력 있고 논리적인 글을 쓸 수 있다.<br>· 다양한 표현법 중 가장 적절한 표현을 선택해 사용할 수 있다.<br>· 논문, 연설문, 공식적인 문서 등을 쓸 수 있다 |

## 4.3.3 쓰기 평가의 유형

### ① 그림을 통한 쓰기

그림을 보고 어휘나 문법 항목 또는 한 문장이나 그 이상을 쓰게 하는 것이다. 주어진 자료를 바탕으로 글을 쓰는 것이므로 제한된 글쓰기로 볼 수 있지만 어느 정도의 문장 구성력이나 담화 구성력을 측정할 수 있다.

### ② 어순 배열하기

주로 초급 단계에서 기초 문장을 생성할 수 있는지를 평가하는 것으로 어순이 자유로운 한국어의 특성상 여러 가지 응답이 나올 수 있다.

---

9) 한국어 능력 시험의 급별 영역별 평가 기준 참조(TOPIK I(초급)의 경우 쓰기 평가가 없음)

### ③ 문장 연결하기

둘 또는 세 개의 단문을 하나의 문장으로 연결하도록 하는 평가 유형으로 주로 문법 항목 중 연결 어미의 숙지에 대한 평가로 이용된다. 초급부터 고급에 이르기까지 모두 이용될 수 있는데, 연결어미를 보기로 주고 그 중 하나를 골라 두 문장을 직접 연결하게 한다든지 또는 고르게 할 수 있다.

### ④ 질문에 대답하기

질문을 읽거나 듣고 이에 대한 대답을 쓰게 하는 것이다. 입력 자료가 다소 통제된 제한된 쓰기 평가로 볼 수 있으나 문법 항목을 지나치게 제한하지 않는다면 어느 정도 문장 구성력도 측정할 수 있으며, 자유로운 쓰기 평가도 될 수 있다.

### ⑤ 바꿔 쓰기

주어진 글을 특정한 문법이나 사회언어학적인 항목 등을 통해 바꾸도록 하는 것이다. 즉 일정한 시제로 바꿔 쓰게 한다든지, 반말이나 경어법 등에 맞게 바꿔 쓰게 할 수도 있다. 또 대화를 산문으로 또는 산문을 대화로 바꿔 쓰게 할 수도 있으며 특히 간접화법, 시제, 경어법, 문어와 구어 등의 항목을 평가할 때 유용하다.

### ⑥ 대화 완성하기

가장 보편적이고 포괄적으로 사용되는 평가 유형으로 초급에서 고급까지 이용할 수 있으며, 주관식으로 직접 쓰게 한다든지 선택형으로 고르게 할 수 있다. 대화 완성형의 경우 수험자가 대화 내용의 이해에 따라 다양한 쓰기 대답을 할 수 있는데 이를 아무 제한 없이 열어둘 수도 있으며, 수험자가 쉬운 문장만을 생성할 수 있는 가능성을 줄이기 위해 어휘나 문법 항목을 제한할 수도 있다.

### ⑦ 빈 칸 채우기

문장이나 대화 중에 빈 칸을 만들어 채우게 하는 방식으로 빈 칸에 들어갈 말은 한 단어에서 문장 단위 또는 대화에 이르기까지 다양하게 적용할 수 있다.

### ⑧ 정보 채우기

학생증이나 서류, 이력서, 벼룩시장에 팔 물건의 제시 등 실제적인 쓰기 자료를 이용해 필요한 정보를 채우게 하거나 기사문 등의 텍스트 자료를 제시하고 도표 등을 완성하게 하는 것이다.

### ⑨ 자료를 이용한 글쓰기

자료를 접한 후 이를 이용해 요약하거나 자신의 견해를 글로 쓰는 것이다. 이때 이용할 자료는 듣기 자료로 제시될 수도 있고 또는 읽기 자료로 제시될 수도 있다.

### ⑩ 글 완성하기

글의 앞부분이나 중간 부분, 뒷부분을 비워 놓고 완성하게 하는 것이다. 이는 담화의 맥락을 이해하고 담화 표지를 통해 어떤 내용이 들어가야 하는지 파악할 수 있도록 하는 평가 유형이다.

### ⑪ 제목에 따라 작문하기

제목을 주고 자유 작문을 쓰게 하는 것이다. 초급부터 고급까지 주제의 난이도에 따라 사용이 가능하다. 이 경우 주제를 제시할 수도 있고, 기능이나 담화 상황 등을 제시할 수 있다. 이는 진정한 의미에서 문장 구성 능력이나 담화 구성 능력을 측정할 수 있다.

---

## * 쓰기 평가 문항 유형 예

### ⊙ 어순 배열하기

**\* 다음 단어로 문장을 만드십시오.**

> 저는, 만나서, 근처, 친구를, 갔습니다, 공원에, 다방에서

### ⊙ 대화 완성하기

**\* 다음 대화를 완성하십시오.**

가: 오늘 날씨가 덥습니까?

나: 아니오, _____

### ⊙ 빈 칸 채우기[10]

> 머리는 언제 감는 것이 좋을까? 사람들은 보통 아침에 머리를 감는다. 그러나 더러워진 머리는 감고 자야 머릿결에 좋기 때문에 (   ㉠   ), 그런데 젖은 머리로 자면 머릿결이 상하기 쉽다. 따라서 (   ㉡   ), 만약에 머리를 말리기 어려우면 아침에 감는 것이 더 낫다.

---

10) 제 41회 TOPIK 기출문제

⊙ **자료를 이용한 글쓰기[11]**

[53] 다음은 '글쓰기 능력을 향상시키는 방법'에 대해 교사와 학생을 대상으로 실시한 설문 조사입니다. 그래프를 보고, 조사 결과를 비교하여 200~300자로 쓰십시오. (30점)

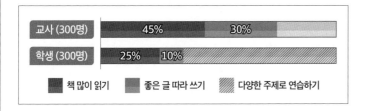

⊙ **작문하기[12]**

[다음을 주제로 하여 600~700자로 글을 쓰십시오. (50점)

> 세계 어느 나라에서나 역사를 가르칩니다. 이는 지나간 일을 기록한 역사가 오늘날의 우리에게 주는 가치가 분명히 있기 때문일 것입니다. 여러분은 우리가 왜 역사를 알아야 하고, 그 역사를 통해서 무엇을 배울 수 있다고 생각하십니까? 이에 대해 쓰십시오.

## 4.4 말하기 평가

### 4.4.1 말하기 능력

말하기 능력이 무엇이냐는 정의에 따라서 말하기 평가의 방법과 내용은 달라질 것이다. 말하기 능력을 평가하기 위해서는 말하기 능력이 어떤 요소들로 구성되어 있는가를 먼저 파악해야 한다. 말하기 구성 요소는 학자들마다 조금씩 다른 입장을 보이고 있는데, 세계의 여러 공인된 평가들이 평가의 요소로 삼는 중요한 것들을 간추려 보면 정확성, 범위, 적절성, 유창성, 상호작용, 발음 등이다.

#### ① 정확성

정확성이란 말을 할 때 사용하는 문법 즉, 문장 구조의 사용이 얼마나 정확하냐에 관한 것이다. 문법에 맞지 않더라도 개별 단어들과 몸짓, 손짓 등으로 의사소통을 할 수는 있다. 그러나 문법에 맞지 않는 말을

---

11) 제 41회 TOPIK 기출문제
12) 제 41회 TOPIK 기출문제

하면 의사소통이 효과적이지 않을 뿐만 아니라 의사소통이 된다고 하더라도 그 효율성과 효과성이 떨어지게 된다.

### ② 다양성

다양성이란 말하는 사람이 의미 전달을 위해 사용하는 문법이나 어휘의 수가 얼마나 크고 넓으냐의 정도를 말한다.

### ③ 적절성

말을 할 때 상대방과의 관계나 말을 하는 상황이나 목적 등에 따라서 같은 뜻이라도 다른 형태의 말을 쓰게 된다. 상대방이나 상황에 따라 존댓말을 해야 할지 반말을 해야 할지 또는 공식적인 어투를 사용해야 하는지 비공식적인 어투를 사용해야 하는지 등 상황에 따라 그에 잘 맞는 종류의 언어 표현을 쓸 줄 아는 능력을 의미한다.

### ④ 유창성

말을 유창하게 하지 못하면 듣는 사람에게 답답함을 주고 의사소통이 원활하게 되지 못할 가능성이 커진다. 유창성이란 말을 할 때 더듬거나 망설이지 않고 자연스럽고 자신감 있게 말하는 능력을 가리킨다.

### ⑤ 상호작용

의사소통은 상대방과의 상호작용을 전제로 한다. 상대방과의 상호작용이란 상대방의 이해 정도나 반응에 맞춰서 말을 하는 것을 말한다. 상대방의 이해 정도나 반응과는 관계없이 준비한 말을 일방적으로 하는 경우는 대인간의 의사소통 상황에서는 거의 볼 수 없는 일이기 때문이다.

### ⑥ 발음

발음은 말하기 평가에서 필수적으로 고려되어야 하는 요소이다. 발음에는 개별 단어의 발음과 전체적 발화 속에서의 억양이나 강세 등이 있다. 특히 한국어 발음의 경우 전체적인 발화 속에서 개별 단어의 음가와는 다르게 발음되는 부분들이 많이 있다. 그러므로 평가에서 발음 부분은 개별 발음뿐만 아니라 발음이 전체적으로 의미를 효과적으로 전달하느냐 못 하느냐도 중요하게 다루어져야 할 것이다.

## 4.4.2 등급별 말하기 평가의 목표[13]

| | TOPIK 말하기 평가 기준 |
|---|---|
| 1급 | • 친숙한 일상적 화제에 대해 질문을 듣고 간단하게 답할 수 있다.<br>• 언어 사용이 매우 제한적이며 오류가 빈번하다.<br>• 발음과 억양, 속도가 매우 부자연스러워 의미 전달에 문제가 있다. |
| 2급 | • 자주 접하는 사회적 상황에서 일상적 화제에 대해 묻거나 답할 수 있다.<br>• 언어 사용이 제한적이며 담화 상황에 맞지 않는 경우가 있고 오류가 잦다.<br>• 발음과 억양, 속도가 부자연스러워 의미 전달에 다소 문제가 있다.. |
| 3급 | • 친숙한 사회적 화제에 대해 비교적 구체적으로 말할 수 있다.<br>• 오류가 때때로 나타나나 어느 정도 다양한 어휘와 표현을 비교적 담화 상황에 맞게 사용할 수 있다.<br>• 발음과 억양, 속도가 다소 부자연스러우나 의미 전달에 큰 문제가 없다. |
| 4급 | • 일부 사회적 화제에 대해 대체로 구체적이고 조리 있게 말할 수 있다.<br>• 오류가 때때로 나타나나 다양한 어휘와 표현을 대체로 담화 상황에 맞게 사용할 수 있다.<br>• 발음과 억양, 속도가 비교적 자연스러워 의미 전달에 문제가 거의 없다. |
| 5급 | • 사회적 화제나 일부 추상적 화제에 대해 비교적 논리적이고 일관되게 말할 수 있다.<br>• 오류가 간혹 나타나나 다양한 어휘와 표현을 담화 상황에 맞게 사용할 수 있다.<br>• 발음과 억양, 속도가 대체로 자연스러워 발화 전달력이 양호하다. |
| 6급 | • 사회적 화제나 추상적 화제에 대해 논리적이고 설득력 있게 말할 수 있다.<br>• 오류가 거의 없으며 매우 다양한 어휘와 문법을 담화 상황에 맞게 사용할 수 있다.<br>• 발음과 억양, 속도가 자연스러워 발화 전달력이 우수하다. |

## 4.4.3 말하기 평가의 유형

말하기 평가 유형의 종류는 그리 많지 않다. 형식에 있어서도 독백이나 토론, 묻고 대답하기 혹은 짝 활동 정도의 형식에 그치고 있다. 말하기 평가는 말하려는 목적에 따라 그 성격이 달라질 수 있고 입력 자료에 따라 그 평가 유형이 달라질 수 있다. 말하기 평가에 사용될 수 있는 입력 자료는 수험자의 모국어 지시문을 비롯하여, 한국어로 쓰여진 지시문 즉 읽기 자료와 그림 자료, 듣기 자료와 비디오 자료 등 다양하게 제시될 수 있다. 가장 일반적으로 많이 사용되는 것은 평가자와의 인터뷰 방식이다. 말하기 평가 유형은 크게 대화식, 독백식, 토론식으로 이루어질 수 있는데 이를 좀 더 구체적으로 살펴보면 다음과 같은 유형들이 있다.

---

13)한국어 능력 시험의 급별 영역별 평가 기준 참조

### ① 개인 인터뷰

평가자가 평가의 목표나 수험자의 등급에 맞추어 개인적인 신상 정보에서부터 다양한 사회 문제에 대한 견해에 이르기까지 다양한 주제를 질문하고 이에 대한 대답으로 평가를 하는 것이다. 이 평가는 말하기 평가에서 가장 보편적으로 이루어져 왔던 것인데 이 평가의 단점은 수험자가 일방적으로 대답을 하게 되므로 의사소통의 수동적 말하기 측면 밖에 평가하지 못하게 된다는 점이다.

### ② 짝 인터뷰

수험자들끼리 짝이 되어 미리 정해져 있는 주제나 상황에 대해 서로 질문하고 대답하게 하는 것이다. 수험자가 일방적으로 질문자나 응답자의 위치에 있는 것이 아니라 두 역할을 공유하게 되므로 의사소통의 다양한 측면을 평가할 수 있다.

### ③ 학생이 교사 인터뷰하기

개인 인터뷰의 단점을 보완하여 수험자가 평가자에게 질문을 하는 형식으로 진행되는 평가 유형이다. 수험자가 평가자에게 질문을 할 때는 학습자로 하여금 충분히 동기화할 수 있도록 상황을 이끌어내는 것이 중요하다.

### ④ 그림이나 지도 설명하기

그림이나 지도를 이용하여 설명하게 하는 평가 유형이다. 특히 위치와 관련된 표현을 비롯하여 다양한 상상적 활동을 통해 말하기 능력을 평가할 수 있다.

### ⑤ 토의하기

한 주제에 대하여 2인 이상이 서로의 의견을 교환하고 의논하여 이를 해결하거나 하나의 견해로 모아 사안을 결정하게 하는 평가이다.

### ⑥ 시청각 자료 내용 이야기하기

라디오나 텔레비전, 영화, 강의, 인터넷 정보 등의 다양한 입력 자료를 이해한 후에 그 내용에 대해 이야기하는 것이다. 주로 높은 등급에서 이용되며 듣기나 읽기 능력과 연계하여 평가할 수 있다.

### ⑦ 시청각 자료에 대해 토론하기

시청각 자료의 내용을 이야기하는 것을 넘어서 이에 대한 자신의 견해를 표현하는 등 다른 학습자와 의견 교환을 하는 평가 방식이다. 주로 고급에서 이용되는 평가 유형이다.

⑧ **토론하기**

다양한 실질적, 추상적 주제에 대하여 토론하는 것이다. 자신의 의견을 논리적으로 제시하고 서로의 의견을 반박하거나 설득하는 등 주제에 대한 언어와 언어 외적 지식이 충분히 있어야 할 수 있는 상당히 고급의 평가 유형이다.

⑨ **역할극**

다양한 말하기 기능을 수행할 수 있는지를 평가하는 것으로 실제적인 말하기 의사소통 능력을 평가할 수 있다. 그러나 시험이라는 인위적인 상황 때문에 자연스러운 대화로 이끌기가 어렵다는 단점이 있다.

⑩ **발표하기**

자신의 생각과 의견을 서술함으로써 말하기 능력을 평가할 수 있다. 한 가지 주제에 대하여 자신의 생각을 서술해야 하므로 높은 단계의 학습자들을 평가할 때 유용하다.

⑪ **통역하기**

모국어로 발화된 내용을 듣거나 모국어로 쓰여진 글을 읽고 목표어로 바꾸어 말하는 유형의 평가 방식이다.

---

**\* 말하기 평가 문항 유형 예**

**◉ 개인 인터뷰**

**\* 주어진 쪽지를 보고 상대방에게 그 내용을 질문하고 대답하시오.**

| _____씨의 | _____씨의 |
|---|---|
| -직업 | -고향 |
| -나이 | -취미 |
| -사는 곳 | -좋아하는 음식 |

---

## ⊙ 역할 수행하기[14]

여자 : 택시를 타고 있습니다. 택시 기사에게 내리고 싶은 곳을 이야기하세요.

남자 : 손님, 여기가 한국대학교 정문인데요. 여기서 내려드릴까요?

## ⊙ 그림 보고 설명하기[15]

민수 씨가 춤 경연 대회에 참가했습니다. 민수 씨에게 무슨 일이 있었는지 이야기하세요.

## ⊙ 지도 설명하기

* (지도를 보여주고) 지금 덕수궁에 있습니다. 교보문고에 어떻게 갑니까? 길 좀 가르쳐 주십시오.

## ⊙ 토론하기[16]

> 잘못에 대한 사과는 인간관계에서 발생한 갈등을 해결하는 중요한 실마리가 됩니다.
> 사과란 무엇입니까? 그리고 인간관계에서 사과는 왜 중요하고, 사과를 하는 올바른 태도는
> 무엇인지 자신의 생각을 말하십시오.

---

14) TOPIK 말하기 예시 문항
15) TOPIK 말하기 예시 문항
16) TOPIK 말하기 예시 문항

## 4.5 어휘 평가

### 4.5.1 어휘 평가의 내용

우리가 어떤 언어를 가지고 상대방과 의사소통을 하려고 할 때 의사소통의 기본적인 기능과 목적은 의미를 전달하고 이해하는 것이다. 이 때 의미는 바로 문법과 어휘에서 나온다. 그 중에서도 어휘는 의미를 이해하고 전달하는데 있어서 가장 핵심적인 부분을 이룬다고 할 수 있다. 초보적인 의사소통의 경우 문법은 몰라도 어휘를 안다면 어느 정도의 의사소통이 가능하다. 그러나 문법은 아는데 어휘를 모른다면 의사소통은 처음부터 불가능할 것이다. 이처럼 어휘는 의미를 구성하는 일차적인 요소이므로 어휘를 모르고서는 알고 있는 문법을 사용할 수조차 없게 된다. 어휘의 의미는 고정되어 있는 것이 아니다. 맥락에 따라서 여러 가지 의미로 쓰이는 경우는 매우는 흔하다. 맥락이나 표현하는 방법에 따라서 그 의미에 미묘한 차이가 생기거나 비유적인 목적으로 쓰이거나 또는 사회가 변함에 따라 어휘의 뜻과 쓰임이 변하기도 한다. 그러므로 어휘는 사전적 의미를 단순히 암기하기보다는 상황 속에서의 쓰임과 문장 속에서의 쓰임을 아는 것이 중요하다. 따라서 어휘 평가의 목표는 의사소통 상황과 문장 속에서의 사용에 대한 이해력과 적용력이 되어야 할 것이다. 어휘의 사전적 의미보다는 어법에 맞는 어휘, 글의 맥락 속에서의 지시적, 문맥적, 비유적, 관용적 의미의 이해 여부를 평가의 목표로 삼아야 할 것이다. 이를 구체적으로 살펴보면, 어휘의 문자적 의미, 어휘의 함축적 의미, 어휘의 비유적 의미, 어휘의 맥락적 의미, 관용적 표현의 의미, 유사 어휘의 의미간 차이, 의미의 미묘한 차이를 가져오도록 단어를 사용하는 방법, 어휘가 구조나 맥락 속에서 사용되는 방법, 문장 내에서의 어휘의 중요성 정도 등이 평가의 주요 측정 목표가 될 수 있을 것이다.

### 4.5.2 어휘 평가의 유형

어휘 평가는 대체로 읽기 평가나 쓰기 평가에 포함되는 경우가 대부분인데, 어휘 평가의 유형으로는 다음과 같은 것들이 있다.

#### ① 어휘 완성하기

대화나 문장 중 빠진 부분에 들어갈 적당한 어휘를 찾는 평가 유형이다.

#### ② 어휘 대치하기

대화나 문장 중 한 어휘를 대치할 수 있는 다른 어휘를 찾는 유형을 말한다.

#### ③ 어휘 간의 관계 추론하기

몇 개의 어휘를 주고 나머지 다른 어휘들과 성격이 다른 어휘를 찾게 하거나 보기에 주어진 두 어휘 간의 관계를 추론하여 제시된 어휘와 같은 관계가 있는 어휘를 찾게 하거나 같은 관계로 이루어진 어휘의 짝을 찾게 하는 방식이다. 이 때 관계는 유의어나 반의어, 원인과 결과, 부분과 전체 등 여러 관계를 이용할 수 있다.

### ④ 동의어, 반의어 찾기

제시된 어휘의 동의어 또는 반의어를 찾게 하는 평가 유형이다.

### ⑤ 어휘 풀이 또는 정의하기

제시된 어휘의 의미나 정의를 찾게 하는 방식을 말한다.

---

## * 어휘 평가 문항 유형 예

### ◉ 어휘 간의 관계 추론하기

1) 다음 중에서 관계없는 단어를 고르시오. (          )

　　① 사과　　　　② 배　　　　③ 감　　　　④ 비행기

2) 다음 중에서 보기와 같은 관계를 가진 단어 쌍을 고르시오.

> <보기>  크다-작다

　　① 쉽다-어렵다　　　　　② 춥다-시원하다
　　③ 가다-달리다　　　　　③ 공부하다-배우다

### ◉ 어휘 완성하기

다음 글을 읽고 (          ) 안에 알맞은 단어를 보기에서 골라 쓰십시오(한 단어는 한번만).

> <보기>　　가장　　하도　　게다가　　두말않고　　훨씬　　마침　　평소에　　겨우

지난 주말에 경복궁 안에 있는 박물관에 갔다. ( ① ) 한국 문화를 알고 싶었는데 ( ② ) 친구가 표가 생겼으니까 같이 가자고 해서 ( ③ ) 갔다. 주말이고 ( ④ ) 소풍을 온 학생들 때문에 박물관 안은 ( ⑤ ) 복잡했다.

①＿＿＿＿＿＿　②＿＿＿＿＿＿　③＿＿＿＿＿＿　④＿＿＿＿＿＿

## 4.6 문법 평가

### 4.6.1 문법 평가의 내용

문법이란 의미를 담는 그릇의 역할을 하는 문장을 만드는 규칙을 의미한다. 즉 문법이란 무한한 수의 문장을 만들어 낼 수 있도록 해 주는 제한된 수의 규칙 체계이며, 보다 구체적으로 본다면 문법이란 어휘를 이용하여 의미를 나타내는 규칙이라 할 수 있다. 그러므로 글이나 말을 이해하기 위해서는 어휘들이 연결되거나 나열되는 규칙을 알아야 한다. 그러나 예전의 언어 교육에서처럼 실제로 사용되지도 않는 부자연스럽고 어색한 문장을 많이 아는 것은 최근의 의사소통을 중시하는 교육 상황에서는 별 의미가 없다. 언어를 교육하는 데 있어서 가장 중요한 것은 언어의 실제 사용 능력이지 문법 지식이 아니기 때문이다.

그렇다면 문법 평가에서는 어떤 것들을 측정해야 할까? 문법이라고 하면 매우 광범위한 개념이지만 그 중에서도 여러 가지 형태의 문법 규칙과 문법 요소의 이해 여부를 알아보는 것이 문법 평가의 주요한 측정 목표가 될 것이다. 의사소통적 관점에서 볼 때, 문법적 지식이란 문법 용어와 문장 연결의 규칙 등에 관한 언어학적 지식만을 가리키는 것이 아니다. 따라서 문법 평가는 까다롭고 예외적인 문법 규칙에 관한 지식의 소지 정도를 측정하는 것에서 그치는 것이 아니라 문장이나 담화의 구성, 지시시를 포함한 응집성 등을 평가하는 데 중점을 두어야 할 것이다.이를 좀 더 구체적으로 본다면 문법 평가는 문자와 소리와의 관계를 분명히 아는 것과 언어가 작동하는 기본 원칙인 문장의 구조, 어휘 배열의 원칙 등을 아는 것 그리고 각 문장이나 어휘가 함축하고 있는 맥락적 의미를 정확하게 아는 것, 또 실제 상황에 맞게 사용하는 것 등을 포함해야 한다.

## 4.6.2 문법 평가의 유형

문법 평가는 대체로 쓰기 평가에 포함되는 경우가 많고 문법만을 따로 떼어 평가하는 경우는 그리 많지 않다. 문법 평가의 유형에는 대략 다음과 같은 것들이 있다.

### ① 문법적 오류 인지하기

대화나 문장에서 문법적으로 잘못 쓰였거나 어색한 부분을 찾아내게 하거나 바르게 고쳐 쓰게 하는 방법이다.

### ② 문장 완성하기

빠진 부분에 들어갈 말 중 문법적으로 정확하게 표현된 것을 찾아 완성하게 하는 방법이다.

### ③ 지시에 맞게 문장 변형하기

지시에 맞게 문장의 형태를 바꾸는 방식이다. 즉 긍정문을 부정문으로 바꾼다든지 주어진 문장을 수동문이나 사동문, 직접 화법의 문장을 간접 화법의 문장으로 바꾼다든지 하는 방식이다.

### ④ 주어진 어휘의 형태를 문법에 맞게 변형하기

주어진 어휘를 수동형이나 사동형, 또는 시제에 맞게 변형하는 방식이다.

---

**\* 문법 평가 문항 유형 예**

**◉ 지시에 맞게 문장 변형하기**

다음을 반말로 바꾸십시오.

1. 정미 씨, 안녕하세요?

　→ ＿＿＿＿＿＿＿＿＿＿, ＿＿＿＿＿＿＿＿＿？

2. 배가 고프시지요? 점심부터 먹을까요?

　→ ＿＿＿＿＿＿＿＿＿? ＿＿＿＿＿＿＿＿＿？

**◉ 문법적 오류 인지하기**

밑줄 친 곳을 고치십시오.

(1) 서커스를 볼 때 아슬아슬하는 광경이 많지요?

(2) 어제는 이사를 했느라고 고생을 많이 했어요.

---

## 4.7 발음 평가

1980년대 이후 의사소통 능력을 중시하면서 발음은 의사소통 능력을 기르는데 없어서는 안 될 요소로 평가받고 있다. 그러나 과거 행동주의적 교수법에서 중시했던 개별적 소리 요소보다는 그것들이 어떻게 조직되는가가 더 중요하고 과거 음소와 변이음을 완전히 습득함으로써 조음 능력을 기르는 데 치중한 상향식 접근과는 달리 오늘날에는 강세, 리듬, 억양 등을 강조하는 하향식 접근이 주를 이루고 있다. 많은 외국어 학습자들은 발음 학습의 궁극적인 목표를 원어민과 비교해 차이 없는 발화에 둔다. 그러나 그러한 목표는 완벽한 발음이 습득되는 결정적 시기가 지난 후 외국어를 배우게 되는 성인 학습자들의 경우 달성하기가 거의 불가능할 뿐만 아니라 비원어민의 액센트나 부자연스러운 억양, 발음까지도 의사소통에 별 무리 없이 수용되기도 한다. 그러므로 발음을 평가하는 데 있어서도 하나하나의 발음을 평가하기보다는 문장이나 대화 속에서의 발음을 평가하는 것이 더욱 중요하며 원어민 화자조차도 별로 관심을 두지 않는 발음의 작은 차이나 음의 고저 장단 등을 평가하는데 시간은 허비하는 것은 바람직하지 못하다. 대부분의 경우 발음 평가는 독립적으로 평가되기보다는 말하기나 듣기 평가 속에 포함되어 몇 가지 문항으로 평가되고 있다. 듣기 평가에서 주로 사용되는 발음 평가 유형은 음 식별하기인데 발음을 듣고 문자와 연결시킨다든지 직접 쓰게 하는 방식이 있다. 말하기 평가에서는 대화 중 학습자의 발음이나 억양, 강세, 연음, 자음 변이 현상 등을 종합적으로 평가하는 방식 또는 수업 시간이나 시험 시간 중에 지문을 주고 직접 낭독하게 하면서 위의 요소들을 평가하는 방식 등이 사용되고 있다.

## 4.8 문화 평가

### 4.8.1 문화 평가의 내용

문화 평가는 다소 생소하게 들릴 수 있는 부분으로 아직은 교육 현장에서 많이 이용되지는 않고 있다. 그러나 문화 교육에 대한 관심과 중요성이 점차 높아지는 추세를 볼 때 앞으로 문화 평가도 소홀히 다루어질 수 없는 부분이라 여겨진다. 문화라고 하면 크게 두 가지 요소로 나누어 생각할 수 있다. 하나는 일상 문화 즉, 인류학적 또는 사회학적 문화의 개념으로 사회 구성원들의 태도, 관습, 일상적인 활동, 사고방식, 그들이 가치 등을 의미하며, 또 다른 하나는 성취 문화로 지리, 역사, 예술이나 과학, 사회 과학 등의 성취물 등을 의미하는데 선대로부터 물려받은 유형적 또는 무형적 유물을 포함한다. 대부분의 교사들이 문화 교육의 중요성을 인지하고 있음에도 불구하고 실제로 문화 평가를 실시하지 않는 이유는 무엇일까? 그것은 우선 문화 교육이 달성해야 하는 문화 수준이 명확하지 않고 또 그것을 평가하기가 애매하기 때문이다. 따라서 문화 교육의 목표를 설정할 필요가 있다. 문화 교육의 목표로는 목표 문화에 관한 지식, 목표 문화의 예절, 자기 문화와의 차이점 이해, 목표 문화의 가치 인식 등을 들 수 있다.

### 4.8.2 문화 평가의 유형

문화 평가의 유형으로는 성취 문화에 관한 것과 일상 문화에 관한 것을 나누어 생각할 수 있다.

#### ① 지리적인 위치 묻기

대표적인 도시나 장소 등이 지리적으로 어디에 위치해 있는지를 묻는 방식으로 지도를 이용하거나 줄로 연결하게 한다.

#### ② 위인과 그 업적 연결하기

대표적인 위인과 그 업적을 연결하게 하거나 짝짓게 한다.

#### ③ 생활 예절 묻기

의식주와 관련된 생활 예절에 관한 것을 묻는 방식으로 예를 들어 식사 예절로 옳은 행동이나 잘못된 행동을 찾게 하는 것 등이다.

#### ④ 가치나 태도 묻기

사고방식 속에 깊숙이 자리 잡은 가치나 태도에 관한 것을 묻는 방식으로 경로사상이나 직업에 관한 생각, 남녀에 관한 생각 등 종교나 미신, 유교 사상에 관해 질문한다.

#### ⑤ 인사 예절 묻기

여러 가지 상황에서 어떤 인사말을 하는지, 새해 인사, 생일 축하 인사, 승진 인사, 문상 시의 인사 등에 관해 질문한다.

#### ⑥ 언어 사용 예절 묻기

상대방에 따라 화계를 달리해야 하는 한국어의 특성상, 어떤 상황에서 상대방에게 어떻게 말하는 게 좋은지에 관해 질문한다.

# 5. 평가, 그 대안은 없는가

　지금까지의 언어 평가는 주로 객관적인 지식에 관한 기억력의 측정으로 점수를 중시하는 양적인 평가였으며 무엇을 얼마나 알고 있느냐에 관한 결과 중심의 평가가 주를 이루어왔다. 그러나 학습자 중심의 교육이 강조되고 의사소통으로서의 언어가 중시되면서 학습자 스스로가 산출물을 만들거나 답안을 작성하는 등 자신의 지식과 능력을 실제로 보여주는 수행 중심의 평가가 차츰 관심을 모으고 있다. 수행 평가는 대안적 평가, 과정 중심 평가라는 이름으로 불리기도 하는데, 주로 학생이 학습 활동을 수행하는 과정 전체를 평가하는 것이며 학생 스스로가 자신의 지식이나 능력을 행동으로 나타내거나 산출물로 만들어내거나 답을 작성하도록 요구하는 방식의 평가라고 정의할 수 있다. 이 수행 평가는 교수 학습을 하는 중에 행해지는 교육 행위를 평가하기 때문에 지속적이고 상시적으로 평가하는 것이 중요한데 수행 평가의 영역은 크게 학습과 과정에 관계되는 여러 요소들 중 수업의 준비와 진행에 관한 학습자의 학습 태도 측면과 수업 중 학습자의 언어 기능 향상 정도에 관한 성취도 측면, 학습의 과정에서 산출되는 학습 산출물에 관한 포트폴리오 측면, 학습자가 자신의 학습을 되돌아보고 스스로 평가해 보게 하는 자기 평가의 측면 등을 고려한다. 이들 영역을 좀 더 자세히 살펴보면 학습 태도 영역에서는 평소의 수업 준비도, 수업 참여도, 과제 완성도, 노력의 정도 등의 학습 태도를 평가하고, 언어 기능의 성취도 측면에서는 언어의 네 가지 기능의 발달과 성취 정도를 평가하고, 포트폴리오 영역에서는 학습 과정에서 산출되는 학습 결과물을 일정한 기준에 따라 정리하게 하여 평가한다. 또 자기 평가 영역에서는 학습자 스스로가 자신의 학습을 회고하고 평가해 보게 함으로써 자신의 학습에 책임감을 주고 자기 주도적으로 학습할 수 있도록 하는 것이 좋을 것이다.

흔히 사용되는 수행 평가 방법으로는 서술형(주관식) 및 논술형, 구술형, 면접형, 토의 및 토론형, 역할극형, 보고형, 프로젝트형, 포트폴리오형 등이 있다.

**서술형 및 논술형** : 학습자로 하여금 답을 직접 서술하도록 하는 방식이다. 이 평가의 가장 큰 특징은 학습자의 생각이나 의견을 직접 서술하도록 하기 때문에 학습자의 창의성, 문제 해결력, 비판력, 판단력, 통합력, 정보 수집력 및 분석력 등 고등 사고 기능을 쉽게 평가할 수 있다는 것이다.

**구술형** : 특정 교육 내용이나 주제에 대해서 자신의 의견이나 생각을 발표하도록 하여 학생의 준비도, 이해력, 표현력, 판단력, 의사소통 능력 등을 직접 평가하기 위한 방법이다.

**면접형** : 평가자와 학습자가 서로 대화를 통해 얻고자 하는 정보나 자료를 수집하여 평가하는 방법이다. 즉 평가자와 학습자가 직접 대면하여 평가자가 질문을 하고 학습자가 대답을 하는 과정을 통해 지필식 시험이나 서류만으로는 알 수 없는 것들을 알아보고 평가하는 방법이다.

**토의 및 토론형** : 특정 주제에 관해 학습자들이 서로 토론하는 것을 보고 평가하는 것으로 수행 평가에서는 특히 찬반 토론법을 많이 사용한다. 이를 통해 토론 내용의 충실성과 논리성, 반대 의견을 존중하는 태도, 토론 진행 방법 등을 총체적으로 평가하게 된다.

**역할극형** : 가상의 상황에서 가상적 인물이나 학습자 자신의 역할을 간략하게 극화하는 것이다. 예를 들어 전화 상황이나 길 묻기, 물건 사기 등의 가상적 상황을 제시하고 그 상황에서 상대방의 말을 듣고 적절하게 응답하는 능력이나 발음, 어휘, 문법 등을 종합적으로 평가할 수 있다.

**보고형** : 주어진 주제에 대한 연구 결과를 보고하는 방식으로 그 주제에 대해 자기 나름대로 자료를 수집하고 분석, 종합하여 연구 보고서를 작성하고 제출하도록 하는 평가 방법이다. 예를 들어 논문 제작 같은 것이 이에 해당된다.

**프로젝트형** : 주로 같은 관심을 가지고 있는 학생들이 함께 모여서 소집단별로 하게 되거나 쓰기, 읽기, 듣기, 말하기 평가를 통합하며 여러 단계를 거쳐 완성되는 것을 말한다.

**포트폴리오형(portfolio)** : 학교 상황에서 쓸 수 있는 포트폴리오 유형은 전시 포트폴리오, 수집 포트폴리오, 평가 포트폴리오로 나눌 수 있다. 전시 포트폴리오는 학습자들이 자신의 학습 결과를 가장 잘 보여줄 수 있는 작품을 선정하여 보여주는 것이고, 수집 포트폴리오는 학습자들이 매일 매일 학습한 내용을 모아두는 서류철을 말한다. 평가 포트폴리오는 학습 활동물에 대한 체계적인 수집과 학습자의 자가 평가와 교사 평가를 포함하는데 학습자의 학습 진전 과정을 보여줄 수 있는 자료들을 중심으로 포트폴리오가 구성되며 평가 기준을 고려하여 각 자료들을 선정하고 수집하는 것이다.

**수행 평가의 방법**

서술형 및 논술형
구술형
면접형
토의 및 토론형
역할극형
보고형
프로젝트형
포트폴리오형

# 6. 한국어 능력 평가, 어떻게 시행되고 있나

한국어 능력 평가 시험은 숙달도를 평가하기 위한 시험인데 크게 국내에서 이루어지는 시험과 국외에서 이루어지는 시험으로 구분할 수 있다. 숙달도는 의사소통 능력의 주된 개념으로 숙달도를 평가하기 위해서는 언어 능력을 등급화하고 각각의 등급에 해당하는 등급 기준이 설정되고 이에 따른 하위 항목들이 설정되어야 하는데, 주로 의사소통 능력에 대한 측정이 평가의 주를 이루게 된다. 따라서 숙달도 평가를 논하기 전에 먼저 의사소통 능력이 무엇인지에 대한 개념을 정리할 필요가 있다.

일반적으로 의사소통 능력이라는 용어는 Chomsky가 주장한 언어 능력이 너무나 제한적인 개념이라고 여겼던 사회 언어학자 Hymes가 만든 용어이다. 그에 의하면 의사소통 능력이란 인간이 특정 상황에서 메시지를 전달하고 해석하며 인간 상호간에 의미를 타협하게 해주는 능력이라고 하였다. 이후 여러 학자가 자기 나름대로 의사소통 능력에 대한 정의를 내렸지만 그 중 언어 교수에서 의사소통 능력을 논의할 때 가장 많이 언급되는 것은 Canale과 Swain의 연구에서 정의하고 있는 개념으로 의사소통 능력을 4가지의 하위 범주로 구분한 것이다. 그들의 설명에 의하면 의사소통 능력이란 문법적 능력과 담화적 능력, 사회 언어적 능력, 전략적 능력으로 구성되어 있는데 이 중 문법적 능력이란 어휘에 대한 지식과 형태론적, 통사론적, 의미론적, 음운론적 규칙에 관한 지식을 포함하는 능력을 의미한다. 또 담화적 능력이란 문법 능력을 보완하는 능력으로 문장들을 담화로 연결하고 일련의 의미있는 발화를 형성하는 능력으로 문장 간의 관계를 짓는 능력이다. 사회 언어적 능력이란 언어와 담화의 사회 문화적 규칙에 대한 지식인데 이 능력은 언어가 사용되고 있는 사회적 상황에 대한 이해를 필요로 한다. 이 때 사회적 상황이란 언어를 사용하는 사람들이 맡은 역할, 이들이 공유하는 정보, 이들 간에 이루어지는 상호작용 기능을 의미한다. 끝으로 전략적 능력은 언어 규칙에 대한 불완전한 지식을 보완하기 위해 사용하는 것으로 불충분한 능력이나 언어 수행의 여러 변인 때문에 의사소통이 끊기는 것을 보완하는 언어적 또는 비언어적 의사소통 전략인데 쉽게 말하기, 바꿔 말하기, 반복, 주저, 회피 등을 사용해 지속적인 의사소통이 가능하게 해주는 능력을 말한다.

## 6.1 국내 한국어 능력 시험

비원어민을 대상으로 국내에서 이루어지고 있는 대표적인 한국어 능력 시험으로는 국제교육원에서 주관하는 한국어 능력 시험(TOPIK)과 국립국제교육원에서 주관하는 ESP-TOPIK(고용허가제 한국어능력시험)이 있다.

### 6.1.1 한국어 능력 시험(TOPIK)

외국인을 비롯한 한국어를 모어로 하지 않는 사람들을 대상으로 하며, TOPIK I(초급)과 TOPIK II(중고급)로 나뉜다. 한국학술진흥재단 주관으로 1997년에 최초로 실시되었으며 1999년인 3회 차부터 사업주관기관이 한국교육과정평가원으로 바뀌어 2010년까지 시행되다가 2011년에 다시 사업주관기관이 국립국제교육원으로 바뀌어 현재까지 시행되고 있다. 2014년도인 35회 차부터는 시험 체제가 개편되어 현재와 같은 TOPIK I(초급), TOPIK II(중고급) 체제가 되었다. 한국에서는 일년에 PBT 시험 6회, IBT 시험 3회 실시되고 있다. 또한 2023년부터 토픽 말하기 시험이 연 3회 시행되고 있다.

한국어능력시험의 등급은 1~6급까지 6개 등급이고, 획득한 종합점수를 기준으로 판정된다. 시험문제는 TOPIK I의 경우 듣기와 읽기로 이루어져 있고, TOPIK II의 경우는 듣기, 쓰기, 읽기로 나누어져 있다. 문제 유형은 사지선다형의 객관식 문항과 단답형으로 답하는 문장완성형, 그리고 작문형으로 구성되어 있다.

시험시간은 TOPIK I이 1교시(듣기, 읽기) 100분, TOPIK II가 1교시(듣기, 쓰기) 110분, 2교시(읽기) 70분이다.

문항 구성은 TOPIK I은 듣기는 30문항, 읽기는 40문항이며 모두 선택형(객관식)이다. 배점은 듣기 100점, 읽기 100점, 총점 200점으로 되어 있다. TOPIK II는 듣기와 읽기는 50문항으로 모두 선택형(객관식)이며, 쓰기는 4문항으로 서답형이다. 배점은 듣기 100점, 쓰기 100점, 읽기 100점, 총점 300점이며 시험시간은 1교시(듣기/쓰기), 2교시(읽기)로 구성되어 있다. 토픽 말하기 시험은 총 6개의 문항으로 구성되어 있으며 시험 시간은 30분이다.

등급별 평가 기준은 다음과 같다[17]

---

17) [네이버 지식백과] 한국어능력시험 참고

| 시험수준 | 등급 | 평가기준 |
|---|---|---|
| TOPIK I | 1급 | 자기 소개하기, 물건 사기, 음식 주문하기 등 생존에 필요한 기초적인 언어 기능을 수행할 수 있으며 자기 자신, 가족, 취미, 날씨 등 매우 사적이고 친숙한 화제에 관련된 내용을 이해하고 표현할 수 있다. 약 800개의 기초 어휘와 기본 문법에 대한 이해를 바탕으로 간단한 문장을 생성할 수 있다. 또한 간단한 생활문과 실용문을 이해하고, 구성할 수 있다. |
| | 2급 | 전화하기, 부탁하기 등의 일상생활에 필요한 기능과 우체국, 은행 등의 공공시설 이용에 필요한 기능을 수행할 수 있다. 약 1,500~2,000개의 어휘를 이용하여 사적이고 친숙한 화제에 관해 문단 단위로 이해하고 사용할 수 있다. 공식적 상황과 비공식적 상황에서의 언어를 구분해 사용할 수 있다. |
| TOPIK II | 3급 | 일상생활을 영위하는 데 별 어려움을 느끼지 않으며 다양한 공공시설의 이용과 사회적 관계 유지에 필요한 기초적 언어 기능을 수행할 수 있다. 친숙하고 구체적인 소재는 물론, 자신에게 친숙한 사회적 소재를 문단 단위로 표현하거나 이해할 수 있다. 문어와 구어의 기본적인 특성을 구분해서 이해하고 사용할 수 있다. |
| | 4급 | 공공시설 이용과 사회적 관계 유지에 필요한 언어 기능을 수행할 수 있으며, 일반적인 업무 수행에 필요한 기능을 어느 정도 수행할 수 있다. 또한 뉴스, 신문 기사 중 비교적 평이한 내용을 이해할 수 있다. 일반적인 사회적·추상적 소재를 비교적 정확하고 유창하게 이해하고 사용할 수 있다. 자주 사용되는 관용적 표현과 대표적인 한국 문화에 대한 이해를 바탕으로 사회·문화적인 내용을 이해하고 사용할 수 있다. |
| | 5급 | 전문 분야에서의 연구나 업무 수행에 필요한 언어 기능을 어느 정도 수행할 수 있으며 정치, 경제, 사회, 문화 전반에 걸쳐 친숙하지 않은 소재에 관해서도 이해하고 사용할 수 있다. 공식적·비공식적 맥락과 구어적·문어적 맥락에 따라 언어를 적절히 구분해 사용할 수 있다. |
| | 6급 | 전문 분야에서의 연구나 업무 수행에 필요한 언어 기능을 비교적 정확하고 유창하게 수행할 수 있으며 정치, 경제, 사회, 문화 전반에 걸쳐 친숙하지 않은 주제에 관해서도 이해하고 사용할 수 있다. 원어민 화자의 수준에는 이르지 못하나 기능 수행이나 의미 표현에는 어려움을 겪지 않는다. |

## 6.1.2 EPS-TOPIK 한국어능력시험

EPS-TOPIK 한국어능력시험이란 외국인근로자를 대상으로 산업인력공단에서 시행하는 한국어시험으로, '고용허가제-한국어능력시험(EPS-TOPIK, Employment Permit System - Test of Proficiency in Korean)'이라고 한다. EPS-TOPIK 한국어능력시험은 외국인 구직자의 한국어구사능력 및 한국사회에 대한 이해 정도를 평가하여 외국인 구직자의 객관적 선발기준으로 활용하고 한국에 대한 기본이해를 갖춘 자의 입국을 유도하여 한국생활에서의 적응력 향상을 도모하기 위한 것이다.

시험은 읽기와 듣기로 구성된다. 읽기는 40개 문항에 배점은 200점이고 시험 시간은 50분이다. 듣기는 20개 문항에 배점은 100점이고 시험 시간은 25분이다.

평가 내용은 한국의 일상생활에 필요한 기초적인 의사소통능력과 산업 현장에서 필요한 한국어 구사능력 및 한국 기업 문화에 대한 이해이다.

평가 방법은 상대평가이며 합격자 결정 기준은 업종별 최저 하한 점수[18] 이상 득점자로서 선발 인원만큼 성적순으로 합격자를 결정한다.

## 6.2 외국의 한국어 능력 시험

### 6.2.1 미국의 국방 언어 능력 시험 : DLPT(Defence Language Proficiency Test)

미국의 국방 언어 능력 시험은 DLIFLC(Defense Language Institute Foreign Language Center), 즉 미국의 국방연구소 외국어센터가 개발한 일반적인 언어 숙달도 시험이다. DLIFLC는 1940년대에 설립된 세계에서 가장 큰 언어교육기관으로 미국의 국가 이익을 실현할 수 있는 유능한 외국어 전문가를 양성하는 것을 목적으로 한다. DLPT 시험은 2005년 DLPT V[19]까지 개발되었는데, 의사소통 중심 교수법이 등장하기 전인 70년대 이전까지 시행되었던 DLPT I은 주로 문법과 어휘에 대한 지식을 평가하였고, 70년대에 DLPT II가 개발되었으나 관용 표현 이해 측정 등 평가 항목에 약간의 변화가 있었을 뿐 평가의 중심적인 기제는 크게 바뀌지 않았다. DLPT의 개발에 있어 가장 큰 변화를 가져온 것은 1983년에 시작된 DLPT III이다. 이 시기는 의사소통 중심 교수법이 외국어 교수법의 중심에 자리잡고 숙달도 개념이 중요해지기 시작한 시기로 DLPT 한국어 시험 역시 숙달도 테스트로 변화하며 텍스트로서 실제 자료가 부분적으로 사용되었다. DLPT IV는 1985년에 발표된 ILR[20] 등급 기준에 맞춰 1994년에 개발이 완료되어 미국 내에서 사용되기 시작하였다. DLPT V는 읽기 및 듣기에 대한 일반 언어 능력을 평가하기 위해 고안된 컴퓨터 기반 시험으로 목표 언어로 실제 상황에서 얼마나 잘 활용할 수 있는지를 측정하기 위한 것이다. 이 테스트는 잘 정의된 언어 작업 및 평가 기준에 따라 외국어로 실제 상황에서 얼마나 잘 기능할 수 있는지 측정하기 위한 것입니다. DLPT IV에 비해 지문의 길이가 더 길어지고 듣기와 읽기 모두 하나의 지문에 질문이 한 개 이상이 될 수 있다는 점이다.

DLPT 시험의 평가 영역은 말하기, 듣기, 읽기에 국한하고 있는데, 쓰기 영역이 빠진 이유는 시험 대상자들이 쓰기 활동을 할 경우가 별로 없다고 판단하였기 때문이다.

시험은 초급용( Lower-Range tests)과 고급용(Upper-Range tests)으로 나누어지는데 문항 수는 초급용의 경우 읽기는 31개 지문에 60문항이며 듣기는 38개 지문에 60문항으로 구성되어 있다.

출제되는 텍스트의 종류는 실제 자료를 사용함을 원칙으로 하나 낮은 단계의 경우 실제 자료를 약간 수정한 제시문도 제시되고 있으며, 듣기에서의 음성 텍스트는 원어민 화자에 의해 표준 발음과 정상 속도로 제시된다. 등급은 두 영역 모두 0, 0+, 1, 1+, 2, 2+, 3, 3+, 4, 4+, 5 등급으로 판정을 받는다.[21]

---

18) 제조업은 200점 만점에 110점, 소수업종(건설업, 농축산업, 어업)은 200점 만점에 80점, 어업 특례는 200점 만점에 60점이다.
19) 2005년 출시
20) 미국 내 외국어 상용 정부기관의 협의체인 연방기구언어협의체(FILR: Federal Interagency Language Roundtable)가 개발 제시한 등급 기준으로 세계 각국의 외국인을 위한 자국어 능력 시험 개발에 널리 활용되어 오고 있는 평가 기준이다.
21) https://studylib.net/doc/8903265/korean-defense-language-proficiency-test-5

## 6.2.2 일본의 한글 능력 검정 시험

한글 능력 검정 시험은 사단법인 한글능력검정협회가 주관하며 1993년에 시작된 이래 현재까지 연 2회 실시되고 있다. 이 시험의 목적은 일본에 거주하고 있는, 혹은 일본 내에서 한국어 교육을 받은 일본인과 재일 한국인 등 일본어를 모어로 쓰는 학습자를 대상으로 한다. 이 시험은 1급부터 준2급을 거쳐 5급에 이르는 6등급 체계로 구성되어 있다. 각 등급별 인정 기준은 다음과 같다.[22]

| 등급 | 통합 능력 |
|---|---|
| 1급 | 폭넓은 장면에서 사용되는 한국/조선어를 충분히 이해하고, 그것들을 자유자재로 이용해 표현할 수 있다. |
| 2급 | 폭넓은 장면에서 사용되는 한국/조선어를 이해하고, 그것들을 이용해 표현할 수 있다.. |
| 준2급 | 60분 수업을 240~300회 수강한 정도. 일상적인 장면에서 사용되는 한국/조선어에 더해, 보다 폭넓은 장면에서 사용되는 한국/조선어를 어느 정도 이해하고, 그것들을 이용해 표현할 수 있다. |
| 3급 | 60분 수업을 160회 수강한 정도. 일상적인 장면에서 사용되는 기본적인 한국/조선어를 이해하고, 그것들을 이용해 표현할 수 있다. |
| 4급 | 60분 수업을 80회 수강한 정도. 기초적인 한국/조선어를 이해하고, 그것들을 이용해 표현할 수 있다. |
| 5급 | 60분 수업을 40회 수강한 정도. 한국/조선어를 배우기 시작한 초보 단계로, 기초적인 한국/조선어를 어느 정도 이해하고, 그것들을 이용해 표현할 수 있다. |

평가 영역은 필기와 듣기이며, 배정 시간은 필기 40문항 60분(1급과 2급은 50문항 80분), 듣기 20문항 30분으로 되어 있다.[23]

이 외에도 영국의 GCSE(General Certificate of Secondary Education)[24], 호주의 HSC(High School Certificate), 국제 수능 시험이라고 할 수 있는 IB(International Baccalaureate) 시험에도 제2외국어 시험에 한국어가 포함되어 있다.

**[ 한국어 능력 평가 ]**

| 국내 | 국외 |
|---|---|
| • TOPIK(한국어 능력 시험)<br>• EPS-TOPIK 한국어능력시험 | • 국방 언어 능력 시험(DLPT, 미국)<br>• 한글 능력 검정 시험(일본) |

---

22) https://namu.wiki/w/한글능력검정시험
23) 2018년도 50회 시험부터 변경된 내용으로 실시하고 있음.
24) 2005년 10월 4일

## 참고문헌

강승호 외(1996), 『현대 교육 평가의 이론과 실제』, 양서원.

김영아(1996), 「외국어로서의 한국어 능력 평가 방안 연구」, 고려대학교 대학원 박사학위논문.

김왕규 외(2002), 『한국어 능력 시험의 평가 기준 개발 연구』, 한국교육과정평가원.

김유정(1999), 「한국어 능력 평가 연구」, 고려대학교 대학원 박사학위논문.

김정렬(2000), 『21C 영어 교육』, 홍릉과학출판사.

김하수 외(1996), 「〈한국어 능력 검정 제도의 실시를 위한 기본 연구〉에 관한 최종 연구 보고서」, 교육부 학술 연구 조성비 지원에 의한 연구 과제.

남명호 외(1999), 「한국어 능력 시험 개선 방안 연구」, 한국교육과정평가원.

박상옥 편저(2000), 『영어교수기법』, 신아사.

이성호(1999), 『교육과정과 평가』, 양서원.

이완기(2003), 『영어 평가 방법론』, 문진미디어.

이희경 외(2001), 「한국어학당 성취도 평가 문항 개발 연구」, 연세대학교 언어연구교육원.

임병빈 역(1992), 『해리스의 영어 교육 평가』, 한신문화사.

임병빈 역(1992), 『영어교육평가기법』, 한국문화사.

임병빈(1995), 『영어교육평가』, 시사문화사.

임병빈 외(2003), 『영어 교육의 이론과 실제』, 경문사.

정명우, 서천수 역(1989), 『새로운 언어 능력 테스팅』, 한신문화사.

조항록 외(2002), 「한국어학당 배치고사 개발 연구」, 연세대학교 언어연구교육원.

최연희(2000), 『영어과 수행평가의 이론과 실제』, 한국문화사.

Arthur Hughes(2003), Testing for Languagr Teachers, Cambridge.

Cyril Weir(1995), Understanding & Developing Language Tests, Phoeniox ELT.

H.Douglas Brown(1994), Principle of language learning and teaching, Longman.

H.Douglas Brown(2001), Teaching by principle(3rd), Englewood Cliff, NJ ; Prentice Hall Regents.

H.Douglas Brown(2004), Language Assesment, Longman.

Pauline Rea-Dickins and Kevin Germaine91992), Evaluation, Oxford University Press.

Rebecca M. Valette(1977), Modern Language Testing(2nd ed.), Harcourt Brace Jovanovich, Inc.

Tim McNamara(2001), 언어평가, 박이정.